中国契約法の研究

——日中民事法学の対話——

小口彦太 編著

瀬川信久・松岡久和・渡辺達徳・
韓 世遠・王 成 著

成 文 堂

本書刊行の辞

　現行中国契約法が制定されてから 16 年が経過した。その契約法は，〈接軌〉（国内外の市場のレールを繋ぐ）の標語に示されているように，グローバル化していく 21 世紀の市場経済を見据えて制定された法で，国際的な契約立法・思想が積極的に採用・参照されている。問題は，そのような，最新の国際的な契約立法の動向を踏まえているという意味で“先進的な”中国の契約法が，実際にはどのように機能しているかということである。制定・施行以来 16 年が経過した今日の時点で，ひとまず立ち止まって，その理論と実務の動向を探っておくことが必要と思われる。

　ところで，世上とかく中国では法はあってなきが如きものであるといった言い方がなされているが，それはほんとうだろうか。それを検証する一つの場が裁判である。何故なら，法は最終的には裁判規範として実現することが予定されているからである。中国でのその裁判件数についていえば，中国法律年鑑社の『中国法律年鑑』の統計によれば，契約紛糾案件は他の民事案件に比して群を抜いて多く，2012 年〜2015 年の 4 年間で 936,197 件を数える。ちなみに不法行為案件が同期間で 125,249 件，物権をめぐる紛糾案件が 2008 年〜2015 年で 67,685 件，婚姻家庭・相続紛糾案件が 2009 年〜2015 年で 164,666 件である。また，判決内容についていえば，編者が目を通した約 1200 件の契約紛糾の裁判例のどれ 1 つとして例外なく，当事者の主張，抗弁，裁判所の認定事実が詳細に記され，それを踏まえつつ法の解釈論が展開され，判決が導き出されている。すなわち，契約法に関する限り（そしておそらくは公権力や党権力が直接関与することのない民事法一般において），法にもとづく解決が着実に根付いてきていると言うことができる。このような事実は，中国においても，契約法のような民事法の領域では本格的な解釈論的法律学の時代が到来しつつあることを物語っている。本書は，こうした認識のもと，総則部分に限ってではあるが，中国契約法の総合的研究を目指したものである。

　ところで，本書は共著と銘打っているが，個々のテーマごとに分担執筆の形式をとる通常の共著とは性格を異にし，1 つ 1 つのテーマについて執筆者全員が「問題の提示」「回答」「所見」といったかたちで重層的に参加すると

ii

いう特異な形式をとっている。すなわち，日中法学者の文字通りの合作の作品である。こうした合作の書を完成させることができたのは，中国側の韓世遠・王成両氏，日本側の瀬川信久・松岡久和・渡辺達徳三氏の積極的な協力と但見亮・文元春両氏の通訳・中文訳等の面での献身的な奉仕があったればこそのことである。また，学術書の刊行が困難になってきている昨今，本書の出版を快く引き受けて頂いた成文堂および出版を助成して頂いた早稲田大学孔子学院に対して深甚なる謝意を表する次第である。

編者識

中国契約法の研究——日中民事法学の対話——

凡例

①文中の敬称は原則として省略する。

②契約法・関係法規の記載方式については，先ず1999年に制定された中国統一契約法の条文を掲げ，その各条文に関連するその他の法律，司法解釈を当該条文の後に2字下げで表記し，草案等の参考資料は事情変更原則に関する記載を除き最後に掲げる。その後に，中国契約法の条文に対応する日本法の規定を一括して掲げる。その際，日本法は，中国法に対応する条文のみを列記し，中国法になく，日本法にのみ存在する条文は原則として掲げず，日中の条文比較の箇所で言及するに止める。

③中国契約法条文の見出しは特に断らない限りポケット版の『公民常用法律手冊』（法律出版社）による。

④日本の民法（債権法）改正に伴い，現行日本民法中，修正，新設された箇所を日本法の後に改正民法（引用は商事法務編『民法（債権関係）改正法案新旧対照条文』による）として掲げ，これを踏まえたかたちで日中の条文比較を行う。なお，日本の民法（債権法）改正は原則として民法改正とのみ表記する。

⑤文中の以下の司法解釈については，次のとおり略記する。

「中華人民共和国民法通則を貫徹執行するうえでの若干の問題に関する意見（試行）」（1988年4月2日）→「民法通則意見」

「中華人民共和国契約法を適用するうえでの若干の問題に関する解釈（一）」（1999年12月19日）→「契約法適用解釈（一）」

「商品房売買契約紛糾案件審理についての法律適用の問題に関する解釈」（2003年4月28日）→「商品房売買契約解釈」

「中華人民共和国契約法を適用するうえでの若干の問題に関する解釈（二）」（2009年4月24日）→「契約法適用解釈（二）」

「当面の形勢下での民商事契約紛糾案件審理についての若干の問題に関する指導意見」（2009年7月7日）→「民商事契約指導意見」

「売買契約紛糾案件審理についての法律適用問題に関する解釈」（2012年5月10日）→「売買契約解釈」

iv

⑥本書第二部で頻出する以下の著書については以下の略称を用いる。

王利明『合同法研究〔修訂版〕 第1巻』中国人民大学出版社，2011年→王利明Ⅰ

王利明『合同法研究〔修訂版〕 第2巻』中国人民大学出版社，2011年→王利明Ⅱ

崔建遠主編『合同法 〔第5版〕』法律出版社，2010年→崔建遠Ⅲ

韓世遠『合同法総論 〔第3版〕』法律出版社，2011年→韓世遠Ⅳ

⑦国際物品売買契約に関する国際連合条約〈連合国国際貨物銷售合同公約〉はCISGと表記する。なお，その邦訳は甲斐道太郎ほか編『注釈国際統一売買法Ⅱ』（法律文化社，2003年）による。

⑧文中の〈 〉内の語は原語を意味する。

⑨本書第二部の「回答」「所見」中の（ ）内の補足説明文が小口によるものの場合には，その旨を注記する。

目　次

第一部　本書の概要 ……………………………………………… 1

第二部　中国契約法の研究 ………………………………… 25
第1章　一般規定 ……………………………………………… 27
　第1節　契約法・関係法規及び日中の条文比較 …………… 27
　第2節　物権契約概念 ………………………………………… 29
　第3節　契約法の基本原則と公平原則の機能 ……………… 41

第2章　契約の締結 …………………………………………… 54
　第1節　契約法・関係法規及び日中の条文比較 …………… 54
　第2節　隔地者間の意思表示の効力発生時期 ……………… 63
　第3節　電子契約の普及度及びその実務上の問題 ………… 66
　第4節　契約締結上の過失責任 ……………………………… 72
　第5節　約款の効力 …………………………………………… 75

第3章　契約の効力 …………………………………………… 84
　第1節　契約法・関係法規及び日中の条文比較 …………… 84
　第2節　行政機関の関与と契約の効力 ……………………… 95
　第3節　無権処分者のなした契約の効力 …………………… 108
　第4節　強制性法律・法規に反する契約の効力 …………… 118
　第5節　重大な誤解 …………………………………………… 126

第4章　履行の抗弁 …………………………………………… 152
　第1節　契約法・関係法規及び日中の条文比較 …………… 152
　第2節　先履行の抗弁権 ……………………………………… 153
　第3節　同時履行の抗弁権における存在効果説と行使効果説 ……… 161
　第4節　同時履行の抗弁権行使における判決の方式 ……… 165
　第5節　履行の「提出」 ……………………………………… 171

vi

第6節　同時履行の抗弁権と双方違約 ･････････････････････････ 174

第7節　不安の抗弁権と契約解除権 ･･････････････････････････ 180

第8節　不安の抗弁権と契約解除権再論 ･･････････････････････ 185

第9節　不安の抗弁事由の発生時期 ･･････････････････････････ 196

第5章　債権の保全（1）──債権者代位権 ････････ 201

第1節　契約法・関係法規及び日中の条文比較 ･･･････････････ 201

第2節　債権者の被保全債権と弁済期到来要件 ･･･････････････ 206

第3節　債権者代位権行使の効果の帰属 ･･････････････････････ 209

第4節　「入庫規則」 ･･･････････････････････････････････････ 212

第5節　債権者代位権の法定移転説 ･･････････････････････････ 214

第6節　特定債権に対する対応 ･･････････････････････････････ 216

第7節　債権者代位権と民事強制執行の関係 ･････････････････ 218

第6章　債権の保全（2）──債権者取消権 ････････ 222

第1節　契約法・関係法規及び日中の条文比較 ･･･････････････ 222

第2節　債権者取消権の被告と債権者取消権の性格 ･････････ 228

第3節　債権者取消しの範囲 ････････････････････････････････ 240

第4節　債権者取消権の要件 ････････････････････････････････ 242

第5節　相続放棄と債権者取消権の行使 ･･････････････････････ 244

第6節　債務者の家産分割権の放棄と債権者取消権の行使 ･･････ 249

第7章　事情変更原則 ･･････････････････････････････ 252

第1節　関係法規 ･･ 252

第2節　契約法草案の再交渉義務規定の削除理由 ･･･････････ 258

第3節　事情変更と不可抗力の区別 ･･････････････････････････ 263

第4節　事情変更に対する司法実務の対応 ･･･････････････････ 267

第5節　司法解釈の背景 ････････････････････････････････････ 278

第8章　危険負担 ･･････････････････････････････････ 280

第1節	契約法・関係法規及び日中の条文比較	280
第2節	給付危険と対価危険	285
第3節	契約解除と危険負担の関係	288
第4節	危険負担制度の実務上の運用	299
第5節	受領遅滞中の不可抗力による目的物の滅失・損傷	302
第6節	危険負担と解除の競合再論	307

第9章　債権譲渡 323

第1節	契約法・関係法規及び日中の条文比較	323
第2節	通知を対抗要件としない債権譲渡	328
第3節	譲受人からの通知の効力	330
第4節	債権の二重譲渡	334
第5節	債権譲渡担保の立法化の有無	343
第6節	将来債権譲渡に対する裁判所の態度	347

第10章　契約の解除 359

第1節	契約法・関係法規及び日中の条文比較	359
第2節	契約解除の不可分性	367
第3節	第三者の権利保護	369
第4節	不可抗力による契約目的実現不能を理由とする解除	374
第5節	履行期前の契約違反を理由とする解除における催告の要否	379
第6節	履行遅滞を理由とする解除	383
第7節	根本違約を理由とする解除	390
第8節	解除権の行使期限	397
第9節	解除権行使手続における通知及び異議あるときの解除効力確認の問題	400
第10節	解除の効果——原状回復とその他の補救措置	407
第11節	解除の効果——損害賠償の範囲	410
第12節	契約解除の効果の理論構成	414

viii

第11章　違約責任 ……………………………………………… 420

第1節　契約法・関係法規及び日中の条文比較 ………………………… 420

第2節　107条の立法論的評価 …………………………………………… 428

第3節　中国契約法上の厳格責任の位置づけ ………………………… 435

第4節　補救措置の内容 …………………………………………………… 437

第5節　継続履行の性質 …………………………………………………… 441

第6節　履行期前の契約違反と不安の抗弁権行使との関係 ………… 444

第7節　物の瑕疵担保責任と違約責任の関係 ………………………… 447

第8節　代金・報酬減額請求の性質 …………………………………… 450

第9節　損害賠償の範囲 …………………………………………………… 452

第10節　違約金の性格 …………………………………………………… 461

第11節　手付と違約金と損害賠償の関係 ……………………………… 478

第12節　損失軽減規則 …………………………………………………… 488

第13節　第三者の原因によってもたらされた違約 ………………… 497

第14節　違約責任と不法行為責任の競合 …………………………… 515

第一部　本書の概要

本書の経緯は以下のとおりである。

編者である小口は，これまで中国契約法を講ずるために参照してきた中国の代表的諸著作の中で理論上，実務上問題とされている箇所についてより認識を深める必要を感じてきた。偶々，科学研究費の交付を受けることができたこともあって，日中両国の民法学者の協力を得て，「中国契約法研究会」を立ち上げ，上記の課題に取り組むことにした。

本研究会では，以下のような方法でもって研究を進めた。すなわち，先ず小口が重要と思う諸論点を文章化し，早稲田大学助教の文元春がそれを中国語に訳し，予め中国の民法学者である韓世遠と王成の両氏に送り，それを踏まえて，年2回，都合6回の研究会で，口頭で両氏の回答を求め，それに対して瀬川信久，松岡久和，渡辺達徳の三氏が，日本法の立場（比較法の立場）から意見を述べ，討論を行うというものであった。この種の討論がうまくいくためには練達の通訳者が不可欠で，幸い但見亮及び文元春両氏の協力を得て，実に活発な討論をなすことができた。本書は，この6回に渉る討論を踏まえて書かれたもので，韓・王両氏が口頭での回答を改めて文章化し，それを小口が邦訳して日本側民法学者三氏に示して，三氏が改めて「所見」というかたちで文章化したものである。

本書の構成は，日中両国の契約法の関連条文及び条文比較（小口が執筆），中国統一契約法総則中の諸論点に関する「問題の提示」（特に断らない限り小口が執筆），「回答」（韓と王が執筆），「所見」（瀬川，松岡，渡辺が分担執筆）からなる。本書は契約法上のある特定のテーマにつき，深く議論を掘り下げることを意図したものであり，所謂概説書ではない。本書でとりあげた項目は本書目次に示すとおりである。

なお第一部の表題を「概要」と記しているのは，あくまでも第二部での詳細な議論を小口が簡略にとりまとめたものという趣旨であり，直接第二部から読まれても構わない。本「概要」は，「問題の提示」とそれに対する中国側学者2人の「回答」の部分に限ってのまとめであり，その詳細及び日本側学者の「所見」については，直接第二部を参照してほしい。

［第1章　一般規定］

中国契約法の第1章は立法目的，契約の定義及び契約の自由以下の契約法

の諸原則を掲げている。物権法では，物権法草案違憲の議論が巻き起こり，その立法目的の書き込み方をめぐって激しい論議が交わされたが，契約法では国内外の市場のレールを繋ぐ〈接軌〉法としての位置づけで立法が進められ，特に問題とされることはなかった。本章で特に問題とされたのは，2条の契約の定義をめぐってである。

契約法草案では，本法は「債権債務関係」を律する法となっていたが，それが制定時には「民事権利義務関係」を律する法と改められた。民事権利ということであれば，当然，物権も含まれ，そうすると中国契約法は物権契約概念を承認しているのかという疑問が生ずる。この点に関しては，中国民法学界でも，債権契約（負担行為）と物権契約（処分行為）の区別を認めない説，両者の区別は認めるが，物権行為の無因性は認めない説，債権契約と物権契約の区別を認め，かつ物権行為の無因性を主張する説に分かれている。韓世遠は，中国の立法者は無因性を採用していないが，債権行為，物権行為の区別は講学上有意義であるとの立場をとり，王成は，契約法の定める契約は債権契約であるが，債権契約というのは，物権契約との対比ではじめて出てくる概念で，中国法には物権契約は存在しないので，強いて債権契約という概念を用いる必要もないと説く。この問題は，無権処分に関する契約法51条や，52条の法律・行政法規の強制性規定に違反した無効な契約の理解をめぐって特に議論が先鋭化する（本書第二部第3章第3節，第4節参照）。

ところで，第1章は，契約の自由，公平，誠実信用，遵紀守法（公序良俗），義務履行等の諸原則を掲げており，ここから諸原則間での価値のヒエラルヒーが存するのかという問題が出てくる。例えば，中国の代表的民法学者の一人である梁慧星は，権利濫用禁止は市民の権利・利益は国家・社会・集団の利益に従属するとの憲法51条に直接由来する基本原則であると説き，また王利明は，誠実信用原則こそ民法とりわけ債権法中の最高指導原則であると説く。しかし，韓世遠，王成はともにそうした価値のヒエラルヒー化に否定的である。韓によれば，立法者は各原則を並列的に規定しており，価値の体系が仮に存するとしても，それは変動常ならず，永久不変の価値体系など存在しないと説き，王成は，基本原則というものは具体的案例に即して個別的に議論すべきものであると説く。

しかし，諸原則の中国での機能に着目するとき，要注意の原則がある。そ

れは，公平原則である。この原則は，不安の抗弁権や事情変更原則等が明文化されていなかった時期，法の欠缺を補う働きをなし，また，違約による損害賠償額の算定において重要な働きをなしているが，そうした機能とは別に，法を破るという独特の機能を併せ有しており特に注意を要する。その典型的な裁判例が広東省で起きた五月花レストラン爆破事件で，本件につき広東省高級法院は，被告（五月花レストラン）には違約責任も不法行為責任もないことを認定したうえで，しかし公平原則にもとづいて原告に30万元の「補償」金を支払うことを被告に命じた。名称こそ「補償」であるが，判決であるので，当然強制力を持ち，実際には損害賠償と異ならない。そして，この判決は最高人民法院公報に案例として掲載されている。参照的価値があると判断したからであろう。

　この裁判例について，韓世遠は，結果志向の本判決は輿論と民意を意識した判決で，その背景には"富を奪いて貧を救う""寡きを患えず，均しからざるを患う"との中国の文化的特徴があると説き，かつこうした判断は法治の追求する確定性と予見可能性を害することになると批判する。また，王成も，この種の判決は結果志向を重視した，法治が未熟であった13年も前の例外的判決で，普遍的意義を持ち得ないと説く。

［第2章　契約の締結］

　中国契約法は日本法と同様，大陸法系の意思主義を採用しているが，契約の締結に関する諸規定の中で特に論点として取り上げたのは，比較法的に特異性を有すると思われる隔地者間での申込みと承諾に関する規定の仕方，電子契約の普及度及び実務上の問題，契約締結上の過失責任，約款についてである。

　先ず，隔地者間の申込みと承諾について，中国法は申込みにつき大幅に撤回（申込みが到達する前）と取消し（申込み到達後承諾の意思発信前）を認め，他方，契約は承諾の意思表示が申込者に到達した時点で成立するとして，圧倒的に申込者に有利な規定となっている。日本法，イギリス法，ドイツ法のいずれとも異なるこのような中国法の立法的背景が問題となる。

　この点につき，韓世遠は，本規定はCISGの影響を強く受けたもので，その背景には起草者において国際市場との連結という意識が強く働いていた結

6 第一部 本書の概要

果であると説く。そして，申込みの拘束力に関する CISG の規定には，コモ
ンロー，ドイツ法，フランス法等の各法系の代表者達の見解が反映され，き
わめて折衷的な案となっているが，その折衷的性格が，中国法においても，
一方で申込みの撤回と取消しを認めると同時に，他方，申込みの取消しを認
めない特別の事由が規定され，解釈論上複雑となり，注意を要すると述べる。
王成は，この特別の事由に着目し，中国法が申込みに拘束力を認めていない
との理解は誤解であると主張する。

　ところで，申込みと承諾の意思の合致によって契約は成立するとの古典的
な契約理論は，近年の電子契約の急速な普及によって修正を余儀なくされて
いる。中国における電子契約の普及度について，韓世遠によれば「調査した
わけではないが，私の印象ではアメリカ以上である」と述べており，また王
成は，インターネット上での商品及びサービス取引につき，淘宝網の 2013
年 11 月 11 日の 1 日だけの取引高は 350.19 億元に上ることを報告している。
そうした電子契約においては当然，クリックミスが起こり得，クリックミス
による承諾の取消しをどう理論構成するかが民法学者によって論じられてき
たが，この問題は 2013 年の改正消費者権益保護法 25 条のクーリングオフ
（7 日間）規定によって解消されたことを韓・王両氏は説く。

　次に，契約締結上の過失責任についてであるが，この問題を契約法上の信
義則違反で説明するか，それとも不法行為理論で説明するか議論の分かれる
ところである。梁慧星は，この責任を契約法の義務違反としてとらえるが，
王利明は，この責任は，違約責任，不法行為責任のいずれにも属さない法定
責任であり，将来民法典が制定された段階で現在の契約法から債法（債権総
則部分か）に移しかえるべきであると主張する。この点に関して，韓世遠は，
法の性格〈定性〉からすれば，違約責任と不法行為責任の中間に位置し，法定
の特別結合の関係にあるが，民法体系上は，ヨーロッパ契約法原則や国際商
事契約原則に倣って契約法中に規定しても差し支えないと述べる。また，王
成は，上記王利明の見解を肯定的に紹介するが，司法実務上は契約法，不法
行為法のいずれに規定しようと大差ないと説く。

　約款について，中国契約法 40 条はその無効事由については規定するが，
約款が公平を失する場合の 54 条の契約の変更，取消しに関する規定を適用
できるかどうか不明であり，当事者が希望する場合はそれを認めるべきであ

るとの議論（王利明）がある。この点について，韓世遠は，中国契約法は一部無効（契約法56条），一部解除（同165条）を規定しているのに，一部取消しには言及していない。しかし，現行契約法のもとでも一部取消しの解釈は可能で，その根拠法を54条に求めるべきであると説く。そして，約款の一部取消しを認めると，一部無効との競合の問題が生ずるであろうと述べる。また，王成は，そもそも無効事由の52条，53条がある以上，約款の無効事由を定める40条は不要であり，また，明らかに公平を失する事由があれば，約款であろうとなかろうと契約法54条で処理すればよいと説く。

［第3章　契約の効力］

　中国契約法における契約の効力の規定の大半は，日本法の民法総則の法律行為に関するものであるが，本書では，特に行政機関の承認の有無と契約の効力に関する44条，他人物売買を含む無権処分の契約の効力に関する51条，法律・行政法規の強制性規定に違反した契約を無効とする52条5号，日本法の錯誤に対応する取消事由としての重大な誤解に関する54条を考察の対象とした。

　中国は，計画経済から市場経済へと舵を切り，その結果目覚ましい経済発展を遂げているが，なお依然として行政機関の承認を契約の効力発生要件とする規定が数多く存在する。近年，この承認を要する規定の中での効力性規定の範囲を限定化しようとの議論が有力であるが，一体どのような規定が単なる管理性ではない効力性規範であるのか明確でない。韓世遠は，44条自体は，52条5号のような当該契約の有効，無効を判断し得る規範的効能を有していないことを指摘した上で，審査承認及び登記を経てはじめて効力を生ずる所謂〈効力待定〉諸規定を列挙する。参照的価値が高いので，それを掲げると，以下の通りである。

　中外合作経営企業法5条，7条，10条，中外合作経営企業法実施細則11条，外資企業法6条，10条，外資企業法実施細則7条，中外合資経営企業法（2001年改正）3条，13条，14条，中外合資経営企業法実施条例14条，20条1項，同4項，対外合作海洋資源採掘条例7条2項，対外請負工事管理条例7条，9条，対外貿易法19条。

　王成も，44条は効力待定の規定であり，いまだ審査承認の申請を行って

いない場合の契約の効力は効力待定であり，他方，申請するも承認を得ていない場合の契約の効力については，検討を要するも，「私個人は，契約締結上の過失責任説に賛成する」と説く。

中国民法学者の間で激しい論争が交わされているのが，契約法51条の所謂無権処分者のなした契約の効力をめぐってである。この問題をめぐっては，従来から完全無効説，効力待定説，完全有効説が存在してきたが，近年の司法解釈「売買契約解釈」が，契約を債権契約（負担行為）と物権契約（処分行為）に区別する所謂区分説を唱える韓世遠の見解を採用したことで，無権処分も債権契約（負担行為）自体は有効との説で統一されたかに見える。しかし，なお議論は続いており，効力待定説をとる梁慧星は，この司法解釈は51条を対象として出されたものではなく，契約法132条の所有権者による有効な処分行為に準ずる5種類の案型を想定して出されたものであると説く。51条をめぐる裁判例は非常に多く，そこでは真の権利者の追認がなければ無効との判断が示されているが，その無効が債権契約としては有効という趣旨か，それとも契約は一個の立場からの無効であるとしているのか，必ずしも明確でない。

51条と並んで，裁判例も非常に多いのが52条，特に法律，行政法規の強制性規定に反する契約の効力問題である。本書では，程嘯紹介に係る，物権法191条2項の，抵当権設定者が抵当財産を譲渡する場合，抵当権者の合意を得なければならないとの規定に違反した譲渡契約の事例を素材にして検討を加えた。この種の契約の効果をめぐっては，無効説，有効説，効力待定説，区分説と説が分かれているが，当該事例に関して1審は無効説をとり，2審は区分説をとり，債権契約は有効で，しかし，抵当権者の合意を得ていないので，物権契約（処分行為）は無効との判断を示した。本件の真の争点は，高額にのぼる違約金の請求にあり，契約無効説をとった1審は，契約が無効である以上，違約金の請求権は生じないとの判断を示し，債権契約は有効との立場をとった2審は，契約解除を認めたうえで違約金の支払いを命じた。本件に関して，韓世遠は，区分説をとった2審判決を支持し，王成も2審判決を支持する。ただし王成の「私は有効説及び区分説に与する」との表現は微妙で，どちらかと言えば，債権契約と物権契約の区別を認めない有効説（したがって物権変動も生ずる）に立っているように思われる。52条5号のポ

イントは，当該法律，行政法規が契約の効力を無効とする効力性規定なのか，契約の効力には影響を及ぼさない管理性規定なのかを識別することにあるが，裁判例を通じてのその判断基準はまだ固まっていない。

　日本の民法改正においても，錯誤の問題が争点の一つをなしたが，中国法でも重大な誤解は争点をなしている。ただ，その争点の現われ方は日本とは異なっている。日本の教科書では一般に錯誤を動機の錯誤と表示行為の錯誤に区別し，民法95条の錯誤に該当するのは表示行為の錯誤であるとされてきた。そして，日本の民法改正論議の中で，「意思表示の動機の錯誤が法律行為の要素の錯誤として無効をきたすためには，その動機が相手方に表示されて法律行為の内容となり，もし錯誤がなかったならば表意者がその意思表示をしなかったであろうと認められる場合であることを要する」との最高裁判例を明文化することが提案されていた。他方，中国の重大な誤解の認識枠組は日本とは相当異なり，先ず，伝統的理論では，〈誤解〉と〈錯誤〉は区別され，〈誤解〉とは，例えば申込みを受けた者が家屋賃貸の申込みを誤って売買と理解して承諾する類いの，表意者の相手方の錯誤のことであると説かれてきた。また，中国の重大な誤解の構成要件の中には「表示の錯誤」は含まれないと一般に説かれている。日中両国が漢字を共通にすることが，思わぬ"錯誤"を引き起こす可能性を秘めていて，中国法でいう〈誤解〉〈錯誤〉の意味内容を確定する必要がある。この点に関して，韓世遠は，日本法の錯誤に該当する中国語は「重大な誤解」であること，日本法は「意思表示」に着眼し，中国法は「民事行為」（契約）に着眼すること，日本法は「法律行為の要素」に着眼し，中国法は「行為内容」に着眼することを指摘する。また，王成は，上記のような〈誤解〉の理解の仕方とは異なり，中国でも〈誤解〉は日本，台湾等の規定する錯誤に相当すると理解されていること，結果的に重大な損失を生じることが重大な誤解の重要な判断基準をなしていること，その基準の具体的事例化の試みもなされつつあることを指摘する。

［第4章　履行の抗弁］

　契約が有効に成立すると，履行段階に入り，この履行段階での主要な論点の1つをなしているのが，履行の抗弁の問題である。中国法はこの抗弁に関して，同時履行の抗弁権の他に不安の抗弁権と先履行の抗弁権（あるいは後

履行の抗弁権とも表記するが，本書では先履行の抗弁権と称する）を規定している。この中で先履行の抗弁権は他国の立法に例をみない中国独特の立法であり，この規定の評価をめぐって積極，消極の両説に分かれている。本書でも韓世遠は消極的であり，他方，王成は積極的である。取引当事者間での信頼関係が脆弱な中国社会では，この種の規定は重要な意義を有すると説く王成の説明は興味深い。

　同時履行の抗弁権は日中双方で規定されているが，その規定の仕方は相当に異なる。中国法では，同時履行とは，文字通り履行期に先後がないことであり，実務でもその要件は厳格に求められている。しかも，同時履行の抗弁権は，本来，履行の「抗弁権」と称されるように，権利として構成されるべきものであるのに，「同時に履行しなければならない」との，義務規定を思わしめる表現が用いられている。その結果，同時に履行しなければ双方違約を構成するとの議論に繋がる可能性を秘めており，事実，この双方違約規定が同時履行の抗弁権を死文化させているとの指摘もなされてきた。このような批判にもとづいて，双方違約の規定の削除も主張されているが，他方，韓世遠は，双務契約において，牽連関係にない主たる契約と従たる契約＝付随契約との間ではやはり双方違約が存し得ることをあげ，双方違約の立法的意義を擁護する。

　同時履行の抗弁権に関して，日本では存在効果説と行使効果説が対立し，判例・通説は存在効果説を支持しているが，中国では，教科書類の記述による限り，行使効果説が支配的であるように見える。本書の王成も行使効果説を支持するが，韓世遠は日本の存在効果説に親近感を示しているように思われる。ただ，この問題は数多くの裁判例を分析してみなければ真実に迫ることはできず，今後の課題をなす。さらに，日本では，同時履行に関して訴訟経済的観点から引換給付判決が実務上行われているが，この点について梁慧星等は同時履行判決を主張し，王成も，実務上，同時履行判決が行われていると指摘する。他方，韓世遠は，中国民事訴訟法には同時履行判決の明文の規定はなく，一旦被告の同時履行の抗弁権が成立すると，裁判所は原告の請求棄却の判決を下すに止まるとの見解を示す。やはり，この問題でも数多くの裁判例についての分析結果が待たれる。

　次に，不安の抗弁権についてであるが，この権利を中国法は大陸法になら

って規定しているが，その適用範囲は，単に相手方の財産・経営状況の悪化といった事由に止まらず，かなり広範囲にその適用を認めており，アメリカ法の履行期前の契約違反を取り込んだことがその背景にあると説かれている。また，中国の不安の抗弁権は，単なる履行の中断に止まらず，解約解除まで認めており，この点もアメリカ法の影響があると説かれている。ただ，不安の抗弁権の規定において契約解除まで規定したことは，契約法94条の法定解除事由との間での整合性の問題をもたらしている。特に，催告の要否をめぐって，事実上催告を要件とする69条の不安の抗弁権と催告を明示していない94条2号（履行期前の契約違反を理由とする解除）との関係につき，本書でも韓世遠と王成との見解は鋭く対立している。なお，不安の抗弁権事由の発生時期に関しては，契約締結後に発生した場合に限るというのが支配的見解であるが，契約締結前に存在した抗弁事由が締結後顕在化した場合も含まれるとする韓世遠の見解も存する。後者の場合は不安の抗弁権と重大な誤解・詐欺とが競合する事態が生ずることになる。

［第5章　債権の保全（1）──債権者代位権］

　統一契約法典制定と同じ年に，最高人民法院は司法解釈「契約法適用解釈（一）」全30条を公布したが，その規定の約3分の1は債権者代位権に関する条文からなり，最高人民法院がいかにこの債権者代位権を活用して所謂三角債問題の解決をはかろうとしていたかが窺われる。

　日本法では，債権者の債権が期日未到来の場合でも代位権の行使を認めているが，中国法にはその種の文言がない。この点に関して，韓世遠，王成いずれも関連司法解釈の規定から期日到来を要件としていると説く。ただ，保存行為についてその例外が認められるかが問題となり，韓によれば，中国の立法機関は積極的態度を示すが，司法実務は消極的態度をとっていると説く。

　債権者代位権行使の効果の帰属をめぐっては，代位権の行使者に帰属するのか，債権者全体に帰属するのか，中国でも議論が分かれ，契約法草案段階では「債務者に帰属した後，あらためて債権を弁済する」（1997年意見徴求稿）とあるように後者の立場を採用していた。しかし，その後，「契約法適用解釈（一）」20条が，債権者代位訴訟で勝訴判決を得ると，代位権を行使した債権者，債務者，第三債務者の間での債権債務は「ただちに」〈即〉消

滅すると定め，それは，相殺の手続さえ不要とするかたちで代位権を行使した債権者が優先弁済を受けるかの如き印象を与える。事実，中国民法学界にはこれを債権譲渡（第三債務者に対する債権を債務者が債権者に譲渡する）に類する法定移転であると説く論者さえいる。この点に関して，韓世遠は否定的で，代位権行使の効果は直接債権者に帰属するのではなく，相殺制度を通じて帰属すると説く。これに対して，裁判官の実務経験のある王成は法定移転説に親近感を示している。

　以上の問題は，所謂特定物債権の代位行使の可否に関わってくる。上記司法解釈13条は債務者の第三者債務者に対する債権につき金銭給付を内容とする債権に限るかの如き表現をとっている。もし金銭債権に限定されるとなると，以下のような説例の場合，代位権行使はできなくなってしまう。

　説例　甲が乙よりA物を購入するも，それを受領しないうちに，甲はそれを丙に転売し，もし甲が乙に対して引渡請求権の行使を怠っているとき丙の代位権行使は認められるか。

　この問題に関して，王成は，司法解釈が代位権行使を金銭債権に限定している以上，裁判所が債権者代位権を適用する際には，この規定の遵守が求められ，王成自身の調べた限りでも，裁判実践において特定物債権に対する代位権行使は認められていないと説く。

　ところで，裁判例を見ていくと，債権者が債務不履行者に対する履行請求の勝訴判決を得，それでも債務者が履行しないために強制執行に移っている場合に，執行申請人としての債権者が債務者（被執行申請人）の第三債務者に対する権利を代位行使している事例が少なからず存在し，このことは，中国の民事強制執行法の不備を補う目的で債権者代位権が用いられているのではないかとの思い——韓世遠及び王成はそれについて否定的であるが——を抱かせる。そうした想定の背景には，執行逃れ行為の制裁に関する2011年の司法解釈の，被執行人が債権の行使を怠り，執行申請人に損害をもたらした場合，執行法院は執行申請人に契約法73条の規定にもとづいて管轄権のある人民法院に代位権訴訟を提起するように告知できるとの規定の存在がある。しかも，ここでは，被執行人が「債権」の行使を怠るとあるように，債権一般を掲げており，したがって強制執行の過程であれば，特定物債権に対する代位行使も可能となる。事実，裁判例を見ても，強制執行過程における

代位権行使の場合，その範囲は金銭債権に限られていない。

［第6章　債権の保全 (2) ——債権者取消権］

　債権者取消権の性格を考えるうえで，誰が被告となるかという問題は重要である。折衷説を採用する日本と異なり，取消訴訟（形成権）説を採用する中国では，債務者は必ず被告となり，受益者も共同被告となることもあるが，それは絶対的ではなく，さらに債務者の法律行為といかなる関係も持たない転得者が被告となることはない。そうであるとすると，債務者のみを被告とした場合，その判決の効力が何故受益者，さらには転得者にも及ぶのか，その説明が必要になる。この点に関して，韓世遠は，中国の債権者取消権における取消しの効力は絶対効のため，受益者，転得者にも及ぶと説く。また，王成は，「契約法適用解釈（一）」24条は債務者だけを被告とするか受益者も被告とするかを債権者の選択に委ねており，裁判所としては事実の精査の点からして，受益者，さらに転得者も訴訟に参加することを望んでいると説く。ただし，小口が調査した裁判例による限り，転得者が被告となった事例は1例もなく，債務者のみが被告となっているケースが圧倒的に多い。

　次に，債権者取消権の範囲についてであるが，中国契約法74条2項の「債権者の債権を限度とする」という場合の債権者とは，一般債権者全体の全部の債権を限度額とするのか，それとも取消権を行使する債権者の債権を限度とするのかが問題となる。この点に関して，韓世遠は，取消権を行使する債権者の債権の限度額であると説く。しかし，小口が調査した裁判例によれば，債権者取消権の趣旨は全体の債権者の債権を保全するものであると説く裁判例が少なくない。

　中国の債権者取消権の行使が債務者の相続権や家産分割権の放棄との関連で問題となっている事例が少なくない。このうち，相続権の放棄が取消権の対象となり得るかについては，中国でも見解が分かれている。相続人による相続放棄は単に債務者の財産を増加させないだけであるから，取消権の対象にはなり得ないとの有力学者の見解もあるが，王成によれば，裁判実務においては，非常に多くの判決が相続放棄を取消権の対象としていると説く。ところで，中国の家族財産は通常共同所有で，その共同所有者の1人である債務者が自己の持分権を放棄する（あるいは不合理な低価額で譲渡する）といっ

14 第一部 本書の概要

た場合に債権者取消権を行使できるかが問題となる。この点に関して，韓世遠，王成ともにそれを肯定する。

［第 7 章 事情変更原則］

中国契約法草案は事情変更原則を明文化していたが，結局その条項は削除され，その後，2009 年の司法解釈で認められることになった。そのことは，一見，1999 年の契約法では事情変更の適用は否定され，それが 2009 年の司法解釈で容認されたかの如き印象を与える。しかし，事実は全く異なり，2009 年の司法解釈以前に相当広範囲に認められていた事情変更の適用に歯止めをかけるために当該司法解釈が出されたというのが真相であり，その歯止めの主たる要因が 2008 年の世界的な金融危機であったことを韓世遠及び王成は指摘する。

ところで，契約法草案にあった再交渉を義務づける条項が司法解釈で削除されており，その理由が問題となる。この点について，韓世遠は，再交渉義務といっても，結局それは義務づけではなく奨励でしかなく，また再折衝に応じなければ，その法的効果は履行の強制ではなく，損害賠償に止まり，損害の証明もむずかしく，こうしたことが司法解釈において再交渉義務条項を外した理由であろうと説く。また，王成は，事情変更の適用につき最高人民法院は調停を重視しており，このことが司法解釈の中で事前の協議を規定しなかった理由であると説く。

司法解釈は事情変更の適用要件として「不可抗力によってもたらされたのでない」「重大な変化」を掲げ，したがって「不可抗力によってもたらされた」「重大な変化」のケースは当該司法解釈の適用外とし，後者のケースについては，不可抗力による契約目的実現不能の場合の 94 条 1 号にもとづく契約解除を想定しているように思われる。しかし，実際には，契約法 94 条 1 号と事情変更に関する司法解釈の適用の区別は困難ではないか。しかし，韓世遠・王成ともに両者は厳格に区別すべきであることを強調する。

ところで，韓世遠は，中国の実際の裁判実践において，本来事情変更の司法解釈が適用されるべき案件について契約法 94 条 5 号が適用されている事実を紹介している。何故そのような事実が存在するのか，また，同条 5 号は「法律が規定するその他の事由」とあり，司法解釈はこの「法律」には含ま

れないのではないか。こうした疑問に対する韓の説明は以下の通りである。先ず，94条5号は法定解除における解除権行使の規定で，一方当事者が行使する類いの解除権である。これに対して，事情変更による解除の場合，必ず当事者が裁判所に訴えを提起しなければならない。したがって，事情変更の場合，94条を適用すべきでない。それにもかかわらず，裁判所が94条を適用するのは，事情変更による解除の場合は最高人民法院への上申が義務づけられており，下級審裁判所はそれを煩瑣と感じるためである。しかし，このような94条を適用するやり方は誤っている。さらに，司法解釈は「法律」ではないが，今日の中国ではしばしば司法解釈だけが援引される事例が存在する。こうしたやり方が間違っているわけではない。しかし，最近の最高人民法院・検察院の司法解釈によって，司法解釈によるルールの創設には制限が設けられるようになった。

［第8章　危険負担］

　危険負担には，給付危険と対価危険があり，日本法は対価危険を指すが，中国契約法94条1号及び149条は給付危険を規定しているように思われるので確認を要する。この点に関する韓世遠の見解は以下のとおりである。

　契約法94条は解除権に関する規定であり，第1号は不可抗力を規定しているが，この規定も危険負担に関する規定でない。契約法142条〜147条で規定する危険負担は解釈上対価危険に限定され，給付危険の問題を解決するものではない。条文上の文言が「目的物の滅失・損傷」と表現していても，そこで指すのは「物の危険」（給付危険）ではなく，対価危険である。

　中国契約法は不可抗力による契約目的実現不能の場合に契約解除（94条1号）と危険負担を規定しており，この両者の関係をどのように考えるべきか問題となる。この問題を中国で自覚的にとりあげたのは周江洪で，氏はその事例として羊興新案（その詳細は本書288頁以下）及び孫紅亮案（その詳細は本書296頁以下）を挙げている。前者は地方政府所有の家屋を売却するも，移転登記を済ませる前に，同家屋を含む地域が公共目的による収用の対象となり，その結果，当該家屋売買契約が実現不可能となった事案であり，後者は，分割払いで車輌購入契約を結び，その支払途中で当該車輌が強奪され，契約目的が実現不可能となったという事案である。前者の事例について1審

は契約解除を，2審は危険負担を適用し，後者の事例について1審＝終審裁判所は危険負担と解除を併用するという表現を用いているが，実質的には危険負担を適用していている。学説上は，前者の事例について，周江洪は危険負担ルールだけを適用し，韓世遠は，契約法148条による契約の解除を主張し，同様に解除説をとる王成はその根拠法規を契約法94条4号の根本違約に求めている。また，後者の事例については，本事例を紹介した『人民法院案例選』の評者は危険負担を主張し，他方，王成は，契約解除を適用する方が効果面でより妥当だと説く。このように，94条1号と危険負担規定を併存させることにより，中国の司法実務，学説には混乱が生じている。

ところで，中国では，受領遅滞も違約を構成するとの理解が一般的で，この点で受領遅滞は債務不履行を構成しないとする日本の通説と異なる。そこで問題となるのが，受領遅滞中に不可抗力で目的物が滅失した場合に，これを違約責任に伴う損害賠償の問題として扱うのか，それとも受領遅滞により危険が売主に移転することを定めた143条を適用するかということである。危険負担は双務契約の当事者双方に帰責事由がない場合の目的物の滅失・損傷の問題ととらえる王利明は，違約責任による損害賠償を説き，他方，韓世遠や王成は危険負担説を採る。韓は受領遅滞の一種の特殊な法的効果として危険が移転すると説き，王も買主の違約によって危険が移転すると説く。

重大な瑕疵が存在する目的物が引き渡された後，不可抗力で当該目的物が滅失・損傷した場合を想定した規定が契約法148条で，本条は司法実務でも適用頻度の高い規定である。そして，通説的理解によれば，こうした場合，買主は契約を解除することになると説くが，引渡しがなされた以上，買主は危険を負担すべきで，しかし，買主は売主に対して違約責任を追及することになるとの理解も存する。

［第9章　債権譲渡］

債権の二重譲渡はしばしば取り上げられるテーマである。日本法では，債務者への確定日付ある証書による通知又は承諾の先後で第三者に対する債権譲渡の効力の優劣を論ずるが，中国法は，通知は債務者に対しては効力発生要件であるが，通知の先後は債権譲渡契約の優先的効力に影響を与えず，譲渡契約の締結時の先後で効力の優劣を論ずる。もし第2譲受人（乙）への通

知が先に債務者に到達し，債務者が乙に弁済すれば，債務者のその行為は有効で，債務者は債務から解放されるが，第2譲受人は不当利得者となり，第1譲受人（甲）が乙に対して不当利得返還請求をなすことになる。このケースの場合は中国の学説上の対立はないが，甲への通知が先になされ，債務者による支払がなされた場合の乙の契約法上の位置づけについては学説上対立が見られる。崔建遠は，乙の善意，悪意で区別し，善意の場合は契約法150条の権利瑕疵担保責任の規定を「準用」し，譲渡人と乙との契約も有効としたうえで，ただ乙は債権を取得できず，譲渡人に対して違約責任を追及することになり，他方，悪意の場合は，契約法51条の無権処分規定を「準用」し，甲の追認がなければ譲渡人と乙との契約は無効となり，譲渡人は乙に対して契約締結上の過失責任を負うと説く。こうした見解に対して，韓世遠は，乙が善意の場合につき，ここでの譲渡が有効であるとは，どの時点から，かつどのような法的根拠によって有効なのか説明がなく，また「準用」という用語は契約法で用いる概念ではないと説く。また，乙が悪意の場合についても，2番目の債権譲渡を「無権処分」と位置付けている以上，51条を「適用」すべきで，しかし，その場合でも無権処分でも契約は有効とする最高人民法院の司法解釈「契約法適用解釈（二）」15条の説明がつかないと説く。しかし，王成は，崔建遠の説に同意し，上記甲への通知が先になされたケースについて，乙が善意であれば有効で，司法解釈15条を適用し，悪意であれば効力待定で51条を適用すべきであると説く。

　日本では資金調達手段としての債権譲渡担保制度が立法化され，活用が期待されているが，中国ではどうなのか，興味ある問題をなす。この点に関して，韓世遠は，中国物権法の中で権利質を認め，その権利の中には債券，預金証書，売掛債権等が含まれるが，中国物権法，担保法は譲渡担保を認めておらず，債権譲渡を通じて担保を提供することは立法レベルでは規定を欠いていると説く。また，王成も，債権譲渡担保の司法案例は見つけ出すことができなかったと述べる。

　ところで，上記の日本における債権譲渡担保では，将来債権が想定されているが，中国の債権譲渡においてこの将来債権の譲渡も認められているかが問題となる。この点に関して，韓世遠も王成もそれを肯定し，王成はその具体例として国際売掛債権買取業務における将来売掛債権の譲渡等をあげる。

しかし，裁判所がはたして将来債権譲渡を一般的に認めているのかどうか，疑問であり，その典型例として周江洪の紹介にかかる馮碧瑩案がある。本件は，20年という家屋の長期賃貸借契約を締結後，所有者＝賃貸人甲がその賃料債権を乙に譲渡し，その後，甲の財産が差し押さえられ，強制執行，競売において丙が甲の家屋所有権を取得し，その結果，乙と丙の賃料債権のいずれが優位するかが問題となったというもので，裁判所は，甲が譲渡したのは20年の賃料債権であるが，所有権者乃至処分権者であるという条件つきの債権として不確定の要素を有し，条件がある時期から成就できなくなれば，その時期から賃料債権を喪失し，譲渡可能な賃料債権ではなくなるとの判断を示した。しかし，この判断に対しては，本事例を紹介した周江洪も，また韓世遠，王成も批判的で，甲乙間の契約を新所有者丙は継承するとの立場から，乙の賃料債権の優位を説く。

［第10章　契約解除］

日本民法は契約解除の不可分性を明文化する。これに対して，中国法にはその種の規定が見当たらない。中国でも学説はそれを認めるが，司法実務はどのような処理を行っているかが問題となる。この点について，韓世遠は，民事訴訟法52条の規定が適用されるとし，また王成も，中国の多くの司法実務では，これを民事訴訟法の問題とみなし，同法中の必要的共同訴訟の規定によって処理すると説く。

中国法は契約解除の効果に関して，原状回復，損害賠償の他に「補救措置」を掲げる。しかし，この「補救措置」の理解をめぐっては諸説ある。韓世遠は，価額〈価値〉形態の原状回復を意味し，提供した労務の原状回復，受領した目的物が金銭のときの原状回復がその内容をなすと説く。ところで，解除の効果をめぐっては，中国でも所謂直接効果説と折衷説の対立が見られる。例えば直接効果説を採る崔建遠は，第三者が悪意で，善意取得が適用されない場合について，解除権者による給付物返還請求を物権的請求権ではなく債権的請求権でとらえる折衷説に対して，その説では，受領者と悪意の第三者との売買契約も有効であり，それでは悪意の第三者を保護し過ぎることになると批判する。これに対して，折衷説を採る韓世遠は，売主が契約を解除しても目的物は当然には売主には復帰せず，第三者が所有権を取得するの

は物権法の善意取得規定によるのではなく，売主も第三者も債権者であって，いずれの債権を満足させるかは，債務者＝受領者の自由な意思によって決定されると説く。他方，王成は，日本民法545条1項につき，それは単に第三者の権利を侵害することはできないと規定するのみで，第三者の権利をどのように保護すべきかについて明示しておらず，中国法は具体的保護の措置について物権法106条（善意取得）等の規定によって解決することを明示していると説く。

中国法は94条1号で不可抗力による契約目的実現不能の場合の契約解除を認める。その結果，危険負担との競合が生ずる。この競合が生じた場合にどのように処理すべきなのか，また中国契約法の立法段階で両者の関係をめぐって議論が存在したのかどうかが問題となる。この後者の問題については，韓世遠も王成も議論は存在しなかったと言う。前者の問題について，韓は，契約法94条1号は特別法，危険負担のルールは一般法として理解すべきであると説き，王は，危険負担の箇所においてであるが，契約解除後，双方で損失を分担するやり方の方がより弾力的であり，危険負担に比べて債権者の負担の点でより合理性があると説く。

94条2号は履行期到来後の履行拒絶及び履行期前の契約違反を理由とする解除規定であるが，後者に関しては「自己の行為をもって主要な債務を履行しない」（黙示の毀約）場合の解除も含まれる。他方，不安の抗弁権に関する69条も解除できることを定めており，その不安の抗弁権の行使の中での解除は催告を事実上予定していると韓世遠は説く。ところが94条2号には催告の文言がなく，この両者の関係が問題となる。この点につき，韓世遠は，94条2号も催告を要件とするとの解釈論を駆使すべきであると説き，他方，王成は，94条2号は履行拒絶という主観的決定に属するので催告を要しないと説く。それに対して，韓は，黙示の毀約の場合は催告を必要とするはずであると主張する。

94条3号の履行遅滞を理由とする解除については，受領遅滞も違約ととらえる中国において，受領遅滞を理由とする解除が認められるかということが問題となる。この点につき，王成は，受領遅滞も違約を構成するが，その受領義務は不真正義務で，義務の強さは弱く，それに違反しても損害賠償責任は生じないが，債権者には他面で協力義務もあり，その義務は真正の義務

20　第一部　本書の概要

で，協力義務に違反した場合には付随義務違反に問われると説く。しかし，付随義務違反を理由とする解除を3号は認めていないので，解除は認められないということになる。韓世遠も，中国の通説は94条3号を債務者の遅滞と解釈し，受領遅滞を含めないと説く。

　94条4号はCISGを参考として作られたものであるが，後者と違って予見可能性の有無によって根本違約の成否を論ずるという規定の仕方をしていない。その立法的評価が問題となる。この点について，韓世遠は，主観的基準を放棄することによって，主観的基準の介在によってもたらされる根本違約確定面での意外性や債権者保護に不利な要素を減少させることになるとして，積極的に評価する。王成も同様に考える。ところで，4号は2号や3号と異なり，解除の要件を主要な債務に限定していない。したがって，付随義務違反を理由とする解除が認められるかが問題となる。韓世遠はそれを肯定する。

　94条5号について特に問題となるのは，厳密な意味では「法律」でない司法解釈による解除も本号に含めることができるかどうかについてである。この点について，韓は5号の「法律」についてあまり厳格な解釈をする必要はないと説き，他方，王成は，司法解釈自身は法律でないと厳格に解釈する。

［第11章　違約責任］

　従来の違約責任は過失責任として規定され（経済契約法），司法実務では過失推定がとられ，また契約法草案でも過失推定が規定されていたが，現行契約法は厳格責任を採用した。この立法をどのように評価すべきかが問題となる。この点に関して，韓世遠は，非典型契約において，一旦違約が生じた場合に，それに対応する帰責原理（帰責原則ではない）をどのように確定すべきかが問題となるとし，司法実務ではサービス契約（医療サービス契約等）に対して厳格責任の立場を採っていないように思われ，結果は肯定できるとしても，その法理的説明がなされていないと説く。また，王成は，価値判断の観点からすると，民事活動においては〈対〉（正しいこと）と〈錯〉（過ち）をはっきりと区別することは重要であると説く。

　中国契約法は違約責任の効果として，実際履行，損害賠償とは別に「補救措置」を掲げるが，その理解をめぐっては諸説ある。韓世遠は，返品，代

金・報酬の減額が補救措置で，修理，交換，作り直しは継続履行とともに「特定救済」の範疇に属すると説き，王成は，立法論的には，補救措置は実際履行＝継続履行に属し，修理，交換，作り直しは瑕疵ある履行後の補救措置，代金・報酬の減額は損失賠償と補救措置の両面があると説く。

契約法108条は履行期到来後の履行拒絶及び履行期前の契約違反に関する規定である。後者に関しては，それは英米法上の明示の毀約と黙示の毀約の区分を採用していると言われる。その中で黙示の毀約については不安の抗弁権との関連が問題となる。即ち不安の抗弁権の行使を前提条件とするのか，それともアメリカ法と同様，それを条件としないと解すべきかが問題となる。韓世遠は，この点に関してはCISG72条2項の「契約を解除しようとする当事者は，相手方がその履行について適切な担保を供与することができるように，合理的な通知をしなければならない」との規定が参考となると説く。王成も，黙示の毀約の場合，一方の側の主観だけで判断するのは困難なので，不安の抗弁権の行使が前提となると説く。

物の瑕疵担保責任と違約責任との関係については，物の瑕疵ある給付は不適当履行として違約を構成するとの統合論と，物の瑕疵担保責任は違約責任から相対的に独立し，買主はいずれかを選択できるとの競合論が存在し，統合論が通説をなす。証明責任の点からすると，競合論の方が買主には有利となる。韓世遠は，総則の111条と各則の買主の検査義務（157条），通知義務（158条）はそれぞれ異なる規範対象をなし，競合は生じないと説き，王成は瑕疵担保の規定，すなわち各則の157条，158条を優先的に適用すべきと説く。

111条の代金・報酬減額請求権の性格をめぐっては，中国でも請求権説と形成権説が対立し，韓は形成権説（ただし一部解除説ではなく，変更説）に与するが，王成は請求権説に立っているように思われる。

中国契約法は，日本民法416条1項に関する日本の通説（相当因果関係説）とは異なり，予見可能性でもって損害賠償の範囲を論ずる。その予見の時期については，契約締結時とするが，予見の主体や内容をめぐっては諸説ある。韓世遠は主体については違約者とし，内容については損害の類型に止まり，損害の程度までは求めないと説く。王成も主体は違約者であるとするが，内容については損害の類型のみならずその程度をも要件とすると説く。

中国契約法113条2項は消費者権益保護法の適用を定めた規定で，そこでの懲罰的損害賠償は契約法上の請求権にもとづくのか，不法行為法上の請求権にもとづくのかが問題となる。この点について，韓世遠は，懲罰的損害賠償はそれ自身特定の私法的性質を具えておらず，契約法の中で請求することも不法行為法の中で請求することもできると説き，他方，王成は，消費者権益保護法（改正）49条及び55条での賠償請求権は不法行為法上の請求権であると説く。

違約金の性格をめぐっては，中国でも種々の論点が存在し，裁判例も非常に多い。先ず，違約金を損害賠償の予定とみなすことができるかどうかが問題となり，王利明はそうした見解に否定的である。しかし，韓世遠は，渉外経済契約法の「契約違反の損失賠償とみなす」を踏襲していると説き，王成は違約金と損害賠償の関係は，違約金の性質及び調整可能性と関連すると説く。違約金と契約解除の関係をめぐっては，最高人民法院で，解除により違約金請求権も消滅するとの判断を示した事例が1例存するが，大多数の判決は，最高人民法院の判決を含めて，違約金の請求を認めている。直接効果説をとる論者も，契約解除は遡及効を有するが，それは違約責任の存在に影響を与えないと説く（崔建遠）。賠償性違約金の構成要件については，過失を要件とするのか，中国でも見解が分かれている。韓世遠は，賠償性違約金の場合は，約定や特別規定で過失を要件とする旨の事由が存しない限り，過失を要件としないと説き，王成も，違約金責任の構成要件はとりもなおさず違約責任の構成要件であるとする。

ところで，中国法は違約金額の裁判官による調整を認めているが，2012年の司法解釈「売買契約解釈」27条で「当事者の一方が…高すぎる違約金の調整を主張しないとき，人民法院は…釈明を行わなければならない」と規定している。これは，裁判官の職権でもって違約金の調整を義務づけているかのような印象を与える。この点について，韓世遠は，違約金の調整は当事者がそれを求めることが前提で，上記の司法解釈が出ても，変わることはないと説き，王成も同様の見解を採る。

手付と違約金と損害賠償の関係をめぐっても諸説ある。梁慧星は，中国法上の手付は違約手付であり，違約手付は損害賠償の予定であり，したがって手付と損害賠償の予定は併用できないと説くが，王利明は，違約金と手付の

併用は禁止されているが，違約金又は手付と損害賠償の請求の併用は可能であると説く。この点に関して，韓世遠は，違約金は損害賠償の総額の予定であり，違約手付はその最低額の予定と一般に理解されており，違約手付で損害を補填したうえで，なお損失がある場合，補填されていない損失につき引き続き賠償を要求することを妨げないと述べる。なお，王利明は違約金を一種最低額の損失賠償と考えており，通説とは異なると韓は言う。王成は，上記2012年の司法解釈をもとに，手付と損害賠償は併せ処理することができ，違約金の性質が損害賠償の予定であれば，当然，手付と併せ処理することができると説く。

中国契約法は119条で被害者に損失軽減義務を課している。本条の「適当な措置」につき，王利明はそれを「合理的措置」と読み替えたうえで，軽減義務が生ずるのは被害者が主観的に善意でなかった場合や不作為の場合だけでなく，不合理な行為をとることで損失の拡大をもたらした場合も含まれると説き，損失軽減義務の根拠を誠実信用原則に求める。韓世遠，王成も，基本的に王と同様の理解を示す。

121条は司法実務でも適用例が多いと言われているが，本条につき，法律出版社の『公民常用法律手冊』は「第三者の故意・過失によってもたらされた違約」責任との見出しを掲げている。しかし，本条については「第三者」の範囲，あるいは「故意・過失」を要件とするのかをめぐって見解が分かれている。第三者の範囲については「契約当事者の一方が自己と法的関係を有する第三者」に限るとの説（梁慧星）もあるが，韓世遠は，この第三者の範囲について特別の制限が付されているわけではないと説き，また故意・過失がない場合でも適用可能で，上記の見出しは条文にない文言であり，正確ではないと説く。王成も，この見出しは適切でないと説く。そのうえで，本条の趣旨は，非違約者側は第三者に対して違約責任を主張することはできないこと，違約者側は違約が第三者の原因によってもたらされたことを理由に免責を主張できないこと，すなわち契約の相対性を強調することにあると説く。第三者の範囲については，韓説と同様である。また，不可抗力による免責を定めた117条との関連でも，不可抗力の影響を受ける者が契約関係以外の第三者で，当該第三者が契約法の一方当事者の違約に作用する場合に，121条によれば違約者側は非違約者側に責任を負わなければならないと説く。

一個の行為が違約責任と不法行為責任を成立させる請求権競合について，中国の有力説は選択的競合論を採り，原告はいずれかを選択し，敗訴の場合はもはやもう1つの請求原因で請求できないと説く。この点に関しては王成も司法解釈「契約法適用解釈（一）」30条および「旅行紛糾案件を審理するうえでの法律適用についての若干の問題に関する規定」をもとに，上記の有力説を支持する。しかし，韓世遠は，たとえ裁判所が違約訴訟において敗訴判決を下しても，別途，不法行為訴訟にもとづいて主張することができ，これは一事不再理原則及び民事判決の既判力と衝突せず，実務も選択的競合説で一本化されているわけではないと述べる。

第二部　中国契約法の研究

第1章　一般規定

第1節　契約法・関係法規及び日中の条文比較

1　中国契約法・関係法規

契約法

1条（立法目的）　契約当事者の合法的権益を保護し，社会経済秩序を維持し，社会主義現代化の建設を促進するために，本法を制定する。

2条（契約の定義）　①本法にいう契約とは，平等な主体である自然人，法人，その他の組織の間において民事上の権利義務関係を設定し，変更し，消滅させる合意をいう。

②婚姻，養子縁組，監護等の身分関係に関する合意は，その他の法律の規定を適用する。

3条（平等原則）　契約当事者の法的地位は平等であり，当事者の一方は相手方に自己の意思を強要してはならない。

4条（契約自由の原則）　当事者は，自己の意思にもとづいて契約を締結する権利を享受し，いかなる単位又は個人も不法に干渉してはならない。

5条（公平原則）　当事者は，公平の原則に従って双方の権利及び義務を確定する。

6条（誠実信用原則）　当事者は，権利の行使と義務の履行にあたり，信義誠実の原則に従わなければならない。

7条（遵紀守法原則）　当事者は，契約の締結と履行にあたり，法律，行政法規を遵守し，社会道徳を尊重することを要し，社会経済秩序を撹乱したり社会公共の利益を害してはならない。

8条（契約により義務を履行する原則）　①法により成立した契約は，当事者に対して法的拘束力を有する。当事者は，約定に従って自己の義務を履行しなければならず，みだりに契約を変更又は解除してはならない。

②合法的に成立した契約は，法律の保護を受ける。

契約法草案（1998 年）2 条　契約は平等な主体の公民，法人，その他の組織の間で債権債務関係を設定し，変更し，終了させる合意〈協議〉である。

2　日本民法（下線部は民法改正での修正部分を意味する。以下，同。）

1 条（基本原則）　私権は，公共の福祉に適合しなければならない。

2　権利の行使及び義務の履行は，信義に従い誠実に行わなければならない。

3　権利の濫用は，これを許さない。

2 条（解釈の基準）　この法律は，個人の尊厳と両性の本質的平等を旨として，解釈しなければならない。

90 条（公序良俗）　公の秩序又は善良の風俗に反する事項を目的とする法律行為は，無効とする。

3　改正民法

90 条の上記下線部を削除。

4　日中の条文比較

①中国法の一般規定は，契約法の立法目的（1 条），契約法の調整範囲（2条）及び基本原則（3 条〜8 条）からなる。このうち，契約法の立法目的及びその調整範囲に相当する規定は日本法にはない。②基本原則については，中国契約法 6 条と日本民法総則 1 条 2 項が概ね対応するのみで，その他に対応関係は見られない。中国契約法 3 条と日本民法総則 2 条にともに「平等」文言が存するが，日本法のそれは身分法上の平等を指し，両者は趣旨を異にする。日本法に中国契約法 3 条に相当する明示の文言がないのは，平等原則は自明の原則であえて規定するまでもないということであろう。中国契約法 7条の見出しは法律出版社の『公民常用法律手冊』では「遵紀守法原則」となっているが，『学生常用法規全書』版では，「公序良俗原則」との見出しが立てられており，そのように解することができれば，日本民法総則 90 条に対応する。もっとも，7 条は直接規範としての効力を有するものでなく，日本法 90 条に直接対応するのは，契約の無効事由を定めた中国契約法 52 条 4 号である。日本民法総則 1 条 3 項の権利濫用禁止原則に直接対応する規定は中

国契約法には見当たらないが，後述するように，中国憲法51条（「中華人民共和国公民は自由と権利を行使するとき，国家，社会の利益及びその他の公民の合法的自由と権利を害ってはならない」）がそれに相当し，憲法に由来する原則であるので，契約法諸基本原則中最高の原則をなすとの説（梁慧星）が存する。中国契約法8条の契約義務履行原則に相当する規定は日本法にはない。契約が有効に成立すれば，債務履行義務は当然に生ずるわけで，殊更規定するまでもないということであろう。中国契約法の諸原則中の公平原則については，中国不法行為法〈権利侵害責任法〉にも公平責任原則が規定され（同法24条），日本法にはこの種の文言を用いた規定は存在しない（裁判例では公平原則が用いられることはあるが）。中国法のこの公平原則が現実にどのような機能を果たしているかは，中国法研究の重要な課題をなす。

第2節　物権契約概念

1　問題の提示

統一契約法の適用範囲につき，草案段階では，「契約は……債権債務関係を設定し，変更し，終了させる合意」となっていたのが，制定時には「民事上の権利義務関係」に修正された。このこととの関連で，謝懐栻は次のように説く。「わが国の契約法は，『契約法』での契約が，いわゆる債権債務関係に限り，いわゆる物権契約を排除するということを規定していない。何故なら第2条は民事上の権利義務関係と言い，債の権利義務とは言っていないからである。従来，学者が民法通則を解釈するとき，通則は契約を85条に規定し，その条文は第2節債権の中に位置し，したがって，民法通則中の契約は債権契約に限られ，物権契約は含まないと考えてきた。現在，契約法2条1項は……とあって，債権という制限はなく，契約法と民法通則とで同一の解釈をなすことは困難である。しかも，契約法の最初の草案では債権債務関係という表現を用いていて，このことがこの問題を突出させることとなった。さらに問題なのは，契約法公布後，民法通則もなお有効であり，この2つの法律の契約概念は一致させたほうがよい。この問題の解決については有権機関の有権解釈が待たれる」[1]。この謝の指摘についてどのように思うか。中国契約法は物権契約を独自に想定していると考えるべきなのか，また，不

30 　第二部　中国契約法の研究

動産物権変動における物権行為の無因性理論には賛成するのかが問題となる。

2　韓世遠・王成の回答

《韓世遠の回答》

謝懐栻は中国民法学界で遍く尊敬されている大先輩で，ドイツ民法学の体系を熟知している。氏自身も，論文を書き，中国の学者が物権行為理論を提唱していることについて，そこに存在する誤解を正そうとしている[2]。さらに，氏自身，民法通則85条の「契約」の定義及び解釈について詳細な見解を述べたことがある[3]。以上から分かることは，氏は契約法2条の文言の表現について，明確な問題意識を有していたということである。

物権行為の問題は1980年代から登場し，中国大陸では，この問題をめぐる学術討論は立場の対立と見解の先鋭な衝突を伴い，今日の民法学研究もその影響を引き続き受けている。この問題自体は学術問題であるが，しかし，今日，それは人為的に "路線闘争"〈上網上線〉として扱われ，一種の "学術のイデオロギー形態" として，敏感な問題をなしている。同時に，それは，敵と味方の陣営に区分する際の "試金石" とされ，客観的には学術討論の度を越している。

周知のように，売買を典型とする分析枠組において，いわゆる物権行為理論には2つの主要な面，すなわち物権行為独立性と物権行為無因性が含まれる。ある学者は次のように主張する。民法通則で規定した「契約」は「債権契約」であるが，それと同時に民法通則は「物権行為理論」も受け入れ，かつ使用している。何故なら民法通則は債権契約と物権契約を区別しているからである。物権契約を提起せずして，債権契約だけ講じても意味がない。もし両者を区別していなければ，「契約」概念を使用すればよく，またそのように使用すべきである，と。

以上の区分は，概念使用のレベルでのものであり，法律思惟上の道具として債権契約と物権契約を使用しているにすぎない。そして，このレベルでの議論としては，今日の中国においてこの2つの概念は周知のものとなってい

1）謝懐栻『合同法原理』（法律出版社，2000年）24～25頁。
2）謝懐栻「物権行為理論弁析」法学研究2002年4期89～95頁。
3）謝懐栻「正確闡述民法通則以建立我国的民法学」法律学習与研究1987年5期3頁。

る。しかし，ある学者は，物権行為の独立性を説くだけで，物権行為の無因性を説かないのであれば意味がないと主張する。すなわち，今日の中国では，まさに多くの論者が物権行為の独立性を説くだけで，物権行為の無因性については説かないというのである。そういう批判者自身も，無意識のうちに物権行為理論を受け入れ，かつ物権行為の独立性の観念を用いているではないか。

　物権行為が有因か無因かは，立法者の政策的選択の問題であって，学者が民法問題を解釈するうえでの道具の選択の問題ではない。立法者が無因性を採用していない以上，学者が解釈論を展開するとき，無理に無因性の解釈をなすべきではない。私は，中国法は物権行為の無因性理論を採用していないと考える。しかし，私個人は，法的思考として物権行為，債権行為といった概念を用いることを排斥するものでない。

　≪王成の回答≫
　ⅰ）謝懐栻の見解について
　私自身の理解によれば，謝の著書には３つの内容が含まれている。その１，民法通則の設計〈体例〉によれば，民法通則での契約は債権契約となっている。その２，ところが，その後の契約法では権利義務関係と表記するのみで，債権債務関係とは言っていない。この契約法の規定をどのように理解するかは重要な問題をなす。その３，両法律間に生じた不一致をどう解釈すべきか。
　これらの問題は，すこぶる困難な問題であるが，私は以下のように考えている。
　第１，立法法 83 条の規定によれば，新法は旧法に優位する。契約法は新法で，民法通則は旧法である。したがって，両者の内容が抵触するときは，契約法の内容を基準としなければならない。契約法施行後も，民法通則はなお有効であるが，両法で一致しないときは，この規則によって解決する。
　第２，契約法２条自体の規定をどのように理解すべきか。２条１項の文言からは，契約法が示す契約の類型を判断することはできない。しかし，体系的，歴史的観点から見れば，２条１項には２つの面での制限が存在する。その第１の制限は，契約法２条２項，すなわち婚姻，養子，監護等の身分関係の契約は，２条１項の規定する契約の内容には属さないということである。

第2の制限は，中国の通説によれば，前世期80年代以来，中国の司法実践及び実在法においては，物権契約と債権契約との区別は存在しなかったということである。したがって，通説によれば，契約法の定める契約は債権契約である。しかし，債権契約というのは物権契約との対比ではじめて意義があるのであって，中国には現在のところ物権契約は存在せず，契約法が定める契約も所謂債権契約と物権契約という意味を有しない。もちろん，この点については，異論もある。

ⅱ) 物権行為の無因性理論について

私は物権行為の無因性理論には賛成しない。

3　瀬川信久の所見

(1) 議論の整理と限定

小口は「問題の提示」で，①民法通則85条と契約法2条1項の契約概念につき謝懐栻の主張を紹介し，それとの関連で②物権行為の独自性と無因性について質問した。これに対し，韓は，債権契約と物権契約を概念使用のレベルで区別することには同意しながらも，物権行為の無因性と結びついた独自性まで認めることに反対する。そして，物権行為の無因性の採否は立法者の政策的選択の問題だとし，中国の立法者は無因性を採用していないとする。王は，債権契約と物権契約の実際上の区別に立ち入らず，民法通則と契約法の「契約」概念の間に抵触があれば「新法は旧法に優位する」の規則によって解決すべきだとする。また，物権行為の無因性だけでなく物権契約と債権契約の区別すら，1980年以後の「中国の司法実践及び実在法においては」存在せず，したがって契約法の契約は債権契約・物権契約という意味を持たないとする。

「問題の提示」で設定された上記①②の問題のうち，①民法通則と契約法の契約概念の問題は，直接的には，「契約」の語を用いる両法の条文の適用範囲如何の問題である。したがって，王のように債権契約と物権契約の区別とは切り離して考えるのが自然である。もっとも，債権契約と物権契約の区別と切り離しながらも，王と違って，民法通則85条と契約法2条1項の立法事実にもとづいて解釈することも考えられる。しかし，両法律の立法事実が明らかでなければこの解釈方法を採ることができない。以上に対し，謝は

債権契約と物権契約を区別する立場から，両法の不整合を指摘するようである。ただ，両契約概念の区別を両法の解釈に持ち込むとしても，各法律の個々の条文に即してその意味を明らかにする必要がある。謝が両契約概念を区別する意図とそれを民法通則85条と契約法2条1項の解釈に持ち込む意図を知ることができないので，これ以上立ち入ったコメントをすることができない。以下では，2つ目の②物権行為の独自性・無因性について検討する。

(2) 物権契約の独自性と無因性，物権行為論について

(i) はじめに

小口が債権契約・物権契約の区別と物権契約の独自性を取り上げたのは，これらが中国の契約観念の特色に関係するとの予感からであろう。この点につき，韓・王は債権契約と物権契約の区別に否定的であるが，日本語で紹介されている肯定的な学説を併せてみると[4]，両契約概念をめぐる議論は，中国の登記制度・不動産取引の変化とともに，契約関係の形成・確定・実現における取引当事者，登記機関，そして，契約内容を事後的に判断する裁判所の間の分担関係とその変化を反映しているように思われる。

(ii) 問題構造の整理

まず，問題を整理してみる。債権行為と物権行為は，まずそれぞれ，債権を生じさせる法律行為と物権変動を生じさせる法律行為を指す。しかし，物権行為の独自性はこのような単なる概念上の区別の問題ではない[5]。それは，

---

4) 関係する日本語文献として，孫憲忠「中国物権法制定に関する若干の問題（一）（二・完）」民商法雑誌130巻4・5号736頁以下，6号1076頁以下（2004年），田中信行＝渠涛編『中国物権法を考える』（商事法務，2008年）の「第2編1. 総則編」，渠涛「中国物権変動制度に関する一考察」法政論集227号（2008年）795頁以下，同「中国物権変動制度の立法のあり方」ジュリスト1357号（2008年）142頁以下，早稲田大学孔子学院編『日中民法論壇』（早稲田大学出版部，2010年）の「Ⅲ物権法」（尹田「中国物権法における不動産物権公示の効力」），鄭芙蓉『中国物権変動法制の構造と理論：日本法との双方向的比較の視点から』（日本評論社，2014年）がある。

5) 韓・王両氏は，債権行為と物権行為の区別に単なる概念上の意味と実質的な意味があるとするが，日本の学説も同様に考えている。舟橋諄一＝徳本鎭編『新版注釈民法(6)[補訂版]』（有斐閣，2009年）238〜239頁〔山本進一〕。末弘厳太郎『物権法 上巻』（有斐閣，1921年）64〜65頁，星野英一『民法概論Ⅱ』（良書普及会，1976年）31〜32頁（「観念的な意味」での物権行為と「〔所有権を移すという〕特別の意思表示」としての物権行為），田山輝明『物権法 民法要義2』（成文堂，2012年）46頁（「観念的物権契約説」と「取引慣行合致説」）など。

34 第二部 中国契約法の研究

現実の契約行為について債権を生じさせる部分と物権変動を生じさせる部分を切り離してとらえるべきか，そのことの意味をどう考えるかという問題である。少し敷衍する。

契約には，一方に，契約当事者間の債権債務関係を発生させるだけの契約があり（例えば雇用契約），他方に，債権債務を発生させず物権変動のみを引き起こす契約がある（要物契約としての抵当権設定契約，消費貸借契約，弁済行為など）[6]。中国でも日本でもドイツでも，前者のような契約を債権契約と呼び，後者のような契約を物権契約ととらえる[7]。以上は，債権と物権の区別に応じた契約の区別である。問題は，売買のように，ⓐ契約当事者間で債権・債務関係を発生させると同時にⓑ物権を変動させる契約のとらえ方である。物権行為の独自性と無因性の問題とは，この場合に，ⓐとⓑの効果を一つの契約にもとづくととらえるべきか，ⓐとⓑの効果はそれぞれ別の契約にもとづくと考え，それを現実に要求するかという問題である。なお，ここでⓑの物権変動として考えるのは，ⓑ-1 目的物を使用・改変する権利，果実収取権，自己名義で登記する権利，目的物の給付危険・対価危険，観念的な所有者たる地位の移転など[8]と，ⓑ-2 これらの権利・地位を第三者に主張する権利の移転である。

(iii) 中国法の概観

以上の整理にもとづいて中国法の変遷をみてみる。

(ア) 物権法制定の前　中国では，改革開放後に国有土地使用権の取引が始まり，物権変動をどう規律するかが問題となったが，そこでは，ⓑ-2 の対第三者効はもちろん，ⓑ-1 の当事者間の物権変動も，さらにⓐの売主の債務の発生も，登記によって生ずるものとされ，未登記の場合に売主は契約を撤回しても違約責任（損害賠償責任）すら負わなかった[9]。そのようにした理由として，専制主義の伝統の下で，私人の不動産上の権利も行政権力の登

---

6) 舟橋諄一『物権法』（有斐閣，1960 年）78 頁（ほかに，地上権設定，手付金の交付をあげる），鄭芙蓉・前掲注 4 書 93 頁（ほかに，抵当権放棄をあげる）。

7) 末川博『物権法』（日本評論新社，1956 年）59〜60 頁。

8) ⓑ-1 は契約当事者間の権利義務であるから，買主の債権・売主の債務の内容と考えることができないわけではないが，目的物の直接的支配にもとづくことから所有権移転の効果と考えている。

記行為に依存し，登記は取引が合法であることの根拠と考えられ，司法は，登記を経ていない不動産売買を違法・無効としていたからだとされる。また，改革開放後は，不動産開発市場の調整と税収（地租や固定資産税のような不動産保有税はないが，登記の際に土地使用権の価格の1.5%〜3%の税を徴収するとのことである）の観点からも登記を厳格に要求したという[10]。

　以上のような登記行政の重要性に対し，契約関係を実現する司法制度が弱かったことも@ⓑの効果につき登記を要件とした理由であったように思われる。例えば，買主は登記移転を裁判上請求することができず，登記移転は売主の任意の履行によるしかなかった。国有土地使用権の売買は，登記移転による一種の要物契約と考えられていたことになる（ただし，無効にするには売主の無効主張を要する）[11]。未登記の場合には，ⓑ-1の当事者間の物権変動も生じないから，買主はⓑ-2の第三者（売主からの他の買主）に対し買い受けた所有権を主張することができない[12]。

　（イ）物権法の制定　2007年の物権法は，物権の効果であるⓑについては以上の考え方を基本的に維持した[13]。まず，都市の不動産（国有土地使用権と地上建物）の物権変動では登記を効力要件とし，ⓑ-1とⓑ-2の効果を登

---

9) 以上は，尹田・前掲注4書173〜174頁による。鄭芙蓉・前掲注4書83頁はそのような裁判例をあげる（【甲】売買したが登記を移転していない売主が，翻意して契約を無効にすることを認めた）。

10) 鄭芙蓉・前掲注4書84頁注181。なお，同書は，買主は売主に，登記を移転していないことを理由に損害賠償請求もできないとするが，同書83頁の二重売買の判例は，第1買主の売主に対する損害賠償請求は認めている。

11) 仁井田陞『補訂中国法制史研究　土地法・取引法』（東京大学出版会，1980年）69頁以下。森一憲「中国現代法における固有法の影響」吉備国際大学政策マネジメント学部研究紀要3号（2007年）116頁によると，中国では歴史的に，不動産と重要な動産（馬，牛，奴隷など）の売買は，役所に届け出て契税を納付し納付済みの証明印を要する要式行為であり，これをしていない場合は効力を否定されたが，現在でも契税暫定条例があり（税率は売買金額の3〜5%），契税の納付がなければ登記できないという。

12) 鄭芙蓉・前掲注4書85頁はそのような裁判例をあげる（【乙】二重売買で第2買主が登記を備えた場合に，登記がない第1買主は所有権を取得せず，登記がある第2買主が所有権を取得するとした）。ただし，この事件では，売主が無効を主張していないからであろう，第1売買も有効であり，第1買主の売主に対する損害賠償請求は認めている。二重売買の関係を，日本法では2人の買主がともに所有権を取得し，ただ登記がない限り他方に主張できないと考える（不完全物権変動）のに対し，中国法では登記がない限りそもそも当事者間でも所有権が移転しないと考える（登記効力要件主義）。

記にかからせた。その主な理由は，依然として，国家による不動産の監督管理，不動産物権は登記により移転するという一般的考え，画一的処理，各地に同じ基準を適用する要請であり，物権変動の公示ではない[14]。これに対し，農村の集団土地請負経営権・地役権の物権変動では，登記を善意の第三者に対する対抗要件とした[15]。

もっとも物権法はこのルールに例外を認めた。まず，ⓑ-1 に関する登記効力要件主義は，人民法院・仲裁委員会の法律的文書，人民政府の収用決定等，相続，遺贈，建物建築・収去による物権変動には適用されず，登記がなくても効力が生ずるとされる[16]。他方，ⓑ-2 に関する対抗要件主義は，第三者が善意の場合にのみ適用され，悪意の場合には登記していなくても対抗できる[17]。日本法に引き寄せると，前者の例外は物権変動の種類による例外に対応し，後者の例外は「悪意者排除論」に対応する。

このように物権法は，ⓑの効果について登記主義を緩和したが，さらにⓐの効果については従前の登記主義を完全に否定し，登記がなくても売主の債務が発生するとした[18][19]。もっとも，買主の売主に対する損害賠償請求権は認めたが，登記移転請求権は認めなかった。

以上のように，物権法はⓑの効果のために登記を要件とする。しかし，ⓑの効果のために，債権を発生させる意思表示とは別の意思行為を要求すべきかという物権契約の独自性の問題については，物権法は肯定も否定もせず，解釈に委ねた[20]。そして，学説は分かれ，韓・王のような独自性否定説が多数説のようである。独自性肯定説の理由は，①物権変動の説明の明解さと，②登記がなくても占有移転の意思行為により物権を移転させることにより，売主（ディベロッパー）が移転登記未了を奇貨として他へ売却しても第１買

---

13) 以下については，孫憲忠「物権法における物権変動ルールの概要」田中信行＝渠涛編・前掲注４書51頁以下，尹田・前掲注４書175頁以下，鄭芙蓉・前掲注４書。

14) 鄭芙蓉・前掲注４書132〜133頁。

15) 整理すると，登記効力要件主義の都市の不動産では，ⓑ-1 もⓑ-2 も登記したときに認める。登記対抗要件主義の農村の集団土地請負経営権・地役権では，ⓑ-1 は登記しなくても認めるが，ⓑ-2 は登記したときに認める（ただし，ⓑ-2 については，悪意の第三者に対しては登記を要しない）。以上につき鄭芙蓉・前掲注４書87頁の(5)。

16) 尹田・前掲注４書177頁，鄭芙蓉・前掲注４書133頁２段目。物権法制定以前にこれらの例外がどうだったかは明らかにできなかった。

17) 鄭芙蓉・前掲注４書87頁の(1)。

主が取得できるようにすること[21]である。①の物権変動の説明の明解さとは，ⓑ-1とⓑ-2を一体としてとらえるので当事者間では生じたが第三者に主張できない物権変動が生ぜず，否認説，不完全物権変動説などの説明が要らないことと，所有権移転時期を定型的にとらえることができることである[22]。

　(iv)　日本法からの検討

　(ア)　以上の中国法は今日の日本法と相当に異なる。しかし，日本法も同様の変遷を辿ってきたように思われる。

　江戸期からの旧慣において，物権変動は，田畑山林等の売買では官の検印・親類組合の加判・庄屋の奥印・役場の見届・名寄帳の書改め，家屋の売買では道具屋の関与，邸地の売買では町会所の許可，一般動産は引渡しなど，外部的徴表を伴う行為によって生ずるとしていた[23]。明治初年には地租改正がなされ，地所質入書入規則が施行されたが，そこでは地券書換や売買証書への戸長公証（奥印）を売買契約の効力発生要件としていた。しかし，フランス法とドイツ法を参考に，次第に，戸長役場備置の土地売買譲渡割印帳への記載（登記）を第三者対抗力の要件とし，土地所有権は当事者間の売買の合意によって移転すると考えるようになり，1886年（明治9年）の登記法は

---

18) 物権法15条「当事者間で締結された，不動産物権の設定，変更，移転または消滅についての契約は，法律又は契約に別段の定めがあるときを除き，契約成立時からその効力が生じる。物権の登記を行っていないことは，契約の効力に影響を及ぼさない。」
　　孫憲忠・前掲注13論文（前掲注4田中信行＝渠涛編）55頁，尹田・前掲注4書189頁注8，鄭芙蓉・前掲注4書91頁（物権行為理論は，債務の発生も登記にかからしめられていた問題を解決するための議論であったとする），131頁4段目（本文の中国物権法の日本語訳は，鄭288頁以下による）。
　　なお，売主の債務の発生を登記から切り離す動きは，部分的には前からあったようである。1984年の最高人民法院の民事政策・法律の貫徹執行に関する「意見」は登記を不動産売買契約の効力要件としないとしたが，後の司法解釈は，これを1983年の都市部私有建物管理条例施行前の事案に限定した（鄭芙蓉・前掲注4書103頁）。1995年の回答は，旧都市不動産管理法施行前の不動産紛争について，登記を土地使用権の設定契約・売買契約・抵当権設定契約の効力要件とした。
19) 中国では一般にこれを「債権契約の独自性」と呼んでいるが，物権契約からの独自性ではなく，登記からの独自性である。また，孫憲忠が，同条を「物権契約の独自性」を認めたものとする（前掲注13論文〔前掲注4田中信行＝渠涛編〕55頁）のは，「物権契約の独自性」という用語の拡張使用であり，ミスリーディングであるように思われる。
20) 尹田・前掲注4書180頁，鄭芙蓉・前掲注4書91頁以下，131頁。

38 第二部 中国契約法の研究

この考えを明確にした[24]。そして，1896 年の現行民法典は，ⓐとⓑ-1 の効果はいずれも当事者の意思表示のみで，しかも 1 つの意思表示から発生するとし（176 条），ⓑ-2 の効果は，ⓑ-1 に加えて登記・引渡しという公示手段の具備によって生ずるとした（177 条・178 条）。このように民法典は，登記を対抗要件として純化し，かつその適用範囲を一般化し，他方で，物権の移転を外部的徴表行為から切り離した。しかし，その後，対抗要件としての登記主義は部分的に制限され[25]，他方で，物権変動に外部的徴表行為を要求する考え方が残った。

　判例は民法典制定後一貫して，ⓐⓑを一つの意思表示の効果ととらえている（独自性否定説）。しかし，学説では，20 世紀の初めに，売買契約が債権契約と物権契約から成るとし，ⓐの効果は債権契約により，ⓑ-1 の効果は公示を伴う物権契約によると考える独自性肯定説が支配的になり，1920 年代後半に後退しつつも，1950 年代まで主張された。この説は当初はドイツ

21）孫は独自性肯定の理由として複数の異なる理由をあげる。①債権関係の成立と物権変動との概念的な区別（孫憲忠・前掲注 4 民商法雑誌 130 巻 4・5 号 768 頁の(1)），②物権変動には引渡し・登記が必要だとの考え（同 769 頁の(2)），③権利処分者の処分意思の確保（民商法雑誌 130 巻 6 号 1082〜1083 頁に 2 つの事例と，1084 頁後 3 行目〜1085 頁 7 行目は，排他的な物権的効力を発生させる根拠は，人と人との間で効力を生じさせる債権契約に求めることができないとする），④登記だけでなく，当事者の意思による占有の移転など公示原則に適合した物権移転の意思があれば物権変動を認めるべきだとの考え（孫憲忠・前掲注 13 論文〔前掲注 4 田中信行＝渠涛編〕55 頁，58〜59 頁）。以上のうち，③は物権変動のために独自の意思を要求することにより物権変動を制限し，④は物権変動原因を登記に拡げる点で方向は反対であるが，いずれも，物権変動を，登記ではなく当事者の物権変動意思にかからせる点では同じである。
22）鄭芙蓉・前掲注 4 書 198〜199 頁はこれを理由に，独自性を超えて，登記を物権変動の効力要件とすべきだとする。
23）末川博・前掲注 7 書 64 頁。
24）牧英正＝藤原明久編『日本法制史』（青林書院，1993 年）290〜293 頁。詳しくは，福島正夫『福島正夫著作集　第 4 巻 民法（土地・登記）』（勁草書房，1993 年）432〜437 頁を参照。
25）判例は，民法典制定より 10 年程後から少しずつ例外を認め，今日，一方では入会権など一定の物権について，また共同相続による相続持分の取得・時効取得など一定の変動原因について，他方では不法占拠者，実質的な無権利者，前々主，背信的悪意者など一定の第三者に対して，登記による優劣ルールを否定し，登記なしに対抗できるとしている。舟橋諄一＝徳本鎭・前掲注 5 書 540 頁以下〔原島重義・児玉寛〕，658 頁以下〔吉原節夫〕。

法学の影響によるところが大きかったが，日本民法 176 条はフランス法の意思主義だという末弘厳太郎の批判以降は，伝統的な取引慣行と当時の取引実態を論拠にした。例えば，当時の取引実情について，独自性肯定説の末川博は次のように述べた。「普通の場合には，目的物を引き渡すとか代金授受するとか登記をするとかいうような外部的徴表を伴う行為があるまでは所有権は移転しないと考えている」（65 頁）。他人物売買で売主が所有権を取得した時に買主が知らなくても所有権を取得するのは「全く当事者の予期しないところ」である（68 頁）。売買契約が解除された場合に所有権が当然に以前の売主に復帰するのも，「買主が全然関与しないのに所有権を失うことになって甚だ奇妙」である（68～69 頁）。売買の一方の予約や第三者のためにする契約の場合に一方的な意思表示だけで所有権が移転すると「当事者自身もさぞ面喰らうことであろう」（69 頁）。売買契約と同時に所有権が移転すると同時履行の抗弁権で売主が拒めるのは引渡しのみになり，簡易の引渡しをしている場合には拒むことがないことになる（69 頁）[26]。

　これに対して，独自性否定説は，肯定説が物権変動の時期を明確化し，それを公示する点で評価しつつ，「物権変動の効力を生ずるために形式を伴った特別の行為を必要としない制度の下で，独自の行為を要求してみても，……債権行為と外形上何らの差異のない意思表示を繰り返させるだけのことになり，……。却ってただ当事者に不便を強いる結果となり，無用の議論」だとした[27]。この論旨は所有者の処分意思を確認する必要を考えていない。そしてこの独自性否定説は，独自性肯定説が物権契約によるとした⑥-1 の効果のうち，所有権の移転は⑧と同じ契約にもとづくとし，ただ，移転の時期は，⑧の合意内容によって，⑧の債権契約の効力発生時あるいは代金支払や引渡し・登記移転時になると考えた。このうちのいずれの時期を原則と考

26）末川が伝統的な取引慣行を論拠にしていたことについては，前掲注 23 の旧慣への言及を参照。なお，以上の括弧内の数字は末川博・前掲注 7 書の頁数である。以上のほか，同書 63～65 頁は，実際の生活では目的物の引渡し・代金の支払，登記の移転がなければ所有権は移転しないと考えているとする。また，同書 77～78 頁は，無効・取消しの場合のほかに解除の場合を考えている（後述する (ii) の場合）。末川は，無因性を転得者の取引安全の保護という観点からはみていない。

27）否定説の我妻栄＝有泉亨『法律学体系コンメンタール編　民法総則・物権法』（日本評論社，1950 年）261～262 頁の論旨である。

40 第二部 中国契約法の研究

えるかについては独自性否定説の中で分かれたが，いずれの見解も，物権行為の独自性を要求して処分意思を確認することは必要でないと考え独自性の問題を移転時期に関する契約解釈の問題に解消している[28]。そして，物権行為の無因性はその独自性を前提とすると考え，独自性否定を理由に無因性を否定している[29]。

　(イ) 以上の概観によると，中国法，日本法はいずれも，かつては物権変動を登記などの外部的徴表行為に結びつけていたが，次第に登記等から切り離してきたということができる。中国では，当事者の合意を裁判所が解釈することによって物権変動を判断するようになり，登記主義を後退させた。日本でも，登記を第三者に対する対抗要件に純化し，当事者間の権利関係は物権移転を含めて契約解釈の問題と考えている。しかし，これらの動きを単純に当事者意思自治の拡大ということはできない。これらは，裁判所による契約解釈を考えているが，登記等の外部的徴表行為を要求することは本来，権利処分の意思を当事者自身に確保させる意味をもっていたからである。

　そもそも，物権行為の独自性——ⓑの効果をもたらす物権契約を，ⓐの効果をもたらす債権契約とは別に要求すること——は局面によって異なる意味をもつ[30]。1つは，(i)債権契約が有効な場合に，物権変動のための意思行為を別に要求することにより，物権を失う者の処分意思を確保する意味である。もう1つは，(ii)債権契約の無効・取消し・解除の場合に，効力を失った債権契約から切り離して物権変動の効力を維持することにより (無因性)，-1外部的徴表行為 (支払った代金の返還と占有・登記の返還) がなければ物権は復帰しないとしたり，-2転得者に当該物権を有効に取得させる意味である。そして，独自性肯定説の意義は(i)や(ii)-1の点にあった。しかし，日本の多くの学説 (独自性否定説) は独自性肯定説と否定説を，ドイツ法の形式主義とフランス法の意思主義の対立図式と表面的に結びつけ，(i)(ii)-1を軽視してきた。それは，物権変動の有無をめぐる紛争は裁判所にもちこまれ，

---

　28) 以上につき，舟橋諄一・前掲注6書226～236頁〔山本進一〕。

　29) 舟橋諄一・同上書240～241頁，245～248頁〔山本進一〕。

　30)「物権行為の独自性」の意味が単一でないことについては，鄭芙蓉・前掲注4書91頁が指摘する。中国ではこの2つのほかに，債権契約の登記からの独自性の意味でも用いる学説がある (孫憲忠・前掲注13論文)。

裁判官が物権変動の合意の存否を契約解釈によって上手く判断すると考えたからである（注27，28の独自性否定説の論旨を参照）。

（ⅴ）おわりに——見通しと課題

現実的に考えると，日本でも中国でも迅速なビジネスの要請が続く限り，独自性が肯定される見込みは小さい。そして，独自性否定説によるときは，裁判官の事後的な契約解釈によって物権変動の有無を判断することになる。

これまでもわが国では，物権行為独自性の意義・機能を，公証制度，司法書士制度のあり方との関係で考えてきた[31]。しかし，これに裁判制度のあり方を加える必要がある。そして，裁判における物権処分意思の判断では，契約とその履行における，仲介業者，公証人，司法書士による意思確保の実態，登記制度，さらには後見人制度の利用のされ方を考慮しなければならない[32]。これは物権法というより契約法の問題である。司法の判断の拡大が，物権行為概念の基盤を浸食し，問題を契約解釈の問題にするのである。

第3節　契約法の基本原則と公平原則の機能

1　問題の提示

（1）価値のヒエラルヒーの有無

契約法第1章に掲げる契約法の諸原則をめぐっては，いわゆる価値のヒエラルキーを採る学者も存する。日本でも，我妻栄は「公序良俗は……私法関係の最高の理念」[33]と説き，中国では，梁慧星が「権利濫用禁止原則の現行法上の根拠は憲法51条（公民が権利を行使するときは国家，社会，集団の利益を損なってはならない——小口）にある。……したがって権利濫用禁止は中国憲法上の基本原則である」[34]と説く。他方，王利明は「民法において，誠実

31）鎌田薫「フランスにおける不動産取引と公証人の役割（1）（2）」早稲田法学56巻1号，2号（1981年），同「不動産物権変動の理論と登記手続の実務」民事研修360号（1987年）1頁以下など。

32）山野目章夫『物権法〔第5版〕』（日本評論社，2012年）25頁以下は，物権変動への国家後見的関与に対し，物権変動の当事者の主体的関与の確保とそれを支援する仕組みの整備の観点から検討すべきことを説く。

33）我妻栄『民法大意　上巻［第2版］』（岩波書店，1971年）182頁。

42 　第二部　中国契約法の研究

信用原則は……民法とりわけ債法中の最高指導原則」[35]であると説く。このような諸原則間の価値のヒエラルヒーをどう評価するか（質問①）。

　(2)　公平原則の機能

　契約法の基本原則の中の公平原則は，例えば「契約内容が明らかに公平原則に反するときは，契約を変更又は取り消すことができる」[36]とか，「公平原則は，民事法律行為の内容の確定が，公平の原則に従わなければならないことを指す」[37]とあるように，一般的には，契約内容の判断基準として理解されている。事実，司法実務でも，法の欠缺状態にあった事情変更の原則や不安の抗弁を容認する根拠として公平原則が援用されてきた。しかし，この公平原則の適用例の中には，中国独特の適用例が存するように思われる。下記の広東省高級法院の判決[38]はその一例である。ここでは，被告には違約責任も権利侵害責任も問えないとした原審判決は正しいと認定したうえで，それにもかかわらず，被告に 30 万元の補償（最高人民法院公報では賠償と表記されている）を命じ，そのさいの根拠として公平原則が援用されている（この広東省高級法院の判決は最高人民法院の案例として採用されていて，このことは，最高人民法院が本事例を参照に値すると判断したことを示している）。この広東省高級法院の判決をどのように評価すべきか（質問②）。

【事件の概要】

　原告：李萍（以下X₁），女，39 歳，広東省珠海市教育委員会職員，住所珠海市香洲銀樺新村。

　原告：龔念（以下X₂），男，38 歳，原告X₁の夫，広東省珠海市水利局職員，住所同上。

　被告：広東省珠海経済特区五月花飲食有限公司（以下Y），住所広東省珠海市香洲碧濤花園。

34）梁慧星『民法総論［第 2 版］』（法律出版社，2001 年）47〜48 頁。
35）王利明 I 書 179 頁。
36）同上書 199 頁。
37）梁慧星・前掲注 34 書 44〜45 頁。
38）最高人民法院公報所載「李萍・龔念が五月花公司を訴えた人身傷害賠償糾紛案」，最高人民法院公報 2002 年 2 期所収。

法定代表人：唐楚源，当該公司支配人。

1999 年 10 月 24 日 18 時頃，原告の$X_1 X_2$夫妻は 8 歳の子供 A を連れて，友人と被告が経営する五月花レストランに出かけ，レストランの案内娘によって第二楼に着席した。その席の傍らには“福特”という名称の個室があった。個室“福特”の東，南の壁はレンガ壁で，西，北の壁は板壁で，A はこの板壁近くの外側に座っていた。18 時 30 分頃，個室“福特”の内部で突然爆発が起こり，X_1と A はただちに人事不省に陥り，X_2は負傷の痛みをおして倒壊した個室の板壁からはい出て，A を病院に送りこみ，X_1も病院に搬送された。A は爆発のため死亡し，X_1は重傷を負い，治療後 2 級残疾の認定を受けた。X_2も軽傷を負った。

五月花レストランのこのたびの爆発は，レストランの服務員が客のために「五糧液酒」の蓋を開けたときに生じた。酒瓶に偽装した爆発物は個室“福特”の中で食事をしようとした医者がある人物（加害者）からもらったもので，服務員がその蓋を開けたときに爆発が生じた。犯罪嫌疑者はすでに公安機関によって捕えられ，現在審理中である。

この事件で深刻な被害を受けたX_1とX_2は Y を相手取って損害賠償請求の訴訟を提起した。

【二審＝広東省高級法院の判断】

契約法 122 条は「当事者の一方の違約行為により，相手方の身体，財産上の利益を侵害したときは，被害者は本法にもとづき違約責任を追及することができ，又その他の法律にもとづき不法行為責任を追及することもできる」と規定している。上訴人$X_1 X_2$が 1，2 審で提起した訴訟の主張を見てみると，被上訴人 Y の違約責任と不法行為責任の競合の事情が存在すると考えていたと思われるが，そのいずれを選択するのかが明確に示されていない。当該法律の規定により，裁判所は全面的に審理を行ったうえで権利者に有利との原則にもとづき，事情を斟酌して処理しなければならない。

（中略）

被上訴人 Y が違約しているかどうかの問題について。Y は上訴人$X_1 X_2$一家が当該レストランで食事するのを受け入れており，双方の間で消費とサービスを主たる内容とする契約関係が形成されている。契約法 60 条 2 項は

44　　第二部　中国契約法の研究

「当事者は誠実信用原則に従い，契約の性質，目的，取引慣習にもとづき，通知，協力，秘密保持等の義務を履行しなければならない」と規定している。Yは消費とサービス契約における経営者として，契約約定の義務を全面的に履行しなければならないと同時に，契約法60条の規定にもとづき，消費者の人身，財産が不法に侵害を受けないようにする付随義務を履行しなければならない。この付随義務を履行するためには，経営者は本業の性質，特色，条件にもとづき，随時，慎重に消費者の人身，財産の安全を保護するように注意しなければならない。しかし，刑事犯罪の突発性，隠蔽性，犯罪手段の知能化，多様化により，経営者がいくら注意を払っても，刑事犯罪による客の人身，財産侵害を完全に防ぐことは不可能である。こうした侵害が発生した場合は，経営者が合理的な注意義務を尽くしたかどうかという観点からその違約の有無を判断することができるだけである。Yが客による酒類の持ち込みを受け入れてきたのは，本業界の慣行による。客がレストランに酒を持ち込むことについて，わが国の現在の社会環境からすると，飛行機のような厳格な安全検査措置を経営者に要求する必要はなく，またその条件もない。この爆発物の外装は酒類に酷似していたため，一般人の肉眼では識別が困難である。この爆発物を持ち込んだ客は，それを自宅に放置していたとき，その危険を察知できなかった。したがって服務員に対して酒瓶を開けるときに必ず危険の存在の判断を要求することは，不可能を強いるようなものであり，Yには違約行為は存在しない。

　Yが不法行為に当たるかどうかの問題について。消費者権益保護法の規定によれば，経営者は自己の提供した商品，サービスに対して責任を負わなければならない。この中には，当然，消費者自身が持ち込んだ物品についての責任は含まれない。上訴人の$X_1 X_2$一家がYのレストランで食事したときに，倒壊した板壁により負傷・死亡した。この板壁の倒壊は，犯罪分子が作成した爆発物により引き起こされたのであって，その責任は当然犯罪分子が負わなければならない。Yは犯罪分子と不法行為の共同故意がなく，まして共同不法行為を実行したわけではない。したがって消費者権益保護法の規定によってYの不法行為を認定することはできない。

　以上をまとめると，被上訴人Yは本案において違約も不法行為もなく，違約又は不法行為という法律事由をもってYに民事責任を負わせる旨の判決を

下すことはできない。（しかし――小口）Ｙと上訴人X_1X_2はこのたびの爆発事件でともに不幸に遭遇し，現在，加害者はすでに捕えられているが，経済的賠償能力がないため，当事者の双方とも全額賠償を得ることができない状況に直面している。こうした状況のもとで以下のことを見なければならない。すなわち，Ｙは企業法人として，営利目的を実現するためにこそ客が酒類を持ち込むことを認め，そのためにレストランの爆発事件を引き起こし，レストランの板壁がこの爆発を食い止めることができず，倒壊後，X_1X_2一家に対して無辜の被害をもたらすこととなった。Ｙはこのたびの爆発事件において民事責任を負うべき法定の故意過失はないけれども，X_1X_2一家が侵害を受けた事件と無関係ではない。さらにまた，以下のことを見なければならない。当事者の双方がこのたびの事件においては被害を受けたのであるが，X_1X_2一家はＹが利益を得るのに有利な食事をするという行為をなしたときに自己の生存権益に損害を受け，Ｙが受けた損害は主に自己の経営利益であった。両者を比べると，X_1X_2が受けた損害はＹに比べてより深刻であり，社会各界（Ｙ自身を含む）がこぞってX_1X_2一家の事件遭遇に深い同情を示した。最高人民法院の司法解釈「民法通則意見」157条は「当事者が損害の発生に対してともに過失がないが，当事者の一方が相手方の利益のために，あるいは共同の利益のために活動を行う過程の中で損害を受けた場合，相手方又は受益者に一定の経済補償を命ずることができる」と規定している。この規定とX_1X_2一家の経済状況にもとづき，双方当事者の受けた損害結果の均衡をとるために，事情を斟酌してＹがX_1X_2に一部の経済損失を補償するのが妥当〈適当〉である。1審が，Ｙは違約も不法行為も構成せず，それゆえ〈因此〉民事責任を負うことはできないと認定したのは，正しい。しかし，双方当事者間の利益が均衡を失していることを考慮せず，単にX_1X_2は加害者に対して賠償をなすよう主張すべきことを理由として，X_1X_2の訴訟請求を棄却していることは，民法通則第4条の「民事活動は自願，公平，等価有償，誠実信用の原則に従わなければならない」との規定に合致せず，その判決は妥当性を欠き，正されなければならない。これにより，広東省高級人民法院は中華人民共和国民事訴訟法第153条第1項第2号の規定（「（第2審人民法院は上訴案件に対して，審理を通じて，以下の事由にもとづき，それぞれ処理しなければならない。）（二）原判決が法律の適用を誤っていれば，法により判

決を改める」）にもとづき，2001 年 11 月 26 日，以下のように判決する。

　一　一審の民事判決を取り消す。

　二　被上訴人Ｙは上訴人 $X_1 X_2$ に 30 万元を補償せよ。

　1，2 審での案件受理費合計 60,320 元は双方当事者が半分ずつ負担する。

2　韓世遠・王成の回答

　≪韓世遠の回答≫

　(1)　質問①について

　契約法 3 条は平等原則，4 条は自願原則，5 条は公平原則，6 条は誠実信用原則，7 条は公序良俗原則，8 条は契約の神聖と厳守原則を規定しており，形式から見ると，立法者は特にある原則を突出させてはおらず，並列的に規定している。ある学者は誠実信用原則を，別の学者は公序良俗原則を強調し，それはそれで道理もあり，理解できる。しかし，仔細に分析すれば，上記の諸原則はそれぞれ異なる法的価値を体現しており，これらの法的価値の間に一定の価値のヒエラルヒー関係が存在するだろうか。学説はとかく体系化を志向し，一定の基準によって上記の価値を一定の規律を有する体系に整理することは，学習上の理解に資するし，肯定できる面がある。しかし，注意しなければならないのは，いわゆる“価値”とはある“主体”について言われるものであり，この“主体”は時期の違い，情景の違いによってその求める所も異なってくる。1 人について見ても，少年時代は肉を好み，中高年になると野菜が好きになるし，午前中は運動を好み，午後は休息をとることを好む。したがって，価値の体系というものが，もしあるとしても，それは必ず変動常ならないし，永久不変の価値体系など存在しない。

　(2)　質問②について

　この案例は“結果志向の法的思考”の典型例である。1 審法院は当時の有効な法律にもとづいて，五月花レストランは違約も不法行為も構成せず，民事責任を負うことはないと認定した。これに対して，2 審法院も，その判断は正しいと認定した。しかし，この両法院の認識には差異が存した。その差異とは，何よりも先ず，当該裁判の“結果”にある。1 審は，原告の請求を棄却すべきであると判断し，2 審は上訴人に一定の経済補償をすべきであるとの判断を示した。裁判結果について言えば，当然，同じ事件でも人が違え

ば見方も異なり，2審の処理方法の方がより妥当かもしれない[39]。2審判決の中で，「社会各界（五月花自身も含め）はみな李萍，龔念一家の事件遭遇に深い同情を寄せた」ことを指摘しており，2審法院がとりわけ裁判結果の妥当性を際立たせようとしたことを容易に理解できる。結果の妥当性をめぐっては，当然，裁判官はより立ちいった論証と説得が必要となる。

　案件の裁判とその法律適用については，当然，1個の前提問題がある。それは，案件の法的性格づけの問題であり，畢竟，本件は不法行為案件なのか，それとも契約案件なのかという問題である。この点について，1審ははっきりしており，全体としては不法行為の角度から裁判を行っている。しかし，2審に至って，この問題は非常に曖昧模糊となった。2審の裁判官は，理論展開に際して，この問題は（いずれの法律を適用するかにつき——小口）当事者によって明確に選択されていないと推断しているけれども，同時にまた，契約法122条（違約責任と不法行為責任競合に関する規定——小口）にもとづいて，「裁判所はもっぱら全面的に審理をなした後，権利者に有利との原則に照らして事情を斟酌して処理することができるだけである」との見解を示している。これは，裁判官自身が本案の法的性格を正確につかんでいないことを物語るものである。2審法院は，五月花レストランに違約があったかどうか，不法行為を構成するかどうかを分析するとき，1審法院を超えた議論を行っておらず，そこで得た結論も同様に否定的である（しかるに，この分析は逆にまた人をして何故2審は契約法122条から立論の展開を開始したのかを疑わせることになる）。2審法院は，全面的に審理した後，一部の経済損失を五月花レストランは上訴人に補償するように命じているが，この「補償」は一体法律責任なのかどうか，理解に苦しむところである。また，違約責任なのか，それとも不法行為責任なのか，全く判然としない。

　2審法院が司法解釈の「民法通則意見」157条を引用していることからすると，一方当事者が受けた損失に対して行われた「経済補償」は不法行為責任の範疇に帰属させることができるように見える（この司法解釈の条文の位置，前後の条文の規定の内容から分析するとそうなる）。しかし，2審法院が，最後

39）ある学者は，五月花事件についての広東省高級法院（2審）の判決は適切でないとの見解を示している。梁上上『利益衡量論』（法律出版社，2013年）256頁。

48 第二部 中国契約法の研究

に民法通則 4 条の「民事活動は自願，公平，等価有償，誠実信用の原則に従わなければならない」という規定を引用していることからすると，それは契約（もし「民事活動」を「法律行為」として理解するのであれば）の角度から帰「責」の正当性に対する論証を展開しているようにもみえる。我々が契約法の基本原則（公平原則）を論ずるときに想起するのはこの案件なのであるが，2 審が以上の点につきはっきりさせてほしかったと思うのは独りよがりの願望であろうか。

　この案件が最高人民法院公報に登載されたのは，2 審法院が"利益衡量"を用いて疑難問題を解決しようとしたことが重要な要因をなしたに違いない。加藤一郎が『法学教室』（1982 年 10 月）に発表した論文「民法の解釈と利益衡量」を梁慧星が中国で翻訳紹介し[40]，中国の学術界と実務界に少なからざる影響を与えた。今日の時点で，利益衡量の問題，例えば，利益衡量はどのような場合に適用されるのか，利益衡量と法解釈の方法はどのように結合させられるのかといった問題は理性的に考え直されなければならない。利益衡量論のポイントは，私個人の浅い知識によれば，おそらく，単純な"形式的論証"を捨て去り，"実質的判断"を引き入れようとすることにある。その作業の場の 1 つは，法概念，法規範の周辺部の曖昧さを明晰化するという場であり，その 2 は，法律の欠缺が存するときに法規範をあらたに創設する際の実質的論証をなす場である。上記の案例について言えば，既存の法概念，法規範が曖昧ではっきりしないという問題は明らかに存在しない。裁判官が直面した問題は，1 審原告の不幸な境遇に法律が介入すべきかどうか，どのように介入すべきか，法律の欠缺は存在するのかという問題である。

　"不幸は被害者が負担する"ことはローマ法以来の共通のルールである。このルールからすれば，立法者がこうした不幸について民事立法で規定を設けることはないし，また設けるべきでない。言い換えれば，この種の不幸な損害は本来立法計画の外にあり，したがって，法律の欠缺が存在すると考えるべきでない。しかし，この案件が生じた社会保障体制の不十分な当時（そして今日）において，不幸な損害を不特定多数乃至社会全体に分散させる術がない場合，難題を解決する出口には限りがある。すなわち，不幸な被害者

---

40) 梁慧星『民法学説判例与立法研究（二）』（国家行政学院出版社，1999 年）269 頁。

が自己負担するか，それとも関係者が共同して分担するかしかない。民法通則意見 157 条はこの典型をなす。これは現実の難題を解決するうえでの"まことに止むを得ない"もの，あるいは民法が本来負う必要のない効能を無理やり負わされたものである。

　民法通則意見 157 条適用の典型的案例は"親切心から手伝う"というものである。その"関係者"の関係性あるいは"責め"を負うことの正当性は，利益を得る者は，その損害の責めを負うということであり，したがって，上記のルールの正当性に対して根本的疑義は今日でも出されていないように思われる。しかし，本案のケースはこれとは異なる。「五月花レストランの利益獲得に資する食事行為を李萍，龔念一家が実行したときに，自己の生存権益が損なわれた」とはとても言えない。それは牽強付会の言である。2 審は，興論と民意に注目し，五月花レストランが補償すれば興論の批判を引き起こさずにすむが，もしそれをしなければ批判の的となると判断した。もしこのことが裁判を主導した決定力であるとしたら，これはその背後にある文化的特徴を反映するものである。それは"富を奪いて貧を救う"という文化的特徴である。しかるに，2 審法院は，一方の側の"生存権益"と他方の"経営利益"を比較して，「両者を比べると，李萍と龔念が受けた損害は五月花レストランの損害より深刻である」と判断した。これは「利益衡量」を"転用"（これを"誤用"と称するとすればそれは正しくない）したもののように思われる。すなわち"あなたは悲惨である。しかし私はもっと悲惨である。したがって，あなたは私に補償すべきである"というわけである。これは中国文化のもう 1 つの特徴である"寡きを患えず，均しからざるを患う"に符合する。しかし，2 審法院は一貫して以下の点を論証していない。すなわち何故損害が 2 人の悲惨な当事者の間で分担されなければならないのかという点である。原告が相手として選択したのがレストランで，実際に悲惨な事件を引き起こした責任者（賠償能力のない貧窮者）ではないという理由は，我々が求める解答にはならない。

　2 審法院は「民法通則意見」157 条と民法通則 4 条を"救命の稲草"として 1 個の疑難の案件を解決し，それが模範案例として最高人民法院公報に登載されたわけである。しかし，翻って考えるに，私個人が受けた感じは，積極的にそれを評価するというよりは懸念の方が大である。私が懸念する理由

は，法治が追求する“確定性”と“予見可能性”が害われるということにある。

≪王成の回答≫

（1）質問①について

契約法の諸原則をめぐる学説は非常に多い。私個人の見解では，さまざまな学者の見解を理解するに際して，単に当該原則をどのように考えているかということだけから出発すべきではない。論者の見解には必ず特定の語義，文脈〈語境〉，目的がある。上記の3人の教授の見解についても，同様であろう。したがって，原則の問題を議論するときは，価値のヒエラルヒー問題を含めて，下記の“五月花”案件のような，具体的問題あるいは具体的案例と結びつけて議論しなければならない。

（2）質問②について

広東省高級法院の五月花事案の判決について，学説は多岐に分かれている。私個人は以下のように考える。この判決は以下のいくつかの面から理解すべきである。その1，本案の判決は結果志向の判決である。広東省高級法院は，違約も不法行為も構成しないとの1審の認定は正しいが，他面，結果からみると，五月花レストランの損失は経済的損失にすぎず，他方，原告の損失は人身の利益の損失であり，とりわけ人の死亡という結果を招いており，したがって五月花レストランが適切な補償をなすのは妥当であると判断した。注意を要するのは，ここで用いられている用語は「補償」であり「賠償」ではないということである。その2，本案では民法通則4条（民事活動は自願・公平・等価有償・誠実信用の原則）であるが，4条をどのように適用すべきか，おそらく検討の余地がある。それ以外に，判決が言及している「民法通則意見」157条（「当事者が損害の発生に対していずれも過失がないが，一方が相手方の利益または共同の利益のために活動を行っている過程で損害を受けた場合，相手方または受益者に対して一定の経済補償をなすように命ずることができる」）は，おそらく適用の余地はないだろう。その3，本案の判決の理解については，この判決が下された時期が2001年11月26日，すなわち13年前であることを考慮する必要がある。この13年間，中国の法律規定，裁判所及び学説はいずれも著しい発展を遂げてきた。その4，規則外の解決方法は特例として

用いることができるだけで，普遍的意義は持ち得ない。そうでなければルールというものは破壊されてしまう。この意味で中国の多数の学者は民法通則，契約法等の規定する基本原則を裁判に直接適用することには慎重な態度を持している。

3　小口彦太の所見

　質問①について

　この問題を考察してみることは，個々の法学者の法思想を窺ううえで興味深い。「価値の体系は……変動常なく，永久不変の価値体系など存在しない」との韓世遠や，「原則の問題を議論するときは，価値のヒエラルヒー問題を含めて……具体的問題……と結びつけて議論しなければならない」との王成の価値相対主義的な認識論と，特定の原則を民法上の高次の「基本原則」として掲げる梁慧星とでは，明らかに違いがある。

　梁慧星は改革開放以後の中国の民法学を指導してきた代表的学者の１人である。改革開放の「改革」とは，先ずは経済改革のことであり，統制経済から市場経済への転換を意味し，その市場経済を媒介する法の中でも契約法はその主柱をなす。そして，中国の統一契約法典の制定に際して梁が重要な役割を果たしたことは異論のないところで，例えば契約法 107 条の違約責任の帰責事由をめぐる議論において，梁が厳格責任論を主張し過失責任論を斥けたことは有名な話である（本書 429 頁）。この厳格責任論は CISG 等の国際的契約立法・思想を参照したものであり，梁がこの種の国際的契約立法の導入に積極的であった背景に〈接軌〉論がある。〈接軌〉の〈軌〉とはレールのことで，レールを繋ぐ，すなわち中国国内の市場と国際的市場を繋ぐレール＝ルールとして彼は中国契約法を構想した。筆者にとって興味深いのは，このように中国の市場経済化にきわめて積極的な梁が，他方で，憲法 51 条を重視するという点についてである。憲法 51 条の評価をめぐっては，筆者などは，この規定こそ中国憲法の立憲主義化を阻んでいる最大のネックと見るのであるが，梁の 51 条の評価は明らかにこれとは異なる。日本でも，我妻栄は民法 90 条の公序良俗を民法の最高の価値とするが，梁慧星も，国家・社会・集団の利益を民法諸原則の最上位に置く。市場経済化の先頭に立ちながら，他方で，国家の側からの統制を重視する梁慧星の複雑な法思想が浮か

52　　第二部　中国契約法の研究

び上がってくる。

　質問②について

　2審は，被告には違約責任も不法行為責任もないとした下級審の判決を「正しい」と認定したうえで，しかし30万元の支払を命じている。原告の請求を棄却した1審判決を覆して30万元の支払を命ずる際の判断基準として援引されているのは，民法通則4条の「民事活動は自願，公平，等価有償，誠実信用の原則に従わなければならない」との規定であるが，より特定すれば「公平」原則である。そのことは，その箇所の少し前に「民法通則意見」157条の公平責任原則に言及していることからも裏付けられる。

　この民法通則4条の公平原則は契約法5条でも実定化され，中国の裁判実務でも重要な役割を果たしている。例えば不安の抗弁権は，契約法典が制定される以前は渉外経済契約法以外には規定されていなかったが，実際には裁判所はこの原則を活用して法の欠缺を補っている[41]。また，事情変更原則についても，2009年の司法解釈が出るまでは明文の形では規定されていなかったにもかかわらず，実際にはこの原則の適用を認めた裁判例が相当数存在した。その際にも公平原則を活用してそれを認めている[42]。これらは，いずれも法の欠缺を補うレベルでの公平原則の機能である。

　ところが，本件での公平原則の適用は上記のような適用とは性質を異にしている。すなわち，2審は違約責任も不法行為責任もないとした原審判決を正しいと認定しながら，その原審の結論を覆すための根拠として公平原則を援引しているのである。

　この2審判決に関して特に筆者が注目するのは，王成の「注意を要するのは，ここで用いられている用語は『補償』であり，『賠償』ではないということである」との指摘である。つまり被告が支払を命じられた30万元は，違約責任，不法行為責任の法的効果＝損害賠償ではない。法律通りに処断したら民事責任は問えないが，ここは"被告よ，一歩譲ってみてはどうか"というのが，2審裁判所の実質的判断である。つまり，本判決の実態は調停で

41）例えば塩城市第二生産資料総公司案（江蘇省南京市大廠区人民法院（1988）大経初字第288）。

42）例えば武漢市煤気公司案に関する最高人民法院の函（最高人民法院，法函［1992］27号），毛秀英案（湖南省張家界市武陵源区人民法院，1999年11月28日判決）等。

ある。しかし，調停である限り，その判断に法的拘束力をもたせることはできない。法的拘束力をもたせるためにはどうしても判決の形式をとらなければならず，その形式を満たすためには法律を適用したという形式を踏むことが不可欠であり，その媒介項をなしているのが，民法通則4条，契約法5条の公平原則である。

　ところで，本判決について，韓世遠が，2審判決は「その背後にある文化的特徴を反映している」とか「中国文化のもう1つの特徴である“寡きを患えず，均しからざるを患う”に符合する」と指摘していることは，大変示唆的である。目を伝統中国，具体的には明清時代の民事紛争の裁きにまで転ずるなら，五月花レストラン事件におけるような裁判はそれほど異常でもなく，むしろ常態であった。中国法制史学者の滋賀秀三は，明清時代の民事裁判の基本型を「教諭的調停」の概念で説明している[43]。教諭的とは命令的didactic ということであり，調停とは，一義的にルールにもとづくのではなく，当事者に対して譲歩・妥協を求めるものであり，伝統中国においてその譲歩・妥協を求める際の判断基準をなしたのが「情理」と呼ばれるものであった。ただ，「情理」による裁きと本事件の裁判との決定的違いは，実定法や約定にとらわれることなくまさに情理に訴えることこそが明清時代の裁きの正当性の根拠をなすのに対して，本件では，実態は調停であっても，法律によって根拠づけるという形式をとらない限り，判断が正当化され得ないという考慮が働いているということである。この点で，現代中国の裁判は明清時代の裁きとは明らかに異なる。

---

43) 滋賀秀三『清代中国の法と裁判』（創文社，1984年）253頁。

54 第二部 中国契約法の研究

第2章 契約の締結

第1節 契約法・関係法規及び日中の条文比較

1 中国契約法・関係法規

契約法

9条（契約締結能力） ①当事者は，契約を締結するにあたり，相応の民事権利義務及び民事行為能力を有していなければならない。

②当事者は，法に従って代理人に契約締結の委託をすることができる。

10条（契約の形式） ①当事者が契約の締結をする場合には，書面形式，口頭形式及びその他の形式がある。

②法律，行政法規により書面形式を採用する旨規定しているときは，書面形式を採用しなければならない。当事者が書面形式の採用を約定したときは，書面形式を採用しなければならない。

11条（書面形式） 書面形式とは，契約書，書簡及びデータ電文（電報，テレックス，ファックス，電子データ交換及び電子メールを含む）等，記載内容を形に残る形態で表現できる形式をいう。

12条（契約内容） ①契約の内容は当事者により定められ，一般的には以下の条項が含まれる。（一）当事者の名称又は住所。（二）目的。（三）数量。（四）品質。（五）代金又は報酬。（六）履行期限，履行地及び履行の方式。（七）違約責任。（八）紛争解決方式。

②当事者は，各種契約のモデル文書を参照して契約を締結できる。

13条（契約締結の方式） 当事者は，契約を締結するにあたり，申込み，承諾の方式をとる。

14条（申込み） 申込みとは，他人と契約を締結することを欲する意思表示であり，この意思表示は以下の規定に合致しなければならない。（一）内容が具体的に確定していること。（二）申込受領者が承諾した場合，申込者が

直ちに当該意思表示に拘束される旨表明していること。

15 条（申込みの誘因） ①申込みの誘因とは，他人が自己に対して申込みの意思表示を発することを希望する意思表示をいう。価格表の送付，競売公告，入札公告，株式目論見書，商業広告は，申込みの誘因となる。

②商業広告の内容が申込みの規定に合致するときは，申込みとみなす。

16 条（申込みの効力発生） ①申込みは申込受領者に到達したときに効力を生ずる。

②データ電文形式を採用して契約を締結するにあたり，受領者が特定のシステムを指定してデータ電文を受領するときは，当該データ電文が当該特定のシステムに入った時間をもって到達時とみなし，特定のシステムを指定していないときは，当該データ電文が受領者のいずれかのシステムに入った最初の時間をもって到達時とみなす。

17 条（申込みの撤回） 申込みは撤回することができる。申込撤回の通知は，申込みが申込受領者に到達するよりも前又は申込みと同時に，申込受領者に到達しなければならない。

18 条（申込みの取消し） 申込みは取り消すことができる。申込取消しの通知は，申込受領者が承諾の通知を発するより前に，申込受領者に到達しなければならない。

19 条（申込みの取り消すことのできない事由） 以下の事由が存するときは，申込みは取り消すことができない。（一）申込者が承諾期限を定め，又はその他の形式をもって申込みを取り消すことができない旨を明示している場合。（二）申込受領者が申込みは取り消しできないものとみなす理由があり，かつ契約履行のために既に準備行為に着手している場合。

20 条（申込みの失効） 以下に掲げる事由が存するときは，申込みは効力を失う。（一）申込拒絶の通知が申込者に到達したとき。（二）申込者が法に従って申込みを取り消したとき。（三）承諾期間が満了し，申込受領者が承諾を表示していないとき。（四）申込受領者が申込みの内容に実質的な変更を加えたとき。

21 条（承諾の定義） 承諾とは，申込受領者が申込みに同意する旨の意思表示をいう。

22 条（承諾の方式） 承諾は，通知の方式をもって表示しなければならない。

ただし，取引慣行に従う場合，又は申込みが行為を通じて承諾となすことができる旨を表明している場合を除く。

23 条（承諾の期限） ①承諾は，申込みにおいて確定された期間内に申込者に到達しなければならない。

②申込みにおいて承諾期間が確定されていないときは，承諾は以下の規定に従って到達しなければならない。（一）申込みが対話方式によってなされたときは，直ちに承諾の意思表示をしなければならない。ただし，当事者間に別段の約定がある場合は除く。（二）申込みが非対話方式によってなされたときは，承諾は合理的期間内に到達しなければならない。

24 条（承諾期限の起点） 申込みが書簡又は電報によってなされたときは，承諾期間は明記された日付，又は電報発信の日より起算する。書簡に日付が明記されていないときは，当該書簡の投函に係る消印日より起算する。申込みが電話，ファックス等の高速通信方式によってなされたときは，承諾期間は，申込みが申込受領者に到達した時より起算する。

25 条（契約の成立時期） 承諾の効力が生じたときは，契約は成立する。

26 条（承諾の効力発生） ①承諾の通知は，申込者に到達した時に効力を生ずる。承諾に通知が必要とされないときは，取引慣行又は申込みの要求に従って承諾としての行為をなした時に効力を生ずる。

②データ電文形式を採用して契約を締結するときは，承諾の到達時間につき本法 16 条 2 項の規定を適用する。

27 条（承諾の撤回） 承諾は撤回することができる。承諾撤回の通知は，承諾の通知が申込者に到達するより前，又は承諾の通知と同時に，申込者に到達しなければならない。

28 条（新たな申込み） 申込受領者が承諾期間を経過して承諾を発したときは，申込者は速やかに申込受領者に対して当該承諾が有効である旨通知した場合を除き，新たな申込みとする。

29 条（遅延の承諾） 申込受領者が承諾期間内に承諾を発し，通常の状況であれば適時に申込者に到達し得たにもかかわらず，その他の原因により承諾が承諾期限を徒過して申込者に到達したときは，申込者は速やかに申込受領者に対して承諾が期限を徒過したことを理由に当該承諾を受容しない旨を通知した場合を除き，当該承諾は有効とする。

30 条（承諾の変更） 承諾の内容は，申込みの内容と合致しなければならない。申込受領者が申込みの内容に実質的な変更を加えたときは，新たな申込みとする。契約の目的，数量，品質又は報酬，履行期限，履行地及び履行方式，違約責任並びに紛争解決方法等に関する変更は，申込みの内容の実質的な変更とする。

31 条（承諾の内容） 承諾が申込みの内容に実質的でない変更を加えたときは，申込者が速やかに反対の表示をし，又は申込みにおいていかなる変更もしてはならない旨表明している場合を除き，当該承諾は有効とし，契約の内容は承諾の内容をもってその基準とする。

32 条（契約の成立時期） 当事者が契約書の形式を採用して契約を締結するときは，当事者双方が署名又は捺印したときより，契約は成立する。

33 条（確認書と契約の成立） 当事者が書簡，データ電文等の形式を採用して契約を締結するときは，契約成立前において確認書の調印を要求することができる。確認書を調印した時より契約は成立する。

34 条（契約の成立地） ①承諾の効力発生地を契約成立地とする。
②データ電文形式を採用して契約を締結するときは，受領者の主たる営業地を契約成立地とし，主たる営業地がない場合は，その通常の居住地を契約成立地とする。当事者間に別段の約定があるときは，その約定に従う。

35 条（書面契約の成立地） 当事者が契約書の形式を採用して契約を締結するときは，当事者双方の署名又は捺印のなされた地を契約成立地とする。

36 条（書面契約と契約の成立） 書面形式を採用して契約締結すべき旨を法律，行政法規が規定し，又は当事者が約定しながら，当事者が書面形式を採用せず，当事者の一方が既に主要な義務を履行し，相手方がこれを受領したときは，当該契約は成立する。

37 条（契約書と契約の成立） 契約書の形式を採用して契約を締結する場合で，署名又は捺印する前において，当事者の一方が既に主要な義務を履行し，相手方がこれを受領したときは，当該契約は成立する。

38 条（国家計画によって締結された契約） 国家が必要に応じて指令性の任務又は国家の商品注文任務を命じたときは，関係企業，その他の組織の間において，関係する法律，行政法規の規定する権利及び義務に従って契約を締結しなければならない。

58 第二部 中国契約法の研究

39条（約款の定義と使用者の義務） ①格式契約条項（約款——小口）を用いて契約を締結するときは，格式契約条項を提供した一方当事者は，公平の原則に従って当事者間の権利及び義務を確定し，かつ合理的な方法を用いて相手方にその責任を免除又は制限する条項についての注意を喚起し，相手方の求めに応じて当該条項の説明をしなければならない。

②格式契約条項とは，当事者が反復して使用するために予め定め，契約締結時にいまだ相手方との協議を行っていない条項をいう。

40条（約款の無効） 格式契約条項において，本法52条，53条に規定する事由があるとき，又は格式契約条項を提供した一方当事者の責任を免除し，相手方の責任を加重し，相手方の主要な権利を排除しているときは，当該格式契約条項は無効とする。

41条（約款の解釈） 格式契約条項の理解につき紛争が生じた時は，通常の理解に照らして解釈しなければならない。格式契約条項について2つ以上の解釈があるときは，格式契約条項を提供した一方当事者に不利な解釈をしなければならない。格式契約条項と格式契約条項以外の条項が一致しないときは，格式契約条項以外の条項を採用しなければならない。

42条（契約締結上の過失） 契約締結の過程において，当事者に以下に掲げる事由が存し，相手方に損害を与えたときは，損害賠償責任を負わなければならない。（一）契約締結の名目を利用し，悪意をもって協議を進めた場合。（二）契約の締結と関係する重要事実を故意に隠蔽し，又は虚偽のケースを提供した場合。（三）その他信義誠実の原則に違背する行為が存在する場合。

43条（守秘義務） 当事者は，契約締結過程において知るに至った商業秘密について，契約の成立の有無にかかわらず，漏洩し又は不当に使用してはならない。当該商業秘密を漏洩し又は不当に使用して相手方に損害を与えたときは，損害賠償責任を負わなければならない。

2 日本民法

97条（隔地者に対する意思表示） ①隔地者に対する意思表示は，その通知が相手方に到達したときからその効力を生ずる。

②隔地者に対する意思表示は，表意者が通知を発した後に死亡し，又は行為能力を喪失したときであっても，そのために効力を妨げられない。

521 条 （承諾の期間の定めある申込み） 「①承諾の期間を定めてした契約の申込みは，撤回することができない。

②申込者が前項の申込みに対して同項の期間内に承諾の通知を受けなかったときは，その申込みは，その効力を失う。

522 条 （承諾の通知の延着） ①前条第 1 項の申込みに対する承諾の通知が同項の期間の経過後に到達した場合であっても，通常の場合にはその期間内に到達すべき時に発送したものであることを知ることができるときは，申込者は，遅滞なく，相手方に対してその延着の通知を発しなければならない。ただし，その到達前に遅延の通知を発したときは，この限りでない。②申込者が前項本文の延着の通知を怠ったときは，承諾の通知は，前条第 1 項の期間内に到達したものとみなす。

523 条 （遅延した承諾の効力） 申込者は，遅延した承諾を新たな申込みとみなすことができる。

524 条 （承諾の期間の定めない申込み） 承諾の期間を定めないで隔地者に対してした申込みは，申込者が承諾の通知を受けるのに相当な期間を経過するまでは，撤回することができない。

525 条 （申込者の死亡又は行為能力の喪失） 第 97 条第 2 項の規定は，申込者が反対の意思を表示した場合又はその相手方が申込者の死亡若しくは行為能力の喪失の事実を知っていた場合には，適用しない。

526 条 （隔地者間の契約の成立時期） ①隔地者間の契約は，承諾の通知を発した時に成立する。

②申込者の意思表示又は取引上の慣習により承諾の通知を必要としない場合には，契約は，承諾の意思表示と認めるべき事実があったときに成立する。

527 条 （申込みの撤回の通知の延着） ①申込みの撤回の通知が承諾の通知を発した後に到達した場合であっても，通常の場合には，その前に到達すべき時に発送したものであることを知ることができるときは，承諾者は，遅滞なく，申込者に対してその延着の通知を発しなければならない。

②承諾者が前項の延着の通知を怠ったときは，契約は成立しなかったものとみなす。

528 条 （申込みに変更を加えた承諾） 承諾者が，申込者に条件を付し，その他変更を加えてこれを承諾したときは，その申込みの拒絶とともに新たな申

60　第二部　中国契約法の研究

込みをしたものとみなす。

3　改正民法（以下の下線は現行法律の修正部分を意味する。以下同。）

97条1項（意思表示の効力発生時期等）　意思表示は，その通知が相手方に到達した時からその効力を生ずる。

現行97条2項→97条3項　意思表示は，表意者が通知を発した後に死亡し，意思能力を喪失し，又は行為能力の制限を受けたときであっても，そのために効力を妨げられない。

97条2項（新設）　相手方が正当な理由なく意思表示の通知が到達することを妨げたときは，その通知は，通常到達すべきであった時に到達したものとみなす。

521条（新設）（略）

現行522条　削除

522条（新設）（契約の成立と方式）　①契約は，契約の内容を示してその締結を申し入れる意思表示（以下「申込み」という。）に対して相手方が承諾をしたときに成立する。

②契約の成立には，法令に特別の定めがある場合を除き，書面の作成その他の方式を具備することを要しない。

現行521条→523条（承諾の期間の定めある申込み）　……撤回することができない。ただし，申込者が撤回する権利を留保したときは，この限りでない。

現行525条　削除

現行524条→525条（承諾の期間の定めのない申込み）　「承諾の期間を定めないでした申込みは，申込者が承諾の通知を受けるのに相当な期間を経過するまでは，撤回することができない。ただし，申込者が撤回をする権利を留保したときは，この限りでない。

525条2項（新設）　対話者に対してした前項の申込みは，同項の規定にかかわらず，その対話が継続している間は，いつでも撤回することができる。

525条3項（新設）　対話者に対してした第1項の申込みに対して対話が継続している間に申込者が承諾の通知を受けなかったときは，その申込みは，その効力を失う。ただし，申込者が対話の終了後もその申込みが効力を失わない旨を表示したときは，この限りでない。

526 条 （申込者の死亡等） 申込者が申込みの通知を発した後に死亡し，意思能力を有しない常況にある者となり，又は行為能力の制限を受けた場合において，申込者がその事実が生じたとすればその申込みは効力を有しない旨の意思を表示していたとき，又はその相手方が承諾の通知を発するまでにその事実が生じたことを知ったときは，その申込みは，その効力を有しない。

527 条 （承諾の通知を必要としない場合における契約の成立時期） 申込者の意思表示又は取引上の慣習により承諾の通知を必要としない場合には，契約は，承諾の意思表示と認めるべき事実があった時に成立する。

548 条の 2 （新設）（定型約款の合意） ①定型取引（ある特定の者が不特定多数の者を相手方として行う取引であって，その内容の全部又は一部が画一的であることがその双方にとって合理的なものをいう。以下同じ。）を行うことの合意（次条において「定型取引合意」という。）をした者は，次に掲げる場合には，定型約款（定型取引において，契約の内容とすることを目的としてその特定の者により準備された条項の総体をいう。以下同じ。）の個別の条項についても合意をしたものとみなす。一，定型約款を契約の内容とする旨の合意をしたとき。二，定型約款を準備した者（以下「定型約款準備者」という。）があらかじめその定型約款を契約の内容とする旨を相手方に表示していたとき。

②前項の規定にかかわらず，同項の条項のうち，相手方の権利を制限し，又は相手方の義務を加重する条項であって，その定型取引の態様及びその実情並びに取引上の社会通念に照らして第 1 条第 2 項に規定する基本原則に反して相手方の利益を一方的に害すると認められるものについては，合意をしなかったものとみなす。

548 条の 3 （新設）（定型約款の内容の表示） ①定型取引を行い，又は行おうとする定型約款準備者は，定型取引合意の前又は定型取引合意の後相当の期間内に相手方から請求があった場合には，遅滞なく，相当な方法でその定型約款の内容を示さなければならない。ただし，定型約款準備者が既に相手方に対して定型約款を記載した書面を交付し，又はこれを記録した電磁的記録を提供していたときは，この限りでない。

②定型約款準備者が定型取引合意の前において前項の請求を拒んだときは，前条の規定は，適用しない。ただし，一時的な通信障害が発生した場合その他正当な事由がある場合は，この限りでない。

548 条の 4（新設）（定型約款の変更） ①定型約款準備者は，次に掲げる場合には，定型約款の変更をすることにより，変更後の定型約款の条項について合意があったものとみなし，個別に相手方と合意をすることなく契約の内容を変更することができる。一，定型約款の変更が，相手方の一般の利益に適合するとき。二，定型約款の変更が，契約をした目的に反せず，かつ，変更の必要性，変更後の内容の相当性，この条の規定により定型約款の変更をすることがある旨の定めの有無及びその内容その他の変更に係る事情に照らして合理的なものであるとき。

②定型約款準備者は，前項の規定による定型約款の変更をするときは，その効力発生時期を定め，かつ，定型約款を変更する旨及び変更後の定型約款の内容並びにその効力発生時期をインターネットその他の適切な方法により周知しなければならない。

③第 1 項第 2 号の規定による定型約款の変更は，前項の効力発生時期が到来するまでに同項の規定による周知をしなければ，その効力を生じない。

④第 548 条の 2 第 2 項の規定は，第 1 項の規定による定型約款の変更については，適用しない。

4　日中の条文比較

①中国法 9 条～12 条に相当する規定は現行日本法にはないが，改正民法 522 条 2 項において，契約の成立は特別の定めがない限り諾成主義を原則とすることが明記された。また，中国法 13 条に相当する規定も現行日本法にはないが，改正民法 522 条 1 項で明示化された。中国法 15 条は申込みの誘因に関する定義的規定であり，この種の規定も日本法には見当たらない。中国法 39 条～41 条は約款に関する規定であるが，現行日本民法にはこの種の規定は設けられていない。しかし，改正民法 548 条の 2～4 において約款に関する規定が新設された。両者を比べると，中国法が 40 条で約款の無効事由を具体的に規定するのに対して，日本法 548 条の 2 は，一般条項である民法 1 条 2 項の信義則に違反するときは「合意をしなかったものとみなす」と規定する。また，改正民法 548 条の 4 に相当する約款変更に関する規定は，中国法にはない。契約締結上の過失責任についても，中国法は契約法に規定したが，日本法には明示的規定はない。②他方，日本法は懸賞広告につき

529 条から 532 条にかけて規定するが，中国法には明示的規定はない。③日中いずれも契約の成立については諾成主義をとり，申込みと承諾の意思の合致により契約は成立する。しかし，隔地者間の契約の成立時期については，中国法は到達主義をとり（26条），他方，現行日本契約法は，526条において発信主義をとることを規定する。ただし，その発信主義の規定は改正民法の新設 522 条 1 項に移し替えられ，しかも現行 526 条 1 項と 527 条の削除により到達主義の原則（97条）に戻ることとなった（後述の渡辺達徳の第 2 節の「所見」を参照）。また，申込みの撤回，取消しについても，日中の法は相当に異なる。すなわち日本法では，承諾の期間の定めなき隔地者に対する申込みは申込者が承諾の通知を受けるのに相当な期間を経過するまでは撤回できない（524条。ただし，改正民法では申込者が撤回の権利を留保している場合は撤回できるとする）のに対して，中国法は，申込みが申込受領者に到達する前または同時であれば撤回でき（17条），また到達した後でも申込受領者が承諾の通知を発する前であれば取り消すことができる（18条）。ただし，19条に該当する場合は取り消すことができない。19 条 1 号の前段は日本法 521条 1 項（改正民法 523 条）に類似するが，日本法では撤回できない（取消し概念は契約成立後にしかあり得ない）とされ，中国法では取り消すことはできないとする。④契約締結における申込み，承諾に関する日中両規定の対応関係を論ずることは煩雑かつ著しく困難である。それは，中国契約法上の関連規定の大半が CISG を参照していることによる。すなわち，中国法 14 条（←CISG14 条），15 条（← 14 条），16 条 1 項（← 15 条），17 条（← 15 条），18 条（← 16 条），19 条（← 16 条），20 条 1 項（← 17 条），21 条（← 18 条），22 条（← 18 条），24 条（← 20 条），25 条（← 23 条），27 条（← 22 条），28 条（← 21条），30 条（← 19 条），31 条（← 19 条）等は CISG に由来する。

第 2 節　隔地者間の意思表示の効力発生時期

1　問題の提示

　隔地者の意思表示の効力発生時期については，中国法と改正前の日本法は対蹠的である。改正前の日本法は申込みに拘束力を認め，承諾に発信主義をとり，「承諾者側を優遇し過ぎている」[1]と言われる。比較法的に見ていくと，

64   第二部　中国契約法の研究

ドイツ法は申込みに拘束力を認め，承諾に到達主義をとり，それは確実性を重視する立場である。他方，イギリス法は申込みに拘束力を認めず，承諾に発信主義をとり，申込者と承諾者が対等な立場で，自由な競争関係に立っていると説かれる。そのように説いた上で「申込みに拘束力を認めず，承諾に到達主義をとるものは見当たらない。……国連動産売買条約がこれに近い」[2]と指摘する。この「見当たらない」立法が中国契約法の想定する隔地者の意思表示の効力発生に関する規定である（契約法17条，18条及び26条）。この中国の立法は単純にCISGをモデルとしたことによるのか，それとも中国独特の商慣習がこうした立法を生み出したのかが問題となる。

2　韓世遠・王成の回答

≪韓世遠の回答≫

中国契約法第2章の「契約の締結」は，大幅にCISGにおける契約の締結の部の影響を受けている。最初，学者建議稿は12人の大学及び研究機関の関係者がそれぞれ分担し，「契約の締結」の章の起草を担ったのは対外経済貿易大学院で，その責任者は故馮大同であった。当学院及びその責任者は国際貿易ルールの研究を盛んに行っており，そのことがCISGの影響を強く受けたことと関係があるだろう。

当時の立法指導思想で強調されたことは，国際市場の連結ということで，「中国契約法の立法，司法実践の経験及び理論研究の成果を総括し，市場経済の発達した国家・地区の成功経験と判例学説を広く参考にし，現代の市場経済の客観的法則を反映した共通ルールを可能な限り採用し，併せて国際条約や国際慣習と協調一致させる」[3]ことが主張された。中国の立法改革には，非常に鮮明な"上から下へ"という特徴があり，"下から上へ"という特徴はあまり見られない。要するに，契約締結の章のルールは主にCISGを学んだ結果であり，中国の商慣習に因ったのではない。

申込みの拘束力の問題については，中国法もCISGを学んだ。この問題は，CISG起草過程でも重大な争点をなした。その理由は，当時コモンローの代

---

1 ）四宮和夫＝能見善久『民法総則［第6版］』（弘文堂，2002年）259頁。

2 ）同上書259頁。

3 ）梁慧星『民法学説判例与立法研究（二）』（国家行政学院出版社，1999年）121頁。

表もいれば，大陸法系の代表もいて，そしてフランス法系の代表もいれば，ドイツ法系の代表，北欧法系の代表もいたことによる。したがって CISG は折衷的な案になった。中国法も同様で，一方で，申込みの撤回，取消しを認めると同時に，他方，申込みの取消しを認めない特別の事由をも規定した。したがって，中国法の解釈論においても，それぞれに応じた解釈が必要となる。

≪王成の回答≫

先ず，中国契約法の立法例が CISG を参照したことは間違いない[4]。

ところで，私は上記 2 人の教授が言う「申込みに拘束力を認めず」という指摘が特定の意味を有するものであるか分からない。もし一般的な意味で理解すれば，私個人の見解としては，中国法の規定を申込みに拘束力を認めないと理解するのは検討の余地があるように思われる。契約法によれば，17条は申込みの撤回，18 条は申込みの取消しを規定すると同時に，19 条で取消しを認めない 2 つの事由を定めている。とりわけ 16 条 1 項は明確に申込みが相手方に到達したときに効力を生ずること，及び 20 条は 4 種類の事由が存する場合，申込みは効力を失うことを規定している。こうしたことからして，中国法は申込みに拘束力が存するとの結論を認めるべきであろう。

3 渡辺達徳の所見

ここでは，契約の成立時期について立法する際の思想的背景及び申込みの撤回及び取消しに関する興味深い課題が扱われている。

まず，立法における思想的背景について，韓世遠も王成も，中国契約法が CISG から受けた強い影響を認めている。韓世遠は，梁彗星の文献を引用しつつ，これを「国際市場の連結」と説明する（なお，前章「第 3 節 契約法の基本原則と公平原則の役割」の 3 の小口彦太の「所見」が，梁彗星の「接軌」論として言及するところをも参照）。

次に，申込みの撤回及び取消しについて，「1 問題の提示」においては，中国契約法が，申込みに拘束力を認めず，承諾に到達主義を採る CISG に近

4）王利明＝崔建遠『合同法新論・総則』（中国政法大学出版社，1996 年）第 5 章。

いものとの理解が紹介されている。こうした規律方法は，一般に，「承諾者に一方的に不利」なので，採用されることがない[5]。もっとも，中国契約法も，申込みは撤回することができることを原則としながら（17条前段），撤回の通知は，申込みが申込受領者に到達するより前に，または申込みと同時に，申込受領者に到達しなければならないものとし（17条後段），また，申込みは取り消すことができることを原則としながら（18条前段），取消しの通知は，申込受領者が承諾の通知を発するより前に，申込受領者に到達しなければならないものとし（17条後段），かつ，申込みの取消しが禁止される場合を定めている（19条）。こうした構造を捉えて，韓世遠は，「それぞれに応じた解釈が必要となる」と指摘し，王成は，「中国法は申込みに拘束力が存するとの結論を認めるべきであろう」と述べる。この問題は，原則と例外のどちらにどの程度の軸足を置くものとして運用するかにかかるものということもできよう。

　なお，日本民法上，現行法では，意思表示の効力発生時期については到達主義が原則とされるが（97条1項），契約の承諾の意思表示については発信主義が採られている（526条1項）。しかし，民法改正案は，契約の承諾の意思表示についても到達主義に改めるべきであるとし，現行526条1項は削除される。その結果，契約の承諾の意思表示についても，97条1項が適用されることになるので，契約は，承諾の意思表示が到達した時に成立することになる。

第3節　電子契約の普及度及びその実務上の問題

1　問題の提示

（1）電子契約の普及度

　中国契約法は11条で電子契約を書面契約の一種として規定しているが，この電子契約の普及度はどの程度であるか。また，この電子契約で実務上どのような問題が存在するか（質問①）。

　5）四宮和夫＝能見善久『民法総則〔第8版〕』（弘文堂，2010年）255頁。

（2）データ電文形式の契約の取消し

　王利明Ⅰ書では，特に承諾の取消問題について，以下のようなことを述べている。すなわち，承諾の取消しは一般的に違約を構成する。しかし，電子契約の場合，当事者はクリックによる取引成立の方式をとり，クリック時間は瞬時なので，意思表示が真実の意思表示でない場合があり得る。また，インターネットによる取引は実物を見ずに遠距離で行われるので，クリック時点で真実の意思を反映していない可能性がある。そのため，多くの学者が，クリックして取引が成立後，消費者が最終的に取引を希望するかどうかを考慮する期限を消費者に与えるべきであると説く。契約成立後，消費者は重大な誤解を理由として契約の取消しを求めることができるが，その場合，裁判所に訴えを提起しなければならず，手続が煩雑で，またコストもかかる。消費者の承諾の取消しが認められると，消費者保護には有利である。しかし，それは経営者に大きなリスクを負わせることになる。この両者の事情を勘案して，王利明は１日以内に限って取消しを認めてはどうかと提言している[6]。中国ではこの種の問題はどのように考えられているのだろうか（質問②）。

2　韓世遠・王成の回答

　《韓世遠の回答》

　（1）質問①について

　電子契約は電子ビジネスの運用と直接関係する。中国では，電子ビジネスは急速に発展を遂げてきていて，「淘宝」「京東」等の電子ビジネスプラットフォームが人びとの生活様式を大きく変えてきており，若者の "オタク" 生活が非常に普遍化し，「私に１台のコンピューターと１つのインターネット接続用のケーブルがあれば生活できる」と述べる者もいる。それは極端であるとしても，その現象は非常に多くの若者達の生き方の実態を反映している。中国の電子商取引の取引額は人びとを驚かせるものがあり，調査したわけではないが，私の印象ではアメリカ以上であると思われる。以上からして，電子契約は今日，中国で大量に用いられていると言うことができる。

　電子契約と関連する法律問題は非常に多い。例えば，約款問題とか，イン

6）王利明Ⅰ書323〜324頁。

ターネット上での値段表示商品は申込みを構成するのか（それとも申込みの誘因に止まるのか），誤った表示価格での取引後，取引を取り消すことができるかといった問題，未成年者が電子商取引に関わるといった疑難問題，電子ビジネスが国境を跨ぐ場合の法律適用の問題等が存する。

（2）質問②について

王利明の主張は，実際にはクーリングオフの問題である。今日では，消費者権益保護法（2013年改正，2014年発効——小口）25条がすでに修正を施し，クーリングオフ規則を盛り込んだ。将来，解釈論の仕事も多くなるだろうし，他方，その限界もあり，例えばタイムシェアリング取引問題などがそれである。また，制度自身が非常に高いコストがかかる。

ところで，当該25条は以下のようになっている。

「事業者〈経営者〉からインターネット，テレビ，電話，通信販売等の方式で商品を購入する場合，消費者は商品を受け取った日から7日以内に返品する権利を有し，かつその理由の説明を必要としない。ただし以下の商品は除く。（一）消費者が注文したもの。（二）腐りやすい生鮮商品。（三）消費者が開封した音像製品，コンピューターソフトウエア商品。（四）交付された新聞，定期刊行誌」，「前項に掲げる商品以外の，その他の，商品の性質により，かつ消費者が購入時に返品に適さないことを確認した商品については，無理由返品規定を適用しない」，「消費者が商品を返品する場合，完全なかたちで返品しなければならない。事業者は返品商品を受け取ってから7日以内に消費者に代金を返金しなければならない。商品返品の運送費は消費者が負担する。事業者と消費者とで別段の約定があれば，それに従う」。

≪王成の回答≫

（1）質問①について

先ず，契約法制定当時，11条の所謂データ電文形式の契約は未発達であった。もちろん，立法者は未来の趨勢を予見はしていたが，その趨勢の具体的な表現形式までは予見し得なかった。データ電文に関する列挙記載を見ると，電報，テレックス，ファックス，電子データ交換，電子メールとあり，立法者はなお依然として当時の技術水準にもとづいて条文を制定している。

第2に，現在では，僅か十数年の間に技術の発展は当時の人びとの想像を

はるかに超えるものとなっている。電報形式は殆ど跡形もなくなった。その他の形式も電子契約の主要な形式ではない。ある学者の主張によれば、電子データ交換及び電子メールによるものだけを電子契約締結の対象とし、電報、テレックス、ファックスによる契約締結は一般の契約に属させるのでよいと説く[7]。中国では現在、最も主要な電子契約はインターネット上での物品の購入取引である。

　第3に、中国ではインターネット上での商品及びサービス取引が普遍化しており、淘宝網の2013年11月11日の1日取引額は350.19億元にのぼる。

　第4に、電子契約の具体的問題に関して、中国では現在少なくとも2つの法律が定められた。

　その1は2005年4月1日発効の電子署名法である。この法律の名称は電子署名法であるが、実際は、電子契約で起こり得る問題をルール化したものである。

　例えば、第2条は「本法で称する電子署名とは、データ電文中において、電子形式に包括・添付された署名者の身分を識別し、かつ署名者がその内容を認可したことを証明するために用いるデータのことを指す」、「本法でいうデータ電文とは、電子・光学・磁気又は類似の手段により生成・発送・受信又は記憶される情報のことである」と規定する。第4条は、有形的に記載内容を表現し、かつ随時に取り寄せ、査問することができるデータ電文の場合は、法律、法規を満たす書面形式とみなされると規定する。

　このほか、第5条はデータ電文の原本をどのように認定すべきかを、第8条はデータ電文の真実性をどのように認定すべきかを、第10条はどのように受信を認定すべきかを、第11条はデータ電文の発送時間と受信時間をどのように認定すべきかを規定し、第12条ではデータ電文の発送地と受信地を規定する[8]。

　その2は、2014年3月15日に発効した改正消費者権益保護法である。この改正では、消費者を一方当事者とする電子契約に関連する問題をルール化した。

　7）王利明『民商法研究　第5輯』（法律出版社、2014年）283頁。
　8）以上の条文の訳文はジェトロ北京事務所知的財産部による。

70 第二部 中国契約法の研究

例えば第25条は，インターネット，テレビ，電話，通信販売等の方式で商品を購入した場合，7日以内に無条件で返品できることを規定し，28条は，インターネット金融を規定し，29条は，消費者の個人情報の収集，保護を規定する。

(2) 質問②について

電子契約における承諾の取消し問題に関する王利明の主張については，これは所謂電子取引におけるクーリングオフの問題で，多くの学者が議論に参加してきた。

この問題の立法面での反映が2014年の改正消費者権益保護法25条の規定である。すなわち同条は（前掲のように——小口）規定する。本条は，消費者が7日以内に無条件で返品できることを規定している。ただし，本条を学理上どのように解釈すべきかについては検討の余地がある。例えば重大な誤解によって契約を取り消すのか，それとも承諾を取り消すのか，あるいは契約を解除するのか，検討を要する。さらに，消費者の悪意による本条項の利用をどのように防止するのか，双方の利益のバランスをどのようにとるのか，難題をなす。

3　渡辺達徳の所見

インターネット取引（ここでは主に「B to C取引」が念頭に置かれるであろう）の急速な拡大は，中国及び日本のいずれにおいても共通した現象であり，これに伴い，公法及び私法の両面から適切な対応を行うことが求められている。

韓世遠及び王成が紹介する中国の消費者権益保護法は，インターネット，テレビ，電話，通信販売等による商品購入すべてを規律対象として，いわゆるクーリングオフを導入している。日本と中国との比較を試みる際，そこに2つの問題場面が含まれている。その1つは，クーリングオフの規律のあり方であり，もう1つは，インターネット取引にクーリングオフを認めるかどうかである。

日本法において，クーリングオフは，現在，様々な法律において認められているが，消費者取引に最も密接に関わるのは，特定商取引法であろうと考えられる。同法は，訪問販売（ここには，自宅や職場を訪問するだけでなく，

いわゆるキャッチ・セールスやアポイントメント・セールスが含まれる），通信販売，電話勧誘販売，連鎖販売取引，特定継続的役務提供，業務提供誘因販売取引及び訪問購入という7類型を規律しているが，その中で，クーリングオフが認められるのは，通信販売を除く6類型である。その概要は，①購入者等は，申込書面・契約書面を受け取った日から起算して8日間は（連鎖販売取引と業務提供誘因販売取引では20日間），書面により，無条件でクーリングオフができる（ただし，3000円未満の現金取引，乗用自動車，政令で消耗品として指定される品目等については適用除外）。②クーリングオフの効力は，書面を発信した時に生じる。③事業者は，相手方に対し，クーリングオフに伴う損害賠償や違約金の支払を請求することができない。④事業者は，受領した金銭を返還する義務を負い，また，商品等の引渡しが済んでいる場合には，事業者の負担と費用でその引取りをしなければならない。⑤サービスの提供や権利の売買契約において，消費者が，クーリングオフ前にすでにサービスの提供を受けたり，会員権を行使して施設を利用したりしていても，事業者は，その対価を請求することができない。

　問題は，上に述べたところからも判明するとおり，通信販売がクーリングオフの対象となっていないことである。これは，従来，日本においては，通信販売では，消費者がカタログや広告を見て自ら契約の申込みを行うものであるから，訪問販売等に見られる事業者からの不意打ち的勧誘や一方的な働きかけがなく，クーリングオフによる熟慮期間を設けるべき場面と異なるとの理解が優勢だったことにもとづくものである（ただし，現行法上，特定継続的役務提供についてのみ，消費者が事業者の店舗へ出かけていった場合でもクーリングオフが認められている）。それに代えて，特定商取引法は，通信販売について，広告規制，返品に関する規制，パソコン等のクリックミスや誤解による申込みを誘うような行為の禁止等の規定を置いている。このうち，返品制度については，事業者は，返品特約に関する事項は広告に表示する必要があり（返品できるか否か，返品できる場合には返品期間や費用負担者を表示する），広告に返品表示がない場合には，購入者は，原則として商品が届いた翌日から8日間は返品ができることとされている。これは，クーリングオフに近いともいえるが，この法定の返品制度では返品費用は購入者負担とされている。

　以上のような状況を前提として，現行法の解釈・適用上，インターネット

72 第二部 中国契約法の研究

取引は，「通信販売」に含まれると解されている。したがって，インターネット取引に対しては，通信販売のルールが適用され，クーリングオフの対象とならない（上記「返品制度」の適用に服する）。しかし，このような規律については，批判が強い。例えば，電子メールやＳＮＳ上のメッセージなどにより勧誘が行われ，その後にインターネットを通じて契約が行われる場合には，その過程は，電話勧誘販売に類似する。したがって，インターネット取引にもクーリングオフを適用する基礎はあるということができる。現在，特定商取引法は，前回改正法の施行から5年を経て見直しの時期を迎えており，議論の展開が注目されるところである。

第4節 契約締結上の過失責任

1 問題の提示

　中国法は契約締結上の過失責任を契約法に規定している。契約締結上の過失責任を契約法で処理するか，不法行為法で処理するかは，挙証責任，履行補助者の責任等で異なってくる。梁慧星は逸早く，不法行為法上の責任による場合は被害者が相手方の過失を立証しなければならず，被害者に不利であり，被害者保護の観点から，「契約法義務の拡張」として契約法に規定したとその立法趣旨を説明する[9]。しかし，李中原は，契約締結上の過失責任を司法解釈では不法行為法上の責任として構成しているとして，「例えば，消費者が商店で品物を購入するとき，滑って負傷したことによって生じた損害賠償請求訴訟につき，伝統的には契約締結上の過失責任の典型的な案件として扱ってきたが，わが国の 2004 年施行の司法解釈『人身損害賠償案件を審理するうえでの法律適用の若干の問題に関する解釈』6 条は，これを不法行為責任の範疇に入れている」[10]と説く。さらに，王利明は，契約締結上の過失責任は契約法にも不法行為法にも属さない，独立の請求権であると説く。すなわち「契約締結上の過失責任は法律が直接規定する債で」[11]，「（それは）違約責任と異なり，したがって契約締結上の過失は契約法に規定すべきでは

---

　9) 梁慧星「合同法的成功与不足」中外法学 1999 年第 6 期 22 頁。

　10) 李中原「締約過失責任之独立性質疑」法学 2008 年 7 期 143 頁。

　11) 王利明 I 書 343 頁。

なく，債法中に規定すべきである。しかし，わが国は現在のところ民法典を公布していないので，債法中には詳細な規定がなく，一時的に契約法に規定しているにすぎない。将来民法典が制定されたら，契約締結上の過失責任は債法体系の中に組み入れられるべきであり，契約法に規定すべきではない」[12]と主張する。日本でも，契約締結上の過失責任の位置づけに関しては，議論が分かれているが，この問題をどのように考えるか。

2　韓世遠・王成の回答

≪韓世遠の回答≫

契約締結上の過失責任については，その法的性格の問題と，民法体系上の位置づけの問題がある。

法的性格の問題についていえば，契約締結上の過失責任は違約責任とは異なるし（何故なら，多くの場合，当事者の間に有効な契約関係が存在しない），また不法行為責任とも異なる（契約締結上の過失責任は，当事者の間で契約締結の接触及び合理的な信頼を基礎とし，相互で求められる注意の程度は不法行為責任より高い）。類型論の角度から見れば，契約締結上の過失責任は違約責任と不法行為責任の間に位置し，それは法定の特別結合の関係にある。

民法体系上の位置についていえば，契約締結上の過失責任を民法体系上どこに位置づけるべきかということであり，これは立法論に関わる。ヨーロッパ契約法原則及び国際商事契約原則を見てみると，いずれもそれを契約法の中に規定していて，それで何か不都合なことは見いだせない。

≪王成の回答≫

第1に，契約締結上の過失責任を契約法で規定しようと，あるいは不法行為法で規定しようと，構成要件上，被害者は加害者にある種の過失が存在したことを証明しなければならない。過失論は，契約締結上の過失責任を契約法と不法行為法のいずれに規定すべきかの議論の決め手にはならない。

第2に，最高人民法院の「人身損害賠償案件を審理するうえでの法律適用の若干の問題に関する解釈」6条及びその後の権利侵害責任法 37 条が規定

12）王利明・同上書 361 頁。

する安全保障義務の適用範囲は，契約締結の状況より広く，双方の間で契約締結の関係があるかどうかに関係がなく，安全保障義務の構成に影響を与えない。

第3に，契約締結上の過失の中にも，安全保障義務ではカバーされないものがある。例えば，契約法42条における悪意の協議や故意の隠蔽等の事由は安全保障義務と関係ない。

第4に，中国の主たる民法学者は，契約締結上の過失責任は，違約責任からも不法行為責任からも独立した責任形式を考えている[13]。

契約締結上の過失を債法に規定すべきかどうかは，債法規範の範囲をどう認定するかということと関連する。例えば不法行為法〈権利侵害責任法〉が債法に属するのかどうかをめぐっては，中国の学者の間でも見解が異なっている。

3　渡辺達徳の所見

日本における「契約締結上の過失」責任は，伝統的には，原始的不能による契約無効の事例における損害賠償問題と認識されていたが，近時は，「契約準備段階における信義則上の注意義務違反」として論じられている。その中には，上に掲げた①原始的不能の事例，②契約交渉の不当破棄の事例，③一方当事者の説明義務・情報提供義務違反により相手方にとって不本意な契約が締結された事例，などの類型が含まれる（①②においては，契約は無効または不成立であり，③においては，契約が成立しているところにも違いがある）。中国契約法42条は，契約締結の過程において，契約締結の名目を利用して悪意をもって協議を進めた場合（1項），契約の締結と関連する重要事実の故意の秘匿・虚偽の情報提供（2項）を例示した上で，「その他信義誠実の原則に違背する行為」があった場合（3項）を規律対象とする。この3項があることにより，契約締結の過程における信義則違反の行為はすべて視野に入れられることになるので，この問題に関する日本と中国の射程は同じであると解することができる。

13）王利明『民商法研究　第1輯』（法律出版社，2014年）435頁，崔建遠主編『合同法［第4版］』（法律出版社，2007年）118頁。

これを，「契約責任（債務不履行責任）」，「不法行為責任」，「（中間的な）信頼責任」のいずれと性質決定するかは，日本においても，議論の対象とされている。この問題に争いが生じる実務上の理由が，損害賠償請求権の消滅時効期間について適用される法規範及び過失（帰責事由）の立証責任の違いにあることも，両国で変わりはないようである。

日本では，近時の最高裁が，契約締結前に当事者の一方が説明義務を尽くさなかったために，その説明を相手方が受けていれば結ばなかったであろう契約を締結し，そのために当該相手方が損害を被った事例において，不法行為にもとづく損害賠償を請求することはできるが，債務不履行は成立しないと判示した[14]。この事例類型では，相手方が契約を締結するか否かを決定するために重要な説明をする信義則上の義務は，時間的・論理的に契約の締結に先行するので，その説明義務が問題となる時点では契約は存在せず，契約責任が認められる余地はないと判断されたものである。したがって，ここで「不法行為」責任であるという性質決定が，他の事例類型にまで及ぶことはない。

民法（債権関係）改正の作業においては，契約の交渉に際して，当該契約を締結するか否かに関し相手方の判断に影響を及ぼす事項について，信義則にもとづき相手方に情報提供し，説明すべきものとし，その義務に違反した者は相手方に対して損害賠償責任を負う旨の規定を設ける提案がされていたが（『債権法改正の基本方針』【3.1.1.10】），最終的には明文化が見送られた。なお，この提案においても，説明義務違反の法的性質については，明らかにされていなかった。

第5節　約款の効力

1　問題の提示

（1）約款の変更・取消し

約款に関する契約法40条は，約款が契約法52条，53条に該当する場合は無効とすることを規定するが，約款が公平を失する場合に54条の契約の

14）最判平成23年4月22日民集65巻3号1405頁。

76　第二部　中国契約法の研究

変更，取消可能に関する規定を適用できるかどうか，規定していない。王利明は，以下の理由を挙げて54条の適用を認めるべきであると主張する。（ⅰ）40条の目的は特に消費者の利益を保障することにあり，消費者が当該約款の無効を望まず，変更を希望するときは，それを認めるべきである。（ⅱ）約款の多くは行政主管部門が制定したものであり，裁判所が行政主管部門の約款を無効と宣告することは実際には困難で，「約款が一旦無効と宣告されると，当該約款は以後永久に失効し，これは行政部門にとって到底受け入れ難い」[15]。この王利明の見解をどのように考えるべきか（質問①）。

　（2）約款の効力をめぐる事例について

　約款の効力をめぐる下記事例[16]についてどのように考えるべきか（質問②）。本事例については3種類の見解が存する。第1の見解は，裁判所の見解で，銀行の「2人が窓口を担当し，照合をもって基準とする」との規定は，当該銀行の内部規定に過ぎないとする。第2の見解は，銀行が番号札を手渡した後，預金者と銀行との間にはまだ預金契約関係は成立せず，預金者と銀行との間には保管関係が存在するのみであるとする[17]。第3の見解は，王利明の見解で，本件における銀行の「2人が窓口を担当し，照合をもって基準とする」との規定は標準約款に属し，「預金契約関係が発生すれば，必ず当該条項を受け入れなければならない」が，「この種の条項は契約の成立により成立するが，民事法律行為の発効要件に当然に合致することを意味」せず，当該条項は公平原則に反し，「契約法適用解釈（二）」10条は，「『約款を提供した側が契約法39条1項の規定に違反し，かつ契約法40条が規定する事由に該当するときは，人民法院は当該約款を無効と認定しなければならない』と規定していて」，「これにより，預金者は裁判所に当該約款の無効を請求する権利を有する」と主張する。この王利明の無効説の根拠につき，氏は明言していないが，契約法52条5号の法律の強制性規定に違反しているということであろうか。氏は商業銀行法5条，消費者権益保護法24条を参照している。

───────────

15) 王利明Ⅰ書426頁。
16) 王利明『民法疑難案例研究［修訂版］』（中国法制出版社，2010年）11「標準約款の効力の問題」61〜67頁。
17) 『中国審判要覧［1996年版］』（中国人民大学出版社，1995年）910頁。

第2章　契約の締結　77

〔事例〕

（a）事件の概要

原告：郭美蘭

被告：中国工商銀行北京市分行海淀支行

3月15日11時頃，原告は被告の北京医学院貯蓄所へお金を預けに行った。原告は，4000元の普通預金の伝票に記入した後，当該伝票，現金と通帳を銀行の窓口係に渡し，当該窓口係は，原告から現金などを受け取った後，現金を2回（1回は手動，1回は機械で）数え，伝票記載金額と一致するかを確認した上，原告に番号札（10号）を渡し，現金，伝票と通帳を記帳員に引き渡した。記帳員は，記帳後，現金，伝票と通帳を照合出納員に渡した。照合中，照合出納員は原告の現金が2000元不足し，伝票記載金額と一致しないとして窓口係に戻し，当該窓口係から原告に2000元不足することを伝えた。原告がその現場及び帰宅後自宅で探してみた後，自分が渡した現金は4000元に違いないとし，双方で争った。その後，銀行は当該貯蓄所を閉め，原告が記入した伝票を破棄した。双方は何回も接触したが，解決には至らず，訴訟に発展した。原告は4000元の返却を請求したのに対し，被告は銀行には「2人が窓口を担当者とし，照合をもって基準とする」との規定があることを理由に，金額不足の責任を拒否した。

（b）本件についてのいくつかの相違なる見解

第1の見解。銀行と預金者との債権債務関係は，銀行が預金者の現金を受け取り，銀行記帳員の記帳，照合員の照合により間違いがないことが確認された後，窓口係が預金通帳を預金者に交付することにより成立し，銀行内部での一連の作業が完了するまでは，番号札のみを渡し，双方間で債権債務関係はまだ成立していない。また，銀行には，「二人が窓口を担当し，照合をもって基準とする」という規定がある。したがって，番号札を銀行が既に預金者の現金を受け取ったことの根拠にすることはできず，照合員が照合により伝票金額と現金の金額が合わなければ，不足部分の責任は預金者自ら負うべきで，銀行には責任がない。

第2の見解（本件の1審と2審裁判所の判決の見解）。預金者が預金する金額の現金を銀行の窓口係に引渡し，当該窓口係が預金者の前で現金と伝票の金額とが合致することを確認した上，番号札を渡したら，そこで双方の債権

債務関係が既に形成され，銀行は当該現金につき適切に保管する義務があり，その後発生する不都合は銀行が負うべきである。銀行の「2人が窓口を担当し，照合をもって基準とする」との規定は，当該銀行の内部従業員に対して拘束力を有するが，預金者には拘束力がなく，不足部分の責任は銀行が負うべきである。

（c）筆者（王利明）の見解

（前略）銀行の「2人が窓口を担当し，照合をもって基準とする」という内部規定は，預金者に対して拘束力を有するのか。1審，2審裁判所ともに，銀行のこの種の規定は，銀行による内部従業員に対する相互監督・制約に関する規定であり，預金者には拘束力を有しないとした。筆者は，この見解は検討を要すると考える。（中略）実際，この問題は契約法上の重要なポイントである標準約款の成立と効力の問題に関係する。（中略）契約の成立とは，双方の当事者が契約の主な条項について合意したことを指すが，当事者間の合意は法律の規定する発効要件に合致するとは限らず，その発効要件に合致しない場合，既に成立済みの契約及び契約条項は発効し得ない。本件からいえば，当該条項が既に契約内容に入っていたことを否定できないが，当該条項は民事法律行為の発効要件に合致しないと考える。理由は以下の通りである。

第1，当該条項は契約法の定める公平原則に反する。公平原則にもとづき，標準約款の内容は当事者双方に有利なものでなければならない。もし標準約款が一方当事者にのみ有利で，相手方当事者には不利であることが明らかで，約款作成者の基本的な契約義務を免除しているなら，このような条項は不公平である。（中略）

第2，当該規定は関連する法律の原則に合致しない。わが国の商業銀行法5条は，「商業銀行と顧客との業務上の取引は，平等，自由意思，公平及び信義誠実の原則を遵守しなければならない」と定めており，契約法39条は，「標準約款を用いて契約を締結するときは，標準約款を提供した一方当事者は，公平の原則に従って当事者間の権利及び義務を確定」すべきであると定めている。本件における銀行が作成した「2人が窓口を担当し，照合をもって基準とする」との規定は預金者にとって不公平であることは明らかであり，預金者の意思に合致しない。

第3，当該条項は消費者の有する基本的権利を排除するものである。消費者権益保護法は，標準約款の作成者は標準約款等の方法により消費者の権利を排除または制限してはならないと規定している。同法24条（旧法＝2009年法時——小口）は，「経営者は，標準約款，通知，声明，店内告示等の方法をもって消費者に対して不公平，不合理な規定をしてはならず，また消費者の権益を損うことによる民事責任を軽減，免除してはならない」と規定している。本件における銀行の作成した「2人が窓口を担当し，照合をもって基準とする」との規定は，内部規範としては必要であるが，消費者の権利を制限するために用いることは妥当ではない。（中略）

　上記の理由により，「2人が窓口を担当し，照合をもって基準とする」との銀行の規定を原告がやむを得ず受け入れたとしても，法的効力は生じない。「契約法適用解釈（二）」10条は，「約款を提供した側が契約法39条1項の規定に違反し，かつ契約法40条が規定する事由に該当するときは，人民法院は当該約款を無効と認定しなければならない」と規定している。これにより，預金者は裁判所に当該約款の無効を請求する権利を有する。銀行はこの規定を根拠に金額不足による賠償責任の免除を要求することができず，既に成立した預金契約の規定に従って自ら受入れに同意した預金金額の預金証書を原告に引き渡さなければならない。原告が預金を望まないのであれば，契約を解除することができ，銀行に対して4000元の返還を要求し，銀行は返還義務を負うことになる。もちろん，当該条項が発効しないというのは，当該条項が契約の条項として発効しないということであり，当該条項が銀行の内部規範として適用されることは妨げない。

2　韓世遠・王成の回答

《韓世遠の回答》

（1）質問①について

この問題は興味ある問題である。先ず，「一部取消し」の問題が提起されている。契約法は一部無効を認めているし（契約法56条），また「一部解除」も認めている（同165条）。ただ，「一部取消し」には言及しておらず，それは契約法が「一部取消し」を認めていないことを意味するのかどうか。私個人は，そのように解釈すべきではないと考える。換言すれば，「一部取消し」

は統一契約法のもとでも可能である。そのルールの基礎はやはり契約法54
条で，40条ではない。

　第2に，「一部取消し」と「一部無効」のルールが競合する場合の法律適
用及びその効果の違いの問題がある。例えば「工事中の負傷は責任を負わな
い」との条項がある場合，契約法53条1号によれば，そのような免責条項
は無効となる。通常，この問題はこのような経路で解決され，疑問は生じな
い。では，当事者をしてこの規定を主張させず，54条1項2号の「契約を
締結するとき明らかに公平を失する」の規定により裁判所又は仲裁機関に変
更又は取消しを主張させることは可能かどうか，及び必要はあるかどうか。
この問題は「二重の効果」の問題に関わり，法学の理論レベルではこういっ
たことがあり得る。その長所は，以下の点にある。「一部無効」によって処
理する場合，この免責条項で処理される事項は，「一部無効」により「契約
のギャップ〈漏洞〉」が生じる。他方，変更を請求する場合，裁判所はその
裁量権によって当該免責条項の内容を直接変更して，「明らかに公平を失す
る」ことがないようにし，かつ「契約のギャップ」の発生を免れることがで
きる。しかし，これはあくまでも法学理論レベルでの分析であって，実務で
は，実際にはこうした事例は見出し難い。このほかに，「一部無効」によっ
て処理すると，「契約のギャップ」が生じ，このギャップは法律の一般規定
によって処理されることになり，契約の規範による処理と比べて，この方が
実質的不都合や不公平を来さない。

　第3に，王利明の論証は，「消費者の利益保護」の視点からのもので，こ
のことはまた別の問題を呼び起こす。すなわち，統一契約法は商事契約と消
費者契約を区別しておらず，こうした統一的な約款条項を解釈適用する場合，
この2種類の契約の差異性を考慮すべきなのかどうかという問題である。こ
の問題はこれから解釈論を展開するときに避けることのできない問題である
ように思われる。

　(2)　質問②について

　約款の効力をめぐる事例については，今日ではこのような案例は珍妙なも
ので，現実の生活の中で生ずる確率はきわめて低い。

≪王成の回答≫

(1) 質問①について

　形式から見ると，40条が規定しているのは約款の無効事由である。したがって，変更，取消し可能な内容については，当然，40条には規定されるべきでない。論理的には，約款も契約条項である。52条，53条は無効事由を規定しており，40条に規定しても，重複するだけである。したがって，40条の「約款が本法52条，53条が規定する事由に該当するときは，条項は無効とする」との規定は，実際には，無意味である。

　他方，約款も契約条項であり，かつ法律の重点的規範条項であるので，一般的条項では有効でも，例えば40条後段の規定する事由（約款を提供した側がその責任を免除したり，相手方の責任を加重したり，相手方の主要な権利を排除する）のように，約款条項では無効となり得る場合がある。この意味では，もし約款に明らかに公平を失する事由があれば，それが約款であろうとなかろうと，当事者は契約法54条にもとづいて変更または取消しを請求することができる。もし約款であれば，当事者は変更または取消権を当然有すべきである。

　法律の適用から見ると，もし約款に明らかに公平を失する事由が存するときは，当事者は当該条項が約款に属することをわざわざ主張する必要はなく，直接54条を適用すればよい。したがって，明らかに公平を失する事由が40条の規範の範囲に属するのかどうかを論ずる意義は，実際には，あまりないように思われる。

(2) 質問②について

　約款の効力をめぐる事例について，先ず結論的に言えば，本案1審，2審の判決結果と王利明の見解は一致する。すなわち，いずれも，当該条項は預金者に対して拘束力はなく，銀行は預金者の主張する債権を尊重すべきであるとする。

　第2に，本案の実情について言えば，細かい点であるが，預金者が銀行に預けた金額は4000元で，銀行の最初の勘定では誤りがなく，再度勘定したときに2000元減っていることが分かった。もし4000元中100元減っていれば，発見が難しいかもしれない。しかし，4000元が2000元に変わるとなると，最初の勘定のときにどうしてそのことが発見されなかったのであろうか，

容易に分かったはずである。この意味において，私個人は，結果から見て，
預金者の主張に与する。

　第3に，理由の面では，私は裁判所の見解に賛成する。すなわち所謂「2
人で勘定し，再チェックすることを基準とする」との規定は，基本的に，双
方の契約の中に入れることはできず，契約条項を構成しない。したがって，
預金者に対しては拘束力を生じない。

3　渡辺達徳の所見

　この問題は，約款の中に含まれる不当条項が無効とされた場合に，当事者
が請求することを前提として，その欠缺補充を契約の変更というかたちで行
うことができるか，というものと考えられる。韓世遠は，中国契約法が「B
to B」と「B to C」を区別していないことに注意を促し，すべての場面で
契約の変更を認めるべきかについて，慎重な姿勢を示すようである。これに
対し，王成は，当事者は，同法54条に基づき，契約の変更を請求する権利
を有するべきであると述べる。

　日本において，消費者契約法8条から10条までに定める不当条項の無効
を念頭に置いて考えると，ここである条項（＝特約）が無効とされた場合に
は，任意規定の適用に戻るのが原則であり，当該契約の有効性の根幹に関わ
る条項が無効とされれば，その契約そのものが無効となるものと考えられる。
すなわち，当事者の請求により，裁判所が契約を変更することは予定されて
いない。

　また，「問題の提示」に示された「事例」について，韓世遠は，レアケー
スであるとのみ述べ，王成は，預金契約は成立しているが，当該条項は銀行
の内部規定にすぎず，預金者に対する拘束力はないとの見解に賛同する。こ
のケースにおいては，まず，銀行預金契約（消費寄託（日本民法666条，なお，
587条））の成否が問題となるが，窓口における現金の預入れについては，窓
口係員が現金を受け取り，これを確認した時点で成立すると解するのが一般
的であると見られる[18]。なお，窓口における預金契約の成否が争われた珍し
い事例として，大判大正12年11月20日法律新聞2226号4頁〔窓口一寸事

18）中馬義直「預金契約」『契約法大系Ⅴ特殊の契約(1)』（有斐閣，1963年）19頁。

件〕がある。それを前提とすれば，示された「事例」と同様のケースが日本で生じた場合には，王成の説くところと同様の解決が妥当するものと思われる。

84 第二部　中国契約法の研究

第3章　契約の効力

第1節　契約法・関係法規及び日中の条文比較

1　中国契約法・関係法規

44条（契約の効力発生）　①法に従って成立した契約は，成立したときから効力を生じる。

②法律，行政法規が承認〈批准〉，登記等の手続を行うことにより効力が生じる旨規定するときは，その規定に従う。

　　最高人民法院「契約法適用解釈（一）」9条　契約法44条第2項の規定により，法律，行政法規が，契約は承認手続をとらなければならないとか，承認・登記等の手続をとってはじめて効力を生ずると規定し，1審法廷の弁論終結前にいまだ承認手続をとらず，あるいはいまだ承認・登記等の手続をとっていない場合，人民法院は，当該契約は未だ効力が生じていないと認定しなければならない。法律，行政法規が，契約は登記手続をとらなければならないと規定するも，登記後にはじめて効力が生ずると規定していない場合，当事者がいまだ登記手続をとっていないことは契約の効力に影響せず，契約目的物の所有権及びその他の物権は移転しない。

45条（条件つきの契約）　①当事者は契約の効力につき条件を付する旨約定することができる。停止条件付の契約は，条件が成就したときに効力を生じる。解除条件付の契約は，条件が成就したときに効力を失う。

②当事者が自己の利益のために不当に条件成就を阻止したときは，条件が既に成就したものとみなし，不当に条件成就を促進して成就させたときは，条件が成就しなかったものとみなす。

46条（期限つきの契約）　当事者は契約の効力につき期限を付する旨約定することができる。効力発生期限付の契約は，期限到来時に効力を生じる。終

了期限付の契約は，期限満了時に効力を失う。

47条（制限行為能力者が締結した契約） ①民事行為能力を制限されている者が締結した契約は，法定代理人の追認を経た後，当該契約は有効となる。ただし，利益のみを得る契約又はその年令，知力，精神の健康状態に相応して締結された契約は，法定代理人の追認を経ることを必要としない。

②相手方は，法定代理人に対し，1ヵ月以内に追認するよう催告することができる。法定代理人が追認の表示をしないときは，追認を拒絶したものとみなす。契約が追認される前であれば，善意の相手方は，契約の取消権を有する。取消しは，通知の方式により行使しなければならない。

48条（無権代理人が締結した契約） ①行為者が，代理権なく，代理権の範囲を超え，又は代理権の消滅後，本人の名義をもって締結した契約は，本人の追認を経なければ，本人に対して効力を生じず，行為者が責任を負う。

②相手方は，被代理人に対して，1ヵ月以内に追認するよう催告することができる。被代理人が追認の表示をしないときは，追認を拒絶したものとみなす。契約が追認される前であれば，善意の相手方は取消権を有する。取消しは，通知の方式により行使しなければならない。

49条（表見代理） 行為者が，代理権なく，代理権の範囲を超え，又は代理権終了後，被代理人の名義をもって締結した契約は，相手方が行為者に代理権があると信じる理由があるときは，当該代理行為を有効とみなす。

50条（法定代表人の越権行為） 法人又はその他の組織の法定代表者，責任者が権限を超えて締結した契約は，相手方がその権限の踰越を知り，又は知り得べき場合を除き，当該代表行為を有効とみなす。

51条（無権処分者の締結した契約） 処分権を有しない者が他人の財産を処分した場合，権利者が追認したとき又は処分権のない者が契約締結後に処分権を取得したときは，当該契約は有効とする。

　　最高人民法院「売買契約解釈」3条 ①当事者の一方が，売主に契約締結時に目的物に対して所有権がない，あるいは処分権がないことを理由に契約の無効を主張した場合，人民法院は支持しない。

　　②売主が所有権又は処分権を取得しないことにより目的物の所有権を移転できず，買主が売主に違約責任又は契約解除を要求し，あわせて損害賠償を主張したときは，人民法院は支持しなければならない。

86 第二部 中国契約法の研究

52条（契約無効の法定事由） 以下に掲げる事由が存するときは，契約は無効とする。（一）当事者の一方が，詐欺，脅迫（中国では，刑法上の脅迫と同じ文言を使用する——小口）の手段を用いて契約を締結し，国家の利益を害う場合。（二）悪意をもって通謀し，国家，集団又は第三者の利益を害う場合。（三）合法的な形式をもって不法な目的を隠蔽する場合。（四）社会公共の利益を害う場合。（五）法律，行政法規の強制性規定に違反する場合。

　　最高人民法院「契約法適用解釈（二）」14条　契約法52条が規定する『強制性規定』とは，効力性の強制性規定のことである。

　　最高人民法院「民商事契約指導意見」15条　契約法52条5号の「法律，行政法規の強制性規定」を正しく理解し，識別し，適用することは，民商事契約の効力の維持及び市場取引の安全と安定に関わる。人民法院は「契約法適用解釈（二）」の14条の規定にもとづいて，効力性の強制性規定と管理性の強制性規定を注意深く区別しなければならない。効力性規定に違反した場合は，人民法院は契約無効を認定しなければならない。管理性強制性規定に違反した場合は，人民法院は具体的状況にもとづいてその効力を認定しなければならない。

　　16条　（前略）もし強制性規範が規制するものが，契約行為自身である場合，すなわち当該契約行為が発生すれば絶対的に国家又は社会の利益に損害を与える場合は，人民法院は契約無効を認定しなければならない。もし強制性規範が規定するものが，当事者の「市場参入」の資格で，ある〈種類〉のタイプ〈型〉の契約行為でない場合とか，あるいは規制するものがある〈種〉の契約の履行行為で，ある〈類〉の契約行為でない場合，人民法院はこの〈類〉の契約の効力の認定について慎重に把握し，必要なときは関連立法部門の意見を徴し，あるいは上級人民法院の指示を求めなければならない。

53条（契約免責条項の無効）　契約中の以下に掲げる免責条項は無効とする。（一）相手方の人身に傷害を与えた場合。（二）故意又は重大な過失により相手方に財産的損害を与えた場合。

54条（取り消すことのできる契約）　①以下に掲げる契約については，当事者の一方は，人民法院又は仲裁機関に対し変更又は取消しを請求する権利を有する。（一）重大な誤解により締結した場合。（二）契約締結時において明ら

かに公平を失する契約。

②当事者の一方が詐欺，脅迫の手段を用い，又は他人の危機に乗じて，相手方を真実の意思に背かせる状況のもとで締結させた契約については，損害を受けた者は，人民法院又は仲裁機関に対して，変更又は取消しを請求する権利を有する。

③当事者が変更を請求する場合は，人民法院又は仲裁機関は取消しをしてはならない。

> **民法通則 59 条（変更・取消可能の民事行為）** 行為者が行為内容に対して重大な誤解があったときは，人民法院または仲裁機関に変更又は取消しを請求する権利を有する。

> **最高人民法院「民法通則意見」71** 行為者が行為の性質，相手方当事者，目的物の品種，品質，規格，数量等について誤って認識し，そのため行為の結果と自己の意思が異なり，かつ比較的重大な損失をもたらしたときは，重大な誤解と認定する。

> **73** 重大な誤解……による民事行為に対して，当事者が変更を請求した場合，人民法院は変更しなければならない。当事者が取消しを請求した場合，人民法院は事情を斟酌して変更又は取消しをすることができる。

55 条（取消しの消滅） 以下に掲げる事由が存するときは，取消権は消滅する。（一）取消権を有する当事者が，取消事由を知り，又は知り得べき日より 1 年内に取消権を行使しないとき。（二）取消権を有する当事者が，取消事由を知った後，明確な表示をもって，又は自己の行為をもって取消権を放棄したとき。

56 条（初めより無効の契約と一部有効契約） 無効な契約又は取り消された契約は，初めより〈自始〉法的拘束力を有しない。契約の一部の無効がその他の部分の効力に影響を与えないときは，その他の部分は有効とする。

57 条（契約の紛争解決条項の効力） 契約の無効，取消し又は終了は，契約中に独立して存在する紛争解決方法に関する条項の効力に影響を与えない。

58 条（契約の無効または取消しの法的効果） 契約が無効又は取り消された後，当該契約により取得した財産は返還しなければならず，返還不能又は返還の必要がないときは，価額補償をしなければならない。過失のある当事者の一方は，相手方がこれにより被った損害を賠償しなければならず，双方共に過

88 第二部 中国契約法の研究

失があるときは，各自相応の責任を負担しなければならない。

59条（悪意通謀で取得した財産の返還） 当事者が悪意をもって通謀し，国家，集団又は第三者の利益を害うときは，これにより取得した財産は，国家の所有に帰属させ，又は集団，第三者に返還しなければならない。

2 日本民法

5条（未成年者の法律行為） ①未成年者が法律行為をするには，その法定代理人の同意を得なければならない。ただし，単に権利を得，又は義務を免れる行為については，この限りでない。

②前項の規定に反する法律行為は，取り消すことができる。

③第1項の規定にかかわらず，法定代理人が目的を定めて処分を許した財産は，その目的の範囲内において，未成年者が自由に処分することができる。目的を定めないで処分を許した財産を処分するときも，同様とする。

6条（未成年者の営業の許可） ①1種又は数種の営業を許された未成年者は，その営業に関しては，成年者と同一の行為能力を有する。

②前項の場合において，未成年者がその営業に堪えることができない事由があるときは，その法定代理人は，第4編（親族）の規定に従い，その許可を取り消し，又はこれを制限することができる。

9条（成年被後見人の法律行為） 成年被後見人の法律行為は，取り消すことができる。ただし，日用品の購入その他日常生活に関する行為については，この限りでない。

21条（制限行為能力者の詐術） 制限行為能力者が行為能力者であることを信じさせるために詐術を用いたときは，その行為を取り消すことができない。

113条（無権代理） ①代理権を有しない者が他人の代理人としてした契約は，本人がその追認をしなければ，本人に対してその効力を生じない。

②追認又はその拒絶は，相手方に対してしなければ，その相手方に対抗することができない。ただし，相手方がその事実を知ったときは，この限りでない。

114条（無権代理の相手方の催告等） 前条の場合において，相手方は，本人に対して，相当の期間を定めて，その期間内に追認するかどうかを確答すべき旨の催告をすることができる。この場合において，本人がその期間内に確

第3章　契約の効力　89

答をしないときは，追認を拒絶したものとみなす。

115 条（無権代理の相手方の取消権）　代理権を有しない者がした契約は，本人が追認しない間は，相手方は取り消すことができる。ただし，契約の時において代理権を有しないことを相手方が知っていたときは，この限りでない。

116 条（無権代理行為の追認）　追認は，別段の意思表示がないときは，契約の時に遡ってその効力を生ずる。ただし，第三者の権利を害することはできない。

109 条（代理権授与の表示による表見代理）　第三者に対して他人に代理権を与えた旨を表示した者は，その代理権の範囲内においてその他人が第三者との間でした行為について，その責任を負う。ただし，第三者が，その他人が代理権を与えられていないことを知り，又は過失によって知らなかったときは，この限りでない。

110 条（権限外の行為の表見代理）　前条本文の規定は，代理人がその権限外の行為をした場合において，第三者が代理人の権限があると信ずべき正当な理由があるときについて準用する。

112 条（代理権消滅後の表見代理）　代理権の消滅は，善意の第三者に対抗することができない。ただし，第三者が過失によってその事実を知らなかったときは，この限りでない。

90 条（公序良俗）　公の秩序又は善良の風俗に反する事項を目的とする法律行為は，無効とする。

95 条（錯誤）　意思表示は，法律行為の要素に錯誤があったときは，無効とする。ただし，表意者に重大な過失があったときは，表意者は，自らその無効を主張することができない。

96 条（詐欺又は強迫）　①詐欺または強迫による意思表示は，取り消すことができる。
②相手方に対する意思表示について，第三者が詐欺を行った場合においては，相手方がその事実を知っていたときに限り，その意思表示を取り消すことができる。
③前 2 項の規定による詐欺による意思表示の取消しは，善意の第三者に対抗することができない。

119 条（無効な行為の追認）　無効な行為は，追認によっても，その効力を生

90 第二部 中国契約法の研究

じない。ただし，当事者がその行為の無効であることを知って追認したとき
は，新たな行為をしたものとみなす。

121条（取消しの効果） 取り消された行為は，初めから無効であったものと
みなす。ただし，制限行為能力者は，その行為によって現に利益を受けてい
る限度において，返還の義務を負う。

126条（取消権の期間の制限） 取消権は，追認をすることができる時から5
年間行使しないときは，時効によって消滅する。行為の時から20年を経過
したときも，同様とする。

127条（条件が成就した場合の効果） ①停止条件付法律行為は，停止条件が
成就した時からその効力を生ずる。

②解除条件付法律行為は，解除条件が成就した時からその効力を失う。

③当事者が条件が成就した場合の効果をその成就した時以前にさかのぼらせ
る意思を表示したときは，その意思に従う。

130条（条件の成就の妨害） 条件が成就することによって不利益を受ける当
事者が故意にその条件の成就を妨げたときは，相手方は，その条件が成就し
たものとみなすことができる。

560条（他人の権利の売買における売主の義務） 他人の権利を売買の目的とし
たときは，売主は，その権利を取得して買主に移転する義務を負う。

561条（他人の権利の売買における売主の担保責任） 前条の場合において，売
主がその売却した権利を取得して買主に移転することができないときは，買
主は，契約の解除をすることができる。この場合において，契約の時におい
てその権利が売主に属しないことを知っていたときは，損害賠償の請求をす
ることができない。

562条（他人の権利の売買における善意の売主の解除権） ①売主が契約の時に
おいてその売却した権利が自己に属しないことを知らなかった場合において，
その権利を取得して買主に移転することができないときは，売主は，損害を
賠償して，契約の解除をすることができる。

②前項の場合において，買主が契約の時においてその買い受けた権利が売主
に属しないことを知っていたときは，売主は，買主に対し，単にその売却し
た権利を移転することができない旨を通知して，契約の解除をすることがで
きる。

563 条（権利の一部が他人に属する場合における売主の担保責任）　①売買の目的である権利の一部が他人に属することにより，売主がこれを買主に移転することができないときは，買主は，その不足する部分の割合に応じて代金の減額を請求することができる。

②前項の場合において，残存する部分のみであれば買主がこれを買い受けなかったときは，善意の買主は，契約の解除をすることができる。

③代金減額の請求又は契約の解除は，善意の買主が損害賠償の請求をすることを妨げない。

3　改正民法

90 条（公序良俗）　……善良の風俗に反する法律行為は，無効とする。

95 条（錯誤）　①意思表示は，次に掲げる錯誤に基づくものであって，その錯誤が法律行為の目的及び取引上の社会通念に照らして重要なものであるときは，取り消すことができる。一，意思表示に対応する意思を欠く錯誤。二，表意者が法律行為の基礎とした事情についてその認識が真実に反する錯誤。

②前項第二号の規定による意思表示の取消しは，その事情が法律行為の基礎とされていることが表示されていたときに限り，することができる。

③錯誤が表意者の重大な過失によるものであった場合には，次に掲げる場合を除き，第1項の規定による意思表示の取消しをすることができない。一，相手方が表意者に錯誤があることを知り，又は重大な過失によって知らなかったとき。二，相手方が表意者と同一の錯誤に陥っていたとき。

④第1項の規定による意思表示の取消しは，善意でかつ過失がない第三者に対抗することができない。

96 条 2 項　……相手方がその事実を知り，又は知ることができたときに限り，……

96 条 3 項　……意思表示の取消しは，善意でかつ過失がない第三者……。

109 条 2 項（新設）　第三者に対して他人に代理権を与えた旨を表示した者は，その代理権の範囲内においてその他人が第三者との間で行為をしたとすれば前項の規定によりその責任を負うべき場合において，その他人が第三者との間でその代理権の範囲外の行為をしたときは，第三者がその行為についてその他人の代理権があると信ずべき正当な理由があるときに限り，その行為に

92　第二部　中国契約法の研究

ついての責任を負う。

110 条（権限外の行為の表現代理） 前条第一項本文の規定は，……

112 条（代理権消滅後の表見代理等）1 項 他人に代理権を与えた者は，代理権の消滅後にその代理権の範囲内においてその他人が第三者との間でした行為について，代理権の消滅の事実を知らなかった第三者に対してその責任を負う。ただし，第三者が過失によってその事実を知らなかったときは，この限りでない。

112 条 2 項（新設） 他人に代理権を与えた者は，代理権の消滅後に，その代理権の範囲内においてその他人が第三者との間で行為をしたとすれば前項の規定によりその責任を負うべき場合において，その他人が第三者との間でその代理権の範囲外の行為をしたときは，第三者がその行為についてその他人の代理権があると信ずべき正当な理由があるときに限り，その行為についての責任を負う。

121 条（取消しの効果） 取り消された行為は，初めから無効であったものとみなす。

121 条の 2（新設）（原状回復の義務） ①無効な行為に基づく債務の履行として給付を受けた者は，相手方を原状に復させる義務を負う。

②前項の規定にかかわらず，無効な無償行為に基づく債務の履行として給付を受けた者は，給付を受けた当時その行為が無効であること（給付を受けた後に前条の規定により初めから無効であったものとみなされる行為にあっては，給付を受けた当時その行為が取り消すことができるものであること）を知らなかったときは，その行為によって現に利益を受けている限度において，返還の義務を負う。

③第 1 項の規定にかかわらず，行為の時に意思能力を有しなかった者は，その行為によって現に利益を受けている限度において，返還の義務を負う。行為の時に制限行為能力者であった者についても，同様とする。

130 条（条件の成就の妨害等）

130 条 2 項（新設） 条件が成就することによって利益を受ける当事者が不正にその条件を成就させたときは，相手方は，その条件が成就しなかったものとみなすことができる。

560 条（権利移転の対抗要件に係る売主の義務） 売主は，買主に対し，登記，

登録その他の売買の目的である権利の移転についての対抗要件を備えさせる義務を負う。

561条（他人の権利の売買における売主の義務） 他人の権利（権利の一部が他人に属する場合におけるその権利の一部を含む。）を売買の目的としたときは，売主は，その権利を取得して買主に移転する義務を負う。

562条（買主の追完請求権） ①引き渡された目的物が種類，品質又は数量に関して契約の内容に適合しないものであるときは，買主は，売主に対し，目的物の修補，代替物の引渡し又は不足分の引渡しによる履行の追完を請求することができる。ただし，売主は，買主に不相当な負担を課するものでないときは，買主が請求した方法と異なる方法による履行の追完をすることができる。

②前項の不適合が買主の責めに帰すべき事由によるものであるときは，買主は，同項の規定による履行の追完の請求をすることができない。

563条（買主の代金減額請求権） ①前条第1項本文に規定する場合において，買主が相当の期間を定めて履行の追完の催告をし，その期間内に履行の追完がないときは，買主は，その不適合の程度に応じて代金の減額を請求することができる。

②前項の規定にかかわらず，次に掲げる場合には，買主は，同項の催告をすることなく，直ちに代金の減額を請求することができる。一，履行の追完が不能であるとき。二，売主が履行の追完を拒絶する意思を明確に表示したとき。三，契約の性質又は当事者の意思表示により，特定の日時又は一定の期間内に履行をしなければ契約をした目的を達することができない場合において，売主が履行の追完をしないでその時期を経過したとき。四，前三号に掲げる場合のほか，買主が前項の催告をしても履行の追完を受ける見込みがないことが明らかであるとき。

③第1項の不適合が買主の責めに帰すべき事由によるものであるときは，買主は，前2項の規定による代金の減額の請求をすることができない。

4　日中の条文比較

　①日本民法典の契約法の章の第2款「契約の効力」は，有効に成立した契約の効果のことで，中国契約法の章では契約の履行に規定されている履行の

94 第二部 中国契約法の研究

抗弁権等がそこに規定されている。中国法の契約の効力に関する規定は契約の効力発生要件に関するもので，日本民法ではその大半は民法総則に規定されている。②中国契約法 44 条，特に第 2 項は公法上の強制性規範に関する規定であり，この種の明文の規定は日本民法には存在しない。③条件付契約に関して，日本法の，条件の成否未定の間における相手方の利益の侵害の禁止に関する 128 条及び条件の成否未定の間における権利の処分に関する 129 条相当の条文は中国法にはない。④制限的行為能力者の締結した契約の効力については，中国法は 47 条 1 ヵ条のみであるのに対して，日本法は 5 条，6 条，9 条，21 条等詳細な規定を置き，未成年者のほかに，行為能力の程度に応じて後見，保佐，補助と段階的に異なる支援について詳細な規定を置いている。⑤制限的行為能力者の行為及び無権代理の追認に関する催告期間につき，中国法は 1 ヵ月と期間を特定する。日本法は一律の期間を置かない。他方，追認の遡及効を定める日本法 116 条に相当する文言は中国法にはない。⑥中国法は統一契約法典においてはじめて表見代理の規定を設けたが，それでも僅か 1 ヶ条のみで，それに対して日本法は 3 ヶ条にわたってより詳細な規定を置いている。⑦中国法 50 条の法定代表人の越権行為に関する規定は中国の独創にかかると称されている。日本法にはこの種の明示的規定はないが，法人の代表者の権限踰越行為に民法 110 条を類推適用する旨の判例が存する。⑧中国法 51 条の無権処分者のなした契約締結の効力は，一見すると日本法 560 条以下の他人物売買契約規定を想起させるが，中国法の無権処分者の契約の効力をめぐっては，後述するように議論が分かれている。⑨詐欺，脅迫（強迫）に関して，中国法は一方で取消事由とする（54 条 2 項）と同時に，それが国家の利益を害う場合は無効事由とする。⑩ 52 条の無効事由中の第 4 号は日本法 90 条に相当すると説明されている[1]。52 条中の 1 号，2 号，3 号，5 号に相当する文言は日本法にはない。⑪免責条項の無効に関する中国法 53 条に相当する条文は日本法にはない。⑫現行日本法の錯誤は無効事由であるが，改正民法では取消事由に変更された。中国法の重大な誤解は取消事由である。中国法はその誤解が「重大である」ことを要件とする旨明記する。54 条には，もう 1 つ「明らかに公平を失する契約」を取消事由

1）胡康生『中華人民共和国合同法釈義』（法律出版社，1999 年）92 頁。

として掲げる。日本法にはこの種の明示的規定はない。54条について，日本法と異なるのは，日本法が詐欺，強迫について取消しのみを規定するのに対して，中国法の詐欺，脅迫，明らかに公平を失する契約，重大な誤解について，取消しのみならず，変更をも認めている。⑬取消権の消滅時効について，中国法は1年とするが，日本法は5年とする。日本法にある20年の除斥期間に相当する規定は中国法にはない。他方，中国法の取消権者の明示・黙示の取消権放棄に相当する規定は日本法にはない。⑭無効，取消しに関する中国法56条〜59条のうち，56条は日本法の121条が取消しにつき対応し，また，58条に対応する規定が改正民法121条の2に新設された。57条及び59条に対応する規定は日本法にはない。⑮日本法93条の心裡留保及び94条の虚偽表示に相当する規定は中国法にはない。

第2節　行政機関の関与と契約の効力

1　問題の提示

44条2項は公法上の強制性規範が民事規範に変身した，いわゆるトロイの木馬である（李陳婷）と言われており[2)]，中国における契約自由の度合いをはかるバロメーターをなす。この44条2項及び「契約法適用解釈（一）」9条をめぐっては，以下のような論点が存在する。

（1）承認・登記手続を欠いた契約の効力

44条2項及び「契約法適用解釈（一）」における「承認手続」「登記手続」条項を強制性規範として理解したうえで，その手続を欠いた契約の効力の必然無効の範囲をどのように限定するか。

注2李論文によれば，王利明と王軼の見解が紹介されている。すなわち，王利明は，強制性規範を管理性規範と効力性規範に区分し，管理性規範違反は必然的に無効とはせず，有効の場合もあれば，また未だ効力が生じていない〈未生効〉場合もあり，効力性規範違反の契約は必然的に無効となると説き，他方，王軼は，強制性規範と禁止性規範とに区分し，禁止性規範をさら

2）李陳婷「法定未生効合同及其法律責任研究」民商法論叢54巻（法律出版社，2014年）130頁。

に管理性規範と効力性規範に区分し，効力性禁止規範に違反した契約だけが必然無効となり，強制性規範と管理性禁止規範違反の契約は有効の場合もあれば，未だ効力を生じない場合もあると説く[3]。ほかにどのような説，基準が存在するか（質問①）。

(2)「不生効説」と「未生効説」

王利明は，中外合資経営企業法 3 条について，同条は「合資経営の当事者が締結する合資経営の合意〈協議〉，契約，章程は国家対外貿易主管部門に報告のうえ，その審査承認を経なければならない。審査承認機関は 3 ヵ月以内に承認，不承認を決定しなければならない。合資経営企業は承認を経た後，国家工商行政管理機関の主管部門に登記し，営業許可証を取得し，営業を開始する」と規定するが，国家対外貿易主管部門に承認を求めて上申しなかった場合の効力がどうなるのか，当該規定は明晰さを欠くとする。そして，本条に関わる最高人民法院の司法解釈「外商投資企業紛糾案件を審理するうえでの若干の問題に関する規定」（2010 年）について，万鄂湘の，審査承認が契約の法定の効力発生条件である以上，当該条件を欠く契約は効力を生じず，したがって承認を得ていない場合，契約は効力を生じないとの説〈不生効説〉を採るべきであるとの説[4]を引用したうえで，当該規定は典型的な法の欠缺であり，未だ効力が生じない説〈未生効説〉をとる方が合理的であると主張する[5]。この見解をどのように思うか（質問②）。

(3) 中外合資経営企業法 3 条をめぐる事例

王利明の紹介する下記事例[6]をどのように判断するか（質問③）。

事例

株式譲渡契約の効力問題

（a）事件の概要

原告：斯邁爾会社（以下 X）

3）同上論文 156～157 頁。

4）万鄂湘『最高人民法院関于審理外商投資企業糾紛案件若干問題的規定（一）条文理解与適用』（中国法制出版社，2011 年）96 頁。ただし，当該司法解釈第 1 条は「未経批准的，人民法院応当認定該合同未生効」となっており，「不生効」とはなっていない。本書には本司法解釈に関する誤解があるのかも知れない。

5）王利明 I 書 521～522 頁。

6）王利明『民法疑難案例研究 ［修訂版］』（中国法制出版社，2010 年）189～193 頁。

被告：盛源会社（以下Y）

香港のXと広東のYは清浄剤を契約による協定形式〈合作〉で生産していた。双方は中外合資経営企業を設立しようとして，2ヵ月にわたる交渉を経て，2005年5月10日，期間5年の合弁契約を締結し，当該契約は上部機関の承認を得た。合弁会社は当年の5月末に正式登記がなされ，かつすべての経営手続と許可証発給の処理がなされた。同年7月12日，双方はまた補充契約1を締結し，その中で，原契約の一切の条項は変えずに，合弁契約の期間だけ10年に延長することとした。双方は対外経済貿易管理部門〈外経貿管理部門〉に出向き，補充契約1の承認登記手続をなした。双方はさらにその他の領域でも合弁の仕事を展開し，Yは合弁会社の8パーセントの株をXに譲渡することを決定した。双方は2006年11月，株式譲渡補充契約（以下補充契約2）を締結した。補充契約2では，株式譲渡価額を1.2億元とし，Xは2007年1月末までにすべての株購入代金を弁済しなければならないことを約定した。しかし，銀行の決済システムが故障してすみやかに決済できなくなったため，約定の代金支払い期限の3日後に株購入代金がYに入った。補充契約2の中では，この補充契約はYが関連部門に報告しその承認を受けることが規定されていた。しかし，Yは，補充契約はその承認を受ける必要はないと考えたため，ずっと報告しなかった。2007年8月，合作経営管理問題で争いが生じ，Xは補充契約2にもとづき株式の譲渡を要求したが，Yはそれに対する抗弁理由を2点にわたって主張した。その2点とは次のようなものである。（i）補充契約2は承認を得るために上申していないことにより，わが国の法律によれば無効である。（ii）Xは約定の期限どおりに代金を支払っておらず，契約法の同時履行の抗弁の規定によって，Yには株式譲渡を拒む権利がある。したがって，補充契約も解除されなければならない。この抗弁に対して，Xは，すでに株式代金を支払っており，Yが株式譲渡を拒んでいるのは，違約を構成すると考え，Yに対して違約金の支払と損害賠償を請求した。

（b）本件についての異なる見解

本案については，承認を得るために上申していない補充契約2は有効かどうかということが争点の1つをなした。第1の見解。補充契約2は双方当事者の一致した意思表示であり，双方に対して拘束力を有する。双方が厳格に

履行しなければならない。第2の見解。中外合資経営企業法3条の規定によれば「合営の各当事者が締結した合営合意〈協議〉，契約，章程は，国家対外経済貿易主管機関に上申し審査承認を得なければならない。審査承認機関は3ヵ月以内に承認するかどうかを決定しなければならない。合営企業は，承認を得た後，国家工商行政管理主管機関に登記し，営業許可証を取得して，営業を開始する」となっている。したがって，合資の双方の補充契約は対外経済貿易主管機関によって承認されなければ，法的効力を生じない。本案での補充契約はいまだ承認を得るために上申していない。したがって，法的効力を具有しない。第3の見解。中外合資経営企業法3条の規定は管理性の強制性規範にすぎず，契約効力の問題には関わらない。補充契約は当該規定に違反することを以って無効とすることはできない。（以下略）

（c）著者（王利明）の見解

いまだ審査承認を得ていない補充契約の効力の問題について

中外合資経営企業法3条は（上記のように——小口）規定している。本件では，補充契約は主管部門に上申のうえその承認を得る〈報批〉必要があるのかどうか，承認を得るための上申がない状況のもとでのその効力はどうなのか。単純に文理解釈からすれば，いまだ審査承認を得ていない合意，契約，章程は無効となる。しかも，長期にわたる司法実践において，裁判所もこうしたやり方をとってきた。

しかし，筆者は以下のように考える。解釈学の角度からすると，今日においては，当該規定は法律解釈の方法を用いて解釈すべきである。一方で，立法目的から考えると，法律がこうした制度を設けた目的は主に公共の安全と公共の利益を維持するためである。もし当事者間の契約のある条項が審査承認を得ていないとはいえ，公共の利益を害することがなければ，契約全体を無効とすべきではない。（以下中略）

本案について見ると，補充契約1の約定によれば，原契約の一切の条項は不変で，単に合資契約の期限が10年に延長されたにすぎず，したがって実質的には原契約の権利義務関係の改変は加えられていない。また，公共の利益を害することもない。他方，当該規定の適用される社会的効果から見て，司法機関あるいは審査承認機関が判断を下す前にすべて契約無効と判断されるとなると，当事者にとってきわめて不利であり，その権利義務関係は不安定

な状況におかれる。契約は当事者に何ら拘束力がなく，審査承認期限が長き
にわたるとなると，当事者の予見は不確定状態に陥り，取引の達成に影響を
与える。契約無効を過度に宣告することは，取引の奨励と外国資本の投資の
促進に不利である。さらに，承認を得るために上申していない契約の無効を
単純に宣告してしまうと，誠実信用原則に背く行為を奨励することになる可
能性がある。例えば，本件では，補充契約2の規定によれば，Yは上申し承
認を求める責めを負わなければならないとなっているが，Yは，補充契約2
は上申し承認を求める必要はないと考えていたため，申請を一貫して行わな
かった。ところが，その後，そのYが，上申し承認を得ていないことを理由
として株式の譲渡を拒絶した。これは明らかに誠実信用原則に違反する。し
たがって，上申のうえ承認を得ることを効力要件とすることについては限定
化する必要がある。

「契約法適用解釈（一）」9条は（上記のように――小口）規定している。し
たがって，本件において，補充契約2が承認を得るために上申されていなく
ても，これにより当該契約の無効を認定することはできず，契約当事者は引
き続き審査承認手続をしなければならない。たとえ訴訟中でも，当事者は承
認を得るために上申することができ，その手続がなされていないからといっ
て契約の無効を認定することはできない。もし補充手続を通じて承認を獲得
すれば，契約は引き続き有効であると認定しなければならない。しかし，補
充手続後なお承認を得ることができなければ，契約の無効を認定しなければ
ならない。（以下略）

(4) 認可を得られなかった契約の効力

崔建遠は，契約法44条，「契約法適用解釈（一）」9条の適用との関係で，
行政主管部門が承認しなかった場合，契約の法的効果について，契約締結上
の過失責任説と違約責任説が対立し，論争が存在すると述べる[7]。この場合
の契約の効力をどのように考えるか（質問④）。

7）崔建遠「盲目拡張合同法第44条第2款的適用範囲」中外法学2013年6期1316頁。

2 韓世遠・王成の回答

《韓世遠の回答》

(1)～(4) 質問①②③④について

この問題はすべて契約法44条2項の解釈論問題に統一できるように思われるので，まとめて見解を述べる。

契約法44条2項は「法律，行政法規が承認，登記等の手続を行うことにより効力が生じる旨規定するときは，その規定に従う」と規定していて，この文言からみる限りでは，審査承認，登記の対象とするものが何であるのか，明確でない。同条1項の「法に従って成立した契約は，成立したときから効力を生じる」との文言と結び付けることによって，その対象を「契約」として理解することができる。しかし，実務でのケースは多様で，例えばある時は抵当物の登記のケースもある（担保法41条。これは抵当契約登記ではない）。したがって，立法者はここでは曖昧な表現方式を用いている。しかし，ルール化の目的から言えば，44条2項は契約の効力についての特別の法定制限に注意を向けさせようとしただけのものである[8]。梁慧星はこれを以下のように称している。

44条2項が「講じているのは，契約はどのようにして効力を生ずるかということであり，契約の原則であり，契約の成立条件に，審査承認とか登記等の法律，法規上の要求を満たす必要があるといったような特殊な事由があるということである」，「契約は成立すると効力が生ずるというのが一般原則

8）韓世遠Ⅳ書154頁。（韓は上記の本文に続けてさらに以下を注記する──小口）「そのほか，ある学者はこれを導入規範〈引致規範〉と称す。例えば「それ（44条）と，ある法律，行政法規の，ある種の契約は行政主管部門の審査承認あるいは登記手続を経なければならないという規定とを結合させて当該契約に適用することで，法律家ははじめて，当該契約がすでに効力を生じているのか，あるいは依然として効力は生じていないのかを認識することができる」（崔建遠・前掲注7論文1311～1312頁）と説明する。この点に関して，筆者は以下のように考える。契約法44条2項の文言からみて，それはもっぱら特別の規定があり得ることを提示する，あるいは手引きするに過ぎず，それ自身が規範的効能を具備しているわけではない（したがって，手引きされた規範自身が独立して規範的効能を発揮する）。44条2項は，契約法52条5号とは異なる。何故なら，52条は規範的効能を具備し（法律効果が無効であることを規定する），典型的な導入規範をなす。すなわち法律，行政法規の（効力性の）強制性規範と契約法52条5号がいっしょになって規範的効能を発揮する。」

であり，法律，法規に，審査承認とか登記手続を済ませるといった特殊な要求があるときは，これらの手続条件に符合してはじめて効力が生ずる」[9]。

統一契約法がこのような規定を設けたのは，当時から今日に至るまで，ある契約は特定の審査承認，登記手続を済ませた後で効力が生ずるということを規定した法律や行政法規がなお存在していることによる。

ここで注意を要するのは，以下の点についてである。審査承認と登記は異なり，両者は区別して考察しなければならない。審査承認あるいは登記の対象（目的物）は一様でなく，あるものは契約自身であり，あるものは契約以外のその他の事物（例えば抵当権）であり，両者を識別する必要がある。さらに，審査承認，登記等を経てはじめて効力が生ずる契約は，その性質上，「効力待定の契約」に属する。審査承認行為は行政許可に属する[10]。筆者が検索した範囲は完全ではないが，審査承認手続を経てはじめて効力が生ずる契約について言えば，少なくとも以下のような規定がある。

中外合作経営企業法5条「合作企業の設立を申請する場合，中外合作者が締結した合意，契約，章程等の文書を国務院対外経済貿易主管部門又は国務院によって授権された部門と地方政府（以下審査承認機関と略称）に上申し，その審査承認を得なければならない」。同7条「中外合作者が合作期限内に合作企業契約の重大な変更を協議し合意した場合，審査承認機関に上申し，その審査承認を得なければならない」。同10条「中外合作者の一方がその合作企業契約の全部又は一部の権利，義務を転譲する場合，相手方の同意を得，かつ審査承認機関の審査承認を得なければならない」。

これらの法律規定は，審査承認を得なかった契約の効力の問題を明確にしていないが，中外合作経営企業法実施細則11条は「合作企業の合意，契約，章程は審査承認機関が審査承認書を発給した日から効力が生ずる。合作期間内に，合作企業の合意，契約，章程に重大な変更がある場合，審査承認機関の審査承認を経なければならない」と規定している。実務では，裁判所は通常，「審査承認手続は契約，章程等の効力発生条件をなし，契約当事者は上申して承認を得る義務がある。いまだ審査承認を経ていない〈未経審批〉合

---

9) 梁慧星「梁慧星教授談合同法」川新出内（98）字第174号37頁。
10) 商務部「現有の行政審査承認事項目録に関する商務部の通知」（2014年2月17日）
附件1「商務部の行政審査承認事項公開目録」を参照。

102 第二部 中国契約法の研究

作企業契約は法により成立するも，効力はいまだ生じない」[11]，もし審査を
経るも承認を得なければ〈経審査未獲批准〉，契約は無効として処理され
る[12]，との判断を示している。

外資企業法 6 条「外資企業の設立の申請は，国務院対外経済貿易主管部門
又は国務院によって授権された機関の審査承認による」。同 10 条「外資企業
の分割，合併又はその他の重要事項の変更は，審査承認機関に上申し，その
審査承認を得なければならない」。

外資企業法実施細則 7 条「外資企業の設立の申請は，中華人民共和国対外
貿易経済合作部の審査承認を経た後で，承認書が発給される。外資企業設立
の申請が以下の事由に該当するときは，国務院は省，自治区，直轄市と計画
単列市（一種の政令指定都市），経済特区人民政府の審査承認を経た後で，承
認書を発給する」。

中外合資経営企業法（2001 年改正）3 条「合資経営各当事者が締結した合
資合意，契約，章程は，国家対外経済貿易主管部門に上申し，その審査承認
を得なければならない。審査承認機関は 3 ヵ月内に承認か不承認かの決定を
下さなければならない。合資企業が承認を得たら，国家工商行政管理主管部
門に登記し，営業許可証を取得して，営業を開始する」。同 13 条「合資経営
期限を約定した合資経営企業が，合資経営期限の延長に同意したときは，合
資経営期限満了の 6 ヵ月前までに審査承認機関に申請しなければならない」。
同 14 条「合資経営企業の同意を経て，審査承認機関に上申して承認を得，
併せて国家工商行政管理主管部門に登記してはじめて契約を終了させること
ができる」。

中外合資経営企業法実施条例 14 条「合資経営企業の合意，契約，章程は
審査承認機関の承認を経た後に効力を生ずる。改正の場合も同様である」。

---

11) 江蘇省徐州市中級人民法院民事判決（2013）徐商終字第 0133 号，徐州天基房地産開
　　発有限公司与徐州紡績控股（集団）有限公司取締役会決議無効確認紛糾上訴案，【法宝
　　引証码】CIL.C.1791946 との判断を示している。
12) 例えば上海市第一中級人民法院民事判決書（2002）滬一中民五（商）初字第 77 号，
　　方海金訴上海雍起餐庁中外合作経営紛糾案，【法宝引証码】CLI.C.40648. 本案では，
　　中外合作経営企業法 5 条，契約法 44 条 2 項の規定により，中外合作経営契約は承認を
　　経てはじめて効力が生じ，双方はいまだ承認手続を済ませておらず，したがって双方
　　の間の中外合作経営契約は無効の契約となるとの判断を示している。

同20条1項「合資経営の一方当事者が第三者にその全部又は一部の株式を転譲する場合，合資経営の相手方当事者の同意を得，かつ審査承認機関に上申しその承認を得，登記管理機関に変更登記手続を済ませなければならない」。同条4項「上記の規定に違反したときは，その転譲は無効となる」。

対外合作海洋資源採掘条例7条2項「中国海洋石油総公司が対外合作の石油採掘契約を締結したとき，中華人民共和国商務部の承認を経ることで有効となる」。同条3項「中国海洋石油総公司がその他の方式で外国企業の技術と資金を運用して共同で石油資源を採掘する契約は，中華人民共和国商務部の承認を得なければならない」。

以上の契約以外でも，行政主管部門の審査承認に関わる契約が存在する。例えば，対外請負工事管理条例7条「対外請負工事をなす単位は，本条例の規定によって，対外請負工事資格を取得しなければならない」。同9条「対外請負工事資格を申請するとき，中央の企業と中央が管理するその他の単位は国務院商務部の主管部門に申請しなければならない。……国務院主管部門又は省，自治区，直轄市人民政府商務主管部門は申請書と証明材料を受け取った時から30日以内に同級建設主管部門と会同して審査を行い，承認または不承認の決定を下さなければならない」。ここでは，対外請負工事単位と国外工事プロジェクト発注者とが締結した契約，及び請負人と下請人が締結した下請契約の効力の問題が関わってくる。

また，対外貿易法19条「国家は，輸入又は輸出を制限する貨物に対して割当額，許可証等の方式で管理する。輸入又は輸出を制限する技術に対しては，許可証による管理を実行する。割当額，許可証による管理を実行する貨物，技術については，国務院の規定にもとづき，国務院の対外貿易主管部門又は国務院のその他の関連部門と会同のうえでの許可があってはじめて輸入または輸出が可能となる」。ここでは，特定の貨物売買契約，技術契約の効力問題が関わる。

≪王成の回答≫

（1）質問①について

清華大学法学院の耿林の『強制規範と契約の効力——契約法52条5号を中心として』[13]は私が知り得た上記の問題について立ちいった考察を加えた

104　第二部　中国契約法の研究

専著である。同氏はこの問題について多くの啓発的見解を示しており，参考的価値が高い。

　さらに，私個人としては，52条5号の適用範囲は44条2項の適用範囲より広いと考える。

　(2) 質問②について

　私個人は，王利明の見解に賛成する。未だ効力を生じない〈未生効〉と無効とは異なる。「未だ効力を生じない」は，効力が発生していないということで，暫時的状態であり，将来は効力が生ずる可能性があり，それと同時に，無効についてのその他の効果も生じない。したがって，当該司法解釈第1条2項の規定は，前項で述べるところの，契約がいまだ審査承認を経ていないことにより未だ効力を生じないと認定されても，そのことは契約中の当事者の承認を得るための上申履行義務条項及び当該義務によって設定された関連条項の効力に影響を与えないということである。このような規定によれば，承認を得るための上申義務を負っているのに，いまだその義務を履行しなければ，違約責任が生ずる可能性がある。同司法解釈6条は，「外商投資企業の株式譲渡契約が成立した後，転譲人と外商投資企業が審査承認申請義務を履行せず，譲受人が転譲人を被告とし，外商投資企業を第三者として訴訟を提起したとき，人民法院は支持しなければならない。同時に，転譲人と外商投資企業が，判決の効力が確定する期限内に申請義務を履行しないので，譲受人が自ら申請したときは，人民法院は支持しなければならない」，「転譲人と外商投資企業が，人民法院の効力の生じた判決が確定した期限内に申請義務を履行することを拒み，譲受人が別途訴訟を提起し，契約の解除と損失の賠償を請求したときは，人民法院は支持しなければならない。損失賠償の範囲は株式の差額分の損失，株式収益及びその他の合理的損失を含む」と規定する。

　(3) 質問③について

　先ず，中外合資経営企業法3条は，合弁の各当事者が締結した合弁合意，契約，章程は，国家対外経済貿易主管部門の審査承認のための申請をしなけ

───────────

　13）耿林『強制規範与合同効力──以合同法第52条第5項為中心』（中国民主法制出版社，2009年）。

ればならないと規定している。また，「契約法適用解釈（一）」9条は，契約法44条2項の規定により，契約は審査承認の手続をとらなければならない，あるいは審査承認・登記等の手続をしてはじめて効力が生じることを法律，行政法規が規定している場合，1審法廷の弁論終結までにまだ当事者が審査承認手続をしておらず，あるいはいまだ審査承認・登記等の手続をしていなければ，人民法院は，当該契約は未だ効力を生じないと認定しなければならない。法律，行政法規が，登記手続をすべきことを規定するも，登記をしてはじめて効力が生ずると規定していないときは，当事者が登記手続をいまだしていないことは，契約の効力に影響を与えず，契約の目的物の所有権及びその他の物権は移転しないと規定している。

中外合資経営企業法3条の規定するケースは，「契約法適用解釈（一）」9条が規定する第1のケースに属し，審査承認の手続をしなければ当該契約の効力は未だ生じない。

次に，契約が未だ効力を生じないとは，契約の主要な権利義務は未だ効力を生じないものと理解すべきである。本案では，補充契約が規定する，双方の合資期限を10年に延長するとの条項は未だ効力を生じないということになる。

さらに，最高人民法院「外商投資企業紛糾案件を審理するうえでの若干の問題に関する規定」1条2項の規定によれば，前段で述べるところの，契約がいまだ審査承認を経ていないことにより未だ効力を生じないと認定されても，そのことは契約中の，当事者が審査承認申請義務条項及び当該申請義務によって設定された関連条項の効力に影響を与えないとなっている。

当該補充契約で約定した申請義務は盛源公司（Y）が負う。この条項の効力は申請したかどうかの影響を受けない。当該契約は申請しておらず，それはYがいまだ申請義務を履行していないことによって引き起こされたものである。したがって，Yは相応の違約責任を負わなければならない。

（4）質問④について

法律，行政法規の規定により契約が審査承認を必要とするといった場合，いまだ審査承認の申請を行っていないケースと，審査承認を得ていないケースが存在する。上記の議論の対象となっているのは，申請を行っていないケースである。申請するも，審査承認を得ていない場合の契約の効力がどのよ

うなものであるか，検討を要する。私個人は，契約締結上の過失責任説に賛成する。

最高人民法院の上記「外商投資」司法解釈7条は，転譲人，外商投資企業または譲受人が6条1項の規定により外商投資企業株式転譲契約につき，審査承認の申請をなし，いまだ外商投資企業審査承認機関の承認を得ておらず，譲受人が別途訴えを提起し，転譲人にすでに支払った転譲代金の返還を求めた場合，人民法院は支持しなければならず，譲受人が転譲人にこれによって生じた損失の賠償を請求したときは，人民法院は転譲人に故意・過失があったかどうか，また故意・過失の程度にもとづいて，賠償責任を負うべきかどうか，またその具体的賠償額を認定しなければならないと規定している。

3　松岡久和の所見

①日本法において，公法上の禁止規定や取締規定に違反する行為を無効であると明確に定めている場合には2種類のものがある。一方で，たとえば国土利用計画法は，規制区域内の土地の売買契約などにつき都道府県知事の許可を必要とし，許可なく結ばれた売買契約を無効とする（14条3項）。この場合には当事者は違約責任も問えず，せいぜい契約締結上の過失責任が問題になるだけである。他方，たとえば農地法は，農地の売買契約について農業委員会の許可を必要とし（3条1項），「許可を受けないでした行為は，その効力を生じない」（同条7項）と定めているが，売買契約自体が無効なのではなく，所有権が移転しないという趣旨と解されている。したがって，許可前であっても，契約違反があれば損害賠償を請求できる。ある規定がどちらに該当するのか文言から明らかでない場合には，規定の趣旨を考慮して判断しなければならない。

②次に，効力について明言していない法規定が強行規定であるか任意規定であるかを判断するのは容易ではなく，日本法においても見解が分かれている。[14]

判例・通説は，当該規定の目的，違反行為に対する社会の倫理的非難の程度，取引の安全及び当事者間の信義・公平を総合的に考慮して判断するとし

---

14) 概観として，山本敬三『民法講義Ⅰ［第3版］』（有斐閣，2011年）258〜263頁。

ている。おおまかに言えば，家族法などに多い基本的な社会秩序に関する規定や，民法総則の能力に関する規定など私的自治の前提に関するもの，物権法の多くの規定のように第三者の信頼や取引の安全を保護する規定，利息制限法・借地借家法など弱者の利益を守るための規定は強行規定である。さらに公法上の禁止や規制を行う規定は，一般的にはその違反が直ちに私法上の契約の効力を否定するものではない。ただ，免許や許可を必要とする場合に無資格者に名義を貸与して営業させる契約，弁護士のように資格に公共性が強く法が資格を厳格に制限している場合に無資格者が結んだ契約，法的弱者の保護を目的とする規定に違反する契約などは無効と解されている。

　判例・通説に対して，総合的考慮の必要性は否定しないものの，違反行為が履行済みか未履行かによって区分し，前者では契約を無効として原状回復を強制する必要がある場合は少ないのに対して，後者では違法な契約の履行に裁判所が助力するべきではないとして常に無効とするとの見解（川井・磯村）が有力である。さらに近時では，公法私法の協働による法令の目的実現を重視して，取引利益の保護や市場秩序の維持を目的とする規定に反する契約については，より柔軟に無効を認めてよいとする見解（大村）が有力に主張されている。

　③中国法における強行性規範違反の効力についても考え方が多様に分かれているが，問題となっている規定の目的を中心に総合的な考慮を行って結論を導こうとする方向は，日本法とそれほど大きく違わないように感じられる。具体的な事例についても，この規定の目的に照らすと審査承認を得ていない契約を無効として禁圧する必要に乏しく，決済システムの故障により約定した期日より遅れたとはいえ買主Xが代金を支払済であること及び売主Yが補充契約について審査承認を受ける必要がないと考えていたことから，日本法の通説・少数説のいずれによっても，契約は無効ではなく，違約金と損害賠償の請求が認容されるべきものと考えられる。

　ただ，日本法においては，公法上の規制があっても私法上の契約の効力を尊重して原則として契約は有効であるとする考え方から出発している。これに対して，中国法は逆に，公法上の規定による私法上の契約の効力への介入に寛容であると感じられる。これは社会主義的市場経済体制という発想に根ざすものと思われる。審査承認を受けていない契約の効力を暫定的な浮動状

108　第二部　中国契約法の研究

態と解する見解は，公法的な規制と私法上の効果を折り合わせる巧みな考え方であって，日本法にはないものなので興味深い。ただ，王成が指摘するように，申請をしたものの審査承認を得られなかった契約は無効が確定し，契約責任ではなく契約締結上の過失責任で処理されることになろう。日本法では，許可や規制の目的次第で，契約責任を認める余地が少し広いと思われる。

第3節　無権処分者のなした契約の効力

1　問題の提示

（1）無権処分者による契約の効力をめぐる諸学説

契約法51条の無権処分者による契約の締結の効力をめぐっては，従来から完全無効説，効力待定説，完全有効説等が存在し，特に効力待定説と完全有効説が鋭く対立している。梁慧星，崔建遠，王利明等中国の有力民法学者は効力待定説を主張し[15]，韓世遠は完全有効説をとる。また，2011年の司法解釈「売買契約解釈」3条は完全有効説を採用したように思われるが，しかし，その後も効力待定説の側からの批判は続いている。

奚暁明主編『最高人民法院関于売買合同司法解釈理解与適用』（売買契約に関する最高人民法院の司法解釈と適用）によって諸説を紹介すると，先ず効力待定説については次のように説く。（ⅰ）契約法130条（「売買契約は売主が目的物の所有権を買主に移転させ，買主が代金を支払う契約である」）の売買契約に関する定義は，負担行為と処分行為を一体として把握し，処分行為を債権行為に入れ，目的物の所有権変動を売買契約の直接的効果とみる[16]。（ⅱ）契約法51条の規定によれば，処分権なき者が他人の財産を処分し，権利者の追認又は無権処分者が契約締結後処分権を取得したとき，当該契約は有効となる。権利者が追認を拒絶し，又は処分者が事後権利を取得しなかったとき，当該契約は無効である。さらに，取引の安全を保障するため，無権処分契約が無効のとき，権利者が相手方より目的物を取り戻すことができるかど

15）王利明は本書後述114頁の王成の指摘にあるとおり，効力待定説をとっていない。「問題の提示」執筆者小口の誤解である。

16）ここで紹介されている文献は，梁慧星『為中国民法典而奮闘』（法律出版社，2002年）250〜251頁である。

うかは，善意取得制度による[17)18)]。

　これに対して完全有効説については次のように説く。法律上の処分には，負担行為と処分行為が含まれ，契約法51条の処分の法律上の位置づけは，処分行為のことであり，負担行為は含まない。他人の物を売買する契約は負担行為に属し，当該契約の効力は，処分者が目的物に対して所有権又は処分権を有することを要件とせず，また当然双方が主観的に善意であったかどうかの影響を受けない。当該処分契約は有効である（負担行為は有効，処分行為は効力未定）[19)]。

　上記奚主編における司法解釈3条についての【主旨】は，以下のように説く。「本条の主旨は，物権法15条の物権変動の原因と結果の区別原則の規定の精神にもとづき，契約法51条と132条（「売却の目的物は売主の所有に属するか，又は売主に処分する権利がなければならない」）の関係を整序しようとするものである。契約は契約法の調整に帰し，物権変動は物権法の規則に帰すとの原則にもとづき，売買契約の法律関係では，売買契約は物権変動の原因行為であり，所有権移転は物権変動の結果である。売主が契約締結時，目的物に対して所有権又は処分権を有しなくても，原因行為としての売買契約の効力に影響を与えない」[20)]。

　しかし，梁慧星は，2012年の司法解釈公布後も，引き続き，自説を展開している。その内容は以下のようなものである。（ⅰ）司法解釈3条の創設は決して契約法51条の無権処分契約規則の修正ではない。（ⅱ）司法解釈3条の起草時の議論をふりかえって分かることは，この3条は契約法132条の拡張解釈〈反面解釈〉規則であり，新たに創設された将来財産売買契約効力規則と併せて作られたものである。司法解釈3条の適用範囲の中には，以下の5種類の案型，すなわち，1，国家機関等が直接支配する不動産，動産を処分し，それが法律及び国務院の関連規定に符合しない（物権法53条，54条），

17）ここで紹介されている文献は，梁慧星「物権変動和無権処分」王利明編『判解研究第1輯』（人民法院出版社，2000年）49〜50頁，崔建遠「無権処分弁」法学研究2003年1期20頁である。

18）以上，奚暁明主編・同書（人民法院出版社，2012年）73頁。

19）ここで紹介されている文献は韓世遠「無権処分与合同効力」人民法院報1999年11月23日である。以上，奚暁明主編・同書73頁。

20）奚暁明・前掲注18書69頁。

110　第二部　中国契約法の研究

2，抵当権設定者が抵当権者の同意を得ずに抵当物を売却する（物権法191条2項），3，ファイナンスリースの借主が全額のリース代金を支払う前にリース設備を転売する（契約法242条），4，所有権留保の売買契約の買主が全額の代金を支払う前に目的物を転売する（契約法134条），5，将来財産の売買，が含まれる。最高人民法院が司法解釈3条を創設したのは，契約法の以下の2つの法律の欠缺，すなわち，ａ）上記1〜4の4種類の案型の売買契約の効力が有効か無効か，ｂ）将来財産売買契約の効力が有効か無効か，の判断基準が欠けていたことを補うためである。（iii）契約法制定の時，起草者は，悪意及び誤って他人の物を売却したケースを，悪意又は誤って無償で他人の物を譲渡したケースといっしょにして（他人の財産の）無権処分契約規定を設け，それを総則第3章51条に規定したのである。（iv）処分権なき者が悪意又は誤って他人の財産を売却し，権利者が追認せず，あるいは処分者が事後に処分権を取得しない場合，当然に売買契約は無効である[21]。

　さらに，崔建遠も，上記司法解釈3条につき，以下のような反論をしている。（ⅰ）最高人民法院には法律を修正する権限はない。（ⅱ）司法解釈3条は論理に合致しない。負担行為と処分行為を区別するドイツ民法では，両行為はそれぞれ責任を負い，負担行為は処分権を必要としない。しかし，この両行為を区別しない中国現行法では，売買等の契約は債権債務の発生と物権変動の二重の任務を同時に負担させ，当然，処分権を必要とする。しかし，当該司法解釈は処分権を脇に置き，処分権を欠いても，売買契約等は有効としていて，論理的に完璧さを欠く。（ⅲ）悪意の買主，譲受人を優遇し過ぎる。売主，譲渡人に過失がないときでも，買主，譲受人は売主等の違約責任を追及でき，それは正義を体現しているとは言い難い[22]。

　以上の諸議論につき，見解を求めたい（質問①）。

　（2）共有財産の無権処分の効力

　以上の問題とも関連するが，王利明は，民法通則意見113の「自らが所有権又は経営管理権を有しない財産を抵当物としたときは，その抵当は無効と

21）梁慧星「売買合同特別効力解釈規則之創設」民商法論叢52巻（2013年）196〜205頁。

22）崔建遠「無権処分合同的効力，不安抗弁，解除及債務承担」法学研究2013年6期77頁。

認定しなければならない」を引用して「この規定は善意の相手方の利益の維持を考慮していない。実践から見ると，某人がその所有権又は処分権を有しない財産をもって自己又は他人の債務のために抵当を設定するケースが時として生ずる。例えばある共有者の一人が共有財産をもって抵当を設定したとき，それは処分権なき行為に属する。抵当権設定者がこの種の抵当行為を実行するとき，相手方即ち債権者が善意の場合，すなわち抵当権設定者が抵当を設定した財産に対して完全処分権がないことを知らないということがあり得る。こうした場合，もし単純に抵当契約の無効を認定すると，善意の相手方の利益と取引の安全に不利となる。善意の相手方の取引の安全を考慮すると，相手方が善意の場合には，抵当契約の有効を確認し，抵当権者は抵当物を変売して得た代金全額に対して優先弁済請求権を有し，単に抵当権設定者の分得した部分についてのみ優先弁済請求権を有すると解すべきでない」[23]と説く。こうした説明について見解を伺いたい（質問②）。

2　韓世遠・王成の回答

≪韓世遠の回答≫

（1）質問①について

2012 年 7 月に私はシカゴ大学ロースクールを訪問し，幸いなことに 102歳という高齢のコース教授と面談することができた。彼は当時「思想の市場」の概念を提起し，私に深い印象を与えた。契約法 51 条をめぐっては，さまざまな解釈論が存在し，私自身もかなり早い時期に個人的見解を発表した者の 1 人である。法学者としては，自己の独立した思想を持つのは，当然のことである。さまざまな学者がさまざまな学術的見解を述べることはきわめて正常な事である。これらのさまざまな学術的見解は，自由市場上のさまざまな商品と異なるのだろうか。私はコース教授の「思想の市場」という捉え方が好きである。解釈論として，思いもかけず最高人民法院によって好意的に評価され，かつ奚暁明副院長自らの執筆部分で，私が昔書いた小論文が引用されていて，大変光栄に感じた。

最高人民法院は法学の「思想の市場」の消費者であり，それは明らかに

23）王利明『物権法論［修訂第 2 版］』（中国政法大学出版社，2008 年）351～352 頁。

“弱”にして“愚”の輩ではない。我々は，最高人民法院の裁判官達が識別力を有することを信用しなければならない。民事法は“実践理性”に属し，必ず的確に現実の問題を解決できなければならない。最高人民法院の，売買契約に関する司法解釈第3条の中での鮮明な態度表明は，決して一時的な思いつきではなく，熟慮のうえでの結果である。「実践は真理を験証する唯一の基準である」。これは“文革”終息後の中国における思想解放の最大のメッセージである。最高人民法院のこの司法解釈は，もちろん問題の終わりではない。それは新たな始まりである。このようなルールがはたしてうまくいくのかどうか，さらに実践の験証を受けなければならない。したがって，法学の「思想の市場」で選ばれなかった（あるいは放棄された）「生産者」も必ずしも失望する必要はない。蓋し，第1に，もし実践の験証を経て効果が良くなければ，最高人民法院は，今後売買契約についての司法解釈第3条を放棄するだろう。希望はまだ存するのである。第2に，もし実践の験証を経て，良い効果が得られれば，なおさら失望する必要はない。何故なら，学者の究極の目標は自己の見解が採用されることにあるのではなく，社会制度がよりいっそう良くなることにあるからである。

（2）質問②について

　共有者の1人の共有財産の処分が無権処分であるのかどうか。小口の紹介によれば，梁慧星の見解と王利明の見解は同じではない。私の考えは以下のとおりである。持分共有と共同共有は区別しなければならない。夫妻の共有財産の場合は共同共有に属する。物権法97条は「共有の不動産又は動産の処分及び共有の不動産又は動産の重大な修理の場合，3分の2以上の持分を占める持分共有者又は共同共有者全員の同意がなければならない。ただし，共有者の間で別段の定めがあるときは，この限りでない」と規定している。共同共有の場合，共有財産を処分するときは，共同共有者全員の同意を必要とする。これは基本原則である。換言すれば，共有者の1人が単独で処分する権限はない。

　これは抵当権に善意取得はあり得るかという問題に関わる。換言すれば，物権法106条の善意取得は抵当権に適用できるかという問題である。物権法106条3項は「当事者が善意で他物権を取得するとき，前2項の規定を参照する」と規定する。すなわち他物権の善意取得のためにスペースを空けてい

る。

当面の司法実践から見ると，抵当権に対して善意取得を準用できるとの規定は遍く認められている。例えば「応俊と王慧芙との抵当権紛糾上訴案」という一案がある[24]。本案の1審は原告X（夫），被告Y_1（妻）とY_2（銀行）である。1審法院の調査により判明した点は以下のとおりである。XとY_1はかつて夫婦であった。最初，104号室の権利者はXであった。2005年8月15日，Y_1は定型書式の「上海市房地産売買契約」の買主の欄に署名し，Xは104号室の所有権を30万元の価格でY_1に譲渡することを契約で明記した。2005年12月1日，Y_1とY_2は個人住宅抵当借款契約を締結し，Y_1は104号室を購入するためにY_2から148,000元を借金し，その返済期限は2005年12月1日から2025年11月30日までとし，Y_1は債務履行の担保のために104号室を抵当物とした。その後，Y_1は契約締結日を2005年12月3日とする上海市房地産売買契約（内容は前掲の上海市房地産売買契約と同じ）を上海市房地産取引センターに報告・記録した。2005年12月10日，上海市宝山区房地産登記処と上海市房地産登記処は共同で104号室の他の権利（抵当権）の証明書を発行し，当該権利証には，房地産の権利者はY_1で，他権利者はY_2であると記載された。2006年1月，104号室の所有権者は実際にY_1として登記された。2006年1月13日，Y_2は148,000元をXがY_2銀行に設けた個人口座に振り込んだ。2008年11月26日，XはY_1が名前を騙って署名するやり方で104号室の所有権を取得したとして仲裁委員会に仲裁を申請し，上海市宝山区房地産取引センターに報告・記録された「上海市房地産売買契約」の無効確認と，Y_1からの104号室の返還を要求した。仲裁の過程で，Xは，Y_1に代わって銀行ローンを返還する方式でもって104号室上の抵当登記を抹消することの意思表示をなした。2009年7月10日，仲裁委員会は，Y_1が上海市宝山区房地産取引センターに提示した104号室の上海市房地産売買契約の無効を確認し，Y_1は裁決の日から10日以内にY_2のローンを返済し，104号室上の抵当登記を抹消すべきであること，もしY_1が速やかにローンを返済しなければ，Xが代わってローンを返済すること，Y_1

24）上海市第一中級人民法院民事判決書（2010）滬一中民六（商）終字第15号．【法宝引証碼】CLI.C.303795.

は抵当登記抹消の日から10日以内に104号室の所有権をXに戻すこと，併せてXの家屋所有権移転登記手続に協力することを命じた。仲裁裁決後，Y₁はなお銀行ローンを返済せず，抵当登記も抹消しなかったので，訴訟となった。原審は別途調査のうえ，2009年7月，Y₁が信用カード詐欺の嫌疑で上海市普駝区看守所に身柄を拘束されたことを明らかにした。2009年4月，XはY₁との離婚を請求し，上海市普駝区人民法院は2009年9月28日，XとY₁との離婚を認める旨の判決を下し，併せて判決書を公告の形式でY₁に送付した。

　原審法院の判断は以下のとおりである。法により成立した契約は双方当事者に対して拘束力を有する。Y₁とY₂が締結した「個人住宅抵当借款契約」につき，その中の借金内容の部分は双方当事者の真実の意思表示に係り，かつ双方いずれもすでに実際に履行を開始しており，法により有効とすべきである。「個人住宅抵当借款契約」の中の抵当内容の部分については，104号室の抵当権が実際に登記された日から効力を生ずる。仲裁委員会は，Y₁が上海市宝山区房地産取引センターに提示した「上海市房地産売買契約」は無効であり，Y₁は104号室の所有権をXに返還すべきであること，Y₁が104号室を，債務の履行を担保するために抵当物となしたことは無権処分行為に属することを裁決した。Y₂は善意の第三者としてXとY₁の間の房地産売買行為に瑕疵が存在することを知らず，「個人住宅抵当借款契約」により合理的に104号室上の抵当権を取得し，かつ登記手続を行った。故に，Y₂は104号室上の抵当権を善意取得し，「個人住宅抵当借款契約」中の抵当内容部分は有効である。

　2審法院はこの判断を維持した。

≪王成の回答≫
（1）質問①について
　我々はこれまでの数次にわたる討論の中で，この問題についてすでに言及してきた。

　先ず説明しなければならないのは，王利明は決して効力待定説ではない。彼の立場は譲受人が善意であるか悪意であるかによって有効，無効の結果を付与する。具体的内容については，以下の問題のところで言及したい。

この問題は，中国で非常に議論の多いところである。韓世遠はこの問題について深く研究しており，彼の高見を聞いた方がよい。

(2) 質問②について

王利明のこの見解は，彼の無権処分に関する立場と一致する。契約法51条は，以下のように理解することができる。すなわち，処分権なき者が他人の財産を処分し，もし権利者の追認がなく，あるいは処分権なき者が契約締結後，処分権を取得しなければ，当該行為は無効となる。ただし，権利者が追認を拒んでも，善意取得制度の適用を排除することはできず，善意の第三者に対抗できない。もし権利者が追認するか，あるいは処分権なき者が契約締結後処分権を取得したときは，当該契約は有効となる。もし善意取得制度の適用条件に符合するか，あるいは相手方が契約締結のとき善意で，かつ合理的対価を支払ったときは，たとえ権利者が追認を拒絶しても，当該無権処分により締結された契約は有効である。

相手方が悪意のときは，もし権利者が追認を拒めば無権処分行為は無効と考えなければならない。何故なら相手方が契約締結時に処分者が無権で処分していることを明らかに知り，あるいは当然知り得たにもかかわらず，なおこれと取引している以上，法律上保護する必要はないからである[25]。

私はこの王利明の見解に賛成する。この見解はまた崔建遠が述べるところの「悪意の買主，譲受人を優遇し過ぎる。売主，譲渡人に過失がないときでも，買主，譲受人は売主等の違約責任を追及でき，それは正義を体現しているとは言い難い」との懸念にも通じる。

崔建遠は効力待定説を堅持する。しかし，注意しなければならないのは，その立場は，契約の効力を善意取得制度の構成要件とはせず，契約の効力を譲受人が目的物を保有できるかどうかの条件とすることにある。もし契約が無効であれば，不当利得のルールを適用し，譲受人はその利得を返還しなければならない。

崔建遠は以下のように考える。中国の現行法において，以下のルールを作る必要がある。無償取引の中で善意取得が生じた場合で，取引行為が無効又は取り消され，あるいは追認されなかったときは，善意取得者は目的物の原

---

25) 王利明『民商法研究　第5輯』(2014年) 305〜328頁。

物を返還する。有償取引の中で善意取得が生じた場合で，取引行為が無効又は取り消され，あるいは追認されなかったときは，善意取得者が代金全額を支払えば，究極的に目的物の所有権を取得する。代金の一部を支払ったときは，契約の別の部分の代金支払い義務はもはや存在しないので，善意取得者は不当利得を返還しなければならない。そのときの当該不当利得は原物ではなく，原物の価額と一部の代金の価額の差額であり，それ故，善意取得者が返還する不当利得は当該差額である[26]。

王利明の上記の見解も，善意取得制度とつなげ，善意取得者をして究極的に目的物を保有せしめることができるが，不当利得の助けを借りる必要はない。

3　松岡久和の所見

①日本法の規律の基本構造

無権利者が不動産を処分する契約を結んだ場合，日本法では，契約は他人物売買契約として確定的に有効で売主が買主に権利を移転する債務を負う（560条）。一方，他人物売買契約では買主は所有権を取得できない。すなわち，契約は有効でも所有権移転という物権的効果は生じない。この基本構造は，中国の議論では，完全有効説に相当するだろう。

なお，韓の指摘した夫婦財産の「共同共有」概念は日本にはないが，機能的には組合財産等の合有に相当し，持分権の処分ができない点で通常の共有である「持分共有」と異なるということは日本でも同様である。

以下では，債権的効果と物権的効果について若干補足する。

②債権的効果

債権的効果として，民法の規定上は，悪意の買主であっても，権利の移転が受けられないときは，契約を解除して売主に既払代金の返還を請求できるが，損害賠償請求ができるのは買主が善意の場合に限られる（561条。中国契約法151条も同趣旨の規定と思われる）。他人物売買契約にもとづく損害賠償責任の性質の理解には変遷がある。以前は，瑕疵担保責任と同様の法定無過失責任と理解する見解が通説であったが，この見解でも契約は完全に有効

26）崔建遠『物権法［第2版］』（中国人民大学出版社，2011年）70〜78頁。

に成立すると考えられていた。現在は通常の債務不履行と解する見解が通説と思われる。いずれにしても，売主は，561条により悪意の買主に対しては代金返還以上の義務を負わないため，悪意の買主に対しても過大な契約責任が生じるのではないかという議論は，日本法ではされていなかった。

ところで，他人物の売買契約には「売主の所有物としての他人物売買」と「他人の所有物としての他人物売買」の2種類のものがある。560条以下が前提にしているのは前者である。後者の場合には，560条による補完を要せず，合意によって売主は権利を取得して買主に移転する義務を負うのであり，買主が「売買目的物は売主に帰属していない」ことを知っているという意味で悪意であっても，561条ではなく一般の債務不履行を根拠として，損害賠償責任を追及できる[27]。

なお，改正後の民法においては，現560条と同趣旨の規定が新561条に置かれ，買主の善意・悪意で効果を分ける上述の現561条は削除される。他人の権利の売買の場合の売主の責任が法定の担保責任ではなく，契約責任と解されるため債務不履行の一般規定によることになる。もっとも，「売主の所有物としての他人物売買」において悪意の買主が損害を被ったとしても，それは売主の債務不履行と因果関係のある損害ではないから，やはり損害賠償請求は認められないものと思われ，従来の類型的な処理の分岐は維持されるだろう。

③物権的効果

買主が所有権を取得できるのは，契約が有効なことに加えて（崔建遠説のような理解を採る見解は日本にはない），①真の権利者がその処分を追完するか，②売主が真の権利者から権利を取得するか，③善意取得が成立する場合に限られる。このような理解は，中国の多数の理解と同じであろう。

ただ，日本法の場合，動産については善意取得（192条）があるが，不動産については公信力を認める規定はないし善意取得の規定もない。ただ，1960年代以降の判例法よって，94条2項の類推適用法理が発展し，真の権利者が他人名義での登記を行うなど虚偽の外観を作出した場合，登記名義人には所有権は帰属していないが，その登記の無効を善意の第三者に対抗でき

27）最判昭41・9・8民集20巻7号1325頁。

ない，とされている。真の権利者の帰責性が弱い場合にはさらに 110 条をも
類推して第三者に善意無過失が必要とされる。この 94 条 2 項類推適用法理
により，不動産取引における善意者保護が補充されていて，中国の不動産善
意取得と機能的にはかなり近い役割を果たしている。

　韓が紹介した妻による夫の不動産の無権限処分の事例では，無権限処分を
悪意で行っている妻 Y_1 には所有権は移転しないが，Y_1 名義への所有権移転
登記の出現について夫 X に帰責性があれば，善意（事例によっては善意無過
失）の銀行 Y_2 の抵当権は有効であり，X が Y_1 の債務について物上保証人と
なったのと同様の結果となる。日本法では X に帰責性がなければ，Y_2 は善
意無過失であっても保護されない。この点は，中国法の不動産善意取得とは
異なる。

第 4 節　強制性法律・法規に反する契約の効力

1　問題の提示

　抵当権者の同意なき土地使用権譲渡契約の効力をめぐる事例問題

　契約法 52 条 5 号の，契約の効力に関する規定に関しては，理論と実務両
面で依然として混乱を極めているように思われる。最近の，程嘯論文「論抵
押財産的譲渡——"重慶索特塩化股份有限公司与重慶新万基房地産開発有限
公司土地使用権転譲合同糾紛案"評釈」（抵当財産の譲渡を論ず——重慶索特
塩化株式有限公司と重慶新万基房地産開発有限会社の土地使用権譲渡契約をめぐ
る紛糾案の評釈)[28] からも，混乱状況の一端を窺うことができる。同論文で紹
介されている事例及び裁判所の判決要旨は以下のようなものである。

　　事件の概要

　被上訴人 X（索特社）は重慶市某地に商業〈商服〉用地使用権を有し，
かつこの土地を抵当にして銀行から借金し，抵当期間は 2005 年から 2011 年
とした。2005 年 12 月 1 日，Y（新万基会社）は X と連合開発契約を締結し，

---

28)　中外法学 2014 年 5 期。最高人民法院（2010）民抗字第 67 号，2014 年 12 月 24 日判
　　決は，2 審後の再審判決まで掲げる。

その約定の内容は以下の通りであった。（ⅰ）Ｘは上記の土地を抵当にして某銀行より借金すると同時に，約定期間に当該土地の抵当権を抹消〈解除〉し，かつその他の権利瑕疵は存在しないことを保証する。（ⅱ）Ｙは資金を提供し，Ｘは土地使用権を提供し，共同出資し，共に利潤を享受する方式で，共同で不動産開発を行う。2005年12月1日，ＹとＸはあらためて連合開発契約の補充契約を締結した。2007年12月20日，ＸはＹが契約の約定どおりに義務を履行しないことを理由に，裁判所に訴えを提起し，契約の解除を求め，同時にＹに対して違約金1000万元の支払を求めた。Ｙは反訴を提起し，Ｘは抵当権抹消義務を履行していないことの違約責任を負うこと，及び違約金6000万元を支払うことを求めた。

1審（重慶市高級法院）判決要旨

本契約の実質は土地使用権譲渡契約である（Ｘが譲渡人，Ｙが譲受人）。当事者間の土地使用権譲渡行為は担保法49条1項に違反し（すなわちＸは抵当財産を譲渡するとき抵当権者に通知していない），無効である。さらに，Ｙが譲り受けた目的物には抵当権が存在し，最高法院の司法解釈「担保法を適用するうえでの若干の問題に関する解釈」（2000年）67条1項（「抵当権の存続期間に，抵当権設定者が抵当権者に通知せず，或いは譲受人に告知せずに抵当物を譲渡し，もし抵当物が登記されていれば，抵当権者は抵当権を行使できる。抵当物の所有権を取得した譲受人は債務者に代わってその全部の債務を弁済して抵当権を消滅させることができる。譲受人は債務を弁済後，抵当権設定者に求償することができる」）によれば，Ｙは滌除権の行使を通じて当該抵当権を消滅させることができ，したがって，譲渡行為の効力を補正できる。しかし，Ｙは滌除権を行使せず，当該譲渡行為の効力を補正できなかった。故に，連合開発契約及び補充契約は無効である。違約金は有効な契約に違反することによって生ずる法律責任であり，連合開発契約及び補充契約は無効なので，ＸとＹが相手方に要求している違約金支払請求は成立しない。最後に，本案契約の無効は抵当権設定者が土地譲渡の事実を抵当権者に通知しなかったためであり，これはＸの一方的過失によって契約が無効となったのであり，Ｙがこれによって受けた損失をＸは賠償する責任を負う。担保法解釈67条1項によればまた，譲受人が滌除権を行使して当該譲渡行為の効力を生ぜしめること

ができるが，譲受人について言えば，本規定は権利の付与であり，権利者が
権利を行使しないからといって，法律上の過失を構成するわけではない。

2審（最高法院）判決要旨
　連合開発契約及び補充契約は有効である。先ず，担保法49条は，抵当期
間，抵当権設定者が抵当物を譲渡するときは抵当権者に通知しなければなら
ず，通知しなければ無効であると規定する。物権法191条はまた抵当期間に
抵当物を譲渡するときは，抵当権者の同意を得なければならないと規定する。
その立法目的は，抵当権者の利益が侵害されないようにその利益を確保する
ことにある。しかし，担保法司法解釈67条と物権法191条は，通知せず，
あるいは抵当権者の同意を得ずに抵当物を譲渡した場合，もし譲受人が債務
を弁済し抵当権を消滅させたときは，譲渡は有効であると規定している。す
なわち譲受人が滌除権を行使して目的物上の抵当権負担を滌除すれば，譲渡
行為は有効となる。本案の双方当事者は連合開発契約の中で，Xは開発の速
度に影響を与えないという前提のもとで抵当抹消の手続をとることを約定し
ている。すなわち約定の方式で先ず本案の土地上の抵当権負担を抹消する義
務をXに課している。当該約定は，抵当権者の利益を保障しており，また抵
当権設定者と土地を譲り受けた第三者の利益を妨害するものでもなく，担保
法，物権法，担保法司法解釈の，各当事者の利益の均衡を保障するという立
法精神と矛盾するものでもなく，法律の規定には違反しない。したがって，
連合開発契約及び補充契約は有効であり，双方は契約の誠実信用原則にもと
づき履行しなければならず，Xには双方で協議して定めた開発進度にもとづ
き銀行債務を返済し，当該譲渡地上の抵当権の負担を抹消する義務がある。
　次に，物権法15条は不動産物権変動の原因と結果を区別する原則を定め
ている。物権譲渡行為が成就しなかったからといって，物権譲渡の原因，す
なわち債権契約が無効となるわけではない。双方が締結した，係争地の土地
使用権譲渡の原因行為としての連合開発契約及び補充契約は債権形成行為で
あり，それは土地使用権譲渡の物権変動行為ではない。抵当権者に通知しな
いで物権を譲渡させる行為を無効とするという関連法律のその効力は，物権
変動行為の原因行為に及ぼすべきでない。何故なら当事者は契約の約定の中
で，物権譲渡の条件を完全なものにし，当該譲渡行為を法律に符合させるこ

とが可能だからである。本案はこうしたケースに該当する。

　以上，双方当事者が締結した連合開発契約及び補充契約は当事者の真実の意思表示にかかり，法律と行政法規の禁止性規定に違反せず，合法有効である。Ｘの契約義務不履行は違約であり，かつＸの側からの契約解除の主張は契約法108条の履行拒絶に該当し，この履行拒絶によってＹの契約目的は実現不能となり，根本違約を構成し，Ｙの総投資額の30％（4038万元）を違約金として支払わなければならない。

　本案の争点は多岐に渉るが，物権法191条2項の「抵当権存続期間，抵当権設定者は，抵当権者の同意を得なければ，抵当財産を転譲することはできない」の理解に限定しても以下のような諸見解が存する。

　ａ）無効説

　抵当権設定者が抵当権者の同意を得ないで抵当財産を譲渡した場合，当該譲渡契約は無効である。物権法191条2項は効力性強制性規範に属する[29]。

　ｂ）有効説

　当該抵当財産譲渡契約には契約法52条の規定する無効事由が存在せず，単に物権法191条に違反するだけであれば，契約無効とはならず，抵当財産譲渡契約自体は合法有効である[30]。もし売主が約定の期限到来後，なお抵当権を消滅させる義務を履行できず，買主が所有権移転登記をなすことができなければ，売主は違約を構成し，買主は契約解除を請求できる。物権法191条2項は管理性の強制性規範であって，効力性の強制性規範ではない。

　ｃ）効力待定説

　抵当権設定者が抵当期間に抵当権者の同意を得ないで勝手に抵当財産を処分した場合，当該処分行為は無権処分行為に属する[31]。無権処分である以上，当該譲渡契約は効力待定の契約に属し，契約法51条によって処理すべきであり，抵当物を得た第三者は抵当権者に通知をなし，抵当権者が処分に同意

29）高聖平『担保法論』（法律出版社，2009年）352頁，王利明『物権法研究　下巻［第3版］』（中国人民大学出版社，2013年）1225頁。

30）崔建遠・前掲注26書464頁。

31）程論文は，効力待定説について梁慧星に言及するが，梁は物権法191条に関しては有効説に立つ。梁慧星・前掲注21論文196〜205頁。

するかどうかの表示を求め，もし同意しなければ処分行為は初めから効力を生じず，第三者は抵当物の所有権あるいは使用権を取得できない。

d）区分説

抵当権設定者が抵当権者の同意を得ずに抵当財産を転譲したときは，処分行為と負担行為に区別してその効力を確定する。抵当権設定者が抵当物を譲渡する契約は負担行為で，抵当物の所有権の変動は処分行為である。物権法191条の，抵当物は譲渡できないとの規定は処分行為のことであり，某物の所有権を処分できないということであって，当該物の所有権の移転をもたらす売買契約を締結できないということを意味するわけではない[32]。

本案では，2審法院は区分説を採り，負担行為としての連合開発契約及び補充契約は有効で，土地使用権転譲は処分行為に属し，それは無効であるが，その無効は負担行為の効力に影響しないと判示した。

この本件の1審，2審判決をどのように評価し，また上記諸説をどのように評価すべきか。

2　韓世遠・王成の回答

≪韓世遠の回答≫

抵当物の譲渡は，抵当権設定者（譲渡人），譲受人及び抵当権者の利益に関わり，当該譲渡行為は譲渡人と譲受人の間の契約の形をとり，当該契約の効力が争点をなす。抵当権は制限物権で，それは抵当物に対する権利制限を構成する。抵当物の場合，「物の交換価値はすでに担保物権者に譲渡され，抵当権設定者はもはや物の交換価値を有しない」[33]。換言すれば，抵当権設定者の抵当物に対する処分権は制限を受け，抵当権者が予め同意せず，あるいは事後に追認しない前提のもとでは，抵当権設定者の抵当物処分は依然として無権処分を構成する。このような分析からすると，上記の「効力待定説」には一定の道理がある。しかし，問題は以下の点，すなわち，抵当物の譲渡契約の2種類の性質の異なる内容，すなわち債権債務を発生させる内容と，権利変動を発生させる内容を一体的に把握するのか，それとも区別して

32）呉光栄「論抵押物転譲的効力——物権法第191条的理解与適用」王利明主編『判解研究　総第59輯』（人民法院出版社，2012年）43～47頁。

33）王勝明「物権法制定過程中的幾個重要問題」法学雑誌2006年1期38頁。

扱うのかという点にある。「効力待定説」はまさにこの一体把握にもとづい
てなされた判断であり，きわめて辻褄合わせ的である。

　同様に一体把握の出発点に立つ「無効説」も，物権法191条2項の「する
ことができない」〈不得〉にもとづき，当該条項を効力性の強制性規定とし
て解釈し，その規定に違反しているとして，契約法52条5号と結び付けて，
抵当物譲渡契約を無効と認定している。この理論は，外見上は説得力がある
ように見えるが，しかし綿密な検討には耐え得ない。その基本的な問題は，
この説が何故物権法191条2項の「することができない」との文言が効力性
の強制性規定に属するのかの実質論を欠いている点にある。この同じ規定に
ついて，「有効説」は管理性の強制性規定と解釈し，両者の対立が見てとれ
る。法政策のレベルの分析では，抵当物の譲渡は，譲渡人，譲受人及び抵当
権者3者の私益に関わるだけで，一般的には公益には関わらない。私益の問
題については私人間で解決されればよく，この決定権を利益主体に置くほう
がより適切である。法律上無理やり無効として処理することは，実質的理由
を欠くように思われる。

　「有効説」についていえば，2種類の有効説があり，それぞれ区別して説
明する必要がある。その第1の有効説は，例えば崔建遠のそれで，崔は物権
行為理論に反対する代表的論者で，当然，「区分して対処する」立場から議
論を組み立てるのではなく，「一体把握」の道を歩む。このように一体把握
の道を歩むとすると，理論としては梁慧星のように，抵当権設定者が無断で
抵当物を譲渡する行為は無権処分と理解すべきである。しかし，崔はそのよ
うな理解をせず，抵当権設定者が処分権を有しているかどうかという議論を
飛び越えて，直接，物権法191条2項の「することができない」との規定を
管理性の強制性規定に帰属させることにより，譲渡契約は有効と認定する。
私の見るところ，その理論は氏自身の体系において，氏の無権処分理論[34]と
分裂し，自己矛盾に陥っている。

　さらに，抵当物譲渡契約を「一体把握」することは，当該契約には債権を
発生させる効果意思と物権変動を引き起こす効果意思の双方の意思が存する
ことを認め，そのうえで当該「集合体」的契約が有効であると考える。しか

34）崔建遠「無権処分弁」法学研究 2003 年 1 期。

し，そうした理論はまた以下のような問題に直面する。すなわちそこで言われているのは前者が有効である（すなわち合意の内容によって法律効果が付与され，債権債務が発生する）ということに過ぎず，後者の物権変動の法律効果は発生せず，従って違約救済の問題が生ずる。しかし，氏の無権処分の場合には，「集合体」の観念にもとづき，1本の紐に縛りつけられた2匹のイナゴをいっしょに死地に置くことになるのに，ここでは別途，（有効説の）理論を採り，1匹のイナゴは死んでしまい，紐に縛られたもう1匹は生き続けており，（その結果）形式上は2者は一体的であるが，実質的には「区分説」の道を歩んでおり，それはまたその理論的不統一を明らかに示すものである。

　もう1つの「有効説」は例えば程嘯のそれで，氏は明確に物権行為理論を提唱しており[35]，現在に至るまでその理論を放棄した旨の明確な表明を見たことはなく，もし今となって物権法15条が負担行為と処分行為の区分を認めていることを否定するなら[36]人びとをしてその立場を理解させることは困難であろう[37]。

　当該案件の裁判についていえば，新法旧法適用問題は脇に置き，物権法191条2項の理解と適用に限れば，私は最高人民法院の2審判決は賛同に値すると考える。中国の裁判所の実務上の立場は，すでに負担行為と処分行為の区別を採用しており，この見解はまた私が現在持する基本的立場でもある。すなわち物権行為の無因性は認めないが，物権行為の独自性は採用できるというのが私の基本的立場である。

　≪王成の回答≫

　案件について言えば，結論的には，私は2審法院の判決に同意する。まさ

35）謝懐栻＝程嘯「物権行為理論弁析」法学研究 2002 年 4 期。

36）程嘯「論抵当財産的転譲」中外法学 2014 年第 5 期。

37）ここでの議論は若干わかりづらい。要するに，2002 年段階では程は物権行為概念を認めていたのに，2014 年段階では「王利明，崔建遠，梁慧星等らの学者によれば，文理解釈によるにせよ，歴史解釈によるにせよ，物権法15条が物権行為と債権行為の区分を認めたとの結論を導き出すことはできないと考える。物権法のこの条文は，不動産物権変動契約の効力と不動産登記の効力に対する区分に過ぎず，それは従来のわが国の民事立法と実務における誤りを正し，不動産登記が何ら不動産物権変動契約の効力発生要件ではないことを明確にしたものである。……筆者はこの後者の見解が正しいと考える」との見解をとっており，整合性に欠けるということであろうか。

に程嘯が当該論文で指摘しているように，当該2審判決のように物権法15条を適用できるかどうかについては確かに論争があるが，たとえ担保法司法解釈67条にもとづいたとしても，すでに登記済みの抵当権が存続する間に抵当物が譲渡された場合，抵当権者はなお抵当権を行使できる。抵当権者が抵当権を行使できる以上，いわゆる負担行為と処分行為という区分の存在を認めるとしても，そうした区分に関係なく，当該譲渡行為を無効とする必要は何らない。そのほかに，司法解釈「民法通則意見」115条（「抵当物をもし抵当権設定者自身が占有し，かつ保管責任を負い，抵当期間に，債権者の同意を得ないで，抵当権設定者が同一抵当物を他人に譲渡した場合，……その行為は無効とする」）が抵当物譲渡行為あるいは重複担保設定行為を無効とする目的は，抵当権者を保護するためである。次に，本案の1審原告の違約の状況はきわめて明白である。自己が明らかに違約している状況のもとで，その違約者が自ら契約解除を主張することは，民法の基本的な公平原則に符合しない。1審の原告が明らかに違約している状況のもとでは，契約締結上の過失責任よりも違約責任を負わせる方がより公平である。

　上記の諸学説について言えば，結果において，私は有効説及び区分説に与する。

　その理由について言えば，特に物権法191条2項の立法目的に関する有効説の解釈に賛同するからである。その見解は主に以下のとおりである。191条2項の立法目的は，抵当権者の同意を得ないで抵当物を譲渡する契約の効力を否定しようというものではなく，抵当権者が登記済みの抵当権を実現するためにかかった余分のコストの損害賠償を抵当権設定者に請求する権利を付与し，抵当権設定者が抵当権者の同意を得ないで善意の第三者に未登記の動産抵当物を譲渡したことによる損害賠償請求権を抵当権者に付与し，あるいは抵当権設定者が抵当権者の同意を得ないで悪意の第三者にすでに効力を生じているが登記していない動産抵当物を譲渡した場合の追及権及び抵当権を実現するためにかかった余分のコストの損害賠償請求権を抵当権者に付与するためである。つまり，191条2項は抵当権者の利益を保護するために特別に抵当権設定者に対して設定された義務なのである。

　区分説については，この問題は物権法15条の理解に関わってくる。これは，中国民法の物権行為理論に対する基本的態度の問題に関係し，ここでは

126 　第二部　中国契約法の研究

詳述を避けたい。

3　松岡久和の所見

　この問題は，登記による公示を欠いた動産抵当を認める中国法に固有の問題のように思われる。日本法では，基本的には不動産にのみ抵当権が設定できるが，船舶・航空機・農業用動産等の動産に対する抵当権の設定を認める特別法をも含めて，抵当権は登記しないと，第三者に対抗できない（177条）。抵当目的物の第三取得者は，抵当権の負担のない所有権を得られるかどうかに正当な利害関係を有する177条の第三者であるため，抵当権は登記がないと目的物の譲受人には対抗できない。逆に，登記済の抵当目的物は，抵当権の負担の付いた所有権としてしか譲渡できず，登記によってそのことを知りうる譲受人を保護する必要もない。抵当目的物を譲渡する契約は債権的にはもちろん物権的にも有効であり，それにより抵当権の負担付の所有権が譲受人に移転すると解しても，抵当権者は，抵当目的物の譲渡前と同様に抵当権を実行することができるから（抵当権の追及効），譲渡によっていささかも害されることがない。このようにして抵当権者の利益を保護するために抵当目的物の譲渡を禁じる必要がないため，譲渡禁止の規範の性質をめぐる中国のような議論は，日本法には存在しない。

　なお，日本法においては物権行為の独自性・無因性を認めないのが判例・通説であることを考えると，物権行為をどう理解するかという問題は，抵当目的物の譲渡の効力の問題とは無関係と思われる。

第5節　重大な誤解

1　問題の提示

（1）錯誤と誤解の区別

　梁慧星は「伝統的民法理論は，錯誤と誤解を厳格に区別してきた。錯誤とは，表意者の，故意でない表示と意思の不一致のことである。誤解とは，相手方の（表意者からの——小口）意思表示の内容の理解についての錯誤のことである。例えば，申込みを受けた者が家屋賃貸の申込みを誤って売買と理解して承諾するようなケースである」[38]。これに対して，日本では錯誤につ

いて例えば「錯誤とは，表示から推断される意思（表示上の効果意思）と真意（内心的効果意思）とが一致しない意思表示であって，その一致しないことを表意者自身が知らないものである」[39]と説かれる。日本法の錯誤と中国の誤解とは，具体的にどのように異なるのか（質問①）。

（2）誤解の「重大性」

中国の誤解は「重大」であること，また司法解釈「民法通則意見」71条は「重大な損失」であることを要件とする。この「重大な」という要件の具体的基準化はどのようになされているのか（質問②）。

（3）「法律行為の重要な部分」と「重大な誤解」の異同

日本の伝統的学説では，動機の錯誤と表示行為の錯誤を区別し，表示行為の錯誤だけが民法95条の錯誤に該当するとされてきたが，近年は，そのような区別をせず，「表示上の錯誤であれ，動機の錯誤であれ……その錯誤が当該法律行為（契約）にとって重要な部分である場合に限って無効を主張し得る」[40]と説かれる。ここで言う「法律行為にとって重要な部分」という指摘と，中国法の「重大な」誤解とは同じと理解してよいか（質問③）。

（4）表示の錯誤の理解

日本の民法改正論議の中で，錯誤に関して，「意思表示の動機の錯誤が法律行為の要素の錯誤としてその無効をきたすためには，その動機が相手方に表示されて法律行為の内容となり，もし錯誤がなかったならば表意者がその意思表示をしなかったであろうと認められる場合であることを要する」（最高裁判決平成元年＝1989年9月14日）という最高裁判例理論を明文化することを提案していると言われている[41]。日本では，錯誤論は動機の錯誤と表示の錯誤という枠組みの中で議論されている。ところが，王利明Ⅰ書を読むと，重大な誤解の構成要件という項の中で，重大な誤解には以下の種類が含まれるとして，第1，契約の性質に対する「誤解」，第2，相手方当事者に対する「誤解」，第3，目的物の品質に対する「誤解」，第4，目的物の品種に対する「誤解」，第5，表示に関する「錯誤」を挙げ，この中の第5の表示に関する

38）梁慧星『民法総論［第2版］』（法律出版社，2001年）176頁。

39）我妻栄『新訂民法総則』（岩波書店，1965年）295頁。

40）四宮和夫＝能見善久『民法総則［第8版］』（弘文堂，2010年）222頁。

41）内田貴『民法改正のいま』（商事法務，2013年）88頁。

「錯誤」について，「狭義の重大な誤解は表示の錯誤を含まない」[42]と述べている。この指摘によれば，中国における重大な誤解論は日本の錯誤論と認識の枠組を異にしているように思われる。この点についての見解を聞きたい（質問④）。

(5) 重大な誤解を理由とする契約の変更について

　中国における重大な誤解に関する規定は，取消しのみならず変更をもその効果として規定する（「以下に掲げる契約について，当事者の一方は人民法院又は仲裁機関に変更又は取消しを請求することができる。（一）重大な誤解によって締結された場合」）。最近の張伝奇論文「論重大誤解的可変更効力」（重大な誤解の変更可能な場合の効力について）[43]はこの「変更」の性格に視点を据えた論文で，以下のことを説く。（ⅰ）中国の重大な誤解の系譜について，それは1922年のソ連民法典32条の「詐欺，威嚇，脅迫，あるいはその代理人による相手方との悪意通謀，あるいは重大な意味の誤解によって法律行為をなした者は，その法律行為の全部又は一部の無効の確認を裁判所に申請することができる」に由来し，この「重大な誤解」の淵源から「我々は中国法がソ連法典に倣って，動機の錯誤，内容の錯誤，表示の錯誤の区別を斥けていることを推論できる」[44]。（ⅱ）重大な誤解を理由とする「変更」につき，学界の態度は冷淡で，最高人民法院の裁判官達も契約法54条の解釈を行うとき，できるだけ変更可能の効力に言及することを避けようとしてきた。しかし，司法実践では，当事者が重大な誤解を理由に契約の変更を主張する事例は少なくない[45]。（ⅲ）この54条3号の変更可能効力の性格につき，多数説は，契約債の変更として理解するが，その見解には同意しない。「重大な誤解の変更可能効力を一方的な契約変更の形成権として理解すべきではなく」「また重大な誤解の変更可能効力は一部取消し，補正，確認，転換等の制度とも異なり，重大な誤解の変更可能効力を真意の解釈として理解してはじめて規

---

42) 王利明Ⅰ書691頁。

43) 張伝奇，中外法学2014年6期。

44) 張伝奇・同上論文1569〜1570頁。

45) 例として，馬翠翠等訴唐山中冶万城房地産開発有限公司商品房売買契約紛糾案（2014年豊民初字第1758号判決，法宝引証碼：CLI. C. 3121579）を挙げる。同上論文1557頁。

範の目的，評価の角度に合致する」[46]。こうした見解をどのように評価するか（質問⑤）。

2　韓世遠・王成の回答

≪韓世遠の回答≫

（1）質問①について

日本民法95条の錯誤規定は「意思表示は，法律行為の要素に錯誤があったときは，無効とする。ただし，表意者に重大な過失があったときは，表意者は，自らその無効を主張することができない」となっている。他方，中国の民法通則59条は「以下に掲げる民事行為については，一方当事者は人民法院又は仲裁機関に変更又は取消しを請求する権利を有する。（一）行為者が行為内容に重大な誤解がある場合。（二）明らかに公平を失する場合」，「取り消された民事行為は行為の最初から無効となる」と規定している。契約法54条は「重大な誤解によって締結された」契約については，当事者の一方は人民法院又は仲裁機関に変更又は取消しを請求する権利を有し，「当事者が変更を請求した場合，人民法院又は仲裁機関は取り消すことができない」と規定する。「民法通則意見」71条は，「行為者が行為の性質，相手方当事者，目的物の品種，品質，規格，数量等にについて誤って〈錯誤〉認識し，そのため行為の結果と自己の意思が異なり，かつ比較的重大な損失をもたらしたときは，重大な誤解と認定する」と規定する。

単に条文上だけから日中民事法の上記の規定を比較すると，両者の違いは少なくとも以下の点に表されている。その1，基本用語。日本民法は「錯誤」と称し，中国法は「重大な誤解」と称する（もし「民法通則意見」71条の定義に注目すれば，そこでは行為の性質，当事者，目的物等の「誤った認識」〈錯誤認識〉によって「行為の結果と自己の意思が異なる」ことについて講ぜられている。これは実質的に日本法上の「錯誤」のことである）。その2，日本民法は，「意思表示」に着眼し，中国法は「民事行為」あるいは「契約」に着眼している。その3，日本民法は「法律行為の要素」に着眼し，中国法は「行為内容」に着眼している。その4，法律効果についていえば，日本民法は意

46）張伝奇・前掲注43論文1572頁。

思表示の「無効」を規定し，中国法のルールは民事行為又は契約につき一方は「人民法院又は仲裁機関に変更又は取消しを請求する権利を有する」と規定している。

　もちろん，比較法は条文の文言の比較に限られない。効能の比較もなされなければならない。この効能の比較から考察し，分析すれば，両者は実践的運用上，類似の規範的効能を果たしている。

　(2)　質問②について

　民法通則も，契約法も「重大な誤解」概念を使用していることに変わりなく，しかも「重大な誤解」の定義づけはしていない。したがって，「重大な誤解」は不確定な概念であり，具体化されてはじめて実務でも操作可能となる。もちろん，立法者は「誤解」の前に「重大」という2文字を加えており，そこには立法者の慎重な態度が明らかに示されている。この制度が取引の安全，民事活動の秩序の安定にとって潜在的な脅威となることがすでに認識されていたために，この制度の使用に制限を加えようとする意図が明らかに見てとれる。最高人民法院の上記の司法解釈71条自身も，「重大な誤解」の具体化に努めており，操作可能性が高められている。「行為者が行為の性質，相手方当事者，目的物の品種，品質，規格，数量のについて誤って〈錯誤〉認識し，そのため行為の結果と自己の意思が異なり，かつ比較的重大な損失をもたらしたときは，重大な誤解と認定する」としている。動機の錯誤は，上記の解釈には出てこない。実務では，動機の錯誤は原則として民事法律行為の効力に影響を与えない。司法解釈の上記の表現は，日本民法の「法律行為の要素に錯誤があったとき」に比べて，明らかにより操作しやすい。

　もちろん，裁判官からすると，上記の司法解釈でもまだ具体的でなく，彼らの希望は1＋1＝2式の明確な具体性である。しかし，法律の世界では，依然として"理想は高く，現実は骨のおれるもの〈骨感〉"であり，さらなる具体化のためには，裁判実践において少しずつ蓄積し（現在，裁判所の案例も随分蓄積されてきている），それらが学説理論によって適宜整理され，体系化されていく必要がある。

　(3)　質問③について

　私個人の考えでは，四宮＝能見の上記の判断基準は，中国の最高人民法院の「重大な誤解」についての司法解釈での解釈と似たところがあるが，完全

に同じではない。とりわけ，中国の司法解釈によれば，「重大な誤解」を認定するためには，さらに「比較的重大な損失をもたらす」という要件に符合しなければならない。この点は，四宮＝能見の理論には見られない。日本民法は「錯誤」を「法律行為の要素」に限定しており，この枠組の中で展開されている。他方，中国の司法解釈の「重大な誤解」の認定は，法律行為の要素に限られず，さらに行為の結果をも要求する。この点が両者の違いである。

（4）質問④について

「錯誤」について，中国法は「重大な誤解」と称する。経済契約法（1981年）はまだこの問題を規定しておらず（その7条で詐欺，脅迫等の手段で締結した契約を無効とすると規定していたが），民法通則（1986年）59条1項で「行為者が行為内容について重大な誤解がある場合」，一方当事者は人民法院又は仲裁機関に変更又は取消しを請求する権利があることを規定し，最高人民法院の司法解釈「民法通則意見」（1988年）71条で「行為者が行為の性質，相手方当事者，目的物の品種，品質，規格，数量等について誤って〈錯誤〉認識し，そのため行為の結果と自己の意思とが異なり，かつ比較的重大な損失をもたらしたときは，重大な誤解と認定する」と規定し，契約法（1999年）54条1項で「重大な誤解によって締結した」契約については，当事者の一方は人民法院又は仲裁機関に変更又は取消しを請求する権利を有すると規定した。

ある学者によれば，錯誤とは，表意者の故意でない表示と意思の不一致のことで，誤解とは，相手方の，意思表示の内容の理解に対する錯誤のことで，例えば申込みを受けた側が家屋賃貸の申込みを誤って売買と理解して承諾をなすといった類いであると説く[47]。その用語については，上記のような差異を指摘することができるが，しかし，契約の締結というこの双方の法律行為の場合，上記の例で言えば，申込みを受けた側は申込みの内容の理解に誤りがあって承諾し，それは誤解にもとづいて承諾をなした（単独行為）と言うことができるが，合意の達成及び契約の成立（双方の法律行為）について言えば，なお故意でない表示と意思の不一致であり，一種の錯誤である。

ローマ法では，類似の問題につきその例に事欠かない。例えばD.12 .1.

---

47) 梁慧星『民法総論［第3版］』（法律出版社，2007年）178頁。

18 pr ウルピアヌス≪争論≫第7編によれば，「私があたかも贈与するであろうように金銭を与え，あなたがあたかも借入金のように金銭を受け取る場合，ユリアヌスは贈与は存在しないと書いている。しかし，借入金が存在するかどうか，検討されるべきである。私は，借り入れは存在せず，さらに，金銭は受け取る者のものとはならない，と考える。何故なら，（金銭を受け取る者とは）違う考えで受け取ったからである。したがって，（金銭を受け取る者が）金銭を使ってしまった場合，不当利得によって訴えられると認められる。けれども，（金銭を受け取る者は）悪意の抗弁を用いることはできるであろう。何故なら，（金銭を）与える者の意思にしたがって金銭は使われたからである」[48]とある。

また，例えばD.12.1.18.1 ウルピアヌス≪争論≫第7編によれば，「私があたかも寄託しているかのように（金銭を）与え，あなたがあたかも借入金のように受け取る場合，寄託も消費貸借も存在しない。あなたがあたかも貸付金のように金銭を与え，私が見せるためにあたかも使用貸借であるかのように受け取った場合も，同様である（つまり消費貸借も使用貸借も存在しない）。いずれの場合でも，金銭が使われてしまったならば，悪意の抗弁は存在せず，不当利得（による訴え）の余地がある」[49]とある。

中国法の規定を理解するうえで，法律条文が使用する概念だけを見てはならない。中国法は「重大な誤解」を使用し，「錯誤」の語を使用していないが，規範の効能からすると，日本民法と似かよっている。

民法通則 59 条 1 項は行為者が「行為内容」について重大な誤解があることを強調している。これによれば，動機は通常意思表示の構成要素でないので，行為者の動機の錯誤は重大な誤解とはならず，したがって契約の効力に影響しない。例えば，Xが玉を見るためにYの玉石店に行き，XはYの説明を聞き，Yが推薦した2個の玉石を見，それを（ブランド石である―小口）和田玉の原石と思い，17 万元を支払って購入した。その後，鑑定したところ，それは石英岩と石英岩染色原料であった。Xは裁判所に契約の取消しを求め

---

48)（意＝イタリア）桑徳羅・斯奇巴尼起選編（丁玫訳）『契約之債与准契約之債』（中国政法大学出版社，1998 年）3 頁。

49）同上書 47〜48 頁。なお，この訳文については早稲田大学原田俊彦氏の教示により若干改めた。

て訴えた[50]。本件の鍵は「和田玉の原石」が当事者の法律行為の「行為内容」を構成するかどうかである。もしYが説明の中で全く「和田玉の原石」に言及せず，広く一般的に「玉石」とのみ称し，X自身は「和田玉の原石」と判断して購入したのであれば，「和田玉の原石」はXの購入行為動機の構成部分に過ぎず，法律行為の内容ではなく，重大な誤解とはならない。これに反して，もし当事者が確実に目的物を「和田玉の原石」とみなして売買を行ったのであれば，「和田玉の原石」は法律行為の内容をなし，事後，鑑定を経て誤りとされた時は，前述の最高人民法院の司法解釈「民法通則意見」71条の規定する「目的物の品種，品質……等に対して誤って認識し」に符合し，重大な誤解を構成し，契約の取消しを主張することができる。

行為の動機と行為内容の差異をはっきりさせた後，我々はどのような行為内容が重大な誤解を構成するのかを判断する。これについては，最高人民法院の司法解釈「民法通則意見」71条が提供している分析枠組によれば「行為の性質，相手方の当事者，目的物の品種，品質，規格，数量」等が示されており，王利明の上記の分析枠組は基本的にこの枠組によって展開されたものである。

(5) 質問⑤について

本論文での論点について，以下のように考える。

第1点，本論文筆者の歴史的考察には新味が見られ，注目すべきで，称賛に値する。もちろん，それが正しいかどうかはなお立ちいった史料的験証が待たれる。本論文筆者の「中国法がソ連民法典に倣って，動機の錯誤，内容の錯誤，表示の錯誤の区別を斥け」たとの推測については，なお慎重な態度を持すべきであろう。中国法及びその司法解釈はサヴィニー以来行われた「動機の錯誤」と「法律行為の錯誤」の区別を決して排斥しておらず，ソ連民法典も大陸法系の鮮明な特徴を有しており，ドイツの法理はソ連法に対しても重大な影響を与えた。「法律行為」「意思表示」等の概念の使用はその例である。ソ連民法典についての詳細な歴史的考察を行っていないという前提のもとでは，即断を慎みたい。

---

50)「誤将石英岩当成和田玉，合同顕失公平被判撤銷」人民法院報 2011 年 12 月 28 日第 3 版。

第2点，民法通則59条及び契約法54条はいずれも「重大な誤解」の法律効果は当事者の一方が人民法院又は仲裁機関に「変更又は取消し」を請求する権利があることを規定しており，ここから契約「変更」の問題が出現した。先ず，変更又は取消しは当事者が選択する問題である。契約法54条3項はさらに一歩を進め，「当事者が変更を請求する場合は，人民法院又は仲裁機関は取り消すことができない」と規定した。もし当事者が変更を主張しなかった場合，裁判所又は仲裁機関は当然のことながら変更を主導することはできない。これは前提的問題である。次に，筆者の個人的経験によれば，取消可能な契約に対して変更を主張した事例が多くないことは確かである。本論文の筆者の挙げている事例も，2014年に新たに生じた案例であり，それ以前の案例は見出せない。したがって，裁判所や学説がこの問題について関心が薄いのも，原因がないわけでない。もちろん，本論文の筆者が「学界の態度の冷淡さ」を批判していることは注目に値する問題である。

第3点，変更可能，取消可能の契約について，当事者が変更を請求した場合，契約の変更はどのように展開するのか，このことが問題となる。中国法の規定は，当事者が裁判所又は仲裁機関に変更を請求するとなっている。このことから分かることは，当事者が用いる「変更権」とは形成権である。当該権利の具体的運用としては，一方で，権利者は具体的な主張，具体的な方案を提起しなければならない。他方で，裁判所又は仲裁機関には一定の自由裁量権がある。論文の提示している案例から見ると，被告は反訴の中で具体的方案（契約履行の具体的日時の変更）を提起し，裁判所は事実審査にもとづいて，それを支持している。

≪王成の回答≫

（1）質問①について

中国の学者の中でも，梁慧星の上記のような見解のほかに，別の見解もあり，それによれば，中国の民法通則及び契約法上の誤解は，ドイツ，日本，台湾民法の規定する錯誤に相当すると説く[51]。

51）崔建遠Ⅲ書112頁。

（2）質問②について

中国法では，重大な誤解の判断において，結果的に損失を生じることが重要な判断基準をなす。崔建遠は以下のようないくつかのケースを提示する。

（ａ）契約の性質についての誤解。例えば貸借を贈与と誤解する類い。

（ｂ）相手方に対する誤解。例えば甲会社を乙会社と誤解してこれと契約を締結する類い。信用・感情あるいは特殊な関係・人の特殊技能を基礎とする契約では，相手方の誤解は重大な誤解をなす。

（ｃ）目的物に対する誤解。

（ｄ）目的物の品質に対する誤解。この種の誤解は，誤解者に重大な損失を与えたときにのみ重大な誤解をもって論ず。

（ｅ）目的物の規格に対する誤解。この種の誤解は誤解者に重大な損失を与えたときにのみ重大な誤解をもって論ず。

（ｆ）目的物の数量，包装，履行方式，履行場所，履行期限等の内容に対する誤解。もし誤解者が重大な損失を受けたときは，重大な誤解をもって論ず[52]。

以上のような規準が参考となろう。

（3）質問③について

台湾民法もまた動機の錯誤と表示の錯誤を区別し，動機の錯誤は表意者自身が危険を負うことを原則とする。たとえ相手方が表意者の動機の錯誤を明らかに知っていたとしても，原則的に，表意者自身が危険を負うとの原則を堅持しなければならない。ただ，もし相手方が誠実信用に反する方法をもって，表意者の動機の錯誤を利用して契約を締結したとき，例えば薬剤師が，病人がすでに死亡していることを知っていながら，なお事情を知らない親友に高価な薬を売りつけ，当の薬剤師が，表意者が自ら危険を負うべきであると主張した場合，権利濫用を構成すると考えるべきで，保護されない。

以下のような場合，動機の錯誤でも表意者は救済される。

第1，表意者が，意思形成上の錯誤の危険を負うのを避けるために，相手方と約定し，一定の事由を法律行為の内容とし，とりわけ法律行為の条件とする。

52）崔建遠・同上書112～113頁。

第2，ある動機の錯誤を意思表示の内容の錯誤とみなす。例えば，台湾民法88条2項は，当事者の資格，あるいは物の性質が取引上重要と考えられている場合，その錯誤は意思表示内容の錯誤とみなすと規定している。

第3，双方の動機の錯誤。これは，その錯誤が同時に法律行為の双方当事者に生ずることである。こうした場合，当事者双方が一定の事実の発生あるいは事実の存在を法律行為の基礎となしており，この法律行為の基礎が存在しない危険は双方が共同して負わなければならず，したがって，これは動機の錯誤であり，法律行為の効力に影響を与えず，一方当事者をして契約の拘束を受けさせると考えるわけにはいかない。しかし，不利な影響を受ける側に取消権を付与しても，それもまた不合理であり，相手方に対して信頼利益の賠償責任を負わなければならない。双方の利益を比較的よく考慮できる方法は，誠実信用原則にもとづいて当事者間の法律関係を調整することである[53]。

中国の民法学説も動機の錯誤と内容の錯誤を区別し，また動機の錯誤は原則的に内容の錯誤とみなすことはできないと考えている。当事者がもし動機を契約の条件とし，あるいは動機を双方の行為の基礎とするなら，行為の効力に影響を与えることができる[54]。

以上から分かることは，中国民法では，動機の錯誤は原則として行為の効力に影響を与えないということである。四宮和夫＝能見善久の言う「当該法律行為について言えば，その重要な構成部分をなす」をどう判断すべきか，日本の教授の解釈を聞いてみなければならない。

(4) 質問④について

台湾民法の規定及び学説によれば，意思表示の錯誤の中には動機の錯誤，内容の錯誤，表示行為の錯誤，当事者の資格あるいは物の性質についての錯誤及び伝達の錯誤がある。動機の錯誤については，学説は主に以下の点を指摘する。第1，表意者自らが危険を負うとの原則。第2，たとえ相手方が表意者の動機の錯誤を明らかに知っていても，原則的にはなおその意思表示の効力に影響を与えるべきでない。ただし，相手方が誠実信用に違背する方法

---

53) 王澤鑑『民法総則』（北京大学出版社，2009年）294～296頁。
54) 崔建遠Ⅲ書113頁。

で表意者の錯誤を利用して契約を締結したときに，もし相手方が表意者はその意思表示の拘束を受けるべきであると主張するのであれば，それは権利濫用を構成し，保護を与えるべきでない。第3，ある動機の錯誤を意思表示の内容の錯誤とみなすことができれば，表意者は取消しを主張できる。台湾民法88条2項は，当事者の資格，あるいは物の性質の錯誤について，それが取引上重要と考えられれば，意思表示の内容の錯誤とみなすと規定している[55]。

中国大陸では，民法通則と契約法で称する誤解は，ドイツ，日本及び台湾民法で称する錯誤に相当すると一般に考えられている。しかし，民法通則，契約法いずれも強調しているように，誤解が重大な場合にはじめて取消可能の原因を構成する。動機の錯誤に関しては，通説は，内容の錯誤とはみなさない。しかし，もし動機が契約の条件として示されているのであれば，その誤解は内容の誤解とみなすべきで，誤解者に重大な損失を与えるときは，重大な誤解を構成する[56]。

以上の意味で，私は，台湾であれ，大陸中国であれ，動機の錯誤に対する態度はいずれも動機の表示と関連づけなければならないと考える。したがって，この点では，中国と日本の学説とで違いはない。

ところで，内田貴の「意思表示の動機の錯誤が法律行為の要素の錯誤としてその無効をきたすためには，その動機が相手方に表示されて法律行為の内容となり，もし錯誤がなかったならば表意者がその意思表示をしなかったであろうと認められる場合であることを要する」との指摘についていえば，私は，ここでの「表示」と，王利明の言う「狭義の重大な誤解には表示の錯誤は含まれない」との指摘での「表示」とは同じ意味ではないと考える。王利明の言う表示の錯誤とは，意思表示の錯誤の一つの類型のことである。

表示の錯誤に関して，台湾民法88条1項は，意思表示の内容に錯誤があるか，あるいは表意者がもしその事情を知っていれば意思表示をしなかったであろうときは，表意者はその意思表示を取り消すことができるが，その錯誤あるいは事情を知らなかったことが，表意者自身の過失による場合は，こ

---

55) 王澤鑑・前掲注53書293〜303頁。
56) 崔建遠Ⅲ書113頁。

の限りでないと規定する。この規定での，表意者がもしその事情を知っていれば，意思表示をしなかったであろうとは，通説によれば，以下のように考えられている。表示の錯誤，すなわち表意者がその意欲するところを誤って表示するとは，例えば，A書を贈ろうとして誤ってB書と言ってしまうとか，某書の定価を320元と書くべきところ，誤って230元と書いてしまうとか，誤って取得する（例えば物乞い女性に100元贈与しようと思って誤って1000元与えるとか，Aという筆を誤ってBという筆と思って，これを放棄する）の類いである。表示行為の錯誤においては，表意者はその使用を欲していない表示方法を使用してしまう。内容の錯誤においては，表意者はその使用を欲している表示方法を使用するも，その意味〈意義〉を誤って認識する。表示の錯誤については，表意者がもし取り消そうとする場合，当該錯誤が表意者自身の過失によって引き起こされたものでないことを要する[57]。

　大陸中国では，表示の錯誤に関しては，王利明の上記の見解以外に，崔建遠が主編をなす『合同法』の重大な誤解の類型では，表示の錯誤を列挙していない[58]。

　注意しなければならないのは，司法実務において，最近の北京市第三中級法院の判決の中で，表示の錯誤は重大な誤解を構成すると認められていないことである。このことは参考に値する[59]。当該判決の詳細については，後述する。

　(5) 質問⑤について

　第1に，中国法上の，取消しと並べて記されている変更については，確かに立ちいった検討を要する問題である。

　先ず，民法通則59条1項は民事行為の変更又は取消しを規定している。しかし，変更に関するより具体的な規定は存在しない。司法解釈の「民法通則意見」73条は，重大な誤解又は明らかに公平を失する民事行為について，当事者が変更を請求した場合，人民法院は変更しなければならず，当事者が取消しを請求した場合は，人民法院は事情を斟酌して変更又は取り消すことができると規定している。契約法54条1項，2項は契約の変更又は取消し

57）王澤鑑・前掲注53書302頁。

58）崔建遠Ⅲ書113頁。

59）北京市第三中級人民法院（2014）三中民終字第09383号民事判決。

を規定し，3項は，当事者が変更を主張した場合，法院は取り消してはならないと規定している。このことは，少なくとも文意上から理解する限り，取消しと変更が二つの異なる制度であり，変更を取消しの中に含めることはできないことを意味している。しかし，55条は取消権を規定するのみで，いわゆる変更権については規定していない。契約法のその他の部分にもどのように変更すべきかについての具体的規定はない。

　次に，一般の教科書は法律行為や契約の取消しを論ずるとき，取消しを論ずるだけで，変更を論ずることはない。そうなると，変更をどのように理解すべきか，確かに問題となる。この意味で，張論文は有意義なものである。

　第2に，中国法上の「重大な誤解」の制度的源流の考察について，張論文の結論には賛同できる。しかし，民法通則59条及び契約法54条の重大な誤解の規定が，「中国法がソ連民法典に倣って，動機の錯誤，内容の錯誤，表示の錯誤の区別を斥けた」と推測することができるとの結論（当該論文1569～1570頁）については，検討の余地があるように思われる。先ず，ここで斥けている主体は一体誰なのか。中国の立法者か，裁判官か，それとも学者か。民法通則の起草に関わった学者の回想によれば，民法通則の中の多くの制度のそのような規定は，主に当時の中国民法学の研究状況の中から生み出されたもので，決して立法者が各国の法律内容〈法治〉を考察のうえ理性的に選択した結果などではないということである。この点は贅言するまでもない。こうした状況は重大な誤解にもあてはまる。学者についていえば，私の理解するところ，手持ちの材料から見る限り，大多数の学者は，中国法上の誤解は伝統民法中の錯誤と等しいと考えていた。したがって，重大な誤解を紹介するとき，いずれも錯誤と紹介した。そうである以上，上記のような，ソ連民法典云々の結論にはなり得ないように思われる。

　第3に，張論文は，学界や最高法院の裁判官の冷淡な態度と対照的に，「司法実践では，当事者が重大な誤解を理由に契約の変更を主張する事例は少なくない」（1557頁）と述べている。これは1個の事実判断である。先ず，最高法院の裁判官の態度はどうして司法実践の態度とみなされないのかという疑問があるが，それは問わないとして，ただ1つの判決をもってこうしたケースが少なくないというのは，説明力不足ではないだろうか。ただ1つだけの判決であれば，逆にこうしたケースはきわめて少ないという証明も可能

140 第二部 中国契約法の研究

である。まして，当該判決は河北省唐山市豊潤区法院という初審の判決にすぎない。このような区々たる1個の判決をもって中国全体の司法実践の，ある問題に対する態度と一般化することは，謹厳性と信頼度において合理的疑いを生ぜしめるものである。

　第4に，張論文はドイツ民法典を例にあげ，4項の制度を背景として伝統的民法中の一方的契約変更の法定形成権を論ずる。この4項の制度とは，違約金の酌減，（瑕疵担保責任中の）減額，（契約）行為の基礎の改変の時の契約の調整〈調適〉Anpassung 及び暴利行為のもとでの給付の変更又は軽減である。考察の結果，張論文は，この4項の一方的契約変更の類型は契約履行義務原則（契約法8条）に違背しているが，それは給付内容の均衡を失しているためであり，その一方的変更は比例原則に適い，したがって正当性を有すると考える。しかし，張論文は，それにもかかわらず，重大な誤解の変更可能の効力にある「変更」という用語を一方的契約変更と解することは逆に障碍を存在させることになり，不合理であるとする（張論文1561～1564頁）。

　張論文の上記のような考えの理由は以下の点にある。重大な誤解をいかに理解しようとも，「2種類（主流の学説とそれ以外の説）の見解はいずれも以下の点を承認する。すなわち重大な誤解は当事者（ある場合は表意者，ある場合は意思表示の受け手）の主観での想いと客観的現実との間の関係に着目し，原則として給付内容の不均衡の問題には関心を払わない」（1564頁）。張論文はさらに，以下のように述べる。「民法通則意見」71条の重大な誤解に対する解釈性条文の中に「比較的重大な損失をもたらす」との表現があるが，この規定は取消しと変更を一体的に適用し，かつ当該語句は単に重大な誤解者の角度からのみ言及され，ここからは給付内容の不均衡の評価の問題に重点を置いた解釈をすることがきわめて困難である。前述の如く，給付内容に重大な不均衡が存在するため，給付内容を変更するほうが明らかに事理に適っている。しかし，重大な誤解のケースにおいて，観察の角度（あるいは評価の内容）は給付内容の不均衡の問題に関心を払わない以上，この場合もし重大な誤解者に一方的に給付内容を変更する権利を付与しようとするなら，それは明らかに道理がない（張論文1564頁）。

　張論文のここでの論理ははなはだ理解しづらく，牽強付会といってもよい。「民法通則意見」71条は明確に「行為者が，行為の性質，相手方当事者，目

的物の品種，品質，規格，数量等について誤って認識し，そのため行為の結果と自己の意思が異なり，かつ比較的重大な損失をもたらしたときは，重大な誤解と認定する」と規定している。ここでの比較的重大な損失をもたらすとの箇所で用いられているのは「併」という語であり，このことは，重大な誤解の構成には比較的重大な損失という結果がなければならないということを物語っている。多くの学者が重大な誤解を論ずるとき，いずれも「民法通則意見」71条を根拠とする。例えば崔建遠は，重大な誤解の定義について，誤解者が意思表示をなした時，契約の法的効果に関わる重要事項に対して，認識上の顕著な欠陥が存在し，その結果，誤解者に比較的重大な損失を与え，契約締結の目的を根本的に達成できなくなることと説いている[60]。学者の中には重大な損失をもたらすことをあまり強調しないということはあり得るが，それは重大な損失をもたらすことは当然の意義であって強調するまでもないということである。このような状況のもとで，張論文は「観察の角度（あるいは評価の内容）は給付内容の重大な不均衡の問題に関心を払わない以上，この場合もし重大な誤解者に一方的に給付内容を変更する権利を付与しようとするなら，それは明らかに道理がない」と説くが，どうしてそのような結論になるのか，理解し難い。

　張論文が前述した４項のケースはいずれも利益の不均衡が比例原則に符合しないために変更が正当化されるものであり，重大な誤解の場合，法律の規定も主流の学説もともに，重大な損失をもたらす利益の不均衡こそ，重大な誤解を理由として変更をなす条件であることを強調しており，張論文の，重大な誤解は原則的に給付内容の不均衡の問題に関心を払わず，したがって正当性を得難いとの論述，判断には無理がある。

　第５に，私は変更であれ取消しであれ，いずれも契約履行義務原則の例外をなすと考える。例外の正当化の理由は，その具体的事由において違いが存する。しかし，結果において，いずれも双方の利益の結果に重大な不均衡が生ずるからであり，当事者の一方が本来受けるべきでない損失を被る場合，彼は取消し又は変更を要求できるのである。もし，一方に重大な誤解が生ずるも，その結果が良ければ，一般的には取消しや変更を要求するはずがない。

60）崔建遠Ⅲ書112頁。

もし張論文のように，重大な誤解の構成の中から結果の利益の不均衡を除外して契約遵守原則の例外を構成しようとするときは，当然，正当性の理由は存在しない。しかし，重大な誤解の構成の中には，当然，双方の利益結果の重大な不均衡が含まれる。だから，双方のもとの契約を按配して調整することには正当性があるのである。

第6に，張論文は変更を形成権とみるべきでないと説くが，この点は賛同に値する。契約法58条によれば，重大な誤解者が契約を取り消した後，相手方の損失を賠償しなければならない。このことは，契約の取消しは代価を伴うことを意味している。しかし，このような代価を支払わなければならないことを明らかに知っている状況のもとで，重大な誤解者がなお契約の取消しの選択を希望するということは，こうした処理が重大な誤解者にとって計算づくのものであることを物語っている。すなわち重大な誤解者について言えば，もとの契約で生ずる可能性のある結果を望むよりも，賠償の支払いの方を選択するということである。しかし，契約の相手方について言えば，もとの契約どおりに処理すれば，彼は大きな利益を得ることが可能であるが，この大きな利益は相手方の重大な誤解を代価とする。こうした利益の処理は客観的には正当性を有しない。したがって，法律は関与可能である，すなわち法律でもって調整されなければならない。

こうした利益の処理の調整結果の1つは，完全に契約を取り消すことである。これは取消しの結果である。その2は，契約を取り消さず，重大な誤解者をしてあらためて誤解のない意思表示をなさしめ，相手方に偏った契約の利益処理を，瑕疵のない状態の意思表示に戻させることである。つまり，双方の利益の処理が，誤解による不均衡の状態から，誤解が存在しないことによる双方の利益均衡の状態に戻される。これは変更の結果である。しかし，契約変更後，双方の利益のバランスがとられ，誤解者の利益が保障された〈関照〉場合の，契約の相手方の利益をどのように保護すべきかという問題があり，これはこれで変更制度の考慮すべき点である。この場合，契約の相手方には2種類の選択があり得る。その1は，変更後の契約の処理を希望することである。その2は，契約変更後の契約の処理を希望しないことである。前者の場合，誤解者が変更を希望し，相手方もそれを受け入れることを希望している以上，双方喜びこそすれ，拒否することなどあり得ず，法律も干渉

する必要はない。後者の場合，どんなに誤解者が変更を希望しても，相手方がそれを受け入れようとしないとき，それでも相手方に受け入れを強制できるのか。もし相手方に受け入れを強制できるとなると，変更権は一種の形成権として設計することができる。強制できなければ，形成権たり得ない。

　私の理解は以下のとおりである。重大な誤解により誤解者に形成権としての取消権を付与する場合，1つには，利益不均衡の処理が消除され，2つには，誤解者はその取消行為のために相手方に相当の賠償をしなければならず，だからこそ，この種の処理は双方の利益を顧慮したものとなり，正当性を有する。変更の場合は，変更によってどんなに利益不均衡の処理は消除されても，もし相手方の意思や利益を考慮せず，変更権を形成権と理解して，相手方に強制し，また相手方に賠償する処理もなく，相手方の利益を考慮しなければ，こうした処理は正当性を持ち得ない。

　指摘しておかなければならないのは，重大な誤解の変更によって形成される契約の利益の処理は，一般的には双方の利益が不均衡から均衡状態に戻ることになる。しかし，多くの場合，何が均衡を失し，何が均衡を得ているのか，それ自身主観的判断である。ある人の角度からすると，均衡を失しているものが，他人の角度からは均衡がとれていることがあり得る。この時は均衡を失し，別のときは均衡がとれていることもあり得る。まさに利益の主観性により，意思自治の尊重こそ契約法の最も基礎的で最も重要な原則となり，その他の重大な理由がない限り，意思自治のもとで形成された利益の処理を否定することはできない。双方の利益の均衡がとれているかどうかは，双方の意思自治を保証するかどうかを通じて判断される。双方の意思自治によって形成される利益の処理は一種均衡のとれた利益の処理であり，意思自治に反して形成された利益の処理は均衡のとれた利益の処理ではない。

　取消しと変更には異なる部分がさらに存在する。取消しの場合，契約は双方にとってもはや存在しなくなり，双方で処理する必要があるのは，契約不存在の後の利益の補償問題である。変更の場合は，契約はその内容を変更したうえでなお存在し，かつ双方を拘束し続ける。しかも，変更によって，一方の意思をもって相手方の意思を強制するという形式でもって双方を拘束する可能性がある。これでは契約の基本理念に悖ることになる。

　したがって，私の理解では以下のようになる。重大な誤解によって，誤解

者が変更を要求した場合，裁判所は相手方当事者の意思を尋ねる必要があり，もし相手方が変更を希望すれば変更できる。もし相手方が希望しなければ，ただ取り消すことができるだけである。取消しと同時に相手方に相当額の賠償をしなければならない。

第7に，張論文は，重大な誤解のもとでの契約の変更を真意解釈として理解している。同時に，張論文は「もし意思表示の相手方が変更を請求するならば問題は生じないが，意思表示者が変更を請求するのであれば，真意解釈を適用する術のない状況が生ずる可能性がある。この場合，我々は，もし明らかに公平を失するとの要件に符合すれば，裁判所は給付内容を変更することができる」（1572頁）と述べている。

以上の内容から見ると，張論文は，意思表示の相手方が変更を請求せず，あるいは意思表示者が変更に同意しなければ，ただ明らかに公平を失するとの制度の助けを借りることができるだけで，直接変更することはできないと考えているように思われる。もしそうであるとすると，重大な誤解の変更を真意解釈と理解することもできないわけではない。しかし，もし意思表示者の意思の真意を探求した挙句，相手方を強制するとなると，それは明らかに適切でない。

第8に，契約法54条3項は，当事者が変更を請求した場合，裁判所は取り消してはならないと規定する。本条の規定は当事者の意思の尊重を体現したものである。しかし，この規定から，当事者が変更を請求すると，裁判所は必ず一方の意思にもとづいて契約を変更するとの結論になるわけではない。「民法通則意見」73条の規定については，重大な誤解又は明らかに公平を失する民事行為について，当事者が変更を請求した場合，人民法院は変更しなければならず，また当事者が取消しを請求した場合，人民法院は事情を斟酌して変更または取り消すことができると規定している。本条には2つのレベルの意味がある。すなわち一方当事者の意思さえ顧慮すればよいという意味（前者の文言）と，一方当事者の意思さえ顧慮しなくてよいという意味（後者の文言）である。契約法はこれについて何も敷衍していない。契約法54条3項を解釈するとき，「意見」73条の意味で解釈してはならない。

第9に，以上の結論にもとづいて，（張論文で引用する）馬翠翠等が唐山中冶万城房地産開発有限公司を訴えた販売用家屋売買契約紛糾案を分析してみ

たい。

　先ず，本案の特殊性は以下の点にある。裁判所の認定によれば，双方の間には口頭の契約が存在し，かつ契約の中で双方の家屋引渡行為はすでに終了している。単に家屋の登記手続をする必要のため書面契約を締結するにすぎない。したがって，当該契約の目的は双方の家屋引渡行為を拘束しようとするものではない。単に家屋引渡時期についての具体的条項からだけで見るのではなく，契約の全体から見ると，その目的は決して双方に対して履行上の拘束を生じさせようとするものではない。したがって，当該契約の具体的条項を理由に違約責任を主張することはできない。何故なら双方の目的は，契約をして双方に対して拘束を生じさせようとするものではないからである。故に，もし上記の契約の目的が認定されるのであれば，契約は根本的に取消しや変更の必要はなく，当然，違約の効力も生じない。

　本案の具体的状況を脇に置き，本案を別の事情でもって仮に設定してみよう。もし本案で売主が，例えば6月1日にはまだ家屋は建設途中であるというように，客観的に6月1日にはまったく家屋を引き渡すことができず，しかも売主は契約締結前にこのことを明らかに認識していながら，仮に双方が5月1日に契約を締結し，その契約の中で6月1日に家屋を引き渡さなければならないと約定したとしよう。また，仮に売主が結局9月1日に家屋を引き渡し，その引渡しの遅滞のために，買主は相手方に違約責任を負うように要求したとしよう。そして，こうした場合にもし売主が本案には重大な誤解が存在したと主張したとしよう。伝統的な民法錯誤体系にもとづいてこれを理解し，誤解を構成するとするなら，それは表示〈表達〉の錯誤，すなわち「表意者がもしその事情を知っていれば意思表示をしなかったであろう」（台湾民法88条1項）という錯誤に属する。こうした場合，台湾民法88条によれば，「事情を知らなかったことが表意者の過失によるのでない限り」において取り消すことができる。この過失は重大な過失（明らかに一般人の注意を欠いている）として解釈されている。しかし，これは法律条文の意義と符合しない。民法によれば，重大な過失については特別に明示されているし，また取引の安全に差し障りがある。多数の学者は抽象的軽過失の方が意思の自主と取引の安全の両者を顧慮していると考えている。実務上は，具体的軽過失を採用している[61]。

146　　第二部　中国契約法の研究

　しかし，本案で売主がもともと不可能な家屋引渡期日を契約に書き入れ，相手方に契約を締結するよう希望する可能性は存在するのではないか，あるいはある条件で契約するという可能性は存在するのではないか。こうした可能性は実証しようがない。仮にこうした可能性が存在したとしても，それを実証しようがない。しかし，相手方が契約を締結した後，期日通りに家屋を引き渡すことができないことを理由として，売主が変更を主張し，違約責任を回避しようとし，同時にまた相手方をして受け入れを希望しない引渡期日を受け入れさせるとしたら，この結果は情においても理においても認められないだろう。

　翻って，売主にこの種の故意が存在しなかったと仮定しよう。こうした場合，中国契約法54条によれば，こうしたケースにおいて重大な誤解を構成するか。取り消すことは可能か。変更することは可能か。

　先ず，取り消すことは可能か。王利明の理解によれば，表示行為の錯誤は一般に重大な誤解の範囲に含まれず，単なる表示行為の錯誤は一般に取り消すことができない。双方の利益衡量から見て，売主は重大な過失によって，家屋引渡期日を自らが履行不可能の日時として記入したので，このための代価を支払わなければならない。取消制度を通じて救済されることはなく，したがって一部の不利益を買主に転嫁することはできない。

　次に，変更できるか。一歩下がって，本案が重大な誤解を構成するとしても，もし売主が裁判所に変更を請求したとしたら，このときの変更は何を意味するか。もし変更を取消権のように形成権として理解するなら，買主に本来彼が受け入れることを希望しない契約を強制することになる。このような結果は不公平であり，かつ買主の意図に違背する。何故なら，家屋引渡期日は買主について言えば重大な利益を含んでいるからである。この種の重大な利益は買主が契約を締結するかどうか，及びどのような条件，とりわけどのような価格で契約を締結するかを決定する可能性を有する。

　以上に関連して，実際に生じた案例が存する。それは，北京市第三中級法院の2014年9月2日判決にある陳煒（Ｘ）と北京世紀卓越信息技術有限公司（Ｙ）との売買契約紛糾案である。

61）王澤鑑・前掲注53書302頁。

裁判所の認定した事実によれば，Yはアマゾンウェブサイトの所有者である。2013年11月26日，Xの375flash@163.com メールボックスはアマゾンウェブサイト発出の電子郵便1通を受け取り，Xが CHANGHONG 長虹 LED32538.32インチのLEDテレビを注文し，送り先はXの住所であること，このメールは単に注文書を受け取ったに過ぎず，注文を受け入れたことを具体的に表すものではないこと，アマゾンウェブサイトが出荷確認の電子メールを発出してはじめて購入契約は成立することを確認した。当日，アマゾンウェブサイトは再度上記のメールボックスにメールを送り，メールボックスのユーザーが当該注文書につき代金161.99元の代金を支払うことを確認した。

アマゾンウェブサイトで公表されている「使用条件」では，以下のことが明記されていた。本ウェブサイトを通じて商品を購入しようとする場合，本ウェブサイト上に示されている商品，価格等の情報は単に申込みの誘因にすぎず，あなたの注文が商品購入の申請，又は申込みとなる。あなたの申込みを受けた後，我々はあなたに電子メールを送り，我々がすでにあなたの注文を受け取ったことの確認の電子メールを送る。そして，その中には注文の細部も記載される。ただし，当該確認は我々があなたの注文を受け入れたことを表すものではない。我々があなたに品物確認の電子メールを発出し，あなたに我々があなたの注文した商品を発出したことを通知した時に，あなたの注文に対する我々の受け入れを構成し，我々とあなたの間の注文契約は成立する。

Yは，以上の使用条件を根拠に，双方の間での契約は未成立であると考えた。

しかし，Yの主張は裁判所で認められなかった。裁判所の判断は以下のとおりである。アマゾンウェブサイトのログイン段階から見ると，Yは登録ユーザーに「使用条件」を閲読し，かつそれに同意するよう要求しておらず，ホームページの展示から見ると，「使用条件」についての関連リンクはウェブサイトの最下端に位置し，かつリンクをクリックしてはじめて見出すことができ，消費者の識別は容易ではない。注文リストのチェックの段階から見ると，Yはゴチックの字体でもって商品の型号，注文数量，送り先，代金支払方式等を示しているのに，普通字体でもって「使用条件」を提示し，ホー

ムページの下方に色が暗い字体で示されており，消費者にとって注意しづら
い。したがって，Ｙは約款の提示と説明の義務を尽くしておらず，当該約款
はＸに対して拘束力をもたない。

　裁判所の判決は以下のとおりである。一，Ｙは判決の効力が生じてから
10日以内にＸに対して長虹LED32538.32インチのLEDテレビ１台を引き
渡すこと。ＸはＹに代金161.99元を支払うこと。二，Ｙは判決の効力が生
じてから10日以内にＸに証拠保全費用1000元，弁護士費用4000元を支払
うこと[62]。

　本案のケースは表示の錯誤に属し，重大な誤解に属する可能性はある。し
かし，Ｙは重大な誤解にもとづいて契約の変更又は取消しを主張していない。
Ｙは規模の大きな専門商事会社であり，重大な誤解制度を知らないはずがな
い。しかし，重大な誤解を主張していないということは，その原因を考えて
みる価値がある。

　本案が重大な誤解を構成するかどうかについて，担当裁判官は以下のよう
に考えた。先ず，電子商取引業者による販売商品は，低価格で販売を促す等
の手段をとり，10％の価格でテレビを販売することには一定の可能性と合理
性がある。第２に，電子商取引業者がインターネット上で情報を発信する場
合，その対象は多くの消費者であり，厳格で慎重な調査義務を尽くさなけれ
ばならない。第３に，電子商取引業者が消費者に品物を発送することができ
ないことを告知するとき，その理由は「品物がない」ということであり，そ
れは錯誤ではない。業者は訴訟の中ではじめて錯誤にかかることを主張した。
したがって，Ｙは重大な誤解を構成しないと認定でき，契約は有効である。

　本案のケースについて言えば，馬翠翠の事案とよく似ている。本案では，
原告が被告のウェブサイト上で当該ブランドのテレビを購入しようとしたの
は，10％という低価額であったことによる。もし当該価額が重大な誤解を理
由として変更できるとして，市場価格に変更できるとなると，そして，仮に
変更は形成権であるとの立場をとり，原告は必ず受け入れなければならない
とすると，きわめて不公平な結果をもたらすだろう。

───────────
　62）北京市第三中級人民法院（2014）三中民終字第09383号民事判決書。

3　渡辺達徳の所見

（1）日本法の錯誤と中国の誤解との異同について（質問①）

中国契約法に定める「誤解」が，実質的に，日本民法における「錯誤」に対応することについては，韓世遠と王成の理解は一致しているように思われる。両法が明らかに異なるのは，中国契約法が，重大な誤解の効果として契約の変更を規定することであるが，この点については，質問⑤に関連してコメントする。

（2）中国契約法において，誤解が「重大」であること，また，司法解釈が「重大な損失」であることを要件とすることに関し，「重大（な）」という要件が，どのように具体的な基準として示されるかについて（質問②）

中国における実務は，韓世遠が指摘するとおり，司法解釈71条にいう「行為者が行為の性質，相手方当事者，目的物の品種，品質，規格，数量等について誤って〈錯誤〉認識し，そのため行為の結果と自己の意思が異なり，かつ比較的重大な損失をもたらしたときは，重大な誤解と認定する」という基準の具体化を通じて動いているものと考えられる。王成が引用する崔建遠の類型化も，この司法解釈に沿ったものと見られよう。日本の通説も，「要素の錯誤」の態様を検討するに当たり，以下のような類型を意識して具体化を試みている[63]。(1)人についての錯誤。この類型は，さらに，（イ）人についての同一性の錯誤，（ロ）人の身分・資産についての錯誤に分けて検討される。(2)物についての錯誤。この類型は，さらに，（イ）目的物の同一性についての錯誤，（ロ）物の性状・来歴についての錯誤，（ハ）物の数量・価格などについての錯誤，（ニ）法律または法律状態の錯誤，に細分して論じられる。

（3）日本民法にいう「法律行為の重要な部分」と中国契約法における「重大な」誤解との相違について（質問③）

司法解釈71条が示し，かつ，韓世遠が指摘するとおり，中国契約法に言う「重大な」という概念には，「比較的重大な損失をもたらす」という結果の要素が内包されている。これに対し，日本民法における「要素」の意義については，表意者は，そのような錯誤がなかったならば当該意思表示をせず（因果関係），かつ，その表意者だけでなく通常人もそのような意思表示をし

63）我妻栄『新訂民法総則』（岩波書店，1965年）300頁以下。

150 第二部 中国契約法の研究

なかったであろうこと（重要性），と定式化され，同じ趣旨の判例が定着している[64]。これを具体的に示したのが，上記「質問②」との関係で示した我妻栄の類型化である。したがって，問題は，こうした具体化・類型化の中で，表意者に「比較的重大な損失」をもたらすという要素が考慮されているか，ということになろう。学説は，有償契約にあっては，等価性を著しく欠くことは要素の錯誤の一つの基準となると指摘しており[65]，判例を見ても，代物弁済として受けた土地の価額が僅少であったとき[66]，真作と信じて購入した油絵が贋作だったとき[67]などでは，錯誤による無効主張が認められている。これらの事案は，表意者に「比較的重大な損失」をもたらすものと理解することができる。ただし，日本民法においては，この「比較的重大な損失」が要件として明示的に組み込まれているわけではない。

　（4）中国契約法における重大な誤解と日本の錯誤論の枠組みの異同について（質問④）

　（韓世遠及び王成の見解は，動機の錯誤の扱いに沿って示されているように思われる。以下では，その文脈でコメントする。）。韓世遠は，質問②に対する見解を示す際，司法解釈 71 条を引用する中で，「動機の錯誤は，上記の解釈に出てこない」と指摘している。立法者が錯誤の成立に「重大」性という要件を加え，慎重を期したことと併せ考えると，「実務では，動機の錯誤は原則として民事法律行為の効力に影響を与えない」という帰結をもたらすことになる（同じく質問②についての韓世遠の見解）。しかし，上記司法解釈 71 条は，「重大な誤解」を具体化するに当たり，「相手方当事者」，「目的物の品種，品質，規格及び数量」という要素を明示している。人または物に関する性状錯誤は，動機の錯誤に属するので，中国契約法の解釈上も，動機の錯誤が全面的に排斥されているわけではないと思われる。王成も，台湾民法を引用しつつ，動機が契約の条件となって示されているような場合を念頭に置きつつ，錯誤の規定の適用を受けるべきことを示唆する。

　日本の民法改正案は，意思表示に錯誤があり，その錯誤が法律行為の目的

64）大判大正 7 年 10 月 3 日民録 24 輯 1852 頁ほか。

65）川井健『民法概論 1 民法総則［第 4 版］』（有斐閣，2008 年）175 頁。

66）最判昭和 40 年 6 月 25 日裁判集民事 79 号 519 頁。

67）最判昭和 45 年 3 月 26 日民集 24 巻 3 号 151 頁。

及び取引上の社会通念に照らして重要なものであるときは，取り消すことが
できるものとし（効果を従来の「無効」から「取り消すことができる」ものに改
める）（改正案95条1項柱書），その一場合として，「表意者が法律行為の基礎
とした事情についてのその認識が真実に反する錯誤」を掲げ（同1項2号），
この場合の取消しは，「その事情が法律行為の基礎とされていることが表示
されていたときに限り」することができるものとした（同2項）。この改正
案95条1項2号は動機の錯誤を意味し，2項において表示を要件として取
消しを認めるので，基本的な枠組みは，従来の判例理論を踏襲したものと見
ることができる。

（5）中国契約法における重大な誤解の効果として「変更」が規定されてい
ることについて（質問⑤）

このことについて，規定の比較法的系譜，それに関する文献の評価，実務
における具体的適用の現状などについては，見解が定まっていないように見
受けられる。日本において，錯誤の効果として契約の「変更」を認めようと
する見解はないと見られよう。個人的関心を1つ略記しておくことが許され
るならば，中国契約法及びその母法として指摘し得る法系が，錯誤と事情変
更の法理または行為基礎論との関係を意識していたか，という点である。す
なわち，動機の錯誤の中には，事情変更の法理により解決可能な類型もある
ので[68]，中国契約法の立法者がこれを考慮していたか，また，その妥当性は
どうか，といった点は，1つの検討課題にはなり得るであろう。

68）四宮和夫＝能見善久・前掲注40書229頁。

第4章　履行の抗弁

第1節　契約法・関係法規及び日中の条文比較

1　中国契約法・関係法規

66条（同時履行の抗弁権）　当事者が相互に債務を負担し，履行順序に先後のないときは，同時に履行しなければならない。当事者の一方は，相手方が履行するまでは，その履行の請求を拒絶する権利を有する。当事者の一方は，相手方の債務の履行が約定に符合しないときは，それに相応する履行請求権を拒絶する権利を有する。

67条（先履行の義務）　当事者が相互に債務を負担し，履行の順序に先後のあるときは，先に履行すべき当事者が履行するまでは，後に履行する当事者は，その履行の請求を拒絶する権利を有する。先に履行すべき当事者の債務の履行が約定に符合しないときは，後に履行する当事者は，それに相応する履行請求を拒絶する権利を有する。

68条（不安の抗弁権）　①先に履行すべき当事者は，相手方に以下に掲げる事由が存することを証明する確実な証拠を有する場合，履行を中止できる。（一）経営状況が著しく悪化する。（二）財産を移転し，資金を引き出し，隠匿し，もって債務を逃れる。（三）商業上の信用を著しく喪失する。（四）その他，債務を履行する能力を喪失し，又は喪失するおそれのある事由が存する。

②当事者が確実な証拠もなく履行を中止したときは，違約責任を負わなければならない。

69条（不安の抗弁権の行使）　当事者は，本法68条の規定に従って履行を中止したときは，速やかに相手方に通知しなければならない。履行を中止した後，相手方が合理的期間内に履行能力を回復せず，かつ適当な担保を提供しないときは，履行を中止した側は，契約を解除することができる。

2 日本民法

533条（同時履行の抗弁権） 双務契約の当事者の一方は，相手方がその債務の履行を提供するまでは，自己の債務の履行を拒むことができる。ただし，相手方の債務が弁済期にないときは，この限りでない。

3 改正民法

533条（同時履行の抗弁） ……相手方がその債務の履行<u>（債務の履行に代わる損害賠償の債務の履行を含む。）</u>を提供するまでは，……。

4 日中の条文比較

①同時履行の抗弁権について，中国法は66条で「履行順序に先後のない」ことをその要件とするが，日本法は履行順序の先後を要件としない。また，66条の後段の「当事者の一方は，相手方の債務の履行が約定に符合しないときは，それに相応する履行請求権を拒絶する権利を有する」は日本法にはなく，これはヨーロッパ契約法原則（PECL）と共通する考え方に立ったものとして説明される[1]。②先履行の抗弁権及び不安の抗弁権に関する明文の規定は日本法には存在しない。先履行の抗弁権に関する規定は国際商事契約通則（国際商事契約原則）を参照して作られたものと言われる。また，不安の抗弁権に関する規定はドイツ法，フランス法等の大陸法系の法律と，アメリカの履行期前の契約違反（中国法では予期違約と称す）概念を総合して作られたものと言われる。

第2節　先履行の抗弁権

1 問題の提示

日本民法は，同時履行の抗弁権のみを規定するのに対して，中国契約法は，その他に先履行の抗弁権及び不安の抗弁権を規定する。そこで，先ず，立法論的に問題となるのは，67条の先履行の抗弁権についてである。本条は，国際商事契約通則7・1・3条を参照して作られた規定であるが，同通則では

1）韓世遠Ⅳ書289頁。

同時履行と先履行の抗弁権が未分離のままであったのを，中国法では，先履行の抗弁権を独自に取りだして条文化したのであり，この点において中国の学者は「これはわが国の独創にかかる」[2]ものであると言う。

しかし，この67条の評価をめぐっては，中国民法学者の間で意見が分かれている。韓世遠は，67条の条文不完全説を主張する。すなわち「67条によれば，そこで出される答案は，"先履行の側が履行しない場合，後履行の側はその履行請求を拒む権利を有する"ということである。ここからは，後履行の側が先履行の側の履行を請求したとき，先履行の側が，後履行の側がその期日到来の債務を履行しないことを理由に履行を拒絶できるかどうかは，分からない」[3]と説き，この下線部分については，66条の同時履行の抗弁権の適用範囲内にあると考える（韓世遠IV書287〜288頁）。つまり，履行の順序の先後関係にそれほど重きを置かないと考えてよいだろう。事実，韓のIV書では，先履行の抗弁権を特に項目として掲げていない（同時履行の抗弁権の箇所で説明）。

こうした韓の議論は，日本民法学者の，履行順序の先後にあまり重きを置かない議論と共通する面がある。例えば，片山直也は「わが国における従前の理解によると……両債務の履行期が到来してもなお先履行の抗弁を認めるというためには，両当事者に履行の先後関係に関する特別の意思（いわば「担保的意思」——片山）が必要である。その担保的意思は，単に個別に定められた履行期に先後関係があったというだけでは推認されない」[4]，「わが国においては，異なる履行期が定められた場合に，原則として常に先履行を確保する担保合意があったとする法意識や法慣行が存するとは，考えにくい。……中国契約法の起草者が，67条を起草するに際して，国際的な法統一の動向とは別に，国内の取引実務の実態，そこにおける法意識をどのように把握されていたのか，確認しておきたい」[5]と述べている。

他方で，67条については，韓とは異なり，これを積極的に評価する議論も存在する。その積極説の理由としては，（ⅰ）先履行の抗弁権は違約に対す

2）王利明II書82頁。
3）韓世遠・IV書287頁。なお下線は小口による。
4）早稲田大学孔子学院編『日中民法論壇』（早稲田大学出版部，2010年）158〜159頁。
5）同上書159頁。

る抗弁である，つまり違約者に抗弁の権利を付与すべきでないという契約の倫理的側面を重視する議論[6]とか，（ⅱ）先履行の抗弁権がないと，中国契約法107条の違約責任を形骸化してしまう，すなわち，先履行者の側は，自らが債務不履行に陥っても，同時履行の抗弁権を行使するという名目のもとで，後履行の側からの本来の履行の請求を拒むことができ，中国契約法107条が規定する違約責任の効果を形骸化するといったことがあげられている[7]。

　以上，先履行の抗弁権に関する67条の規定をどのように評価するのか，また，裁判実務での67条の適用状況はどのようなものであるか，問題となる。

2　韓世遠・王成の回答

≪韓世遠の回答≫

　契約法制定の前，中国の民法あるいは契約法学説では通常，2種類の双務契約履行中の抗弁権，すなわち同時履行の抗弁権と不安の抗弁権を認めるだけであった。契約法67条が存在するようになって以来，それに応じて学理解釈として"先履行の抗弁権"という概念が出現した。

　問題の提示者が引用した私の文言は，私が契約法66条を論ずるときに出てくるものである。私の考えでは，契約法66条は，もっぱら，履行期の開始が同じ（履行の先後の順序がない）ケースを規定したもので，債務の履行期日の開始が異なるケースが存在する可能性のあることを無視している。異時履行の場合に，同時履行の抗弁権の問題が絶対に存在しないというわけではなく，したがって，契約法の上記の設問（一種の異時履行）のケースについて法律の欠缺が存在すると考えることができる。

　私の上記の見解について，中国の学者の中には異なる意見がある。そうした批判者は，私が挙げる"法律の欠缺"の例に対して，履行期がまだ満了していないという抗弁（権）を用いて完全に解決できるではないか，どうして法律の欠缺を論ずるのか，と述べる[8]。この批判に対して以下のように回答したい。第1，履行期がまだ満了していないという抗弁（権）を一種の"抗

6）例えば，隋彭生「先履行抗弁権芻議」政法論壇1997年3期80頁及び唐清利＝溙冬軍『新型合同紛糾的予防，解決与審判実務』（法律出版社，2008年）231〜232頁等。

7）崔建遠・前掲注4書所収「履行の抗弁小論」99〜100頁。

156 第二部 中国契約法の研究

弁権"とするには，その基礎がなければならない。現在の中国の契約法あるいはその他の法律にこの基礎は存在するのか。私はいまだそれを見たことがない。第 2，人々が法律の"欠缺"（Gesetzeslücken）を論ずるとき，そこで言っているのは"法律"（Gesetz）の欠缺であって，"法"（Recht）の欠缺ではない[9]。たとえ中国で"履行期満了前の抗弁（権）"を受け入れるとしても，それは契約法あるいはその他の法律によって規定されているのではなく，法律の外にあるその他の法秩序の構成部分であって，これを根拠として，契約法 66 条に欠缺が存在することを否定することはできない。

　契約法 67 条の規定について，私は個人的には否定する意見を持っていない。1 つの実定的規則として，本条の規定は実践で積極的役割を果たしている。中国契約法の解釈論を展開するとき，学者は自由にその学説体系を構築することができ，一定の能動性を有している。学説の体系というものは，法律家がその法律体系の構成を把握し，その規範の意味を理解するのを助けようとするものにほかならない。ただ 1 つの正しい法学理論だけが存在すると言うことはできない。まさにこうした認識にもとづいて，私は自己の論文と著書の中で契約法 67 条を「同時履行の抗弁権の分立」として解読したのである[10]。いわゆる"分立"とは，分離し独立させることであり，それ自身は決して"先履行の抗弁権"が"同時履行の抗弁権"から独立していることを否定するものでない。少なくとも，66 条と 67 条は 2 つの異なる条文である。ただ，解釈論を展開するとき，同時履行の抗弁権から独立した理論を立てるかどうかについて，控えめな立場を持するのみである。こうした立場をとるについては，比較法的に考察した場合，先履行の抗弁権を独立して規定する立法例を見出すことができないという重要な考慮にもとづいている。効能の比較の視角から考察すると，外国の立法例に「先履行の抗弁権」につき法律の欠缺があると言うことはできない。何故なら，こうした問題を人々は同時

　8）崔建遠「同時履行抗弁権：重構抑或自毀（上）」（奚暁明主編『民事審判指導与参考』，人民法院出版社，2012 年）75 頁。

　9）法と法律の区別については星野英一（段匡ほか訳）『現代民法基本問題』（上海三聯書店，2012 年）1～21 頁参照。

　10）「構造与出路：中国法上的同時履行抗弁権」中国社会科学 2005 年 3 期 109 頁，韓世遠Ⅳ書 307-308 頁。

履行の抗弁権に対する〈反面解釈〉（拡張解釈の一種か——小口）を通じて解決してきたからである。したがって，契約法67条は独立した規定で，外国の立法例と比べて，形式的には進歩しているように見えるが，実質的には優れた差別化などと言えるものではない。

≪王成の回答≫

私は，契約法67条に定める先履行の抗弁権が同66条に定める同時履行の抗弁権とは独立した制度的価値を有すると考える。その理由には主に以下の点がある。

まず，当事者が契約において履行義務の先後順序を約定することには必ずその目的がある。この種の目的には以下のものが考えられる。第1，一方の義務履行が他方の義務履行の前提である場合。このような場合には，一方が履行しなければ他方は履行できないことになる。第2，一方の義務履行が他方の義務履行の担保となる場合。法律は，当事者のこのような意思表示を尊重しなければならない。

次に，一方の義務履行が他方の義務履行の担保となる場合，契約の当事者には往々にして契約の履行に必要な信頼が欠けていると同時に，その他の担保方法もなく，この場合，契約義務の履行順序は後履行の側にとって非常に重要となってくる。当事者が履行の先後順序を約定することは，相互に牽制するという役割を果たす。先履行の抗弁権，不安の抗弁権はそれぞれ，双方に保証を与えることになる。したがって，履行の順序には一定の担保機能がある。また，履行の抗弁権は違約責任と関係する。取引の当事者間に信頼関係がなく，社会的信用の度合いが高くないか，または社会経済に比較的大きい変化が生じた場合において，この種の担保機能は非常に重要である。先履行の側が履行しなかったならば，後履行の側は前者との継続取引を躊躇するだろう。そうなると，不要な損失を免れるためにすぐさま契約の解除を考えるようになる。

例えば，売買契約において，先に代金を支払い，代金を受領してから目的物を引き渡すことを双方が約定したとしよう。この場合，一方が先に代金を支払わなければ，他方は当然に目的物を引き渡さなくてよい。そうでなければ，売主側は不要な損失を蒙ることとなる。約定により先に代金を支払うべ

158 第二部 中国契約法の研究

き側が支払わなかった場合，約定により後に目的物を引き渡す側は契約法
107条の規定にもとづき，相手方の違約責任を追及することができる。更に，
契約法94条の規定にもとづき契約を解除すると同時に，97条の規定にもと
づき損害賠償を含むその他の救済措置を主張できる。

　更に，最高人民法院の元副院長であった李国光裁判官は，1999年11月26
日に行われた「全国法院の技術契約裁判業務座談会における談話」において，
次にように指摘した。契約法66条，67条と68条はそれぞれ，同時履行の
抗弁権，先履行の抗弁権と不安の抗弁権制度についての規定である。これら
もまた，契約法が創設した新しい契約制度である。かつて，われわれは技術
契約紛争案件を審理する際に，往々にして契約双方が各自の義務を履行した
か否かによって違約責任を確定してきた。たとえ，契約において履行の先後
順序が約定されるも先履行の側が債務を履行せず，または，後に債務を履行
する側が確実な証拠によって先に債務を履行すべき側が債務の履行を行い得
ないことを証明したとしても，契約の他方もまた自己の債務を履行しなけれ
ばならず，そうでないと，違約責任を負うことになる。現在，契約法が同時
履行の抗弁権，先履行の抗弁権と不安の抗弁権制度を規定しており，その結
果，上記のような状況に遭遇した場合には，契約法66条，67条または68
条の規定にもとづき処理しなければならず，法により抗弁権を行使した当事
者を違約と認定してはならない。

　上記の談話は，最高人民法院の立場を代表したといえよう。

　また，最高人民法院による判決もまた，このような立場を採っている。例
えば，陝西西岳山荘有限会社と中建三局（中国建築第三プロジェクト局——小
口）建発プロジェクト有限会社，中建三局第三建設プロジェクト有限責任会
社間における建設プロジェクト施工契約紛争案件（最高人民法院（2007）民一
終字第10号民事判決書）において，最高人民法院は次のように判示した。
「西岳山荘と三会社には，『施工契約』の履行過程においていずれも違約行為
があり，プロジェクトの延期についていずれも責任がある。しかし，西岳山
荘の違約が先であり，かつ長期にわたり工事代金を滞納しており，予想外の
支出も存在しないため，西岳山荘の反訴請求に対して，一審法院が支持しな
かったことは正しい。『施工契約』が確かに履行できなくなったことに鑑み，
三会社は約定により契約を解除する権利を有する。契約解除後，未履行の部

分は再び履行しないものとする」。

3 瀬川信久の所見

(1) 履行の抗弁権の規定の仕方の違い

　問題の提示者が指摘するように，先履行の抗弁権の規定が中国契約法には
あるが，日本民法にはない。これは，債務者の履行拒絶権の規定の仕方が両
法の間で異なることと関連しているように思われる。

　中国契約法は契約上の相対する債務の履行期の先後を重視した規定の仕方
をしている。すなわち，まず，66条は，履行の順序につき契約で先後を決
めていない場合に，同時履行を約していると解し，請求された場合に各当事
者は同時履行の抗弁権をもつとする。次に，67条は，履行の順序につき契
約で先後を決めている場合には，後履行の債務者は，先履行の債務が履行さ
れるまで自らの債務の履行を拒絶できるとする（「先履行の抗弁権」）。これに
対し，日本民法の規定の仕方は，履行期の先後が契約上決められているか否
かではなく，債務の履行期が到来したか否かを重視している。まず，135条
1項は，債務に履行期が付いている場合には，その期限が到来するまで債権
者は請求できない，裏から言うと債権者は履行を拒むことができる，と規定
する（これを「期限未到来の抗弁」と呼んでおく）。中国契約法には同様の条文
がみあたらないが，一般に認められていると考える。次に，533条は，双務
契約の各当事者は，自分の債権の履行期が到来しているときには，自分の債
務につき同時履行の抗弁権を行使できるとする。

　以上の違いに着目して，履行を請求された債務者が抗弁権をもつか，どの
ような抗弁権をもつかを中国契約法と日本民法について整理すると，次の表
のようになる。

　この整理によると，両国の違いは両債務の履行期がともに到来した場合に
ある（表の最下欄）[11]。日本民法は同時履行の抗弁権を契約上の履行期が同日

---

11) このほかに，相手の履行期が先の場合で請求された債務者の債務の履行期が未到来
　の場合（表の最左欄の1段目と3段目）に，日本民法では期限未到来の抗弁であるの
　に対し，中国契約法では期限未到来の抗弁または先履行の抗弁権であるかという違い
　がある。しかし，期限未到来の抗弁でも先履行の抗弁権でも効果は同じなので，この
　違いを論ずる意味はないであろう。

160 第二部 中国契約法の研究

時である場合に限定していないので，この場合にすべて同時履行の抗弁権を認める見解に傾く[12]。これに対し，中国契約法は同時履行の抗弁権を契約上の履行期が同日時である場合に限定するので，契約上の履行期が相手が先の場合には先履行の抗弁権を認め，相手が後の場合には抗弁権を否定する見解に傾くのでないか。韓・王の議論はこの場合を対象としているのでないかと考える。

(2) 価値判断の違い

以上のような履行拒絶の抗弁権の規定の仕方の違いは，あるいは，日本民法は大陸法の同時履行の抗弁権のみを基礎にしているのに対し，中国契約法はそのほかに英米法の履行期前の履行拒絶の考え方をも参照していることに由来するのかも知れない。しかし，この違いの背景にある価値観の違いも重要である。わが国では，契約上は後履行であった者も履行期になれば同時履行の抗弁権を行使できるにとどまるのが公平であると考えるのに対し，中国では，両債務が履行期に到来した場合でも，契約で決めた履行期の先後を維持すべきだとの考えが強いようである。もっとも，日本の通説の中にも，王があげるような，先履行の債務の履行が後履行の債務の履行の前提になっている場合や，後履行の債務者に担保が必要な場合，その他一定の場合に，両債務の履行期到来後にも契約による履行の先後を維持すべきだとする見解が有力である[13]。問題は，契約上の履行期の先後がそのような特定の趣旨をもっていない場合である。私見としては，後履行の債務の履行期到来によって契約上の履行期の先後の意味がなくならないときには，後履行の債務者は依然として先履行の抗弁権をもつが，そうでなければ同時履行の抗弁権をもつにとどまると考えたい。

なお，日本の通説による場合でも，後履行の債務の履行期到来までの間に先履行の債務者が履行遅滞であった事実はなくならない。その間に受けた遅延損害の賠償は請求できる。また，その間に催告（解除の意思表示を併せてす

---

12) 日本の通説である（谷口知平＝五十嵐清編『新版注釈民法(13)〔補訂版〕』（有斐閣，2006 年）593 頁〔澤井裕＝清水元〕）。最下段最左欄の場合について，大審院・最高裁の判例はないが，下級審に同時履行の抗弁権を認める判決例がある（清水元『同時履行の抗弁権の判例総合解説』（信山社，2004 年）88 頁以下）。

13) 我妻栄など（谷口知平＝五十嵐清編・同上書593〜594 頁）。

契約上の履行期			相手の履行期が先		同じ日時【中】		相手の履行期が後	
履行期の現実の到来	相手の債務	自己の債務	中	日	中	日	中	日
	未到来	未到来	(先)または(未)	(未)	(未)	(未)	(未)	(未)
	未到来	既到来					(不)	(不)〔判例〕
	既到来	未到来	(先)または(未)	(未)				
	既到来【日】	既到来	(不)	(同)	(同)	(同)	(不)	(同)

注1　この表で，「相手」とは債権を行使する当事者を指し，「自己」とはそれに対し抗弁権を行使する債務者を指す。また，同時履行の抗弁権，先履行の抗弁権が問題になる場合なので，相手の債務も自己の債務も未だ履行されていない場合を考えている。
注2　斜線は，このような場合はないことを意味する。
注3　中国契約法は，契約上の履行期に先後がない場合に同時履行の抗弁権を認め（表の【中】の縦欄），相手方の履行期が先の場合に先履行の抗弁権を認める。日本民法は，相手の債務の履行期が既到来の場合（表の【日】の横欄）に同時履行の抗弁権を認める。
注4　中＝中国契約法の考え，日＝日本民法の考え。
注5　(先)＝先履行の抗弁権，(未)＝期限未到来の抗弁，(同)＝同時履行の抗弁権，(不)＝不安の抗弁権。なお，日本法では，不安の抗弁権は，期限未到来の抗弁・同時履行の抗弁権という本来の抗弁権が認められない場合に一定の要件の下に限定的に認められるものと考えられている。

ることも認められる）をしていれば契約の解除は有効である。したがって，先履行義務者の債務不履行責任の効果がなくなるわけではない。

第3節　同時履行の抗弁権における存在効果説と行使効果説

1　問題の提示

　同時履行の抗弁権行使の要件として，中国法が日本法と異なるのは，「履行順序に先後のない」ことを明文化していることであるが，双務契約で，契約履行上の牽連性があること，双方の債務の履行期が到来していること，相手方が履行していないこと等は日本法と同様である。中国法は明文でもって，相手方の債務履行が約定に符合しないことをあげる。履行遅滞，受領遅滞，瑕疵ある履行，一部履行等がそれに該当する。こうした規定の仕方はヨーロッパ契約法原則と共通すると言われる。そして，王利明によれば，受領遅滞は「当事者の抗弁権を失わせない」[14]，履行遅滞については，「もし履行期限

14）王利明Ⅱ書74頁。

が直接当事者の契約締結目的に影響を与えるとき」[15]，瑕疵ある履行については，その瑕疵により契約目的が実現できないとき[16]，一部履行についても，それが契約目的の実現を困難にするとか，契約目的物の価値に明らかな損失を与えるような場合[17]は抗弁権を行使できると説く。

　同時履行の抗弁権の効力の問題として，日本法でも，いわゆる存在効果説と行使効果説の対立が説かれる。訴訟当事者のいずれかの主張立証中に，その成立要件たる事実を認定できれば足りるとするのが存在効果説で，同時履行の抗弁権の効果を受けたい訴訟当事者の主張を必要とするというのが行使効果説である[18]。この点に関して，中国では行使効果説が通説であると説かれる。例えば「履行の抗弁権の効力が発生するためには，権利者の抗弁権の主張を必要とする。これがいわゆる行使効果説である。わが国の通説をなす」[19]として，そこで通説として引き合いにだされているのは王利明の議論である。因みに，王利明は，「抗弁権は権利者が主張してはじめて効力が発生する。法院は主導的に抗弁権を援用することはできない。何故なら，抗弁権は本質的に私権だからである」[20]と説く。確かに，この限りでは，行使効果説が妥当するということになるだろうが，この王利明の議論の中では，例えば同時履行の抗弁権の付着する債権を自動債権として相殺することができないといった効力の問題についての言及はない。こうしたことからすると，単純に中国では行使効果説は通説であるとはいえないのではないかという疑問がある。

2　韓世遠・王成の回答

　≪韓世遠の回答≫

　一般的，抽象的にではなく，具体的に分析しなければならない。私は以下のように考える。同時履行の抗弁権の実体法上の効力には，本体的効力とそ

15）王利明・同上書73〜74頁。

16）王利明・同上書75頁。

17）王利明・同上書76頁。

18）平井宜雄『債権各論Ⅰ上契約総論』（弘文堂，2008年）198〜199頁。

19）崔建遠・前掲注7論文。

20）王利明Ⅱ書57頁。

の他の効力が含まれる。本体的効力は履行拒絶権として体現され，その他の効力は相殺に対する影響，履行遅滞の構成及び契約解除に対する影響等の面に体現される。同時履行の抗弁権の実体的効力についていえば，その中のある効力の発生には抗弁権者がその抗弁権を主張する必要があり，あるものは，そうではない。この問題について一概に論ずることはできない。そうでなければ，一面的との誹りを免れないだろう。前者は抗弁権の"行使効力"と称し，後者は"存在効力"と称する[21]。

≪王成の回答≫

行使効果説が中国における通説であるか否かという問題について，私は，行使効果説を採るべきだと考える。その理由は以下の通りである。

第1，同時履行の抗弁権は，抗弁ではなく抗弁権として位置づけられており，そのため，抗弁権は請求権から来るものであって，当事者の主張を必要とする。もちろん，当事者はその行使を放棄することもできる。何故なら，あるときには，同時履行の抗弁権を放棄することが当事者にとってより有利である可能性があるからである。例えば，家屋の価格が上昇した場合，買主側は当然代金支払い義務を履行しようとする。これに対し，売主側は家屋の明渡しおよび所有権移転登記義務を履行しようとしないかも知れない。このとき，双方の同時履行を約定し，売主側が家屋を明け渡さなくても，買主側は同時履行の抗弁権を主張しない可能性が高い。買主側は積極的に代金を支払うと同時に，相手方に速やかに履行するよう求める可能性がある。

第2，中国の裁判所の立場は日増しに消極的になっており，糾問型から当事者主義への転向の趨勢が明らかになっている。例えば，訴訟時効に関し，2008年9月1日より施行された「最高人民法院の民事事件の審理に訴訟時効制度を適用するうえでの若干の問題に関する規定」（法釈［2008］11号）3条は，当事者が訴訟時効による抗弁を主張しなかった場合，人民法院は，訴

---

21) 同時履行の抗弁権を二種類に区分する思想は，我妻栄の著述の中で明瞭に展開されている。そのほか，鄭玉波の著述でも，同時履行の抗弁権は当事者がこれを援用しなければその本来の効力を発生させることができないが，ただし，その存在だけで以下の効力（相殺に対する影響等の「その他の効力」のことか──小口）を発生させることができると説く。『民法債編総論［第15版］』（三民書局，1996年）380頁。

164　第二部　中国契約法の研究

訟時効の問題について釈明を行い，かつ自ら訴訟時効の規定を適用して裁判を行ってはならない，と規定した。

　第3，中国の裁判所の裁判実践の状況から見ると，同時履行の抗弁という効果の発生を望む場合，当事者は通常ともに主張を行っている。もちろん，すべての場合，主張しているのが同時履行の抗弁権であると明言しているとは限らない。このことは，当事者の法律に対する習熟の度合いにかかっている。

3　瀬川信久の所見

　これについては日本でも議論がある。そして，問題の提示者が紹介するように，一般に通説・判例は存在効果説だといわれる。しかし，詳細な議論は問題を分けて考えている。問題の分け方は，韓世遠が訴訟法上の効力と実体法上の効力に分け，実体法上の効力を「本体的効力」と「その他の効力」に分けるのと同じである。

　まず，王成は中国の裁判所が糾問主義から当事者主義に移行していることを指摘する（本節「回答」の第2）が，これは訴訟法上の効力の問題である。日本では弁論主義が確立しているので，同時履行の抗弁権の要件事実を当事者のいずれかが主張していなければならない。日本での問題は，同時履行の抗弁権の利益を受ける債務者が主張していなければならないかである。これについては「本体的効力」（次の(a)）と「その他の効力」（次の(b)(c)）に分けて考えている。そして，戦前からの判例と学説の積み重ねでおおよそ次のような基準が作られている[22]。

　(a)　債権者の履行請求に対し，同時履行の抗弁権を認めなければ単純給付判決になり，認めれば引換給付判決になるが，引換給付判決を得るためには債務者自身が同時履行の抗弁権を主張しなければならない。このことには異論がない。問題は，(b)債権者からの履行遅滞責任の追及（遅延賠償請求，解除）を斥け，(c)債務者の反対債権を消滅させる債権者からの相殺を否定するためには，債務者自身が同時履行の抗弁権を行使しなければならない

---

22)　谷口知平＝五十嵐清・前掲注12書615頁，618〜624頁〔澤井裕・清水元〕，清水元・前掲注12書109頁以下，山本敬三『民法講義Ⅳ-1 契約』（有斐閣，2005年）89〜92頁など。

（行使効果説）かである。判例は，債務者自身が同時履行の抗弁権を主張していなくてもこれら（ｂ）（ｃ）の効果を否定している（存在効果説）。ただ，実際には訴訟で債務者自身が主張していたと理解できる余地もあり，そうだとすれば，王成が「回答」の第３で指摘する訴訟当事者の法律に対する習熟の度合いの問題にすぎないことになる。

　学説では，通説は，（ｂ）債務者の履行遅滞責任，（ｃ）相殺による債務者の反対債権の消滅については存在効果説を採るが，行使効果説も有力である。判断の別れ目は，同時履行の抗弁権を債務者の意思にもとづき行使すべき権利と考えるか否か（王成の「回答」の第１の指摘）にもあるが，より重要なのは，債務者が同時履行の抗弁権を行使しないときに，債権者は債務者の遅滞責任を追及したり，債務者の反対債権を相殺によって消滅させるために自らの債務の弁済の提供をしなければならないことが，債権者にとって不当だと考えるか否かにあるように思われる（行使効果説は不当と考え，存在効果説は不当でないと考える）[23]。

第４節　同時履行の抗弁権行使における判決の方式

1　問題の提示

　被告が同時履行の抗弁権を行使したとき，中国の裁判所はどのような判決を下すのか。この点も問題になる。日本では，抗弁権を行使した場合は，本来の履行については引換給付判決（原告の給付と引換えに給付すべき旨を被告に命ずる判決）が，そして履行遅滞の責任については，請求棄却の判決が下される。韓世遠によれば，中国法には，同時履行の判決について明確な規定に乏しく，その結果，裁判実務では以下の２つの方法がとられているとのことである。すなわちその１は，一旦被告の主張する同時履行の抗弁権が成立

23）平井宜雄・前掲注18書199頁参照。債務者の遅滞責任の追及や，相殺による債務者の反対債権の消滅のために債権者にその債務の弁済提供を要求することが不当かという問題であるが，日本では，両債権が双務契約の対価関係にない場合にも公平・信義則にもとづく履行拒絶権を広く「同時履行の抗弁権」として認めていることがある（例えば，平井・同書193～194頁）。このことが，行使効果説に対する存在効果説からの反論としてあげられる所以である（平井・同書199～200頁）。

166　第二部　中国契約法の研究

すると，裁判所は原告の訴訟請求を棄却し，敗訴した原告に訴訟費用を負担
させる。その２は，原告に対して判決において自己の義務を指定期間内に履
行するように命じ，その後において被告にその義務を履行させる[24]。また，
王家福＝梁慧星は，同時履行の判決を下すべきとする。すなわち，「原告が，
自己がすでに履行したこと，あるいはその債務の履行を提供したことを証明
できなければ，あるいは被告に先履行義務のあることを証明できなければ，
法廷又は仲裁廷は被告の同時履行の抗弁の成立を宣告し，あわせて原告，被
告をして各自負っている債務を同時履行せしめる判決を下すべきである」[25]
と指摘する。以上あげられている裁判判決諸方式のうち，裁判実務上，いず
れのタイプの方式が支配的であるか，また，それは日本の引換給付判決と比
較してどのような違いがあるか。

2　韓世遠・王成の回答

≪韓世遠の回答≫

中国は 2012 年に民事訴訟法の比較的大幅な改正をしたが，現在までのと
ころ，中国の民事訴訟法上，依然として "同時履行の判決" は存在しない。
そのため，実践において，裁判所によってそのやり方はばらばらである。全
体的にいえば，私の個人的観察によれば，上記の第１種のやり方が一般的で
あるように思われる。

中国がどんなに契約法で実体法として同時履行の抗弁権を規定しようとも，
中国の民事訴訟法に "同時履行の判決" が存在しないため，たとえ裁判で条
件つきの判決（同時履行の判決は一種の条件付の判決をなす）を下そうとも，
判決又は仲裁裁決の執行の責任を負う裁判官は通常こうした判決を積極的に
受け入れようとしない。何故なら，こうした判決はその条件が具備するかど
うかについては，関連事実を判断しなければならず，執行官はこうした判断
を下したがらない。中国には，同時履行の抗弁権と組み合わせられた "同時
履行の判決" が存在しないということは，実体法と手続法が協調性を欠いて
いることの典型的事例をなす。

24）韓世遠Ⅳ書 297〜298 頁。
25）王家福主編『中国民法学・民法債権』（法律出版社，1991 年）404 頁。

第4章　履行の抗弁　167

　日本の引換給付判決との比較でいえば，中国の裁判所のやり方には違いが存すると同時に，その欠点も存する。具体的にいえば，その1，一般的形態についていえば，被告が同時履行の抗弁権を主張し，それが審理により成立すると，裁判所は原告の訴訟請求を棄却し，原告が相手方の同時履行の抗弁権を消滅させる（例えば履行の実施〈提交〉を通じて）のを待ってはじめて再度訴えを提起することができる。1つの争いについて2度の訴えの提起をなすことにより，2度の訴訟費を納めなければならず（最終的にどちらが訴訟費を負担しようとも），これは経済的でなく，"訴訟経済"の理念に符合しない。その2，上記の第2のやり方についていえば，その問題は以下の点にある。すなわち被告が反訴を提起せず，単なる抗弁の形式で同時履行の抗弁権を主張する場合，裁判所が直接原告に対する義務履行の判決を下すとなると，それは処分原則に反する。

　≪王成の回答≫

　中国における裁判の現実は，中国の裁判所が多いだけでなく，裁判官も多いということである。したがって，同時履行の抗弁権に関する事件についての判決方式を含む多くの問題において，いずれも異なる状況が存在し得る。この点は，後述の一部の問題についての議論においても，同じく存在する。しかし，管見の及ぶところ，裁判所は双方による同時履行という判決方式を採ると考える。この点につき，1例のみを挙げて説明することにしよう。

　李玲と楊斐間の家屋売買契約紛争上訴案（新疆ウィグル自治区ウルムチ市中級人民法院（2011）烏中民四終字第485号民事判決書）において，新疆ウィグル自治区ウルムチ市中級人民法院は，次のように判示した。1，李玲と楊斐が締結した家屋譲渡契約は合法かつ有効であり，双方は約定にもとづいて義務を履行しなければならない。双方による契約において，李玲は楊斐の家屋状況について既に充分把握していると約定されており，李玲は，当該家屋の土地使用権証書の状況について把握すべきである。現在，係争家屋は既に李玲へ所有権移転登記されており，家屋の属する建物の土地使用権証書はなお申請中であり，今のところ，楊斐は未だ土地使用権証書を取得できていない。しかし，楊斐は第2審において自身が土地使用権証書を取得した後，李玲に協力して土地使用権証書の移転登記手続を行うことに同意すると表明してお

168 第二部 中国契約法の研究

り，本法院はそれを認める。したがって，家屋が土地使用権証書の移転登記の要件を備えたときに，楊斐が李玲に協力して移転登記手続を行うものとする。2，李玲は現在，既に家屋代金 133,000 元を支払っており，2010 年 10 月 28 日に，楊斐に未だ 100,000 元を弁済していない旨の借用証書を交付した。また，李玲と楊斐が締結した家屋譲渡契約において，2010 年 11 月 30 日の家屋の明渡しの際に，李玲が楊斐に家屋代金の残額を支払うとの約定がなされた。その約定にもとづき，双方はそれぞれ，家屋の明渡しと家屋代金の支払いという契約義務を同時に履行しなければならない。双方の契約義務の履行時期が異なると判示した原審の判断は妥当でなく，本法院はその部分を取り消す。李玲が楊斐に家屋代金の残額を支払うときに，楊斐はそれと同時に李玲に係争家屋を引き渡さなければならない。3，双方による契約の約定によると，李玲と楊斐間における家屋の引き渡しと家屋代金残額の支払いについての約定は，同時履行の義務でなければならない。「中華人民共和国契約法」66 条は，「当事者が相互に債務を負担し，履行順序に先後のないときは，同時に履行しなければならない。当事者の一方は，相手方が履行するまでは，その履行の請求を拒絶する権利を有する。当事者の一方は，相手方の債務の履行が約定に符合しないときは，それに相応する履行請求を拒絶する権利を有する」と定める。したがって，本件において，李玲と楊斐は，契約の約定日に同時に義務を履行しなければならず，双方が引き継ぎ手続を完了できていないため，李玲と楊斐はともに同時履行の抗弁権を有する。また，楊斐は，契約に約定された引渡日の前後にわたって李玲に複数回電話による連絡をするとともに，2010 年 11 月 30 日前に家屋を明けており，家屋は放置されているのに対し，李玲は未だ家屋の残代金を支払っていない。以上の事実から，楊斐には契約履行の意欲があると認めることができ，双方が未だ家屋の引き継ぎを行っていないとはいえ，楊斐が同時履行の抗弁権を有しているため，李玲が違約金，公証送達費，交通費，家賃等の損失を主張する反訴請求は成立せず，原審のそれについての処理は正しい。

3　瀬川信久の所見

　日本では，債権者の履行請求に対し債務者の同時履行の抗弁権が認められた場合には引換給付判決を出す。この引換給付判決を得た債権者は，反対給

付の弁済の提供をした事実を執行官あるいは執行裁判所に対して証明することにより，執行を開始させることができる（民事執行法31条）。執行官が動産の引渡し債権を執行する場合には債権者が同行して執行官の面前で反対給付を提供し，執行官が確認して執行を開始し，執行が完了する段階で債権者にその反対給付を受領させる。

　しかし，この規定は，現行民事執行法が1978年に制定される前の旧民事訴訟法にはなかった。旧民事訴訟法の強制執行の部分は1890年に制定されているが，1890年代には引換給付判決もそのための執行手続もなかった。旧民事訴訟法は当時のドイツ民事訴訟法664条にならい条件付判決の強制執行につき条件成就執行文について規定を置いていた（518条2項）が，これは保証を執行の条件とする判決等を考えたものであり，同時履行の抗弁権の場合にこれによると，反対給付の履行の証明書の提出を執行文付与の要件とするので執行開始の際に反対給付を先履行させることになる。そのため，双務契約の当事者は自己の債権を行使するときに条件判決を求めず，単純な給付判決を求めたようである。その場合の解決の仕方は様々だったようである。

　現行民法典施行前の事件であるが，大判1895（明29）年2月5日民録2輯2巻8項は，器械と代金を引換授受する約旨の売買契約で，買主が前訴確定判決にもとづき器械に強制執行したが破損・虫蝕・約束外の物品のゆえに執行の目的を達しなかったところ，売主が，適切な物品を引き渡さないで前訴確定判決にもとづき代金のみを取ろうとして買主の財産を差押えたのに対し買主が強制執行の取消しを求めた事件で，売主の強制執行を不当として取り消している。この事件では，同時履行の抗弁権が付いている債権にもとづいて給付を請求したときに両方に給付認容判決を出し，執行の段階で反対給付を受けられない債務者が強制執行の取消しを請求するという解決を採っている。これは韓・王が紹介する中国の解決のどれとも異なるように思われる。他方，現行民法典施行後の事件であるが，大阪控判年月日不明（おそらく1905年前半の判決）法律新聞283号（1905年6月5日発行）5頁は，売主が物件の引渡しを提供しないで買主に代金の支払を請求するのは失当だとし代金請求を却下している。これによると，給付判決を得る段階で自らの債務の弁済を提供しなければならない。ちなみに，1895年の民法起草委員会は現行民法533条（同時履行の抗弁権）の起草案を議論しているが，引換給付判

170　第二部　中国契約法の研究

決についての議論はみられない[26]。

　ところで，同じ時期にドイツでは，民法典制定（1900年）と民事訴訟法典改正（1898年）に向けての作業の中で，それまで一部で行われていた引換給付判決（Zug um Zug Verurteilung）とその施行実務を制度化した[27]。引換給付判決の場合は条件付判決と違って，債権者は自らの債務を履行することなく直ちに執行文を得ることができ，執行機関（執行官あるいは執行裁判所）が反対給付の履行あるいは履行の提供と相手方の受領拒絶を確認するか，それが公の認証のある文書で証明されれば，強制執行できる（ZPO756（執行官），765（執行裁判所））。このドイツの動きをみてだと思われるが，日本の判例実務も1909年頃には引換給付判決を認めるようになった。すなわち，大判1909（明治41）年6月17日民録14輯733頁は，酒精の売買で買主が「代金ト引換ニ目的物ノ引渡ヲ為スヘキコトヲ請求シタル」のを認め，大判1909（明治41）年11月21日民録14輯1214頁は，玄米売買の事件で，「執行ノ際同時履行ノ目的ヲ達シ得ヘキヲ以テ予メ代金ノ提供ナキヲ理由トシテ其請求ヲ却下スルコトヲ得サルモノトス」と言って，執行の段階で引換給付がなされることを理由に「代金引換ニ買受物件ノ引渡ヲ求ムル」請求を認めている。ただ，当該事案では，売主が求めたのが引換給付判決でなく単純給付判決であることを理由に請求を却下した。しかし，その後，大判1912（明治44）年12月11日民録17輯772頁は，単純に債務の履行を求めた同様の場合に請求を棄却せずに引換給付判決をすべきだとして引換給付判決を認める場合を拡大し，今日に至る実務を確立した。この判例実務の動きを背景に，引換給付判決の反対給付の履行ないし提供を条件（執行文付与の要件）ではなく，執行開始要件と考えるようになったといわれる。冒頭に述べた民事執行法31条は，このようにして形成された実務を60数年後の民事執行法立法の際に明文化したものである。

　以上の展開は，引換給付判決の執行を可能にする執達吏制度の整備を伴っていたと思われるが，その詳細を明らかにすることはできなかった[28]。

　最後に，現在の中国での実務について日本法でどうなるかを述べると，韓

　26）『法典調査会民法議事速記録　三』商事法務研究会761～764頁。

　27）以下の記述は高見進北海道大学名誉教授のご教示による。記して感謝申し上げる。

があげる「⑤原告にその義務の指定期間内の履行を命じ，⑥被告にその後の義務履行を命じる判決」は，日本法では⑤の単純認容判決は被告が反訴を提起している場合に限られる。そして，本訴（⑥）についても反訴（⑤）についても，被告が同時履行の抗弁権を主張していれば引換給付判決を出し，主張していなければ単純認容判決を出す（先に述べたように，ここでは行使効果説による）。王家福＝梁慧星があげる「同時履行の判決」の場合も，各請求の被告が同時履行の抗弁権を主張している場合に両当事者の各請求に対しそれぞれ引換給付判決を出し，先に執行を開始した執行手続の中で，他方の債権を履行させそれを確認することになると思われる。中国法においても，執行開始要件の判断や他方の債務を履行させる措置に裁判官を関与させることができれば同様の解決方法が可能であるように思われる。

第5節　履行の「提出」

1　問題の提示

やや細かな問題であるが，王家福主編『民法債権』は，「もし原告がすでに債務を履行するか，あるいはすでに債務の履行を〈提出〉したときは，被告には同時履行の抗弁権の問題は生じない」[29]と説く。この〈提出〉とは日本民法でいう「提供」[30]のことかと思われる。しかし，この点について，王利明は「単に履行を〈提出〉しただけでは，原告がすでに実際履行をしたことを意味しない。……被告には同時履行の抗弁権を援用する権利があると考えるべきである」と説く[31]。この点についてどのように考えるか。

---

28) 1890（明治23）年の裁判所構成法と執達吏規則が戦後まで続く執行吏の制度の基本を作ったといわれる（『民事法学辞典　上巻』（有斐閣，1964年）782頁の「執行吏」〔寺田治郎〕の項目による）。

29) 王家福主編・前掲注25書403頁。

30) 「債務者が単独で完了することのできない給付について，その給付の実現に必要な準備をして債権者の協力を求めることを弁済の提供という」我妻栄『新訂債権総論』（岩波書店，1964年）218頁。

31) 王利明Ⅱ書72〜73頁。

2 韓世遠・王成の回答

《韓世遠の回答》

この問題について，表面上は梁慧星と王利明とで見解に差異があるように見えるが，手続問題と結び付けて分析すれば，彼らの重点の置きどころの違いであることが分かる。被告が同時履行の抗弁権を主張する場合，もし原告が，その債務をすでに履行したか，又は履行の提供〈提出〉をなしたことを示す証拠を提出すれば，被告の抗弁に対する再抗弁権を構成することになる。これに対して，当然，被告はさらに再再抗弁をなすことができる。例えば証拠を挙げて，原告は履行を提供したとはいえ，不完全履行の問題が存在するとの証明ができるなら，履行の不完全な部分について契約法66条後段により同時履行の抗弁権を主張することも可能である。こうした思考方法は，おおむね日本の法学界の"要件事実論"の思考方法に相当する。

《王成の回答》

私は，次のように考える。第1，上記箇所において引用された梁慧星，王利明のいう〈提出〉と，日本法上の「提供」とは完全に同じものではないようである。日本法における「提供」は，一方が単独で完結できない給付に限られている。他方，中国法における〈提出〉という用語は，厳密な法律概念ではない。したがって，梁慧星，王利明のいう〈提出〉については，一般的な用語法に照らして理解するしかない。私としては，ここにいう〈提出〉には，一方が単独で完結できない給付に限らず，各種の給付が含められるべきだと考える。また，ここにいう〈提出〉は，相手方に向けてなされた履行しようとする意思表示でなければならず，その中には既に履行の準備が整ったという意思も含まれる。したがって，〈提出〉とは，次のような状態を指すものでなければならない。すなわち，一方が履行の準備を整え，相手方に対して義務の履行を申し出た状態である。例えば，同時履行が約定された売買契約において，買受人が代金を用意しておくと同時に，売主に対して契約の履行を求める場合がそうである。

第2，上記のような場合，相手方は同時履行の抗弁権を主張し得るだろうか。私は，このとき，相手方は同時履行の抗弁権を主張できると考える。売買契約を例に取ると，売買契約において約定された同時履行とはすなわち，

いわゆる代金の交付と目的物の引渡しが同時である場合である。買受人が代金を用意しておき，相手方に給付を求めたとしても，畢竟，代金は依然として買受人の手中に掌握されていることになる。売主側が同時履行の抗弁権を主張できないならば，買受人に目的物を引き渡さなければならない。こうした場合，事実上，売主側が先に履行するという局面が形成されることになる。売主側が先に目的物を交付するも，買受人は未だ代金を売主側に交付しない。このことは，代金の交付と目的物の引渡しが同時であるという約定とは抵触する。そうすると，当事者が望んでいた同時履行を通じて相互に牽制しようとする目的は達成できなくなる。

　第3，もちろん，現実には次のような場合もあるだろう。引続き，同時履行を約定した売買契約を例にしよう。買受人が既に履行の準備を整え，代金給付義務を申し出たのに対し，売主側は様々な口実でもって契約を履行せず，かつ同時履行の抗弁権を口実にする場合があり得る。そうなると，契約は無期限に引き延ばしにされる可能性に直面してしまう。この場合，買受人は提訴して売主側に契約を履行するよう求め，これに対し，裁判所は同時履行の判決を下すことができる。この場合，裁判所の判決が根拠となるため，買受人は代金をまず裁判所に供託〈交付〉し，裁判所は売主側に目的物を裁判所へ引渡すよう求めることができる。最後に，裁判所が代金と目的物をそれぞれ双方に交付することになる。

3　瀬川信久の所見

　日本でも，債権者自身の債務の弁済の提供の程度・態様によって，債務者の同時履行の抗弁権は影響を受けると考えられている。ア）債権者が自身の債務を弁済したうえで自己の債権の給付を請求してきた場合は，債務者は同時履行の抗弁権を持たない。イ）債権者がその債務につき弁済の提供を継続している場合には，債権者の請求に対し債務者は同時履行の抗弁権を行使できない。他方で，エ）債権者がその債務につき弁済の提供をしないで自己の債権の請求をしてきた場合には，債務者は同時履行の抗弁権を行使できる。問題になるのは，ウ）債権者がその債務につき弁済の提供をしたが，それを中止し，その後再び自己の債権の請求をしてきた場合である。

　判例と多数説は[32]，このウ）の場合に，（a）債権者からの履行請求に対し

174   第二部　中国契約法の研究

債務者は同時履行の抗弁権を行使できる（したがって，引換給付判決となる）
とする。その理由は，①債権者の弁済の提供に応じないで自らの債務を履行
しなかった債務者は受領遅滞の責任と自らの債務の債務不履行責任を負うが，
同時履行の抗弁権は影響を受けない，②この場合に同時履行の抗弁権を失う
と，債権者が弁済の提供をした後に無資力になった場合に債務者は不利益を
受けるので公平でない，というものである。しかし，若干の学説は，債権者
の弁済の提供を受領しないでいて弁済の提供の継続を要求するのは公平に反
するという理由から，債権者の弁済の提供により債務者の同時履行の抗弁権
は消滅すると解している（単純給付判決とする）。

　以上のように，多数説は，ウ）の場合に債務者は（a）同時履行の抗弁権を
失わないと考えるが，（b）債務不履行責任・受領遅滞の責任は負うとする。
多数説はこの問題でも，上記の存在効果説と行使効果説の問題と同じく，同
時履行の抗弁権の効果によって分けて考えているのである。

第6節　同時履行の抗弁権と双方違約

1　問題の提示

　中国契約法は，双方違約を規定する（120条「当事者双方が契約に違反した
ときは，それぞれ相応の責任を負わなければならない」）。これは日本法にはな
い規定であり，すでに民法通則（1986年）に規定されていた。梁慧星は，こ
の双方違約について「裁判実践では，裁判官はしばしばこの規定を利用して
勝手に双方違約と称して，被害者に無理やり譲歩させ，調停又は判決を受け
入れさせ，被害者側の利益を十分に保護しない」[33]と指摘し，また王利明も
「実践では，ある裁判官は一面的に双方に調停を受け入れるよう要求し，本
来双方違約に属しないケース，例えば同時履行の抗弁権，不安の抗弁権の正
当な行使を違約行為とみなし，人為的に双方違約現象を造り出し，不当に双
方違約の適用範囲を拡大している」[34]と指摘する。この双方違約現象の背景

---

32)　以下は，谷口知平＝五十嵐清・前掲注12書の注(2)600頁以下〔澤井裕＝清水元〕
　　による。
33)　梁慧星『民法学説判例与立法研究』（法律出版社，1993年）83頁。
34)　王利明II書78頁。

として，民法通則時代，すなわち統一契約法制定以前の時代であれば，同時履行の抗弁権等の規定が存在しなかったために，双方違約判決を下すことになったであろうことは推測できるが，現在でも，裁判官が人為的に調停にもちこむために双方違約規定を濫用しているという現象が存在するのか，あるいは，裁判官が上記の存在効果説や行使効果説といった同時履行の抗弁の効果をめぐる議論に習熟していないことが双方違約判決を生み出しているのか，検討を要する。

2　韓世遠・王成の回答

《韓世遠の回答》

夙に 1991 年，梁慧星はある論文の中で "双方違約" を分析して以下のように指摘した。「いわゆる双方違約は理論上誤りであり，実践上有害である。何故なら，契約法には同時履行の原則及び同時履行の抗弁権と不安の抗弁権があり，当事者は相手方が義務を履行しないときは，同時履行の抗弁権を有し，彼が履行義務を拒絶するのは正当な権利の行使であって，違約を構成しない。契約は通常一方が先に履行することを約定し，先履行の側が履行しないときは，相手方は義務を履行しなくてもよく，先履行者が違約を構成するだけで，相手方は違約を構成しない。もし先に履行すべき側に，相手方が履行できないことの確実な証拠（例えば支払不能に陥る等）があれば，不安の抗弁権を行使し，義務の履行を中止しても，違約を構成しない。先に履行すべき側が相手方が履行できないことの確実な証拠がなく履行を中止し，あるいは相手方が十分な担保を提供したのになお履行を中止するときにはじめて違約を構成する。しかし，いかなるケースであれ，一方だけが違約を構成するのである。実践では，裁判官はしばしばこの規定を利用して勝手に "双方違約" と称して，被害者側に譲歩を迫り，調停あるいは判決を受け入れさせていて，被害者の利益を十分保護することをできなくしている。したがって，"双方違約" の規定を削除することを建議する[35]」。

　私は，双方違約濫用のケースが実践においてどんなに多くても，双方違約が対象とする事案のタイプというのは，同時履行の抗弁権や不安の抗弁権等

35）梁慧星・前掲注 33 書 82～83 頁（原載「中南政法学院学報」1991 年 3 期）。

の行使の事案によってカバーされ得ないタイプのものであると考える。つまり，それらから独立した双方違約のタイプの事例が存在する[36]。蓋し，同時履行の抗弁権，不安の抗弁権の成立には，それぞれ要件がある。例えば同時履行の抗弁権は双方の義務が給付と反対給付の関係に立ち，もし一方が付随義務に違反し，相手方がこれを理由に自己の主たる給付義務の履行を拒絶するといったケースにおいては，後者はこのとき同時履行の抗弁権を享有せず，前者が不完全履行，後者が履行遅滞として，双方違約を構成する。もちろん，実践において双方違約の濫用に警鐘をならすことは必要で，双方違約を正確に認識するという基礎の上にこの制度は構築されなければならない。もし完全に双方違約を否定するとなると，それは角を矯めて牛を殺す類いとなる。

≪王成の回答≫

確かに一方において，契約法が公布される前には，中国の裁判において，非常に多くの双方違約という状況が存在し，経済活動に悪い影響をもたらした。多くの論者がこれを批判し，立法，司法機関に高度の注意を喚起させた。契約法において各種の抗弁権を規定したことは，このような状況と非常に深く関わっている。

他方において，抗弁権とりわけ同時履行の抗弁権を規定したことにより，決して双方違約の状況がなくなったことを意味しているわけではない。何故なら，同時履行の抗弁権は，単に双務契約において双方の履行期限が同時であることが確定された場合であるに過ぎないからである。双務契約において，双方が義務を履行せず，あるいは瑕疵ある履行を行うといったケースは，決して期限という要素に限られるわけではなく，その他の要素もあり得る。例えば，期限も履行内容も異なるが，双方の履行にいずれも瑕疵がある場合がそうである。この場合もまた，双方違約を構成し得る。契約法 120 条はこのような状況を指すといえよう。

例えば，魯暁威らと雲南民族映画製作会社間の著作権契約紛争上訴案（北京市高級人民法院（2008）高民終字第 1321 号民事判決書）において，北京市高級人民法院は，次のように判示している。1 号，6 号，7 号契約の約定は，

---

36) 韓世遠Ⅳ書 642 頁。

次のようになっている。魯暁威は「朱」ドラマの総監督，製作執行者，脚本総企画者の中の1人及び脚本家であり，脚本創作参加人員の決定権を有し，同ドラマの脚本について創作および編纂を行うことに責任を負っており，かつ「朱」ドラマの製作会社が優先的に自身を同ドラマの監督として招聘する手付金を受領した。魯は，2007年6月30日までに同ドラマの脚本創作を完成するとともに，関係部門に提出してその審査承認を得ること，および，脚本創作参加人員の費用を独自で負担する義務を負っていた。これに対し，「朱」ドラマの製作会社は，魯暁威に脚本執筆資金40万元および監督手付金32,000元を給付する義務を負い，また，魯暁威のために人身傷害保険を購入する義務を負っていた。本件において調査により明らかになった事実によると，魯暁威は「朱」ドラマの製作会社に同ドラマの脚本計10回分を交付しており，「朱」ドラマの製作会社は魯暁威に全20回分の脚本執筆資金40万元および優先的に監督として招聘する手付金32,000元を支払っていたことが分かった。

　本件の二審において，中瑞昊天センターが，「朱」ドラマの製作会社が魯暁威ら5名のために2006年9月26日から2007年9月26日までの「多保通人身傷害保険」を購入したことを証明する目的で，本法院に新華人寿保険株式有限会社が2008年9月24日に発行した証明を提出した。しかし，上記保険の購入時期は7号契約の締結時期より早く，かつ「朱」ドラマの製作会社が複数人のために購入したものであり，決して7号契約を履行するために専ら魯暁威のために購入したものではなく，中瑞昊天センターが7号契約に約定された，魯暁威のために人身傷害保険を購入するという契約義務を履行したことを証明できていない。そのため，一審判決が雲南民族映画製作会社，中瑞昊天センターは違約を構成すると認定したことは，決して不当なものではない。

　魯暁威は，2007年7月1日までに「朱」ドラマの製作会社に，創作が完了しかつ関係部門に提出して審査承認された同ドラマの脚本を交付すべきであったが，「朱」ドラマの製作会社が自ら認めた，契約の履行期満了前に魯暁威の交付した10本分の脚本を除いて，魯暁威は証拠によって，7号契約に約定された期限までに「朱」ドラマの製作グループに「朱」ドラマ全20回分の脚本を交付したことを証明できていない。したがって，一審判決が，

178　第二部　中国契約法の研究

魯暁威のすべての脚本を交付していない行為は違約を構成すると認定したことは，正しい。

契約法 120 条は，当事者の双方がともに契約に違反している場合，各自相応の責任を負わなければならないと規定する。本件において，契約の双方当事者にはともに違約行為が存在しているため，双方はともに約定にもとづき相手方に 30 万元の違約金を支払わなければならない。一審判決が違約金の給付種類およびその額が全く同じであることにもとづいて，双方の違約金の相殺を認定したことは，正しい[37]。

3　瀬川信久の所見

この問題については，まず，中国契約法 120 条と「双方違約」の意義を明確にする必要があるように思われる。

120 条（「当事者双方が契約に違反したときは，それぞれ相応の責任を負わなければならない。」）が規定するのは，──「相応の」を強く読まなければ──

---

37) 以上の回答のほか，王成からは以下のような回答があった。この回答のもとになった質問は 2012 年 9 月の清華大学での研究会で筆者（小口）が口頭でなした以下のような質問である。

　【質問】もしも第 2 番目の判決（本文中の韓世遠があげる，「原告に対して判決で自己の義務を指定期間内に履行するように命じ，その後において被告にその義務を履行させる」という判決，または同時履行判決（本文中の梁慧星があげる「同時履行の判決」）が出された場合，訴訟費用はどちらが負担するのか。

王成の回答：同時履行の抗弁権案件では，原告はおおむね契約の履行を主張・希望する側で，相手方は契約の履行を望まない側である。こうした時，裁判所は一般に契約履行を望まない被告に訴訟費用の全額又は一部を負担させる判決を下す（案件が他の問題にも係わる可能性があるので，訴訟費用は同時履行の抗弁権と関係する部分に限られる）。

　前述した李玲と楊有斐との家屋売買契約紛糾上訴案（新疆ウィグル自治区ウルムチ市中級法院（2011）烏中民四終字第 485 号民事判決書）の中では，当中級法院は以下のように判断した。「楊斐は契約約定交付の日の前後しばしば電話で連絡をとっており，また 2010 年 11 月 30 日の前に家屋を空け，現在に至るまで空けたままにしているのに，李玲は家屋代金の残額を払っておらず，以上の事実から，楊は契約を履行する意思を有していたと認定できる。故に，本案の 1 審の本訴案件の受理費 2325.50 元（楊斐がすでに預託している）は，楊斐が 18.08 元を負担し，李玲が 2307.42 元を負担する。反訴案件受理費 2594.44 元は，その半分を収めさせることにし，楊斐が 35 元を，季玲が 1262.22 元を負担する。本案 2 審案件の受理費 4919.94 元（季玲がすでに預託している）は，季玲が負担する。」

「各当事者は，相手が債務不履行責任を負うか否かにかかわらず，自己の契約上の債務を履行しなければ不履行責任を負う」という，日本法を含めて普遍的で当然の準則である。ただ，日本法では，自己の債務不履行が相手の債務不履行のゆえであるときには，自己の債務不履行について「責めに帰すべき事由」や「違法性」が否定されることがある。また，自己の債務について同時履行の抗弁権や不安の抗弁権が認められる場合には，その債務不履行責任が否定されている。このように一方の不履行が他方の不履行責任の内容に影響する場合には通常，個別に準則を設定している。もっとも，以上のような債務不履行責任を否定する法規や，一方の不履行を他方の不履行責任に影響させる個別の準則がない新しい紛争が現れたときには，その新しい紛争に応じた準則を形成することが必要になる。韓世遠があげる相手方の付随義務違反の場合の同時履行の抗弁権の問題はそのような問題であるが，日本では判例と学説が，対価関係にない債務の間にも一定の範囲で同時履行の抗弁権を拡大適用している[38]。また，一方の不履行の態様を他方の損害賠償責任の有無・額に反映させる過失相殺をこの120条に読み込む見解がある[39]が，これも，中国契約法に過失相殺の規定がないために，120条の中で新たな準則を形成しているものと理解することができる。

　したがって，両当事者不履行の新しい紛争のタイプに対応する準則を個別に形成する必要があること，それらの新たに形成されるべき諸準則を「双方違約」と総称すること，120条をそのような両当事者不履行の場合に対する新しい準則を包括的に承認する条文と読むことは理解できる。しかし，それらの「双方違約」の諸準則が120条を根拠に特定の実質的内容を共有すると考えることは難しいと考える。韓世遠が「双方違約を正確に認識するという基礎の上にこの制度は構築されなければならない」といい，王成が「抗弁権とりわけ同時履行の抗弁権を規定したことにより，決して双方違約の状況がなくなったことを意味しているわけではない」というのは，このような趣旨でないかと考える。

　以上は今日の日本法からみたコメントである。かつての日本で，両当事者

38）谷口知平＝五十嵐清・前掲注12書の注(12)581〜591頁。

39）塚本宏明監修／村上幸隆編集『逐条解説 中国契約法の実務』（中央経済社，2004年）168頁。「それぞれ相応の」という文言には適合的な解釈である。

180　第二部　中国契約法の研究

不履行の場合に大岡裁きないし三法一両損的な裁判がどのような形であった
か，それがいつ頃なくなったのかについては，明らかにすることができなか
った。

第7節　不安の抗弁権と契約解除権

1　問題の提示

　日本法は，下級審の判決では不安の抗弁権の行使を認めているが，明文の
規定はない。それに対して，中国契約法は68条で不安の抗弁権の行使を明
文化し，その適用可能な事由を列挙している。その適用範囲は，ドイツ法，
フランス法が相手方財産の明白な減少を条件とするのに対して，中国法は，
債務者の経営状況の不良等のほか，債務を履行する能力を喪失するおそれの
ある場合まで含められ，その適用範囲が広い。それは中国の不安の抗弁権制
度が英米法の履行期前の契約違反概念をも取り込んで制定されたことに起因
する。不安の抗弁権の規定はすでに1985年の渉外経済契約法17条に規定さ
れていたが，文字通り，履行の抗弁権の行使＝履行の中止のみで，契約法
69条のような契約解除の規定は存在しなかった。

　法律出版社の「公民常用法律手冊」によれば68条については「不安の抗
弁権」，69条については「不安の抗弁権の行使」との見出しが付けられてい
る。つまり，この「手冊」は68条と69条を不安の抗弁権に関する規定とし
て一体的にとらえている。しかし，69条は不安の抗弁による履行の中止の
みならず，契約解除もできることになっている。こうした規定の仕方の背景
には，大陸法系の不安の抗弁権と英米法系の履行期前の契約違反〈予期違
約〉を併せ規定したことに起因する。こうした立法方式は中国法の特色をな
すが，しかし，両者の関係をめぐって複雑な問題を提起するように思われる。
契約の解除権をも含む69条を積極的に評価する論者は以下のように言う。
「わが国の法律上の，不安の抗弁権についての第2段階の効力の規定（「履行
を中止した後，相手方が合理的期間内に履行能力を回復せず，かつ適当な担保も
提供しないときは，履行を中止した一方は，契約を解除することができる」の部
分を指す――小口）は，スイス債務法及びアメリカ商法典の結果を継承した
ものである。先履行者に契約解除の権利を付与したことによって，不安の抗

弁権の性質に重大な変化をもたらした。これは純粋に抗弁権の延長〈延緩〉ということで概括できるものではなく，単なる抗弁権ではなく，形成権でもある。わが国の契約法は，先履行者に契約解除権を明確に付与しており，これは，大陸法系各国の不安の抗弁権制度の重大な発展であり，先履行者に十分な法的保護を与えるものである」[40]。しかし，立法論的には，大陸法系と同様，不安の抗弁権のみにとどめるべきであるとの説，逆に履行前期の契約違反の規定があれば不安の抗弁権は不要であるとの説もあり，この69条のような規定の仕方を立法論的にどのように評価すべきか，中国の学者の間でも見解が分かれている

2 韓世遠・王成の回答

≪韓世遠の回答≫

中国の伝統的な民法理論は双務契約の履行の抗弁権には同時履行の抗弁権と不安の抗弁権が含まれることを認めてきた。20世紀90年代の前半，中国の学者は英米法の履行期前の契約違反の制度に注目し，その積極的要素を参考にするように呼びかけ始めた[41]。1995年～1996年に，日本の民法学者である北川善太郎が中国社会科学院法学研究所を訪問した時，大陸法系の不安の抗弁権を改造し，その積極的要素を取り入れ，（しかも単に"抗弁"のレベルに止めるのでなく）担保及び解除制度と結合させるべきであるとの考えを述べた。私は，これらの要素が一定程度中国契約法の起草者に影響を与え，最終的に，不安の抗弁権と履行期前の契約違反という2つの制度が契約法によって規定されたと考える。立法論からすると，私個人としては，大陸法を"体"となし，コモンローを"用"となし，両者あい具わらせることに賛成である。これはまた，現在の中国契約法が実際に示している特徴をなす。もちろん，解釈論からすると，"混合継受"は解釈適用の面での問題を出来させ，難題ですらある。これについては後述する。

---

40) 李永軍＝易軍『合同法』（中国法制出版社，2009年）273頁。

41) 南振興＝郭登科「予期違約理論比較研究」法学研究1993年1期，韓世遠＝崔建遠「先期違約与中国合同法」法学研究1993年3期を参照。

≪王成の回答≫

　69条の規定方式を論ずることは，実質的には不安の抗弁権の存在価値を論ずることである。そして，不安の抗弁権の中国契約法における存在価値を論じようとすれば，必然的に不安の抗弁権と履行期前の契約違反が同時に存在しているという大きな背景に留意しなければならない。

　確かに，同じ法律において不安の抗弁権と履行期前の契約違反制度を同時に規定したことは，議論を呼ぶこととなった。学説上の議論のほかに，裁判においてもさまざまな理解が現れた。例えば，次の裁判例がそうである。

　2003年6月20日に最高人民法院が下した，額沛時投資会社が天津市金属用具会社を訴えた中外合資契約紛争上訴案（最高人民法院（2002）民四終字第3号民事判決書）において，最高人民法院は次のように判示した。「本件には，わが国の契約法における不安の抗弁権と履行期前の契約違反に関する規定を適用することができる。契約法68条・69条の不安の抗弁に関する規定にもとづき，先に債務を履行しなければならない一方当事者が不安の抗弁権を行使するには，まず，確実な証拠があって相手方に法定の幾つかの債務履行能力を喪失しまたは喪失する可能性のある状況の存することを証明しなければならず，次に，速やかに相手方に通知する義務を尽くさなければならない。しかし，本件において，投資会社と用具会社間にはどちらが先に債務を履行するかという問題は存在せず，投資会社もまた，用具会社に合資契約の履行中止を通知していないため，契約法における不安の抗弁の関連規定に合致しない。それと同時に，用具会社は既に出資としての設備と家屋を合資会社に引き渡して実際に使用させており，僅かに家屋のみが所有権移転登記を行っていないだけであり，用具会社は主たる債務を履行しなかったのではなく，主たる債務を履行した。したがって，契約法94条の履行期前の契約違反に関する規定にも合致しない。故に，投資会社が上訴して自身が約定に照らして第4期，第5期資金を投入しなかったことは一種の履行期前の契約違反（にもとづくもの）であり，不安の抗弁権の行使に属し，したがって，自身は免責されるとの理由は成立せず，本法院は支持しない」。

　この判決において，最高法院は不安の抗弁権と履行期前の契約違反を同列に論じており，両者を明確に区別していない。このような処理方式を如何に見るかは，読者諸賢の判断に委ねる。

なお，2009 年 7 月 7 日の「民商事契約指導意見」の中の「六　不安の抗弁権規則を合理的に適用し，権利者の合法的権益を維持する」部分の第 17 条は，次のように規定する。「目下の情勢下において，誠実な契約の一方当事者を促して速やかに証拠を保全し，権利者の正当で合法的な権益を効果的に保護するために，一方当事者が既に全部の引渡義務を履行したものにつき，約定された代金の支払期限が未だ到来していないものの，目的物の引渡者が支払側に対して期限未到来の代金を支払うよう訴求した場合，支払側が明確に代金支払義務の不履行を表明したこと，または支払側が営業許可を取消し・抹消され，関係部門によって取り上げられて休業状態に置かれていること，支払側が財産を移転し，資金を引き出すことによって債務を逃れようとすること，支払側が商業的信用を失っていること，および支払側が自らの行為をもって代金支払義務の不履行を表明したこと等の状況を証明する確実な証拠があれば，支払側が既に適切な担保を提供していない限り，人民法院は，契約法 68 条 1 項，69 条，94 条 2 号，108 条，167 条等の規定の趣旨にもとづいて，支払期限が既に到来したと判示するかまたは支払期限を早まらせることができる」。

　最高人民法院第 2 民事廷の責任者は，「民商事契約指導意見」について記者の質問に答える際に，市場経済の条件下において，大多数の双務契約の締結および履行はいずれも同時に行われないと指摘した。とりわけ，動産の取引実務において，先に目的物を引き渡し，後日別途代金を支払うという取引形態が圧倒的多数を占めている。目下の情勢下において，信用不安等の諸要素により深刻な法律問題が惹起され，権利者の合法的権益の保護を直接脅かすこととなった。そのため，「指導意見」は目下の情勢と結び付け，契約法 68 条等の規定にもとづき，不安の抗弁権の適用について具体的な指導意見を提出することによって，誠実な契約の一方当事者が速やかに証拠を保全し，更に権利者の正当で合法的な権益を効果的に保護しようとしたのである。具体的には，以下の通りである。一方当事者が既に全部の引渡義務を履行したものにつき，約定された代金の支払期限が未だ到来していないものの，支払側に対して期限未到来の代金を支払うよう求めた場合，支払側が明確に代金支払義務の不履行を表明したこと，または支払側が営業許可を取消し・抹消されること，関係部門によって取り上げられて休業状態に置かれていること，

184 第二部 中国契約法の研究

支払側が財産を移転し，資金を引き出すことによって債務を逃れようとすること，支払側が商業的信用を失っていること，および支払側が自らの行為をもって代金支払義務の不履行を表明したこと等の状況を証明する確実な証拠があれば，支払側が既に適切な担保を提供しない限り，人民法院は，契約法68条1項，69条，94条2号，108条，167条等の規定の趣旨にもとづいて，支払期限が既に到来したと判示するかまたは支払期限を早まらせることができる。

　上記の指導意見および指導意見についての解釈において，最高法院は，68条1項，69条，94条2号，108条等の条文を区別せずに同列に論じている。しかも，68条に定める不安の抗弁権の前提が，「先に履行すべき当事者は，相手方に以下に掲げる事由の存することを証明する確実な証拠を有する場合，履行を中止できる」ということになっているのに対し，上記指導意見を適用する前提は，「一方当事者が既に全部の引渡義務を履行した」後，相手方に様々な状況が存在することにより，期限未到来の代金支払義務の履行に影響があるときに，代金支払期限が既に到来した，あるいは支払期限を早まらせる旨の判決を下すことができる，ということである。

　このような指導意見は，特定の状況下において約束を守る債権者の保護にとって確かに意義を有するが，如何に契約法の関連条文と整合性を保たせるかについては，議論の余地がなくはない。このことも当然，人々の不安の抗弁権と履行期前の契約違反制度の関係に関する議論を惹起させることとなる。しかし，立法論として，私は両者を同時に規定することに賛成である。もちろん，現行の規定には改善の余地がある。

　私個人としては，以下のように考えている。現在の規定の主な問題点は，68条1項2号の場合が68条1項におけるその他の場合とは異なる性質のものに属する点にある。68条1項1・3・4号にいう状況は，客観的に財産状態が悪化して履行能力を失う場合に属し，同2号にいう状況は，主観的に債務の履行を逃れようとする場合に属しており，後者は，94条2号および108条の規定に類似する。したがって，68条1項2号にいう状況を108条または94条2号に定める状況の中に組み入れ，68条の重点を客観的な財産状態の悪化という事実状態に置き，108条および94条2号の重点を主観的な履行拒絶に置くように法的効果を設計すべきである。

客観的な財産状態の悪化と主観的な履行拒絶とはそれぞれ債権の実現に影響するケースが異なっており，したがって，いずれも規定する必要がある。ただ，法的効果には幾分かの差異がなければならない。前者は 69 条の規定に照らして処理し，後者は 94 条または 108 条に照らして処理したほうが，私は妥当だと考える。

中国の立法機関もまたこの問題に気付いている。全国人民代表大会法律委員会による第 11 期全国人民代表大会第 4 回会議主席団が審議のため交付した代表提起議案の審議結果に関する報告（2011 年 12 月 31 日第 11 期全国人民代表大会常務委員会第 24 回会議採択）がそれであり，そこには以下の内容が含まれている。

契約法改正に関する議案 2 件。安徽代表団左延安等 30 名の代表，広西代表団劉慶寧等 31 名の代表が提出した第 188 号，第 343 号議案は，不安の抗弁権適用の具体的要件，手続並びに契約の一方的解除の要件を明確にするよう，契約法の改正を建議した。

3　瀬川信久の所見（下記の第 8 節と一括して記載）

第 8 節　不安の抗弁権と契約解除権再論

1　問題の提示

69 条が契約解除規定を設けたことにより，履行期前の契約違反を理由とする 94 条 2 号の法定解除規定との関係，及び 108 条の履行拒絶を内容とする違約責任との関係が問題となる。前者の関係についていえば，韓世遠は，催告の有無の点で両者は矛盾し，解釈論でもってその整合化をはかるべきであるする。すなわち，69 条が掲げる「合理的期間内に履行能力を回復せず，かつ適当な担保を提供しない」というケース〈情形〉と，94 条 2 号の，自己の行為を以って主要な債務を履行しないことを表明するというケースとは重なりあう。ところが，69 条が実質的に解除権の行使につき催告を要件としているのに，94 条 2 号は催告を要件としておらず，この点で両者は矛盾し，体系的解釈によって 94 条 2 号も 69 条を参照して催告を要すると解釈すべきであると説く[42]。また，69 条が履行期前の契約違反概念を導入したため，

186　第二部　中国契約法の研究

履行拒絶に関する 108 条との関係が問題となる。違約責任に関する規定中，108 条は，「当事者の一方が契約義務を履行しない旨を明確に表示し，又は自己の行為をもって表明したときは，相手方は履行期の到来する前においても，その違約責任を負担する請求することができる」と規定する。この点につき，李永軍＝易軍『合同法』によれば，「契約法 108 条は，単に自己の行為をもって契約を履行しないことを表明すると規定するだけで，これは当該規範の援引に一定の難題をもたらすことになる。すなわち，この規定に符合する行為であれば黙示の毀約をなすかどうか，これ以外に他の要件を具備する必要はないのかという問題である。英米法の黙示の毀約の立法と理論にもとづき，わが国契約法と結び付け，筆者は以下のように考える。すなわち契約の双方当事者において，後履行者が黙示の毀約を構成するかどうかは，68 条，69 条の不安の抗弁権に関する規定を判断基準としなければならない」[43]，すなわち後履行者が契約成立後に履行能力を喪失するか，喪失する可能性があること，及び担保を提供せず，或いは履行能力を回復しないことを判断基準とすべきであると説く。さらに，先履行，同時履行が黙示の毀約を構成するかどうかを判断するときもこの 69 条の規定を参照すべきであるとも説く。

　以上のような 69 条と 94 条 2 号及び 68 条，69 条と 108 条の関係づけについてどのように考えるべきか（なお本書第 11 章第 6 節をも参照されたし）。

2　韓世遠・王成の回答

　≪韓世遠の回答≫

　上記の条文は契約法の“混合継受”の特徴を体現しており，これに対して“整合的解釈”をしなければならない。すなわち体系的視点から，上記の条文を相互に補足しあう情報の有機的全体として理解しなければならない。上記の解釈方法はいずれもこうした体系的解釈の特徴を体現している。

　≪王成の回答≫

　この問題に関しては，前に既に触れた点以外に，私は更に 69 条規定の状

42）韓世遠IV書 519 頁。
43）前掲注 40 書 276 頁。

況（68条1項2号を除く），すなわち財産状態の悪化は客観的状況に属しており，債務者の主観的状態とは関係しないと考える。したがって，催告が必要であり，催告の後，債務者の履行能力が依然として回復できずまたは担保を供し得ないならば，債権者による契約解除を認めなければならない。他方，94条2号（68条1項2号を含む）および108条規定の状況に関しては，履行拒絶に属し，全く債務者の主観的な決定である。この場合は，催告を通じて再び債務者に機会を与える必要がない。債権者は，直接契約の解除を含む違約責任を追及できる。

　なお，69条の規定は先後の履行順序がある場合に限られるのに対し，94条2号および108条にはこのような制約がない。

3　瀬川信久の所見（第7節の問題に対する所見を含む）

　（1）中国における両制度の事案類型

　「不安の抗弁権」は，もともと大陸法では，双務契約の後履行の債務が履行されない危惧があるときに，先履行義務を負う他方当事者が自己の債務を履行しなくても不履行の賠償責任を負わず契約を解除されないという制度である。これに対し，「履行期前の契約違反」は英米法ではもともと，履行期前に相手方が履行拒絶の意思を明確にしたときに，他方当事者が契約を解除できるという制度であった。小口の指摘のように，中国契約法は両方を取り入れた。しかも，それぞれの適用要件を拡げ，また，不安の抗弁権についてはその効果として債務不履行責任の免責だけでなく解除権まで認めた。さらに，王が紹介する2009年7月7日の「最高人民法院の指導意見」は，不安の抗弁権の効果として，代金債務の支払期限の早期化まで付加している。

　中国契約法ではこのように両制度の適用範囲を拡大したために，両制度の関係が問題になる。この問題について，韓と王は両制度とも必要だと考える。そのうえで，韓は不安の抗弁権を「体」，履行期前の契約違反を「用」ととらえるべきだとする。王は，場合を分け，債務不履行の危惧が客観的な財産状態の悪化による場合は，催告したが履行能力が回復せず担保提供もないことを要件として不安の抗弁権を認め，財産隠匿等の主観的な履行拒絶による場合は，催告しなくても履行期前の契約違反を認めることを提案する。

　以上のような不安の抗弁権と履行期前の契約違反の関係に関する議論は理

188　第二部　中国契約法の研究

解できるが，現実の紛争との関係では契約と紛争の類型を意識する必要があるように思われる。というのは，不安の抗弁権の裁判例が中国では多いといわれる[44]が，その中には多様な契約類型と紛争類型が入っているからである。後述するように，日本では，①不安の抗弁権の紛争は継続的供給契約に集中している。それは，既に引き渡した分の代金を買主が払わない場合や，買主が既引渡し分の代金を払った後に資産状態が悪化した場合に，供給者がその後の引渡しを拒絶し契約関係を解消しようとする場合である。これに対し，②王があげる中外合資契約紛争上訴案は，継続的商品供給契約ではなく合資契約である。また，③1回だけの鋼材の売買契約あるいは肖像画作成の請負契約で，買主・注文者が手付金を払う前に売主の経営状態等が悪化したり請負人が重病になりその債務の履行が懸念されるため，買主・注文者が手付金の交付を停止し契約を解除した場合に債務不履行責任を負うかという事件も，不安の抗弁権の問題として議論されている[45]。さらに，④不安の抗弁権に関する最高人民法院第2民事法廷責任者の説明（王が紹介するもの）が考えているのは，代金後払いの売買で売主が目的物を引き渡したが，代金の弁済期前に買主が代金支払い義務不履行を表明したり，営業許可取消しにより休業したり，財産隠匿行為をしたり，商業的信用を喪失した場合に，売主の代金債権を如何に確保するかという問題である[46]。

　これらのうち，④は，被告の債務が履行済みだから不安の抗弁権の問題ではない。また，契約関係の解消請求でないから英米法の履行期前の履行拒絶の問題でもない。日本法では，期限の利益喪失の問題である。期限の利益を喪失する場合は，普通，契約で決めるが，契約で決めていないときに法律上どのような場合に認めるべきかの問題である。③は手付の解釈の問題であろう。そして，日本ではこのような場合，手付が未だ授受されていない以上，

44）稲田和也「不安の抗弁権の条文化に関する若干の検討──中国契約法における不安の抗弁権規定を参考として」法律時報81巻8号（2009年7月）126頁。

45）王斌「中国統一契約法の新たな試み：不安の抗弁権規定と履行期前の履行拒絶規定の分離」横浜国際社会科学研究5巻3号（2000年）37頁以下。

46）このほか，周剣龍「重要判例に学ぶ中国ビジネス最前線　第7回　契約の紛争をめぐる裁判例」NBL874号（2008年）83頁以下は，金銭消費貸借で借主の収入経営状態が悪化したときの期限の利益喪失条項にもとづく契約の解除と元利金返還請求（河北省秦皇島市中級人民法院）も，不安の抗弁権の問題と考えている。

契約の成立は認められず，買主・注文者は債務不履行責任を負わないように思われる。もしこの契約が手付の授受なしでも成立していると考えるときには，この手付が解約手付か違約手付かが日本法では問題になる。解約手付と認定され，かつ，「手付損手付倍戻し」の法理が妥当すると考えるときには，買主・注文者は手付額だけは支払い義務を負う。いずれにしても，③の問題は，有効な契約の成立を前提とした不安の抗弁権・履行期前の契約違反の問題ではなく，当事者の取引の趣旨を尊重して手付の問題として考えるべきであろう。②についても，合資契約の合同行為（Gesamtakt）たる性格を重視すれば，もともと双務契約（gegenseitiger Vertrag）を考えていた不安の抗弁権や履行期前の契約違反を適用すべきでないだろう。特に，合資契約の当事者が多数の場合はそうである。しかし，合資契約の当事者が 2 人の場合には不安の抗弁権や履行期前の契約違反を適用することも考えられる。①についての日本法の考え方は次に述べる。いずれにせよ，不安の抗弁権と履行期前の契約違反の関係を考えるときには，どのような契約類型や紛争類型を考ているのかを意識する必要があるように思われる。

(2) 日本における判例・学説・改正論議

日本民法典にはいずれの制度についても規定がない。また，裁判例・学説の議論も限定的なものであった。しかし，今回の債権法改正作業の中で立法化が考えられ，議論が大きく進んだ。不安の抗弁権と履行前期の解除のそれぞれについてみておく。

ア）まず，不安の抗弁権については，1960 年代以後であるが最高裁判決 1 件を含む 13 件の公刊判例がある[47]。この裁判例のうち 11 件が継続的な商品供給契約の事案である[48]。裁判例は，買主の信用不安の場合に，売主は一定の手続を経れば先履行義務の履行を拒絶・中止しても債務不履行責任（損害賠償責任）を負わない旨を判示している。結論として売主の損害賠償責任を肯定したものもあるが，否定したもの（すなわち，不安の抗弁権を認めたも

---

47) 松井和彦「『契約危殆』状態における履行確保(一)——不安の抗弁権から履行停止権への展開」修道法学 20 巻 1 号（1998 年）63〜64 頁，68〜69 頁，清水元『同時履行の抗弁権の判例総合解説』（信山社，2004 年）92〜104 頁。
48) 平井宜雄『債権各論 I 上契約総論』（弘文堂，2008 年）202 頁も，「不安の抗弁権を扱う下級審判決はほとんど継続的な取引に関する」という。

の）も少なくない。

学説では不安の抗弁権は古くから提唱されており[49]，裁判例が増えた 1960年代からは議論が盛んになった。しかし，効果は先履行義務を拒絶・中止できる（拒絶・中止しても損害賠償責任を負わない）ことだけであり，解除を考えていない。

今回の債権法改正では以上の判例・学説を踏まえて，まず，「債権者の信用不安に伴う資力不足その他……反対債務の履行を受けることができなくなる具体的な危険が生じたこと」を要件として履行停止権を認める案が提示された[50]。この検討委員会の提案は，反対債務を受けられない「具体的な危険」がある場合に限定し，また，効果を履行請求に対する抗弁権と不履行責任の否定に限っているが，①先履行義務を負う債務者に限らず，②反対債務を受けられなくなる事由を相手方の資力不足に限らず，③不履行の危険が契約締結後の事情による場合に限っていない点では，不安の抗弁権が認められる場合をそれまでの学説よりも拡大していた。

しかし，「中間的な論点整理」のパブリック・コメントでは明文化に賛成意見が 25，慎重意見が 19 と分かれ，明文化する場合でも要件を限定すべきだとの意見が多かった。慎重意見は事業者・業界団体に多く，理由は，大企業が中小企業・仕入れ販売業者を圧迫するおそれ，不安の抗弁権行使による風評被害のおそれ，自転車操業の経営に致命的であること，濫用のおそれ等である[51]。法制審議会で要件を限定する案が出され[52]，2013 年 3 月の「中間試案」では，①先履行義務を負う債務者に限定し，②「破産手続開始，再生

49）勝本正晃『民法に於ける事情変更の原則』（有斐閣，1926 年）254 頁（ただし，事情変更の原則の一適用として），柚木馨「所謂『不安の抗弁権』」民商法雑誌 5 巻 3 号（1937 年）445 頁（ただし，立法論），我妻栄『債権各論上』（岩波書店，1954 年）84頁，来栖三郎『契約法』（有斐閣，1974 年）158 頁。我妻は，解除権までは認めるべきでないとする。

50）民法（債権法）改正検討委員会編『詳解 債権法改正の基本方針Ⅱ』（商事法務，2009 年）189 頁【3.1.1.55】。民法改正研究会編『民法改正 国民・法曹・学界有志案』（日本評論社，2009 年）193 頁も同様の提案をする。

51）金融財政事情研究会編「『民法（債権法関係）の改正に関する中間的な論点整理』に対して寄せられた意見の概要」（きんざい，2012 年）3000〜3011 頁。

52）「法制審議会民法（債権関係）部会第 60 回会議（平成 24 年 10 月 23 日開催）議事録」を参照。

手続開始又は更正手続開始の申立てがあったことその他の事由により，その反対給付である債権につき履行を得られないおそれがある場合」を要件とした。また，③不履行の危険が契約締結後に生じた場合には契約締結時に予見できなかったときに，契約締結時に既に生じていた場合には正当な理由により知ることができなかったときに限った[53]。なお，諸提案が効果として考えているのは履行停止権と債務不履行責任の免責のみであり，解除は考えていない[54]。しかし，このような案に対しても，慎重，反対の意見が少なくなかった[55]。そして，要件をさらに具体的・制限的に規定することは困難であり，抽象的な規定だと，抗弁権行使の場面では行使する者にとっては不履行責任を負うリスクを避けられず，抗弁権を行使される者にとっては濫用されるリスクがある，訴訟になれば規定がなくても判例による適切な解決が期待できる等の意見が出されて[56]，結局，改正要綱案に入れられなかった。

イ）履行前期の解除については，公刊裁判例は一件のみであり[57]，学説の議論も英米法の研究にとどまり，法解釈論としての検討は1980年代以後である[58]。今回の債権改正法でも，検討委員会案は，債務者が履行拒絶したときに履行期の到来の前でも補填賠償請求を認めたが，解除は認めなかった[59]。

ところが，債権法改正作業の過程で「中間的な論点整理」履行前期の履行拒絶を解除権の発生原因とすることについて意見を求めたところ，3分の2

53）中間試案の「第33　不安の抗弁権」。商事法務編『民法（債権関係）の改正に関する中間試案の補足説明』（2013年）388頁以下を参照。

54）「中間的な論点整理」のパブリック・コメントでも，解除を認めるべきだとする意見は，愛知県弁護士会と1弁護士のみであり，圧倒的多数が解除まで認めることに反対している（3021頁，3026頁）。

55）「民法（債権関係）部会資料　71-5『民法（債権関係）の改正に関する中間試案』に対して寄せられた意見の概要（各論4）」70頁以下。

56）「法令審議会民法（債権関係）部会第81回会議（平成25年12月10日開催）議事録」23～29頁，「同第81回会議（平成26年4月22日開催）議事録」34～37頁。

57）東京地判昭34・6・5下民10巻6号1182頁。売買目的物（真鍮屑）引渡し期日の前日と当日に買主が真鍮屑の価格下落を理由に，代金減額しなければ代金を払わないと主張したので，売主が契約を解除し価格下落分を損害賠償請求した事件。売主の解除を認め，約定価格と解除時価格の差額の賠償請求を認めた。

58）学説については，吉川吉樹『履行請求権と損害軽減義務』（東京大学出版会，2010年）333～348頁の網羅的な整理を参照。

59）民法（債権法）改正検討委員会編・前掲注50書258頁，【3.1.1.65】〈1〉〈イ〉。

の意見がこれに賛成した（賛成が 19，慎重論が 4，反対が 5。いずれも弁護士会，企業法務等の意見であり，意見提出者による傾向はみられない）[60]。これを踏まえて「中間試案」は，契約の解除の中に，相手方の履行拒絶の意思表示等によって契約目的達成の見込みがないときには履行前期でも無催告解除できるとの規定を置くことを考えた[61]。その後，「要綱案のたたき台」では，履行前期に限定せず，また，契約目的達成の見込みがないという付加的な要件を落として，履行拒絶の意思表示を要件とする無催告解除を提案した[62]。そして，法改正案は，履行前期に限定せずに履行拒絶の意思表示のときの無催告解除を規定し（524 条 1 項 2 号），さらに，債務の一部について履行拒絶を意思表示したときには，残りの部分のみでは契約目的を達成できないことを要件として全部の無催告解除できること（542 条 1 項 3 号），あるいは，契約の一部のみの無催告解除ができること（542 条 2 項 2 号）を規定している。このほか，履行拒絶の意思表示がなくても，履行不能——それは履行前期でも認められる——の無催告解除（542 条 1 項 1 号・3 号，2 項 1 号）の中で履行前期の解除を認めることも排除されていない。

ウ）以上のように，改正法は，不安の抗弁権は判例に委ねたが，履行前期の解除は，相手方の履行拒絶の意思表示を中心的な要件として規定した。実際にはこの 2 つの制度の適用場面はしばしば重なる。ただ，日本では不安の抗弁権の効果を抗弁権にとどめているので，抗弁権と解除のそれぞれに相応しい要件を考えることができ，両制度が混線することはないと思われる。

---

60) 金融財政事情研究会編・前掲注 51 書 284〜289 頁。なお，賛成意見の中でも催告の要否については意見が分かれ，不要とする意見は 2，必要とする意見は 4，検討すべしとの意見が 4 であった。

61) 中間試案の「第 11 契約の解除 1 債務不履行による契約の解除の要件（民法第 541 条ほか関係）」は「民法第 541 条から第 543 条までの規律を次のように改めるものとする」とし，その（3）で次のように述べる。「（3）当事者の一方が履行期の前にその債務の履行をする意思がない旨を表示したことその他の事由により，その当事者の一方が履行期に契約をした目的を達するのに足りる履行をする見込みがないことが明白であるときも，上記（2）と同様とする〔「相手方は，債務者に履行の催告をすることなく，契約の解除をすることができる」ものとする〕」。

62)「民法（債権関係）部会資料 68A 民法（債権関係）の改正に関する要綱案のたたき台（3）」24 頁の表，27〜29 頁。

（3）日本における代替的諸制度

　これまで日本では，不安の抗弁権の効果を履行停止権にとどめ，履行期前の契約違反解除は法律も判例も考えていないから，不安の抗弁権と履行期前の契約違反の関係は問題にならなかった。そこで，日本法について問うべき問題は，中国とは逆となり，なぜ，不安の抗弁権の効果の拡大や履行期前の契約違反に積極的でなかったのかである。1つの理由は，「中間的な論点整理」に対する意見が指摘するこれらの制度の弊害であろう。しかし，もう1つの理由は，判例と学説がこれらの制度に代わる様々な法理を形成しているからだと考える。以下では，ア）継続的供給契約に特殊なものと，イ）給付が1回の単発的な契約に妥当する一般的なものとに分けてみる。

　ア）不安の抗弁権・履行期前の契約違反にとって継続的供給契約が重要なのは，しばしば，供給者（売主等）からの給付と被供給者（買主等）からの代金弁済とが先後して順に履行される契約だからである。供給者が先に履行し被供給者が代金を後払いする約定の場合で説明するとこうである。ⅰ）供給者が前の期の給付を履行したが被供給者がその代金を弁済しないときに，供給者は次期の履行を拒むことができるか。次期の給付債務と対価関係に立つのは次期の代金債務であり，その代金債務は未だ弁済期にないから，同時履行の抗弁権では供給者は次期分の履行を拒絶することができない[63]。また，ⅱ）被供給者が前の期の代金は弁済したが，その後に信用状態が悪化したために供給者は次期分の履行を拒絶したい，さらには，ⅲ）次期1回分の履行拒絶にとどまらず，契約関係を解消して給付義務を将来にむけてすべて消滅させたいという場合がある。履行が1回の行為でなされる契約では，契約締結時に相手方の信用状態の調査を怠ったことを理由に，先履行義務者のこのような履行拒絶・契約関係解消を原則として否定することができるが，長期間にわたる継続的供給契約では，当初1回の信用状態調査義務の懈怠だけを理由に履行拒絶・契約関係解消を否定することは躊躇される。そこで，ⅰ）ⅱ）の場合の履行拒絶のためには不安の抗弁権が，ⅲ）の契約関係の解消のためには履行期前の契約違反を理由とする解除が，制度として必要とされる

63）また，この次期の代金債務は普通，次期の給付の履行により発生するとの約定であるから，時間の経過だけでは履行期が到来せず，したがって，両債務の期限到来によって供給者が同時履行の抗弁権をもつことはない。

194　第二部　中国契約法の研究

ところである。

　しかし，日本では，これらの履行拒絶・契約関係の解消のために別の法理を開発してきた。まず，ⅰ）の場合には，判例・通説は，前の期の未履行の代金債務と次期の給付義務との間に533条の同時履行の関係を認めた[64]。各当事者の債務は全期間を通じて全体として対価関係にあり，前の期の未払いの代金債務は次期の給付分と同時履行の関係に立ちうると解するのである。ⅱ）の履行拒絶による不履行責任については，「違法性」要件を否定して免責する裁判例もある[65]。他方，ⅲ）の契約関係の解消のためには，下級審裁判例を中心に，やむを得ない事由がある場合には一方から契約を解消（解除，解約申入れ，告知）できるとする法理を形成してきた。この契約解消に予告期間を要するか，相手の受ける損害を賠償する義務を負うかは，やむを得ない事由の内容と程度による[66]。そして，その「やむを得ない事由」の有無を判断する際に，相手方の信用不安を事案に応じて重くあるいは軽く考慮している。この法理の根拠として「信義誠実の原則」「事情変更の原則」「公平の原則」をあげるものもあるがこれらの根拠をあげないものも少なくない。以上から，日本では継続的給付契約においても，不安の抗弁権がⅱ）の履行拒絶事案の一部に限られ，履行期前の契約違反が用いられないのだと思われる。

　イ）給付が1回の単発的な契約については，先履行義務者でも，履行期が来て履行しないでいるうちに相手の債務も履行期に来ると同時履行の抗弁権を行使できるという，先に述べた判例法理がある（「第2節　先履行の抗弁権」の3の「所見」。同所の表の最下段の最右欄を参照）。このために，先履行の債務が履行されなくても後履行の債務の履行期が到来する場合には，中国法では不安の抗弁権によるが，日本法では同時履行の抗弁権によっている。不安

64）谷口知平＝五十嵐清・前掲12書の注（2）584頁。

65）東京地判昭58・3・3判時1087号101頁は，継続的売買契約成立後に買主の代金支払能力の著しい低下など代金回収を実現できない事由があり，かつ，担保提供の要求などを後履行の買主が拒否する場合には，売主が先履行義務を遅滞しても違法性はないという。

66）中田裕康『継続的売買の解消』（有斐閣，1994年）54頁以下など。また，中田裕康＝吉田和彦＝手嶋あさみ＝馬場純夫＝加藤新太郎「〈座談会〉継続的契約とその解消」判例タイムズ1058号（2001年）17〜20頁（手嶋裁判官）は，相手方の債務不履行，買主の信用不安を「やむを得ない事由」「契約を継続しがたい重大な事由」判断の中で考慮しているという。

の抗弁権が必要なのは，結局，先履行の債務が履行されてはじめて後履行の債務を負う約定の場合のみである。そのような場合に関する公刊裁判例は1件にとどまる[67]。それは，先履行債務が履行されない場合でも，その目的物を他から調達できるときには，債権者は契約を解除して他から調達し，紛争にならないからではないかと思われる。紛争になるのは，注67のような，先履行の目的物を他から調達できない場合（いわゆる特殊関係的な契約）に限られる。

　以上は，給付が1回の契約において，不安の抗弁権に同時履行の抗弁権が代替的機能してきたということであるが，もう1つの履行期前の解除には履行不能を理由とする解除が代替的に機能してきた。すなわち，履行遅滞による解除は履行期が到来していなければならないが，履行不能による解除は履行期以前にもできる。そこで，履行前期に解除したい債権者は履行不能にもとづく解除を主張し，判例は，債務者が履行しようとしないときには，履行期前でも「履行不能」を認定して解除を認めている[68]。

　ウ）なお，法律は，継続的契約・役務提供契約の相手方が破産した場合——信用不安の最も顕著な場合である——に，他方当事者からの解除を認めている[69]。また，役務提供契約では注文者・委任者・受任者に任意解除権を認めている（民法641条，651条）。これらの解除権も，履行期前の契約違反にもとづく解除権に代替する機能を果たしているのかもしれない。

　以上のように，日本では，不安の抗弁権や履行期前の契約違反に代わる

67）神戸地判昭60・8・8判時1168号127頁。発動機会社Yが，造船会社Xから受注したエンジンを，Xの信用不安を理由に納入しなかったため，Xは受注していた船舶を建造できず倒産。XがYに損害賠償を請求。Xの信用不安はなかったとして請求を認容。Xに信用不安があればYの賠償責任を否定したという点で，不安の抗弁権を認めている。

68）大判大15・11・25民集5巻763頁は，橋建設の請負人Yが熱心でないため竣工期限の完成が危ぶまれたので，注文者Xが解除して自分の費用で建設し，Yに対し損害賠償を請求した事案で，履行不能を理由に履行期前の解除を認めた。最近では，名古屋地判平19・3・30升田純Lexis判例2007・9 No.2365頁が，建物建築請負におけるコンクリート打設の重大な欠陥等を理由に履行不能による請負人の債務不履行責任を認めている。これらは請負契約であるが，売買では履行行為が引渡しだけなので履行期の前に履行不能と判断することが難しいが，請負では仕事の引渡し前の仕事懈怠の時点で履行不能と判断できるからであろうか。

196　第二部　中国契約法の研究

様々な法理——その1つとして同時履行の抗弁権の拡張がある——を形成した[70]ためにこれらの制度が発達しなかったように思われる。これと対比すると，中国法は様々な紛争に対し，不安の抗弁権・履行期前の契約違反を活用している。2009年7月7日の「最高人民法院の指導意見」が不安の抗弁権の効果として代金債務の支払期限の早期化を考えるのも，上記④のような期限の利益喪失の紛争に不安の抗弁権で対処しようとするためだと思われる。いずれの方向を採るにせよ，契約や紛争の類型・構造を意識しながら適切な法理を探ることが重要だと考える。

第9節　不安の抗弁事由の発生時期

1　問題の提示

　68条は，不安の抗弁権の適用可能な法定事由を規定しているが，この不安の抗弁事由の発生時期については，両論ある。その1は，契約締結後発生することを要件とする。その2は，契約締結前に存在した不安の抗弁事由が締結後顕在化した場合も，68条の適用対象となるとする。前者の説によれば，下線部のようなケースの場合，詐欺や重大な誤解で生じた民事行為の規定（契約法54条）で処理すべきことになり，後者は詐欺，重大な誤解に関する規定と68条の選択となる。王利明ら多数説は前者の説を採用しているが，韓世遠は後者の説を採用している。この問題をどう考えるべきか，また裁判実務はどうなっているか。

---

69) 民法631条（使用者が破産した場合には，労働者または破産管財人は解除できる），642条（注文者が破産した場合には，請負人または破産管財人は解除できる），652条（委任者または受任者が破産したときは委任契約は終了する）。なお，2004年の改正前の621条は，賃借人が破産した場合に賃貸人も破産管財人も解約申入れできるとしていた。ちなみに，中国契約法にはこのような規定はないが，倒産法にあるのであろうか。

70) 信用不安そのものではないが売主・請負人の履行が不安視される場合にも，判例は，買主・注文者に代金支払拒絶権あるいは契約解除権を認めている。買主の代金支払拒絶権については来栖・前掲注49書157頁を参照。請負人の製作懈怠の場合については，前掲注68を参照。

2 韓世遠・王成の回答

≪韓世遠の回答≫

伝統的民法からすると，通常，「契約締結後，相手方の財産状況に明らかに顕著な減少が生ずる」（ドイツ民法321条），あるいは相手方の財産が「契約締結後に顕著に減少する」（台湾民法265条）ことを要求している。これは，不安の抗弁権が一種広義の事情変更原則の具体的適用の形態とされていることによる。もし，契約締結時にすでに不安の事情が存在していれば，錯誤又は詐欺にもとづく取消権によって救済される[71]。そのほか，もし先履行者がこの状況を明らかに知りながらなおかつ契約を締結したなら，それは自ら冒険に甘んじた投機行為であって，特別に保護する必要はない。先履行者はなおその債務を履行しなければならない。

しかし，上記のようなとらえ方には不十分な点が存する。契約締結時に反対給付にすでに不安な状況が存在し，しかし，先履行者はこれについてまったく知らないというケースが存在する。しかるに上記の論理構成によれば，不安の抗弁権の規定を援用することができない。これは利益衡量上，失当といわなければならない。故に，以上とは異なる立法例がある。例えばオーストリア民法1052条後段がそれである[72]。CISG71条1項もまた不安の抗弁権の事由を契約締結後に発生しなければならないとは限定しておらず，ただ契約締結後に顕現しさえすればそれで十分としている。ドイツ民法321条はすっかり従来の態度を変え，原321条の立場を修正し，その1項前段を「双務契約にもとづき先履行義務を負う者は，自己の反対給付請求権が相手方の給付能力喪失により危ぶまれることが契約締結後に判明したときは，自己の給付義務の履行を拒絶することができる」（この訳文は岡孝＝青野博之＝渡辺達徳『契約法における現代化の課題』（法政大学出版局，2002年）206頁による――

---

71) 梅仲協『民法要義』（中国政法大学出版社，1998年）258頁，史尚寛『債法総論』（台北，自版，1954年）564頁，蘇俊雄『契約原理及其実用』（台湾中華書局，1970年）145頁，鄭玉波「論不安抗弁権」（鄭玉波『民商法問題研究』第四冊）63頁，68頁，潮見佳男『債権総論』（信山社，1994年）102頁。

72) オーストリア民法1052条後段は以下のように規定している。「先に給付すべき当事者は，もし相手方の財産状況が悪化し，給付不能の虞が発生し，しかしこの状況が契約締結時に，過失に因るに非ずして知らなかったときは，相手方より反対給付につき保証の提出を得るまで，一時的に給付を中断することができる」。

198 第二部 中国契約法の研究

小口）と規定した。

契約法 68 条は，不安の抗弁権を適用できる法定事由を規定しているが，この種の不安が「契約締結後に生ずる」のか，それとも「契約締結後にはじめて顕現する」のか，条文は明確でない。学理解釈においては，契約締結後にはじめて生ずるものと解釈する論者もいる[73]。しかし，筆者の考えによれば，最高のものを見習わなければ並以下になるとの精神により，2 種類の解釈が可能な場合，最新の立場の潮流に合致するものを選ぶべきであり（比較法的解釈），したがって，後者によれば，不安の事由が契約締結時にはじめて顕現し，しかもそれを知らなかった者に故意又は重大な過失がなければ，不安の抗弁権が生ずる。そのほか，こうした解釈は立法目的（法意解釈）にも合致する。何故なら，立法者が不安の抗弁権を規定したことの目的の 1 つは，「契約に名を借りて詐欺を行うのを防ぐ」[74]ことにあり，不安の抗弁権は，契約詐欺を防ぎ，債権者の合法的権益を保護する関連規定の 1 つとして契約法に増やされたものであるからである[75]。このように見てくると，伝統的民法の，不安の抗弁権を広義の事情変更原則の運用として理解する見解[76]は，修正されなければならない。さらに，契約締結時にすでに存在した不安の事由もまた不安の抗弁権を生じさせることを認めるからといって，重大な誤解又は詐欺を構成する可能性のあることを否定すべきでない。こうした場合，先履行義務者は選択することができ，もし契約の取消しを主張すれば，不安の抗弁権を主張するという問題は当然ながら生じない。もし先履行義務者が不安の抗弁権を主張すれば，原則として取消権を放棄したものと考えるべきであろう。

---

73) 王利明＝崔建遠『合同法新論・総則』（中国政法大学出版社，2000 年）350 頁，曹更生＝候衛国「不安抗弁権的適用条件及効力」人民法院報 2001 年 7 月 13 日，崔建遠主編『合同法［第 4 版］』（法律出版社，2007 年）140 頁。

74) 顧昂然「合同的履行」（『中華人民共和国合同法立法資料選』法律出版社，1999 年）52〜53 頁。

75) 胡康生談話録「合同法草案的焦点問題以及不同意見」（同上書所収）68 頁。

76) 我妻栄『債権各論上』（岩波書店，1954 年）84 頁，清水元「不安の抗弁権」（遠藤浩＝林良平＝水本浩監修『現代契約法大系　第 2 巻』有斐閣，1983 年）81 頁。

≪王成の回答≫

　全体的に言うと，私はどちらかと言えば第1の見解に傾いている。すなわち，契約締結後に発生したことをその要件とする。契約締結前に生じた事由について如何に処理すべきか。私はケースバイケースで分析しなければならないと考える。つまり，68条1項に列挙する4つの状況については，区別して処理しなければならない。

　1号の経営状況が著しく悪化した場合について。経営状況の著しい悪化は一種の事実的状態である。契約の締結当時において，相手方当事者が既にこのような事実的状態の存在を知っていて，それでも契約の締結を望んでいたならば，契約は当然有効であり，契約の履行過程においても経営状況の著しい悪化をもって不安の抗弁を主張することはできなくなるだろう。相手方当事者の契約締結時において，経営状況が著しく悪化した一方当事者が故意に隠匿または欺罔したことにより，相手方当事者が契約を締結したとするならば，契約は取り消すことができる。契約締結時において，経営状況が著しく悪化した一方当事者が故意に隠匿または欺罔したことがなく，相手方当事者が注意を怠り，既に存在している状況について無視したとするならば，それによって締結した契約もまた有効であり，それと同時に，相手方当事者もまた不安の抗弁を主張できなくなるだろう。

　3号の商業上の信用の喪失自体の状況もまた非常に複雑であり，その一部が1号の経営状況の著しい悪化と同じであるのに対し，その他の一部は経営者自身の行為と関わる可能性がある。しかし，何と言っても，商業的信用の喪失は一種の結果であり，この点からして，第1号の状況と同じである。

　2号の財産を移転し，資金を引き出し，以て債務を逃れることが，契約の締結前に発生していたとするならば，本契約とは無関係であろう。何故なら，そのことも本契約の相手方に対する詐欺を構成しないからである。契約の成立後，相手方当事者が以前そのような行為があったことを知るようになったとするならば，商業的信用の喪失の範疇に入れられる可能性がある。しかも，このような状況は，その影響が契約の成立後に発生した場合に属し，この場合は，不安の抗弁権を適用することができる。

200 　第二部　中国契約法の研究

3　瀬川信久の所見

　韓世遠の見解は，契約時に相手方の財産状態に注意する義務を軽減するものである。「買主注意せよ」から「売主注意せよ」への変化に沿う見解と理解することができる。ただ，詐欺・錯誤による取消し・無効の要件をどの程度緩和するかにも依存する。詐欺・錯誤の場合には行使期間の制限があるが，不安の抗弁権も，契約締結から長期間後に問題になったときには，行使を制限すべきであろうから差は小さいと思われる。

　この問題は，わが国でもかつての学説は契約締結後の事由に限っていたがその後契約締結後に顕在化した事由に拡大する見解が主張されていた[77]。債権法改正における議論の状況は，本章第 8 節での「所見」の(2)で述べた。王成のような不履行の危険をもたらす事由ごとの検討が必要だと考えるが，この点に関する議論は日本では未だ十分でないように思われる。

　77）谷口知平＝五十嵐清・前掲 12 書の注(2)598〜599 頁。

第5章　債権の保全(1)——債権者代位権

第1節　契約法・関係法規及び日中の条文比較

1　中国契約法・関係法規

73条（債権者代位権）　①債務者が期限の到来した債権を行使することを怠ることにより，債権者に対して損害を与えたとき，債権者は自己の名義をもって債務者の債権を代位行使することを人民法院に請求することができる。ただし，その債権が債務者自身に専属する場合は除外する。

②代位権行使の範囲は，債権者の債権を限度とする。債権者が代位権を行使するうえでの必要費用は債務者が負担する。

　　最高人民法院「契約法適用解釈（一）」11条　債権者が契約法73条の規定にもとづいて代位権訴訟を提起するときは，以下の条件に合致しなければならない。（一）債権者の債務者に対する債権が合法である。（二）債務者が期日到来の債権の行使を怠り，債権者に損害を与える。（三）債務者の債権が期日到来している。（四）債務者の債権が債務者自身に専属しない債権である。

　　同12条　契約法73条1項の規定する債務者自身に専属する債権とは，以下のものを指す。扶養関係・養育関係・養老関係・相続関係にもとづいて生ずる給付請求権，労働報酬，退職金，養老金，弔慰金，生命保険，人身損害賠償請求等の権利。

　　同13条　①契約法73条が規定する"債務者が期日の到来した債権を行使することを怠り，債権者に対して損害を与えた"とは，債務者がその債権者に対する期日到来の債務を履行せず，また訴訟方式又は仲裁方式をもってその債務者に対して享有する金銭給付の内容を有する期日到来の債権を主張せず，そのことによって債権者の期日到来の債権が実現できなくなることを指す。

②債務者が期日到来の債権の行使を怠った状況を第三債務者が知らなかったときは，その挙証責任を負わなければならない。

14 条　債権者が契約法 73 条の規定によって代位権訴訟を提起するときは，被告所在地の人民法院が管轄する。

15 条　①債権者が人民法院に債務者を訴えた後，また同一人民法院に対して第三債務者を相手取って代位権訴訟を提起し，それが本解釈 14 条の規定と中華人民共和国民事訴訟法 108 条の規定に符合するときは，立案受理しなければならない。本解釈 14 条の規定に符合しないときは，債権者に対して第三債務者所在地の人民法院に別途訴訟を提起するように告知しなければならない。

②代位権訴訟を受理した人民法院は，債権者が債務者を訴えた訴訟の裁決が法的効力を発生させる前であれば，中華人民共和国民事訴訟法 136 条 5 号の規定により代位権訴訟を中止しなければならない。

16 条　①債権者が第三債務者を被告として人民法院に対して代位権訴訟を提起し，債務者を第三者として加えていないときは，人民法院は債務者を第三者として追加することができる。

②2 人又は 2 人以上の債権者が同一の債務者を被告として代位権訴訟を提起するときは，人民法院は合併審理することができる。

17 条　代位権訴訟において，債権者が人民法院に対して第三債務者の財産の保全措置をとることを請求したときは，相応する財産担保を提供しなければならない。

18 条　①代位権訴訟において，第三債務者の債務者に対する抗弁を，債権者に主張することができる。

②債務者が，代位権訴訟において債権者の債権に異議を提起し，審査により異議が成立したときは，人民法院は債権者の訴えを棄却する裁定を下さなければならない。

19 条　代位権訴訟において，債権者が勝訴したときは，訴訟費用は第三債務者が負担し，実現された債権の中から優先的に支払を受ける。

20 条　債権者が第三債務者に対して提起した代位訴訟が人民法院によって審理され，審理後，代位権の成立が認定されたときは，第三債務者は債権者に弁済義務を履行し，債権者と債務者，債務者と第三債務者の

間での相応の債権債務はただちに〈即〉消滅する。

21条　代位権訴訟において，債権者が代位権を行使する請求額が債務者の負っている債務額を上回ったときは，超過部分について人民法院は支持しない。

22条　債務者が代位権訴訟において，債権者の代位請求額を超える債権部分について第三債務者を訴えたときは，人民法院は管轄権を有する人民法院に別途訴えを提起するよう告知しなければならない。

最高人民法院「契約法適用解釈（二）」17条　債権者が中華人民共和国領域外〈境外〉の当事者を被告として提起した代位権訴訟については，人民法院は中華人民共和国民事訴訟法241条の規定にもとづき管轄を定める。

最高人民法院「法により執行忌避行為を制裁することに関する若干の意見」（2011年）12条　①法的効力の生じている法律文書が確認した被執行人の債権を法により執行する。すでに法的効力の生じている法律文書が確認した被執行人の債権に対して，執行法院は書面でもって被執行人に期限内に管轄権を有する人民法院に当該法的効力の生じた法律文書の執行を申請するように通知することができる。期限が満了しても，被執行人が執行の申請を怠っている場合，執行法院は，当該期日到来の債権を法により強制執行できる。

②被執行人がすでに執行を申請した場合，執行法院は当該債権を執行する人民法院に相応の執行金員・物の差押えに協力するよう請求することができる。

同13条　被執行人の期日未到来の債権を法により保全する。被執行人の期日未到来の債権に対して，執行法院は法により凍結し，債権の期日到来後に期日到来の債権を参照して執行することができる。第三者が当該債務は期日未到来であることだけを理由として異議を提起しても，当該債権の保全に影響を与えない。

同14条　執行申請人を指導して法により訴訟を起こさせる。被執行人が債権の行使を怠り，執行申請人に損害を与えた場合，執行法院は執行申請人に中華人民共和国契約法73条の規定によって，管轄権を有する人民法院に代位権訴訟を提起するよう告知することができる。

最高人民法院「中華人民共和国民事訴訟法を適用するうえでの若干の問題に関する意見」（1992 年）**300 条**　被執行人が債務を弁済できないが，第三債務者に対して期日到来の債権を有する場合，人民法院は執行申請人の申請によって，執行申請人に債務を履行するよう第三者に通知することができる。当該第三者が債務に異議をとなえず，しかし通知が指定した期限内に履行されない場合，人民法院は強制執行できる。

2　日本民法

423 条（債権者代位権）　①債権者は，自己の債権を保全するため，債務者に属する権利を行使することができる。ただし，債務者の一身に専属する権利は，この限りでない。

②債権者は，その債権の期限が到来しない間は，裁判上の代位によらなければ，前項の権利を行使することができない。ただし，保存行為は，この限りでない。

3　改正民法

423 条（債権者代位権の要件）　①……自己の債権を保全するため必要があるときは，債務者に属する権利（以下「被代位権利」という。）を行使することができる。ただし，債務者の一身に専属する権利及び差押えを禁じられた権利は，この限りでない。

②……到来しない間は，被代位権利を行使することができない。……

423 条 3 項（新設）　債権者は，その債権が強制執行により実現することのできないものであるときは，被代位権利を行使することができない。

423 条の 2（新設）（代位行使の範囲）　債権者は，被代位権利を行使する場合において，被代位権利の目的が可分であるときは，自己の債権の額の限度においてのみ，被代位権利を行使することができる。

423 条の 3（新設）（債権者への支払又は引渡し）　債権者は，被代位権利を行使する場合において，被代位権利が金銭の支払又は動産の引渡しを目的とするものであるときは，相手方に対し，その支払又は引渡しを自己に対してすることを求めることができる。この場合において，相手方が債権者に対してその支払又は引渡しをしたときは，被代位権利は，これによって消滅する。

423条の4（新設）（相手方の抗弁） 債権者が被代位権利を行使したときは，相手方は，債務者に対して主張することができる抗弁をもって，債権者に対抗することができる。

423条の5（新設）（債務者の取立てその他の処分の権限等） 債権者が被代位権利を行使した場合であっても，債務者は，被代位権利について，自ら取立てその他の処分をすることを妨げられない。この場合においては，相手方も，被代位権利について，債務者に対して履行することを妨げられない。

423条の6（新設）（被代位権利の行使に係る訴えを提起した場合の訴訟告知） 債権者は，被代位権利の行使に係る訴えを提起したときは，遅滞なく，債務者に対し，訴訟告知をしなければならない。

423条の7（新設）（登記又は登録の請求権を保全するための債権者代位権） 登記又は登録をしなければ権利の得喪及び変更を第三者に対抗することができない財産を譲り受けた者は，その譲渡人が第三者に対して有する登記手続又は登録手続をすべきことを請求する権利を行使しないときは，その権利を行使することができる。この場合においては，前3条の規定を準用する。

4　日中の条文比較

　中国契約法73条と日本民法423条とは以下の点において異なる。①中国法は裁判外の行使を認めない。②中国法には保存行為に関する文言がない。③債務者の第三債務者に対する権利につき，中国法は「債権」に限り，しかも司法解釈「契約法適用解釈（一）」13条では「金銭給付の内容を有する期日到来の債権」と，より限定的表現をとっている。日本法は広く「権利」一般とする。④中国法には代位権行使の範囲についての文言があるが，現行日本法にはない。しかし，改正民法423条の2はその範囲について明記した。⑤中国法は同司法解釈同条で，債務者が第三債務者に対して訴訟又は仲裁を提起しない限り，債権者代位権が行使される旨の規定を設けるが，日本法にはこの種の文言はない。⑥同司法解釈17条は，債権者が財産担保を提供することによって第三債務者の財産の保全措置をとることができる旨を規定するが，実体法としての日本の債権者代位権にはこの種の規定はない。⑦同司法解釈20条には，債権者代位権訴訟において勝訴判決を得るや，債権者，債務者，第三債務者の債権債務は「ただちに」消滅すると，相殺さえ不要と

するかの如き文言がある。⑧司法解釈「法により執行忌避行為を制裁することに関する若干の意見」14条は，強制執行において債権者代位権を利用するとの規定である。債権者代位権を行使して勝訴判決を得た後で，敗訴者未履行の場合に，強制執行手続に入るというのではない。このような，債権者代位権＝実体法及び強制執行＝手続法の一体的運用という仕組みは日本法とは異なる。因みに，中国の債権者代位権についての司法解釈の条文数は「契約法適用解釈（一）」の全30条中12カ条という圧倒的比重を占めている。このことは，当時，中国で深刻であったいわゆる"三角債"問題の解消という政策目的をもって司法解釈が出されたことを物語っている。

第2節　債権者の被保全債権と弁済期到来要件

1　問題の提示

　日本民法は，債権者の期日未到来の債権についても代位権の行使を認めているが（423条2項），中国法にはその種の文言がない。中国法では，期日到来の債権に限定していると理解してよいか。なお，1996年の契約法草案第3稿，1997年の意見徴求稿は「債務者が第三者に対する債権の行使を怠り，債権者の期日到来の債権に重大な損害を与えたときは……」との文言が存したが，現行法73条には，その種の文言が落ちている。この点について何か特別の理由があるのか。

2　韓世遠・王成の回答

　≪韓世遠の回答≫

　単純に契約法73条の条文からは確かに債権者の債権が期日到来であることを要求しているかどうか分からない。しかし，「契約法適用解釈（一）」13条1項の「債務者がその債権者に対する期日到来の債務を履行しない」とか「債権者の期日到来の債権を実現不能とする」との文言からすると，一般的要件として，債権者の債権は"期日到来の債権"であることを要求していると解すべきである。以上の理由のほかに，中国の通説では，債務者が履行遅滞を構成することを要件としなければならないと考えていることもその根拠となるだろう[1]。以上の一般的要件に対して，例外の存在が認められるか，

とりわけ保存行為について例外が認められるかどうかという問題は，検討に値する。現在のところ，中国の立法機関の釈義は積極的態度を示し，他方，司法機関は消極的態度を示している。私個人の見解としては，積極的態度を持すべきであると考える。保存行為の場合，債権者は債権の履行期が到来する前でも，代位権により債務者の権利を行使できると考える。

≪王成の回答≫

「契約法適用解釈(一)」13条1項は，契約法73条に定める「債務者が期日の到来した債権を行使することを怠ることにより，債権者に対して損害を与えたとき」とは，債務者が債権者に対する期日到来の債務を履行せず，かつ，訴訟方式または仲裁方式によって第三債務者に対して享有している金銭給付の内容を有する期日到来の債権を主張しないことにより，債権者の期日到来の債権が実現されなかったことを指す，と規定する。このことから分かるように，中国契約法は，2つの債権がいずれも期日到来の債権であることを求めている。このほか，最高人民法院の「法により執行忌避行為を制裁することに関する若干の意見」(法［2011］195号)13条は，法により被執行人の期日未到来の債権を保全すると，規定する。被執行人の期日未到来の債権について，執行法院は法により差し押えることができ，債権の期日到来後に期日到来の債権を参照して執行することになる。第三者が同債務の期日未到来のみを理由に異議を申し出た場合，同債権に対する保全に影響しない。期日到来の債権について，同「意見」は，既に効力の発生した法律文書により確認された債権と，効力の発生した法律文書により確認されていない債権，という2つの場合を区別している。前者について，12条は，法により既に効力の発生した法律文書により確認された被執行人の債権を執行すると規定する。被執行人の既に効力の発生した法律文書により確認された債権について，執行法院は，書面によって被執行人に期限内に管轄権のある人民法院に当該効力の発生した法律文書の執行を申請するよう，通知することができる。期限満了後，被執行人が依然として執行の申請を怠る場合，執行法院は法により当該期日到来の債権を強制執行できる。後者について，第14条は，執

1）王利明Ⅰ書120頁，崔建遠Ⅲ書152頁，韓世遠Ⅳ書332頁。

行申請人を導いて法により訴訟提起させると規定する。被執行人が債権の行使を怠り，執行申請人に損害をもたらした場合，執行法院は，執行申請人に契約法 73 条の規定にもとづいて，管轄権のある人民法院に代位権訴訟を提起するよう，告知することができる。

3 松岡久和の所見

　この問題は，代位の対象となる権利の問題とも重なるが，債権者代位権の機能の問題に関係する。代位債権者の被保全債権について弁済期到来を必要とし，また被代位権利を（これも弁済期の到来した）債権に限り，さらに裁判上の権利行使を必要とするのであれば，中国法の債権者代位権は，債権執行ときわめて近似しているように思われる（因みに，曲仁民「中国の債権者代位権制度と日本法との比較」（岡山大学学位論文）は，中国においては「債権者代位権制度は，理論上において実体法上の責任財産保全制度として位置付けられているにもかかわらず，実際には，その設計構造は債権執行制度の代物となって強力な債権回収機能を付与され，現実に債権執行手段と化している」と説く）。違いは，代位権行使には債務名義を要しないという点のみのように思われる。小口の指摘するように[2]，裁判例において債権者代位権と代位執行申請の問題が交錯するように現れているのは，このためではないかと推測できる。

　日本法では，債権者が債務名義を取得する前であっても，債務者が第三債務者に対して有する債権は仮差押えを行うことで，債務者の取立てや債権譲渡による処分を防ぐことができる。中国にこのような仮差押え制度がないのであれば，債権者代位権はその機能を代替するものと思われ，被保全債権に弁済期の到来を要すること，保全の必要性（金銭債権にあっては通常は債務者の無資力）要件が強調されないこと，金銭債権にほぼ限定されること及び代位債権者の優先弁済権が肯定されていることは，首尾一貫しているように感じられる。

　なお，期日が未到来の債権を被代位権利として，保存行為にあたらない代位権行使を行うことができるが，そのためには，代位訴訟を提起するか，非

　2）小口彦太「中国契約法における債権者代位権の基礎的研究」早稲田法学 89 巻 1 号 19〜28 頁。ただし，本稿は韓・王両氏の見解発表後のものである。

訟事件手続法85条～91条（とくに85条）により裁判所の許可を得なければならない（民法423条2項本文）。これを裁判上の代位という。ただ，この裁判上の代位はほとんど使われておらず，代位訴訟で争わせる方が妥当であるため，今回の民法改正では廃止が提案されている。

第3節　債権者代位権行使の効果の帰属

1　問題の提示

　王利明は，2001年に出版された著書においては，「代位権行使後，代位訴訟で勝訴判決を得たら，第三債務者は債務者に対して債務を弁済〈清償〉しなければならず，かつ第三債務者が引き渡した財産は債務者の総財産となり，債権者全体に弁済されなければならない。代位権の債権者は，決してこれにより優先弁済を獲得することはできない。契約法建議草案72条3項や契約法草案第3稿53条2項では，いずれも明確に代位権行使の効果は債務者に帰属することを規定していた（惜しむらくは〈可惜〉，正式の条文では削除された）」[3]と述べていたが，2011年に出版されたⅡ書では，「（代位権の効力については第1，入庫規則説，第2，債権者平均分配説，第3，代位権者優先弁済説があるが），以上の3種類の説のうち，最高人民法院が制定した司法解釈が合理的である。その理由としては……裁判所に権利を主張する債権者が相応の保護を受ける。……もし代位債権者が代位権を行使した後で得た財産が完全に債務者の債権者全体の間で平均して分配されるとなると，代位権者にとって不公平である。何故なら，ある債権者が代位権を行使した後，全体の債権者の"ただ乗り"〈免費搭車〉を認めることになり，……代位権者にとって不公平である」[4]からであると述べて，大きくその見解を改めている。この問題は，中国における債権者代位権をどのように位置づけるかにかかわる基本的問題であると思う。

3）『合同法要義与案例析解・総則』（中国人民大学出版社，2001年）271頁。
4）王利明Ⅱ書132～133頁。

2 韓世遠・王成の回答

≪韓世遠の回答≫

これは代位権行使の効果の帰属問題に係わる。最高人民法院は司法解釈で，第三債務者が債権者に対して弁済義務を履行することにより，債権者と債務者，債務者と第三債務者の間のそれぞれの相応する債権債務関係はただちに消滅する（法釈［1999］19号第20条）と規定している。この規則の解釈をめぐっては議論が分かれている。

私個人の見解では，これは実質的に金銭債権の場合，相殺制度を借りて，代位権制度をして簡易の債権回収の手段としての効能を発揮させようとするものである。注意しなければならないのは，債権者は事実上優先的に弁済を受ける効果を有するが，しかし法律上は当然に優先的に弁済を受ける権利を有しているわけではないということである。代位権行使の効果は直接債権者に帰属するわけではなく，相殺制度の助けを借りて間接的に債権者に帰属するのである。

人によっては，代位権行使の結果は債務者に帰属するのでなく，直接債権者に帰属するとか，債権者には直接（優先的に）弁済を受ける権利があるとする見解がある。こうした見解は妥当でない。もし代位権行使の結果が債務者に帰属せずに，直接債権者に帰属するとなると，債権者代位権は債権債務の法定移転に転化したものにほかならない。その結果，債権者は自己の名義で他人の権利を行使するのでなく，自己の名義でもって自己の権利を行使することになる。これは明らかに代位権制度の基本的意義に悖る。非金銭債務の場合，もし相殺適状を構成するなら（契約法99条1項），相殺権が発生し，債権者も相殺を主張できる。相殺がなされない場合，代位債権者は他の債権者と平等に弁済を受けなければならない。こうした場合，債権平等はもとより原則をなすが，しかし同時になお実際履行の順序の問題が存在する。もし，債務者の任意履行により債権者に弁済をなし，あるいは他の債権者が速やかに債権を主張しなければ，通常，代位債権者は満足を得，債権を実現し，これについて他の債権者は異議を提起できない。もし債務者が任意に履行せず，債権者がその債権の実現を欲すれば，強制執行手続の助けを借りなければならない。

≪王成の回答≫

確かに，代位権の効力問題をめぐって，中国の学者の間では意見の対立が存在している。私は，最高人民法院による司法解釈の意見に賛成である。その理由は，王利明のⅡ書における見解と同じである。これらの理由のほかに，私は，このような処理方法は実施コストとも関係すると考えている。例えば，入庫規則であれ債権者間の平等分配であれ，いずれもすべての債権者を一箇所に召集してから分配プランを確定させることを意味する。このことは，破産財産の分配と幾分か似ている。破産事件審理の実際の状況から見ると，このような処理方法は時間と労力を要するものである。

中国司法解釈の規定は確かに，中国法における代位権の性質がもはや保存行為でなくなったことをも意味している。

3　松岡久和の所見

日本の執行制度は「愚直なまでの平等主義」と批判的に語られる。たしかに，差押債権者に法定担保権などの優先権を認める制度はない。しかしながら，債権執行の場合には，差押えが行われた後，他の債権者は，配当要求の終期までに重ねて差押えを行うか，配当要求を行わなければならない（民事執行法 165 条）。差押えや配当要求ができる債権者は，債務名義を得ているか質権・先取特権を文書によって証明できる者に限られる（同法 154 条 1 項）。配当要求の終期が到来すると，もはや他の債権者は差し押さえられた債権からの配当に与ることはできず，差押債権者は，被差押債権（転付命令を得た場合）またはそれを取立てたもの（転付命令を得ておらず取立てのみを行った場合）を独占することができる。

相殺による事実上の優先弁済という扱いは，日本の現在の実務においても同じであり，その論拠も韓や王の指摘するところと同じである。債権執行の扱いとも機能的にそれほど大差はない。

日本の民法改正の議論では，代位債権者の事実上の優先弁済を問題視し，相殺による事実上の優先弁済を否定する改正案が提示されていた。しかし，事実上の優先弁済を否定すると，債権者代位権の使い方を大きく制約することになり，制度が使われなくなるとの反対意見が強く，最終的な改正案には採用されなかった。

212　第二部　中国契約法の研究

第4節　「入庫規則」

1　問題の提示

　韓世遠は崔建遠との共同論文で,「"入庫規則"及び共同担保の保全制度の趣旨は,論理的演繹の結果であるが,しかし生活は決して論理のためにあるのではない。逆に,論理は生活のためにある。権利保護の問題において,保護を受けるべきは,積極的に権利を行使する人であって,怠惰な者ではない。代位権者は"火中の栗を拾う"人であり,他人と分かちあわないからといって,公道には背かない」[5]と述べている。こうした,下線部に示されているような見解は法思想的には大変興味深く,上記の王利明の最近の見解に近いと思われる。しかし,韓はいわゆる入庫規則説の立場に立っているように思われる。この点についてどのように整合的に理解すべきかが問題となる。

2　韓世遠の回答

　私と崔建遠は上記の論文で「入庫規則」という概念を提起した。それは,債権者が代位権を行使した後得た財産は法律上債務者に帰属するという規則のことを意味する。この概念が今日,こんなにまで民法学界で広範に使用され,人々が関心を示すとは思いもしなかった。

　多くの学者は以下の一点について認識を共通にする。すなわち可能な限り債権者が代位権を行使するように奨励し,他の債権者の"ただ乗り"の負の影響を減じなければならないという点で共通する。しかし,どのような方法で債権者による代位権の行使を奨励すべきかの点で,学者の見解は一致していない。

　私は債権者代位権について次のような見解を持っている。それには決して軽々しく超えてはならないいくつかの最低線が存在する。すなわち（i）債権者代位権は債権者が債務者の"身分"［位］でもってその権利を行使するのであって,法定の債権移転ではない。債権者が債務者から譲渡された第三債務者に対する権利を行使するのでない。（ii）債権者代位権は債権の対外

　5）「合同法中的債権人代位権制度」中国法学 1999 年 3 期 36 頁。

的効力を体現したものであり，債務者の責任財産を保全する法律制度である。代位権をもって"優先的に弁済を受ける権利"とする法律も，理論的基礎も存在しない。

　以上の基本的な最低線を堅持するとの前提のもとで，債権者代位権に関する中国法の解釈論を構成する場合，努めて債権者が積極的に代位権を主張するよう奨励するいくつかの要素を増やしていかなければならない。この面で，私は，どんなに債権者が優先的に弁済を受ける権利を有していなくても，相殺制度を用いて，若干の場合，代位債権者をして事実上「優先的に弁済を受ける権利」の効果を獲得させるとする日本の判例学説から啓発を受けた。中国の学者は，我妻栄の著作を読むとき，金銭債権の場合相殺制度を借りて実現される「優先弁済」の結果を，「優先弁済権」と誤読してしまっている[6]。これは一字の差であるが，"ごくわずかな違いがあまりにも大きな過ちとなる"のである。この種の誤読が中国の読者にさらに大きな誤解を与えないように真に希望する。

3　松岡久和の所見

　すでに211頁の所見の最後でも触れたが，債権者代位権の行使を奨励するか否か自体に見解の対立がある。当初の民法改正案は，債務名義がないのに第三債務者に負担をかけ，責任財産の保全を超えて優先弁済的満足に至る点が民事執行制度との均衡を失しているとして問題視していた。これとは対極にある平井宜雄の見解は，債権者代位権制度を債務者の一般財産に対する一種の包括担保権と理解し，正面から優先弁済権を認めようとする[7]。従来の

6）我妻栄『新訂債権総論』（岩波書店，1979年）169頁。本書の中訳書は「金銭を引き渡した後，代位債権者は優先弁済を受けることができる」と訳していて，重要な語彙を見落としている（王燮訳『新訂債権総論』（中国法制出版社，2008年）151頁）。原著書を中文に直訳すると，「金銭の引渡しにおいて，代位債権者が優先弁済を受ける結果となるであろう」となる。ここでの重点は「結果」にある。原著者は注記の中で，この結果をもたらす手段は相殺であることを指摘している（「債権者は自分の債権と相殺することができるであろう」）。もし単に「代位債権者は優先弁済を受けることができる」とのみ読んでしまうと，この「結果」という語の意義が見失われてしまう。「できる」という字から，その手段が権利のはずであると連想してしまったのであろうか，この中訳書により，王利明は優先弁済権と読んでしまったと思われる。王利明II書132頁。

214　第二部　中国契約法の研究

判例・通説が認める事実上の優先弁済は，この中間に位置する。これを法的な優先弁済権と解するのは韓の指摘のとおり正確ではないが，平井説の方向への展開は理論的にはありうる。民法改正案は，議論の結果，事実上の優先弁済を容認するが，積極的に優先弁済権と定義するものでもない現在の判例・多数説を維持した。

第5節　債権者代位権の法定移転説

1　問題の提示

　中国における債権者代位権の性格を考えるうえで重要な規定が最高人民法院の司法解釈「契約法適用解釈（一）」20条の条文である。この条文の意味について，最近の徐瀾波の論文は，中国契約法上の債権者代位権について，一種の法定移転説，あるいは一種の債権譲渡説を展開しており，「司法解釈20条……は，債権債務の法定移転の効力の下において代位権の成立が認定されるものである。何故なら債権（＝債務者の第三債務者に対する債権──小口）はすでに（債権者に──小口）移転し，したがって法律関係の性質上第三債務者は代位債権者に弁済義務を履行し，代位権行使の効果は直接債権者に帰属する」，「司法解釈20条……の性質は，債務者の法定移転に属する。したがって，代位債権がいったん認定されると，判決の効力は債務者がすでに自己の債権を債権者に譲渡するという行為の効力発生を示している」[8]と述べている。こうした法定移転説，債権譲渡説をどのように評価するか，問題となる。

2　韓世遠・王成の回答

　≪韓世遠の回答≫

　現在，中国は"新たな創造"が提唱される時代にある。そのため，"新たな創造"の見解があったとしても，何ら奇異なことではない。上記のような学術見解について言えば，私個人は受け入れ難い。何故ならそれは私が前節

　7）平井宜雄『債権総論［第2版］』（弘文堂，1994年）271〜272頁。

　8）徐瀾波「合同債権人代位権行使的効力及相関規則弁析」法学2011年7期88〜89頁。

2の「回答」で述べた2つの基本的な最低線のうちの（ⅰ）のルールの枠を踏み越えてしまうからである。その全文を読んでいないので，多くを論評できないが，ただ1点指摘するとすれば，こうした"新説"には以下のようないくつかの疑問がある。すなわち債権はいつ法定的に債権者に移転するのか，そしてどのように移転するのか，もし多数の債権者がいる場合，どのようにして移転するのかということである。代位債権者が先に訴えを起こし代位権を主張し，その後訴えを取り下げた場合，すでに法定移転した債権はどのように結末をつけるのか。

《王成の回答》
　私は，法定移転説，債権譲渡説もまた第三債務者の債権者への直接の債務弁済に理論的根拠を求めているものだと理解している。中国法における代位権がもはや保存行為でなくなったため，入庫規則を採用しなくなった。故に，法定移転説は一家言たりうるといえよう。

3　松岡久和の所見

　代位という概念で語れるものは多様であり，日本法でも，弁済者代位は原債権及びその担保権の法定移転だと解する見解が判例・通説である。債権者代位においても，代位債権者の独占的優先的満足という結果を肯定するのであれば，法定移転や債権譲渡構成は適合的なものといえる。しかし，韓世遠が指摘するとおり，代位権行使の取下げや複数の代位債権者の競合の場合には（おそらく解決不可能ではないが）難しい新たな法律問題を生じる。弁済者代位では，すでに有効な弁済が行われてその求償権を確保するという目的があるため，取下げの問題は生じにくいし，取り下げられれば代位権が放棄され，原則通り被代位権利が弁済消滅したことが確認されるだけである。また，複数の代位権者の関係については，民法自体が501条で相互調整の規定を用意している。

　このように同じ代位と言っても弁済者代位と同様に債権者代位を法定の権利移転として構成するには法技術的な難点がある。のみならず，より根本問題は，担保権を有するわけでもない一般債権者に先着手により優先弁済権を正面から認めるという価値判断自体の妥当性である。日本法では，法政策的

な考慮から一定の債権について全責任財産に対する先取特権を付与している
が，債権者代位権に優先弁済権を肯定することは，この先取特権の効力を殺
ぎ，民法の基本的価値判断と整合しない。ただし，被保全債権と被代位債権
の間に特殊な関係がある場合には解釈上優先弁済を肯定することも考えられ
る。たとえば，無資力のAがXから騙取した金銭によって，第三者YのBに
対する債務を有効に弁済した場合，XはAに対する債権を被代位債権として，
AのYに対する求償債権を代位行使し，独占的満足を受けられると解するこ
とは，XのYに対する直接の不当利得返還請求権を認めるのと機能的には近
く，Xに，Aの他の債権者に対する優先を認める結果となる。

第6節　特定債権に対する対応

1　問題の提示

中国契約法73条は債務者の第三債務者に対する権利を債権に限定し，さ
らに司法解釈は金銭債権に限定している。この，金銭債権に限定する理由と
して，ある論者は「金銭給付の内容を有しない権利に対して代位権を行使す
ることは，債権保障においてあまり意義がなく，かつ手続も複雑である」こ
とを挙げる[9]。金銭債権に限定すると，以下のような事例について債権者代
位権は行使できないということになるのか。

説例

甲は乙よりA物を購入するも，それを受領しないうちに，甲はそれを丙に
転売し，もし甲が乙に対して引渡し請求権の行使を怠っていれば，丙の債権
は実現されない。

この説例は崔建遠の作成したものであり[10]，崔はこうしたケースに対応す
るために，特定債権についても代位権行使を認めるべきであると説く。この
設問と関連して，裁判実務での対応が問題となる。

9）武興偉＝李暁斌『合同法司法解釈理解与運用・典型案例裁判理由』（中国法制出版社，
2010年）34頁。
10）崔建遠「債権人代位権的新解説」法学2011年7期136頁。

2 王成の回答

解釈論の視角からいうと，司法解釈が代位権の行使を金銭債権に限定している以上，裁判所が代位権を適用する際には，このような規定を遵守しなければならない。それと同時に，司法解釈がこのように限定したことの非常に重要な理由は，実践においては主に金銭債権が代位を必要とし，代位された債権もまた主に金銭債権である，ということにある。立法論からいうと，上記の設例には代位権を行使できるようにすべきである。

私が調べた資料からみると，裁判実践においては，特定債権に対する代位権の行使を認めていないと考えている。以下の2つの資料が参考になるだろう。

第1，「最高人民法院の深圳発展銀行と賽格（香港）有限会社，深圳賽格集団財務会社間の代位権紛争事件についての請訓［請示］に関する回答」（［2005］民四他字第31号）において，広東省高級人民法院の請訓に対して，最高人民法院は次のように述べた。「貴院の請訓報告において，少数意見を陳述する際に提起された問題，すなわち代位権の範囲は債権のみに限定されることから所有権にまで拡張され得るかという問題について，本法院は，次のように考える。現在の法律の規定及び司法解釈にもとづき，債権者は人民法院に自己の名義で債務者の金銭給付の内容を有する期日到来の債権の代位行使を求めることしかできず，かつ，当該債権は債務者自身に専属するものであってはならず，代位権の範囲は債権から所有権にまで拡張することができない」。

第2，「成都市国土資源局武候分局と招商（蛇口）成都不動産開発有限責任会社，成都港招実業開発有限責任会社，海南民豊科技実業開発総公司間の債権者代位権紛争案」（最高人民法院（2011）民提字第210号民事判決書）において，最高人民法院は，次のように考えていた。

契約法73条は，「債務者が期限の到来した債権を行使することを怠ることにより，債権者に対して損害を与えたとき，債権者は自己の名義をもって債務者の債権を代位行使することを人民法院に請求することができる。ただし，その債権が債務者自身に専属する場合は除外する」と定める。債務者と第三債務者が代物弁済方式による債務の弁済を約定した場合，代物弁済合意〈協議〉が要物契約〈実践型契約〉であるため，第三債務者が代物弁済合意〈協

議〉を実際に履行しなかったならば，第三債務者と債務者間の原金銭債務は決して消滅せず，債権者はなお債務者の債権を代位行使する権利を有する。

3 松岡久和の所見

王成は，実践的な代位の必要性と，被代位債権も主として金銭債権であることを理由として紹介しているが，それなら被代位権利を仮差押えし，被保全権利の債務名義を取り，債権執行を行えばよいことにならないだろうか。債権執行制度が充実している日本法において債権者代位権が現在有している意義は，債権執行のできない権利等（解除権・取消権）の代位，被代位債権の時効中断（現153条。改正後は時効の完成停止。新150条）のための催告などの保存行為，及び，特定債権保全のためのいわゆる転用に求められている。

民法改正案は，登記又は登録の請求権を保全するための債権者代位権という特定債権保全のための規定を新設する提案を行っている（423条の7）。同条はそれ以外の類型を否定する趣旨ではないが，要件が明確になった反面で類推適用の基礎には使いにくくなった。そのため，これ以外の類型での特定債権の保全のための債権者代位権の利用は，新423条1項の類推適用によることになろう。

第7節 債権者代位権と民事強制執行の関係

1 問題の提示

日本では，完備された民事執行・保全制度を有する法制のもとで，本来型の債権者代位権制度（金銭債権を有する代位債権者が，債務者の責任財産を保全し，強制執行を準備するための制度としての債権者代位権）を存続させる必要があるのか，また，転用型の債権者代位権に明文の根拠を与えるべきではないかといった議論がなされている。

中国では，代位権訴訟と民事訴訟法，特に民事強制執行制度との関係はどのようになっているのか。このことと関連して，中国での民事執行・保全制度は十分整備されているのかが問題となる。中国の債権者代位権は，いわゆる本来型のみを対象とし，いわゆる転用型（非金銭債権＝特定債権の内容を実現するための手段としての代位権）を対象としていない（少なくとも1999年司

法解釈 20 条による限り）。このことは，中国の民事強制執行法の不備を補う目的で債権者代位権が規定されたと理解することができるのではないか。

2　韓世遠・王成の回答

≪韓世遠の回答≫

　中国は現在のところ専門的な強制執行法は存在しない。ただし，民事訴訟法第 3 編に執行手続を規定し，その中には一般規定（第 19 章），執行申請及び移送（第 20 章），執行措置（第 21 章），執行の中止と終了（第 22 章）が含まれ，基本的な法律は存在すると言える。債権者代位権制度が日本のように「強制執行のための準備制度」として理解されるかどうかについては，こうした考え方は中国の法律家にはよく知られていない。契約法が債権者代位権を規定した主要な目的は当時の "三角債" 問題の解決にあり，実体法の面からいくつかの手段を増やし，債権者の債権を保障しようとしたものである。このことは，強制執行法の規定が完備しているかどうかとは，必然的関係はない。

≪王成の回答≫

　まず，日本民法における代位権制度は，中国法における代位権制度と異なる性質を有している。中国法では，債権者は代位権の行使を通じて完全に自己の金銭債権を満足させることができる。最高人民法院の「法により執行忌避行為を制裁することに関する若干の意見」（法 [2011] 195 号）14 条は，執行申請人を導いて法により訴訟提起させると定める。被執行人が債権の行使を怠り，執行申請人に損害をもたらした場合，執行法院は，執行申請人に契約法 73 条の規定にもとづいて管轄権のある人民法院に代位権訴訟を提起するよう，告知することができる。それと同時に，同「意見」12 条および 13 条の規定にもとづき，既に効力の発生した判決〈法律文書〉により確認された期日到来の債権について，裁判所は直接執行することができる。他方，期日未到来の債権については，保全することができ，期日到来後に期日到来の債権の処理方式を参照して処理することになる。そのため，代位権制度と執行制度の間には密接な関連があるとはいえ，中国法における代位権制度と執行制度の関係は，日本法における代位権制度と執行制度の関係とは異なると

いえよう。したがって，中国法において，代位権制度の存在は，民事執行および保全制度が完備されているか否かとは必然的な関連を有していない。

次に，中国の民事執行制度にはそれ自身の問題がある。しかし，代位権制度または財産の保全という視角から中国の民事執行制度を見た場合，それは比較的完備されているといえよう。言い換えれば，中国の民事執行制度における保全制度には，さほど問題がないといえよう。被執行人が執行に供し得る財産の手掛かりを当事者が提供しさえすれば，法院は完全に保全措置または直接の執行措置をとることにより，債権者の債権が満足を得られるよう確保することができる。中国の法律が代位権における2つの債権がいずれも期日到来の債権であることを求めているため，期日未到来の債権について，最高法院の上記「意見」13条は，被執行人の期日未到来の債権について，執行法院は法により差押えることができ，債権の期日到来後に期日到来の債権を参照して執行すると規定する。第三者が同債務の期日未到来のみを理由に異議を申し出た場合，同債権に対する保全に影響しない[11]。

3 松岡久和の所見

韓世遠も王成も執行制度との直接の関連性について否定的な意見を述べているが，私にはなお両者には密接な関連があるように感じられる。王成は，中国の民事執行制度における保全制度にはさほど問題がないと答えているが，債権者が債務名義を取得する以前に，第三債務者に対する債務者の債権の取

---

11) 以上6点に渉る問題につき韓・王両氏より回答を得た後，小口の方で以下の追加質問をした。その質問につき王より回答を得ることができたので，以下にそれを掲げておきたい。

追加質問

所謂無資力要件について。債務者に金銭はないが，自動車数台を所有し，それが債権者に対する債務を弁済するに足りる場合についてであるが，債権者が自動車に執行を加えるには競売や変売等煩雑な手続きを必要とする。そうした煩雑さを避けるために，直接，債務者が第三債務者に対して有する金銭債権の代位行使をすることができるか。筆者（小口）の調べた裁判例による限り，いわゆる無資力要件が裁判で争点をなしている事例は存在していない。

王成の見解

学説では，不特定債権及び金銭債権には無資力が要件となるとの見解がある。しかし，契約法にせよ，司法解釈にせよ，この要件を要求していない。したがって，司法実務では，債務者の無資力を要件とすることは求められていない。

立てや譲渡を防ぐことはできるのか（日本では仮差押えで可能）。

　また，日本の転用事例（売主に対する買主の登記請求権を転買主が代位行使する場合，不動産賃貸人の妨害排除請求権を賃借人が代位行使する場合，売買契約の売主の相続人間で足並みが揃わない場合に買主の同時履行の抗弁権を回避して代金債権の即時履行を求めるため，買主が相続人全員に対して有する移転登記請求権を，相続人の一人が代位行使する場合）[12]のように，他の制度では十分対応できない場合には，債権者代位権の活用が必要になると思うが，そのような事態は中国でも生じるのではないかと思う。三角債問題というより大きな社会問題の方に焦点が合っていることが特定債権の保全に目が向いていない理由ではないのかと想像する。

---

12) 大判明治 43 年 7 月 6 日民録 16 輯 537 頁，大判昭和 4 年 12 月 16 日民集 8 巻 944 頁，最判昭和 50 年 3 月 6 日民集 29 巻 3 号 203 頁。さらに，抵当権者が抵当権設定者に対して有する侵害是正請求権を保全するため，抵当権設定者が不法占有者に対して有する妨害排除請求権を代位行使することも認められた（最大判平成 11 年 11 月 24 日民集 53 巻 8 号 1899 頁）。この代位は，債権ですらない権利を保全するもので，「民法 423 条の法意に従い」とされ，類推適用の域をも外れている。

第6章　債権の保全 (2) ──債権者取消権

第1節　契約法・関係法規及び日中の条文比較

1　中国契約法・関係法規

74条（債権者の取消権）　①債務者が期日到来の債権を放棄し，又は財産を無償譲渡し，債権者に損害を与えたときは，債権者は人民法院に債務者の行為の取消しを請求することができる。債務者が明らかに不合理な低価額で財産を譲渡し，債権者に損害を与え，かつ譲受人が当該の事情を知っていたときは，債権者はまた人民法院に債務者の行為の取消しを請求することができる。

②取消権の行使の範囲は，債権者の債権を限度とする。債権者が取消権を行使するうえでの必要費用は，債務者が負担する。

75条（取消権の期間）　取消権は債権者が取消事由を知った日又は当然知り得た日から1年以内に行使しなければならない。債務者の行為が生じた日から5年以内に取消権を行使しなければ，当該取消権は消滅する。

> **最高人民法院「契約法適用解釈（一）」23条**　債権者が契約法74条の規定により取消権訴訟を提起するときは，被告人所在地の人民法院が管轄する。
>
> **同24条**　債権者が契約法74条の規定により取消訴訟を提起するときに，債務者だけを被告とし，無償の受益者〈受益人〉又は有償の受益者〈受譲人〉を第三者に加えないときは，人民法院は無償の受益者又は有償の受譲者を第三者に加えることができる。
>
> **同25条**　①債権者が契約法74条の規定により取消権訴訟を提起し，人民法院に債務者の債権放棄又は財産譲渡行為の取消しを請求するときは，人民法院は債権者の主張する部分について審理を行い，法により取り消したときは，当該行為は初めより無効とする。

②２人又は２人以上の債権者が同一の債務者を被告として，同一目的物について取消権訴訟を提起したときは，人民法院は併合審理することができる。

最高人民法院「契約法適用解釈（二）」18 条　債務者が期日未到来の債権を放棄し，もしくは債権担保を放棄し，又は悪意で期日到来の債権の履行期を延長し，債権者に損害を与え，債権者が契約法 74 条の規定によって取消権訴訟を提起したときは，人民法院はそれを支持しなければならない。

同 19 条　①契約法 74 条に規定する"明らかに不合理な低価額"について，人民法院は取引地の一般経営の判断をもって，あわせて取引時の取引地の物価部門の指導価額又は市場取引価額を参考とし，その他の関連する要素を結合させて考慮し確認しなければならない。

②譲渡価額が取引時の取引地の指導価額又は市場取引価額の 70％以下のときは，一般に明らかに不合理な低価額とみなすことができる。譲渡価額が当地の指導価額又は市場取引価額より 30％以上高いときは，明らかに不合理な高価額とみなすことができる。

③債務者が明らかに不合理な高価額をもって他人の財産を購入するときは，人民法院は債権者の申請にもとづいて，契約法 74 条の規定を参照して取り消すことができる。

最高人民法院「法により執行忌避行為を制裁することに関する若干の意見」（2011 年）14 条２項　被執行人が債権を放棄し，財産を無償譲渡し，あるいは明らかに不合理な低価額で譲渡し，執行申請人に損害を与えたときは，執行法院は執行申請人に契約法 74 条の規定によって管轄権を有する人民法院に取消訴訟を提起する権利があることを告知することができる。

2　日本民法

424 条（詐害行為取消権）　①債権者は，債務者が債権者を害することを知ってした法律行為の取消しを裁判所に請求することができる。ただし，その行為によって利益を受けた者又は転得者がその行為又は転得の時において債権者を害すべき事実を知らなかったときは，この限りでない。

②前項の規定は，財産権を目的としない法律行為については，適用しない。

425 条（詐害行為の取消しの効果） 前条の規定による取消権は，すべての債権者の利益のためにその効力を生ずる。

426 条（詐害行為取消権の期間の制限） 第 424 条の規定による取消権は，債権者が取引の原因を知った日から 2 年間行使しないときは，時効によって消滅する。行為の時から 20 年を経過したときも，同様とする。

3 改正民法

424 条（詐害行為取消請求） ①……害することを知ってした行為の取消し……利益を受けた者（以下この款において「受益者」という。）がその行為の時において債権者を害することを知らなかったときは，この限りでない。

②……目的としない行為については……

424 条 3 項（新設） 債権者は，その債権が第 1 項に規定する行為の前の原因に基づいて生じたものである場合に限り，同項の規定による請求（以下「詐害行為取消請求」という。）をすることができる。

424 条 4 項（新設） 債権者は，その債権が強制執行により実現することのできないものであるときは，詐害行為取消請求をすることができない。

424 条の 2（新設）（相当の対価を得てした財産の処分行為の特則） 債務者が，その有する財産を処分する行為をした場合において，受益者から相当の対価を取得しているときは，債権者は，次に掲げる要件のいずれにも該当する場合に限り，その行為について，詐害行為取消請求をすることができる。一，その行為が，不動産の金銭への換価その他の当該処分による財産の種類の変更により，債務者において隠匿，無償の供与その他の債権者を害することとなる処分（以下この条において「隠匿等の処分」という。）をするおそれを現に生じさせるものであること。二，債務者が，その行為の当時，対価として取得した金銭その他の財産について，隠匿等の処分をする意思を有していたこと。三，受益者が，その行為の当時，債務者が隠匿等の処分をする意思を有していたことを知っていたこと。

424 条の 3（新設）（特定の債権者に対する担保の提供等の特則） ①債務者がした既存の債務についての担保の供与又は債務の消滅に関する行為について，債権者は，次に掲げる要件のいずれにも該当する場合に限り，詐害行為取消

請求をすることができる。一，その行為が，債務者が支払不能（債務者が，支払能力を欠くために，その債務のうち弁済期にあるものにつき，一般的かつ継続的に弁済することができない状態をいう。次項第一号において同じ。）の時に行われたものであること。二，その行為が，債務者と受益者とが通謀して他の債権者を害する意図をもって行われたものであること。

②前項に規定する行為が，債務者の義務に属せず，又はその時期が債務者の義務に属しないものである場合において，次に掲げる要件のいずれにも該当するときは，債権者は，同項の規定にかかわらず，その行為について，詐害行為取消請求をすることができる。一，その行為が，債務者が支払不能になる前30日以内に行われたものであること。二，その行為が，債務者と受益者とが通謀して他の債権者を害する意図をもって行われたものであること。

424条の4（新設）（過大な代物弁済等の特則） 債務者がした債務の消滅に関する行為であって，受益者の受けた給付の価額がその行為によって消滅した債務の額より過大なものであるものについて，第424条に規定する要件に該当するときは，債権者は，前条第一項の規定にかかわらず，その消滅した債務の額に相当する部分以外の部分については，詐害行為取消請求をすることができる。

424条の5（新設）（転得者に対する詐害行為取消請求） 債権者は，受益者に対して詐害行為取消請求をすることができる場合において，受益者に移転した財産を転得した者があるときは，次の各号に掲げる区分に応じ，それぞれ当該各号に定める場合に限り，その転得者に対しても，詐害行為取消請求をすることができる。一，その転得者が受益者から転得した者である場合　その転得者が，転得の当時，債務者がした行為が債権者を害することを知っていたとき。二，その転得者が他の転得者から転得した場合　その転得者及びその前に転得した全ての転得者が，それぞれの転得の当時，債務者がした行為が債権者を害することを知っていたとき。

424条の6（新設）（財産の返還又は価額の償還の請求） ①債権者は，受益者に対する詐害行為取消請求において，債務者がした行為の取消しとともに，その行為によって受益者に移転した財産の返還を請求することができる。受益者がその財産の返還をすることが困難であるときは，債権者は，その価額の償還を請求することができる。

226　第二部　中国契約法の研究

②債権者は，転得者に対する詐害行為取消請求において，債務者がした行為の取消しとともに，転得者が転得した財産の返還を請求することができる。転得者がその財産の返還をすることが困難であるときは，債権者は，その価額の償還を請求することができる。

424 条の 7（新設）（被告及び訴訟告知）　①詐害行為取消請求に係る訴えについては，次の各号に掲げる区分に応じ，それぞれ当該各号に定める者を被告とする。一　受益者に対する詐害行為取消請求に係る訴え　受益者。二　転得者に対する詐害行為取消請求に係る訴え　その詐害行為取消請求の相手方である転得者。

②債権者は，詐害行為取消請求に係る訴えを提起したときは，遅滞なく，債務者に対し，訴訟告知をしなければならない。

424 条の 8（新設）（詐害行為の取消しの範囲）　①債権者は，詐害行為取消請求をする場合において，債務者がした行為の目的が可分であるときは，自己の債権の額の限度においてのみ，その行為の取消しを請求することができる。

②債権者が第 424 条の 6 第 1 項後段又は第 2 項後段の規定により価額の償還を請求する場合についても，前項と同様とする。

424 条の 9（新設）（債権者への支払又は引渡し）　①債権者は，第 424 条の 6 第 1 項前段又は第 2 項前段の規定により受益者又は転得者に対して財産の返還を請求する場合において，その返還の請求が金銭の支払又は動産の引渡しを求めるものであるあるときは，受益者に対してその支払又は引渡しを，転得者に対してその引渡しを，自己に対してすることを求めることができる。この場合において，受益者又は転得者は，債権者に対してその支払又は引渡しをしたときは，債務者に対してその支払又は引渡しをすることを要しない。

②債権者が第 424 条の 6 第 1 項後段又は第 2 項後段の規定により受益者又は転得者に対して価額の償還をする場合についても，前項と同様とする。

425 条（認容判決の効力が及ぶ者の範囲）　詐害行為取消請求を認容する確定判決は，債務者及びその全ての債権者に対してもその効力を有する。

425 条の 2（新設）（債務者の受けた反対給付に関する受益者の権利）　債務者がした財産の処分に関する行為（債務の消滅に関する行為を除く。）が取り消されたときは，受益者は，債務者に対し，その財産を取得するためにした反対給付の返還を請求することができる。債務者がその反対給付の返還をするこ

とが困難であるときは，受益者は，その価額の償還を請求することができる。

425条の3（新設）（受益者の債権の回復） 債務者がした債務の消滅に関する行為が取り消された場合（第424条の4の規定により取り消された場合を除く。）において，受益者が債務者から受けた給付を返還し，又はその価額を償還したときは，受益者の債務者に対する債権は，これによって原状に復する。

425条の4（新設）（詐害行為取消請求を受けた転得者の権利） 債務者がした行為が転得者に対する詐害行為取消請求によって取り消されたときは，その転得者は，次の各号に掲げる区分に応じ，それぞれ当該各号に定める権利を行使することができる。ただし，その転得者がその前者から財産を取得するためにした反対給付又はその前者から財産を取得することによって消滅した債権の価額を限度とする。一　第425条の2に規定する行為が取り消された場合　その行為が受益者に対する詐害行為取消請求によって取り消されたとすれば同条の規定により生ずべき受益者の債務者に対する反対給付の返還請求権又はその価額の償還請求権。二　前条に規定する行為が取り消された場合（第424条の4の規定により取り消された場合を除く。）その行為が受益者に対する詐害行為取消請求によって取り消されたとすれば前条の規定により回復すべき受益者の債務者に対する債権。

426条（詐害行為取消権の期間の制限） 詐害行為取消請求に係る訴えは，債務者が債権者を害することを知って行為をしたことを債権者が知った時から2年を経過したときは，提起することができない。行為の時から10年を経過したときも，同様とする。

4　日中の条文比較

　日中の債権者取消権規定は以下の点で異なる。

　①中国法は，債務者の有償行為と無償行為を区別し，後者においては悪意を要件としない（ドイツ，スイス，台湾の各法と同様）。②取消権行使の期限につき，大きく異なる。特に除斥期間につき中国法が5年であるのに対して日本法は20年となっている。ただし，改正民法においてその20年は10年に短縮された。③中国法は債務者の不合理な価額での有償譲渡につき70％以下とか30％以上といった具体的基準を設けている（最高人民法院司法解釈

「契約法適用解釈（二）」19条）。④中国法は，司法解釈「契約法適用解釈（一）」24条によって債務者だけを被告として規定している。現行日本法にはその種の文言は存在しないが，改正民法424条の7において被告となる者を明記した。⑤中国法には日本法の転得者に対応する文言はない。中国法で債務者からの有償での譲り受け人を〈受譲人〉，無償での譲り受け人を〈受益人〉と称し，債務者と直接の法律行為を結ぶことのない所謂転得者に相当する語句はない。因みに浙江省温嶺市人民法院（2010）台温商初字第1000号にある王運籌案や同省平湖市人民法院（2010）嘉平商初字第100号にある海寧市華通実業有限公司案によれば，日本法で言う転得者に当る者は判決文の中では〈案外人〉と称されている。⑥中国法では，2011年司法解釈によれば，強制執行において債権者取消権を利用することができることが規定されている。日本法には債権者取消権の行使と強制執行の一体的運用を掲げる規定は存在しない。

第2節　債権者取消権の被告と債権者取消権の性格

1　問題の提示

　債権者取消権の効果に関し，中国法は取消権の被告を上記第1節「4　日中の条文比較」の④のように，債務者に限定している。そうした場合，判決の相対効という観念による限り，その判決の効力は受益者には及ばないはずである。中国で債務者を被告としつつ，その効力は受益者にも及ぶというのは，最高人民法院の上記司法解釈が物権的絶対効説を採用していることによるのだろうか。

2　韓世遠・王成の回答

　≪韓世遠の回答≫

　請求権説と折衷説（日本判例理論を例とする）によれば，詐害行為は共同担保の保全の限度内で，かつ取消権の訴訟当事者としての債権者と受益者又は転得者との関係においてのみ無効となる。取消判決の既判力は単に取消権訴訟に参加しない債務者には及ばないのみならず，債務者と受益者，受益者と転得者の間の法律関係にもいかなる影響も生じさせない。取消しの効果とし

ての原状回復は，単に債権者と被告の間でのみ生じ，債務者はこれにより直接の権利を取得しない[1]。以上から，以下のことが分かる。すなわち取消権の相対的効力は以下の2つの面，すなわち"人的面"（取消権の訴訟当事者に限られ，債務者には及ばない）と，"財の面"，すなわち債権保全の限度内に限られるという面に体現される。司法解釈［1999］19号によれば，債務者は取消権訴訟の被告となり，受益者あるいは転得者は訴訟の第三者となるが，これは明らかに人的面での相対効力の概念ではない。そうではなく，取消権訴訟の判決の既判力（債権者取消権行使の効力は判決の確定により生ずる）は，債権者，債務者，第三者（受益者，転得者）に及ぶ。したがって，これは絶対的効力に属する。ただ，契約法は取消権行使の範囲を債権者の債権を限度することを要求しており（74条2項），司法解釈（1999）19号も各級裁判所は債権者が主張する部分についてのみ審理をなすことを要求している（25条1項）。ここでの「債権者の債権」とは，取消権を行使する債権者の債権のことであって，全体の債権者の債権ではない。このように見てくると，財の面では，相対的効力が実行される。

　債権者取消訴訟においては，中国の最高人民法院の判決の中から，以下のことが分かる。すなわち，当該訴訟の法的効果は，債務者と〈受益人〉あるいは〈受譲人〉の間の法律行為に及んで，これを無効に帰すだけでなく（形成的効果），給付の効果をも有し，無効行為の双方当事者に命じて財産（株式）の返還を命ずることができ，もし返還できなければ，損害賠償責任が発生する[2]。

≪王成の回答≫

「契約法適用解釈(一)」24条は，「債権者が契約法74条の規定により取消権訴訟を提起するときに，債務者だけを被告とし，〈受益人〉又は〈受譲人〉を第三者に加えないときは，人民法院は〈受益人〉又は〈受譲人〉を第三者に加えることができる」と定める。その文言の意味から見ると，被告を債務

1）日本大審院判決大正8年4月11日民録25輯808頁。奥田昌道『債権総論［増補版]』（悠々社，1992年）326頁。

2）最高人民法院民事判決書（2008）民二終字第23号，国家開発銀行対瀋陽高圧開関有限公司等借款契約取消権紛糾案，資料来源は北京大学法宝データベース。

者のみとすることは債権者の選択に委ねられている。裁判所としては，〈受益人〉または〈受譲人〉のいずれもが訴訟に参加することを望んでいる。〈受益人〉または〈受譲人〉を第三者にすることは，事実の精査に有利であるだけでなく，これらの者による責任負担をも妨げることなく，柔軟性に長けている。例えば，「契約法適用解釈（二）」26 条は，債権者が取消権の行使のために支払った弁護士費用，交通費等の必要費用は債務者が負担し，第三者に故意・過失があるときは，適切に負担しなければならないと規定する。

　また，債務者と〈受益人〉もしくは〈受譲人〉を同時に被告に加える場合も存在する。例えば，「上訴人国家開発銀行（以下，Xと略称）と，被上訴人瀋陽高圧スイッチ有限責任会社（以下，Y_1と略称），新東北電気（瀋陽）高圧スイッチ有限会社（以下，Y_2と略称），新東北電気（瀋陽）高圧隔離スイッチ有限会社（以下，Y_3と略称），瀋陽北富機械製造有限会社（以下，Y_4と略称），瀋陽東利物流有限会社（以下，Y_5と略称），東北電気発展株式有限会社（以下，Y_6と略称），原審被告瀋陽変圧器有限責任会社（以下，Y_7と略称），東北建築配備工程総公司（以下，Y_8と略称）間の金銭消費貸借契約取消権紛争案」（最高人民法院（2008）民二終字第 23 号民事判決書）において，債務者Y_1と，〈受益人〉または〈受譲人〉はいずれも被告である。最高人民法院による最終的な関連判決内容は，以下の通りである。「四，Y_6が東北輸変電（以下，Aと略称）に対して有する 7,666 万元の債権及びその利息と，Y_1所有のY_4における 95％の株式およびY_5における 95％の株式とを交換する契約を取り消す。五，Y_6は，同判決の効力発生後，10 日以内にY_4における 95％の株式とY_5における 95％の株式をY_1に返還するものとし，Y_6が返還できなければ，Y_6は 24,711.65 万元の範囲内においてY_1の損失を賠償せよ。Y_1は，同判決の効力発生後，10 日以内にAに対して有している 7,666 万元の債権及びその利息をY_6に返還するものとし，Y_1が返還できなければ，Y_1は 7,666 万元の範囲内において Y6 の損失を賠償せよ」。債務者と〈受益人〉または〈受譲人〉の法律行為が取り消されたならば，「当該行為は初めから無効」となり，放棄行為，移転行為が発生する前の状態に戻ってくる。このとき，債権者は，債務者の債権に対する代位権の行使を含む，かつそれに限らない措置を，状況にもとづいて改めてとることができる。このことは，事件の具体的状況に懸ってくることになる。

例えば，最高人民法院の公布した執行逃れに関する典型的裁判事例である「上海金地石油化学有限公社と上海立宇貿易有限会社間の権利侵害損害賠償紛争執行案」の事案の概要は，以下の通りである。

上海金地石油化学有限公社（以下，Ｘと略称）と上海立宇貿易有限会社（以下，Ｙと略称）間の権利侵害損害賠償紛争案において，上海市高級人民法院は民事調停書を作成し，ＹがＸに880万元を支払い，楊麗萍（以下，Ａと略称）が740万元の範囲内においてＹの支払義務につき連帯責任を負うことを確認した。

ＹとＡが調停書に約定された弁済義務を履行しなかったため，Ｘが本件の第１審裁判所である上海市第一中級人民法院に強制執行を申し立てた。執行裁判所は，調査を経て以下のことを明らかにした。Ｙは刑事事件との関わりが疑われており，関係機関の鑑定を経て，既に弁済能力のないことが判明した。Ａの名義下には元々４棟の家屋があったが，Ｘによる提訴の２日前に，Ａが龔某（楊麗萍の息子。以下，Ｂと略称）と３通の「上海市不動産売買契約」を締結し，自身の名義下にあった３棟をＢに「販売し」，その後，所有権移転登記を行った。

執行が立件された後，Ｘが上海市閔行区人民法院にＡとＢの不動産売買契約の取消しを求める訴訟を提起したのに対し，上海市第一中級人民法院は法により本件の執行停止を裁定した。上海市閔行区人民法院は審理において以下のことを明らかにした。ＡはＹの株主であり，公安機関の訊問を受けた際にＢが実際に家屋代金を支払っていないと明確に回答している。Ｂが家屋を譲り受けたときは20歳に過ぎず，かつずっと外国において留学中であり，その生活源は父母により提供されなければならず，決して家屋代金の支払能力を有していない。裁判所は，次のように考える。Ａは，責任を負わされ得ることを予見した後，家屋の所有権を無償でＢの名義下に移転し，主観的には債務を逃れようとの悪意を有しており，かつ事実上自らの債務弁済能力を低減させ，債権者の利益を損なった。したがって，判決はＡとＢが締結した３通の「上海市不動産売買契約」を取り消した。その後，Ｘは執行の回復を申し立て，既にＡの名義に戻った家屋の処分を求めた。執行裁判所が執行を回復した後，ＸとＡが和解合意を達成し，Ａが自らの名義下にある１棟の家屋の所有権をＸの名義下に移転すると同時に，Ｘに16万元を補償し，Ｘは

232 　第二部　中国契約法の研究

その他の債権についての主張を放棄した。このようにして，案件の執行が終結した。

　最高法院の考える本件の典型的意義は次の点，すなわち，被執行人が無償で財産を譲渡し，執行申請人に損害をもたらしたとき，執行申請人が契約法の関連規定にもとづいて管轄権のある人民法院に取消権訴訟を提起して，執行逃れ行為を効果的に制御したという点にある。

3　瀬川信久の所見

(1)　中国法の特色

　「問題の提示」が指摘するように，中国の債権者取消訴訟は，現行の日本法と 2 つの点で異なる。

　その 1 つは被告である（㋐）。日本の詐害行為取消訴訟では受益者・転得者を被告とし，債務者を被告にできない。取り消す詐害行為が，単独行為と解されている債務免除の場合でも被告は受益者（第三債務者）であって，債務者ではない[3]。これに対し，中国の債権者取消訴訟では債務者を必ず被告とし，〈受益人〉〈受譲人〉（日本法の受益者，転得人）は常に被告とするわけではない。この点につき，韓は次のように説明する。「中国大陸部［香港，マカオ，台湾を含まない本土］における通説である折衷説において，債務者の行為が単独行為に属するときは，債務者を被告としなければならない。債務者がすでに契約を通じて第三者に財産を移転したときは，原則として，債務者と第三者を被告としなければならない。未だ財産を移転していないときは，債務者を被告としなければならない。給付の訴えにおいて，受益者が関わるときは，受益者もまた，被告である」[4]。また，王成は，債務者の他に受益者を被告に加える事例はあるが，債務者は常に被告になると考える。最高人民法院「契約法適用解釈（一）」24 条は，債務者を被告にしなければならないと明言はしないが，債務者が被告であることを前提にしているように

---

3) 奥田昌道編『新版注釈民法(10)Ⅱ』（有斐閣，2011 年）798 頁以下〔下森定〕。免除の取消訴訟でも第三債務者のみを被告とすることについては，同書 897 頁のほか，飯原一乗『詐害行為取消訴訟』（悠々社，2006 年）405 頁以下を参照。判決例としては，大判大 9・6・3 民録 26 輯 808 頁，東京高判昭 61・11・27 判タ 641 号 128 頁。
4) 以上の引用文は韓世遠Ⅳ書 361〜362 頁（文元春訳）である。

読める。いずれにしても，実際の裁判例では，債務者は常に被告とされているが，受益者については被告とするものとしないものとが半々であり，受益者だけが被告の事例は皆無だという[5]。以上の点で，中国法と日本法は対照的である。

ところで，被告適格者の違いと関連して日中の債権者取消訴訟にはもう 1 つ取消しの効果の違いがある（④）。すなわち，上記の最高人民法院の「契約法適用解釈（一）」25 条は「法により取り消したときは，当該行為は初めより無効とする」と明記し，韓は，中国の債権者取消訴訟では，債務者を被告とするが，取消判決は絶対的効力を有するので，債務者の処分行為が取り消されると受益者・転得者も処分行為の有効性を主張できなくなるとする。この点でも日本法とは対照的である。日本では，受益者又は転得者を被告とし，取消判決の結果，債務者の処分行為は実体法上も無効になるが，債権者と受益者・転得者の間の相対的無効にとどまるので債務者はその無効を争うことができる[6]からである。

ここでフランス法・ドイツ法に視野を広げると，中国法の特異性を確認できる。しかし，それと同時に，日本法（折衷説）と中国法の部分的な接近もみることができる（以下の⑦については表 1 の A-1 の欄を，④については A-2と D の欄を参照）[7]。

まず，⑦取消訴訟の被告をみると，フランス・ドイツでは受益者（転得者）のみを被告とする。この点では，フランス・ドイツと日本が同じで，原則として債務者のみを被告とする中国法が特異である。ただ，日本の改正債権法は，債務者へ訴訟告知することを要求する点で，中国法に近づいている。

次に，④取り消したときの訴訟法上の効果をみると，フランス・ドイツ・

---

5 ）小口彦太「中国における債権者取消権の基礎的研究」比較法学 47 巻 3 号（2014 年）7 頁。

6 ）奥田昌道編・前掲注 3 書 798 頁以下 ［下森定］。

7 ）以下については，松阪佐一『債権者取消権の研究』（有斐閣，1962 年），下森定『債権者取消権の判例総合解説』（信山社，2010 年）（以下では『判例総合解説』と略す），同『詐害行為取消権の研究』（信山社，2014 年），飯原一乗・前掲注 3 書，佐藤岩昭『詐害行為取消権の理論』（有斐閣，2001 年），片山直也『詐害行為の基礎理論』（慶應義塾大学出版会，2011 年），瀬川信久「詐害行為取消権——日本法の比較法的位置と改正案の現実的意義」同編『債権法改正の論点とこれからの課題』（商事法務，2014 年）91 頁以下を参照。

日本（判例・通説）では，取消判決は訴訟当事者でない債務者に及ばない。他方，実体法上の効果をみると，取り消された詐害行為は，ドイツの判例・通説では有効なままであるが，ドイツの責任説では債務者の責任財産になり（責任的無効），フランスの判例・通説では詐害行為の効果を取消債権者に対抗できなくなる（対抗不能）。いずれも逸出財産への執行受忍という取消債権者のみに対する相対的な，かつ，部分的な無効である。これに対し，日本の判例・通説では，詐害行為は取消しにより実体法上，取消債権者・受益者間のみの相対的な，しかし，全面的な無効になる。以上に対し，日本の改正債権法は，債務者への訴訟告知を理由に債務者・受益者間でも無効になるとした。このように，日本法はこれまでもフランス法・ドイツ法と中国法の中間にあり，今回の改正で中国法に近づいた。

(2) 中国法の特色の背景

以上のように，⑦債務者を必須の被告とし，④取消しによって処分行為を絶対的無効とするのは，中国法の特色であるが，これらの特色は何に由来するのか。⑦④のそれぞれについて日本での議論から考察してみる。

まず，⑦取消訴訟で誰を被告とするか，受益者か債務者かについて，日本では民法典起草時に議論があったが，1910年代初頭以来，判例（大判明44・3・24民録17輯117頁）と多数説は，受益者と転得者を被告とし，債務者の被告適格を否定している。その理由としてしばしば債権者取消しが相対的取消しであることがあげられるが，実質を考えると逆であり，債務者が被告でないことが取消判決の効果を債権者・受益者間にとどめる理由であろう。それでは，債務者を被告としない実質的な理由は何か。この点につき，民法典起草時以来の議論は次のように整理できる[8]。①債務者は無資力なので被告としても意味がない。②詐害行為をした債務者は所在不明のこともあり，居ても期日に欠席することが予想され，出席しても信頼できる言動を期待でき

8）以下の①は法典調査会での意見（『法典調査会民法議事速記録三』商事法務研究会120頁の高木豊三）である。②は中間的論点整理に対するパブリック・コメントでの債務者を被告とすることについての反対意見である（商事法務編『民法（債権関係）部会資料集第2集〈第3巻（上）〉』（2013年）624頁以下）。なお，この点についての弁護士会・最高裁など実務法曹の意見は賛成17と反対12と分かれている。③④は2012年～2013年に，企業法務経験者の大学教員，裁判官，弁護士各1人に筆者が確認したものである。

ないので，被告にしても結局，訴訟進行の負担を重くするだけである。③債務者が取消訴訟の後に処分行為の詐害性を否定して争うことは余りないので，取消判決の効力を及ぼす必要は小さい。後になって争いそうな債務者に対しては，取消債権者は別に金銭給付訴訟を併合提起しておけばよい[9]。また，④争う債務者は受益者側に補助参加したり，別に債権者を訴えることができるので[10]，その手続上の権利は保障されている。なお，フランスでも詐害行為取消訴訟の被告については古くから議論され，判例と多数説は受益者のみを被告としているが，その主な理由は①である[11]。

　以上の日本の議論と対比すると，中国の債権者取消訴訟では債務者が近親者に責任財産を処分した事例が多く，そこでは債務者自身が処分行為の詐害性を争っている[12]。このことからは，近親者への財産処分の事例では債務者が受益者と共同して債権者に対し争い続けることが，中国の債権者取消訴訟が債務者を被告とする理由だと推測される。しかし，このような説明を韓・王両氏は，否定はしなかったが積極的に肯定することもなかった。そして，王は，中国では債権者が債務者に対し執行手続を開始した後に取消訴訟を提起することを強調した。この王の発言からは，債務者を被告とする理由として次のような別のことが推測される。

　⑤債権者は債務名義〈執行根拠〉がなくても担保を提供すれば，人民法院の裁定により保全措置が命じられ，執行手続を開始させることができる。また，不動産執行の場合に，不動産が債務者の名義で登記されていなくても，さらに言えばそもそも未登記であっても，執行手続を開始させることができる。このために，債権者は，まず，債務者を相手に執行を申し立て，その手続の中で債務者・受益者間の行為の取消しを求める。債権者取消訴訟を審判廷で審理している間は，執行手続は一時中止し，取消判決が出た後はそれにもとづいて執行手続を進める[13]。

9）飯原一乗・前掲注3書348頁，349頁以下，下森定・前掲注7『判例総合解説』124頁。

10）飯原一乗・前掲注3書348頁，下森定・前掲注7『判例総合解説』123頁【65】。また，債務者は，原告として債権者を訴えることもできる。

11）松阪佐一・前掲注7書52頁，佐藤岩昭・前掲注7書96頁。

12）小口彦太・前掲注5論文8頁。

236　第二部　中国契約法の研究

　この中国の取消訴訟と取消判決の執行を日本だけでなくフランス・ドイツとも比較してみると，中国法の特色の背景がみえてくるように思われる（以下については表のBの欄を参照）。第1に，取消判決の執行債務者をみると，フランス・ドイツでは債権者取消しはもっぱら受益者等に対する権利行使であり，債務者に対する執行と結びついていない。これに対し，日本法と中国法では，債権者取消しは債務者に対する強制執行のための制度であり，受益者等に対する権利行使にとどまる制度ではない。しかし第2に，債務者に対する執行のあり方をみると日本と中国で異なる。日本では，執行手続を始めるためには債務者に属する執行対象を特定して差押えなければならない[14]。そのため，詐害行為による逸出財産については，差押え前に詐害行為取消によって債務者の下に戻す必要がある。この結果，取消訴訟は債務者に対する執行手続の前の別の手続となる。これに対し，中国では，債務者に対する執行はその総財産に対する執行であって，個々の財産に対する執行ではない[15)16)]。

　以上のように，フランス・ドイツでは債権者取消しは受益者等に対する権利行使として完結しているために，日本では取消訴訟を債務者に対する執行の前段階の，受益者等に対する別の手続とするために，債務者を取消訴訟の被告としない。これに対し，中国では取消訴訟を債務者の総財産に対する執

　13）なお，中国契約法の債権者代位権は実務上は金銭債権に限定されるので，逸出財産の回復は債権者代位権によらない（小口彦太「中国における債権者代位権の基礎的研究」早稲田法学89巻1号（2013年）12〜19頁）が，強制執行手続の過程で，債権者が債務者に代わって，代位執行申請権を行使して，直接（債務者の名義に戻すことなく），当該債権分の回収をはかる，その行使の過程で債権者代位権や債権者取消権の行使が奨励され（司法解釈），取消債権者の債権額を超えるときは，債権額の範囲内で回収するとのことである（小口の教示による）。

　14）中野貞一郎『民事執行法〔増補新訂6版〕』（青林書院，2010年）259頁。また，不動産執行では，競売申立てに，執行債務者の登記名義かその所有権を証する文書（固定資産税の納付証明書等）が要求される（同書410頁）。

　15）張悦「中国民事執行制度の意義と課題(1)」立命館法学2012年1号488〜489頁（執行手続と執行措置を区別し，執行措置は個別の財産に対する差押え・換価・配当を行うが，執行手続は執行当事者間の執行の開始・停止・終了・救済を行う），496〜498頁（総財産に対する執行であるため，財産調査手続を広く整備している），同「同(2・完)」同2012年3号334頁（財産開示手続），337頁（執行手続と執行措置の区別に対する「二廷一室」の構成）。

行手続の中に組み込んでいるために，債務者を取消訴訟の被告とするのである。

次に，④の絶対的無効という特色は，⑦と同じく，債権者取消しが債務者の総財産に対する民事執行の一環であることのほかに，中国では民事執行が個人破産の機能をもつことに由来するように思われる。少し敷衍する。

日本法が取消しの効果を相対的取消しと考える理由は，関係者間ごとの解決を積み重ねれば十分である，取消判決で敗訴した受益者（あるいは転得者）は債務者（あるいは受益者）に何らかの責任・義務を追及することができるようにしておけばよいと考えるからであろう。もっとも，その訴訟では債務者・受益者間の行為が詐害行為でなかったとされる可能性がある。しかし，それは，受益者（あるいは転得者）の争い方がまずかったためである，あるいは，取消訴訟で訴えられたときに債務者に対する責任の追及まで考えて債務者に訴訟告知をしておくべきだったのにそうしなかったためだから不利益を甘受すべきだと考えるのである。

ところで，債権者取消しと違って，破産否認では，日本法でも破産者（債務者）と否認の相手方（受益者）の権利義務関係を破産手続の中で処理する。すなわち，相手方からの原状回復を実行する（破産法167条，260条など）。また，相手方は自らがなした反対給付の返還を請求でき，消滅した債権を回復して行使する（168条，169条）。このように，詐害行為取消訴訟では取消債権者と被告の間での効力の否定にとどまるのに対し，破産では，破産管財人と否認の相手方だけでなく債務者との関係を含めて一回で包括的な解決がなされる（さらに破産手続では，債務者の債権者らの権利も包括的に決定する）。

16）なお，日本でも中国でも，以上で考える基本的な執行方法とは異なる執行方法が，便宜的な考慮から採られるところがある。すなわち，日本では，詐害行為取消により価額返還を請求するときに，例外的に取消債権者への直接返還請求を――債務者に対する債務名義を要求しないで――認める。価額返還の限りで，日本の債権者取消しは，フランス法・ドイツ法と同じく，受益者等に対する強制執行のための制度である（日本の債権者取消しの二元性）。しかし，この取消債権者への直接返還は，債務者の受領を期待できないという執行上の便宜を理由とし，本来は債務者に戻されたはずの金銭に対する執行と考えている。他方，中国では，取消債権者は取消判決にもとづいて，受益者の占有・登記名義にある逸出財産に対し直接執行するという。取消判決のこの執行の仕方はフランス法・ドイツ法に近い。しかし，観念上は取消判決により債務者に所有権が戻ると考えているようである。

238　第二部　中国契約法の研究

これは破産手続では，債務者の総財産をめぐる関係者間の公平という制度的
要請のゆえに，別の訴訟での解決に委ねず，労力と費用をかけて，公平にも
とづく最終的な解決をするからである。

　中国の債権者取消制度がこの点で破産否認の性格を持つのは，債務者の総
財産に対する執行の一環をなすことに加えて，破産能力が1988年の企業破
産法（試行）では国有企業に，2006年の企業破産法では企業法人に限られ，
法人格を有しない企業，個人経営者，組合企業，自然人には破産が認められ
ていない（商人破産主義）ためであるかもしれない[17]。一般の個人について
は債権者取消訴訟によるために，破産のように債務者・受益者の権利義務関
係を含めて包括的に判断する必要のある事件を債権者取消訴訟で解決し，取
消判決に絶対効を与えている可能性がある。

　以上によれば，中国の債権者取消権の特徴（㋐債務者の被告適格と㋑絶対的
無効）は，その民事執行が債務者の総財産に対する執行であることに起因し
ている[18]。債権の執行が一種の人的な包括執行であることは，債権者取消権
にとどまらず中国の債権法・担保法の理解において常に注意しなければなら
ないように思われる。また，同じ「債権者取消権」が，前提とする執行制度
によって大きく異なることに注意する必要がある。

17）張継文「『中国人民共和国企業破産法』の制定及び実施」国際商事法務34巻10号
　　（2006年）1354頁以下。また，張悦・前掲注15「(1)」482頁は，中国の民事執行が破
　　産の機能を兼ねているという。その具体的な意味の説明はないが，民事執行と並行す
　　る債権者取消しにおいて，詐害行為の受益者の権利義務を決定する点は破産と同じで
　　ある。それは，民事執行が債務者の総財産に対する執行であることを前提としている。
18）本文でみたように，日本法でも古くから絶対的無効の主張があり，今回の債権法改
　　正は，債務者への訴訟告知を義務化するとともに取り消された詐害行為が絶対的無効
　　になるとした。しかし，日本の絶対的無効は，執行対象に債務者の登記名義や占有等
　　を要することに由来するのであり，中国法のような総財産に対する民事執行に由来す
　　るものではない。それゆえ，金銭返還では，債務者に対する債務名義なしに取消債権
　　者へ直接返還させることを認めて，絶対的無効の考えと異なる解決を採っている。

表 1

外国法, 学説等	A-1 取消訴訟の被告	A-2 取消判決の効力	B 取消判決の執行	C 債務者の他の債権者の権利	D 取り消された詐害行為の実体法上の効力
ドイツの判例・通説（債権説）日本の請求権説	受益者・転得者のみ	債務者に及ばない	受益者の下にある逸出財産に対し，被保全債権にもとづき強制執行する	他の債権者は，それぞれ取消判決を得て，逸出財産に対し強制執行する	取消しの効果は訴訟上にとどまる。行為は実体法上有効なまま
ドイツの責任説					受益者に帰属したまま，債務者の責任財産になる
フランスの判例・通説（対抗不能説）					行為の結果を取消債権者に対抗できない
日本の判例・通説（折衷説）			逸出財産を債務者へ戻した上で，被保全債権にもとづき強制執行する／価額返還では受益者に請求	他の債権者は，取消判決を得なくても，取り戻した財産に強制執行できる／価額返還では取消債権者が優先	取消債権者との関係で無効（相対的取消し）
日本の改正債権法	債務者へは要告知	債務者に及ぶ			債務者・受益者間でも無効
日本の形成権説	受益者・転得者と債務者	受益者と債務者に及ぶ	同上。但し，価額返還の例外はない	同上。但し，価額返還の例外はない	債務者・受益者間でも無効（絶対的無効）
中国法	債務者は必ず被告。受益者も可	債務者と，被告でない受益者に及ぶ	受益者の下にある逸出財産に対し強制執行	価額返還では取消権者が優先して執行？	

瀬川・前掲注 7 掲載書 116〜117 頁の表を簡略化すると同時に，中国法との関係を付加した。各事項につき，違いが顕著なところを太線としたが，D 欄の「取り消された詐害行為の実体法上の効力」では差が段階的，漸進的であるので太線を記していない。

第3節　債権者取消しの範囲

1　問題の提示

　中国契約法74条2項の「債権者の債権を限度とする」という場合の債権者とは，全体の一般債権者の全部の債権を限度とするという意味か，それとも取消権を行使する債権者の債権を限度とするという意味か。最高人民法院の「契約法適用解釈（一）」25条では「人民法院は債権者の主張する部分について審理を行う」とあるから，後者の立場に立っていると思われる。この司法解釈について，韓世遠はⅣ書において「ここでの債権者の債権とは，取消権を行使する債権者の債権であって，全体債権者の債権ではない。このように見てくると，財の面では，相対的効力を採用している」[19]と説いている。取消しを通じて回復する必要のある利益が可分であれば，問題は生じないが，家屋のように債権者が取消しを通じて回復する必要のある利益が不可分のときは，問題が生ずる。この場合，債権者の取消権行使の効力はすべての取消しに及ぶのか。

2　韓世遠の回答

　確かにそのとおりである。

3　瀬川信久の所見

　債権者取消しの範囲については2つの問題がある。1つは，取消しできるのが，取消債権者個人の債権の額に限られるか，債務者の他の債権者の債権額を合わせた額まで取り消せるのかという被保全債権の範囲の問題である。いま1つは，被保全債権の額が詐害行為の目的物の価額よりも小さいときに，詐害行為全体を取り消すことができるか，被保全債権の額の範囲内でしか取り消せないかという取消し対象の範囲の問題である[20]。

---

19)　韓世遠Ⅳ書363頁。

20)　なお，取り戻した逸出財産について取消債権者の優先権を認めるか他の債権者との平等を図るべきかは，取消債権者の債権を超えて取り消すことができると考えるときの問題であり，取消しの範囲とは区別して考えるべきである。

前者の被保全債権の範囲の問題は，債権者取消権の制度目的が何か，Ⅰ総債権者の債権の保全・実現か，Ⅱ取消債権者の債権の保全・実現かという問題と関連している。日本の伝統的学説は，①425条（「前条の規定による取消しは，すべての債権者の利益のためにその効力を生ずる。」）や，②不動産等の処分を取り消した場合には原則として現物全体が債務者に返還され債務者の他の債権者もそれに執行できることを理由に，Ⅰの考えを採ってきた[21]。しかし，①近時，425条の起草過程の研究から，同条の意味について，取消しの結果を総債権者の共同担保にするという解釈から，判決効の片面的拡張にとどめる解釈までいくつかの可能性が指摘されている[22]。また，②実際の事件では，取消債権者は自己の債権額の範囲での取消ししか主張せず，③判例のように，価額返還を拡大し取消債権者の丸取りを広く認めること（後述）は，Ⅰの考えに反する。今日の学説は，Ⅱのように，債権者取消権の制度目的を取消債権者の債権の保全・実現と考えつつある。この考えを，近時の価額賠償原則論は，取消し対象の範囲に関する後者の問題において明確にしている。

すなわち，取消し対象の範囲について，従前の判例・通説は，取消債権者の債権額に制限しながらも，一定の場合に例外を認めてきた。まず，詐害行為取消しによって取り戻す財産が可分の場合には，取消しの範囲を取消債権者の債権額に限る。それには，①取り消す詐害行為が可分の場合（例えば，金銭の贈与）と，②詐害行為は不可分だが取消しによって返還される物が可分物の場合（例えば，不動産処分の取消しだが，目的不動産の滅失や善意者への転売によって現物返還が不可能になり，価額返還される場合）がある。これに対し，③詐害行為が不可分で現物返還が可能な場合には，従来の判例は，取消債権者の債権額を超えてもその物の処分全体を取り消すことができ[23]，債務

─────────────

21) 日本では1970年代までは破産申立て件数が非常に少なかった（青山善充ほか『破産法概説〔新版増補2版〕』（有斐閣，2001年）15頁以下，瀬川・前掲注7書114頁注(69)を参照）。この時期には，受益者や他の債権者（受益者の多くも債務者の債権者の一人）の公平を考えるべき事件が詐害行為取消請求事件となっていて，詐害行為取消の制度目的を総債権者の債権の保全・実現ととらえることを促したのかも知れない。

22) 佐藤岩昭・前掲注7書318頁以下，422頁以下。

23) といっても，債権者取消しの対象財産の価額が被保全債権の額を超えるときには，たとえ総債権者の債権額が取消しの対象財産価額を超えるときでも，それ以上の処分行為を取り消すことができない（大判明治36・12・7民録9輯1339頁のほか，大判大7・5・18民録24輯993頁，下森定・前掲注7書，判例総合解説136頁を参照）。

242　第二部　中国契約法の研究

者へ返還された物に対し取消債権者と他の債権者がともに執行できると考えてきた。学説は以上の判例を支持してきた。しかし，近時，この③の場合にも処分目的物の価額が取消債権者の債権額を大きく超えるときには価額返還とし，取消しの範囲を取消債権者の債権額に限る下級審裁判例が増加しつつある。そして，学説では，判例の現物返還の原則を価額賠償の原則に変更すべきだとの主張がある[24]。

　この点について，私見は，誰も破産申立てをしないで債権者の1人が債権者取消訴訟での権利実現を追求している以上，当該取消債権者と受益者間に限定された個別的な債務処理手続として，取消債権者の債権の保全・実現を図るべきだと考える（Ⅱ）。この考えから金銭返還・価額償還を広く認め，その場合の取消しは被保全債権の額に制限する。金銭返還・価額償還が困難なため不動産を回復する場合には，被保全債権の額に制限しないが，それを超えたときには他の行為を取り消すことができないと考える。

　中国法でも，取消しの範囲は取消債権者の債権額に限るとのことである。ただ，韓はこの結果を，「財の面での相対的効力」と説明するが，日本では，取消権の相対的効力は第2節で述べた人的側面にのみ関わる。債権者取消しの範囲の問題は，上記のように，取消しの相対的効力とは別の問題としてとらえている[25]。

第4節　債権者取消権の要件

1　問題の提示

　債権者取消権行使の要件に関して，韓は，日本の判例，学説の影響を受けて，「客観的要件＝詐害行為と主観的要件＝悪意を…機械的に用いてはならず，行為の主観的状態，客観的状態及び行為の効果等の要素を全面的に把握

24）これらの裁判例と学説の動きについては，瀬川信久・前掲注7書101頁以下を参照。

25）もっとも，日本でも，「絶対的取消であれば→取消の効果が大きいので→取消の範囲を制限すべきである」，「相対的取消であれば→取消の効果が小さいので→取消の範囲を制限しなくてよい」という形で，相対的取消と取消しの範囲の問題を結びつける学説がある（下森定・前掲注7書，判例総合解説132頁）。ただし，これは韓世遠とは逆の結びつけ方である。

し，有機的に判断しなければならない」[26]と，いわゆる相関説に親近感を示している。中国の裁判実務では，例えば詐害行為の程度と悪意の程度の関係とか，詐害行為の相手方が債権者の場合とそうでない場合等につき，相関的に問題を処理しているのか。

2 韓世遠の回答

これは非常に良い指摘である。すなわち中国の裁判実践においてなお引き続き見ていく必要がある。現在までのところ，私個人の印象では，"相関説"を採用して総合的に判断する案例は存在しない。

3 瀬川信久の所見

日本では，債権者取消権の行使に必要な無資力要件として，①債務者の一般財産を減少させ，かつ，②総債権者を満足させることができないことを考える。そして，債務者の客観的態様と主観的態様の両面を総合的に判断する「相関説」は，①を緩やかに認める場合の基準である。すなわち，債務者による財産の売却，担保設定による借金など財産を現金化する行為や，一部の債権者に対する弁済・代物弁済・担保権設定は，金額的には債務者の一般財産を減少させるものではない（表2のbの部分）。このゆえに，かつて我妻説などはこの場合には債権者取消権を行使できないとしていた。それは，破綻に直面した債務者が再建のために，財産を現金化したり，特別の関係にある債権者に優先的に弁済して支援を得ることを許容すべきだと考えたからである[27]。しかし，判例はこの場合にも債権者取消権の行使を認め，その際に，主観的態様をも考慮する「相関説」を採った[28]。その背景には，破産手続が容易になされない状況において，破産手続外で総債権者間の弁済の公平を確保する要請があったとの理解がある（多くの場合に受益者も債権者の1人である）[29]。

日本の相関説は表2のbの場合であるが，中国で相関説を考えるとすれば

---

26) 韓世遠Ⅳ書350〜351頁。
27) 以上につき，我妻栄『新訂債権総論』（岩波書店，1964年）185頁以下を参照。
28) 奥田昌道編・前掲注3書822頁以下〔下森定〕。
29) 奥田昌道，前掲注1書276頁。

244 第二部 中国契約法の研究

表2 詐害行為取消を認める場合

②債務者の財産状態が	①債務者の一般財産を	
	減少させた	減少させていない
積極財産＜消極財産である	a 日本も中国も認める	b 日本は認める 中国は認めるか？
積極財産＞消極財産である	c 日本は認めない 中国は認めるか？	日本も中国も認めない

どのような場合か。相関説の意味は使われる場合によって異なるので，どのような場合かを意識する必要がある。そして，そのためには，そもそも中国ではどのような場合に債権者取消権の行使を認めているのかを明らかにする必要がある。日本の判例を踏まえて表2のように場合を分けるとすると，中国ではaの場合に債権者取消しを認めるが，bの場合には認めていないような印象を受ける。もしそうであれば，その相関説は日本とは違う考慮にもとづくことになる。

第5節 相続放棄と債権者取消権の行使

1 問題の提示

（1）相続放棄と債権者取消権

相続放棄が相続人の債権者による取消権の対象となるかどうかについて，日本でも可否両論が存在する。中国での学説および実務の状況はどのようになっているか（質問①）。

（2）債務者の相続放棄と悪意要件

中国法は日本法と異なり，権利の放棄・財産の無償譲渡行為と有償行為を区別し，前者については特に主観面で悪意を要件としない。このことは，相続権放棄の場合にもあてはまるのか。韓のⅣ書では，最高人民法院の司法解釈「相続法を貫徹執行するうえでの若干の問題に関する意見」（1985年）46条の，相続人が相続権を放棄することにより法定義務を履行できなくなるときは，相続権の放棄を無効とするとの規定を紹介し，司法実践でも，友人から8万元を借りて返さず，65万元の遺産を放棄した行為について，裁判所

は悪意の行為として無効としたとの記事（法制日報 2006 年 9 月 15 日，6 版）を紹介している[30]。こうした規定・事例からすると，債務者の権利＝債権の放棄の場合も，悪意の要件が問題となり得るのではないか（質問②）。

2　韓世遠・王成の回答

≪韓世遠の回答≫

（1）質問①について

（回答なし）

（2）質問②について

厳密にいえば，上記の最高人民法院の相続法に関する司法解釈 46 条は，特定の状況のもとで相続権を放棄する行為の法的効果を無効と規定しており，これについては債権者取消権制度を借りて問題を処理する必要のないものであると考える。もちろん，上記の司法解釈の規定からは，行為者の"悪意"というこの要件を要求していると見ることはできない。このことは，行為者が悪意であるかどうかに関わりなく，客観的に法定義務を履行できなくする事実が存在しさえすれば，当然に放棄行為無効の法的効果が生ずる。

≪王成の回答≫

（1）質問①について

この問題につき，中国においても 2 つの異なる見解が存する。例えば，崔建遠は否定説を採る。相続人による相続放棄は単に債務者の財産を増加させていない行為であるに過ぎず，決して債務者の責任財産を減らしたわけではないため，債権者取消権の制度趣旨から衡量すると，当該行為を取消権制度の制御範囲に属せしめることは好ましくないとする。他方，裁判実務においては，非常に多くの判決が肯定的見解を採っている。

（2）質問②について

（回答なし）

30）韓世遠Ⅳ書 355 頁。

246 第二部 中国契約法の研究

3 瀬川信久の所見

(1) 相続放棄の債権者取消し

中国では債権者取消権によって相続放棄を取り消すことができるが，日本の判例は，数は少ないが，これを否定し[31]，学説の多数は判例を支持する。しかし，この判例・学説を批判し，相続放棄の債権者取消しを肯定する学説も有力である[32]。このうち否定説は，①相続人債権者は相続人の財産のみを引当財産と考えるべきであり，相続財産を引当財産として期待するのは正当でない，②相続放棄するか否かは債務者（相続人）の自由に委ねるべきであると考えるのに対し，肯定説は，①相続人債権者の期待の正当性だけでなく，③相続人が自らの債務の弁済を免れるために相続放棄し，それにより他の共同相続人が利益を得ることの不当性をも考慮している。すなわち，①相続人債権者の期待の正当性（要保護性）と③相続人の相続放棄の不法性を相対比較し，③との相関関係で①がどれほど強いかによって判断する[33]。この考えによるときは，詐害性の判断において，相続人債権者が相続放棄がなければ弁済を受けられたこと（詐害行為の客観的要件）と相続放棄によって相続人債権者が弁済を受けられなくなることを相続人が知っていたこと（主観的要件）だけでなく，相続人債権者の債権の内容・性質や，相続放棄により共同相続人が受ける利益の内容まで考慮することになる。それは債権者取消しを，

---

31) 大判昭 10・7・13 新聞 3876 号 6 頁。最判昭 49・9・20 民集 28 巻 6 号 1202 頁，東京高判昭 30・5・31 下民 6 巻 5 号 1051 頁。以上につき，飯原一乗・前掲注 3 書 234 頁以下を参照。

32) 大島俊之「相続放棄と債権者取消権 1，2」法律時報 57 巻 8 号（1985 年）117〜121 頁，9 号（1985 年）114〜123 頁は比較法，日本民法の起草過程，学説，判例を詳細に検討する。同「相続放棄と詐害行為」判タ 688 号（1989 年）14 頁，内山尚三「相続放棄と詐害行為取消権」（『家族法判例百選〔第 3 版〕』(1980 年)）234 頁，前田達明『口述 債権総論〔第 3 版〕』(成文堂，1993 年）282 頁，富田哲「相続放棄・遺産分割と詐害行為取消権」行政社会論集 14 巻 3 号（2002 年）103 頁。その他の文献は，富田哲 120 頁の注(1)(2)を参照。

33) 大島俊之・前掲注 32「相続放棄と詐害行為」16 頁 2 段目。肯定説を採る富田哲・前掲注 32 論文 114 頁以下が挙げる設例はこの点を明らかにする。すなわち，【設例 1】相続人の債権者が人身事故の被害者である場合には相続放棄でも債権者取消しを認めるべきだとするが，これは①を重視するものであり，【設例 2】遺産分割の相手方が相続財産の居住者である場合には遺産分割でも債権者取消しを認めるべきでないとするが，これは③を重視するものである。

第 6 章　債権の保全 (2)——債権者取消権　　247

「責任財産の保全」よりも広い「権利濫用」という観点からみている[34]。肯定説の「権利濫用」という実質的な観点は，相続放棄の債権者取消しとの日中比較にとっても有用である。すなわち，この実質的な観点からみると，相続放棄の取消しについての日中の違いを次のように理解することができる。

　①相続人債権者の期待にとって重要なのは，日本では，相続前は被相続人がその財産を単独所有し自由に処分でき，相続人は被相続人の処分に対し何も言えないと考えられていることである[35]。こう考えるときは，相続人の債権者がそれを引当財産として期待することはできない。これに対し，中国では被相続人は遺産の処分権が制限されていたり，被相続人が処分できるとしても実際には行使されないという実態があるのではないか。もしあるとすると，相続人の債権者の期待を保護すべきことになる。

　他方で，③相続放棄の不法性を考えるときに重要なのは，中国では，取消しの対象で最も多いのは家屋・土地使用権の譲渡行為であり，その半数以上は親族内部での譲渡行為であることである[36]。このように，相続放棄は強制執行に対する親族間での財産隠匿行為の一形態であり，債権者取消しはそれに対するサンクションとして機能しているように思われる。

　(2)　債務者の相続権放棄と悪意要件

　以下では，主観的要件について無償行為と有償行為を区別するかという問

---

34) 片山直也・前掲注 7 書 4 頁以下が探究する，責任財産の保全に限定しない債権者取消権のとらえ方である。ただし，ここではさらに，厳密な「詐害」行為ではない「権利濫用」行為（両者の関係については，片山直也・同書 24 頁を参照）も詐害行為取消の対象にされうると考えて，検討している。

35) 例えば，最判昭 30・12・26 民集 9 巻 14 号 2082 頁は，養子 X と折り合いの悪くなった養父 Y が，X の居住する家屋を含む農地の大部分を Z（何者か不詳）に安く売却し移転登記を経由した事件で，X が仮装売買を理由とする無効を主張し，推定相続人としての期待権にもとづいて Y の Z に対する抹消登記請求権を代位行使したが，推定相続人の無効確認の利益を否定し，代位行使の被保全債権もないとした。もっとも，相続人は遺留分減殺請求権を有するから，その限りでは，相続財産が相続人の債権者の引当財産だということができる。しかし，最判平 13・11・22 民集 55 巻 6 号 1033 頁は，「遺留分の回復は遺留分権利者の自律的決定にゆだね」ているとして，遺留分権者の権利行使の確定的意思が外部に表明されていないときは，その債権者が遺留分減殺請求権を代位行使できないとした。その際に，相続人の相続は「遺産開始時の遺産の有無や相続の放棄によって左右される極めて不確実な事柄であり，相続人の債権者は，これを共同担保として期待すべきではない」と判示している。

36) 小口彦太・前掲注 5 論文 14 頁，32 頁の④。

248 第二部 中国契約法の研究

題と，相続放棄の場合の主観的要件の問題を分けて検討する。

前者の問題について，現行の日本民法典は，無償行為であっても有償行為と同じく，受益者の悪意を要件としている。しかし，比較法的には，有償行為と無償行為を区別し，無償行為の場合には譲受人の悪意を要件としない国が多い[37]。日本の旧民法典も，有償行為についてのみ受益者が債務者と通謀していたことを要件としていた。また，現行の破産法160条3項，会社更生法86条3項，民事再生法127条3項は無償行為の場合には相手方の悪意を要件としていない。しかし，現行民法典の起草者は，受益者・転得者が，有償行為でも無償行為でも，いったん取得した権利を詐害行為を理由に手放すのは重大なことだから，常に受益者の悪意を要件とすべきだとして，有償・無償の区別をやめた[38]。実際の裁判例も，受益者（受贈者）の悪意を認定しているようである。

なお，贈与の場合には，債務者の詐害の意思についてはそれを問うことなく取消しを認容する裁判例が多いといわれる[39]が，裁判例の事案をみると，債務者の害意を認定できる場合であるように思われる。

後者の問題について，上記の「問題の提示」は，相続放棄を無償行為と考えているが，相続放棄は，無償行為に必要な「財産の出捐」を伴わないので，また，相続債務が大きい場合もあるので，日本法では無償行為と考えていないようである。現在の日本の判例は，上に述べたように，相続人の債権者は相続財産を期待すべきでないという実質的な考慮から詐害行為取消しを否定し，その際に，放棄する相続人の認識を問わないとし，また，利益を受ける他の相続人の主観的態様に言及していない。この点，次の第6節3で述べる遺産分割協議は，相続人がいったん相続持分を取得した後の交換の合意なので，自己の持分より小さい財産しか得ていない場合には無償行為となる。日本の裁判例は，そのような遺産分割協議の詐害行為取消しを認めるが，そのときに相続人の債権者を害する相続人全員の意図を認定している。

---

37) 奥田昌道編・前掲注3書769頁（ユスティニアヌス法），779頁（ドイツ旧法），783頁，785〜7頁（ドイツ新法）など〔下森定〕。

38) 『法典調査会民法議事速記録三』114頁以下。

39) 飯原一乗・前掲注3書189頁以下。

第6節　債務者の家産分割権の放棄と債権者取消権の行使

1　問題の提示

　中国法では家族財産の所有関係をどのようにとらえるかという問題が存在する。共同共有（按分共有＝持分共有ではなく）として理解する説が有力であるが，例えば父甲と子供乙丙が家族財産を共同共有していたが，父甲の死亡で共有関係を解消するとき，家産の分割が生じる。債権者丁の債務者である子供乙が家産の分割権を放棄した場合に，丁はその放棄行為につき取消権を行使できるか。乙は丙が極貧のため丙を助ける目的で自己の分割請求権を放棄した場合と，乙が債権者丁の債権回収から逃れるために放棄した場合で異なるか。もし取消権を行使できるとした場合，乙の責任財産の減少をどのように算定するのか。中国法は家産の分割の割合についての客観的基準を定めていないので，その算定は困難であると思われる。

2　韓世遠・王成の回答

　≪韓世遠の回答≫

　家族財産は通常共同所有である。上記の説例について言えば，最高人民法院の相続法に関する司法解釈46条にもとづいて処理することができるかどうかについては，その中の“法定義務”を履行不能とするということをどのように理解すべきかによる。もし法定義務を，例えば不法行為によって生ずる損害賠償義務のように，法律の規定にもとづいて生ずる義務と理解するならば，例えば金銭消費貸借契約にもとづいて生ずる金銭債務のように契約にもとづいて生ずる義務については，法定義務とはみなされない。したがって，上記の司法解釈の規定を適用することはできない。もしこうした理解が正しければ，債権者取消権を借りて問題を解決しなければならない余地がある。

　相続の放棄自体は無償行為に属する。したがって債権者取消権の構成について言えば，相続を放棄した債務者の主観的要件を必要としない。

　責任財産の減少については，もし確実に計算する必要があるとした場合，上記の説例においては，実際，遺産侵害の問題をなす。これについては，相続法等の規定によって解決しなければならない。例えば，相続法13条（遺

産分配）は「同一順序の相続人が遺産を相続する額は，一般的には均等にしなければならない」，「生活に特別の困難の存する，労働能力を欠いた相続人に対しては，遺産分配のとき，多く分配することができる」，「扶養能力と扶養条件を有する相続人が扶養義務を尽くさなかった場合，遺産分配のとき，分配してはならず，あるいは少なく分配しなければならない」，「相続人の同意があれば，均等にしなくてもよい」と規定する。

≪王成の回答≫

中国の家族は，家族の全体性を重視する。父甲と子供乙丙が家族財産を共同共有していた場合，甲の死亡後，母親がなお生存しているならば，通常，家族財産の分割と相続は行われない。これに対し，母親も亡くなったのであれば，通常，共同財産を分割すると同時に，相続も開始されることになる。いずれの場合であれ，債務者乙が債権者丁の債権弁済に家族財産の共有持分しか供し得ないとするならば，甲が生存しているか否かにかかわらず，債権者はいずれの場合にも債務者乙に共有財産の持分をもって弁済を行うよう求めることになる。共同財産の分割事由が生じた後，債務者乙が家産の分割請求権を放棄し，債務者乙による分割請求権の放棄が債権者丁の債権の実現に影響を与えたとするならば，極貧の丙を助けるためであれ，債務逃れを目的としていたのであれ，その結果は同じでなければならない。乙の持分を如何に計算するかに関しては，一般の共同財産の分割と同じである。確かに，中国において，家族の共同財産の分割清算は非常に複雑である。とりわけ，家族財産が益々多くなってきた現在，なおさらそうである。

3　瀬川信久の所見

現行の日本民法では，「家族財産」という所有形態がないので，その分割請求権の放棄が債権者取消しの対象になるかという問題もなく，比較することが難しい。ただ，共同相続人が共同所有する相続財産に対する分割請求権の放棄が債権者取消しの対象になるかという点で近似する問題として，日本には，共同相続財産の遺産分割において本来の相続分に見合う財産を取得せず，自らの債権者の満足を困難にした相続人の行為を債権者取消しの対象とすることができるかという問題がある。日本の判例は，相続放棄の場合とは

反対に，詐害行為取消しを認めている[40]。学説は，この判例に賛成するものが多数であるが，民法260条を理由に，遺産分割に債権者の参加申出を認め，その参加申出を認めないで遺産分割した場合にのみ詐害行為取消しを認めるものもある[41]。

---

40) 最判平11・6・11民集53巻5号898頁のほか，3つの下級審裁判例がある（飯原一乗・前掲注3書246頁を参照）。

41) 飯原一乗・前掲注3書247〜8頁。なお，民法260条（共有物の分割への参加）は，次のように規定する。「1項 共有物について権利を有する者及び各共有者の債権者は，自己の費用で，分割に参加することができる。」「2項 前項の規定による参加の請求があったにもかかわらず，その請求をした者を参加させないで分割したときは，その分割は，その請求をした者に対抗することができない。」民法の起草者は，本条が詐害行為取消権の特則であり，遺産分割の場合に適用されると考えていた（飯原一乗・前掲注3書246頁）。

第7章　事情変更原則

第1節　関係法規

1　中国法

　中国契約法には事情変更原則を定めた明文の法律上の規定はない。しかし，以下に記すように，事情変更に関する草案，座談会紀要，司法解釈の類いは多数存在しているので，その一覧を先ず掲げておく。また，1981年の経済契約法も後述する如く，事情変更を含めていると思われるので，以下に掲げておく。

（ⅰ）経済契約法（1981年）

27条1項4号　（以下に掲げる事由が生じたときは，経済契約の変更又は解除を認める。）四，不可抗力により，又は一方当事者が過失はないが，しかし防止することのできない外因によって，経済契約を履行できなくなったとき。
同条2項　当事者の一方が経済契約の変更又は解除を要求したときは，速やかに相手方に通知しなければならない。経済契約の変更又は解除によって相手方に損失を与えたときは，責任者の側は賠償の責めを負わなければならない。
28条　経済契約の変更又は解除の通知又は合意は，書面形式を採用しなければならない。合意を達成する前は，原経済契約ななお有効である。

（ⅱ）改正経済契約法（1993年）

26条2号　不可抗力により経済契約の全部の義務を履行できないときは，契約の変更又は解除を認める。
27条　経済契約を変更又は解除することの通知又は合意は書面形式を採用しなければならない。不可抗力によって経済契約の全部を履行不能にするか，又は相手方が契約の約定の期限内に契約を履行しないケースの場合を除き，

合意が達成されるまでは，経済契約はなお有効である。

(ⅲ) **1993 年全国経済審判工作座談会紀要**　当事者双方の責めに帰すべからざる原因によって，契約の基礎をなした客観的状況に当事者の予見できなかった根本的変化が生じ，原契約の履行が明らかに公平を失する場合，当事者の申請にもとづき，事情変更の原則によって契約を変更又は解除することができる。

(ⅳ) **契約法草案（1998 年 8 月）77 条**　国家の経済政策，社会経済状況等の客観的状況に巨大な変化が生じ，契約の履行が一方当事者に意味のないものとなり，あるいは重大な損害を与え，しかも，この変化を，当事者が契約を締結したとき予見できず，かつ克服できないときは，当事者は相手方に対して契約内容をあらためて協議することを要求できる。協議が不調に終わったときは，人民法院又は仲裁機関に契約の変更又は解除を請求できる。

(ⅴ) **全人代法律委員会「中華人民共和国契約法草案の関連問題に関する説明」**（1998 年 10 月 22 日）　事情変更制度とは，契約締結後，契約締結当時当事者が予見できず，かつ克服できない状況が発生し，契約締結の基礎が変化し，契約の履行をして意義を失わしめるか，契約の履行が当事者の間の利益の均衡を著しく失わせる場合に，当事者が契約を終了するか，契約を変更することを認めるべきであるということである。契約法の中に事情変更制度を規定するかどうかをめぐって，2 種類の意見が存した。1 つの意見は以下のようなものであった。正常な商業リスクと事情変更をどのように区別するかは困難で，経済取引において事情変更制度を適用できるケースはきわめて少なく，把握するのがむずかしく，ある当事者は正常な商業リスクを忌避する可能性があり，またある裁判官はこの権限を濫用する可能性があり，地方保護主義を助長する可能性すらある。したがって，契約法の中で事情変更制度を規定する必要はないことを建議する。もう 1 つの意見は以下のようなものであった。事情変更は不可抗力と異なる。不可抗力は契約を履行不能にすることである。事情変更は契約の履行が公平を明らかに失することである。事情変更制度を規定することは，公平原則を貫徹するうえで有利であり，最高人民法院は裁判実践の中で，すでに事情変更に関する判決及び規定を出しており，契約法の中に事情変更制度を規定することを建議する。契約法草案は（上記ⅳの如く——小口）規定した。このような規定を設けるべきかどうか，

254　第二部　中国契約法の研究

さらに検討する必要がある。

（vi）全人代法律委員会「中華人民共和国契約法草案の修正状況に関する匯報」（1998 年 12 月 21 日）　契約法草案は（上記の如く――小口）規定した。ある委員及び地方は以下のように考えた。どのような状況のもとで事情変更制度を適用できるか，限界が明確でなく，ある「国家の経済政策，社会経済情勢」に変化が生じることによって当事者が契約を変更でき，あるいは解除できるとなると，契約の厳粛性に不利であり，商業リスクを回避し，契約の履行に影響を与える可能性がある。したがって，事情変更制度の規定を設けないように建議する。この建議により，法律委員会は「国家の経済政策，社会経済情勢」の文言を削除し，併せて商業リスクには事情変更を適用しないという規定を増やすように建議する（草案 3 次審議稿第 76 条）。この問題は，さらに審議を行い，どのようにすればよいか研究すべきである。

（vii）全人代法律委員会「中華人民共和国契約法草案の修正状況に関する匯報」（1999 年 1 月 25 日）　事情変更は不可抗力や商業リスクとは異なるケースである。ある国家はこれを規定しているし，国際商事活動においてもこの制度が適用されている。法律委員会は以下のように考える。事情変更を法律制度として規定し，国際的な契約法律制度の発展趨勢に符合させる。ただし，必ずその濫用を防止しなければならない。事情変更の認定はかなり難しいことに鑑み，執行において事情変更の理解に不一致が生じ，契約履行に影響を与える状況が出現するのを避けるために，以下のことを建議する。契約法が採択された後，すみやかに最高人民法院は，地方各級法院がもし契約法にもとづき事情変更の判決を下し，契約を変更又は解除する場合は，最高人民法院に上申し，その承認を得なければならないことを規定する旨の通知を発するように建議する。

（viii）第 9 期全人代法律委員会「中華人民共和国契約法草案の審議結果に関する報告」（1999 年 3 月 13 日）　これは複雑な問題であり，契約法起草の過程で，異なる見解が存した。今次の大会の審議において，少なからざる代表が，その有する経験にもとづき，事情変更は科学的にその境界を認定することが難しく，かつ商業リスクとの区別も困難で，執行において操作が難しく，実際上，事情変更制度を適用することができるのは非常に特殊なケースの場合においてのみであると述べた。現在のところ，契約法に規定を設けるには

条件が成熟しておらず，法律委員会は反復検討を踏まえた結果，これを規定しないことを建議する。

(ix) 契約法（1999 年 3 月 15 日）（事情変更の原則を規定せず）

(x) 最高人民法院「農村の土地請負紛糾に関わる案件を審理するうえでの法律適用問題に関する解釈」（2005 年 7 月 29 日公布，9 月 1 日実施）16 条　請負方が譲渡代金を受け取らないことの約定，あるいは相手方に費用を払うことの約定に紛糾が生じたことにより，当事者が変更を協議するも，一致をみず，かつ継続履行がまた明らかに公平を失する場合には，人民法院は変更をもたらした客観的状況にもとづき，公平原則によって処理しなければならない。

(xi) 最高人民法院「契約法適用解釈（二）」26 条　契約成立後，客観的状況において，当事者が契約締結時に予見できなかった，不可抗力によってももたらされたのでない，商業リスクに属さない重大な変化が生じ，契約を継続履行することが一方当事者にとって明らかに不公平であるか，又は契約目的を実現できず，当事者が人民法院に契約の解除又は変更を請求した場合，人民法院は公平原則にもとづき，案件の実際の状況と結合させて，変更又は解除すべきかどうかを確定しなければならない。

(xii) 最高人民法院「契約法適用解釈（二）を正しく適用し，党と国家の工作の大局に服務することに関する通知」（2009 年 4 月 27 日）　各省，自治区，直轄市の高級人民法院，新疆ウィグル自治区高級人民法院生産建設兵団分院に宛てて通知する。最高人民法院の司法解釈（契約法適用解釈（二）――小口）はすでに公布された。各級人民法院が司法解釈 26 条の手続を厳格に適用することを保証するために，特に現在国際金融危機にある状況のもとで，貴下が司法基準を統一し，企業金融の健全で安定した運用を保障し，それに奉仕し，経済の平穏で速やかな発展を保持する面での積極的役割を十分に発揮するよう，以下の通り特に通知する。

一，大局に奉仕するとの照準と有効性をさらに強めること。経済の平穏で速やかな発展を保持することは，当面の党と国家の工作の大局をなす。現在，国際的な金融危機の矛盾が蔓延し，しかも実体経済に対する影響もさらに深刻化する可能性があり，経済の平穏で速やかな発展を保持するという任務は非常な困難に直面している。国際的な金融危機の急激な蔓延と世界経済の顕

著な減速の影響を受けて，わが国の経済運営の中で出現した問題と契約履行上の困難が各種の案件となって司法領域に入り込んできており，人民法院の裁判業務，特に契約紛糾案件の裁判業務に新たな挑戦をなしている。各級人民法院は業務の大局をしっかりと把握し，裁判業務の役割を十分に発揮して，各種の契約紛糾案件の裁判を行う過程で，正しく契約法及び司法解釈を適用し，契約取引の順調な運用を促し，大局に奉仕することの目的性と有効性を増大させ，積極的に国際金融の安全を保護し，司法サービスの効果を強めることを重視しなければならない。企業が困難に遭遇すればするほど訴訟と調停の役割を重視する度合いも高まる。契約紛糾を根本的に解決し，できるだけ調停工作に努め，依法・自願の前提のもとで事案を決着させるように努め，矛盾を源から解消するように努め，経済の平穏で速やかな発展を促進するために良好な司法環境を創造しなければならない。

二，「契約法適用解釈（二）」26 条を厳格に適用する。①経済情勢の発展変化に適応し，裁判業務の法的効果と社会的効果を統一させるために，民法通則，契約法の規定する原則と精神にもとづき，（司法——小口）解釈 26 条で以下のように規定した。契約成立後，客観的状況において，当事者が契約締結時に予見できなかった，不可抗力によってもたらされたのでない，商業リスクに属さない重大な変化が生じ，契約を継続履行することが一方当事者にとって明らかに不公平であるか，又は契約目的を実現できず，当事者が人民法院に契約の変更又は解除を請求した場合，人民法院は公平原則にもとづき，案件の実際の状況と結合させて，変更又は解除すべきかどうかを確定しなければならない。②上記の（司法）解釈条文を，各級人民法院は正しく理解し，適用を慎重にしなければならない。もし案件の特殊な状況にもとづき，個別案件の中で確かに適用する必要がある場合は，高級人民法院の審査承認を経なければならない。必要なときは，最高人民法院に上申しその審査承認を経なければならない。

(xiii) 最高人民法院「民商事契約指導意見」（2009 年 7 月 7 日）　一，事情変更原則の適用を慎重にし，双方の利益関係を合理的に調整すること。1. 現在，市場主体間の製品取引，資金流通をめぐっての原料価格の激烈な波動，市場需給関係の変化，流動資金の不足等の諸要因の影響によって大量の紛糾が生じ，一部の当事者が訴訟の中で事情変更原則を適用して契約を変更，解

除することの請求を提起しており，人民法院は公平原則と事情変更原則にもとづいて厳格に審査しなければならない。2．人民法院が事情変更原則を適用するに際しては，グローバルな金融危機と国内のマクロ経済情勢の変化がすべての市場主体にとって俄かに予防できない突発的変化の過程にあるわけではなく，1個の漸次的変化の過程でもあることに注意しなければならない。変化の過程で，市場主体は市場リスクに対して一定の予見と判断を持っていなければならない。人民法院は法により事情変更原則の適用条件を把握し，当事者が提起した“予見できなかった”との主張を厳格に審査し，石油，コークス，非鉄金属等といった市場値動きが激しく，長期にわたって価格変動が大きい商品及び株式，先物取引等のリスク投資型の金融商品等の契約については，さらに事情変更原則の適用を慎重にしなければならない。3．人民法院は，事情変更と商業リスクを合理的に区別しなければならない。商業リスクは商業活動に従事することに固有のリスクであり，例えば異常な変動のレベルに達しない供給関係の変化や価格の高騰などがこれに類する。事情変更は当事者が契約を締結したときに予見できなかった，市場システムに固有のものでないリスクのことである。人民法院が，ある重大な客観的変化が事情変更に属するかどうかを判断する際には，リスクの類型が社会の一般的観念において予見できないものに属するかどうか，リスクの程度が正常人の合理的予見をはるかに超えるものかどうか，リスクが予防，コントロールできるものかどうか，取引の性質が通常の“ハイリスクハイリターン”の範囲に属するものかどうか等の要素を注意深く衡量し，それらを市場の具体的状況と結び付けて，事案に即して事情変更と商業リスクを区別しなければならない。4．調整尺度の価値判断において，人民法院は，契約を守る側を保護することのほうを重視する原則に従わなければならない。事情変更原則は決して単純に債務者の義務を免除し，債権者に不利益を与えるものであってはならず，利益の均衡に十分配慮し，公平に従い合理的に双方の利益関係を調整しなければならない。訴訟過程において，人民法院は当事者に重ねて協議して契約を改定するように指導し，重ねての指導が不調に終わった場合でも，できるだけ調停によって解決するようにしなければならない。事情変更原則の濫用によって市場の正常な取引秩序に影響が生ずるのを防止するために，人民法院が事情変更原則を適用して判決を下す際には，最高人民法院の上記

258　第二部　中国契約法の研究

の（2009 年 4 月 27 日の――小口）「通知」の要求にもとづいて，事情変更適用についての関連審査手続を厳格に履行しなければならない。

2　日本民法

　日本民法は一般的な規定を置いていないが，いくつかの場合について事情変更の原則にもとづく規定が特別法に定められている（本書 269～270 頁参照）。

第 2 節　契約法草案の再交渉義務規定の削除理由

1　問題の提示

　日本では，最高裁判所はこの原則を一般論としては認めているが，実際に適用した判決はない。これに対して，中国契約法草案では，上記のとおり，これを明文化しようとしていた。また，1993 年の最高人民法院の座談会紀要でも認めていた。しかし，結局，その草案は削除された。ところが，2009 年の司法解釈により，事実上法文化されることとなった。ただし，草案と比べて見ると，草案にあった事前協議を義務付ける条項の部分が司法解釈では削除されている。

　そこで問題となるのは，それを削除した積極的理由は何かということである。ちなみに，日本では，民法改正論議の中で，「いきなり事情変更の原則を適用して契約の解除・改定がなされるよりも，まず，当事者間における契約条件の再交渉が行われるようにすることが」先決であるとの主張がなされた[1]。

2　韓世遠・王成の回答

　≪韓世遠の回答≫

　事情変更の場合に，再交渉義務を規定すべきかどうかをめぐって，従来から意見の対立が存在してきた。「契約法適用解釈（二）」26 条は事情変更を

---

1 ）能見善久「履行障害」（山本敬三ほか編『債権法改正の課題と方向』商事法務研究会，1998 年）136 頁。

規定したものの，再交渉義務は規定しなかった。再交渉義務は中国では学界
での検討レベルに止まっており，司法実践にまでは至っていない。

　上記の司法解釈の釈義の著述者は単に以下のように考えているに止まる。
すなわち「司法解釈にはこの点についての規定はないが，以下のことは肯定
できる。外界の変化によって契約の基礎に重大な変化が生じた後，当事者は
協議を行うことにより，新たな状況にもとづき，新たな契約の締結を期す。
この種の行為自身は，誠実信用原則を体現した行為であり，奨励に値する。
しかし，この種の協議は強制的性質のものではない。あらたに契約を締結す
ることが可能かどうかは未確定であって，これは完全に双方の協議と折衝に
依存する」[2]。

　以上の釈義は，「協議は強制的性質のものではない」ということを伝えて
いるが，再交渉義務は真の意味での「義務」なのか，強制履行の効力を有す
る義務を構成するのかどうか，これ自身問題をなす。これについては，司法
解釈は否定的立場をとっている。このような立場からすると，再交渉義務は
もっぱら以下のようなかたちをとる。その1，当事者に再度折衝をするよう
に奨励する。その2，もし一方が再折衝に応じなければ，その法的効果は履
行の強制ではなく，損害賠償に止まる。しかし，この場合の損害賠償の実行
は相当に困難である。損害はどのように証明するのか，説明がむずかしい。
その結果，"有名無実"となる可能性が高い。これがおそらく立法者あるい
は司法解釈が「再交渉義務」を規定しなかった主要な原因であろう。

≪王成の回答≫

「契約法適用解釈（二）」が出た後の最高法院の関係者の見解によれば，そ
の司法解釈がどんなに事情変更原則を規定したとしても，最高法院はこの原
則に対して非常に慎重な態度をとっているとのことである。それは主に事情
変更の適用に厳格な手続規範を設けていることに示されている。その1，も
し案件の特殊な事情により，確かに個々の案件においてこの原則を適用する
必要がある場合，高級人民法院の審査承認を経なければならない。必要とあ

　2）沈徳咏＝奚暁明主編『最高人民法院関于合同法司法解釈（二）理解与適用』（人民法
　　院出版社，2009年）193頁。

らば，最高人民法院の審査承認を仰がなければならない。こうした措置は，取引の安全と市場秩序に対する衝撃を最大限避けるためである。その2，調停優先の原則を堅持することを要求する。調停できるものはできる限り調停による。調停工作の領域を積極的に広げていき，調停工作を契約紛糾訴訟の全過程に貫徹させる。

　以上の見解から分かることは，事情変更を適用する裁判所は，できる限り調停を尽くさなければならないということである。この調停は，事実上，変更又は解除する前の当事者の協議にとって代わるものである。このことが，司法解釈の中で，事前の協議を規定しなかった理由である。

3　瀬川信久の所見

（1）日本法の状況とその背景

　事情変更の原則と再交渉義務に関する日本法の状況をみておく。

　日本民法典は，比較法上事情変更の原則が後退していた時期に制定されたために，事情変更の原則を規定しなかったといわれる。しかし，学説は，第一次大戦後のドイツの学説・判例の影響を受けて議論を始め——そこで考えていた効果は契約解除と内容変更である——，近年も議論を継続している[3]。他方，再交渉義務については，学説が，1980年代末以降，80年代のドイツの再交渉義務論，90年代のユニドロワ国際商事契約原則やヨーロッパ契約法原則，2001年のドイツの新債務法のほか，1990年代のわが国のバブル経済崩壊にともなうサブリース等々の紛争をみながら，事情変更の原則との関連で議論している[4]。

　判例をみると，1944年の大審院判決は事情変更の原則による解除を認めた（大判昭19・16・6民集23巻613頁。土地売買契約後・履行期日前の宅地建物

　3）谷口知平＝五十嵐清編『新版注釈民法(13)〔補訂版〕』69頁以下〔五十嵐清〕。古典的な文献として，勝本正晃『民法に於ける事情変更の原則』（有斐閣，1926年），五十嵐清『契約と事情変更』（有斐閣，1969年）がある。

　4）最近の研究として，久保宏之『経済変動と契約理論』（成文堂，1992年），橋本恭宏『長期間契約の研究』（信山社，2000年）189頁以下，北山修吾「事情変更の原則」『民法の争点』（2007年）225頁，山本豊「事情変更の原則・再交渉義務」法学教室353号（2010年）76頁以下，石川博泰『再交渉義務の理論』（有斐閣，2011年），吉政知広『事情変更法理と契約規範』（有斐閣，2014年）がある。

等価格統制令施行により契約額よりも低額の認可価格とされた事件）が，その後
は，事情変更の原則を実際に認める例は少ない。最高裁判決は14の事件で，
事情変更の原則を一般論として認めつつも当該事案での適用を否定した。も
っとも下級審裁判例に事案に適用したものが12件ある。

　他方，再交渉義務を正面から認めるものは下級審裁判例にもない[5]。ただ，
仙台高判昭33・4・14下民9巻4号666頁は，土地の再売買契約の事件で，
再売買の売主が別の代金増額案を提示しない限り，買主が提示した代金増額
案を採用するという形で，交渉に応じない売主に不利益を課している。また，
サブリース事件は事情変更の原則そのものではなく借地借家法32条の解釈
問題であるが，最高裁は，賃料減額請求（契約改定）を認めつつ，ほとんど
の事件を破棄差戻すことによって交渉継続の余地を残したところ，差戻審で
はほとんどの事件が和解によって解決された。破棄差戻しというサンクショ
ンによって再交渉義務を課したとみることもできる。ただし，サブリースは，
いずれの当事者も解除すると高額の違約金を負う条項があるため両当事者と
も解除したくない取引であった。

　以上のように，事情変更の原則と再交渉義務のいずれについても，学説の
論議はあるが，適用した裁判例は限られている。ただ，事情変更の原則につ
いていうと，適用例が少ない理由は，事情変更の原則が恒常的に必要な契約
類型・紛争類型——特に種々の不動産賃貸借——については，かつての判例
による対応を踏まえた特別法が契約の解除・解消あるいは改定，特に対価の
増減額請求を規定しており，また，その規定を判例が拡大解釈して類似の契
約類型に適用しているからである。すなわち，借地借家法11条，32条が，
地価や租税負担の増減を理由とする賃料増減額請求権を規定し，農地法20
条，採石法7条も同様の借賃・採石料の増減請求権を規定する。また，借地
法8条の2は，事情変更を理由とする借地条件変更の請求権を，身元保証法
4条は保証した被用者に業務上の不行跡や状況変化があったときに身元保証
人から身元保証契約を解除できるとしている。以上のほか，信託契約につい
ては，旧信託法23条は管理方法の変更の請求権を，新信託法149条以下は
信託の目的に反しないことが明らかな範囲で委託者・受益者との合意を要し

　5）以上につき，石川博泰・前掲注4書207頁以下。

ない信託の変更を認め，継続的供給契約については，判例が「やむを得ない事由」を理由とする解除を認めている（本書第二部第4章第8節「不安の抗弁権と契約解除権再論」の「所見」3(3)ア）を参照）。これらの結果，事情変更の原則が必要なのは，これらの特別規定や特別法がない場合，具体的には，不動産売買契約，ゴルフ場会員契約，企業年金契約などに限られ，そこでの判例は，抽象的には事情変更の原則を認めながらも，実際の事案に適用していないのである。

　以上に対し，再交渉義務については民法にも特別法にも規定がないので，適用例が少ない理由は別に検討する必要がある。

　以上の整理から中国法をみてみる。王成は，事情変更の原則に対する最高法院の慎重な態度を，①取引の安全と市場秩序の確保と，②調停優先の原則（調停は，事実上当事者の協議に代る）によるとする。しかし，①については，一定の契約類型の一定の紛争類型について事情変更の原則を明文化することが考えられるのでないか。ちなみに，中国の事情変更の裁判例には，不動産賃貸借の紛争が少なくない[6]。②については，日本でも，事情変更の原則を，「和解的な解決の基礎になっている」とする見解がある[7]。

(2)　債権法改正における議論

　今回の債権法改正では事情変更の原則の明文化が提案され，その議論の中で再交渉義務も検討されたが，最終的にはいずれも明文化されなかった。主に学者が，国民に分りやすい民法にするという改正趣旨，判例の一般論や，ユニドロワ国際商事契約原則やヨーロッパ契約法原則を援用しつつ，事情変更の原則の明文化を主張したが，弁護士や事業者は，事情変更の原則，再交渉義務に反対した。すなわち，「中間的論点整理」の段階の，再交渉義務をも含む事情変更の原則一般の明文化に対しては，実務法曹（弁護士会など）も事業者団体も反対が強かった[8]。もっとも，効果を解除に絞り，要件を，事情変更が「天災，事変その他の事由」によること，予見できなかったこと，解除を主張する当事者の責めに帰しえないこと，契約の存続が衡平を著しく害することに限定した第3ステージでの提案に対しては，実務法曹では賛成

――――――――――

6）小口彦太「中国における事情変更原則の基礎的研究」早稲田法学89巻3号（2014年）75頁以下。

7）「法制審議会民法（債権関係）部会第87回会議議事録」46頁の内田貴委員の意見。

が増えたが，経済界，事業者団体，中小企業関係者，労働団体は依然として反対であった[9]。反対する理由は，事情変更の原則を明文化すると契約遵守の考え方が後退する，債務不履行解除と損害賠償責任という明快な対応指針によるスムーズな紛争解決と時間の節約が明文化によって害される，事情変更による解除・契約改定の必要性は契約の種類や当事者の関係によって異なる，交渉によって契約改定できる場合は条文がなくても改定している，要するに，明文化する必要がないのに，弊害があるというものであった。

この意見の分岐は，民法条文の意義をどのような社会関係においてみるかに起因しているように思われる。明文化を支持する学者は，国民一般との関係あるいは国際取引の当事者関係を考え，事業者等は，紛争発生段階の契約当事者間での濫用のおそれを重視し（最終的な裁判の場面では条文がなくても裁判官が判例と個別事情により判断するので明文化の実益がないとする），弁護士は紛争解決に外から関わる局面での依拠可能性に着目する。

ここで中国法が再交渉義務を明文化しなかった理由をみると，韓は，義務として強制すること，損害賠償請求を実行することは難しいことをあげる。韓は再交渉義務の規範を裁判と執行の場面でみているが，それは，債権法改正において事業者らが事情変更の原則をみる見方に近い。事情変更の原則・再交渉義務を明文化するか否かは，立法において条文が用いられる種々の社会関係のどれを重視するかによるように思われる。

第3節　事情変更と不可抗力の区別

1　問題の提示（瀬川信久）

中国契約法 94 条は不可抗力の場合に，双方当事者が契約を解除するのを認めている。これは，「不可抗力によって契約目的を実現できなくなる」場

8）金融財政事情研究会編『「民法（債権関係）の改正に関する中間的な論点整理」に対して寄せられた意見の概要』（きんざい，2012 年）2968 頁以下によると，弁護士会等 26 の法曹団体の中で事情変更の原則の明文化に賛成は 7 団体にとどまり，19 の事業者団体はすべてが反対ないし慎重意見であった。また，賛成する弁護士会等も，事情変更の原則の効果として再交渉義務には濫用のおそれを理由に反対している。

9）「法制審議会民法（債権関係）部会第 81 回会議議事録」12 頁以下（消費者団体の意見は賛成），「同第 87 回会議議事録」37 頁以下。

合に，双方当事者が履行義務を免除される（給付危険を含む）権利を有する
ことを意味する。

　日本民法では，履行義務を免除される（給付危険を含む）かどうかは，履
行不能かどうかによって決定される。中国契約法とは２つの点で異なる。①
要件が「契約目的を実現できない」ことではなく，「履行不能」であること
と，②たとえ契約解除の意思表示がなくても，履行義務を免除されることで
ある。ただし，この２つの差異が実際にどの程度であるかは検討の必要があ
る。

　②の点について，中国契約法は双方当事者に解除権を認めるから，日本民
法との差は小さい。他方，①について，日本の判例は，「社会通念」をもっ
て「履行不能」を判断し，これは相当に弾力的である（履行不能の判例につ
いて詳しい判例研究はない）。こうした判断方法は，実質的には，中国法で言
うところの「契約目的を実現できない事情」と接近すると思われる。

　以上のように，事情変更によって負担が増加する契約当事者が解除を主張
することに対して，日本の裁判所は「事情変更の原則」ではなく，「履行不
能」の拡張解釈によって対応しているところがある。このことと関連して，
中国では，「履行不能」を理由とする債務の免除は，どの程度その効能を発
揮しているのか（その適用範囲の頻度はどの程度か）。

2　韓世遠・王成の回答

　≪韓世遠の回答≫

　「法律上又は事実上，履行不能である」は当事者が履行の除外を要求でき
る事由の１つをなす（契約法 110 条）。このことから分かるように，「履行不
能」は，契約法で明確に使用されている概念である。上記の法律規則にもと
づけば，履行不能によって免除されるのは「履行強制」責任（質問中で使用
されている概念での「履行義務」がこれに相当すると思われる）であり，損害賠
償に転化した債務を排除するものではない。したがって，厳密にいえば，
110 条にある「履行不能」とは非常に広い概念であり，不可抗力による履行
不能も，またその他の原因（債務者の原因を含む）によってもたらされる履
行不能も含まれる。さらに，「履行不能」を理由として債務を免除すべきか
どうかを判断するとき，不可抗力の構成要件に符合するかどうかを見なけれ

ばならない。「不可抗力」の「履行不能」の場合，債務者は履行強制の責任を免除されると同時に，損害賠償責任も免除される。履行義務の免除と債務の免除は，その意味は同一ではない。それに対応して，「履行不能」概念と「不可抗力」概念の両者の効能は同一ではない。もしこのような認識が成り立つとすれば，上記の2つの概念はそれぞれ効能を発揮する場が異なる。

≪王成の回答≫

先ず，履行不能と契約目的を実現できないこととは，ある細かな違いが存する。履行不能の結果は当然契約目的を実現できなくする。しかし，契約目的を実現できない原因は必ずしも履行不能に限られない。例えば，履行遅滞によってもたらされる契約目的の実現不能は，履行不能のケースには属さない。履行不能が考察の対象とするのは債務者の面であり，契約目的を実現できないということが考察の対象とするのは債権者の面である。両者の重点には違いが存する。

「履行不能」を理由とする債務の免除がどの程度の頻度で適用されているかはさらに実証的研究を要する。私個人の印象では，存在するはずであるが，契約目的を実現できないというかたちをとって生じていると思われる。

3　瀬川信久の所見

問題は，「契約の目的を実現できない」という事情変更の原則の要件と，「履行不能」という履行不能の要件の関係である。韓は，「2つの概念はそれぞれ効能を発揮する場が異なる」とし，王は，「契約目的を実現できない原因は必ずしも履行不能に限らない」，「履行不能が考察の対象とするのは債務者の面であり，契約目的を実現できないということが考察の対象とするのは債権者の面である」とする。日本法でも同じである。以下では，次の第4節の問題を考えるための予備的作業の意味をも込めて，事情変更の原則と履行不能の関係を整理しておきたい[10]。

事情変更の原則も履行不能という制度も，契約の履行に障碍が生じたとき

---

10) 参照すべき文献として，五十嵐清・前掲注3書166頁以下，森田修「履行不能と事情変更」法学教室372号（2011年）25頁以下がある。なお，北山修吾・前掲注4書225頁は，わが国でも履行不能と事情変更の原則の関係が議論されているという。

266 第二部 中国契約法の研究

に当事者の一方が契約の拘束ないし債務から解放されることを認めるものである。ただ，要件と効果が異なる。

　まず，効果をみると，事情変更の原則は契約上の債務の履行義務だけでなく損害賠償責任からも解放するが，履行不能が解放するのは履行義務だけである。韓が指摘する点である。もっとも，日本法では，事情変更の原則は事情の変化が当事者の責めに帰すことができない事由によって生じたことを要件とし，他方で，履行不能につき債務者に責めに帰すべき事由がなければ損害賠償責任をも免れるから，この点の違いは，日本法の事情変更の原則が帰責事由のないことを要件にしているからにすぎない。

　つぎに要件をみると，事情変更の原則は履行不能に比べ，ある点では狭く，ある点では広い。日本では，事情変更の原則の要件は一般に，(a)契約時に基礎となっていた事情が変化したこと，(b)その事情の変化を当事者が予見せず，予見できなかったこと，(c)その事情の変化が当事者の責めに帰することができない事由によって生じたこと，(d)事情変更の結果，当初の契約に当事者を拘束することが著しく不当であることの４つに整理されている[11]。これを履行不能と比べると，まず，要件に(a)(b)(c)が加わっている点で狭い。このうち(c)を要件とする意味は，第４節の問題と関連するので，そこで取り上げる。(a)(b)を要件とするのは，事情変更の原則が予見できなかった事情変化による負担から救済するものだからである。事情変更の原則が錯誤による救済に隣接し，また，行為基礎論が説かれる所以である。

　事情変更の原則は，このように(a)(b)(c)の点で履行不能よりも適用範囲が狭い代わりに，厳密な「履行不能」だけではなく，(d)当初の契約の履行が当該当事者に著しく不当であれば拘束から解放する点で，履行不能よりも広い。(d)の内容は，(d-1)経済的不能，(d-2)等価関係の破壊，(d-3)契約目的を達成できないことの３つに整理されている。このうち，(d-3)契約目的を達成できないことは，事情変更により契約の履行が一方当事者にとって無意味になったことであり，例えば，買主が住宅建築のために購入した土地が契約締結後の自然環境規制により住宅建築が禁止されたような場合である。(d-2)等価関係の破壊は，例えば，契約締結後代金未払いの状況で当該土地

――――――――――
　11）谷口知平＝五十嵐清・前掲注３書72頁［五十嵐清］。

価格が急落した場合である。以上の2つは，債務の履行障碍でないのに債務から解放する点で，履行不能より広い。(d-1)経済的不能は，例えば，買主側でいえば，購入代金の借入金利が急騰した場合であり，売主側でいえば，履行のための調達費用が急に増大した場合である。これは債務の履行障碍であるので，履行不能との関係が鮮明でない[12]。ただ，経済的不能は，履行可能だが経済的にみて著しく過酷であることを指すので，「履行不能」よりも広い。

第4節　事情変更に対する司法実務の対応

1　問題の提示

　司法解釈によれば，事情変更を認める要件が列挙されているが，その中の「不可抗力によってもたらされたのではない」と，不可抗力を排除したのは，契約法94条の解除法定事由の第1号があるためと思われる。しかし，司法解釈では「不可抗力によってもたらされたのではない…重大な変化が生じ，契約を引き続き履行することが，一方当事者にとって明らかに不公平又は契約目的を実現できない場合」とあり，この下線部は94条では想定していない。したがって，不可抗力によって重大な変化が生じ，契約どおりに履行することが不公平となる場合にはなお事情変更原則によるべきではないか。つまり，事情変更原則の要件の中に不可抗力の場合を残しておくべきではないか（小口彦太）。

　「契約目的を実現できない事情」の中に，当事者のいずれの側も契約を解除する権利があることを認めているということを前提として言えば，司法解釈が，「不可抗力による事情」の中で双方が契約を解除する権利を否認する理由がない。日本の判例にも，洪水（不可抗力）によって提防工事が履行不能となったことを理由として請負人の債務を免除した判例が存在する。中国契約法の司法解釈の関連規定について，小口と同じ疑問を抱く（瀬川信久）。

　以上の議論と関連して，以下の文章は，韓世遠の最近の論文「情事変更若

---

12)　神田孝夫「履行障碍——判例の分析」商学討究22巻2・3号（1971年）311頁，中山充「事情変更の原則」現代契約法体系Ⅰ（有斐閣，1983年）75頁，久保宏之・前掲注4書230頁，谷口知平＝五十嵐清・前掲注3書75頁〔五十嵐清〕。

干問題研究」の一節を翻訳したものである（下線，①②……は小口による）。

「わが国の司法実践において，いくつかの事情変更案件の裁判で契約法94条5号が契約解除の法的根拠として引用されている。例えば，"葉某と潘某との家屋売買をめぐる糾紛案件"において，法院は，『原告は客観的に購入制限令政策の影響を受けて，①契約を継続履行することができなくなったことを理由として，契約の解除を要求し，その理由は②当事者双方の責めに帰すべからざる事由に因るものであり，本院は支持する』として，契約法94条5号にもとづいて判決を下している。また，"趙西と張秀琴との家屋売買契約をめぐる紛糾上訴案"において，法院は，『深圳市国土資源・房産（ママ──小口）管理局が出した『退文通知書』から認定できることは，本件家屋取引が最終的に③履行を継続することができなくなった根本的原因は，国家房地産統制政策の変動に因るものであって，本案双方当事者の③違約行為によって生じたものではない。原審判決は，関係する《中古家屋売買契約》が履行を継続することができないのはいずれの側の責めにも帰すことができないと認定している』との判断を下している。この判決も契約法94条5号にもとづいて判決を下している。

　では，何故実務で契約法94条5号を裁判の根拠とするのか。94条5号がカバーするものは，「法律が規定するその他の事由」が生じた場合の解除権である。しかるに上記の法院の判決は「法律が規定するその他の事由」が何を指すのか明示していない。しかし，裁判文書の記載から分析すると，「契約法適用解釈（二）」26条を本ケースが示していると合理的に認定できる。もちろん，厳密に言えば，④司法解釈は「法律」ではない。法院が実質的には「契約法適用解釈（二）」26条を用いながら，形式上はそれを援引しなかったのは，その背後に"煩わしさ"を厭がるという原因があったからである。ここで言う"煩わしさ"とは，最高人民法院の特殊な要求に起因する。最高人民法院は，各級法院が裁判所による調停〈訴訟調解〉を重視することを強調し，かつ各級法院が上記の司法解釈26条を正しく理解し，慎重に適用するよう要求している。もし，⑤案件の特殊な事情で，確かに個別案件で（26条を──小口）適用する必要があるときは，高級人民法院の審査承認を仰がなければならない。必要ならば，最高人民法院に報告し，その審査承認を得なければならない。こうした特殊な要求があるため，法院は審査承認の煩わ

しさを避けるために，裁判の中で，司法解釈26条を援用しようとしない。しかし，形式上は，根拠を示さなければならないので薄いヴェールを一刺しして〈虚晃一槍〉，契約法94条5号を担ぎ出したのである。（しかし）契約法94条5号は事情変更案件に引用すべきでない。何故なら，事情変更の場合の解除は，司法解釈にもとづき，当事者が解除権を行使する解除とは異なるからである」[13]。

　この指摘を踏まえて以下の点につき質問したい。

　(1) 下線①〜③の指摘は，当事者双方の責めに帰すべからざる事由によって履行ができなくなる（履行不能）と断じている以上（根本違約の解釈もあり得るが，違約はないと断じた以上），94条1号に該当すると考えることはできないのか。これに関連して，以下のような事例[14]が存する。

　事件の概要は，Yが3年契約でXのビルの一部を，1年目は1.1万元，2年目は1.2万元，3年目は1.3万元で賃借することになったが，2年目のとき，Yの父親が脳梗塞を患い，Yは父親と共同で店舗経営に当たることができなくなり，そのため契約解除を求めたが，Xは契約の継続履行を求めた。本件について1審は，父親の急病は事情変更原則に依拠できる〈可依拠情勢変更原則〉と認定し，94条1号に基づいて〈依照……合同法……94条1号〉，契約解除を認め，賃料6000元とビル管理費1505元の支払を命じた。この判決をXYともに不服とし，上訴した。しかし2審も父親の高齢多病では店舗の継続経営は困難であるとして，2009年司法解釈26条によって事情変更原則を適用し，原審判決を維持した。

　この1審判決は，94条1号にもとづいて事情変更による解除を認めている。司法実務においては，両者の区別につき混乱が存在するのではないか（質問①）。

　(2) 法律でない司法解釈を適用することの妥当性について。下線④との関連で，法律ではなく，司法解釈だけを適用することは，94条5号の「法律」の適用に反するのではないか。しかし，上記遼寧省の事案でも2審は司法解釈26条を直接適用している。こうした例は少なからず存する。また，そも

---

13) 中外法学2014年3期671頁。
14) 遼寧省葫蘆島市中級人民法院（2011）葫民二終字第305号，2011年9月10日判決。

そも司法解釈はある法律条文の存在を前提とする筈である。しかし，事情変更に関する明文の法律規定は存在せず，かつ1999年の契約法制定段階で，事情変更原則の明文化を否定している。したがって，この司法解釈は立法権に対する明白な越権的解釈ではないか。司法解釈の前提としての法律条文を挙げようとすれば，契約法5条の公平原則しかないのではないか（質問②）。

　　(3) 下線部⑤について。2009年以降も事情変更原則にもとづく契約の解除・変更の事例は少なからず存在する。こうした事情変更原則適用を認めた判決は必ず高級・最高人民法院の審査承認を経ていると考えてよいのか（質問③）（小口彦太）。

2　韓世遠・王成の回答

　≪韓世遠の回答≫

　(1) 質問①について

　中国契約法では，「不可抗力」は主に117条，118条及び94条1号に規定されている。「事情変更」は最高人民法院の司法解釈「契約法適用解釈（二）」26条で規定された。我々はこのような規範モデルを「二元的規範モデル」と称している。それはCISG79条の「一元的規範モデル」と異なる。不可抗力による解除と事情変更による解除は，解除の法理構成において顕著な違いが存する。上記の1審法院は中国法のこうした特徴を理解しておらず，当然，是正されなければならない。

　(2) 質問②について

　契約法94条5号で示しているのは，「法律が規定するその他の事情」が発生させる解除権で，これは一方当事者が行使する解除権で，事情変更の場合の，当事者が裁判所に訴えを提起し，裁判所が公平原則にもとづき，かつ案件の実際の状況と結合させて解除すべきか否かを確定するのと，顕著な違いがある。したがって，事情変更の場合，根本的に契約法94条5号を援引すべきではない。これが指摘しておきたい第1点である。

　第2，最高人民法院の司法解釈は「法律」ではない。しかし，今日の中国では，それは一種の「法源」を構成し，裁判所が案件を裁くとき，司法解釈を援引することが可能で，かつしばしば司法解釈だけが援引され，法律を援引しないケースのものも見受けられる。こうしたやり方は決して間違ってい

るとは見なされない。

　第3，最高人民法院の司法解釈は効能の面でも，より適切に法律を適用するために法律を解釈したものであり，それは中華人民共和国人民法院組織法等の授権に基礎を置き，同法32条は「最高人民法院は裁判過程でどのように具体的に法律，法令を適用すべきかの問題について，解釈を行う」と規定している。最高人民法院は，具体的な法律解釈の過程で，時として確定的解釈〈固守狭義的解釈〉がなく，法律に欠缺があると考えられる場合，新たな法律規則を創設する。それは実質的に最高人民法院が立法権を分有していることに相当する。注目すべきは，立法法の2015年の改正において，新たに設けられた104条で「最高人民法院，最高人民検察院の，裁判，検察業務の中での具体的な法律適用に属する解釈は，具体的な法律条文を対象とし，かつ立法目的，原則，本来の趣旨に符合しなければならない。もし本法45条2項の規定する事由に相当する場合は，全人代常務委員会に法律解釈の要求を提起し，あるいは関連法律の制定，改正の議案を提起しなければならない」，「最高人民法院，最高人民検察院の，裁判，検察業務の中での具体的な法律適用に属する解釈は，公布の日から30日以内に全人代に報告して記録にとどめなければならない」，「最高人民法院，最高人民検察院以外の裁判機関，検察機関は，具体的に法律を適用することについての解釈をしてはならない」と規定したことである。立法法45条は，「法律解釈権は全人代常務委員会に属する」，「法律に以下の事由が存するときは，全人代常務員会が解釈を行う。（一）法律の規定がさらに具体的意味を明確にする必要がある。（二）法律制定後，新たな状況が出現し，法律適用の根拠をさらに明確にする必要がある」と規定している。以上の規定にもとづき，今後，最高人民法院が司法解釈でルールを創設するやり方は制限を受けることになる。

　(3) 質問③について

　そのように考えてよい。

≪王成の回答≫

質問①②③について

　不可抗力のケースは契約法94条1号が適用されるべきである。もちろん，時として契約目的を実現できないということを拡大解釈する必要があるだろ

う。しかし，94条1号の存在によって，事情変更の要件には不可抗力のケースは含まれない。

3　瀬川信久の所見

（1）比較法・日本法の視点から

中国の最高人民法院司法解釈が，事情変更の原則を，「不可抗力によってもたらされたのでない」事情の変化に限定していることについて，まずは，小口と同じ疑問を抱く。比較法的には一般に，「当事者の責めに帰することができない事由によって生じたこと」を事情変更の原則の要件にしている。これを要件とするのは，債務者自らの帰責事由により事情変更をもたらしながら（例えば，債務者の経営の失敗による履行困難）履行義務を免れるのは不当だからである。「不可抗力による場合」は，この「当事者の責めに帰することができない事由による場合」の中に含まれるから，本来は事情変更の原則が適用される典型的な場合である。ところが，司法解釈はその場合に事情変更の原則を適用しないとするのである。

このことについて，王成は契約法94条1項の存在を理由とされる。たしかに，同条項によると，不可抗力による履行不能の場合に，債権者だけでなく債務者からも解除できるようである。（日本では，履行不能のときに解除できるのは，不可抗力による履行不能を含めて，債権者のみである。したがって，債務者の解放は事情変更の原則によらなければならない。この点で，中国法の考え方は日本法と異なる。）しかし，不可抗力による履行不能の場合に債権者だけでなく債務者も解除できることは，事情変更の原則の要件を満たすときに債権者や債務者から事情変更を理由に解除することを否定する理由にならないように思う。履行不能の解除と事情変更の原則の解除を重ねて競合的に認めることに支障がないからである。

（2）中国法の状況から

しかし，本章第1節で紹介されている1981年から2009年までの13の法令，契約法草案，全人代法律委員会の説明等，最高人民法院の司法解釈[15]を，契約の解除・改定を認める理由・考え方と要件・効果について整理すると──要件については，どのような事情変化によって，当初契約の履行がどの

ような不当さをもたらすときに解除・改定を認めるかに着目して整理すると
——，中国で，不可抗力による事情変更に事情変更原則を適用しないことの
重要な意味がみえてくるように思われる（以下については後掲の表を参照）。

　改革開放以後の中国における事情変更の原則の展開は，3つの時期に分け
ることができる。

　第1期は，（ⅰ）経済契約法と（ⅱ）改正経済契約法が，不可抗力による履行
不能の場合に経済契約の変更・解除を認めた時期である[16]。変更・解除が認
められるには，（d-1）当初の債務が履行不能になることが必要であり，
（d-2）不均衡をもたらすとか，（d-3）その履行が一方当事者に無意味になっ
たというだけでは不十分である。このようにこの時期の規定は，要件の点で
は履行不能と同じであるが，契約の変更・解除という効果は事情変更原則と
同じである。そして「履行不能」と「事情変更の原則」とを区別していない
ように思われる。

　第2期は，事情変更の原則を「履行不能」から切り離して契約法立法に規
定すべきかを検討した時期である。ここで当初の（ⅲ）全国経済審判工作座談
会紀要，（ⅳ）契約法草案では，要件を「客観的状況」の「根本的変化」「国
家の経済政策，社会経済状況等の客観的状況に巨大な変化」とし，事情変更
の原則の内容として，不可抗力による（d-1）履行不能の場合の契約の解除・
変更ではなく，より広く経済的社会的変化によって（d-2）契約の履行が不公
平になった場合や（d-3）契約の履行が債権者に無意味になった場合の契約解
除・変更を考えた。しかし，（ⅴ）の全人代法律委員会からは，事情変更制度
を抑制する見解が現れる。まず（ⅴ）が，事情変更の原則を明文化する案に並
べて反対する案を併記した。次に，（ⅵ）が事情変更と商業リスクの違いを強

---

15) これらのうち1981年の経済契約法27条1項，1993年の改正経済契約法26条2項
　　は，不可抗力により（全部を）履行できなくなったときに，経済契約を変更又は解除
　　できるとしていた。ただし，1993年の改正経済契約法27条は，不可抗力によって全
　　部が履行不能のときは，変更・解除の前に経済契約が無効になると考えているようで
　　ある。中国の事情変更の原則に関する法令，司法解釈等については，胡光輝「中国法
　　における事情変更の原則」社会科学研究62巻5・6号（2011年）119頁以下も参照。
16) 規定の文言からは事情変更の原則に関することが明らかでないが，中国の学説と裁
　　判例は，これらの規定を事情変更の原則に関するものと考えている（胡光輝・前掲注
　　15論文120頁）。

調し，事情変更制度を商業リスクには適用しないという新たな観点を提示した。さらに，(vii)では，事情変更は不可抗力や商業リスクと異なることを確認したうえで，事情変更制度を適用するときには最高人民法院へ上申し承認を得るようにすることを建議した。ここで，不可抗力による履行障碍を事情変更制度から排除することは，最高人民法院への上申とその承認がなくても債務者の責任を免除できることを意味する。

　以上のような議論の結果，契約法は事情変更の原則を規定しなかった(ix)。これに続く第3期にこの問題の中心となるのは，下級人民法院の事件解決で依拠すべきものとして最高人民法院が出したいくつかの司法解釈，なかでも2009年の「契約法適用解釈」（表の(xi)）である。それらは，一方で，「事情変更の原則」を司法解釈の中で認めたうえで（(xi)），その適用を制限する。すなわち，事情変更の原則による契約の変更と解除を，事情変更を予見できなかった場合に限定したり（(xii)二①，(xiii)－2.)，不可抗力による場合や商業リスクに属する場合には否定した（(xi)，(xiii)－3.)[17]。また，(xii)は，そのような(xi)の事情変更の原則を適用するのに，高級人民法院の審査承認を要件とした（二②）。しかし他方で，事情変更の原則が認められる場合に限らず広く社会経済変動に伴う契約紛争を，当事者間の協議・調停を促しつつ「公平原則」によって解決することを勧める。その解決方法として契約の解除・変更に限られない広範なものを考えている（(xii)の一，(xiii)の一4.)。

　以上のような事情変更の原則に関する中国法の変遷は，内容——不可抗力による履行不能の場合の経済契約の解除・変更（第1期)，客観的な事情変化による当事者間の不公平等の場合の契約一般の解除・変更（第2期)，不可抗力・商業リスク以外の場合の契約一般の解除・変更と，「公平原則」による紛争解決（第3期)——だけでなく，法規制の主体・規範形態——経済契約法という法律，全人代法律委員会の意見，最高人民法院の司法解釈——の点で，この間の中国社会と裁判・法律制度の急速な発展を反映しているように思われる[18]。

　以上を踏まえて，事情変更の原則と不可抗力の問題を考えてみる。重大な

---

17) 2009年の(xi)(xii)(xiii)が商品・株式・金融商品等の取引の商業リスクの排除に重点を置いているのは，次の第5節の問題に関する韓・王の指摘のように，2008年の世界的金融危機が引き起こした紛争に対処するためである。

事情変更が不可抗力による場合に事情変更原則による契約更新・解除を否定
したのは，(xi)が最初である。たしかに，第2期の(ⅴ)(ⅶ)が事情変更は不
可抗力と異なることを強調しているが，それは不可抗力による解除とは別に
事情変更原則による解除を規定する意味があると説くためであったように読
める。実際にも(ⅴ)(ⅶ)は事情変更による解除を事情変更が不可抗力による
場合に否定していない。他方(xi)の3日後の(xii)は，事情変更原則の適用に
高級人民法院の審査承認を要件としている。この点からみると，(xi)が不可
抗力による場合に事情変更原則を否定した中心的な意味は，不可抗力の場合
の解除には高級人民法院の審査承認を不要とするためでないかと思われる。
事情変更が商業リスクによらないという要件は日本法でも同じであるが，不
可抗力によらないという要件は中国法に特殊である。

---

18) なお，第3期には，最高人民法院は，2005年の農村の土地の請負契約を対象とした
司法解釈（表の(ｘ)）のほか，2003年のSARSによる影響を理由とする契約の変更を
認める通知を出している。また，2007年の労働契約法40条，2008年の労働契約法実
施条例19条が，事情変更の原則を採用している（胡光輝・前掲注15論文124頁）。

276 第二部 中国契約法の研究

表

	契約の解除・改定についての考え方と提案	考えている要件		考えている効果
		履行障碍の原因	履行障碍の内容・程度	
（ⅰ）1981年経済契約法27条1項4号四		不可抗力、または、一方に過失のない防止できない外部的原因	(d-1) 履行不能	契約の変更または解除
（ⅱ）1993年改正経済契約法26条2項		不可抗力	(d-1) 全部の履行不能	契約の解除または変更
（ⅲ）1993年全国経済審判工作座談会紀要	事情変更の原則	双方の責めに帰すべからざる原因による、客観的状況の根本的変化	(d-2) 原契約の履行が明らかに公平を失する	契約の解除または変更
（ⅳ）1998年8月契約法草案	事情変更の原則	予見できず克服できなかった、国家の経済政策、社会経済状況等＊の客観的状況の巨大な変化	(d-3) 一方当事者にとって無意味になる (d-1) 重大な損害	協議を要求できる。協議不調のときは、契約の変更または解除を請求できる。
（ⅴ）1998年10月22日全人代法律委員会（説明）	事情変更制度　2つの意見が対立。I 契約法に事情変更制度を規定する必要はないことを建議。II 契約法に事情変更制度を規定することを建議　その理由は：不可抗力は契約を履行不能にすることであり、事情変更は履行が明らかに公平を失することで、不可抗力とは異なる〔から、別に規定する意味がある〕。	契約締結の基礎の変化	(d-3) 履行の意義の消失 (d-2) 当事者間の利益の著しい不均衡	契約の終了または変更を認める。
（ⅵ）1998年12月21日全人代法律委員会（匯報）	（ⅳ）の＊の「国家の経済政策、社会経済状況」の削除と、商業リスクには事情変更を適用しないという規定の付加を建議。	（ⅴ）と同じ要件・効果の事情変更の原則を考えつつ、左記の点を提案。		

日付・出典	対象	変化・紛争	場合	処理	提案
（vii）1999 年 1 月 25 日 全人代法律委員会（匯報）	事情変更は不可抗力や商業リスクとは違う〔から〕、別に考える〔。事情変更を規定した上で、執行上の不統一や契約履行への悪影響を避けるために、事情変更の判決の適用は最高人民法院に上申しその承認を要件とすることを建議。				（v）と同じ要件・効果の事情変更の原則を考えつつ、左記の点を提案。
（viii）1999 年 3 月 13 日 第 9 期全人代法律委員会（報告）	事情変更の原則の限界の認定や商業リスクとの区別が困難であること、実際にその適用は特殊なケースのみであることを理由に規定しないことを建議。				（v）と同じ要件・効果の事情変更の原則を考えつつ、左記の点を提案。
（ix）1999 年 3 月 15 日 契約法制定	事情変更の原則を規定せず。				
（x）2005 年 7 月 29 日 最高人民法院司法解釈（解釈）16 条	農村の土地請負紛争案件に関する公平原則	譲渡代金不受理の約定または費用負担の協定の紛争と、契約変更議の不成立	（d-2）継続履行が公平を失する場合	人民法院は、客観的状況にもとづき公平原則により処理	
（xi）2009 年 4 月 24 日 最高人民法院司法解釈（解釈）26 条	契約法一般への適用に関する	不可抗力によらない、商業リスクに属さない重大な変化	（d-2）継続履行が一方当事者に明らかに不公平 （d-3）契約目的を実現できない場合	人民法院は、公平原則により案件の状況と結合させて、変更又は解除を確定する。	
（xii）2009 年 4 月 27 日 最高人民法院司法解釈（通知）	一、国際金融危機の下で大局に奉仕する照準点から、契約紛争を解決し、調停工作、依法・自願の前提での事案を結着に努める。二、（x）を厳格に適用する。（x）にもとづき適用する場合には、高級人民法院の審査承認を経る。	照準点から、契約紛争を解決し。調停工作。依法・自願の前提での事案	①予見できなかった変化で、（x）の要件を満たす場合とする。②案件の特殊な状況にもとづき必要なときは最高人民法院に上申し審査承認を経る。		
（xiii）2009 年 7 月 7 日 最高人民法院司法解釈（指導意見）	民商事契約紛争案件に関する。一、事情変更原則を慎重に適用する。一、事情変更原則の変更による事情変更原則の主張の増加に対し、公平原則と事情変更原則にもとづき厳格に審査する場合を厳格に審査する。予見できなかった事情変更原則の適用では、予見できなかった商業リスクを区別する（ない）と商業リスクを区別する。4. 契約遵守の原則を重視する。協議による調整に調整する。協議による調整、調停による解決を図る。	利益関係を合理的に調整し。1. 価格・需給利益関係を合理的に調整する。2. 事情変更（市場システムに固有のものではなく、利益の均衡に配慮し公平に配慮し公平合理的に調整する。3. 単純に債務者を免除するのではなく、利調停による解決を図る。			

278 第二部 中国契約法の研究

第5節 司法解釈の背景

1 問題の提示

今回の司法解釈の公布は，契約法に事情変更原則が規定されていなくても，実際には事情変更原則にもとづく判決が下され，それを追認するかたちで司法解釈が出されたということなのか。裁判実務での事情変更原則の濫用に歯止めをかけるために，司法解釈でその適用基準が明確化されたと理解することは可能か。

2 韓世遠・王成の回答

≪韓世遠の回答≫

先ず，この司法解釈の表現の由来について説明しておきたい。契約法を起草するとき，事情変更原則を規定するかどうかについて，意見の対立があった。反対の主要な論拠は，事情変更と不可抗力，事情変更と商業リスクは区別は容易でなく，実践において容易に混乱を来すであろうということにあった。こうした恐れがあったために，司法解釈では，「事情変更」に当たるかどうかを判断する際に，「不可抗力に非ずして」もたらされた「商業リスクに属さない」重大な変化ということが明確に使用された。

しかし，上記のような区別については，なお問題が存在する。実際には，不可抗力と事情変更はそれほど截然と区別されるものではなく，両者が交叉する局面が生じる。小口があげる事例はまさにこうした点の反映である。この点については，今後さらに検討を加える必要がある。

契約法が制定される以前，中国の裁判においてすでに事情変更適用の案例が出現していた。このたびの司法解釈が規定した事情変更の主たる目的は，これ以前の裁判案例を追認するためではなく，2008年の世界的金融危機の背景のもとで出てきた，司法の側からの社会的経験の要求に対応するための重要措置ということにある。しかし，この司法解釈が登場した後での私個人の理解によれば，実務で実際に上記の規定が適用される事例は少なく，その原因は，その適用の前提のハードルがかなり高く，最高人民法院への上申が求められ，そのため多くの裁判所が煩瑣と感じ，事情変更原則を適用して裁

判をすることを望まないからだと思われる。あるいはまた，法律を適用するとき曖昧に処理し，実際には上記司法解釈26条を適用する場合でも，その条文を理由〈説理〉のところで述べるだけで，判決主文には出さず，そこで引用するものは誠実信用とか公平原則の類いの一般条項だけにする。

≪王成の回答≫

契約法の司法解釈「契約法適用解釈（二）」に規定された事情変更は，当時の国際的な金融危機という背景と密接な関係がある。最高法院は事情変更適用の要請に意を注ぐとともに，上述したように，その適用に対して厳格な手続により限定化をはかった。このように，事情変更の規定化にはさまざまな面での意義がある。

3　瀬川信久の所見

第4節の所見で述べた私見によれば，(xiii)の司法解釈は，商品・株式・金融商品等の取引をも念頭に置いた裁判官宛の規範だという点では，それ以前の事情変更の原則とはやや性格を異にするものととらえるべきである。それは，一面で，1998年末から意識された裁判実務での事情変更原則の濫用に歯止めをかけるが，他面では，「公平原則」という裁量による当事者の協議による解決を促進している。

第8章　危険負担

第1節　契約法・関係法規及び日中の条文比較

1　中国契約法・関係法規

（以下の契約法の訳文は基本的に塚本宏明監修／村上幸隆〔編集〕『逐条解説中国契約法の実務』による）

142条（危険負担）　目的物の減失・損傷の危険は，目的物の引渡し前は売主が負担し，引渡し後は買主が負担する。ただし，法律に別段の規定があるか，当事者間で別段の約定があるときは，この限りでない。

> **最高人民法院「商品房売買契約解釈」11条2項**　家屋の減失・損傷の危険は，引渡し前は売主が負担し，引渡し後は買主が負担する。……買主が売主の書面による家屋引渡通知に接し，正当の理由なくその受領を拒んだ場合，家屋の減失・損傷の危険は書面での家屋引渡通知が定めた引渡し使用の日から買主が負担する。

143条（受領遅滞における危険負担――その1）　買主の原因で目的物が約定の期限にもとづいて引き渡すことができないときは，買主は約定に違反したときから，目的物の減失・損傷の危険を負担しなければならない。

144条（運送目的物売買の危険負担）　売主が既に運送引受人に引き渡し，運送中の目的物を売買した場合は，当事者間に別段の約定がない限り，減失・損傷の危険は契約の成立時より，買主が負担する。

145条（債権者主義）　当事者が目的物の引渡地を約定せず又は明確に約定していない場合において，本法第141条（＝目的物の引渡地）第2項第1号の規定にもとづき，目的物の運送を必要とするときは，売主が目的物を第1運送人に引き渡した後は，目的物の減失・損傷の危険は買主が負担する。

> **最高人民法院「売買契約解釈」11条**　契約法141条2項1号（「目的物を運送する必要がある場合は，売主は買主に運送して引き渡すため第1運送

人に目的物を引き渡さなければならない」）が規定する「目的物を運送する必要がある」とは，目的物が売主の責任によって運送委託の処理をし，運送人は売買契約の当事者から独立した運送業者に係るケースのことを指す。目的物の滅失・損傷の危険負担は，契約法145条の規定により処理する。

12条（特定地点での危険負担移転規則） 売主が契約の約定にもとづいて目的物を買主の指定地点まで運送し，運送人に引き渡した後，目的物が滅失・損傷した場合の危険は，買主が負担する。ただし，当事者に別段の約定があれば，この限りでない。

13条（運送途中の目的物の売買につき，売主が危険の事実を隠したことについての危険負担） 売主が，運送人によって運送される運送途中の目的物の売買につき，契約成立時，目的物が既に滅失・損傷していることを知り，あるいは当然知り得たのに，買主に告知せず，買主が，売主が目的物の滅失・損傷の危険を負担するように主張した場合，法院は支持しなければならない。

14条（特定されていない目的物の危険負担） 当事者に危険負担につき約定がなく，目的物が種類物で，積載輸送証券〈単据〉，押印標識，買主への通知等の識別可能な方式でもってはっきりと目的物を売買契約において特定せず，買主が目的物の滅失・損傷の危険を負わないことを主張した場合，人民法院は支持しなければならない。

146条（受領遅滞における危険負担――その2） 売主が約定又は本法第141条第2項第2号に定める地点で目的物を買主に引き渡す場合において，買主が約定に反して，目的物を受領しないときは，目的物の滅失・損傷の危険は約定に違反した日から買主が負担する。

147条（付属資料未交付の影響） 売主が約定にもとづき目的物の保証証券又は資料を交付していない場合，目的物の滅失・損傷の危険の移転に影響しない。

148条（目的物の瑕疵担保責任，または<u>不完全履行に関する危険負担</u>） 目的物の品質が基準に適合しないことにより，契約の目的を達成できない場合には，買主は目的物の受領を拒むことができ，又は契約を解除することができる。買主が目的物の受領を拒み，又は契約を解除したときは，目的物の滅失・損

282　第二部　中国契約法の研究

傷の危険は売主が負担する（下線部見出しは，塚本宏明監修／村上幸隆〔編集〕『中国契約法の実務』による。以下同）。

149 条（危険負担は瑕疵担保に影響を与えない，または危険負担と違約責任の関係）　目的物の滅失・損傷の危険を買主が負担することは，売主の債務の履行が約定に合致しない場合に，買主が売主に対し違約責任を追及する権利に影響しない。

231 条（賃借物の滅失・損傷）　賃借人の責めに帰すべき事由によらずして，賃借物の一部又は全部が滅失・損傷したときは，賃借人は賃料の減額又は賃料を支払わないことを求めることができ，賃借物の一部又は全部が滅失・損傷したことにより契約の目的を実現することができなくなったときは，賃借人は契約を解除することができる。

314 条（貨物の滅失と運送費の処理，または運送賃請求権）　運送過程において物品が不可抗力により滅失したときは，運送人は，運送賃を請求してはならず，既に運送費を受け取ったときは，荷送人は返還を請求することができる。

338 条（危険負担及び通知義務，または危険責任分担）　技術開発契約の履行過程において克服することのできない技術上の困難が生じ，研究開発が失敗又は部分的に失敗したときは，当該危険の責任負担については，当事者が約定する。約定せず，又は約定が明確でなく，本法第 61 条の規定に照らしても確定できないときは，危険の責任負担について当事者が合理的に分担する。②当事者の一方が前項に規定する研究開発を失敗又は部分的に失敗させ得る事由を発見したときは，速やかに他方に通知するとともに，損害を減少させる適切な措置をとらなければならない。速やかに通知せず，かつ適切な措置もとらず，これにより損害を拡大させたときは，拡大した損害について責任を負担しなければならない。

94 条（法定解除事由）　以下の事由に該当する場合は，当事者は契約を解除することができる。（一）不可抗力により契約目的が実現できない場合。……（四）当事者の一方が債務の履行を遅滞し，又はその他の違約行為があり，これにより契約目的を実現することができない場合（本条は危険負担規定ではないが，危険負担と密接に関連するので掲げる――小口）。

2 日本民法

533条（同時履行の抗弁） 双務契約の当事者の一方は，相手方がその債務の履行を提供するまでは，自己の履行を拒むことができる。ただし，相手方の債務が弁済期にないときは，この限りでない。

534条（債権者の危険負担） ①特定物に関する物権の設定又は移転を双務契約の目的とした場合において，その物が債務者の責めに帰することのできない事由によって滅失し，又は損傷したときは，その滅失又は損傷は，債権者の負担に帰する。

②不特定物に関する契約については，第401条第2項の規定によりその物が確定した時から，前項の規定を適用する。

535条（停止条件付双務契約における危険負担） ①前条の規定は，停止条件付双務契約の目的物が条件の成否が未定である間に滅失した場合には，適用しない。

②停止条件付双務契約の目的物が債務者の責めに帰することができない事由によって損傷したときは，その損傷は，債権者の負担に帰する。

③停止条件付双務契約の目的物が債務者の責めに帰すべき事由によって損傷した場合において，条件が成就したときは，債権者は，その選択に従い，契約の履行の請求又は解除権の行使をすることができる。この場合においては，損害賠償の請求を妨げない。

536条（債務者の危険負担等） ①前二条に規定する場合を除き，当事者双方の責めに帰することのできない事由によって債務を履行することができなくなったときは，債務者は，反対給付を受ける権利を有しない。

②債権者の責めに帰すべき事由によって債務を履行することができなくなったときは，債務者は，反対給付を受ける権利を失わない。この場合において，自己の債務を免れたことによって利益を得たときは，これを債権者に償還しなければならない。

3 改正民法

533条（同時履行の抗弁） ……相手方がその債務の履行（債務の履行に代わる損害賠償の債務の履行を含む）を提供するまでは……

534条〜535条 削除

536 条（債務者の危険負担等） ①当事者双方の責めに帰することができない事由によって債務を履行することができなくなったときは，債権者は，反対給付の履行を拒むことができる。

②債権者の責めに帰すべき事由によって債務を履行することができなくなったときは，債権者は，反対給付の履行を拒むことができない。この場合において，債務者は，自己の債務を免れたことによって利益を得たときは，これを債権者に償還しなければならない。

567 条（新設）（目的物の滅失等についての危険の移転） 売主が買主に目的物（売買の目的として特定したものに限る。以下この条において同じ。）を引き渡した場合において，その引渡しがあった時以後においてその目的物が当事者双方の責めに帰することができない事由によって滅失し，又は損傷したときは，買主は，その滅失又は損傷を理由として，履行の追完の請求，代金の減額の請求，損害賠償の請求及び契約の解除をすることはできない。この場合において，買主は，代金の支払を拒むことはできない。

②売主が契約の内容に適合する目的物をもって，その引渡しの債務の履行を提供したにもかかわらず，買主がその履行を受けることを拒み，又は受けることができない場合において，その履行の提供があった時以後に当事者双方の責めに帰することができない事由によってその目的物が滅失し，又は損傷したときも，前項と同様とする。

413 条の 2（新設）（履行遅滞中又は受領遅滞中の履行不能と帰責事由） ①略，②債権者が債務の履行を受けることを拒み又は受けることができない場合において，履行の提供があった時以後に当事者双方の責めに帰することができない事由によってその債務の履行が不能となったときは，その履行の不能は，債権者の責めに帰すべき事由によるものとみなす。

4　日中の条文比較

①危険負担について，日本法は契約法総則で規定し，中国契約法は総則には規定せず，各則の，売買契約，賃貸借契約，運送契約，技術契約等の各典型契約中に個別的に明記する。②日本法は特定物売買契約については債権者主義，それ以外は債務者主義を採用し，中国法は売買契約については引渡主義を採用する。③日本にある停止条件付双務契約における危険負担に相当す

る規定は中国法にはない。④特定物売買契約における危険負担につき，日本法は「債務者の責めに帰することができない事由」と規定するが，中国法にはこの種の文言がない。⑤中国契約法 148 条は「契約解除と危険負担規則が交錯する場合の法律適用の問題に対する中国の立法者の思考を反映させる恰好の規定をなす」（韓世遠）と言われるが，日本法にはこの種の規定はない。また，違約責任と危険負担の関係をめぐる中国契約法 149 条に類する規定も日本法にはない。148 条はアメリカ統一商法典を，また 149 条は CISG を参考にした規定であると言われる。⑥現行日本法は，契約の履行不能につき，帰責事由があるときは契約解除で，帰責事由がないときは危険負担で処理するといったように，帰責事由の有無で切り分けているが，改正民法は契約解除の帰責事由を外し，その結果，不可抗力により契約が履行不能となった場合も解除が可能となり，これを承けて，債権者の危険負担に関する 534 条及び 535 条の規定を削除した。ただし，売買契約の中の 567 条 1 項において，目的物引渡し後の不可抗力による目的物の滅失について，また同 2 項で，買主の受領拒絶後の目的物の不可抗力による滅失について，買主の危険負担を規定しており，それは中国契約法 142 条及び 143 条と対応しているとも言うことができる。したがって，中国法は不可抗力によって契約目的が実現できなくなった場合，危険負担と契約解除の両規定を用意しているが，日本法は解除を原則としつつ，売買契約に関する改正民法 567 条のケースに該当する場合は解除を否定して危険負担で処理するということになる。

第 2 節　給付危険と対価危険

1　問題の提示（瀬川信久）

　危険負担には，給付危険（準備した給付が滅失したが，まだ履行可能な場合に，あらためて給付するときの費用）と，対価危険（履行不能になったためあらためて費用を負担して給付する義務はなくなった場合に，対価給付を履行する義務が存続するか否かの問題）とがある。日本民法の危険負担は，対価危険を指すが，中国契約法の危険負担はどちらを指しているのか。中国契約法 94 条，149 条は給付危険を規定しているように思われるので，確認したい。給付に関するそれ以外の条文は，給付危険と対価危険のいずれとも解することがで

286 第二部 中国契約法の研究

きる。ちなみに，日本民法は，対価危険については534条以下で規定するが，給付危険については，履行可能な限り（すなわち債務者が履行義務を負う限り）原則として債務者が負うとする。ただ，弁済の提供の効果として（485条ただし書），また，学説によっては受領遅滞（413条）の効果としても，債権者が負うとして，さらに委任契約については，弁済の提供や受領遅滞がなくても，委任者（債権者）の負担とする。

2　韓世遠の回答

　いわゆる危険負担とは，通常，「代価危険」〈価款風険〉（「対価危険」〈対価風険〉とか「反対給付危険」〈対待給付風険〉とも称する）の危険負担問題のことを指す。売買契約においては，売買の目的物がもし双方当事者の責めに帰すべからざる原因によって滅失・損傷したときは，売買の代金を支払うべきかどうか，対応する不利益を誰が負担するかという問題である。この問題について，中国契約法は142条以下で規定を置いている。この意味での危険負担とは，双務契約（売買，賃貸借，請負，輸送，倉庫保管等）に特有の問題のことである[1]。代価危険（対価危険）が危険負担問題の中心をなすと考えられている[2]。

　これと対応して，さらに「給付危険」の負担問題がある。給付危険とは，給付の目的物が滅失・損傷した場合に，債務者はなお依然として給付義務があるかどうかの問題である。給付危険は双務契約に限られない。すべての債務に普遍的にあてはまる問題である。代価危険（対価危険）は双務契約に特有の問題であり，片務契約〈単務合同〉には存在しない。給付危険が関わるのは一般的な債務の消滅及びその効果の問題であり，ここで論じている危険負担と混同してはならない[3]。契約法94条は解除権に関する規定であり，第1号は不可抗力を規定しているが，この規定も危険負担に関する規定ではない。契約法142条～147条で規定する危険負担は，解釈上，「代価危険」（対価危険）に限定され，「給付危険」問題を解決するものではない。どんなに法律条文の用語が「目的物の滅失・損傷の危険」と表現していても，そこ

---

1 ）韓世遠『合同法学』（高等教育出版社，2010年）395頁。
2 ）半田吉信『売買契約における危険負担』（信山社，1999年）8頁。
3 ）韓世遠・前掲注1書395～396頁。

で指すのは,「物の危険」(給付危険)ではなく,代価危険(対価危険)である。もし,解釈上,両者がともに危険負担の対象となるとすると,問題が生ずる。例えば所有権留保付売買の場合,目的物がすでに引き渡されると,代価危険(対価危険)は当然買主に移転する。もし「所有権者」をもって判定するのでなく,「引渡し」をもって「給付危険」の負担を判定するとすれば,給付危険(物の危険)は買主が負担することになる。他方,「所有権者」によって処理すれば,給付危険は売主が負担することになる。149条でいう「目的物の滅失・損傷」は,解釈上,代価危険(対価危険)として理解すべきであり,給付危険と解すべきでない。

3　渡辺達徳の所見

　双務契約における一方の債務について,債務者の帰責事由によらない後発的不能が生じて債務が消滅した場合に,他方の債務の帰趨はどうなるか(=その不能の危険をどちらの当事者が負担するか),という論点が,民法534条以下に定める「危険負担」の問題である。ここで帰趨が問題とされる債務は,多くの場合には代金,賃料,報酬などの金銭債務であり,これは「対価危険」と呼ばれる。

　他方において,給付の目的物が滅失・損傷した場合に,債務者は,なお調達義務を負うか,という問題は,「給付危険」として論じられる。この問題は,主として売買を念頭に置くものであるが,双務契約に限らず起こり得る。日本の現行民法上は,不特定物の特定(401条2項参照)または弁済提供の効果である「調達義務の限界」として論じられている問題である。

　韓世遠の説くところによれば,中国契約法に定める危険負担は,「対価危険」を意味している。売買における危険負担の規定について見ると,原則として目的物の引渡しを危険の移転の基準時としつつ,個別の例外規定を設けるのは,CISGに近似した規定ぶりということができる。ただし,CISGは,この規律場面を「危険の移転」という表題で括り,その効果は「代金を支払う義務」と関連付けられることを明示しているのに対し,中国契約法は,「危険」「負担」という表現を用い,また,必ずしも効果が明示されていない。

288 第二部 中国契約法の研究

第3節 契約解除と危険負担の関係

1 問題の提示

　中国法は売買契約における危険負担につき，引渡主義を採用している。この主義を採用するにつき，動産のみならず不動産のことも念頭に置かれていたのか。また，不動産の引渡しは具体的には何によって判断するのか。中国では，不動産物権変動は登記を効力発生要件としている。そのため，当該物件を引き渡すも，未登記であれば，所有権は依然として売主の側にあり，こうした状態の中で，不可抗力によって目的物が滅失した場合，買主が危険を負担することになるが，しかし，中国契約法は，日本法と異なり，94条1号で，不可抗力により契約目的が実現できなかった場合，契約解除を認めている。そこで，買主が解除を主張することは可能か。以下に掲げる事例はその1例である。

　　事例1（浙江省金華市中級人民法院民事判決書（2003）金中民一終字第180号）

　　　　上訴人（原審被告）：磐安県糧食局（Y₁）

　　　　被上訴人（原審原告）：羊興新（X）

　　　　被上訴人（原審被告）：磐安県競売ビジネス会社（Y₂）

　　　　被上訴人（原審被告）：磐安県新渥糧管所（Y₃）

　　本案の2審判決

　「原審法院は，以下のように判断した。Y₃とXは，書面による家屋売買契約を締結し，双方の間での売買契約がすでに成立していることを証明している。実施された競売行為の過程において，Y₃はいまだ全面的には家屋不動産所在の町の計画案を十分には知らず，X等入札者が競売目的物について質問したとき，当該家屋は立退きの対象とはならず，ただ道路の拡張のために庭の一部が削られるということを述べた。このことから，Y₁が故意に事実の真相を隠したということを証明することはできず，したがって，詐欺行為には当たらない。しかし，売主には目的物の引渡し以外に，移転登記等の所有権の合法的移転の義務を負っている。売主はすでに目的物の鍵を原告に渡しているが，それは所有権の占有，使用，収益の権能を原告に移転させているに過ぎず，売主はなお移転手続の義務を負っている。本案では，Y₃が今

に至るまで家屋所有者であり，当該家屋は移転・取壊しの対象となっているため，売主はこの家屋の所有権を原告に移転することはできない，すなわち売買契約義務は履行不能であり，原告の家屋購入目的は実現不能に属する。このことにより，契約を解除して代金の返還を求める原告の請求は支持されなければならない。原告は契約締結の過程で，Y_2に手数料を支払っており，契約の履行不能により原告の現有の財産は減少を来し，これについて売主は賠償責任を負う。Y_2は，競売行為の過程において競売人の法定義務を履行しており，本案において過失はなく，Y_3の契約の不完全履行行為に責任を負うことはない。Y_3は，家屋を処理したとき，資金もなく，また職員構成もなく，すでに法人の義務を尽くすことはできず，法人の職責の履行はできなくなっている。Y_3は，Y_1と上下隷属関係にあり，当該家屋は上級主管単位のY_1によって競売の決定がなされたものであり，かつY_2に委託され，その得た代金も実際にはY_1によって処分された。したがって，Y_3の売買契約の履行不能によって引き起こされた法律責任は，その上級主管部門すなわちY_1が負担しなければならない。

　原審法院は以下のとおり判決する。1，XとY_3との売買契約を解除する。2，Y_1はXに家屋購入代金155,000元を返還し，併せて2001年12月13日から履行日までの銀行ローンの利息を支払う。判決の効力発生後，15日以内に給付すること。3，Y_1はXの損失額6200元を賠償しなければならない。判決の効力発生後15日以内に給付すること。4，Xのその他の訴訟請求を棄却する。案件受理費4734元，及びその他の訴訟費1530元，証人の手当て120元，交通費72元については，Y_1が6192元を，Xが264元を負担する。

　判決宣告後，Y_1は上記の判決を不服とし，上訴した。その主要な上訴理由は以下のとおりである。1，Y_3は独立の法人格を具えていて，自己の財産を有し，企業は今も存在し，本案の売買契約の目的物はY_3の資産の一部である。2，国有資産の処分は，主管部門と国有資産管理部門の審査承認を経，Y_1は主管部門として企業改制に同意し，併せて規定により国有資産管理局に報告し，その審査承認を得ている。得た代金は，国有資産管理局に，Y_3自身の負う銀行債務の償還に用いるように求めた。これは主管部門の法定の管理職責を履行したものである。3，いまだ移転手続を済ませていないことは，Xが移転手続を拒む意図によるもので，契約解除に法的な根拠がない。

290 第二部 中国契約法の研究

4，わが国の法律は，売買契約の目的物の危険移転につき引渡主義を採用し，本案の町の計画は，売買契約が成立し，かつ家屋を実際に引き渡してから3カ月後に発生し，取壊し移転の危険は買主が負うべきである。原判決を取り消し，Xの訴訟請求を破棄差し戻すか，破棄自判するよう求める。

Xは以下のように答弁した。Y_3はすでに営業を停止し，公開競売のY_3所属の双峯糧食センター小売部の5部屋の家屋はY_1のものである。家屋土地使用権，家屋所有権はまだ移転手続を済ませておらず，これらはY_1に属する。原判決は正しい。

被上訴人のY_2は，以下のように答弁した。Y_1の委託を受けて，公平，公正原則のもとで，競売を行い，過失はない。原判決維持を求める。

Y_3は，以下のように答弁した。上訴人の上訴に対して異議はない。

審理の結果，原判決の認定した事実は，家屋代金がY_1によって処分されたこと以外の事実については確認できる。別途調査により以下のことは明らかである。家屋移転手続のため，Xは身分証，私章をY_3に渡すも，土地関連の譲渡金の審査承認手続により，移転手続がまだ終わっていない。法廷での審理中，上訴人は移転手続の処理の手伝いを申し出たが，被上訴人は移転手続が大変遅れていると思った。

本院は，以下のように判断する。争われている家屋不動産はY_3の所有に属する。また，競売後，XはY_3と家屋売買契約を締結しており，したがって家屋売買関係の売主はY_3で，Xが買主である。競売法の規定によれば，競売活動は委託代理人によって行われ，2001年11月16日，Y_3の県のY_1に対して報告しており，競売委託行為とみることができる。しかし，競売代金はY_2から直接国有資産局に納められていて，このことからY_1が実際に当該代金を処分したと認定することはできない。故に，Y_3の主体の資格がいまだ消滅する前においては，本案の契約責任はY_1ではあり得ない。

本案の契約が解除できるかどうかの問題については，家屋はすでに買主に引き渡され，使用されていて，かつ客観的に，Xは買主としてすでにその購入した家屋を他人に賃貸しており，したがって家屋売買契約の目的は実現されていて，売主たるY_3は根本違約を構成しない。一方において，契約法の規定によれば，売主には所有権移転の義務があるが，売主がいまだこの義務を履行しない場合，買主は売主に当該義務の履行を請求できる。他方で，本

案の売買の対象となった土地計画上の家屋については，当該家屋はY₃が企業改制の必要から売却するものであり，移転時に譲渡金を後払いする必要があり，これについて土地評価をしなければならず，そのため時間的に速やかに移転手続ができなかった。これがいずれの側の原因によって引き起こされたのか確定し難く，売主が違約を構成するとの認定は証拠に乏しい。事実上，本案の争いが生じた理由は，町の計画によって，買主の購入する家屋が移転，立退きの対象となったことによる。これは法律上目的物の危険負担の問題である。契約法 142 条の規定によれば，目的物の滅失・損傷の危険は，目的物の引渡し前は売主が負担し，引渡し後は買主が負担する。したがって，本案では，家屋の移転立退き後の補償費が家屋購入価格を超えるかどうかに関係なく，立退きによって生ずる権利は買主のXが享有し，危険もXが負担する。以上にもとづき，原審の法律適用には誤りがあり，本院はこれを正す。中華人民共和国契約法 142 条，中華人民共和国民事訴訟法 153 条 1 項 2 号の規定により，以下のように判決する。

　　1　磐安県人民法院（2002）磐民初第 238 号民事判決を取り消す。

　　2　Xの訴訟請求を棄却する。

　1 審案件の受理費 4734 元，その他の訴訟費 1530 元，証人の手当て 120 元，証人の交通費 72 元，合計 6456 元はXが負担する。

　本案は終審判決である。」

2　韓世遠・王成の回答

　≪韓世遠の回答≫

　契約法 142 条は代価危険（対価危険）負担の基本的規則である。目的物の滅失・損傷の危険は，目的物の引渡し前は売主が負担し，引渡し後は買主が負担する。しかし，法律に別段の規定又は当事者に特段の約定があれば，この限りでない。

　契約法は所有者主義を採用せず，引渡主義を採用している。引渡しをしたかどうかで危険負担を決定する。このことは契約法 147 条の規定からも窺うことができる。売主が約定により目的物に関連する証明書〈単証〉及び資料を引き渡していなくても，目的物の滅失・損傷の危険の移転に影響を与えない（契約法 147 条）。所有者主義を採用していないため，不動産売買について

も，危険負担の判断はやはり「引渡し」であって，「登記」（所有権変動のメルクマール）には依らない。「引渡主義」は「占有主義」とも言い，たとえ動産の売買の場合，所有権の移転を意味するとしても，ここでは目的物の「所有」とは必然的関連はない。そのほか，家屋売買の場合，危険も占有の移転に伴って移転する。売主が買主に鍵を引き渡しさえすれば，家屋の移転手続がなされていなくても，危険はすでに買主の負担に帰している[4]。

　142 条が「引渡主義」を採用していることは，実際には，危険負担を「占有」と結び付けている（links the burden of risk with possession）ということで，これは CISG 及び〈国際貿易術語解釈規則〉（INCOTERMS）と一致する。「引渡主義」を通じて危険を「占有」と結び付けるのは，目的物の実際の占有者こそが管理力〈管領力〉を有し，目的物の滅失・損傷の危険をもっともよく防ぐことができ，かつ必要な場合に，不利な結果のコントロールと損害の大小の計算をしやすいという理由による。引渡主義の基礎あるいは出発点は，「危険は最も管理しやすい者の負担に帰属させるべきである」ということにある[5]。ある学者はこれを「危険支配の思想」と称し，不可抗力又は事情変更によって損害が生じたとき，危険は運用において優勢な実力を有する者が負担するほうが，損害の発生を食い止め，あるいは損害をもっともよく軽減することができ，合理性を有すると考える[6]。「危険支配の思想」は引渡し主義のための恰好の根拠をなしている[7]。

　引渡主義と所有者主義は多くの場合同じ外観を有する。それは，多くの立法例において動産の所有権移転のメルクマールが引渡しによるからである。しかし，両主義はやはり異なる。具体的にいえば，すでに引き渡すも所有権が移転していない場合，例えば所有権留保付の売買のような場合，両主義は危険の負担において異なる結論となる。

　上記の事例 1 はたしかにハードケースをなす。この案件は，解除権の発生が債務者の故意・過失を要件としない中国契約法の枠組みにおいて，併存す

---

4 ）韓世遠・前掲注 1 書 396〜397 頁。

5 ）韓世遠・同上書 397 頁。

6 ）ドイツ，台湾の立法例では，この場合，引渡主義を採用している（ドイツ民法 446 条，台湾民法 373 条）。

7 ）蘇俊雄『契約原理及其実用』（台湾中華書局，1970 年）153〜154 頁。

る危険負担規則と交錯する可能性を典型的に示すものであり[8]，こうした背景のもと，契約解除と危険負担制度の関係を検討する必要がある。

　先ず，指摘しておかなければならないのは，中国契約法は契約解除制度が債務者の故意・過失を要件としないという面，及び危険負担の面という両面においてCISGの影響を受けているということである。CISGは契約解除制度を危険負担規則に吸収することも，いわゆる契約解除一元論も採用していない。次に，しかし，中国契約法はCISGの危険負担規定に完全に倣っているわけではない。その典型的表現は契約法148条の規定に見られ，CISGにはこの種の規定はない。以上の2点から得られる示唆は，中国契約法の中での解除制度及び危険負担制度について解釈論的構成をなすとき，CISGを参考にすると同時に，中国契約法とCISGのとの違い（例えばCISGは動産売買にだけ適用されるのに対して中国契約法は動産売買のほかに，不動産売買にも適用される）に注意しなければならないということである。

　契約法148条は，契約解除と危険負担規則が交錯する場合の法律適用の問題に対する中国の立法者の思考を反映させる恰好の規定をなす。148条は「目的物の品質が基準に適合しないことにより，契約の目的を達成できない場合には，買主は目的物の受領を拒むことができ，又は契約を解除することができる。買主が目的物の受領を拒み，又は契約を解除したときは，目的物の滅失・損傷の危険は売主が負担する」と規定する。

　上記ハードケースである事例1について言えば，私個人は一審の裁判結果に賛成する。ただしその理由の構成については異なる。この案件は家屋売買契約である。売主はすでに家屋引渡し義務を履行しているが，その「目的物の所有権を買主に移転させる」義務はまだ履行していない。本案が紛糾を生じたのは，売買の目的物をなす家屋の取壊し立退きを求められたことによる。家屋の取壊し立退きについては，当事者は契約締結段階ですでに予見していた。1審法院の認定した事実によれば「競売前，原告及び証人は状況を理解するために磐安県糧食局に赴いたとき，家屋は公道を広げるために1メートル余を削られるが，家屋は取壊し立退きの対象とはならないことを糧食局は肯定した」とある。したがって，「家屋は取壊し立退きの対象とならないこ

　8）周江洪「風険負担規則与合同解除」法学研究2010年1期74〜88頁。

とを肯定した」ということは，少なくとも，売買目的物の品質についての当事者双方の共通の認識を構成するものである。これが本案契約の基礎である。さらに言えば，上記の事実によれば，売主は家屋に「取壊し立退き」の危険は存在しないことを担保したものと解釈できる。これは売買目的物に対する一種の「品質担保」をなす。もしこうした「品質担保」がなければ，買主は家屋売買契約を締結しなかったはずである，あるいは案件で示された条件で契約を締結することはなかったであろうと考えるのが，合理的考え方である。2審法院は，この事実に対して注意を払っておらず，直接，契約法142条の危険負担にもとづいて判決を下している。これは不当であるように思われる。私個人の見解としては，本案の処理をなす家屋立退きは，目的物の使用に対する一種の公法上の制限であり，これは，中国の実務上，一種の物の瑕疵であり，権利瑕疵ではないと考える[9]。よって，契約法148条により，買主の契約解除の主張を支持し，代価危険はなお売主が負担する。

　　≪王成の回答≫

　（契約法142条の趣旨について）文意から見て，中国契約法142条は動産と不動産を区別していない。本条の例外は，「法律に別段の規定があるか又は当事者に別段の約定がある」場合である。そこで法律を見てみると，不動産の危険負担については別段の規定はないので，不動産の危険負担にも当然142条が適用される。

　　最高人民法院の「商品房売買契約解釈」11条は，「家屋の移転占有は家屋の引渡し使用とみなす。ただし，当事者に別段の約定がある場合はこの限りでない」，「家屋の滅失・損傷の危険は，引渡前は売主が負担し，引渡使用後は買主が負担する。売主からの書面による家屋引渡通知が届いたにもかかわらず，買主が正当の理由なく受け取りを拒んだ場合は，家屋の滅失・損傷の危険は書面による家屋引渡通知が定めた引渡し使用の日より買主が負担する。ただし，法律に別段の規定があるか，当事者に別段の約定がある場合は，この限りでない」と規定している。周江洪が提起した案例も，不動産の危険負担に関するものである。

　9）韓世遠「租賃標的瑕疵与合同救済」中国法学2011年5期57～69頁。

不可抗力によって契約目的が実現できなくなったことによる解除制度と危険負担制度とは，それぞれ異なる制度設計を採用して目的物の滅失・損傷後の危険分配問題の解決をはかろうとするものである。危険負担制度は，危険の帰属を確定することを通じて危険の分配を確定する制度であり，解除制度は，双方が解除権の行使を通じて，解除後の相応する法的効果にもとづいて危険の分配問題を解決する制度である。もし契約解除が帰責事由を要求すれば，帰責事由を要求しない危険負担との交錯は生じず，両者が併存しても問題ない。しかし，もし契約解除も帰責事由を要求しないとなると，危険負担との重畳関係が生じる。しかし，いずれの制度であろうとも，最終的結果は，公平合理が判断の指標となる。

私個人の見解では，本案の1審と2審の分かれ目は以下の点にある。1審は，不適当な履行によって買主の目的を実現できなくさせたので，契約を解除し，損害を賠償させるとの判断を下した。他方，2審は，危険負担に属するので，危険負担の規則を適用して，買主が損失を負担することになると判断した。

私個人は1審判決に与したい。その理由は以下の通りである。本案の被告には事実上ある種の過失が存在する。その故意の存在を証明できないにしても，原告が，当該家屋が立退きの対象となるかどうかを確認した時，被告は立退き対象とはならないと回答している。しかし，時を隔てること久しからずして，当該家屋の立退きが確定した。もし仮に10年後に立退き問題が生じたとしたら，どのような結果になったであろうか。我々はその結果を想像できる。1審判決が，契約解除にもとづき被告にすでに支払い済みの代金の返還を命じたのは妥当である。第2に，本案の被告には適切に履行できなくさせている状況が存在する，すなわち原告が名義変更手続をとることをできなくさせている。この点でも，違約に当たる。相手方の違約により非違約方は契約を解除し，すでに支払った代金の返還を要求することができる。第3に，上記2点が存在するために，本案での立退きは危険（負担）には属さないように思われる。本案は94条1号の，不可抗力による契約目的実現不能を事由とする解除を適用すべきではない。本案は94条4号の，（根本——小口）違約による契約目的実現不能を事由とする解除を適用すべきである。典型的な危険と比べてみよう。例えば，地震がその例である。本案中の家屋が

296 第二部　中国契約法の研究

地震によって滅失・損傷し，家屋がすでに原告に引き渡されている場合には，原告はすでに支払済みの代金の返還を請求することはできない。それと同時に，危険の存在は，目的物の滅失・損傷によって損害をもたらすことになる。しかし，目的物の滅失・損傷によってある種の補償が得られるとすれば，それをも典型的な危険（負担）といえるかどうか，疑問である。例えば，地震後に保険金を得るとか，本案のように立退き補償を得るといったケースである。もし仮に地震後に保険金がおりるとか，立退き後に補償金が支給され，それが目的物の取引価額を上回った場合，非違約方あるいは危険負担者の側は逆に利益を得ることになる。

　仮に不可抗力によって契約目的が実現不能となった場合に，契約解除と危険負担をどう処理するかはきわめて困難な問題となる。例えば，周江洪の論文で論じられている孫紅亮事案※では，目的物が強奪された後，契約解除で処理すべきか，それとも危険負担で処理すべきか，競合のケースが生じる。孫紅亮案についていえば，個人的見解としては，契約解除を適用するほうが，効果の面でより妥当だと思う。何故なら，契約解除後，双方で損失を分担するやり方の方がより弾力性があり，危険負担に比べて債権者の負担の点でより合理性があるからである。

　前述したように，不可抗力により契約目的が実現できない場合の契約解除制度と危険負担制度は，いずれも当事者の意思以外の危険によってもたらされた損失分配の問題を解決するための制度である。いずれの解決方法をとろうと，結果が公平合理でなければならない。もし両者の適用で例えば磐安県案のようにまったく相反する利益按配が生ずる場合，そこで生ずる問題は，法律の理解，適用に問題があるか，又は制度設計に問題があるかである。例えば，危険負担における利益按配も決して一定不変ではない。

※孫紅亮案[10]の鄭州市中原区基層法院の判決（法的判断の部分）

　「原告（孫紅亮，以下Ｘ），被告（河南中原自動車貿易集団自動車賃貸借有限会社，以下Ｙ）は，いずれも，当該契約は請負契約ではなく，賃貸借契約又はファイナンスリース契約であると主張している。しかし，本院は，この見解

---

　10)『人民法院案例選　第4輯』（人民法院出版社，2001年）225頁以下。

は成立しないと考える。賃貸借契約では賃借物の所有権は移転せず，またファイナンスリース契約は，賃貸人，賃借人，売主の三者がいて，かつ賃貸人はファイナンスリース業務に従事するという経営資格を具えていなければならず，本件の場合，原告・被告の締結した契約は名目は請負契約であるが，実体は分割払の売買契約であると考える。分割払の売買契約と一般の売買契約とが異なる点は，目的物の所有権が目的物の引渡しに随って買主に移転せず，売主が引続き所有権を有し，しかも，目的物の代金は通常一般の売買契約における同一目的物の代金より高額であるということである。買主は，代金支払義務を完全に履行するまでは，目的物に対しては使用権と収益権を有するのみである。同時に，目的物の使用者として，買主は目的物の滅失・損傷の危険を負担しなければならない。つまり，目的物の引渡し後，目的物の滅失・損傷に対して買主に過失があるかどうかに関係なく，買主はその負っている全額の代金支払義務を履行しなければならない。本件での車両の滅失は強盗によるものであり，Ｘには過失は存在しない。しかし，ＸはこのことによってＹに対して負っている代金全額支払義務を免れることはできず，Ｘは残余の車両代金を支払う義務を有する。車両はすでに滅失し，契約の履行はもはや必要なく，契約は終了されねばならず，契約解除を要求しているＸの訴訟請求を支持しなければならない。4万元の担保金は，もともとＸ・Ｙが契約を履行するために約定した一種の担保方式であり，Ｘが代金完済という主たる債務を履行した後に，担保金は返還されなければならず，Ｘのこの請求は支持されなければならない。Ｘは豫ＡＴＨ523号の車両にかけた保険費を納めているが，Ｘは当該車両の所有権者ではないし，また保険契約の受益者でもない。したがって，比例にもとづく保険賠償金取得の要求は法律上の根拠を有しない。しかも，Ｙが得た保険賠償金はすでにＸの納めるべき一部の車両代金と相殺していて，Ｘの負うべき代金支払い義務を軽減している。したがって，Ｘの，保険会社の賠償金の一部取得の要求という訴訟請求は何ら実質的意義がなく，支持できない。

　反訴原告たるＹの，反訴被告たるＸに対する残余車両代金支払要求の訴訟請求は，法律の規定に合致し，支持されなければならない。しかし，Ｙが提供した当該車両の代金は216,000元であるとの証拠は，Ｙが1999年12月24日に書き上げた車両代金が175,372.80元の領収書と，「賃貸車代弁費」

298　第二部　中国契約法の研究

名義で取得した金額 40,627.20 元の代金受取証書からなる。この領収書と受取証書はYの一方的意思表示にかかり，もとの請負人である荊俊峰の認可を得ていない。しかも，Yの，代金受取証書に記載された 40,627.20 元の「賃貸車代弁」費用については正確で合理的な説明がなされていない。したがって，上記の証拠は採用できず，車両代金は契約の約定の 176,000 元で計算すべきである。Yが残余車両代金を計算した際，すでに支払済みの 8 万元と保険賠償金 72,960 元を控除するのみで，1999 年 10 月 26 日にXになした利息 18,000 元を減免するとの承諾にもとづいて計算しておらず，本院は，Yがなしたこの承諾は，分割払い売買契約の慣習に合致し，公平の精神にも合致し，遵守されなければならないと考える。中華人民共和国民法通則 106 条 1 項の規定にもとづき，本院は 2000 年 3 月 20 日に以下のとおり判決する。

1　X・Yが 1999 年 4 月に締結した「請負契約」は本判決の効力が生じた日から履行を終了する。

2　Yは，本判決の効力が生じた日から 10 日以内にXに担保金 4 万元を返還する。

3　Xの，保険賠償金 33,164 元の分得要求という訴訟請求は棄却する。

4　Xは，本判決の効力が生じた日から 10 日以内にYに車両代金 5,040 元を支払う。

　以上の 2，4 項を相殺して，YはXに担保金 34,960 元を返還しなければならない。」

　判決宣告後，XとYは訴訟を終わらせることに同意し，Yは判決が定めた義務を自覚的に履行した。

3　渡辺達徳の所見

　事例 1 は，売主をY，買主をXとする建物の売買契約において，目的建物が公法上の理由により取壊し・立退きの対象とされていることが契約の締結前から決まっていたにもかかわらず，当事者がそれを知らずに契約を締結し，建物はYからXに引渡し済みであるが移転登記未了であった場合に，XからYに対する契約解除の主張が認められるか（94 条 1 号），または，危険は買主に移転済みであってXは代金支払義務を負うか（142 条）が，争われたものと見られる。1 審は，Xの解除の主張を認め，2 審は，危険負担の規定を

適用してＸの代金支払義務を認めるべきものとしている。

韓世遠も王成も，Ｘの主張を認めるべきことで一致するが，その理由は両者で異なる。

韓世遠は，契約締結の過程に照らし，ＸＹ間には，Ｘが本件建物から立ち退く危険はないという一種の「品質担保」があったと解すべきであり，Ｘは，148条に基づき契約を解除することができると述べる。

王成は，ＹがＸに対し，本件建物は立退きの対象ではないと回答している点にある種の過失があり，また，登記名義の変更手続をできなくさせていることは違約に当たるとした上で，Ｘは，94条4号の根本違約を理由として解除することができるとの理解を示す。

日本で同種の事案が問題となった場合には，その処理に向けて幾つかの法律構成が考えられるが，韓世遠の説くとおり，売買の目的物に一種の原始的瑕疵があったものと評価し，瑕疵担保責任の規定を適用することは，1つの解決策となろう（契約した目的を達することができないとして，解除が可能。570条・566条）。民法改正案においては，売主の所有権移転義務が不能となるのであるから，買主は，無催告で契約を解除することができるものとして処理される（改正案542条1項1号）。このとき，売主の帰責事由の有無は，解除の可否に影響を与えない。

第4節　危険負担制度の実務上の運用

1　問題の提示

(1)　危険負担制度の実務上の意味について

日本の学者平井宜雄は，危険負担について以下のように説く。すなわち「危険負担を，広く『取引の目的（物または行為）に対して将来生じるかもしれない（とくに不可抗力による）危険をあらかじめ取引当事者に配分しておく制度』と解すれば，そのような危険に備えて，誰がいかなる危険を負うかをあらかじめ定めておくことは，裁判実務（とくに継続的契約における）の基本に属する事項であるから，この意味での危険負担はほとんどすべて取引当事者の合意によって解決されているはずである。解決方法の1つとして保険があり，それが利用できる場合にはそれによって危険の分散を図るのが実務

であると言われる。……そうだとすると，民法上の危険負担の制度は，実務上……大きな意味を持っていないと考えられる。民法の危険負担の規定に関する判決例が必ずしも多くないのは，それを示すものであろう」[11]。他方，中国では，最近出された司法解釈に関する【釈義】によれば，「近年，売買契約紛糾案件で当事者が危険負担問題によって紛糾する件数が不断に増大しており，そのため本解釈は4カ条の契約法関連規定につき解釈と補充を施し，裁判実践において存在する問題の解決に資す」[12]と説かれている。この釈義の説くように危険負担をめぐる紛糾が増大しているというのは事実か（質問①）。

(2) 危険負担の約定・保険

中国では不可抗力による履行不能の場合の危険に備えて「誰が危険を負うかをあらかじめ」約定しておくということはあまりなされないのか，また，保険の活用はあまりなされていないのか（質問②）。

(3) 危険負担をめぐる主要な紛争

今回の2012年の危険負担に関する司法解釈はすべて運送中のものである。このことは，危険負担をめぐる紛争において運送上の紛争が多いと考えてよいのか（質問③）。

2 韓世遠・王成の回答

≪韓世遠の回答≫

(1) 質問①について

平井の理論分析は日本民法の特殊な規定にもとづくものであり，特に特定物売買中の危険負担の債権者主義の立場にもとづいている。しかるに，中国契約法は日本民法のような特殊な規定を置いていない。これが答えの1つである。その2，最高法院の釈義で言うところの，近年における危険負担問題で紛糾する案件が増えているというのは，（中国の）過去について言っているのであって，日本の裁判状況とは関係がない。私個人としては，上記の釈義は根拠がある。

---

11) 平井宜雄『債権各論Ⅰ上契約総論』（弘文堂，2008年）204頁。

12) 奚暁明主編『最高人民法院関于売買合同司法解釈理解与適用』（人民法院出版社，2012年）187頁。

（2）質問②について

契約当事者が危険負担について特別の約定を設けるかどうかということについてであるが，それは一面では，法意識と一定の関係がある。しかし，法律上の危険負担に関する一般規定の方がより重要である。もしも中国契約法が日本民法534条1項のような規定の仕方をしていれば，おそらく中国の取引主体も日本の当事者と同様，危険負担について特別の約定を設けることを余儀なくされるだろう。まさに契約法142条が危険負担につき引渡主義を採用していることにより，実務では，当事者はたとえ危険負担の特別の約定を取り交わさなくても，大きな問題にはならない。

保険については，中国でもますます重視され，適用されてきており，これは当然保険市場及びその規範の成熟の程度と関連している。私個人の経験で言えば，少なくとも自動車の所有者のような場合，通常，自動車購入保険をかける。しかし，家屋等の不動産の場合，購入保険の割合は自動車に比べてきわめて低い。もちろん，これも地域と関連があり，地震の発生が少ない地域では，家屋所有者は通常地震保険の購入を考えない。要するに，保険市場にはそれ自身の法則があり，理性人としての当事者が保険を購入するかどうかは，その合理的判断による。

（3）質問③について

上記の司法解釈は，CISGの規定を学んだものである。しかし，このことは，この種の紛争が実践でとりわけ多いということを意味しない。両者の間に必然的関係はない。

≪王成の回答≫

（1）質問①について

中国では，この種の釈義は一般的に司法解釈の起草に参与する裁判官が書くものである。司法解釈を起草するには，大量の調査研究が行われる。こうした前提にもとづけば，当該釈義におけるこの判断は事実の根拠を有すると考えるべきである。

（2）質問②について

取引の双方が関連する約定を取り決めるかどうかは，当該取引における取引主体及び取引の性質等の状況次第である。一般的に言えば，経験豊富な商

302　第二部　中国契約法の研究

事主体は，大量の反復される取引の，価額がかなり多額の取引については，保険をかける旨を約定する方式を通じて危険負担問題の解決をはかろうとする。他方，普通の民事主体がたまたま行う，目的物の価額もそれほど多額でない取引について，同時に相応の保険を購入する旨の約定を付けるということは，あまり考えられない。

　(3) 質問③について

　最近言及されたばかりの司法解釈の起草背景によれば，現実において，危険負担に関わる紛糾の主要なものが運送関係の紛糾であると考える十分な理由がある。

第5節　受領遅滞中の不可抗力による目的物の滅失・損傷

1　問題の提示

　日本では，売買契約に関する危険負担について「債務者（＝売主）の責めに帰することのできない事由」と表記し，債務者の責めに帰することのできない事由によって履行不能となることが危険負担の要件であるとされ（多数説），他方，中国では，契約の双方当事者の責めに帰することのできない事由によることを危険負担の条件とする説が存在する（例えば王利明）。この説によれば，買主の受領遅滞は違約を構成し，受領遅滞中に不可抗力で履行不能となった場合，違約責任で処理すべきであると説く。以下に掲げる王利明紹介の事例2[13]はその1例である。

事例2

　原告：某養魚業者（X）

　被告：某副食品卸会社（Y）

　Xは，大手の養魚業者であり，Yは，食品卸会社である。双方は，5月20日付で鮮魚売買契約を締結した。契約において，Yは，Xより武昌魚を16元/キログラムの価格で2000キログラム，鮒を15元/キログラムの価格で1000キログラム，羅非魚を13元/キログラムの価格で1000キログラム買い取り，6月10日迄にYがXのところで引き取ることに合意した。Xは期限

---

　13) 王利明『民法疑難案例研究［修訂版］』（中国法制出版社，2010年）289〜294頁。

通りに目的物を引き渡し，かつＹの引取りの便宜を図るために，Ｙが注文した魚を集中的に川に隣接した池に移した。同年６月５日，Ｘは，Ｙに対して魚を引き取るよう催促し，Ｙの費用負担でＸが届けることも可能である旨通知した。これに対し，Ｙは，在庫が売れ残っているため，しばらく引き取れないと回答し，６月10日まで引取りに来なかった。６月中旬以降，例をみない集中豪雨により，Ｘの池の水が溢れ出し，魚も近くの川に流れていった。ＸがＹのために移していた魚が川に流れ出たことにより，Ｘは2000キログラム，合計３万元の損失を被ったが，その原因はＹの違約によるものであるので，Ｙが責任を負うべきであると主張した。これに対し，Ｙは，数日遅延したが，双方は遅延履行の責任について約定をしていないので，責任を負わない，また，魚が川に流れ出たのは，Ｘ自身の過失によるものであると主張した。本件につき王利明は「危険負担規則を適用すべきではなく，Ｙの受領遅滞による違約責任を負うべきである」と指摘している。

　しかし，契約法143条は，こうした場合，買主に危険が移転すると規定しているのであるから，違約責任で処理するとの見解はこの143条の規定を説明できない。ただし，中国では，英米法と同様，契約実現協力義務を契約の双方当事者が負い，受領遅滞はこの義務違反を構成し，違約にあたるとの理解は相当程度普及しているように思われる。日本でも，例えば我妻栄は受領遅滞は債務不履行を構成すると説く。「債権者遅滞の後に履行不能となるときは，不可抗力にもとづく場合にも，なお債権者の責めに帰すべき事由による履行不能となすべきこと，履行遅滞におけると同様である」[14]，「すでに責めに帰すべき事由によって遅滞にある者は，その後の履行について全責任を負うことが信義則に適する。したがって，遅滞中に不能を生ずるときは，その不能は常に債務者の責めに帰すべき事由にもとづくものとして，その賠償責任を認めるべきである」[15]。こうした理解にたてば，受領遅滞中の不可抗力による目的物の滅失・損傷の場合，受領遅滞＝違約責任の効果と，買主の危険負担の双方が成立するということになるのであろうか。

---

14) 我妻栄『新訂債権総論』（岩波書店，1964年）241〜242頁。

15) 我妻栄・同上書145頁。

2 韓世遠・王成の回答

≪韓世遠の回答≫

日本民法534条1項は明文で「特定物に関する物権の設定又は移転を双務契約の目的とした場合において，その物が債務者の責めに帰することができない事由によって滅失し，又は損傷したときは，その滅失又は損傷は，債権者の負担に帰する」と規定する。この明文の規定により，日本の民法の多数説は，「債務者の責めに帰することができない事由」をもって危険負担の基準とする。中国では，契約法142条は日本民法のように「債務者の責めに帰することができない事由」云々の表現をとっていないが，中国の多数説は，確かに慣習的に「当事者双方の責めに帰することができない事由」という表現を用いて危険負担の基準としている[16]。その原因を考えてみると，こうした慣習は，中国大陸の民法学説が一定程度台湾民法学説の影響を受けていることと無関係ではない。台湾民法の多数説も「当事者双方の責めに帰することができない事由」という表現を用いて危険負担の基準としている[17]。台湾の多数説の立場は，また台湾民法266条1項の「双方当事者の責めに帰することができない事由によって，一方の給付を全部不能としたときは，相手方は反対給付義務を免れる。もし一部不能に止まるときは，その割合によって反対給付を減ずる」との規定に起因する。

債権者の受領遅滞の場合，もし不可抗力によって履行不能となれば（本論事例2），日本民法536条2項前段によれば，「債権者の責めに帰すべき事由によって債務を履行することができなくなったときは，債務者は反対給付を受ける権利を失わない」ことになる。この場合，なお危険負担の問題としては，「債権者主義」によって処理するしかない。同様の問題は，中国では契約法146条によって処理すべきである。例を見ない暴風雨は本来不可抗力である。ただその発生が債権者の受領遅滞期間中であれば，不可抗力と受領遅

---

16) 胡康生主編『中華人民共和国合同法釈義』（法律出版社，1999年）223頁，馬俊駒＝余延満『民法原論』（法律出版社，2010年）645頁，韓世遠・前掲注1書395頁，崔建遠『合同法』（北京大学出版社，2012年）414頁等を参照。

17) 例えば王澤鑑『民法概要』（北京大学出版社，2009年）262頁，黄茂栄『売買法』（台北，自販，2004年）744頁，劉春堂『民法債編通則（一）契約法総論』（台北，自販，2011年）439頁。

滞が共に目的物の滅失・損傷の原因を構成する。不可抗力について言えば，明らかに債務者の責めに帰することはできないし，また債権者の責めに帰することもできない。この点について言えば，「双方当事者の責めに帰することができない事由」をもって不可抗力の基準とし，かつそれを危険負担の特殊なケースとしても，何ら誤りではない。何故なら，ここでの着眼点は，履行不能をもたらした共同原因の中の不可抗力の要素にあるからである。危険負担が「債務者の責めに帰することができない事由」によってもたらされたのか，あるいは「双方当事者の責めに帰することができない事由」によってもたらされたのかは，日中の法律の用語習慣の問題にすぎず，実質的な問題処理はこのことによって違いが生じないと理解することができる。ただ，債権者の受領遅滞，あるいは買主の原因で目的物を約定どおりの期限に引き渡すことができないということは，債権者（買主）の故意・過失である[18]。そして，契約法146条及び143条の規定によれば，買主が目的物の滅失・損傷の危険を負い，これは明らかに危険負担の問題である。債権者の受領遅滞が違約と等しく，したがって違約責任が生ずるかどうかについては，中国でも日本と同様，学説上見解が分かれているが，ここでは深く論じない。いずれにせよ，学理構成上は，債権者遅滞の場合の危険の移転は，それ自身，債権者遅滞の一種特殊な法的効果である[19]。要するに，危険負担と受領遅滞とは，単に二重の効果であるに止まらず，一種融合〈聚合〉（競合ではない）の効果でもある。

≪王成の回答≫

先ず，王利明の本案に対する分析について言えば，彼の見解は，当該案件中の魚の損失は故意・過失によってもたらされたのであり，危険（負担）を構成しない，故に違約により処理すべきであるというものである。次に，我妻栄の見解は賛同に値する。中国契約法上，違約責任と危険負担の両制度は相互に独立し，また密接に関連している。

例えば，契約法143条は，買主の原因によって目的物が約定どおりの期限

---

18) 韓世遠・前掲注1書400頁。

19) 韓世遠・同上書226頁。

に引き渡すことができなくなった場合，買主は約定に違反した日から目的物の減失・損傷の危険を負担しなければならないと規定している。この規定は，危険負担の一般規則（契約法142条）が，買主の受領遅滞（違約）によって移転することを意味している。

契約法146条及び最高法院の「商品房売買契約解釈」11条2項は当然類似の意味を含んでいる。

以上のほかに，契約法149条は，目的物の減失・損傷の危険を買主が負担する場合，そのことは売主の債務の履行が約定に合致しなければ，買主は売主に違約責任を負うように要求する権利があることに影響を与えない。つまり，買主の危険負担と売主の違約責任は併存可能である。

3 渡辺達徳の所見

事例2は，買主の受領遅滞後における不可抗力による目的物の減失事例と解される。日本民法の解釈上，受領遅滞の法的性質及び効果については，見解が一致しないが，効果の一つとして「危険の移転」が挙げられることに異論はない（ただし，厳密に言えば，これは受領遅滞に先行する弁済提供の効果（492条）であるとの理解が一般的）。したがって，買主は，代金支払義務を免れない（534条1項）。そして，買主に受領義務を認め，受領遅滞を理由として債務不履行の責めを負うかどうかは，危険の移転（買主の代金支払義務の帰趨）とは別の問題である。

なお，民法改正案は，債権者の受領拒絶・受領不能の間に不可抗力（当事者双方の責めに帰することができない事由）によって債務の履行が不能となったときは，その履行不能は債権者の帰責事由によるものとみなす旨の規定を新設している（改正案413条の2・第2項）。また，売買契約に関する規定の中に，売主が契約の内容に適合する目的物をもって，その引渡しの債務の履行を提供したにもかかわらず，買主に受領拒絶・受領不能があった後に，不可抗力により目的物が減失・損傷したときは，買主は，代金支払義務を負うことも明文化された（改正案567条2項）。

第 8 章　危険負担　　307

第 6 節　危険負担と解除の競合再論

1　問題の提示

　現在，日本で債権法改正の議論がなされており，その中で，債務不履行を理由とする解除について帰責事由を不要とすべきであるとの主張が有力に唱えられている。そうした場合，例えば能見善久は「不可抗力で債務の目的物が滅失した場合に，危険負担と解除とが競合する事態が生ずる。そこで両者の関係をどのようにとらえるかが問題となる」[20]と述べ，能見は，契約解除の帰責事由を問わない場合でも，危険負担ルールは残すべきであるする。この点，契約解除に一本化すればよく，危険負担ルールは不要であると説く見解もある[21]。危険負担ルールを残すとした場合，能見は，以下の 2 つのケースを想定する。

　その 1，危険がまだ売主にある場合。つまり目的物を買主に引き渡す前に，売買目的物が不可抗力で滅失したときは，危険負担の問題としては，買主の代金債務が消滅する（債務者主義の適用）。この場合，買主は重大な義務違反を理由として，解除を主張することもできる。したがって，両者は競合し，買主はいずれを主張してもよい。通常，買主は目的物の引渡しがないことを理由に解除を主張するであろうが，そのときに相手方が危険負担で代金債務が消滅していることを理由に解除は認められないと主張できるのは適当でない。

　その 2，目的物が買主に引き渡された場合。特に問題となるのは，「瑕疵ある目的物を瑕疵について善意の買主に引き渡したが，当該目的物が買主のもとで他の不可抗力が原因で滅失した場合には，危険負担の問題として買主負担になる。しかし，買主は当該目的物に瑕疵があったことを証明し（目的物が滅失しているので証明は困難だが），それが重大な義務違反を構成することがいえれば，解除できる。この場合には，解除が危険負担……（引渡し後は買主が危険負担）に優先する」[22]。

20）能見善久「履行障害」（山本敬三ほか編『債権法改正の課題と方向』商事法務研究会，1998 年）139 頁。
21）潮見佳男『債権総論Ⅰ』（信山社，2003 年）480〜482 頁。

308　第二部　中国契約法の研究

(1) 引渡し前における危険負担と解除の競合

　中国契約法は契約の履行段階において，不可抗力で目的物が滅失し，契約目的が実現できなくなった場合につき，94条1号で契約解除を規定すると同時に，売買契約の箇所で，危険負担を定めている。能見前掲その1のケースでは，能見は，両者は競合し，いずれを主張してもよい（請求権競合——小口）との見解を示しているが，中国契約法ではどのように理解すべきか（質問①）。筆者の印象では，中国では両者が競合する（ように見える）ときは，危険負担を適用する（したがって法条競合的理解）との理解が支配的のように思われるが，そうした理解でよいか。なお，このケース1の下線部の指摘に着目して松岡久和は「この主張は，むしろ解除の優位を示すものと理解できる」[23]と指摘する。日本でも選択説，危険負担優位説が存するが，もし解除優位説が支配的であるとするならば，日中民法学者はこの点で対蹠的である。

(2) 瑕疵ある目的物の引渡し後の危険負担と解除の競合

　両者の規定が存在している場合，能見のあげる第2のケースが問題となる。これは契約解除に関する中国契約法148条及び違約責任に関する149条と係わってきて，中国での議論も分かれているように思われる。つまり，148条は瑕疵ある目的物の引渡しを受ける前，又は引渡し時において，買主は当該目的物の受領を拒み，あるいは契約を解除できる。しかし，実際には，引渡しを受けた後で瑕疵を発見する場合のほうが多い。この場合は149条が適用されて，買主は危険を負担し，契約解除を主張できず，違約責任のみを売主に主張するということになるのか（先の能見の見解では，契約解除により処理されることとなる）（質問②）。

(3) 質問②に関連する事例

　質問②と関連して以下の事例についてどのように，どのように思われるか。
　事例3
　X会社とY会社は電話とテレックスで鹸化甘油（以下甘油）売買の契約を結んだ。Yは5月23日，Xにテレックスを送り，甘油8トンを，トン当た

---

22) 能見善久・前掲注20論文138〜139頁。
23) 松岡久和「履行障害を理由とする解除と危険負担」ジュリスト1318号（2006年）
　　146頁。

り 1.7 万元で提供でき，含量は 95％以上で，もし品質に問題があれば，全
責任を負うと称した。当日，Ｘは同意の意思表示をし，あわせて新鍍鋅鉄桶
での包装を要求した。5 月 25 日，Ｘは約定どおり 13.6 万元を乙の預金口座
に振り込んだ。しかし，Ｙは約定どおり 8 トンの品物を送らず，4 トンのみ
送り，あわせて 6 月 15 日に残額代金 6.8 万元を返還した。Ｘは品物を検査
したとき，甘油が包装の不合格のため漏れていて，重量は 4 トンに足らない
ことを発見し，検査機関に送って調べたところ，甘油の含量がきわめて低い
ことが判明した。Ｘは検査結果書と入庫検収書をＹにテレックスで送り，人
を派遣して処理することを求めた。しかるにＹは 6 月 30 日にＸに代金 5000
元を返還のため振り込み，Ｘに当該甘油のテスト販売を求めるのみで，人を
派遣して甘油の品質問題を処理することは行わなかった。甘油の品質が基準
に達せず，Ｘの取引先は品物を頻々と返品してきて，Ｘに 6682 元の損失を
もたらした。双方が争っている最中に，台風が襲ってきて，倉庫が倒壊し，
甘油全部が滅失した。このため，Ｘは当地の法院に訴えを提起し，契約を解
除し，Ｙは代金を返還し，旅費・鑑定費・得意先の損失，利息の損失を負担
するように要求した。法院の審理の結果，以下のことが明らかになった。Ｙ
が提供した甘油は国家基準に満たず，Ｘに経済損失 33,262 元を与えた。法
院は，被告は代金 6.8 万元を返還し，原告の損失 33,262 元を賠償すること，
目的物滅失の危険は被告が負担すること，との判決を下した。

　この事例は房紹坤＝郭明瑞『合同法要義与案例析解・分則』[24]において紹
介され，もとは李顕冬主編『中国合同法要義与案例解釈』[25]において掲載さ
れたものである。本件について裁判所は契約解除を認める判決を下し，それ
に対して評者は，「目的物が引き渡された以上，危険は買主が負担すべきで」，
買主は違約責任を主張できるにすぎないとする。本例では，買主は契約解除
の意思表示をしておらず，したがって評者のような見解が生ずるのも当然で
あるが，もし引渡し後に瑕疵を発見し，その瑕疵が契約目的の実現を不可能
にするものであり，そのため買主が契約解除の意思表示をし，その直後に，
倉庫に保管していた目的物が不可抗力で滅失したとき，148 条を適用できる

---

24) 房紹坤＝郭明瑞『合同法要義与案例析解・分則』（中国人民大学出版社，2001 年）
　　36 頁。
25) 李顕冬主編『中国合同法要義与案例解釈』（中国法制出版社，1999 年）548～550 頁。

310 第二部 中国契約法の研究

か。また，引渡しの直後に瑕疵を発見した場合と，相当程度時間が経過した
後で瑕疵を発見して解除の意思を表示する場合とで，取り扱いに違いが生ず
るか（質問③）。

(4) 契約法 148 条の理解

質問④ 初歩的質問であるが，契約法 148 条は「契約を解除したときは，
目的物の滅失・損傷の危険は売主が負担する」となっている。契約解除と危
険負担とは別個の概念のはずであり，契約の解除によって危険を負担すると
いう表現は筆者には理解しがたい。

危険負担に関する無作為抽出の裁判例約 100 例を分析して分かったことは，
危険負担が 148 条適用の中で論じられている事例が多いということである。
危険負担のケースとなり得る典型的事例は，契約目的の実現を不能とする重
大な瑕疵ある目的物の引渡しを受けた後で，当該目的物が不可抗力又は意外
事故により滅失・損傷した事例である。しかし，実際の 148 条の適用例を見
ていくと，危険負担として言及されている事例の大半は，不可抗力又は意外
事故による目的物の滅失・損傷のケースではなく，目的物に重大な瑕疵が存
することを理由とする契約解除にともなう原状回復の議論の中でのケースで
ある。例えば北京科禄格機電設備有限公司案[26]を見てみよう。

本件は，送風機売買契約で，全部で 118 台の送風機を購入することにし，
その最初に引き渡した 19 台につき瑕疵が発見され，契約目的実現不能と判
断され，裁判所は根本違約による解除に関する契約法 94 条 4 号，解除の効
果に関する 97 条とともに 148 条を適用し，目的物の滅失・損傷の危険は売
主Ｙが負担し，故にＹは買主Ｘに預けている〈存放〉送風機 19 台を受け戻
さなければならないとの判断を示し，①契約解除を認める，②ＹはＸに前払
い金 253,435 元を返還すること，③Ｙは自ら送風機 19 台を引き取ること，
④ＹはＸに違約金 253,434 元を支払うこと，の判決を下した。ここで，上記
下線の危険負担の内容は送風機 19 台の受け戻しということであり，そうす
ると，その具体的中味は送風機の受け戻しの費用をＹが負担するということ
であろう。しかし，この 19 台の目的物は不可抗力によって滅失・損傷した
ものではなく，不完全履行を理由とする単純な契約解除の原状回復の問題で

---

26) 北京市第二中級法院（2009）二中民終字第 07068 号。

あり，何故これが危険負担の問題になるのか，理解し難い。契約解除と危険負担は別個の範疇のはずである。この点についての見解を聞きたい（質問④）。

2　韓世遠・王成の回答

≪韓世遠の回答≫

（1）質問①について

危険が売主に存する場合に，売買の目的物が不可抗力で滅失した時（能見のいうケース1），中国契約法は一方で94条1号において，不可抗力により契約目的が実現できなくなった当事者は契約を解除できることを規定し，他方で，142条で，危険負担の一般規則（引渡主義）を規定している。このとき，一種の二重効果が生ずる。この場合，契約関係は終了するわけであるが，それは買主の契約解除により終了するのか，それとも危険負担規則及び双務契約の牽連性の推論により終了するのか，買主の選択に任せられる。しかし，中国の経験では，通常，前者の方法がとられている。その理由は以下のようなものである。

その1，歴史的視点から見た場合，1981年の経済契約法27条1項4号は「不可抗力又は一方当事者が過失はないが，防ぐことのできない外部的原因によって，経済契約の履行を不可能にしたときは」経済契約の変更又は解除を認めることを規定していた。1993年に同法は改正され，上記部分の規定は26条2項として「不可抗力により経済契約の全部義務が履行不能となった」場合は，経済契約の変更又は解除を認めると改められた。しかし，この法には危険負担は規定されていなかった。経済契約法以来，不可抗力によって契約が履行不能となったときは，当事者は契約を解除できるとの観念が深く人心に浸透し，危険負担に対する人々の観念はかなり馴染みのないものであった。この時期の民法理論においては，危険負担についての論述も存したが，全体的にはかなり簡単なもので，双務契約の牽連性や契約関係の終了問題を精緻に研究するということは見られなかった。以上のような次第で，不可抗力による履行不能問題が生ずると，人々は契約解除の考えに慣れ，危険負担規則を通じて契約関係の終了を解釈するということに思いが及ばなかった。まさに，所謂「習慣自ずから成れり」であり，生活の「経験」が法理の

312　第二部　中国契約法の研究

「論理」に勝利したのである。

　その2，契約法は不可抗力の場合の契約解除と危険負担を同時に規定したが，契約関係の終了について言えば，94条1号（契約解除）の規定が明確であり，しかるに142条以下の規定は，一方当事者が危険を負担すると説くのみで，契約関係の終了を明確にしていない。中国の上記の「習慣」と「経験」の存在の背景のもと，人々が，通常，危険負担とか双務契約の牽連性について考慮しないのは，前者の法律効果は明確であるのに，後者の契約関係が終了できることについての効果は明確でなく，より立ちいった解釈作業を必要とし，そのため，当事者を引きつけなかったからである。

　(2) 質問②について

　危険が買主に移転した場合（能見の言うところの第2のケース），それは売主がすでに目的物を買主に引き渡していることを意味する。したがって，目的物がいまだ引き渡されていないとか，引渡時に受領を拒むといったケースを考慮する必要はない。この場合（能見のあげる第2のケース——小口）は，目的物に隠れた瑕疵があるケースが典型である。契約法148条によれば「目的物の品質が品質の要求に符合せず，契約目的の実現を不能にする場合，買主は目的物の受領を拒むか，契約を解除することができる。買主が目的物の受領を拒むか，あるいは契約を解除したときは，目的物の滅失・損傷の危険は売主が負担する」。本来，142条により，売主が目的物を買主に引き渡したときは，危険は買主が負担する。148条の特殊性は，目的物の品質が要求に符合せず，契約目的の実現を不能にする（根本違約）場合，買主が目的物の受領を拒み，あるいは契約を解除するのを認め，危険を売主に負担させるところにある。ここでは，目的物が不可抗力によって完全に滅失しても，買主が解除権を行使するのを妨げない。日本民法と比べて，中国契約法148条の規定はあるいは人々に奇怪な感を与えるかもしれない。しかし，類似の規則は比較法的に珍しくなく，アメリカの統一商法典第2－510条[27]やCISG第70条にも存する[28]。

---

27) 148条に対する立法機関の釈義によれば，「本条はアメリカ統一商法典（UCC）の定めた規定を参考にした。アメリカ統一商法典は売主の違約と買主の危険負担の関係を規定している」とある。胡康生主編・前掲注16書229頁。ここでは具体的な条文は明示されていないが，UCC第2－510条である。

契約法 149 条の役割については，これを 148 条と結び付けて考察すると，主に売主が根本違約にあたらない場合のことであり，買主は契約を解除できず，あるいは目的物の受領を拒むことができず，142 条の規定により，買主は危険を負担する。ただし，売主の債務が約定に符合しないときは，買主はなお違約責任を売主に追及できる。

（3）質問③について

買主が，台風（不可抗力）により目的物（甘油）全部が滅失した後に，裁判所に訴えを提起し，契約の解除を要求し，売主に代金の返還を要求した。裁判所は，売主の提供した目的物は国家の強制的基準に達しておらず，かつ買主に経済的損失を与えたと認定した。裁判所はこれを踏まえて，売主に代金の返還と買主への損失賠償を命じたが，私個人の見解としては，この裁判所の判決は適切でないとは言えない。その理由は以下の通りである。

先ず，契約法 148 条から見て，買主が目的物の受領を拒み，あるいは契約を解除する条件は，「目的物の品質が品質の要求に符合せず，契約目的の実現を不能にする」場合に限られ，「目的物の返還」まで要求してはいない。したがって，目的物が不可抗力によって滅失・損傷した場合，買主はなお目的物の受領を拒み，あるいは契約を解除できる。次に，買主が 148 条の規定の条件によって解除権を有する場合，96 条の規定により「相手方に通知し」解除権を行使することは当然可能である。当事者が訴えの提起の方式をとって，裁判所に契約解除を主張する（事例 3）ことも，できないことではない。

（4）質問④について

契約解除と危険負担については，中国はアメリカの UCC 及び国連の CISG を参考にして 148 条を規定した。比較法の視点から見ると，148 条は決して「中国的特色」の類いのルールではない。日本民法（債権法）改正作業の中で，危険負担制度を廃止して契約解除でもって関連する問題を解決する試みがなされている[29]。こうした試みは注目に値する。中国の経験からすると，契約解除と危険負担を同時に規定しても，何ら不都合な結果をもたら

---

28) See Johan Erauw, in: Kröll ／ Mistelis ／ Perales Viscasillas(eds),UN Convention on Contracts for the International Sale of Goods（CISG）Commentary, C. H. Beck, Hart, Nomos2011, pp. 909-911.

29) 内田貴『債権法の新時代』（商事法務，2009 年）97 頁。

してはいない。契約解除と危険負担はその効能性において連関性と相似性を有し，しかし両者には差異が存する。契約解除は契約関係の終了と清算に重きを置き，危険負担は給付と反対給付の牽連性にもとづいて，一方の給付義務が債務者の責めに帰すことのできない原因によって履行不能となった場合に，相手方の反対給付が消滅するかどうかを解決するものである。中国契約法の規定は，日本民法に慣れ親しんだ学者の目からすると，ある問題につき理解し難いかもしれないが，中国法のルールは実務では用い易く，実用性を具えている。日本債権法改正作業においては，危険負担制度を廃止して，完全に契約解除にとって換えるという試みがあるが，それはドイツパンデクテン法典化の理念のもと，同類型を合併し，法典の簡約化を目指し，形式的合理性を有するものである。しかし，実用性を兼ね備えることができるかどうかという問題は慎重に考慮する必要がある。私が得ている情報には限りがあり，また私の理解にも限度があるが，以下のように分析してみたい。種類物（例えば自動車）の売買において，売主が引き渡す前に，目的物が滅失・損傷した場合，中国契約法142条によれば，売主が危険を負担する。種類物であるため，買主はなおも売買契約により売主に引き続き目的物の引渡義務を履行するように請求できる。仮に142条を規定せず，契約解除制度によるとすれば，買主が自己の代金支払義務を避けようとすれば，売主に根本違約があったことを主張して（種類物売買は一時的不能であり，根本違約と言い難く，買主はこれについて論証しなければならない），契約を解除しなければならない。この解除は買主が売主に通知し，あるいは裁判所に解除を主張しなければならず，これは142条に比べて煩雑である。契約解除後，もし買主がなお売主に目的物の供給を求める場合は，別途新たな売買契約を締結しなければならない。両者を比較すれば，おそらく中国契約法のように危険負担と契約解除を同時に規定しておく方が都合がよい。

　なお送風機売買契約案件は真の危険負担の問題ではないように思われる。裁判所が148条を適用しているが，その重点は同条前段にある。

　≪王成の回答≫
　(1) 質問①について
　中国における危険負担と契約解除の関係をめぐる見解については，以下の

ようなものがある。

第1，周江洪の見解

給付義務を免除できるかどうかが明晰でない場合，及び債権者が契約の存続に利益を有する場合には，契約解除は危険負担規則と比べて有利である。しかし，契約解除の場合の解除手続の煩雑さ，時間の制限，持続性契約の一部不能，及び契約解除後の危険負担問題の対応等を考えると，危険負担規則の方が契約解除制度と比べてより合理的である[30]。

第2，韓世遠の見解

これについては韓世遠自身が紹介しているので，それに譲りたい。

第3，崔建遠の見解

立法論からすると，契約解除モデルは放棄したほうがよい。双方当事者の責めに帰することのできない原因によって契約が履行不能となり，契約を自動消滅させることについては，危険負担規則によって解決するモデルの方がよい。ただし，そのためには危険負担規則が完全で明確であり，不可抗力免責が明晰であるという前提条件が満たされなければならない。

現在の中国の契約法体系では，危険負担制度の規定は不完全である。したがって契約解除モデルには合理性が存在する[31]。

第4，筆者の簡単な見解

立法論について言えば，どの制度も設計が完全であれば，同様に問題を解決することができる。何故なら，結果の妥当性と合理性こそが最も重要だからである。解釈論からすると，選択を行うときは，現存の法律制度自身の特徴と相互の関連を考慮しなければならず，私は崔建遠の見解に同意する。

中国契約法においては，危険負担に関する規定は，危険をどのように負担するかという問題を解決するだけで，危険負担を確定してもそれは契約中の部分的解決方案に過ぎない場合が圧倒的に多く，また契約自身の存続及び相応の結果の問題を解決するものではない。この意味において，危険負担と契約解除は同時に存在する必要がある。これは，まさに周江洪が紹介している「孫紅亮の，分割払いによる所有権移転方式で車両を請け負った後，（分割払

30）周江洪・前掲注8論文81頁。

31）崔建遠「合同解除的疑問与釈答」法学2005年9期71頁。

いの）期間内に強奪され滅失し，中原自動車賃貸会社に対して保証金〈抵押金〉の返還と既に支払済みの代金にもとづく保険賠償金の比例配分額の支払を求めた訴えの案」における裁判所の筋立てでもある。

比較法的には，発展の趨勢は，危険負担と契約解除の関係を処理する方向として，契約解除によって完全に一本化する一元論か，危険負担と契約解除を併存させる二元論かである。危険負担制度によって完全に一本化するような趨勢，やり方は存在しないように思われる。中国法の現状に頭をめぐらすと，現行の契約解除制度は現行の危険負担制度に比べてはるかに完備されており，したがって，解除制度を適用する方が情理に適っているように思われる。

(2) 質問②について

私が思うに，契約の帰責がどんなに客観化の趨勢にあるとしても，しかし基本的には，違約責任と危険責任の分配に故意・過失は影響を与えている。したがって，中国契約法142条，148条，149条は相互に結び付けて考察されなければならない。142条の基本規則は，故意・過失を考慮して危険を分配しないということである。しかし，同時に明確にしなければならないのは，法律にもし例外規定があれば，例外規定が優先的に適用されるということである。契約法143条，148条，149条及び「売買契約解釈」13条はいずれも142条の例外規定である。したがって，これらは142条より優先的に適用される。

単に148条，149条について言えば，その規定の中から，故意・過失が契約履行過程において生じさせた不利な結果配置の影響を発見できるだろう。換言すれば，故意・過失の存在によって，148条及び149条の規範は142条の例外をなしているということもできる。

先ず，149条は，目的物の滅失・損傷の危険は買主が負担するが，そのことは，売主の債務の履行が約定に合致しないときに，買主が売主に違約責任を負うように要求する権利に影響を与えないことを規定する。違約責任は契約解除を含むことにより，こうした時は，買主は94条4号（根本違約）を適用して契約を解除する権利を有する。

第2に，たとえ買主が解除権を行使できず，あるいは行使を望まなくても，買主は危険を負担した後で，売主に損失の賠償を請求できる。瑕疵ある目的

物の価額は基準に合格した目的物より低いはずであるので，最終的には，賠償制度を通じて，結果面での妥当性に到達できる。

第3に，引渡しの時に検査して，瑕疵を発見後ただちに受け取りを拒絶し，目的物が依然として債務者によって占有されている場合には，当然148条前段が適用され，債務者は危険を負担する。

第4に，もし引渡時に受領を拒否されれば，引渡しは成就していないので，142条の規定により，当然に債務者が損失を負担しなければならない。したがって，148条は，一定の時間経過後，あるいは相当の期間後瑕疵が発見され，その後で受領を拒否し，あるいは解除するケースも含まれるはずである。こうした場合は，瑕疵ある目的物の危険は依然として債務者が負担しなければならない。例えば事例3のケースで，もしサービス会社が受領の拒否を示し，あるいは明確に契約の解除を提起すれば，危険は物資会社が負担しなければならない。

第5に，142条と結び付けて，148条の文意から解釈し，もし目的物の受領が拒絶され，したがって引き続き債務者のところにあるときは，142条により債務者が危険を負担する。故に，148条で言うところの受領拒絶あるいは解除の時とは，目的物が債権者のところにあることを指す。この時に148条の規定が意味をもつ。この点はまた142条ただし書きの規定と符合する。周江洪もこうした見方をとる。ただ，彼はこのような処理の仕方に対して留保的態度をとっている[32]。事例3のケースで，もしサービス会社が受領の拒絶又は直ちに契約の解除を表示すれば，142条前段を適用しなければならない。

第6に，サービス会社はまだ受領の拒絶を表示しておらず，また直ちに契約を解除していない。事例紹介の著者の意見により，この時は，サービス会社が危険を負担すべきである。この時に，149条の適用条件を構成するかどうか。もし危険を買主が負担する場合に，買主が売主にその違約責任を追及する権利を否定すべきでない。

したがって，148条は3種類のケースに分けられるように思われる。契約目的を実現できないような瑕疵がある目的物を債務者が引き渡す。第1のケ

32）周江洪・前掲注8論文86頁。

318　第二部　中国契約法の研究

ース，もし債権者が引渡しを拒絶又は契約を解除した場合。この時は，目的物はなお債務者によって占有されており，契約法142条にもとづき，危険は債務者が負担しなければならない。第2のケース，債権者が引渡しのとき受領し，その後に契約目的を実現できない目的物の瑕疵を発見し，そこで債務者に受領を拒絶し，又は契約を解除する。この場合は，148条後段を適用し，債務者が危険を負担する。第3のケース，債権者が引渡しの時に受領し，その後に契約目的を実現できないような目的物の瑕疵を発見し，しかしなお債務者に対して受領の拒絶又は契約解除の主張を提起しない場合。この場合の目的物の滅失あるいは損傷の危険負担の分配は，149条の規定を適用しなければならず，債権者が危険を負担する。ただし，債権者は債務者に対して違約責任を主張できる。

　第7，ところで，148条によって，債権者は引渡しを拒絶又は解除でき，同時に危険を債務者に移転させる機会を与えられている。しかし，債権者がもし受領を拒絶せず，又は解除しなければ，危険は債務者に移転しない。この場合は149条が適用され，148条に比べて若干不利な結果が生まれる可能性がある。例えば周がその論文の中で分析した事例がある。売主甲と買主乙が貨物A（市場価格は30万元）購入契約を締結したが，甲が引き渡した貨物に瑕疵（瑕疵の存した貨物をBと称する）があり，Bの市場価格は3万元であった。Bは乙のところで滅失した。もし乙が契約を解除すれば，契約法148条の規定が適用され，乙の30万元の代金支払義務は消滅し，甲は3万元の損失を負担する。もし乙が契約を解除せず，当該貨物を承認するかどうか不明で，また158条の「品質の要求に符合するとみなす」との規定に符合しない場合は，142条の規定により，危険は買主が負担し，乙は30万元の支払義務を負う。ただし，149条の規定により，乙は甲に対して違約責任を負うように要求でき，AとBの差額27万元の支払を請求する結果，乙は3万元の損失を負担する[33]。

　(3)　質問③について

　この問題については，すでに上記2において回答したので，それを参照願いたい。

---

33)　周江洪・同上論文。

（4）質問④について

　この問題についても，すでに上記で回答しているので，それを参照されたい。なお，送風機売買契約案件は２度の審理を経ている。上記の「目的物の滅失・損傷の危険は売主が負担する」との文言は１審判決に出てくる。１審判決でのこの部分の完全な表現は以下の通りである。科禄格公司（Ｙ）は世源光華（Ｘ）が支払った前金を返還しなければならない。Ｙが提供した産品は品質基準に符合せず，契約目的を実現できないので，Ｘは契約を解除し，目的物の滅失・損傷の危険はＹが負担する。故にＹはＸのところにある19台の送風機を自ら取り戻さなければならない。これが，２審判決では，次のようになっている。Ｙが提供した産品は品質基準に符合せず，契約目的を実現できなくしたので，Ｘは契約解除を要求し，Ｙは自らＸのところにある19台の送風機を取り戻さなければならない。

　２審判決の表現には，所謂「目的物の滅失・損傷の危険は売主が負担する」との内容は欠けている。

　１審判決中の危険負担に関する認定は，契約法148条にもとづいている。148条は142条中の「法律に別段の規定があれば」のケースに属し，かつ148条中の危険負担の配置に属し，故意・過失〈過錯〉の要素を考慮したものである。同時に，148条は契約法97条と結び付けて理解されなければならない。97条によれば，契約が解除された後，その後の効果の１つは，原状回復である。本案中の原状回復の対象となっているのは，売主がすでに引き渡した，品質が不合格と認定された19台の送風機である。契約解除後，売主は前金を買主に返還しなければならず，同時にすでに買主のところにある19台の送風機は売主に返還されなければならない。このときあり得べき問題は，19台の送風機を買主から売主に移転する時の費用を誰が負担するかという問題である。さらに重要なことは，判決が下された後，移転が完成するまでに目的物に滅失・損傷の危険が生じたとき，誰が負担するかという問題である。契約法148条の中の危険負担は，後者のこのケースを指す。故に，ここでの危険負担は目的物の原状回復の移転費用の危険を指すのではない。

3 渡辺達徳の所見

質問①について

売主をＡ，買主をＢとして，建物の売買契約が締結され，契約中には引渡し前の危険は売主負担の特約があったところ，この建物が，引渡し前に不可抗力の水害のために滅失した，という設例に即して考えてみる。

中国契約法によれば，Ｂは，94条1号により契約を解除することができ，また，142条により代金支払を拒絶することもできる。このとき，建物滅失の原因が不可抗力であるから，Ｂは，Ａに対し，損害賠償を請求することはできない（117条）。すなわち，契約解除と危険負担のいずれのルールによっても，結論は同じである。ただし，解除によるときは，解除されるまでは契約は存続している（通知による契約の消滅）のに対し，危険負担を適用するときは，建物の滅失と同時に契約そのものが消滅している（不能発生による契約の自動消滅）ことが前提となっている。したがって，解除と危険負担の適用関係をどのように理解するかが問われることになる。

「1. 問題の提示」において紹介された松岡久和の見解は，日本民法において解除と危険負担を併存させた場合には，Ｂの解除の主張に対し，Ａが契約の自動消滅を持ち出すことは認めるべきでないという趣旨であり，いわば解除優先説を意味することになろう。

この点について，韓世遠は，どちらの手段を採るかはＢの選択に委ねられるが，通常は解除が選ばれていると説く。また，王成も，理論的には解除と危険負担が併存することを認めた上で，解除制度を適用するほうが「情理に適っている」と述べる。そこには，中国における法実務の展開及び中国契約法の規定ぶりが影響しているようである。すなわち，韓世遠は，危険負担という考え方が中国の法理論に浸透してきたのが遅かったという事情を紹介し，王成は，中国契約法における危険負担の諸規定に不備があり，解除規定のほうが整っているという理解を示す。

日本の民法改正案は，売買契約の中に「危険の移転」に関する規定を置くが（改正案567条），その規律する場面は，目的物（特定物）の引渡し後にそれが滅失または損傷した場合であることが明示されている。したがって，「設例」では，Ｂは，改正案542条1項1号により，契約を解除することになる（もしも，Ｂが解除する前にＡから代金支払請求がされた場合には，Ｂは，

支払を拒絶することができる（改正案536条2項））。

　質問②及び質問③について

　この問題は，売買契約の目的物が契約に適合せず，買主が契約の目的を達することができないことを理由として，①目的物の受領を拒んだ場合，②いったん目的物を受領した上で契約を解除した場合において，その後に目的物が滅失・損傷したときに，その危険をどちらの当事者が負担するか，というものである。

　中国契約法は，①の場合には危険は売主が負担したままであり，②の場合には危険はいったん買主に移転し，買主が解除することにより危険負担が売主に復帰する，という構造を採用しているようである[34]。

　日本民法に即して考えると，契約に適合しない目的物を引き渡しても，有効な弁済の提供とはいえないので，危険は買主に移転しない。もっとも上記②のようなケースで，契約に適合しない目的物をいったん買主が引き取っており，解除する前にその物が滅失・損傷した場合には，問題となる可能性がある（能見が挙げる「その2」のケース）。この場合を規律する明文の規定はないが，買主が契約に適合しない目的物をいったん受領しても，売主に対し，履行請求権（代物供給・修補請求を含む），解除権，損害賠償請求権を行使できることに変わりはない。買主が契約を解除した場合には，その原状回復の問題として処理されることになる。そして，目的物が滅失・損傷した場合における原状回復の方法については，危険負担の考え方を援用するものをはじめ，見解は分かれていた。民法改正案は，現物返還が不能となった場面を規律する明文の規定を設けなかったが，無効の場合の原状回復が価額償還を含むことから（改正案121条の2），解除における原状回復においても，同じように考えることが可能である（第10章第12節3の「所見」を参照）。

　質問④について

　送風機返還（原状回復）の費用負担を148条にいう「危険負担」と称して

34）塚本宏明［監修］／村上幸隆［編集］『逐条解説中国契約法の実務』（中央経済社，2004年）198頁。

いるのではないか，という問題提起については，王成が，2審判決では，これに相当する説示が削除されていることを指摘している。

第9章　債権譲渡

第1節　契約法・関係法規及び日中の条文比較

1　中国契約法・関係法規

79条（債権の譲渡）　債権者は契約の権利の全部又は一部を第三者に譲渡することができる。ただし，以下の事由が存する場合は除く。（一）契約の性質により譲渡できないもの。（二）当事者の約定により譲渡できないもの。（三）法律の規定により譲渡できないもの。

80条（債権譲渡の通知義務）　①債権者が権利を譲渡するときは，債務者に通知しなければならない。通知しなければ，当該譲渡は債務者に対して効力が生じない。

②債権者が権利を譲渡した際の通知は取り消すことができない。ただし，譲受人の同意があればこの限りでない。

81条（従たる権利の移転）　債権者が権利を譲渡する場合，譲受人は債権と関連する従たる権利も取得する。ただし，この従たる権利が債権者自身に専属するときは，この限りでない。

82条（債務者の抗弁権）　債務者は債権譲渡の通知を受け取ったら，債務者の債権者に対する抗弁を譲受人に主張できる。

83条（債務者の相殺権）　債務者が債権譲渡の通知を受け取ったとき，債務者が債権者に対して債権を有し，かつ債務者の債権が債権譲渡よりも先に，あるいは同時に到来していれば，債務者は譲受人に相殺を主張することができる。

　　民法通則91条（契約の譲渡）　契約の一方当事者が契約上の権利，義務の全部又は一部を第三者に譲渡する場合，契約の相手方の同意を得なければならず，かつ利益を貪ってはならない。法律の規定により国家の承認を受けなければならない契約は，原承認機関の承認を受けなければな

324　第二部　中国契約法の研究

らない。ただし，法律に別段の規定があるか，あるいは原契約に別段の
約定があるときは，この限りでない。

2　日本民法

466条（債権の譲渡性）　①債権は譲り渡すことができる。ただし，その性質
がこれを許さないときは，この限りでない。

②前項の規定は，当事者が反対の意思表示をした場合には，適用しない。た
だし，その意思表示は，善意の第三者に対抗することができない。

467条（指名債権の譲渡の対抗要件）　①指名債権の譲渡は，譲渡人が債務者
に通知し，又は債務者が承諾しなければ，債務者その他の第三者に対抗する
ことができない。

②前項の通知又は承諾は，確定日付のある証書によってしなければ，債務者
以外の第三者に対抗することができない。

468条（指名債権の譲渡における債務者の抗弁）　①債務者が異議をとどめない
前条の承諾をしたときは，譲渡人に対抗することができた事由があっても，
これをもって譲受人に対抗することはできない。この場合において，債務者
がその債務を消滅させるために譲渡人に払い渡したものがあるときはこれを
取り戻し，譲渡人に対して負担した債務があるときは，これを成立しないも
のとみなすことができる。

②譲渡人が譲渡の通知をしたにとどまるときは，債務者は，その通知を受け
るまでに譲渡人に対して生じた事由をもって譲受人に対抗することができる。

　　動産及び債権の譲渡の対抗要件に関する民法の特例等に関する法律4条
　　①法人が債権を譲渡した場合において，当該債権の譲渡につき債権譲渡
　　登記ファイルに譲渡の登記がなされたときは，当該債権の債務者以外の
　　第三者については，民法第467条の規定による確定日付のある証書によ
　　る通知があったものとみなす。この場合においては，当該登記の日付を
　　もって確定日付とする（ほか略）。

3　改正民法

466条2項　当事者が債権の譲渡を禁止し，又は制限する旨の意思表示（以
下「譲渡制限の意思表示」という。）をしたときであっても，債権の譲渡は，

その効力を妨げられない。

466 条 3 項（新設）　前項に規定する場合には，譲渡制限の意思表示がされたことを知り，又は重大な過失によって知らなかった譲受人その他の第三者に対しては，債務者は，その債務の履行を拒むことができ，かつ，譲渡人に対する弁済その他の債務を消滅させる事由をもってその第三者に対抗することができる。

466 条 4 項（新設）　前項の規定は，債務者が債務を履行しない場合において，同項に規定する第三者が相当の期間を定めて譲渡人への履行の催告をし，その期間内に履行がないときは，その債務者については，適用しない。

466 条の 2（新設）（譲渡制限の意思表示がされた債権に係る債務者の供託）　①債務者は，譲渡制限の意思表示がされた金銭の給付を目的とする債権が譲渡されたときは，その債権の全額に相当する金銭を債務の履行地（債務の履行地が債権者の現在の住所により定まる場合にあっては，譲渡人の現在の住所を含む。次条において同じ。）の供託所に供託することができる。

②前項の規定により供託をした債務者は，遅滞なく，譲渡人及び譲受人に供託の通知をしなければならない。

③第 1 項の規定により供託をした金銭は，譲受人に限り，還付を請求することができる。

466 条の 3（新設）　前条第 1 項に規定する場合において，譲渡人について破産手続開始の決定があったときは，譲受人（同項の債権の全額を譲り受けた者であって，その債権の譲渡を債務者その他の第三者に対抗することができるものに限る。）は，譲渡制限の意思表示がされたことを知り，又は重大な過失によって知らなかったときであっても，債務者にその債権の全額に相当する金銭を債務の履行地の供託所に供託させることができる。この場合においては，同条第 2 項及び第 3 項の規定を準用する。

466 条の 4（新設）（譲渡制限の意思表示がされた債権の差押え）　①第 466 条第 3 項の規定は，譲渡制限の意思表示がされた債権に対する強制執行をした差押債権者に対しては，適用しない。

②前項の規定にかかわらず，譲受人その他の第三者が譲渡制限の意思表示がされたことを知り，又は重大な過失によって知らなかった場合において，その債権者が同項の債権に対する強制執行をしたときは，債務者は，その債務

の履行を拒むことができ，かつ，譲渡人に対する弁済その他の債務を消滅さ
せる事由をもって差押債権者に対抗することができる。

466条の5（新設）（預金債権又は貯金債権に係る譲渡制限の意思表示の効力）
①預金口座又は貯金口座に係る預金又は貯金に係る債権（以下「預貯金債権」
という。）について当事者がした譲渡制限の意思表示は，第466条第2項の
規定にかかわらず，その譲渡制限の意思表示がされたことを知り，又は重大
な過失によって知らなかった譲受人その他の第三者に対抗することができる。
②前項の規定は，譲渡制限の意思表示がされた預貯金債権に対する強制執行
をした差押債権者に対しては，適用しない。

466条の6（新設）（将来債権の譲渡性）　①債権の譲渡は，その意思表示の時
に債権が現に発生していることを要しない。
②債権が譲渡された場合において，その意思表示の時に債権が現に発生して
いないときは，譲受人は，発生した債権を当然に取得する。
③前項に規定する場合において，譲渡人が次条の規定による通知をし，又は
債務者が同条の規定による承諾をした時（以下「対抗要件具備時」という。）
までに譲渡制限の意思表示がされたときは，譲受人その他の第三者がそのこ
とを知っていたものとみなして，第466条第3項（譲渡制限の意思表示がされ
た債権が預貯金債権の場合にあっては，前条第1項）の規定を適用する。

467条1項（債権の譲渡の対抗要件）　債権の譲渡（現に発生していない債権の
譲渡を含む。）は，譲渡人が……。

468条（債権の譲渡における債務者の抗弁）　①債務者は，対抗要件具備時まで
に譲渡人に対して生じた事由をもって譲受人に対抗することができる。
②第466条第4項の場合における前項の規定の適用については，同項中「対
抗要件具備時」とあるのは，「第466条第4項の相当の期間を経過した時」
とし，第466条の3の場合における同項の規定の適用については，同項中
「対抗要件具備時」とあるのは，「第466条の3の規定により同条の譲受人か
ら供託の請求を受けた時」とする。

469条（債権の譲渡における相殺権）　①債務者は，対抗要件具備時より前に
取得した譲渡人に対する債権による相殺をもって譲受人に対抗することがで
きる。
②債務者が対抗要件具備時より後に取得した譲渡人に対する債権であっても，

その債権が次に掲げるものであるときは，前項と同様とする。ただし，債務者が対抗要件具備時より後に他人の債権を取得したときは，この限りでない。一，対抗要件具備時より前の原因に基づいて生じた債権。二，前号に掲げるもののほか，譲受人の取得した債権の発生原因である契約に基づいて生じた債権。

③第 466 条第 4 項の場合における前 2 項の規定の適用については，これらの規定中「対抗要件具備時」とあるのは，「第 466 条第 4 項の相当の期間を経過した時」とし，第 466 条の 3 の場合におけるこれらの規定の適用については，これらの規定中「対抗要件具備時」とあるのは，「第 466 条の 3 の規定により同条の譲受人から供託の請求を受けた時」とする。

4　日中の条文比較

①中国法には日本法 467 条のような，「通知」又は債務者の「承諾」がなければ「債務者その他の第三者に対抗することができない」といった「対抗」の文言がない。中国法では通知をしなければ，「当該債権譲渡は債務者に対して効力が生じない」だけである。中国では債権の二重譲渡があった場合は，譲渡契約の先後でその効力を決することになる。②中国法には，債務者の承諾に関する文言はない。現行日本法は 468 条 1 項において，債務者の側からの「異議をとどめない」承諾の文言を置いているが，改正民法においてこの 1 項は削除された。③日本法は通知につき，確定日付のある証書によることを要件とするが，中国法は通知の方式について明示しない。新聞紙上での公告でもよい。④中国法の従たる権利の移転に相当する明示的文言は日本法にはない。⑤中国法は現行日本法のように，指名債権譲渡と指図債権譲渡の区別をしない。しかし，改正民法は，債権譲渡の箇所から指図債権譲渡の条項を削除した。⑥日本では債権譲渡登記制度が作られ，特別法として「動産及び債権の譲渡の対抗要件に関する民法の特例等に関する法律」，いわゆる動産・債権譲渡特例法が制定され，債権譲渡登記制度が作られているが，中国にはこうした立法例はなく，また現在のところ立法化の動きも見られない。⑦なお，中国法は民法通則時代，契約の譲渡の中に債権譲渡を含め，かつ契約の相手方の同意をその効力発生要件としていた。現行法は債務者の同意は不要である。

328　第二部　中国契約法の研究

第2節　通知を対抗要件としない債権譲渡

1　問題の提示

　日中両国での債権譲渡に関する規定の顕著な違いは，（ⅰ）通知を対抗要件とする文言が中国法には存在しない。（ⅱ）中国法は民法通則では債務者の同意を譲渡の要件としていたが，契約法では同意を通知に代え，日本法のように通知と承諾を併存させていない。そこから中国契約法は何故日本法のように通知と承諾の併用主義を採用しなかったのかという疑問が生ずる。

2　韓世遠・王成の回答

　≪韓世遠の回答≫

　日本民法 467 条 1 項は「指名債権の譲渡は，譲渡人が債務者に通知し，又は債務者が承諾しなければ，債務者その他の第三者に対抗することができない」となっている。ここでは「通知」と「承諾」という語を使い，「同意」という語を使っていない。民法通則 91 条は契約の権利義務の譲渡には契約の相手方当事者の「同意」を得ることを要求している。

　日本民法 467 条 1 項中の「承諾」とは，債務者が債権譲渡の事実を知ったことを表示する行為のことである。それは申込みと対応するところの承諾（意思表示）とは異なり，観念的通知に属する[1]。実際には，もし債権譲渡人又は譲受人が債務者に債権譲渡の事実を告知しなければ，通常，債務者はこのことを知ることはできない。したがって，日本民法は債務者の「承諾」と譲渡人の「通知」の併立モデルを債務者及び第三者に対する対抗要件として規定しているが，おそらく大多数のケースにおいて債務者の「承諾」が適用されることはないだろう。中国契約法 80 条は債務者の「承諾」を債権譲渡が債務者に対して効力を発生させる要件として規定していないが，現実の生活においてこれにより問題が生ずることはない。

　1）潮見佳男『債権総論』（信山社，1994 年）465 頁，渡辺達徳＝野沢正充『債権総論』（弘文堂，2007 年）212 頁，中田裕康『債権総論』（岩波書店，2013 年）535 頁。

≪王成の回答≫

民法通則 91 条は，契約の一方当事者が契約上の権利，義務の全部，又は一部を第三者に譲渡する場合，すべて契約の相手方の同意を得なければならないと規定している。これは当時の中国社会の経済発展の状況と関係している。当時，債権債務の譲渡の民事主体は主に国有企業で，そのため法律は国有企業間での相互尊重の問題を考慮したのである。

その後，民事主体は日ごとに多元化し，さらに，人々は，債権譲渡は債務者の合法的権益に影響を与えないことを前提とし，債務者の同意がなくても，通知さえあればそれでよいと理解するようになった。したがって，契約法80 条はそれを通知と改めた。

3　松岡久和の所見

中国法は対抗要件主義を採用しているものではないと思われる。後で二重譲渡の問題を取り上げる際に詳しく論及されているところであるが，中国契約法 80 条については，文字通り通知を譲渡の効力要件とするという理解と，債権の移転は譲渡契約だけですでに生じているが債務者を保護するため通知がなければ債務者との関係では無効という理解のいずれもが成り立つ可能性がある。

前者の理解によれば，債権譲渡が競合する二重譲渡の場合の優劣は，通知の先後によって決まるから，その限りで結果的には対抗要件主義と同じ結論になる。しかし，通知を効力要件と解する点でオランダ法に近く，債権譲渡についての債務者の認識を核として，債務者への通知又は債務者の承諾を対抗要件とするフランス法系（日本法もこれに含まれる）の対抗要件主義とは構造が異なっている。

後者の理解によれば，債権譲渡の基本構造は対抗要件制度のないドイツ法に近く，二重譲渡の場合においても，その優劣は譲渡契約の先後で決まり，ただ通知を伴わない債権譲渡は債務者との関係で相対的に効力がない，ということになろう。この考え方では，通知は対抗要件ではない。

中国法が通知のみを要件として承諾を採用していないのは，フランス法系の対抗要件主義を採用していないからであろう。債務者の同意を要していた過去の法制を改めたのは，王成の指摘のとおり経済発展の状況と関係してお

り，国有企業間取引を統制する方針から市場経済体制への転換がいっそう進んだためと思われる。

韓世遠は日本でも承諾を対抗要件とする場合は少ないだろうとするが，実務上，債務者から承諾を取ることも少なくない，と聞いている。というのは，譲渡当事者以外に債権譲渡を知られないという要請が強くない当事者の関係においては，債務者から承諾書を取ることで抗弁を切断し（現468条1項の異議を留めない承諾。もっとも，民法改正ではこの制度は廃止が提案されている），譲渡対象債権の承認により時効を中断する（現156条。改正後は時効の更新。新152条）という効果もあり，承諾に独自の意味があるからである。

民法改正の議論の過程では，承諾の場合には対抗力の発生時期が明確ではなく，通知・承諾によって誰が債権者かを常に把握しておくのは債務者にとって過大な負担となっているなどの理由から，第三者対抗要件を債権譲渡登記に一元化する案や，承諾を対抗要件から外す案も検討された。しかし，使いやすい登記制度への改正には時間と費用がかかること，個人間の債権譲渡では登記を期待できないこと，現に実務で承諾が便利に使われていることなどから，従前の制度が基本的に維持された（新467条は将来債権譲渡について対抗要件を備えうることを追加したのみである）。

第3節　譲受人からの通知の効力

1　問題の提示

契約法80条によれば，債務者への通知の主体は譲渡人と定めている。譲受人からの通知は認められないのか。

2　韓世遠・王成の回答

≪韓世遠の回答≫

日本民法467条1項を見てみると，日本でも債務者に通知する主体は債権譲渡人となっており，債権譲受人は出てこない。この点で，日本民法と中国契約法は同一である。このような規定の合理的な点は，譲受人による通知（日本旧民法財産編347条1項）と比べて，債権譲渡によって債権を失うことになる譲渡人の通知の方がその信頼性はより高いということにある。譲受人

が債務者に通知する場合，真の譲受人でない者が債務者に対して虚偽の通知をなして弁済を受けるおそれがある。日本民法の上記の規定によれば，譲渡人以外の者のなした通知は無効とし，譲受人は譲渡人に代位して譲渡通知をなすことはできない[2]。しかし，この通知は「譲渡契約から生じる譲渡人の義務であるため，任意にこれを履行しない場合には譲受人は，譲渡人に対して，強制履行および損害賠償を請求することができる」[3]。

中国契約法 80 条 1 項の規定（譲渡人を債権譲渡の通知人とする）について，中国のある学説によれば，それは狭すぎ，譲受人が譲渡通知をなすケースを排除していて，法律の欠缺を構成すると考え，目的的拡張解釈を通じて欠缺を補い，譲受人も通知主体となし，弾力的に実際上の問題を解決することができると説く。しかし，債務者の履行の安全を保護する視点からすると，譲受人が譲渡通知をなす場合，彼が債権を取得していることを証明しなければならない。例えば，債権譲渡の契約書や譲渡の公証等によって証明しなければならない。そうした証明がなければ，債務者は履行を拒絶できる[4]。この崔建遠の説を私もこれまで受け入れてきた[5]。今のところ，契約法の上記の規定が法律の欠缺に属するのかどうか，換言すれば，立法者がこの問題を考慮すべきであったのに見落とし，法律の欠缺をもたらしたのかどうか，検討を要する問題であるが，立法資料が欠けているため，判断がむずかしい。中国の裁判において，譲受人が譲渡通知をなすのを認めているのかどうか，裁判例のより立ち行った分析が必要である。

≪王成の回答≫

中国法では，譲渡人の通知を認めるだけである。契約法試擬稿 80 条では「債権者が債権を譲渡する場合，譲渡人又は譲受人による債務者への通知があれば，債務者に対して効力が生ずる。ただし，法律に別段の規定があれば，この限りでない。譲受人が譲渡の通知をなす場合は，債権取得の証拠を示さ

2）日本民法 423 条。大判昭 5・10・10 民集 9 巻 948 頁。

3）大判昭 19・4・28 民集 23 巻 251 頁。潮見佳男・前掲注 1 書 483 頁，渡辺達徳＝野沢正充・前掲注 1 書 212 頁，中田裕康・前掲注 1 書 533〜534 頁。

4）崔建遠Ⅲ書 235〜236 頁。

5）韓世遠Ⅳ書 476 頁。

332 第二部 中国契約法の研究

なければならない。それがなければ，債務者は譲受人に対する履行を拒むことができる」と規定していた。この草案によれば，譲渡人と譲受人がともに通知主体となっていた。しかし，その後の草案はいずれも譲渡人だけを通知の主体とした。このことから分かるように，立法当時からすでにこの問題が考慮されていた。

最高法院の「金融資産管理会社が国有銀行の不良貸付によってもたらされた資産を買い上げ，管理，処理する案件を審理するうえでの法律適用に関する若干の問題についての規定」6条は，「金融資産管理会社が国有銀行の債権を譲り受けた後，原債権者たる銀行が全国又は省レベルで影響を有する新聞紙上で債権譲渡の公告又は通知を発表した場合，人民法院は債権者が中華人民共和国契約法80条1項の規定する通知義務を履行したと認定することができる」，「案件審理の中で，債務者が原債権者たる銀行の債権譲渡が通知義務を履行していないことを理由に抗弁をなした場合，人民法院は原債権者たる銀行を法廷に召喚して債権譲渡の事実を調査し，併せて原債権者たる銀行に命じて債権譲渡の事実を告知させる」と規定した。

本条が想定しているケースでは，譲受人と債務者が同時に審理の現場にいなければならない。こうしたケースのもとで，なお譲渡人に審理の場に赴いて通知をなすことを要求していることは，裁判所は譲渡人の通知のみを認めていることを示している。

最高法院は2003年のある案件の裁判で以下のことを表明している。契約法80条1項の規定は，債務者の重複履行，誤った債務の履行，あるいは債務の加重履行の負担を避けるためである。債権者が新聞紙上に掲載する形式で債務者に通知をすることは何ら法律規定違反ではない。債権者が有効な通知行為をなしさえすれば，債権譲渡は債務者に対して法的効力を生ずる[6]。

債権譲渡人の通知だけを認めるということには，さらに信用の問題が存する。すなわち譲受人と債務者との間にそれまでいかなる関係もなく，そうした場合，債務者はどのようにして譲受人の通知を信頼できるのか。もし債務者が譲受人の通知を信頼し，譲受人に履行し，もしも事実上のいわゆる譲受人の通知事項に誤りがあれば，債務者の原債権者に対する債務は消滅しない。

6）最高人民法院（2003）民一終字第46号民事判決書。

そこからありうるケースとして，債務者は譲受人の通知を受け取っても，往々にして譲渡人から確認をとろうとするだろう。それはコストを増加させる。

債権譲渡人の通知だけを認めるやりかたについては，中国で反対の意見が存し，そうした論者は，譲受人も通知の主体とすべきであると考える。その1つの理由として，債権譲渡人は一旦譲渡を完成すると，ほとんど積極的に通知を行おうとせず，譲受人の方が債権の実現に最も関心を有するということをあげる[7]。

以上のような理由から，中国のある学者は，譲受人の通知を認め，ただしその際必ず対応する債権譲渡の証拠を有し，また通知に誤りがあった場合に債務者に対する救済手段を具えておくべきことを主張する。換言すれば，譲受人の通知に対しては，譲渡人の通知よりも制限と条件を加えるべきであると主張する。

3　松岡久和の所見

譲受人からの通知には，信頼性に問題があり，かえって譲渡意思の確認のコストを増やすという韓・王両氏の意見は，解釈論として説得的であり，日本民法についても同様に考えられている。

もっとも，注意を要する点が3点ある。

第1に，債権譲渡が債務者その他の第三者に知られることで信用不安を引き起こすおそれを避けるため，債権譲渡をしても直ちには譲渡人から通知をすることなく，譲受人が譲渡人から譲渡通知書と代理の委任状をもらっておいて，自己の判断で適切な時期に譲渡人を代理して通知するという実務がある。実際に委任があれば，譲受人からの通知書の発送は，譲渡人からの有効な通知と評価される。

第2に，第三者対抗要件として債権譲渡登記が利用される場合，債務者は，通知又は承諾までは従前の債権者である譲渡人を債権者として扱うことができる。この場合の通知は，民法467条1項と異なって，動産および債権の譲渡の対抗要件に関する民法の特例等に関する法律（1998年，2007年改正。以

7）申建平「論債権譲与通知的主体」河南省政法管理幹部学院学報2009年5期133頁。

334 第二部　中国契約法の研究

下「動産・債権譲渡特例法」と略称する）11条2項の登記事項証明書を交付して行わなければならない（同法4条2項）。債権譲渡登記が共同申請主義となっていてすでに譲渡人の譲渡意思が確認されているため，この通知は譲受人からも行うことができる。

　第3に，通知を優先順位確定の要件とする法制度のうちでフランス法系以外のものは，譲受人からの通知でも足りるとしたうえで，債務者保護のために，譲渡の確実な証明が行われるまで履行拒絶ができる旨を定めている[8]。試擬稿80条や少数説の主張は，立法論としては可能な選択である。譲渡人からの通知がそれほど厳格に解されてはいないという上述第1・第2の事実も，そのことを裏付ける。

第4節　債権の二重譲渡

1　問題の提示

　中国法は通知について対抗要件とする旨の文言を欠いている。このことは債権の二重譲渡について種々の問題をもたらすように思われる。以下の各ケースは崔建遠の設例にかかるものであるが，どのような権利義務関係が形成されるか[9]。

　譲渡人甲と譲受人乙（原文はIと表記するが，ここでは乙とする）が債権Aに関する譲渡契約Iを締結し，その後，また譲受人丙（原文はIIと表記するが，ここでは丙とする）と債権Aに関する譲渡契約IIを締結した。

　以上を前提として，以下の各ケースについて，どのように考えるべきか。

　第1のケース

　譲渡契約Iが効力を生じ，かつ債権譲渡を速やかに債務者丁に通知した場合。

8）Study Group on a European Civil Code and the Research Group on EC Private Law (Acquis Group), edited by Christian von Bar and Eric Clive, Principles, Definitions and Model Rules of European Private Law - Draft Common Frame of Reference (DCFR) Full Edition, sellier, 2009 volume 2, pp. 1067-1070 のIII .-5：119条のノートを参照。DCFR の提案も同趣旨である。

9）以下の各ケースの設定は崔建遠III書225頁以下による。

この場合，譲受人乙の権利が優先するが，譲渡契約Ⅱの契約法上の問題をどのように考えるべきか。

（ⅰ）譲受人丙が，債権Aがすでに譲受人乙に譲渡されたことを知らなかった場合。このケースの場合，崔は，契約法150条の権利瑕疵担保責任の規定（「売主は，引き渡した目的物につき，第三者が買主に対していかなる権利も主張し得ないことを保証する義務を負う。ただし，法律に別段の定めがあるときは，この限りでない」）を「準用」し，譲渡契約Ⅱは有効で，譲渡人は丙に対して違約責任を負う，とする。こうした理解でよいか。

（ⅱ）丙がすでに債権Aが乙（原文は譲受人Ⅱ，すなわち丙と表記するも乙の誤記か）に譲渡されたことを知っていた場合，

崔は，契約法51条を「準用」し，譲渡契約Ⅱは効力未定となる。効力未定の場合，もし譲受人乙の追認があれば，譲渡契約Ⅱは有効となる。もし譲受人乙が追認せず，譲渡人が譲渡契約Ⅱの効力が生じたときなお債権Aを取得していない場合においては，譲渡契約Ⅱは無効となり，譲渡人は譲受人丙に対して契約締結上の過失責任を負う。ただし，「契約法適用解釈（二）」15条（「売主が同一目的物について多重売買契約を締結し，契約がいずれも契約法52条の規定する無効事由を具えておらず，買主は契約の約定によって目的物の所有権を取得できないことにより，売主の違約責任の追及を求めるときは，人民法院は支持しなければならない。」）によって，契約法51条は修正され，この司法解釈によれば，譲渡契約Ⅱも有効となり，譲渡人甲は譲受人丙（原文は第一譲受人，本書の表記によれば乙と表記するも，誤記か）に対して履行不能の違約責任を負う，とする。こうした理解でよいか。

第2のケース

譲渡契約Ⅰは効力を生ずるも，債権Aを乙に譲渡した事実を債務者丁に通知せず，逆に債権Aを丙に譲渡したことを債務者丁に通知した場合。崔は，債務者丁は丙に弁済し，債務者丁は民事責任を負わない，丙は不当利得を得たので，乙に返還しなければならない，とする[10]。こうした理解でよいか。日本法では通知に対抗力があるので，丙が債権譲渡の権利を取得することになる。王利明は，『合同法研究』第2巻（旧版）では，「二重譲渡が生じた場

10）崔建遠・同上書226頁。

336　第二部　中国契約法の研究

合，債権譲渡の効力は，債務者に通知したかどうかにもとづいて優先順位を決定すべきである」[11]としていたが，修訂版（王Ⅱ書）では，「二重譲渡の場合，譲受の権利は債権を譲り受けた先後にもとづいて優先順序を決定すべきである」[12]と見解を改めている。なお，王利明は，同じ箇所で，「債権の二重譲渡の場合，無権処分の規則が適用される」[13]と説く。これは契約法51条の規則が適用されるということだと思うがそれでよいか。

　第3のケース

　2つの譲渡契約がともに締結されるも，債務者丁はいずれの債権譲渡の通知もまだ受け取っていない場合。

　崔は，譲渡契約Ⅰは有効，譲渡契約Ⅱも契約法150条，151条（権利瑕疵担保責任）の規定する条件に符合するときは，有効であるとして，以下のように分けて説く。すなわち

　（ⅰ）債務者丁は乙に給付しようと，丙に給付しようと，弁済の効果は生じるので，債務者丁の債務は消滅する。

　以上を踏まえて，もし，債務者丁が丙に弁済した場合，

　（ⅱ）丙の受領した給付は合法的根拠がなく，不当利得を構成するので，受領した給付を譲受人乙（原文は譲渡人となっているが，誤記か）に返還しなければならない。

　（ⅲ）譲渡契約Ⅱは有効で，丙がこれによって被った損失は，違約責任制度により譲渡人甲に損害賠償請求する。

　（ⅳ）もし丙が譲渡契約締結のとき，悪意であったときは，譲渡契約Ⅱは効力待定となり，乙が追認しない限り，丙が債務者丁から受領した給付は合法的根拠がなく，受領した給付は不当利得を構成し，乙に返還しなければならない。

　（ⅴ）譲渡人甲と譲受人丙の関係については，譲渡契約Ⅱは乙の追認を受けていないので，無効となり，丙は譲渡人甲に契約締結上の過失責任を追及できる。しかし，「契約法適用解釈（二）」15条を適用すれば，譲渡契約Ⅱは有効となり，履行不能の違約責任が成立する，と説く[14]。

11）王利明『合同法研究　第2巻［旧版］』（中国人民大学出版社，2003年）238頁。
12）王利明Ⅱ書222頁。
13）王利明・同上書222頁。

こうした理解でよろしいか。

第4のケース

2つの譲渡契約が締結され，二重の債権譲渡がともに通知され，債務者丁が丙への債権譲渡通知を先に受け取った場合。

（ⅰ）もし債務者丁が，丙への債権譲渡通知が到達し，乙への通知が到達する前に，丙に対して弁済すれば，債務者の債務は消滅し，民事責任を負わない。丙は乙に不当利得返還の義務を負う。

（ⅱ）乙への通知も到達した後では，債務者丁は弁済の対象を選択し，乙に弁済することができるし，また丙へ弁済することもできる。後者についてのその根拠は表見譲渡だからである。しかし，丙は不当利得返還義務を負う。ただし，債務者丁が，丙が真正の債権者でないことを明らかに知りながら丙に弁済した場合は，これにより生じた損害賠償責任を債務者丁は負わなければならない。債権譲渡の通知に過失を有する譲渡人甲又は譲受人丙も相応の責任を負うと説く。こうした理解でよいか。

2 韓世遠・王成の回答

≪韓世遠の回答≫

日本民法が通知を対抗要件としても，債権の二重譲渡現象は日本でも生じていて，日本の学説もこれについて多くの議論を費やしている[15]。したがって，問題の鍵は，法律上通知を対抗要件とするかどうかという表記にあるのではなく，法律の上で，債権の二重譲渡について一定の対応手段がなければならないということにある。

第1のケースの（ⅰ）について

これは崔の見解である。この学説の特色は，第2番目の債権譲渡は無権処分と評価し，これを前提に，譲受人が善意で重大な過失がなかったかどうかを区別してそれぞれ論ずる点にある。この学説は論理的に整然としているように見えるが，細かく見ていくと以下のような疑問が存在する。

その1，譲受人が善意かつ重大な過失がない場合に，契約法150条の規定

14）崔建遠Ⅲ書226〜227頁。

15）例えば，鈴木録弥（渠涛訳）『物権的変動与対抗』（社会科学文献出版社，1999年）第4章第2節「関于権利的二重売買与対抗要件的同時成立」を参照。

を準用し，契約Ⅱを有効とし，ただ譲受人丙は債権を取得できず，譲渡人は譲受人丙に違約責任を負う（崔，同書，238頁）とする点について。ここでの譲渡契約Ⅱが有効であるとは，どの時点から有効なのか。何によって有効なのか。どのような法律根拠によって有効なのか（契約法150条は単に売買契約の権利瑕疵担保についての基本的規定にすぎず，契約の効力を判断する法律規定ではないことに注意せよ）。こうした点について説明がない。根本的に，「善意かつ重大な過失がない」との要件は，法的根拠がない。

その2，「譲渡契約Ⅱは有効である」について。これは権利者の追認を得ておらず，また譲渡人が事後に処分権を取得してもいないので，明らかに契約法51条が規定する「無権処分」契約の有効要件とは異なる。このような，最初から有効が確定しているケースと「無権処分」契約を効力待定と位置付ける当該学者の見解とは，矛盾が存在する。

その3，契約法150条を「準用する」ことについても，検討を要する。「適用」と「準用」，及び「類推適用」はレベルを異にする法的思考方式であり[16]，法律家は注意深く区別しなければならない。「準用」という用語は，契約法で用いる概念ではない。契約法で使用するのは「参照」であり，例えば174条の「その他の有償契約について法律に規定があるときは，その規定による。規定がないときは，売買契約の関連規定を参照する」といった類いである。上記の学者は類型化の分析を好む。もし債権譲渡の基礎的な法的関係が有償であれば，174条によってなお説明することができるが，もし債権譲渡の基礎的法律関係が無償であれば（例えば2番目の債権譲渡が債権の贈与の場合），「準用」はどのように論ずるのか。上記の学者の類型化の分析自身には疎漏が存在する。

第1のケースの（ⅱ）について

これは崔の，譲受人丙がすでに債権Aが譲受人乙に譲渡されていることを知っていた場合のケースについての解釈である[17]。これについては，以下のような問題がある。

その1，譲受人丙はすでに知っていたか，当然知り得た（＝悪意）という

---

16) 王澤鑑『民法学説与判例研究　第6冊』（中国政法大学出版社，1991年）143頁。
17) 崔建遠Ⅲ書238頁。

ことであるが，これは前述のように，学者自身がなした類型化であり，これを前提として掲げた要件は何ら法律上の根拠がない。さらに，意識の善意・悪意は心理的事実であり，その証明はきわめて困難である[18]。したがって，こうした理論構成は裁判においては弊害の方が大きい。

その2，その理論的枠組において，2番目の債権譲渡を「無権処分」と位置付けている以上，契約法51条を「適用」すべきであり，「準用」という語はどうして出てくるのか。

その3，この学説は一方で契約法51条に拠りつつ，他方で，最高人民法院の司法解釈「契約法適用解釈（二）」15条に直面せざるを得ず，さらに，一方で，譲渡契約IIは追認されなかったために無効となり，譲渡人は譲受人丙に対して契約締結上の過失責任を負うとし，他方で，譲渡契約IIも有効であり，譲渡人は譲受人丙に対して履行不能の違約責任を負うことになる。この学説は理論構成上分裂しており，実務上混乱を来す。

第2のケースについて

このケースにおいて，譲受人丙は不当利得を得，譲受人乙に返還すべきであるとの理解は，崔だけの説ではなく，これ以前にも存在した[19]。私も同じ見解である[20]。

ところで，中国契約法には債権の二重譲渡について具体的規定がない。このことは，解釈を要する問題をなす。小口の観察は仔細で，また大変正確である。債権の二重譲渡問題に関する王利明の見解は，彼の著作の旧版と新版とで変化している。全体として言えば，新著作での結論は，受け入れることができる。すなわち，「債権の二重譲渡の場合，無権処分規則を適用し，後の譲渡は無権処分に属し，（権利者が追認せず，無権処分者が事後処分権を取得しないことを前提として），譲受人は債権を取得できない」[21]。もし債務者が有効に第二の譲受人に弁済するかその他の免責行為があれば，譲受人の間では第1譲受人が真の債権者であることにより，第1譲受人は第2譲受人に不当

---

18) 史尚寛『債法総論』（台北・自版，1954年）689頁。
19) 史尚寛・同上書698頁，鄭玉波『民法債編総論［第15版］』（三民書局，1996年）479頁。
20) 韓世遠IV書484頁。
21) 王利明II書222頁。

利得の規定にもとづき，返還を請求する。

第3のケースについて

先ず，債務者に通知しなければ，債務者に対しては効力が生じない。その弁済行為が弁済の効力を生ずるかどうかは，それ自体，問題をなす。個人の見解としては，債務者に対して効力を生じないことにより，債務者について言えば，原債権者以外のいかなる者に対する弁済も，有効な弁済を構成しない。

そのうえで，（i）～（v）については，以下のように考える。上記の「譲渡契約Ⅱが契約法150条及び151条の規定の条件に符合するときも有効である」との指摘は，理解しがたい。150条は売主の権利瑕疵担保義務を規定しているだけであって，契約が有効であるかどうかのための条件を規定したものではない。また，151条（「買主が契約を締結したとき，第三者が売買目的物に対して権利を有することを知っていたか，当然知り得たときは，売主は本法150条の規定する義務を負わない」）が規定しているのは，買主が契約を締結したとき，第三者が売買の目的物に対して権利を有することを知っていたか，当然知り得たケースについてである。こうしたケースは，その後（v）の表現（もし譲受人丙が譲渡契約Ⅱを締結したとき悪意であれば，譲渡契約Ⅱは効力待定となる）にもとづき，効力待定とすべきであり，有効とすべきではない。

前述したように，この学説は理論上分裂しており，実務上，混乱を来す。

第4のケースについて

結論的には，受け入れることができる。

≪王成の回答≫

債権の二重譲渡の問題は，実際には，二重売買等の民法の基本問題に関わり，論者の見解の対立は，主に，物権行為の独立性，無因性等の基本問題に対処する態度の対立にある。したがって，上記のような問題に対する検討は，実際には，これらの基本問題に対する検討を意味する。

二重譲渡の場合，次の2点を考慮する必要がある。その1，異なる譲受人のいずれが債権を得るのか。その2，どのように債務者を保護するのか，特に債務者の負担を増やさないようにするにはどうしたらよいか。

中国でも，日本のやり方を借りて，電子登記方法を採用し，同時に他の一連の関連措置を採用し，債権譲渡の安全性を保障し，併せて譲受人と債務者の利益の均衡を顧慮すべきであると主張する論者がいる。

権利譲渡にもし公式の手段がなければ，確かにさまざまな煩わしさを引き起こす。債権以外にも，著作権の譲渡等も対抗要件がない。

第1〜第4のケースについては，私個人としては，崔の見解は道理があると思う。何故なら，債権譲渡は譲渡契約〈協議〉が効力を生じるや移転が生ずるからである。これが問題全体への回答の根本である。

この問題は単に債権譲渡だけに存在する問題ではなく，売買契約の二重売買の場合において激烈な論争が交わされている問題である。契約法51条と「契約法適用解釈（二）」15条（前掲）の関係については，私個人は基本的に以下の見解，すなわち第2譲受人の善意悪意で区分する。もし善意であれば有効で，契約法適用解釈（二）15条を適用する。もし悪意であれば，効力待定で51条を適用する。

3　松岡久和の所見

韓及び王の見解は，第2節の所見で触れたように通知は対抗要件ではなく，債務者保護のための要件という理解である。ドイツ法のように譲渡の時間的先後で優先順位を決めるという考え方を徹底すれば，論理的に一貫していると思われる。もっとも，このような理解では，善意の債務者は保護されるが，先行譲渡について善意の譲受人丙は，とりわけ第2ケースや第4ケースにおいて，債務者から受領した給付を不当利得として第1譲受人甲に返還しなければならず，無資力のことが多い二重譲渡人に対して契約責任を問えるとされても実際には十分な救済とならない。債権譲渡の安全性や確実性を確保して，取引の促進を図るのであれば，問題が残ると思われる。

債務者との関係では通知を効力要件としないが，優先順位は通知のみで決める国も少なくない[22]。王利明旧説のように，二重譲渡の場合の優先順位を通知の先後によって決めるという解釈は，韓及び王の見解によれば中国では

---

22) supra note 8, DCFR vol. 2, pp. 1041-1042 のⅢ.-5：110条のノート及び pp. 1076 f. のⅢ.-5：121条のノート1にヨーロッパ各国の法制が要領良くまとめられている。

342　第二部　中国契約法の研究

支持が少ないようであるが，このような法制と結果的に一致するありうる解釈である。

　参考までに，提示された４つのケースは，日本法では次のように解決される。

　第１ケースは，確定日付ある証書による通知又は承諾が必要であるが（467条２項），そのような通知を先に行った第１譲受人乙が債権者となる。第２譲受人丙は債権を取得できず，譲渡人の契約責任を追及するしかない。Ⅱの譲渡契約は，Ⅰの譲渡契約に通知が備わる前はもちろん，その後に締結された場合でも（この場合には他人の債権の譲渡となる）債権契約として常に有効であり，中国法のような丙の善意・悪意による区別は一般的にはされていない。561条によって悪意の丙の損害賠償請求を否定することはありえよう。

　第２ケースは，小口の書くとおり，確定日付ある証書による通知を先に行った第２譲受人丙が債権者となる。乙は当該債権の取得を主張できない結果，丙に対する不当利得返還請求権も取得できないので，譲渡人に契約責任を追及するしかない。

　第３ケースにおいても，ⅠⅡの譲渡契約はともに有効であるが，両者とも第三者対抗要件を備えていなければ相互に優先を主張できない。日本法は，たんなる通知又は承諾でも債務者に対する関係では対抗要件と認めている（467条１項）。それゆえ，債務者からの弁済受領は，譲渡に承諾を得たことになり，当該債権は有効に弁済消滅する。債権消滅後に第三者対抗要件を備えても意味がないので，弁済を受けた譲受人が，その後に第三者対抗要件を備えた譲受人から不当利得返還請求を受けることはない。債権を取得できなかった譲受人は，譲渡人の契約責任を追及することができる。ここでも中国法のような善意・悪意による区別はされていない。

　第４ケースは，丙の通知が，確定日付のある証書によって第三者対抗要件を先に備えたとすれば，丙が優先する。債務者は債権譲受人として確定した丙に弁済しなければならず，中国法の(ⅱ)のように乙に弁済してもよいということにはならない。

　ただし，丙がⅡ譲渡について第三者対抗要件を備える前に乙が債務者対抗要件を備えて債務者から弁済を受けていれば，中国法の(ⅰ)のように債務者

第9章　債権譲渡　　343

が免責されるだけではなく，乙が丙に優先する。丙に対する不当利得返還義務は生じない。第3ケースの後半で述べたのと同じく，債権消滅後に第三者対抗要件を備えても意味がないからである。

第5節　債権譲渡担保の立法化の有無

1　問題の提示

(1)　債権譲渡担保の立法化の有無（小口彦太）

債権譲渡に関して，継続契約における将来債権譲渡は中国でも認められているか。また，債権譲渡の通知のほか，日本では，動産・債権譲渡登記制度が作られ，特別法として，「動産及び債権の譲渡の対抗要件に関する民法の特例等に関する法律」（1998年，2007年改正），いわゆる債権譲渡特例法が制定された。これは債権の担保的機能を重視した立法である。日本では集合動産譲渡担保とこの債権譲渡担保が，特に中小企業の資金調達手段として注目されているが，中国でも債権譲渡担保の立法化の動きはあるか。また，現行の債権譲渡において，担保的機能をもった債権譲渡契約の事例は存在するか（質問①）。

(2)　債権者の第三者対抗要件（瀬川信久）

日本民法は債権譲渡の債務者の対抗要件として通知又は債務者の承諾を規定しており，確定日付ある証書による通知又は承諾を第三者対抗要件としている（日本民法467条）。しかし，十数年前から，国際的な債権譲渡公示手段の電子化の趨勢のもと，小口が指摘するように，第三者対抗要件として，日本は債権譲渡登記制度を規定した。中国法では，債権譲渡の第三者対抗要件についてどのような配慮をしているか（質問②）。

2　韓世遠・王成の回答

≪韓世遠の回答≫

(1)　質問①について

契約法79条は債権譲渡自由原則を定め，継続契約中の将来債権は79条が規定する「除外」の範囲には属さない。したがって，原則的には譲渡可能である。

中国の現行法には，債権譲渡登記制度は存在しない。債権を利用して担保を設定し，資金を融通することに関し，中国物権法の中で「権利質権」（223条以下）を認め，その権利の中にはいくつかの類型の債権（例えば債券，預金証書，売掛債権等）を含めることができる。その中で，売掛金を質物とする〈出質〉場合，当事者は書面契約を締結しなければならない。質権は信用保証機関が質権設定登記を済ませた時から設定される（物権法228条）。中国の物権法，担保法では譲渡担保を認めておらず，債権譲渡を通じて担保を提供することは，立法レベルでは専門的ルールを欠いている。しかし，もし当事者が特別の約定でもって債権譲渡担保をなす場合には，相応の債権的効力が生ずる。

（2）質問②について

中国契約法は，債権譲渡の第三者に対する特別の効力発生要件を専門的に規定していない（契約法は「対抗」要件概念を使用していないことに注意されたし―韓）。通常の学理解釈によれば，債権譲渡は一旦合意に達すれば，原則的に効力が生ずる。それは単に当事者の間だけでなく，第三者（当然，債務者は含まない）に対しても効力が生ずる。

≪王成の回答≫

（1）質問①について

継続契約中の将来債権，例えば将来賃料債権譲渡は認められる。何故なら，債権も財産的価値を有する目的物であるからである。もし当事者が譲受を望めば，それを制限する必要はないように思われる。議論があるのは，基礎的関係を有しない将来債権譲渡についてである。現在，典型的な商事金融の領域，例えば資産の証券化，国際売掛債権買取〈保理〉（factoring）業務における将来売掛債権の譲渡等において将来債権譲渡が存在している。例えば，ある文献は以下のような状況を紹介している。

わが国の近年の金融実践を見ると，将来債権譲渡はすでに現実のものとなっている。国家の関係機関がある特定業務において公布したある政策的規定は，将来売掛債権に対して融資をすることをすでに認可する態度を示している。例えば国家計画委員会，国家外為管理局が連名で公布した「海外プロジェクト融資実施管理弁法」〈境外進行項目融資管理暫行弁法〉は，国内機関

が国内建設プロジェクトの名義において海外で外為資金を調達し，併せてプロジェクト自身の予定収入及び資産をもって対外的に債務弁済責任を負うことを認めている。輸出企業の輸出戻し税が速やかに戻されない場合に生ずる短期資金の不足を解決するために，中国人民銀行・対外貿易経済合作部（現在の商務部）・国家税務総局が連名で公布した「輸出戻し税の口座の融資委託管理業務に関する通知」〈関于弁理出口退税賬戸託管貸款業務的通知〉，及び最高人民法院の「輸出戻し税口座融資抵当案件を審理するうえでの関連問題についての規定」は，銀行が企業の戻し税口座に対して委託管理を行うという前提のもとで，輸出企業に対して輸出戻し税の売掛債権を以て弁済の保証となす短期流動資金貸付金を提供することを認めている。各銀行が小規模企業に対する金融サービスを不断に改善し，小規模企業の発展を促進し，指導していくために，中国の銀行協会〈銀監会〉はその公布した「銀行が小規模企業の貸付業務を展開していくうえでの指導意見」の中で，小規模企業に対する貸付金は，主に，借款人が経営活動の中で形成するキャッシュフロー〈流量〉と個人信用を基礎としなければならず，併せてすでに有する抵当資産および将来のプロジェクトのもとで形成される資産及び権益を抵当・質とすることができるということを明確に規定している[23]。

　（債権譲渡担保の事例の有無について）検索したところ，債権譲渡担保の司法案例は見つけ出すことはできなかった。ただ，ちょっと変形的な債権譲渡案例は存在する。例えば，債権を譲渡すると同時に，当該債権を質として支払いの担保とする案例は存在する[24]。

　中国の裁判所での債権譲渡の紛争の大半は，不良資産の処理についてである。最高法院が10年の間隔で出した2つの文書はそのことを明らかに示している。その1は，2001年の最高人民法院の「金融資産会社の，国有銀行の不良貸付によって形成された資産の買い上げ，管理，処理案件を審理するうえでの法律適用についての若干の問題に関する規定」であり，その2は，2009年の最高人民法院の「金融不良債権譲渡案件を審理することに関する工作座談会紀要」である。

---

23)　申建平「論未来債権譲渡」求是学刊 2007 年 5 月。

346　第二部　中国契約法の研究

（2）質問②について

現在のところ，中国法には債権譲渡の第三者対抗要件は規定されていない。中国でもある論者は，日本のやり方を参照して電子登記方法を採用し，それと同時に，他の一連の関連措置をとって債権譲渡の安全性を保障し，併せて譲受人と債務者の利益のバランスを考慮し，債権譲渡の融資の効能を発揮させるべきであると主張する[25]。

3　松岡久和の所見

まず，日本の議論につき短い補足をする。日本では，判例・学説により，将来債権についての広範な譲渡可能性が承認され，たとえば，建築途上の賃貸用建物について建築後に結ぶ予定の賃貸借契約から発生する賃料債権など，基礎的な法律関係が成立していない純粋な意味での将来債権も，譲渡できると考えられている。さらに，債権譲渡時点で未発生の将来債権についても譲渡の第三者対抗要件（民法467条2項の確定日付ある証書による通知もしくは承諾又は動産・債権譲渡特例法による債権譲渡登記）を備えることができるとされている。民法改正案は，このことを明文で認める（新466条の6及び新467条1項の括弧書き。将来債権への質権設定も364条1項の括弧書きで明確に認める）。

次に，譲渡担保に関連して，中国法が譲渡担保を認めない代わりに，権利

24）佛山市順德区太保投資管理有限公司と広東中鼎集団有限公司債権譲渡契約紛糾案を参照。なお，債権質を担保とすることに関する司法解釈を以下のとおり記しておく。

最高人民法院「輸出戻し税の口座を質入れして〈質押〉貸し付ける案件に関連する問題に関する規定」（2004年）1条「本規定は，輸出戻し税専用口座の質入れ貸付けの執行，管理の案件に適用する。本規定で称する輸出戻し税専用口座の質入れ貸付けとは，借主が輸出税専用口座を銀行に預けて銀行から借款し，併せて当該口座中の戻し税額をもって借款返済の保証とする貸付けのことである。」

同3条「輸出戻し税専用口座の質入貸付銀行は，質にとった口座内の戻し税に対して優先弁済を受ける権利を有する。」

同4条「人民法院が案件を審理し執行するとき，すでに質権を設定した輸出戻し税の専用口座内の金額に対して，財産保全措置や執行措置をとってはならない。」

同5条「借主が破産手続に入るとき，貸付銀行はすでに質権を設定した輸出戻し税専用口座内の金額に対して優先的に弁済を受ける権利を有する。ただし，被担保債権がいまだ弁済を受けない額を限度とする。」

25）崔聡聡「債権譲渡融資的法律障碍及其克服」政法論壇2011年1期163～165頁。

質権が使われると韓から紹介された。ただ，質権設定後に設定者が債務者から弁済を受けることは可能だろうか。日本法でも権利質は広く認められているが，権利行使を拘束することが権利質の本質だとすると，設定者が質権者から取立ての委任を受ける場合も含めて，質権設定者の取立ては認めにくいと思われる。流動動産や流動債権の譲渡担保は，譲渡担保設定者が通常の営業の範囲内では，譲渡対象物や譲渡対象債権を処分し，又は譲渡対象債権の取立てを行うことを可能としている点に特徴を見出すことができる。このことが，流動財産担保が，債務者の経営の自由を過度に制約せず，また，第三者との関係でもあまりに強力に債務者の責任財産を担保として独占することに対する歯止めとして，必要な仕組みだと思われる。

なお，譲渡担保を正面から認めないとしても，真正譲渡による資金調達と担保目的譲渡の区別は，実際には困難なこともあるだろう。

最後に，すでに第4節の所見で触れたように，対抗要件制度がないと，安全で円滑な債権譲渡に支障が生じよう。

第6節　将来債権譲渡に対する裁判所の態度

1　問題の提示

将来債権譲渡に関する周江洪の論文「売買不破租賃規則的法律効果」は，将来債権としての賃料債権の譲受人と賃貸目的物の譲受人の賃料債権のいずれが優先されるかについて論じ，「賃貸借契約において，もし賃貸人が賃料債権を目的物として先行譲渡し，その後，所有権変動によって契約上の地位の引受けが生じたとき，将来債権譲渡が関わる利益は将来債権の譲渡人，譲受人，債務者だけに限られず，さらに原契約地位を引き受けた賃貸目的物譲受人も含まれる。その間の利益衡量は，単に将来債権が譲渡できるかどうかの法律判断に関わるだけでなく，現行法律規範体系下の多重的衡量に直面する。現在，司法実践においてもすでにこれらの問題に直面した案例が存在している」[26]と述べ，以下の事例を紹介している。

案例　「馮碧瑩与袁聚財租賃合同糾紛上訴案」[27]

---

26)　法学研究 2014 年 5 期 120～121 頁。

348　第二部　中国契約法の研究

事件の概要

2007年2月10日，AはYと賃貸借契約を締結。その約定は以下の通りである。賃貸借期限は2007年2月11日から2014年2月10日までとし，Yは，初年度は旅館設備費と賃料合計22.8万元，2年度は賃料6万元を支払う。支払は当該年度の1ヵ月前に1年分を一括して前払いする。その後，2007年2月18日，AとYは補充契約を締結。その約定は，賃貸借期間を2028年2月10日まで延長するというものである。2008年9月11日，AはXと賃料債権譲渡契約を締結，翌日に補充契約を締結。その約定は，Aは上記賃料債権（2009年2月11日以後の賃料債権）をXに譲渡し，もしYがAとの賃貸借契約を早めに終了させるときは，終了の日から2028年2月10日までの賃貸権はXに帰属するというものである。債権譲渡の件はYに通知済みである。譲渡契約にもとづき，XはYから2年分の賃料を受領。Yは2011年2月10日以後賃料を払っていない。ところで，2009年6月18日，Aは呂某と金銭消費貸借契約を締結し，その内容は，借入金額は500万元，返済期間は1ヵ月，Aの当該家屋を抵当に当てるというものである。返済の不払いのため，当該家屋は差押えのうえ，強制執行され，2010年11月5日の入札においてBが落札し，当該建物の所有権を取得した。

以上の状況のもと，Xは2011年2月24日，Yに対して2011年度の賃料6万元の支払を請求した。これに対してBは，Bが家屋所有権を取得した時からもはやXは賃料債権を有しないと主張した。

裁判所の判断

Aが譲渡したのは20年の賃料債権で，この権利は不確定の要素を有し，条件付きである。条件がある時期から成就できなくなれば，その時期から賃料債権を喪失し，譲渡可能な賃料債権ではなくなる。Xが譲り受けた債権は必然的に全部有効に存在する債権ではなく，条件付き債権である。同時に，法院執行局（執行法廷）はXが提出した債権譲渡契約（書）を競売会社に提出する必要はなく，かつたとえ競売会社が当該債権譲渡契約書を受け取り，競売応募者に告知しても，Xは賃料を取得できない（要するに賃料債権譲渡は所有権の物的負担とはならない──松岡補）。その理由は，競売後，賃料は新

27）金華中院（2011）商終字第1275号。

所有権者により収取され，Aはもはや賃料債権をもたないからであり，Xも享有できないからである。2審も原審の判断を支持し，同時に，Aは賃料債権をXに譲渡したが，A，Xはすでに譲渡契約にもとづいて契約を履行することができない。したがってXは賃料を取得できない。

以上の裁判例を材料に周論文は以下の議論を展開する。

「賃料債権について言えば，もし賃貸物の所有権の変動によって賃貸関係の引受が生ずると同時に，契約法88条の概括的譲渡も契約法80条の規定が適用されると考えるなら，将来債権の譲受人と租賃物の譲受人の間には，「債権の二重譲渡」の対抗関係が構成される。このとき，契約法はフランスや日本のように通知の対抗主義を採用していないので，譲渡時期の先後の順序を基準とする。時期的に劣後の賃貸物の譲受人は先行する将来賃料債権譲受人に対抗できず，第2譲受人はたとえ善意でも債権を取得できない[28]。これによれば，将来債権の譲受人が賃料を受け取る。しかし，賃借人について言えば，契約法80条により，通知を受けたときに債権譲渡の効力が生ずる。もし将来債権譲渡がまだ債務者に通知されず，あるいは目的物の所有権変動の通知に劣後した場合，賃借人は目的物の譲受人に対して賃料支払い義務を負う。将来債権譲受人と譲渡人の関係は原因行為（売買，贈与等）の法律原理により解決する[29]」（121〜122頁）。

「もちろん，別の見解もある。それは，将来債権譲渡の効力は，譲渡人の地位変動後にはじめて実際に生ずる債権に及ばないという見解である[30]。その主な理由として，目的物の譲渡のとき賃料は発生しておらず，債権はまだ実際に発生していないので，将来賃料債権の譲受人はいまだ実際の債権を取得していない。将来債権譲渡の基礎をなす処分権は債権を発生させる契約上の地位にもとづいているので，将来債権譲渡の効力は，原則的に，将来債権譲渡人の処分権の及ぶ範囲に限られるべきである。将来債権譲渡後，当該将来債権の譲渡人の契約上の地位に変化が生じたときは，譲渡人の処分権は地位変動後に生ずる債権に及ばない。このレベルでの意味からすると，将来債

---

28) 王澤鑑『民法思惟：請求権基礎理論体系』（北京大学出版社，2009年）90頁。
29) 張谷「論債権譲渡契約与債務人保護原則」中外法学2003年1期28頁。
30) 日本，法務省民事局参事官室：『民法債権関係の改正に関する中間試案の補足説明』（2013年4月）255頁。

権譲渡の原因行為は譲渡人の地位の変動によって影響を受けることはないが，しかし"債権変動"の面においては，その効力には境界が存する。もしこうした解釈が成立するとなると，たとえ賃貸人が将来賃料債権を譲渡しても，契約法229条（「賃貸物が賃貸期間中に所有権の変動を生じても，賃貸借契約の効力に影響を与えない」）の適用によって契約の地位の引受けが生じる時，その"債権変動"の効力は目的物の譲渡後にはじめて実際に生ずる賃料には及ばない。将来債権の譲受人は目的物が譲渡される前に実際に発生した賃料を取得できるだけである。上記の裁判例上訴案は，まさにこうした理由にもとづいて将来債権譲受人の賃料請求権を否定した」（122頁）。

「しかし，筆者（周）は，この後者の見解には賛成しない。その理由は以下のとおりである。目的物の譲受人が引き受けたのは原賃貸人の契約上の地位であり，原賃貸人は当該契約にもとづいて生ずる将来債権をすでに処分しており，目的物の譲受人はまさにこれを前提として原賃貸人の契約上の地位を引き受けたのである。したがって，将来債権譲渡の効力は当該契約の地位を引き受けた賃貸物の譲受人にも及ぶのであり，原賃貸人が将来に実際に発生する債権に対して処分権を有しないと言うことはできない」（122頁）。

この事例をどのように考えるべきか。

2　韓世遠・王成の回答

《韓世遠の回答》

私の見解は以下のとおりである。

先ず，XがAから取得したものは何なのか。2審判決から見てとれるものは「2008年9月11日，AはXと譲渡契約を締結し，翌日補充契約を締結し，その中でAは上記の賃貸借契約及び補充契約の条項下の賃料取得の権利（2009年2月11日以降の賃料）をXに譲渡すること，もしY，Cがあらかじめ Aとの賃貸借契約を終了させれば，終了の日から2028年2月10日までの期間の家屋賃貸の権利はXに帰属すること，譲渡のことをYに通知することを約定した。譲渡契約により，XはすでにYから2年分の賃料を取得した」ということである。

上記の裁判所の認定から分かることは，XはAからAとYとの賃貸借契約条項下の賃料取得の権利を獲得したということである。この権利の開始と終

了の期限，救済手段についても約定がある。この権利は債権であり，かつこのことはすでに債務者Yに通知されていて，しかもYはすでにXに2年分の賃料を支払い済みである。この賃料取得権は将来債権だろうか。そのようには捉え難い。何故なら債権はすべて将来履行の要素を有しており，そのことの故をもってそれを将来債権とみなすことはできないからである。将来債権とは現存の債権とは異なる，将来発生する債権として理解されなければならない。もしこうした理解が正しいとするなら，本案について言えば，本案の賃料取得権は現存の債権で，将来発生する債権ではない。現存債権の権利内容（例えば賃料の金額，支払の時期等）はすでに確定しており，その対応する債務履行の期日が何回かに分けられていても，この要素は当該債権が最初から現実に存在し，かつ内容が確定していることに何ら影響を与えない。したがって，本案の賃料収取権は決して将来債権ではなく，現存の債権である。

次に，Bが本案で取得したものは何か。Bは競売を通じて係争家屋の所有権を取得したが，それ以外に，競買の時に当該家屋にはすでに賃貸借契約関係が存することを知っており，契約法229条によってBは当該賃貸借契約の原賃貸人Aの地位にとって替わり，当該賃貸借契約の賃貸人となる。問題は，Bがこのことにより当然に賃料債権を取得するかどうかということである。

本件1審裁判所は「条件付債権」を核心概念とし，「所有権」－「賃貸権」－「賃料債権」（賃料収取の債権）を論理の鎖とし，もしAが家屋の所有権を喪失すれば，もはや賃料債権もなくなるとした。日本法務省民事局参事官の「民法（債権関係）の改正に関する中間試案の補足説明」は，「処分権」を核心概念とし，処分権の及ぶ範囲という観点にもとづいて，結論的には上記の中国の1審裁判所の立場と同様の結論となっている。この立場によれば，賃貸目的物の所有権を喪失すれば，当然に賃料債権を喪失する。これに反して，賃貸物の所有権を取得すれば，当然に賃料債権を取得する。しかし，こうした見解に対しては，さらに立ち入った検討を要する。

第1に，いかなる者も，自己の処分権より大きな権利を他人に譲渡することはできない。これはローマ法以来普遍的に受け入れられてきた信条である。Aが賃料債権をXに譲渡した時，Aは家屋の所有権者であり，かつ賃貸人で，賃貸借契約の賃料債権の権利者として，当然に当該債権に対して処分権を有し，問題はない。Bが競売を通じて家屋を購入したとき，これにより家屋賃

貸借契約の賃料債権を獲得するのか。この問題については，抽象的にではなく，具体的に判断すべきである。判断の時期は競売執行の時であり，その時においてＸは合法的に家屋の賃料債権を保有し，執行の対象はＡの当該時期における責任財産であり，この時ＡはもはやすでにＸに譲渡されてしまった賃料債権を有していない。以上から判断して，上記の裁判の実際の結果は，上記のローマ法以来の基本的信条に違背するものであり，譲渡人の権利より大きな権利を他人（Ｂ）に譲渡したことになる。

　第２に，Ｘが賃料債権を獲得したその基礎には２つの契約が存する。その１はＡとＹとの間の賃貸借契約で，もう１つは，ＡとＸの間の債権譲渡契約である。この２つの契約はいずれも当事者の真実の意思表示の結果であり，法律，法規の効力発生要件としての性質を有する強制性規定に違反しておらず，公序良俗にも違反しておらず，したがって合法有効な契約であり，法律の保護が受けられなければならない。Ｂが賃料債権を獲得した基礎は何か。Ｂが権利を主張する基礎は彼が競売を通じて家屋売買契約及び契約法229条（の定める法律関係）を形成したということであり，Ｂが購入したものはＡの責任財産の構成部分とされる家屋及びその上の賃貸借関係であるが，前述の如く，この時点ではＡはすでに賃料債権を有していない。したがって，法律行為（契約）の角度からすると，Ｂがどうして賃料債権を獲得できるのか，説明が困難である。当該案件の裁判官は一種あべこべの論理〈一種倒推〉を使用しているように思われる。すなわち，Ｘの債権は条件付であるので，Ａが家屋所有権を有しなくなると，Ｘの債権はその基礎を失うことになり，Ｘに債権はなく，賃料債権は当然Ｂに属するはずであるという論理である。こうした論理はきわめて問題である。その最大の問題は，それがもたらす不都合な結果にある。すなわちそれは債権譲渡制度の基礎を掘り崩すことになる。

　債権譲渡とは，債権を目的物として，法律行為を通じて別の主体に移転させるものである。債権譲渡には当然前提があり，その前提とは債権が客観的に存在しているということである。本案では，賃貸借契約は家屋競売によって何ら影響を受けず，したがって当該契約にもとづいて生じた賃料債権は引き続き存在する。換言すれば，Ｙはなお賃借家屋を占有し続け，また賃料を支払う義務を負っている。こうした客観的に存在する合法的な取引関係にもし何がしかの条件（例えば賃貸人が所有権を保持し続けることを前提条件とする

といったこと）が付け加えられるとするなら，取引秩序は混乱を来すことになる。仮に，もしもＡがＸに債権を譲渡するのではなく，当該債権をもって債権質をＸと設定するとした場合，裁判所はこれをもって一種の「条件付の質権」とするであろうか。考えてもみよ，混同の場合に，もし以前に債権をもって質権を設定していたとして，当該質権は，質権者が当該債権を譲り受けても，混同によって消滅に帰することはない。その趣旨は，第三者としての質権者を保護するためである。そうであるとするなら，債権「質権」と比べて——債権質も一種の“他物権”であるとしたうえでのことであるが[31]——債権譲渡の場合，債権の譲受人は債権の「所有権」（「自物権」）者となり，保護を受けるのは当然ではないだろうか。しかし，上記の裁判では，裁判官は「条件付」ということを勝手に付け加え，軽々しく本来保護されるべき権利を抹殺しており，考慮において周到さに欠けるところがある。2審はこの1審判決を支持しており，その理由として，ＡとＸはすでに（債権——小口）譲渡契約どおりに契約を履行することができなくなり，故にもはや賃料を収取することができないということを挙げているが，この理由にも問題が存する。債権譲渡は債権処分行為の性質を有する準物権行為であり[32]，それが債権契約と区別される点は，当該行為は一旦効力を生ずると，もはや履行の問題はないということである。2審が「譲渡契約どおりに契約を履行することができない」ということを理由に挙げているのは，誤りである。

　第3に，Ｂによる賃料債権の取得の論証として，上記に分析したことから分かるように，裁判所の推論〈反推〉は正しくなく，当事者の意思を通じてもうまくいかない（何故ならＡが賃料債権をＢに二重譲渡した意思を論証することは困難だからである）。そうなると，法律行為以外の要素，例えば通常の事理とか法律上の条理といった要素を借りるほかなく，こうしたやり方の基礎にあるのはＢの合理的信頼を保障するということである。しかし，私の見るところ，こうした説明は成り立ち難い。

31）権利質が他物権であるかどうかについては，それ自体中国ではなお争いがある。ここで“”印を付したのは，この種の論争を意識していることを示すためである。

32）北川善太郎『債権総論［第2版］』（有斐閣，1996年）251頁。同様の趣旨のものとして，王澤鑑『法律思惟与民法実例』（中国政法大学出版社，2001年）111頁，韓世遠Ⅳ書457頁。

本件の特別な点は，競売公告あるいは特別の申述〈申明〉の中で，賃料が
Xによって収取されているとの説明がなされておらず，Bは賃料債権がすで
にXに譲渡されていることを知らなかったということである。事情を知らな
い以上，当然，善意ということになり，善意であれば保護されなければなら
ない。これは当然の議論のように見える。裁判所がこの問題を複雑化させる
のを望まなかったことは明らかで，これに触れると裁判所の執行機関，ある
いは競売機関の職務上の怠慢の有無を問うことになる。しかし，Bがその従
事する取引に対して有する信頼と比べても，Xがその従事する取引に対して
有する信頼はいささかも遜色がない。したがって，どのようにすればBの信
頼を保護し，他方でXの信頼を無視できるのか，その論証は困難である。し
かも，単に債権の獲得について言えば，Xは法律行為を通じており，かつY
に対して通知をなし，YもXにすでに2年分の賃料支払義務を履行している。
他方，Bについて言えば，Bは家屋購入行為を通じて，副次的かつ法律行為
以外の補助的要素（もしも成立すればの話）を借りて取得し，彼がYに対し
て賃料債権を主張するに及ぶや，Yは困惑するだろう。YはXに対して履行
したらよいのか，それともBに対して履行したらよいのか，分からなくなる。
ここに至って，Bがもし誠実信用原則に従うとするなら，この時その家屋購
入の時の予想と一致しない状況が生じていることを理由として，目的物に瑕
疵が存在するかどうか，彼は家屋の売主にもっとつっこんで問いただすべき
である。このように見てくると，Bの信頼はXの信頼より弱いことはあって
も，強いはずはなく，Bの優先的保護の結論にはならない。

　以上まとめると，債権譲渡とは債権の，物と同様，異なる主体者間での譲
渡のことで，中国契約法はフランスや日本のように対抗主義のやり方をとっ
ておらず，譲受人は譲渡契約の効力が発生した時，つまり双方当事者の意思
が合意をみた時に，債権者としてただちにその他の第三者に対して債権譲渡
の効果を主張することができる。債権の二重譲渡問題については，譲渡時期
の先後の順序を基準とし，時期的に先にある者が優先される。これを「先着
順」〈先来後到〉のルールと呼び，これが基本ルールである[33]。このルール
によれば，家屋が競売される時，当該家屋の賃貸借契約の賃貸人はもはや賃

33）韓世遠IV書 483 頁。

料債権の債権者（Aのこと——小口）ではないし，競売行為も買主Bが賃料債権を獲得する法律的基礎となることはない。結論として，賃料債権者はXであって，Bではない。XがYに対して賃料債権を主張することは理の当然として支持されなければならない。Bが競売家屋に瑕疵が存したと主張できるかどうかは別の法律関係で，本案で処理すべき問題ではない。

≪王成の回答≫

　私は裁判所の立場には賛成しない。周江洪の見解に同意する。論理的に言えば，契約法229条の規定により，中国法は契約の地位の継承説を採用しているので，その他の正当な理由がない限り，目的物の譲受人は譲渡人の賃貸借契約上の一切の法律上の地位を承継しなければならない。例えば，賃貸人すなわち原所有権者と賃料債権の譲受人との間に悪意等の事由が存在することを証明できなければ，目的物の譲受人は原所有権者の権利状態を継承しなければならない。この点では，抵当権付の所有権と類似する。もちろん，抵当権には登記等の公示手段があり，他方，将来賃料債権譲渡は一種の契約行為にすぎず，公示の方法は存在しない。したがって，原所有権者と第三者の悪意通謀の可能性があるので，譲受人はより慎重さが求められ，裁判所もこの点について厳格な審査がなされなければならない。もし譲受人が契約締結の時，あるいは裁判所の競売手続きを通じて目的物を購入する時，目的物の将来賃料債権がすでに譲渡されているのを発見すれば，購入を完全に放棄するか，あるいは譲渡代金を減額して，自己の利益の保護に努めるべきである。もちろん，競売の場合，競売者はこの点（将来賃料債権がすでに譲渡されていること）を明示しなければならない。明示されていない場合，善意の譲受人は保護されなければならない。ただし，保護の方法は結局のところ競売者，あるいは売主の責任を追及するしかないことが考慮されなければならない。韓世遠が目的物の譲受人と賃料債権の譲受人の信頼を比較していることは賛同に値する。さらに，重要なことは，まさに周江洪が氏の論文の中で日本の学者のこの問題についての議論の状況につき，「将来債権譲渡の効力は賃貸物の譲渡の後ではじめて実際に生ずる債権であるかどうかをめぐっては，多数説は必ずしも肯定的見解をとっておらず，利益衡量の視点から，賃料債権の譲受人と契約地位の承継人の利益を衡量し，そこから肯定，否定の結論を

出す」と紹介されていることである。この問題は当然民法の論理的演繹及び体系的構成に関わるが，決定的意義を有するのは利益衡量，特に賃料債権の譲受人と契約地位の承継人の間の衡量である。この点で，私はまた周江洪論文の中で紹介されている日本学者松尾弘の以下の見解，すなわち「たとえ利益衡量の角度から見ても，目的物の譲受人が受ける可能性のある不利益に対して，目的物（賃貸不動産）を取得しようとする者は賃料債権の事前処分等について予め賃借人に問い合わせ，悪意通謀型の将来債権譲渡に対しては無効を主張し，詐欺を受けたときは取消権を行使し，目的物の譲渡人に違約責任あるいは契約締結上の過失責任を追及して（不利益を）回避することができる（この下線部分は原文にはない。原文では，「賃貸不動産を取得しようとする者は賃料債権の事前処分等について予め賃借人に問い合わせて知りうる可能性がある」となっている――小口）。これに対し，将来賃料債権を譲り受けようとする者が賃貸不動産の将来の譲渡を予測し，損害回避措置をとることは困難である」[34]に賛同する。

3　松岡久和の所見

　まず，前提として賃料債権をどう考えるかについては，考え方が2つあり，判例・学説の見解は必ずしも明らかではない[35]。1つは，韓世遠が指摘するように，すでに締結された賃貸借契約の場合には，契約締結時に賃料債権が発生しており，たんに期限未到来の現在債権である，というものである。もう1つは，たしかに抽象的な意味での基本的賃料債権は賃貸借契約時に発生するが，具体的な額を伴う支分的賃料債権は，基本的賃料債権にもとづいて，各期に使用収益させる賃貸人の債務が履行されるのと引換えに各期毎に発生すると考え，期間到来前は将来債権である，とするものである。基本的賃料債権と支分的賃料債権の関係は，基本的利息債権と支分的利息債権の関係と同様のものと解される。民法改正案の賃料債権に関する議論では，後者の理解を前提にしている。もっとも，これをいずれと理解しても，譲渡時点で対抗要件を備えることができるので，債権譲渡に関する結論には影響しないだ

34）松尾弘「賃貸不動産の譲渡と賃貸人の地位」慶応法学24号（2012年）82頁。
35）最判平10・3・24民集52巻2号399頁が「将来収受すべき賃料」という表現を用いているが，次のどちらとも理解できる。

ろう。

　周論文は，民法改正中間試案の説明を紹介・検討しているが，判例・多数説の立場は，そこで提案されているものとは異なり，賃料債権譲渡の第三者対抗要件（民法467条2項）と賃貸不動産についての物権変動の対抗要件（177条）の先後で優劣が決まるとする。すなわち，賃料債権譲渡の第三者対抗要件が備わったのが先であれば，賃貸不動産の所有権を取得した者は賃料債権が処分された後の所有権を前提に賃貸人の地位を引き継ぐことになり，賃料債権譲渡が優先する。対抗要件が問題になる点を除けば，韓や王の見解と同じ結論である。これに対して，賃貸不動産譲渡の対抗要件が先に備われば，賃料債権の譲受人は，賃料債権の取得を主張できない。韓も王も周論文に賛意を示しているが，後者の事例では，周論文は通知を債権譲渡の効力要件と理解し，先着順主義ではなく，時間的に後であっても賃貸目的物の譲受人が賃料債権を取得するとするようにも理解できる（本章第2節の「所見」329頁で触れたとおり）。

　日本法における対抗要件の先後を基準としたこのような問題処理は，債権譲渡以外の賃料債権の処分等（差押え，反対債権との相殺，賃料の前払）と，所有権譲渡以外の賃貸不動産の処分（差押え，抵当権の設定と実行）などの組み合わせにも広く応用されることになろう[36]。

　しかし，この考え方に対しては，①賃貸不動産の所有者でなくなった者には賃料債権は帰属しないため賃料処分には限界がある（紹介されている中国の判例はこれに相当する），②公示性が十分ではなく登記簿にも物的な負担として現れない賃料債権の処分に善意の所有権取得者が拘束されるとすれば，その者の信頼を損ない不動産の円滑な流通を妨げる，③賃貸不動産の処分権が事実上奪われ，賃貸不動産の評価を低下させてしまう，などの批判がある[37]。

　民法改正では，このような理由から，「不動産の賃料債権が譲渡された場

36）松岡久和「賃料債権と賃貸不動産の関係についての一考察——将来の賃料債権の処分によって所有権は『塩漬け』されるか——」佐藤進＝齋藤修編集代表，西原道雄先生古稀記念論文集『現代民事法学の理論（上巻）』（信山社，2001年）59～101頁が最初に網羅的に検討したものである。

37）より詳細には前注の松岡論文を参照。

合において，その意思表示の時に賃料債権が現に発生していないときは，譲受人は，……（中略）……譲渡人から賃貸借契約上の地位が第三者に移転した後に発生した賃料債権を取得することができない。」という特別規定を設けることが検討された（中間試案を発展させた部会資料81Bの8頁の甲案）。しかし，判例は上記のように逆の考え方を示唆しており，それによって不動産の流通に支障が生じてはいないから例外を設ける十分な理由がないとの反対も強く，改正案には最終的には採用されなかった。

第10章　契約の解除

第1節　契約法・関係法規及び日中の条文比較

1　中国契約法・関係法規

93条（合意解除・約定解除）　①当事者の協議が一致したときは，契約を解除することができる。

②当事者は，一方が契約を解除する条件を約定することができる。契約を解除する条件が成就したときは，解除権者は契約を解除することができる。

94条（法定解除事由）　以下に掲げる事由に該当するときは，当事者は契約を解除することができる。（一）不可抗力により契約目的が実現できない場合。（二）履行期が到来する前に，当事者の一方が主要な債務を履行しない旨を明確に表示し，又は自己の行為をもって明らかにした場合。（三）当事者の一方が，主要な債務の履行を遅滞し，催告を経た後も合理的期間内に履行しない場合。（四）当事者の一方が債務の履行を遅滞し，又はその他の違約行為があり，これにより契約目的を実現することができない場合。（五）法律が規定するその他の事由。

> **CISG25条**　当事者の一方が行った契約違反は，相手方がその契約にもとづいて期待することができたものを実質的に奪うような不利益な結果を当該相手方に生じさせる場合には，重大なものとする。ただし，契約違反を行った当事者がそのような結果を予見せず，かつ，同様の状況の下において当該当事者と同種の合理的な者がそのような結果を予見しえなかったであろう場合は，この限りでない。

95条（解除権の行使期限）　①解除権の行使期限を法律が規定し，又は当事者が約定している場合において，期限が到来しても当事者が行使しなかったときは，当該権利は消滅する。

②解除権の行使期限を法律が規定しておらず，又は当事者が約定していない

場合において，相手方が催告した後も，合理的期間内に解除権を行使しなかったときは，当該権利は消滅する。

96 条（解除権行使手続） ①当事者の一方は，本法93条2項，94条の規定に従って契約の解除を主張する場合，相手方に通知しなければならない。契約は，通知が相手方に到達したときより解除される。相手方は，異議あるときは，人民法院又は仲裁機関に契約解除の効力の確認を請求することができる。②法律，行政法規が契約の解除について承認，登記等の手続を行うべき旨規定するときは，その規定に従う。

97 条（解除の効果） 契約を解除した後，未履行の場合は履行を中止し，既に履行している場合は，当事者は，履行の状況及び契約の性質に従って，原状回復，その他の補救措置を講ずるよう要求することができるとともに，損失の賠償を請求する権利を有する。

> **CISG81 条 1 項** 当事者双方は，契約の解除により，損害を賠償する義務を除くほか，契約にもとづく義務を免れる。契約の解除は，紛争解決のための契約条項，又は契約の解除の結果から生ずる当事者の権利及び義務を規律する他の契約条項に影響を及ぼさない。
>
> **同条 2 項** 契約の全部又は一部を履行した当事者は，相手方に対し，自己がその契約に従って供給し，又は支払ったものの返還を請求することができる。当事者双方が返還する義務を負う場合には，当事者双方は，それらの返還を同時に行わなければならない。

98 条（決済，清算条項の効力） 契約の権利義務関係の終了は，契約中の決済及び清算条項の効力に影響を与えない。

69 条（不安の抗弁権の行使） 当事者が本法第68条の規定にもとづいて履行を中止するときは，速やかに相手方に通知しなければならない。相手方が担保を提供したときは，履行を復活させなければならない。履行を中止した後，相手方が合理的期間内に履行能力を回復せず，かつ適切な担保を提供しないときは，履行を中止した側は契約を解除することができる。

148 条（目的物の瑕疵担保責任） 目的物の品質が基準に適合しないことにより，契約の目的を達成できない場合には，買主は目的物の受領を拒むことができ，又は契約を解除することができる。買主が目的物の受領を拒み，又は契約を解除したときは，目的物の滅失・損傷の危険は，売主が負担する。

167 条（割賦売買の解除）1 項　割賦売買の買主が弁済期に代金全額の 5 分の 1 を支払っていないときは，売主は買主に対し全額の支払いを請求し，又は契約を解除することができる。

224 条（転貸）2 項　賃借人は賃貸人の同意を得ずして賃借物を転貸したときは，賃貸人は契約を解除することができる。

227 条（賃料の未払い，支払いの遅滞，期日を超えての未払い）　賃借人が正当な理由なく賃料を支払わず，あるいは賃料の支払を遅滞したときは，賃貸人は合理的期間内に支払をなすように賃借人に要求することができる。賃借人が期日を超えて支払わないときは，賃貸人は契約を解除できる。

268 条（発注者の解除権）　発注者は随時請負契約を解除できるが，請負人に損失を与えたときは，損失を賠償しなければならない。

376 条（保管物の受け取り）1 項　寄託者は何時でも受託物の返還を受けることができる。

410 条（任意解除権）　委任者又は受任者は，何時にても委任契約を解除することができる。

　　海商法 152 条（賃料の支払）　賃借人は契約の約定にもとづいて賃料を支払わなければならない。賃借人が契約の約定の期間内に賃料を支払わずに 7 日経過した時は，賃貸人は契約を解除し，併せてこれにより受けた損失の賠償を要求する権利を有する。

　　民法通則 115 条（契約の変更または解除の時の違約責任）　契約の変更または解除は当事者が損失賠償を要求する権利に影響を与えない。

　　経済契約法（1981 年）27 条　①以下に記載する事由が存する場合，経済契約を変更又は解除することが認められる。（一）当事者が協議のうえで同意し，かつこれによって国家の利益に損害を与えず，国家計画の遂行に影響を与えない場合。（二）経済契約締結の根拠であった国家計画が修正され，又は中止された場合。（三）当事者の一方が閉鎖・操業停止・生産転換のために，確かに経済契約を履行できない場合。（四）不可抗力により，又は過失もなくて一方の当事者の防止できない外因によって，経済契約が履行できなくなった場合。（五）一方の違約によって，経済契約の履行が不必要になった場合。
　　②当事者の一方が経済契約の変更又は解除を要求するときは，適時に相

手方に通知しなければならない。経済契約を変更又は解除したために一方が損害を受けた場合は，法により責任が免除される場合を除き，責任のある側が賠償の責任を負わなければならない（訳文は中国研究所編「中国基本法例集」による）。

改正経済契約法（1993年）26条2号　不可抗力により経済契約の全部の義務を履行できないときは，契約の変更または解除を認める。

27条　経済契約を変更または解除することの通知または合意は書面形式を採用しなければならない。不可抗力によって経済契約の全部を履行不能にするか，または相手方が契約の約定の期限内に契約を履行しない場合を除き，合意が達成されるまでは，経済契約はなお有効である。

最高人民法院「担保法を適用するうえでの若干の問題に関する解釈」（2000年）10条　主たる契約を解除した後，担保人は債務者の負担すべき民事責任につきなお担保責任を負わなければならない。ただし，担保契約に別段の約定があるときは，この限りでない。

最高人民法院「商品房売買契約解釈」8条　以下の事由が存在し，販売用家屋〈商品房〉売買契約目的が実現不可能となった場合，家屋を取得できない買主は契約解除，支払済み代金および利息の返還，損失賠償を請求し，併せてすでに支払った家屋代金の2倍を超えない範囲での賠償責任を負うように請求することができる。（一）販売用家屋売買契約締結後，売主が買主に告知せずに当該家屋を第三者の抵当に供した場合。（二）販売用家屋売買契約締結後，売主が当該家屋を第三者に売却した場合。

15条　契約法94条の規定により，売主が家屋引渡しを遅滞し，あるいは買主が家屋代金支払を遅滞し，催告を経た後3ヵ月の合理的期間内に履行せず，当事者の一方が契約の解除を請求したときは，支持しなければならない。ただし，当事者に別段の約定があれば，この限りでない。②法律に規定がなく，あるいは当事者に約定がない場合，相手方当事者の催告を経た後，解除権行使の合理的期間は3ヵ月とする。相手方当事者に催告がない場合，解除権は解除権発生の日から1年以内に行使しなければならない。期日を過ぎても行使しなければ，解除権は消滅する。

最高人民法院「建設工事施行契約紛糾案件を審理するうえでの法律適用

問題に関する解釈」（2004 年）8 条　請負人に以下の事由が存在し，発注者が建設工事施行契約の解除を請求した場合，支持しなければならない。（一）契約の主要な義務を履行しないことを明確に表示するか，又は行為をもって表明した場合。……（三）すでに完成した建設工事の品質が不合格で，かつ修復を拒否した場合（契約解除請求を支持する）。

9 条　（二）（発注者の側が）提供した主要な建築材料，建築物付属品及び設備が強制的基準に合致しなかった場合（催告の合理的期限内にいまだ相応の義務を履行せず，請負人が建設工事施行契約の解除を請求したときは，支持しなければならない）。

最高人民法院「国有地使用権契約紛糾案件を審理するうえでの法律適用問題に関する解釈」（2005 年）3 条　一，土地使用権譲渡契約紛糾／……当事者が契約締結時の市場評価価額にもとづいて土地使用権譲渡金を納めることを請求した場合，支持しなければならない。譲受人が市場評価価額にもとづいて補足することに同意せず，契約解除を請求したときは支持しなければならない。これによって生じた損失は，当事者の故意・過失により責任を負担する。

6 条　譲受人が土地使用権譲渡契約で約定した土地の用途を勝手に変更し，譲渡人が契約解除を請求したときは，支持しなければならない。

最高人民法院「契約法適用解釈（二）」24 条　当事者が契約法 96 条，99 条の規定する契約解除あるいは債務の相殺に対して異議があるが，約定の異議期間満了以後に異議を提起し，かつ人民法院に訴えを提起したときは，人民法院は支持しない。当事者に異議期限につき約定がなく，契約解除又は債務の相殺の通知が到達した日から 3 ヵ月以後に人民法院に訴えを提起したときは，人民法院は支持しない。

最高人民法院「売買契約解釈」26 条　売買契約が違約によって解除された後，非違約者側が違約金条項の継続適用を主張した場合，人民法院は支持しなければならない。ただし約定の違約金が実際に生じた損失より高すぎるときは，人民法院は契約法 114 条 2 項の規定を参照して処理することができる。

364　第二部　中国契約法の研究

2　日本民法

540条（解除権の行使）　①契約又は法律の規定により当事者の一方が解除権を行使するときは，その解除は，相手方に対する意思表示によってする。
②前項の意思表示は，撤回することができない。

541条（履行遅滞による解除権）　当事者の一方がその債務を履行しない場合において，相手方が相当の期間を定めてその履行を催告し，その期間内に履行がないときは，相手方は，契約の解除をすることができる。

542条（定期行為の履行遅滞による解除）　契約の性質又は当事者の意思表示により，特定の日時又は一定の期間内に履行しなければ契約をした目的を達することができない場合において，当事者の一方が履行をしないでその時期を経過したときは，相手方は前条の催告をすることなく，直ちにその契約を解除することができる。

543条（履行不能による解除権）　履行の全部又は一部が不能となったときは，債権者は，契約の解除をすることができる。ただし，その債務の不履行が債務者の責めに帰することができない事由によるものであるときは，この限りでない。

544条（解除権の不可分性）　①当事者の一方が数人ある場合には，契約の解除は，その全員から又はその全員に対してのみ，することができる。
②前項の場合において，解除権が当事者のうちの1人について消滅したときは，他の者についても消滅する。

545条（解除の効果）　①当事者の一方がその解除権を行使したときは，各当事者は，その相手方を原状に復させる義務を負う。ただし，第三者の権利を害することはできない。
②前項本文の場合において，金銭を返還するときは，その受領の時から利息を付さなければならない。
③解除権の行使は，損害賠償の請求を妨げない。

546条（契約の解除と同時履行）　第533条の規定は，前条の場合に準用する。

547条（催告による解除権の消滅）　解除権の行使について期間の定めがないときは，相手方は，解除権を有する者に対し，相当の期間を定めて，その期間内に解除をするかどうかを確答すべき旨の催告をすることができる。この場合において，その期間内に解除の通知を受けないときは，解除権は消滅す

る。

548 条（解除権者の<u>行為等</u>による解除権の消滅） ①解除権を有する者が自己の行為若しくは過失によって契約の目的物を著しく損傷し，若しくは返還することができなくなったとき，又は加工若しくは改造によってこれを他の種類の物に変えたときは，解除権は，消滅する。

②契約の目的物が解除権を有する者の行為又は過失によらないで滅失し，又は損傷したときは，解除権は消滅しない。

3 改正民法

541 条（<u>催告</u>による解除） 当事者の一方が……契約の解除をすることができる。<u>ただし，その期間を経過した時における債務の不履行がその契約及び取引上の社会通念に照らして軽微であるときは，この限りでない。</u>

542 条（<u>催告によらない解除</u>） ①次に掲げる場合には，債権者は，前条の催告をすることなく，直ちに契約の解除をすることができる。一，債務の全部の履行が不能であるとき。二，債務者がその債務の全部の履行を拒絶する意思を明確に表示したとき。三，債務の一部の履行が不能である場合又は債務者がその債務の一部の履行を拒絶する意思を明確に表示した場合において，残存する部分のみでは契約をした目的を達することができないとき。四，契約の性質又は当事者の意思表示により，特定の日時又は一定の期間内に履行しなければ契約をした目的を達することができない場合において，債務者が履行しないでその時期を経過したとき。五，前各号に掲げる場合のほか，債務者がその債務の履行をせず，債権者が前条の催告をしても契約をした目的を達するのに足りる履行がされる見込みがないことが明らかであるとき。

②次に掲げる場合には，債権者は，前条の催告をすることなく，直ちに契約の一部の解除をすることができる。一，債務の一部の履行が不能であるとき。<u>二，債務者がその債務の一部の履行を拒絶する意思を明確に表示したとき。</u>

543 条（<u>債権者の責めに帰すべき事由による場合</u>） 債務の不履行が債権者の責めに帰すべき事由によるものであるときは，債権者は，前2条の規定による契約の解除をすることができない。

545 条（解除権の効果）3 項（新設） 第1項本文の場合において，金銭以外の物を返還するときは，その受領の時以後に生じた果実をも返還しなければ

ならない。

現行 545 条 3 項→ 545 条 4 項

548 条 1 項（解除権者の故意による目的物の損傷等による解除権の消滅）　解除権を有する者が故意若しくは過失によって……解除権は消滅する。ただし，解除権を有する者がその解除権を有することを知らなかったときは，この限りでない。

現行 548 条 2 項　削除

4　日中条文の比較

　①中国契約法 93 条のような，合意解除及び約定解除に関する定義的規定は日本法にはない。②中国法は，不可抗力により契約目的が実現できないときに解除できるとするが，現行日本法は解除につき帰責事由の存在を要件としている。しかし，改正民法は帰責事由を要件とするとの現行 543 条の文言を削除した。③中国法の，履行期前の契約違反を理由とする解除規定は現行日本法にはない。しかし，改正民法 542 条 1 項 2 号，3 号において履行拒絶を理由とする解除を定めた。ただし，中国法の「主要な債務を履行しない旨を…自己の行為をもって明らかにする」（黙示の毀約）に相当する文言は置いていない。④中国法の，根本違約を理由とする解除規定は現行日本法にはない。しかし，改正民法 542 条 1 項 1 号，4 号，5 号は中国法の根本違約を理由とする解除に相当する。⑤中国法の，不安の抗弁権の行使の延長線上での解除規定は，日本法にはない。⑥日本法の，解除権の不可分性に関する規定は，中国法にはない。⑦解除権の効果としての原状回復義務につき，日本法には第三者の権利を害することはできない旨の明示的規定があるが，中国法にはその種の明示的規定はない。また，日本法は解除権の効果として，原状回復及び損害賠償を掲げるが，中国法はその他に「その他の補救措置」を掲げる。⑧日本法の，契約の解除と同時履行に関する明示的規定は，中国法にはない。また，日本法の，解除権者の行為等による解除権の消滅に関する規定も，中国法にはない。ただし，現行日本法の「行為」は「故意」に改められた。⑨中国法の，契約の解除は清算，決算条項の効力に影響を与えない旨の規定は，日本法にはない。

第10章 契約の解除　367

第2節　契約解除の不可分性

1　問題の提示

　日本民法は 544 条で契約解除不可分の規定を設けているが，中国法にはこれに相当する規定がない。中国の著書では殆どこの点についての言及が見られず，筆者（小口）の知る限りでは，韓世遠が指摘するのみである。韓は，「（544 条1項に相当する）明文の規定はないが，（日本法と）同様の解釈をすべきであると」[1]と説き，544 条2項部分についても，同様に解釈すべきであると考えているように思われる。この点についての中国の学説及び実務の動向はどのようになっているか。

2　韓世遠・王成の回答

　≪韓世遠の回答≫

　崔建遠が 2010 年に出版したⅢ書では関連する記述は見当たらないが，氏が 2012 年に出版した『合同法』の中では「解除権の不可分性」について特に論じている[2]。

　裁判実務では，もし一方当事者が1人ではなく，例えば甲乙2人が共同で丙の住宅を賃借し，もし住宅賃貸借契約を理由として訴訟になったときは，民事訴訟法（2012 年改正──小口）52 条1項の規定による。すなわち「当事者の一方又は双方が2人以上いて，その訴訟物が共通の場合，あるいは訴訟物が同一種類で，人民法院が合併審理が可能であると判断し，かつ当事者の同意があれば，共同訴訟とする」。訴訟物が共通であるので，必要的共同訴訟となる。「必要的共同訴訟は共同訴訟人がいっしょに訴えを提起するか，応訴をしなければならず，いっしょに提起し，あるいは応訴しなかったときは，追加して人民法院は合併審理し，合一判決を下さなければならない」[3]。

　また，民事訴訟法 52 条2項によれば「共同訴訟の一方当事者が訴訟物に共通の権利又は義務を有しているときは，その中の1人の訴訟行為は他の共

---

1 ）韓世遠Ⅳ書 522 頁。
2 ）崔建遠『合同法』（北京大学出版社，2012 年）272～273 頁。
3 ）張衛平『民事訴訟法』（法律出版社，2009 年）151 頁。

368 第二部　中国契約法の研究

同訴訟人の承認を経たうえで，その他の共同訴訟人に対して効力が生ずる。訴訟物に共通の権利又は義務がなければ，その中の1人の訴訟行為は他の共同訴訟人に効力を生じない」。ここでの「一人の訴訟行為」とは，別々に為し得る行為と理解すべきである。解除権の行使は，それ自体，契約関係が終了するかどうかを決定し，当事者に約定がない限り，性質上，別々に行使することを許さない。

　　≪王成の回答≫
　解除不可分性の問題については，韓世遠の議論以外に，他の中国学者も議論している。例えば劉家希「合同解除権行使問題の研究」[4]，孫増芹＝呉兆祥「契約解除に関するいくつかの問題」[5]等を参照されたし。特に崔建遠は『債権：参考と発展』[6]の中で，解除権の不可分性について詳細に検討を加えている。
　中国契約法にはこの種の規定はない。しかし，中国の多くの司法実務では，これを訴訟法の問題とみなしており，民事訴訟法中の必要的共同訴訟の規定によって解決をはかっている。中国の裁判実務でも解除の不可分性を認めている。契約の一方当事者が複数人の場合，一般的にはその複数人が共同で契約解除訴訟に参加し，契約解除に対する意思を表明しなければならない。契約解除権の行使につき，あるいは相応の契約義務につき別段の明確な指示〈指向〉がない限り，解除権は当事者の1人につき消滅したときは，他の者についても消滅の効力が生ずる。

3　渡辺達徳の所見

　中国の裁判実務は，必要的共同訴訟の運用により，解除に不可分的性質を与えている。王成の解説によれば，解除権の行使及び解除権の消滅のいずれについても，いわゆる不可分性が認められており，これは，日本民法544条1項及び2項と同じである。
　また，韓世遠も王成も，当事者に別段の約定があれば，解除権の行使また

　4）劉家希「合同解除権行使問題研究」吉林大学2012年3月修士論文。
　5）孫増芹＝呉兆祥「関于合同解除的幾個問題」人民司法2008年21期。
　6）『債権：借鑑与発展』（中国人民大学出版社，2012年）409〜412頁。

は消滅が個別性を帯びることを肯定するようである。日本民法においても，544条は任意規定と解されているので[7]，この点でも中国及び日本の理解は，異ならない。

第3節　第三者の権利保護

1　問題の提示

日本民法は545条1項ただし書で第三者の権利保護規定を明示しているが，中国法にはその種の明示的規定はない。日本においては，直接効果説によれば，545条1項ただし書は例外規定として，間接効果説及び折衷説によれば確認的，注意的規定となる。中国でも解除の遡及効を認める説（日本における直接効果説）と折衷説の両論が存在する。

（1）中国の直接効果説に対する疑問

所有権移転を内容とする契約の解除の場合，解除によって遡って契約は存在しなかったことになり，買主が当該物件を第三者に売却した場合，買主は無権処分者であり，第三者には所有権は移転しない。第三者の権利保護をどのように理論構成するのか。遡及効説の代表的論者の1人である王利明は，2000年に出版された『合同法新論・総則［修訂版］』では，第三者に対する損害を避けるために特別に遡及を制限すると説明していたが[8]，その後の著書，例えば王II書や『合同法新問題研究』（修訂版，2011年）では，2000年出版本にあった記述が完全に削除されており，何故第三者を保護できるのか，積極的説明が見当たらない。この点について，同じく遡及効説をとる崔建遠も，委任契約の解除には「社会経済秩序の正常化」の観点から遡及力を認めるべきでないと説くのみである[9]。この疑問については，2007年の物権法により動産のみならず不動産の善意取得が認められたことを暗黙の前提としているということであろうか（質問①）。

7）谷口知平＝五十嵐清編『新版注釈民法（13）〔補訂版〕』（有斐閣，2006年）867頁，870頁〔椿寿夫〕

8）王利明＝崔建遠『合同法新論・総則［修訂版］』（中国政法大学出版社，2000年）465～466頁。

9）崔建遠III書261頁。

370　第二部　中国契約法の研究

(2) 中国の折衷説に対する疑問

　折衷説をとる韓世遠は次のように述べる。「日本民法典545条1項ただし書……のような規定は，わが国契約法には特に設けられていない。物権変動規則については，物権法に規定がある。……物権変動にはそれぞれ公示方法があり，あわせて善意取得制度でもって補い（106条），公信原則もすでに具体化され，かつ次第に整備されてきていて，これをもって契約解除の場合の第三者保護の問題を基本的に解決しており，したがって特別に規定を設ける必要はない」[10]。

　折衷説によれば，契約法に第三者保護の明文の規定がなくても，当然に第三者は保護されることになるのではないか。わざわざ物権法の規定を持ち出すまでもないのではないか（質問②）。

　問題となるのは，第三者に対して善意取得が適用されない悪意の場合である。このことについて，遡及説をとる崔建遠は，解除権者（給付者）による給付物返還請求を物権的請求権ではなく債権的請求権でとらえる折衷説に対して以下のような批判を行う。厳密を期すため，崔の指摘部分を直訳すれば以下のとおりである。「折衷説は以下のように考える。……解除権者（給付者）は相手方（受領者）に対して給付物の返還を請求するが，当該請求権は物権的請求権ではなく，債権的請求権に属する。……この債権的請求権説は明示的，黙示的に以下のように考える。一，契約解除がもたらす給付物返還は復帰的〈復原性〉物権変動に属する。復帰的物権変動説によれば，受領者がいまだ給付物を返還しておらず（動産），あるいは給付物の登記を復原させていない（不動産）場合，給付物の所有権はなお受領者に属し，受領者が当該給付物を第三者に売却することは権利にもとづく処分〈有権処分〉に属し，善意取得を適用する余地はない。かりに第三者が当該給付物は返還すべきもの，あるいは登記を復原すべきものであることを知っていたとしても，この売買契約は有効であり，当該第三者はこの契約の履行を通じて，当該給付物の所有権を取得し，これについて給付者には抗弁権はない。これは明らかに悪意の第三者を保護しすぎ，給付者の所有権を軽視するものである」[11]。

---

10) 韓世遠Ⅳ書542～543頁。
11) 崔建遠「解除権問題的疑問与釈答（下編）」政治与法律2005年4期47頁。

この批判をどのように考えるか（質問③）。

2 韓世遠・王成の回答

≪韓世遠の回答≫

（1）質問①について

具体的状況がよくわからないが，個人的見解としては，小口の考える結論はあり得る。

（2）質問②について

折衷説によりこの問題を分析するとして，売主甲が動産Aを買主乙に売却する売買契約を例として考えてみよう。契約を解除する前にもしすでに物権変動が生じていれば（動産Aがすでに乙に引き渡されている），契約解除の時，物権は当然に復帰しない。A物の所有権は乙の手中にある。もし解除前にA物がすでに丙に転売され，かつ丙に引き渡されていた場合は，丙は当然にA物の所有権を取得する。その後たとえ甲が売買契約を解除したとしても（例えば乙が代金支払い義務を完全には履行していないとして），A物の所有権の当然の復帰ということは生じない。丙はA物の所有権を引き続き有し続ける。さらに，乙がA物を丙に売却しても，その後甲が乙との売買契約を解除したことを理由として無権処分に変ずることはない。この場合，物権法の善意取得制度を借りて第三者丙を保護する必要はない。

もし甲が契約を解除後に，乙はなおA物を丙に売却し，かつ実際に引き渡した場合，乙は有効な売買契約にもとづいてA物の所有権を有効に取得していることにより（ここでは物権法の物権変動の関連規定にもとづく），乙が甲に原状回復義務を履行する（契約法97条）までは，A物の所有権は当然には甲には復帰せず，乙は原状回復義務を実際履行せず，引き続き第三者丙に対してその転売契約によって生じた目的物の引き渡しという所有権移転義務を履行することを選択することができる。この場合，A物をめぐって，乙は二つの，二者択一的義務を負い，債権者平等原則により，甲はA物の所有権を優先的に取得する権利を有しない。このような場合でも，第三者丙によるA物の所有権取得は，乙との間の有効な売買契約及び乙の引き渡し行為にもとづいており，物権法の善意取得制度を借りるべきではない。何故なら乙のA物の売却は決して無権処分ではなく，有権の処分だからである。

372　第二部　中国契約法の研究

(3) 質問③について

　上記の批判の議論の出発点は，批判者の"直接効果説"にあり，"折衷説"の視点から問題をとらえたものではない。折衷説からすると，前述のように，かりに甲が契約を解除した後でも，乙と丙の転売契約は，批判者の説例のように，甲が乙との売買契約をすでに解除し，かつこれにより乙は原状回復すべきであることを丙が知っていたとしても（所謂悪意の場合），このときＡの所有権は批判者が考える"直接効果説"のように当然には甲に復帰せず，そのＡ物の所有権を処分して丙に与える行為は，決して無権処分ではない。丙が所有権を取得するのは，物権法の規定する善意取得規則にもとづくものでない。この場合，甲と丙についていえば，両者はともに債権者であり，批判者が主張するような，甲がＡ物の所有権者であるというわけではない。甲と丙は平等な債権者である以上，いずれの債権を満足させるかは，債務者乙の自由な意思によって決せられ，基本的に，"明らかに悪意の第三者を過度に保護し，給付者の所有権を軽視する"という問題は存在しない。

　≪王成の回答≫

(1) 質問①について

　王利明の見解については本人に確かめる必要がある。崔建遠の見解についていえば，その着眼点は第三者の保護を含めて，主に非違約方の保護にある。したがって，氏の考えによれば，非継続的契約については原則として遡及力があり，継続的契約については原則として遡及力はなく，その目的は非違約方の保護にあるということである。委任契約には遡及力がないことについては，やはり第三者の保護を考慮し，委任契約が遡及的に解除されることによってもともとの〈原来〉有権代理が無権代理に変ずるのを避けるためである。

(2) 質問②③について

　私個人としては以下のように考えている。日本民法545条１項ただし書は，当事者の一方が解除権を行使するとき，各当事者は相手方に対して原状回復義務を負うが，第三者の権利を侵害することはできないと規定する。ここでは単に第三者の権利を侵害することはできないと規定するのみで，どのように侵害してはならないのか，換言すれば第三者の権利はどのように保護すべきかについて明示しておらず，他の規定の助けを借りて解決する必要がある。

中国契約法 97 条の解除の効果に関する規定には第三者に関する内容の言及はない。しかし、このことは第三者の合法的権益が侵害されてもよいことを意味しない。民法通則 5 条の民事権益は保護されるとの規定と結び付けて、第三者の合法的権益は侵害されないということが法律本来の意味である。具体的保護の措置においては、物権法 106 条等の規定によって解決する。この意味において、私は韓世遠の上記の見解に同意する。

3　渡辺達徳の所見

　韓世遠も王成も、直接効果説を採る王利明及び崔建遠の所説について明確な評価は行っていない。

　折衷説を採る場合について、売主甲が動産 A を乙に売却し、これを乙に引き渡した場合において、さらに、㋐乙が動産 A を丙に売却して引き渡した後に、甲が、甲乙間の契約を解除したとき（丙は解除前の第三者）、㋑甲が、甲乙間の契約を解除した後に、乙が動産 A を丙に売却して引き渡したとき（丙は解除後の第三者）、という、韓世遠が掲げる具体例に沿って検討すると、次のようにいえよう。

　韓世遠によれば、㋐の場合は、甲が甲乙間の契約を解除しても、乙は、甲に対して原状回復義務を負うだけであり、遡及的に無権利者となるわけではないので、丙が動産 A を取得するのは、正当な権利者（乙）からの取得である。したがって、善意取得（中国物権法 106 条）が援用される必要はない。この結果は、㋑の場合でも変わらないものと見られる（事後的には、乙の甲に対する原状回復義務違反として処理されるのであろうか）。

　王成も、折衷説による場合、解除により契約が遡及的に失効しないことを前提として、民法通則 5 条に定める民事権益保護の思想などを参照しつつ、第三者保護の是非を具体的に決するという考え方を示している。

　日本民法上、解除の法的性質については、直接効果説、間接効果説、折衷説、契約内容変更説など多くの見解が現れており、それが 545 条 1 項ただし書の理解及び運用にも影響を及ぼしてきたが、取引の目的物が動産の場合は即時取得（192 条）の問題となるので、解除の効果との関係で議論されてきたのは、目的物が不動産のケースである。判例は、直接効果説を前提として、第三者（丙）が解除前に出現した場合には、545 条 1 項ただし書の遡及効制

限により，第三者が目的物の所有権を取得すると解している。このとき，判例によれば，第三者が保護されるために善意である必要はないが，対抗要件の具備が要求される[12]。ここで第三者が悪意であっても保護されるのは，第三者が，甲乙間の契約に解除事由があることを知って取引関係に入ったとしても，甲が解除権を行使するとは限らず，第三者の善意・悪意を問題にしても意味がないためである。一方，第三者（丙）が解除後に出現した場合には，判例は，解除により甲乙間の契約が遡及的に消滅するとは言わず，目的物の所有権はいったん甲から乙へ移転し，解除により乙から甲へと復帰する（復帰的物権変動），という説明をする。したがって，このケースは，545条1項ただし書の問題ではなく，乙から甲，そして乙から丙へという二重譲渡と同視され，対抗要件具備の先後により権利の優劣を決している[13]。

これに対し，解除に遡及効を認めない説（間接効果説，折衷説，契約内容変更説）においては，解除は，原状回復義務の起点となるにすぎないので，解除権者と第三者のいずれを保護するかは，物権的な対抗問題として処理されることになり，また，第三者の出現が解除の前後いずれであるかにより差異はない。この帰結は，韓世遠及び王成の説くところと一致するであろう。

なお，解除の効果は，判例及び学説における大きな対立点の1つであるが，民法改正案は，この問題について特定の立場を採ることを見送った。したがって，この問題をめぐる判例及び学説上の論争は，今後も引き継がれることになる。

第4節　不可抗力による契約目的実現不能を理由とする解除

1　問題の提示

（1）危険負担との関係

売買契約において，目的物が不可抗力で滅失し，契約目的が実現できなくなった場合，本号を適用することが可能である。しかし，他方で，契約法142条は売買契約における，引渡主義を内容とする危険負担を規定している。

---

12) 大判大正10年5月17日民録27輯929頁。
13) 大判昭和14年7月7日民集18巻748頁。

したがって，論理的にはいずれの規定を適用することも可能であり，そのいずれを適用するかで結論が異なる事例も存在する。日本の民法改正でも，帰責事由の有無を問うことなく契約解除を認めるべきであるとの議論の過程で，危険負担と解除の関係をどのように処理すべきかが議論となっている。そして，内田貴は，最近の著書で，現行民法534条の危険負担の規定を削除し，解除に一元化すべきことを提言し[14]，あわせて「ドイツでは，2001年の債務法の抜本改正の際に……（目的物の）全部滅失の際の危険負担制度は残り，解除と併存しています。しかし，実務的にはこの併存はあまり意識されておらず，実際上，危険負担制度は機能していないように見えます」[15]と述べている。また，「ウィーン条約に見られる『危険の移転』の『危険』」は，種類物を対象とする危険の移転であって，「目的物が滅失したときに，いつの時点まで売主が引き続き調達の義務を負うか，という問題」（給付危険と称する）を扱っていると説く[16]。

中国契約法142条の解釈において，上記の内田の説くような，種類物に関する危険移転規定との解釈論は存在するか。また，契約法142条と94条1号が競合する場合，危険負担で処理するというのが通説であると理解してよいか（質問①）。

（2）立法段階での議論の有無

中国契約法の制定過程において，94条1号と危険負担の関係をどのように扱うかといった議論は存在しなかったのか（質問②）。

2 韓世遠・王成の回答

《韓世遠の回答》

（1）質問①について

売買契約の危険負担について，中国契約法は142条で規定している。中国法の規定はウィーン条約の影響を受けている。関連規定について，中国の解釈論では，"価款危険"（"対価危険"とか"反対給付危険"とも称する）と"給付危険"（"履行危険"とも称する）とを区別して考える[17]。中国売買法の特色

14）内田貴『民法改正のいま』（商事法務，2013年）134頁。

15）同上書137頁。

16）同上。

は，物の売買を中心とし，種類物と特定物の売買を区別せず，統一的に規制し，かつ種類物売買に規制の重点を置く。つまり，動産と不動産を区別せず，統一的に規制する[18]。換言すれば，上記の危険負担規則は特定物売買と種類物種物売買を区別せず，統一的規則を定めている。契約法142条と94条1項の競合について，我々が理解する状況についていえば，中国の学者が契約法を起草する段階では，専門的な立ち入った検討を行わなかった。この問題は主に対外的（特に日本との間の）学術交流の展開の中で認識されるようになり，漸く一定の討論がなされるようになってきた。危険負担でもって処理するとの主張が通説であるかどうかについては，私個人は断定的なことは言えない。ただ，改めてこの問題を考えてみるに，個人的見解としては，不可抗力の場合にどのようにして債務者をして債務から解放させるかについて，危険負担の規則に比べて，契約法94条1項の規定は，特別法として理解すべきで，したがって"特別法は一般法に優位する"との法律適用原則により，両者の規範競合上の問題を解決すべきであると考えている。ただ，これは単純に論理上の一般と特別の関係ということではなく，「規範上の修正」を経て，「争われている法条がそれぞれ規定する法的効力が，存在上規範的に併存できないと評価された場合に，論理上の特別法と一般法の関係がはじめて規範上さらに一歩を進め，これを特別法と一般法の関係として認定し，特別法は一般法に優位するとの原則の適用を受ける」[19]。

（2）質問②について

前述のように，契約法制定の過程で，中国の学者は契約法94条1号と危険負担の関係をどのように処理すべきかの問題について議論しなかった。例えば当時の崔建遠の論文を例にとると，契約解除の立法設計及び危険負担制度の立法設計[20]を特にとりあげて分析したさいに，上記の問題については検討していない。

---

17) 韓世遠『合同法学』（高等教育出版社，2010年）395頁。
18) 同上書387頁。
19) 黄茂栄『法学方法与現代民法』（台北，自販，2011年）256頁。
20) 崔建遠『法学前沿　第2輯』（法律出版社，1998年）40〜48頁。なお，この両制度の設計問題を考えるうえで，この論文は比較的早い時期の数少ない論文である。

《王成の回答》

(1) 質問①について

危険負担と契約解除の関係をめぐる学説に関しては，部分的議論は見ることができるが，両問題を一個の問題として扱うことを建議する。内田の見解については，私はあまり分からない。

(2) 質問②について

私の把握する資料からすると，当時はこの問題について専門的な議論は行われていない。

3　渡辺達徳の所見

「1. 問題の提示」において言及される「ウィーン売買条約」が，①契約の解除及び②危険の移転（passing the risk）について規定する基本的な枠組みは，次のとおりである。①売主に重大な義務違反があるとき，または売主が引渡しを行わず，買主が定めた付加期間内に引渡しを行わないとき，買主は，契約を解除することができる（49条(1)項(a)(b)）。買主に重大な義務違反があるとき，または買主が代金支払若しくは物品受領を怠り，売主が定めた付加期間内に義務を履行しないとき，売主は，契約を解除することができる（64条(1)項(a)(b)）。②買主は，危険の移転後に生じた物品の滅失，または損傷により，代金支払義務を免れない（66条）。危険は，原則として，買主が物品を受領した時に移転する（69条(1)項）。

すなわち，①解除権は，相手方に義務違反（不履行）があり，かつ，その義務違反が重大なものであるとき，または付加期間が徒過することにより認められ（重大な義務違反または義務違反後の付加期間徒過による契約解除），②買主は，原則として物品受領後に目的物が滅失・損傷しても，代金支払義務を免れない（物品受領時を原則的基準とした危険の移転）。すなわち，解除権の発生は，相手方に何らかの義務違反（不履行）があることを前提としており，また，危険の移転の効果は，代金支払義務の帰趨と結び付けられている。

これに対し，中国契約法の規律は，①不可抗力により契約目的が実現できない場合に契約の解除を認める94条1号は，当事者の債務不履行を前提としておらず，②危険の移転の効果を明示していない（142条）。

したがって，以下のような設例では，CISGと中国契約法の運用において

差異が生じるものと考えられる。すなわち，売主をＡ，買主をＢとして，著名な画家Ｃの手による絵画１点の売買契約が締結されたが，契約締結から引渡しまでの間に，不可抗力によりこの絵画が滅失した，というものである。

このとき，CISG によれば，Ａは，引渡義務を履行しておらず，かつ，これは重大な義務違反（CISG25 条参照）であるから，Ｂは，Ａとの契約を解除することができる（CISG49 条(1)項(a)。ただし，Ｂは，Ａに対し，損害賠償を請求することはできない。CISG79 条(1)項・(5)項参照。）。このとき，Ｂは，何ら義務違反をしていないので，Ａが契約を解除することはできない。また，危険の移転の問題は生じない。

一方，中国契約法によれば，絵画は引渡し前であるから，滅失の危険は売主Ａが負担していることになるが（中国契約法 142 条），そのＡが，不可抗力を理由として契約を解除できるようにも解される（94 条 1 号）。これは，中国契約法 94 条 1 号が，少なくとも文理上は，不可抗力の場合に両当事者に解除権を与える規定ぶりになっていることが原因と思われる。

日本における民法改正案は，債務不履行による法定解除の要件につき，催告による解除（改正案 541 条）と催告によらない解除（改正案 542 条）に分けて規定を置き，相手方から債務の履行を受けられない当事者が，もはや契約に拘束されることを期待できないという状況で要件の全体を括っている（催告期間の徒過，履行不能，履行拒絶，定期行為における履行期徒過など）。また，債務者の帰責事由の存在は要件とされておらず，債務者が免責立証に成功して損害賠償の責めを免れる場合であっても，債権者は，契約を解除することができる。

一方，危険負担に関する現行 534 条から 536 条までの規定のうち，534 条及び 535 条は削除される。そして，上記のとおり，契約の解除に債務者の帰責事由を要件としなくなったため，債権者が契約の拘束から脱するためには，解除権を行使することが必要である。ただし，民法改正案は，不可抗力により債務の履行が不能となった場合において，債権者が契約を解除しない間に相手方から履行の請求を受けたときは，当該債権者に履行拒絶権を与えている（改正案 536 条 1 項）。債権者が契約の拘束から解放されることを望む場合には，（契約は自動的に消滅しないので）解除権の行使によらなければならな

い。

　さらに，民法改正案は，売買契約の中に，目的物の滅失等についての危険の移転を規律する規定を置いている（改正案567条）。その趣旨は，CISG66条及び69条1項と同じであり，引渡し後の目的物滅失・損傷について買主は権利行使できず，売主に対する代金支払を拒むことができないことが定められている。

第5節　履行期前の契約違反を理由とする解除における催告の要否

1　問題の提示

　94条2号については，催告を要件とするかどうかが問題となる。そして，この問題は，契約法69条における契約解除の場合との関連が問題となる。1つの考え方は，69条は契約解除に実質上催告を要件としており，これに対応させるために，94条2号中の「自己の行為をもって主要な債務を履行しない」ことを表明した場合には，催告を必要とすると説く[21]。もう1つの考えは，69条の解除の前提をなす不安の抗弁権の行使事由中，2号のみが債務者が主観的に債務を逃れようとするケースで（1，3，4号は客観的な財産状況の悪化のケース），2号に該当する場合は催告を必要とせず，94条2号は履行拒絶という主観的決定に属するので，催告を必要としないと説く[22]。この両者の間では，68条，94条2号の解釈の違いが存在しているように思われる。すなわち，前者は，68条の不安の抗弁権行使事由を区別化せず，後者は区別する，また，前者は94条2号を明示の毀約と黙示の毀約に区別するのに対して，後者は区別せず一律に履行拒絶という主観的決定に属すると解する。

　以上のような理解が間違っていないかどうか，確認してもらったうえで，もし間違いがないとすれば，両氏の見解をあらためてお聞きしたい。また司法実務はどうなっているか。

21）韓世遠Ⅳ書519頁。

22）本研究会の不安の抗弁権における王成の回答（中国契約法研究会「中国契約法における契約履行中の抗弁権（二）」早稲田法学89巻1号81頁，83頁，本書182頁，184〜185頁参照）。

2 韓世遠・王成の回答

《韓世遠の回答》

先ず，ここでの討論の問題をはっきりさせる必要がある。94条2号の「自己の行為をもって主要な債務を履行しないことを表明する」場合，解除権の発生には催告を経る必要があるかどうか。この前提のもとでは，小口の理解は正しい。この前提を確認する必要があるのは，筆者は，当事者の一方が明確に主要な債務を履行しないことを表示した場合には，催告なしに解除権が発生することに異議はないからである。

王成の異なる認識については，私の理解するところでは，解釈論の角度から検討の余地があるので，補充して不必要な誤解を避ける必要がある。

その1，筆者は68条の中の不安の抗弁権行使の各事由について区別して取り扱っていないということではない。明確に区別化して取り扱っていないのは，契約法69条についてである。69条は「当事者が本法68条の規定により履行を中止するときは，速やかに相手方に通知しなければならない」と規定する。ここでの「通知」は，「不安の抗弁権者の付随義務（通知義務）であると同時に，また一種の催告をも構成する」[23]。契約法69条には，68条2号により履行を中止する場合には相手方への通知は必要でないということを規定していない。したがって，王成の上述の解釈については疑問を感ずる。

その2，まさに小口が述べているように，契約法94条2号は明示の毀約と黙示の毀約を区別している。前者は債務者が債務を履行しないことを明確に表示することを意味する。

他方，後者は，債務者は自己の行為をもって主要な債務を履行しないことを表明するということを意味する。前者で催告なしに解除権が発生するのは，債務者の明確な意思によるからである。たとえ催告しても，債務者は履行するはずがない。後者の場合は，債務者の毀約は黙示のそれであり，主要な債務を履行しない意思を明確には伝えておらず，当事者の意思の交流を必要とし，それ故，通知又は催告を必要とする。契約法68条2号のケースについて見ても，「財産を移転し，資金を隠匿し，それでもって債務を忌避する」ということの中には，債務者が債権者に主要な債務を履行しないことを明確

---

23) 韓世遠Ⅳ書519頁。

に伝えるという特徴が体現されておらず，それ故，明示の毀約には属さず，黙示の毀約に入れるしかない。ここでは，"催告"を経る必要があるかどうかの鍵は，当事者間での意思の交流を必要とするかどうかという点にあり，王成が説くような，「債務者の主観的決定」にあるのではない。なお司法実務についてはいまだ調査をしていないので，この点についてとりあえず意見は差し控えたい。

《王成の回答》

1. 以前すでに論じたように，68条1項2号以外の事項の規定する事由，すなわち財産状況の悪化は客観的状況に属し，債務者の主観的状態とは関係なく，かつ確定が困難である。そのため催告が必要であり，催告後，債務者の履行能力が回復せず，又は担保を提供できなければ，債権者の契約解除を認めるべきである。他方，94条2号（68条1項2号を含む）及び108条の規定するケースは履行拒絶に属し，完全に債務者の主観的な決定である。この場合は，催告をなして債務者に再度の機会を与える必要はない。債権者は直接，契約解除を含む違約責任を追及することができる。

もちろん，68条1項2号と94条2号とが完全に重なり合うかどうかは，検討を要する。前者の範囲は後者より広い可能性がある。もし後者に属する，すなわち両者が重なり合うのであれば，94条2号を適用し，催告を必要としない。

2. 明示の毀約も黙示の毀約も主観的拒絶の存在を推定できる。したがって，催告は必要ない。94条3号が明確に催告を規定しているので，他の各号に催告を規定していないのは催告を必要としていないと理解すべきである。

なお，司法実務については，最高法院の司法解釈「建設工事施行契約紛糾案件を審理するうえでの法律適用問題に関する解釈」（2004年14号）8条1号は，請負人が契約の主要な義務を履行しないことを明確に表示するか，又は行為をもって表明したときに，発注者が建設工事施行契約の解除を請求した場合，支持しなければならないと規定している。本条の規定は催告を必要としていないと理解すべきである。

3 渡辺達徳の所見

中国契約法 68 条及び 69 条は,「不安の抗弁権」について定める。これは,CISG において契約相手方の地位の悪化による履行の停止につき定める 71 条と同じ問題を扱うものである。そして,CISG は,「履行の停止」に関する 71 条に続けて履行期前の契約違反にもとづく契約解除に関する規定を置く (CISG72 条)。当事者の一方が,相手方の経済状況の悪化等により履行を停止し (71 条),その事情が継続するならば,当該契約が履行期を迎えるのを待たずして契約の解除を認めることには (72 条),合理性がある。

中国契約法も,不安の抗弁権の効果を定める 69 条において,不安の抗弁権と契約解除とを結びつけており,その結果,履行期到来前の解除権を認める 94 条 2 号との関連が問題とされることになる。なお,69 条は必ずしも明示しないものの,94 条 2 号は,履行期到来前の場面を規律対象とすることが明らかである。したがって,中国契約法 68 条・69 条と 94 条 2 号との関係は,CISG71 条と 72 条との関係と同様であると理解することができる。

ここで提起される 1 つの問題は,中国契約法 68 条にもとづき不安の抗弁権を行使した当事者が,その後,94 条 2 号を援用して契約を解除する場合に,催告することを要するか,ということである。69 条は,履行を停止した当事者は速やかに相手方に通知するよう求める一方,94 条 2 号は,催告を前提としていないと解される。

この点について,韓世遠と王成は,見解を異にするように思われる。韓世遠は,69 条に定める「通知」は一種の催告であると理解し,このことは,68 条 2 号にいう財産・資金の隠蔽による債務逃れの場合であっても変わらないと説く。ただし,同時に,94 条 2 号に該当する場合には,無催告解除を肯定することにも異論はないと述べる。これに対し,王成は,68 条 2 号は,94 条 2 号に掲げるのと同じ履行拒絶の状況を規律するので,催告は不要との見解を示している。

ところで,69 条の「通知」は,解除の前提となる「催告」と同義なのであろうか。確かに,韓世遠は,69 条の「通知」は,一種の催告をも構成すると述べるが,同条の「通知」を解除の前提となる「催告」と完全に同視しているのかは,判然としないように思われる。69 条の通知は,履行の停止を受けた債務者が,同条に従い適切な担保を提供し,相手方による履行停止

状態を脱する機会を与えるために求められるものであり，履行期間の更なる付加と解除権行使の前提である「催告」とは趣旨を異にするのではなかろうか。

　もう1つの論点は，中国契約法94条2号に定めるところの，履行期前に当事者の一方が主要な債務を履行しない旨を「明確に表示」した場合（明示の毀約）と，「自己の行為をもって明らかにした場合」（黙示の毀約）において，解釈上の差異を設けるか，である。韓世遠は，黙示の毀約の場合には，債権者と債務者との「意思の交流」したがって「通知又は催告」を要すると理解する。一方，王成は，毀約が明示・黙示のいずれであっても，債務者の主観的拒絶を推定できるのであって，催告は不要と説く。94条3号が明確に催告を要求していることとの対比によれば，王成の解釈が素直であろうが，韓世遠の理解は，68条と関連付けた場合には，解釈上の分岐が生じることを示している。

　なお，日本の民法（債権関係）改正論議の中で，不安の抗弁権に関する規定は，2013年3月の「中間試案」段階までは条文を新設する方向が示されていたが，最終の改正案では条文化が見送られた。

第6節　履行遅滞を理由とする解除

1　問題の提示

（1）受領遅滞による解除について

　債権者には受領義務はないので，受領遅滞の場合には契約解除は生じないというのが，日本の判例・通説であるが，我妻栄は「債権者に受領義務を認め，受領遅滞をもって一種の債務不履行となすときは，債務者は，相当の期間を定めて受領を催告して解除することができるといわねばならない」[24]と説く。中国でも，債権者遅滞のうち，請負契約において注文者が協力義務を履行しない場合に請負人（債務者）が契約解除できる規定が存するが（259条），我妻栄の上記の説，つまり受領遅滞に対して債務者は相当の期間を定めて受領を催告して解除できるとの説についてどのように考えるか（質問

24）我妻栄『債権各論上』（岩波書店，1954年）183頁。

384 第二部 中国契約法の研究

①）。

（2）発注者の側からの解除権の行使

3号の「主要な債務」とは給付義務を内容とし，請負契約において請負人が約定期限内に工作の成果を引き渡さないときは，請負人が悪意で遅延した場合を除き，3号ではなく，4号を適用すべきであるとの説[25]があるが，これについてどのように考えるか（質問②）。

（3）本号に言う，催告後「合理的期限内」とはどの程度の期間内のことか（質問③）。

2 韓世遠・王成の回答

《韓世遠の回答》

（1）質問①について

債権者遅滞責任の性質をめぐっては，法定責任説，債務不履行説，及び折衷説などさまざまな説がある。もし理解に誤りがなければ，我妻栄は債務不履行責任説に属する。この説は以下のように考える。誠実信用原則により，給付を実現するために債権者と債務者の間には相応の互助協力すべき関係が存在する。したがって，債権者は一般的な受領義務を負い，受領遅滞はこうした義務の債務不履行となり，帰責事由が存する場合には，債務不履行責任が発生する。

中国では，学者の見解は一致していない。しかし，多数説は折衷説をとっているように思われる。すなわち，債権者は一般的には受領義務を負わず，債権者の遅滞責任は法定責任に属する。しかし，場合によって，債権者には受領義務が存すると考えられるときは，債務不履行責任の効果（損害賠償又は解除）を発生させる。契約法259条が規定する解除は法律が特別に規定する解除に属し，94条3号の規定する解除とやや異なる。94条3号の規定するものは，「主要な債務の履行を遅滞する」場合の解除であり，他方，259条2項が規定するのは，発注者が「協力義務を履行しない」場合の解除であり，たとえ，両者とも「催告＋合理的期限」を採用しようとも，後者は前者の具体化ではない。発注者の「協力義務」は付随義務又は従たる給付義務に

25）崔建遠Ⅲ書250頁。

属し[26]，決して「主要な債務」ではない。発注者の主要な債務は「報酬の給付」である（契約法251条1項）。体系構造上，259条は94条5号の「法律が規定するその他の事由」に属する。

中国民法学の通説は，94条3号を債務者の遅滞（履行遅滞）の規定として解釈し，その中には債権者遅滞（受領遅滞）を含めない。例えば，王利明は明確に「しかし，契約法が総則の中で規定している履行遅滞は，主に債務者の履行遅滞のことであり，双方の履行遅滞のことではない。例えば94条で規定する『当事者の一方が主要な債務の履行を遅滞する』とか，『当事者の一方が債務の履行を遅滞する』とは，いずれも債務者の遅滞のことである」[27]と書いている。ここからさらに一歩を進めて，学者は受領遅滞について，「債務不履行責任説」をとっていないと結論づけることができよう。

(2) 質問②について

発注者の受領義務について，契約法251条1項は受領（Abnahme）を明確に発注者の「契約類型上の義務」とは規定しておらず，さらに言えば，ドイツ民法640条1項のように，受領を発注者の義務として規定していないが，しかし，解釈上，当該規定が明確に受領者の協力義務及び債務不履行の効果を規定していることからして，「軽きを挙げて重きを明らかにする」により，発注者の受領義務の存在を認定すべきで，性質上，それは発注者の主要な義務（Hauptpflichten）と理解すべきである[28]。これは，請負人の報酬は通常仕事の成果〈工作〉が受領されるかどうかによって決せられ，したがって請負人は受領に対して重大な利害を有し，それ故，発注者の受領義務は主たる給付義務（eine Huptleistungspflicht）に属するのである[29]。この義務違反は，通常の債権者の受領遅滞の法的効果をもたらす以外に，257条及び259条を類推適用して，損害賠償，契約解除等の法的効果をももたらす[30]。

---

26) 韓世遠・前掲注17書494頁。

27) 王利明Ⅱ書478頁。

28) Vgl. *Ebert*, in: Reiner Schultze（Schriftleitung）*BGB Handkommentar*, 5. Auflage 2007, § 640, RdNr. 2; Jan Kropholler, *BGB Studienkommentar*, 10. Auflage, S. 447.

29) Vgl. Larenz Lehrbuch des Schuldrechts, Ⅱ．Band: besonderer Teil, 1. Halbband, 1986, S. 363.

30) 韓世遠・前掲注17書494頁。

386　第二部　中国契約法の研究

(3) 質問③について

　ここでの「合理的期限」は，不確定な概念であり，立法上統一的基準を示し難く，個々の具体的案件に即して具体化する必要がある。したがって，実際には，それは裁判官が具体的状況に応じて具体的に判断すべき要素をなす。

≪王成の回答≫

(1) 質問①について

　中国では，崔建遠は以下のように説く。債権は本質的に利益と自由である。しかし，多くの場合，もし債務者が履行の完成を求めれば，債権者の受領と協力を必要とする。したがって契約法 60 条 2 項は，当事者は誠実信用原則に従い，契約の性質，目的及び取引慣行にもとづき通知，協力，機密保持等の義務を履行しなければならない。法律が協力義務を定めている以上，軽きを挙げて以て重きを明らかにすべきで，当然，債権者には受領義務があると考えなければならない。しかし，この種の義務は一種の不真正義務で，義務の強さは比較的弱く，それに違反しても損害賠償責任は生じず，この義務を負担する者が利益の減損あるいは喪失といった不利益を受けるに止まる。これを債務不履行と考えるのは適切でない。したがって，原則的に，債権者の遅滞責任は一種の法定責任であり，債務不履行の責任ではない。ただし，もし法律に特段の定めがあるとか，当事者間に特段の約定があって，債権者の遅滞をもって債務不履行の効果を負わせるとき（例えば損害賠償とか契約解除等）は，これら特別な場合の債権者の債務不履行責任を認めることができる[31]。

　私はこの崔建遠の見解に同意すると同時に，以下のように考える。債権者の受領には実際には受領と協力の両面がある。受領については，供託制度が存在するので（契約法 101 条），契約の解除を必要としない。債権者の受領義務が不真正義務であるという面は，主に受領の面に体現される。協力について言えば，それは通常不真正義務ではなく，真正の義務であり，従たる義務とか付随義務のかたちをとる。したがって，協力義務については，もし債権者が協力しなければ債務者の義務が履行できなくなるとか履行を継続できな

　31）崔建遠Ⅲ書 289〜292 頁。

くなり，契約目的を実現できなくなる。例えば契約法259条（発注者の協力義務）はその一例であり，家屋補修契約において，債権者が補修を必要とする家屋に入らせない場合，債務者には契約を解除する権利が与えられなければならない。債権者が協力しない場合，速やかに契約の束縛から解放されるべきである。

（2）質問②について

崔建遠の言う意味は，発注者の解除権の制限にある。何故なら第3号適用の前提は，請負人が遅滞したものが主要な債務であることを証明することだからである。もし第3号を適用するとなると，発注者は請負人が遅滞のとき，催告を経た後で契約を解除することができ，他方，もし第4号を適用するとなると，違約によって契約目的が実現できなくなったかどうかを証明する必要があり，それが証明された場合にはじめて契約を解除することができる。私個人としては崔建遠の見解に同意する。

（3）質問③について

一般的には，本項の規定する合理的期限とは一種の授権条項とみなすべきで，裁判官が個々の具体的状況にもとづいて確定すべきである。

最高法院の司法解釈「商品房売買契約解釈」15条は，契約法94条の規定にもとづいて，売主が家屋引渡しを遅滞し，あるいは買主が家屋購入代金の支払を遅滞し，催告を経た後3カ月の合理的期限内になお履行せず，当事者の一方が契約の解除を請求した時は，支持しなければならないが，当事者間に別段の約定がある時はこの限りでないと規定している。この規定では，3ヵ月が合理的期限をなしている。

2013年10期の「最高人民法院公報」には「天津市浜海商貿大世界有限公司と天津市天益工貿有限公司，王錫鋒財産権紛糾案」が掲載され，当該案件につき，公報によれば，最高法院の上記の司法解釈15条の解除権行使期限に関する規定は，当該解釈で言うところの販売用家屋〈商品房〉売買契約紛糾案件についてのみ適用され，その他の家屋の売買契約の解除権行使期限については，法律に規定がないとか，当事者間で約定がない場合，契約法95条の規定にもとづき，合理的期限内に行使しなければならず，「合理的期限」をどのように解するかについては，人民法院は個々の事案の実情に即して認定すべきであるということが摘示されている[32]。

以上によれば，上記司法解釈 15 条 1 項の 3 カ月の合理的期限に関する規定は，販売用家屋売買契約紛糾についてだけ適用され，その他の家屋売買契約及びその他の類型の契約には適用されない。この点については合理性がある。何故ならどの類型の契約も，また同じ契約類型の契約もその事情は一様でなく，それらを 3 カ月の期限を合理的期限として統一的に扱うことはまた問題を生ずる。

3 渡辺達徳の所見

質問①について

受領遅滞の法的性質について，韓世遠は王利明の文献を引き，また，王成は崔建遠の見解に言及しつつ，いずれも折衷説的理解に与するニュアンスを示している。その上で，請負契約において注文者が協力義務を履行しない場合に，請負人（債務者）が契約を解除することができると定める中国契約法 259 条をどのように理解するかについて，韓世遠と王成は，以下のように述べる。

韓世遠は，注文者の協力義務は「主要な債務」に該当しないので，体系的に見ると，259 条は「法律が規定するその他の事由」（94 条 5 号）による解除を具体化したものであると説く。王成も，協力義務は「従たる義務」または「付随義務」に位置付けられるとするので，「主要な債務」の不履行による解除につき定める 94 条 3 号の問題ではないと説明するが，同条 4 号と 5 号のどちらに位置付けるのかは，必ずしもはっきりしない（債権者が協力しなければ契約目的が実現できなくなる，と述べるので，94 条 4 号を念頭に置くようでもあるが，協力義務が従たる義務または付随義務であれば，その不履行が契約目的の実現を妨げることにはならないと解する余地もあろう）。

日本の学説も，この問題については見解の一致を見ない。判例としては，鉱石の売買契約において，売主が採掘する鉱石の全量を買主が買い入れるという継続的な約定があった場合に，買主に，信義則上の引取義務を認めたものがある[33]。学説によるこの判例の理解も，一様ではない。1 つには，法定

---

32) 最高人民法院（2012）民再申字第 310 号民事裁定書。
33) 最判昭和 46 年 12 月 16 日民集 25 巻 9 号 1472 頁。

責任説を採りつつ，この事例に限り黙示の意思表示による引取義務を認めた個別的判断という評価も可能であるし，これと異なり，信義則上の引取義務を認めたという折衷説的理解も示されている。

　民法改正案は，受領遅滞の効果としての「遅滞の責任を負う」という表現を改め，具体的な効果を示すかたちを提案している。すなわち，特定物の引渡しを目的とする債務につき債権者の受領拒絶・受領不能があったときは，履行の提供時から引渡しまでの間，債務者は，自己の財産に対するのと同一の注意をもって目的物を保存すれば足りること（改正案413条1項），受領拒絶・受領不能後の増加費用は債権者の負担とすること（改正案413条2項），また，債権者の受領拒絶・受領不能があった場合において，履行の提供時以後に当事者双方の責めに帰することができない事由によって債務の履行が不能となったときは，その履行の不能は，債権者の責めに帰すべき事由によるものとみなすこと（改正案413条の2・第2項），である。したがって，ここに掲げられた以外の効果及びそれが発生するための要件をどのように考えるかについては，従来の議論が今後も引き継がれることになる。

　質問②について

　中国契約法94条3号と4号は，いずれも「履行遅滞」を挙げるので，その具体的な適用場面の差異が問題となる。3号は，「主要な債務」の履行遅滞のケースを扱い，この場合は催告を要件とし，催告期間の徒過により解除権の発生を認める。これに対し，4号は，3号との対比から見て，「主要な債務」に該当しない債務の履行遅滞の場合において，それが契約目的の実現を妨げるときは無催告での解除を認め，そうでないときはたとえ催告を経ても解除を認めない趣旨と考えられる。この最後のものは，日本民法でいうところの「付随的債務の不履行」に該当するであろう。このような規定ぶりについては，以下の「第7節　根本違約を理由とする解除」の中で併せてコメントする。

　質問③について

　主要な債務に履行遅滞があった場合に，債権者に解除権を与えるにふさわしい「合理的期限」の基準について，韓世遠も王成も，個別具体的な状況によるのであって，最終的には裁判官の裁量に委ねられると述べる。

　日本民法においても，541条に定める「相当な期間」について，契約の性

質や履行の難易により個別具体的に判断されると解されている。一般論としては，債務者が履行の準備をし，かつ，これを履行するに必要な期間と説かれるが[34]，債務者は，履行期までにいちおうの準備を済ませているべきものであるから，催告における「相当の期間」は，契約当初に定められる履行期間と比べ短くてよいとされる[35]。

なお，中国契約法と日本民法の条文を対比すると，前者は，催告を経た後も合理的期間内に履行しない場合に解除権を認め，後者は，相当な期間を定めて履行を催告し，その期間の経過後に解除権を認めている。すなわち，文理上，前者は，催告の際に履行期間を明示する必要がなく，後者は，債権者が自己の判断で相当の期間を定めた上で催告することになる。しかし，日本においても，不相当に短い期間を定めて催告したり，期間の指定をせず催告したりした場合であっても，その催告が無効となるのではなく，客観的に見て合理的な期間が経過した後は解除権が発生すると解されているので[36]，履行期の到来後，相当な期間の経過により解除権行使が正当化されるという思想に変わりはないものと考えられる。

第7節　根本違約を理由とする解除

1　問題の提示

(1) CISG との差異

本号は CISG を参照して作られた規定であると説かれるが，CISG の「契約違反を行った当事者がそのような結果を予見せず，かつ，同様の状況の下において当該当事者と同種の合理的な者がそのような結果を予見し得なかったであろう場合は，この限りでない」との部分を削除している。すなわち予見可能性理論によって根本違約の適用範囲を限定せず，根本違約認定の基準として「契約目的を実現できない」という結果の重大性のみを強調するだけのものとなっている。何故，中国法はこのような修正を加えたのか。取引促進よりも，債権者保護を重視したものと理解してよいか（質問①）。

---

34) 我妻栄・前掲注 24 書 159 頁。

35) 大判大正 13 年 7 月 15 日民集 3 巻 362 頁ほか。

36) 我妻栄・前掲注 24 書 160 頁，最判昭和 31 年 12 月 6 日民集 10 巻 12 号 1527 頁ほか。

（2）契約法 148 条の理解をめぐって

「その他の違約行為」としては，付随義務違反や，履行期到来後の履行拒絶，不完全履行等があげられ，不完全履行の例としては目的物に重大な瑕疵が存在する場合があげられる。そして，この目的物に重大な瑕疵がある場合の規定として契約法 148 条がある。この 148 条は「不完全履行」〈不適当履行〉として表記されるのが一般であるが，法律出版社版は「目的物の瑕疵担保責任」〈標的物瑕疵担保責任〉と表記する。中国法は不完全履行を違約責任の中に含め，瑕疵担保責任という独自の法定責任の概念を採用していないので，この表記は誤解を招くと思うが，そうした理解でよろしいか（質問②）。

（3）司法解釈による解除権の行使について

上記 148 条は 94 条 4 号に該当するのか，それとも 5 号に該当するのか。前掲の如く，契約解除関連条文に司法解釈「建設工事施工契約紛糾案件を審理するうえでの法律適用に関する解釈」等の司法解釈を掲げているが，これは 4 号に該当するのか，それとも，これも 5 号の「法律」に含めるのか（質問③）。

（4）事情変更にもとづく解除の位置づけ

2009 年の司法解釈「契約法適用解釈（二）」26 条により事情変更にもとづく契約の変更，解除が認められることになった。司法解釈は「法律」には該当しないとの立場をとれば，これは 94 条のどこに位置づけられるのか（質問④）。

2 韓世遠・王成の回答

《韓世遠の回答》

（1）質問①について

根本違約（fundamental breach）の思想が中国契約法によって受け入れられ，それが 94 条 2〜4 号に体現されている。しかし，それは CISG25 条と比べて，一定の違いが存する。その 1，CISG25 条は根本違約の構成に制限を設けている。すなわち，「契約違反者の側が予見できず，かつ，同様の状況の下において当該当事者と同種の合理的な者がそのような結果を予見し得なかったであろう場合は，この限りでない」という制限である。これは，中国

392 第二部 中国契約法の研究

契約法にはない。この違いについて，ある学者は次のように指摘している。
「我が国の法律が規定した根本違約の判断基準は，ウイーン条約のように厳
格ではなく，予見可能性理論を用いて根本違約の構成を限定化していない。
もっぱら，違約結果の重大性が根本違約認定の基準となることを強調してい
る。これは，実際には，主観的基準を放棄したものである。これによって，
主観的基準の介在によってもたらされる，根本違約確定面での意外性及び債
権者の保護に不利な要素を減少させることになった」。[37]

　違いのその2，違反した契約義務について，CISG はさらなる要求をして
いない。もっぱら結果のみを強調している[38]。他方，中国契約法94条2号
及び3号は「主要な債務」に違反することを強調し，同条4号は「主要な債
務」であることを要求していない。中国の学説解釈も，個別的には，付随義
務違反も根本違約を構成し，解除権が発生することを認めている[39]。

　(2) 質問②について

　確かにその通りである。

　(3) 質問③について

　私個人の見解としては，どんなに148条の規定が実質的には94条4号の
判断基準に合致しようとも，それは94条5号に属すると考える。

　司法解釈が94条5号の規定する「法律」に該当するかどうかについては，

---

37) 王利明『合同法新問題研究』（中国社会科学出版社，2003年）544頁，同『合同法研
　究　第2巻［旧版]』（中国人民大学出版社，2003年）287〜288頁。ウイーン条約25
　条の「予見可能性」要件に対する中国の学者と同じような理解は，すでにウイーン条
　約起草時に存在した。Schlechtriem 教授は，これについて，この概念は容易に誤って
　主観的帰責要素として理解されることになるだろう。ここでは，契約及び約定の義務
　についての解釈が決定的問題をなすため，最終的に関わってくるのは，各義務違反が
　もたらす影響についての証明と挙証責任であると，指摘している。［ドイツ］彼得＝施
　莱希特里姆（李彗妮訳）『連合国国際貨物銷售合同公約評釈』（北京大学出版社，2006
　年）88頁。

38) 義務違反の義務〈被違反義務〉はドイツ法の用語を使えば，主要な義務
　（Hauptpflicht）であれ付随義務（Nebenpflicht）であれ，あるいは給付義務であれ保
　護義務であれ，違いはない。付随義務（付加義務とも称される）も債権者にとってこ
　のように重要なものとされ，それが契約の「存続すべきか解消すべきか」を決定する
　ことさえある。Vgl. Peter Schlechtriem, Internationales UN-Kaufrecht, 4. Aufl., 2007,
　Rn 114.

39) 韓世遠IV書 519〜520頁。

形式から言えば，当然，その結論は否定的である。しかし，ここで「法源論」との関わりで言うと，現在，司法解釈はすでに正式の法源の一種をなしている。もし司法解釈によって新たな解除権発生事由が創設されると，実践において裁判所は当然それを遵守しなければならない。こうしたとき，もし上記の形式論的理解を固守するとなると，契約法の理論体系構造上，94条の枠外であらためて別の道を切り開かなければならない。私個人の見解としては，上記条文中の「法律」についてあまり厳格な解釈をする必要はないと考える（すなわち全国人民代表大会及び同常務委員会が公布した法律に限る必要はない）。

(4) 質問④について

事情変更の場合の解除は司法解除であり，一方当事者が解除権を行使する解除ではない。この点で中国法はいくつかの外国法（例えばドイツ法）とは異なる。この点は注意を要する。したがって，上記司法解釈と契約法94条とは関係ない。しかし，実務では，司法解釈を94条5号に含めているケースがあり，私個人としてはそれは正しくないと考える。

≪王成の回答≫

(1) 質問①について

確かにその通りである。王利明は1995年のある論文の中でCISGの規定に注目している。彼の考えは以下のようなものである。CISGの規定は2つの条件を具備した場合にはじめて根本違約を構成する。これは，根本違約の構成を厳格にしたものである。何故なら根本違約は法律上契約の不履行と同じではなく，根本違約に対して厳格な構成要件を規定することは時として非違約方の権利を制限することがあり得るからである。例えば結果に対する違約者の予見の程度が案件ごとに異なるとなると，もしも違約者の結果に対する予見がきわめて低ければ，極端な場合，根本的に予見できなければ，違約結果は実際には重大な損害をもたらすであろう。こうした場合，違約者の行為は根本違約を構成しないので，非違約者はなお依然として重大な違反を被った契約の拘束を受けなければならず，契約の履行が彼（非違約者）にとってどんなに意義がなくても，契約の解除ができない。これは明らかに適切でない。したがって，こうした場合，非違約者が損害賠償や実際履行等の救済

を得るのを認めるだけでは不合理である。違約者が予見できたかどうかは，過失の程度の問題であり，解除権の実際の行使に影響を及ぼすべきではない。したがって，CISG の規定する二重の要件は，ドイツのように違約の結果を判断基準とするとか，アメリカ統一商法典のように具体的な違約の程度によって契約の解除の可否を確定するほうが，債権者保護に有利である[40]。

王利明はその後の解釈において，わが国の法律は根本違約の判断基準について予見可能性理論を用いて根本違約を限定する構成を採用せず，もっぱら違約結果の重大性が根本違約を認定する基準となり得るということを強調している。これは，実際には，主観的基準の介入によってもたらされる，根本違約確定面での随意性及び債権者保護にとっての不利な要素を減少させることとなった[41]。

(2) 質問②について

中国契約法において瑕疵担保責任と違約責任はどのような関係にあるのかをめぐっては，学説は一致していない。しかし，148 条を目的物の瑕疵担保責任と理解することはおそらく正しくないだろう。まさしく条文比較において引かれている胡康生及び塚本宏明両書の中での標題のように，本条は危険負担に関する規定であって，瑕疵担保に関する規定ではない。

(3) 質問③について

148 条は 94 条 5 号でいうところの「法律が規定するその他の事由」に当然属する。何故なら 148 条自身は 94 条 4 号が包含できないその他の内容を規定しているからである。

司法解釈が 94 条 4 号に属するのかそれとも 5 号に属するのか問題については，それは司法解釈の効力及びその法律との関係の問題に関わる。この問題は非常に複雑で，ここで全面的に論ずるのはふさわしくないだろう。私個人としては，司法解釈は法律に対する解釈であるが，それ自身は狭義の法律ではない。当然，5 号の内容には属さない。論理的に言えば，契約解除の司法解釈は，94 条 4 号の解釈も含めて，法律の関連規定を解釈することにあり，したがって 4 号の内容に当然属する。

---

40) 王利明「論根本違約与合同解除的関係」中国法学 1995 年 3 期 21 頁。

41) 王利明 II 書 305 頁。

（4）　質問④について

　この問題も同様に最高法院が下した司法解釈の権限の範囲，司法解釈の効力及びその法律との関係の問題である。私個人としては，事情変更に関する解釈は最高法院が行う司法解釈の権限の範囲を超えている。したがって，司法解釈 26 条がどの法律を解釈したものか分からないという事態が出現したと考える。

3　渡辺達徳の所見

　質問①について

　CISG25 条に定める「重大な契約違反」が，契約利益の欠落（同条本文）と予見可能性（同条ただし書）から構成されていることをどのように理解するかについては，CISG そのものに即しても，解釈上複数の見解がある[42]。しかし，いずれの見解を採るにせよ，ただし書が加わることにより，契約違反の重大性が阻却される結果を肯定することに変わりはない。すなわち，ある契約違反により，債権者が契約上期待した利益を実質的に奪われるとしても，債務者及び同じ状況下にある合理人が当該結果を予見しなかったときは，当該契約違反は重大なものとならない。これは，債権者側の利益欠落と債務者側の予見可能性という両当事者の事情を考慮に入れることにより，均衡の取れた帰結を確保しようとしたものである。

　したがって，CISG25 条本文の基準，すなわち，債権者側の利益の欠落だけを基準として重大な契約違反を肯定することは，契約違反の重大性を肯定しやすく，債権者による契約解除を容易に認める方向をもたらす。中国契約法 94 条 4 号は，CISG25 条に定める利益欠落基準だけを受け継ぎ，また，不履行の種類としては，履行遅滞を例示しつつも「その他の違約行為」を広く規定対象としているので，債権者による契約の解除がもたらされやすい構造を採用していると評することができる。

　韓世遠も王成も，こうした中国契約法の規定につき批判的な立場は採らない。債権者の保護を強く打ち出すことが，中国の取引社会において必要かつ有益であると理解している証左であろうか。債務不履行による解除を認めや

42）甲斐道太郎ほか編『注釈国際統一売買法Ⅰ』（法律文化社，2000 年）190 頁。

すいということは，契約を解除されたくない債務者に，契約を遵守させるインセンティブを与えることも看過することができないであろう。

　一方，日本の民法改正案は，法定解除の要件を2箇条にまとめて示した。

　改正案541条は，現行541条の催告解除の構造をそのまま受け継いだ上で，「ただし，その期間を経過した時における債務の不履行がその契約及び取引上の社会通念に照らして軽微であるときは，この限りでない」というただし書を新設している。

　また，改正案542条は，催告によらない解除について定める。①履行不能，②履行拒絶，③履行の一部不能または一部拒絶において，残存する部分のみでは債権者が契約した目的を達することができないとき，④定期行為における履行時期の徒過，⑤そのほか，債務者が債務を履行せず，債権者が催告しても契約した目的を達するのに足りる履行がされる見込みがないとき，という5つのケースである（改正案542条1項）。さらに，債務の一部不能または一部履行拒絶の場合には，債権者は，その一部を無催告で解除することができる（改正案542条2項）。

　このように，改正案541条は，催告解除については催告期間経過時の不履行が「軽微」であるときは，債権者は契約を解除することができないものとし，同542条は，債権者が契約した目的を達することができない場合の無催告（即時）解除を認める。改正案541条における「軽微」な不履行は，「契約した目的を達すること」ができる程度というのと同義でないと考えられる。債務者が履行を遅滞した場合において，債権者が相当な期間を定めて履行を催告し，その期間を徒過したときに，なお「契約した目的を達すること」ができるので解除を許さないと解するのは，公平を失するためである。むしろ，催告解除においては，催告期間を経過すれば，なお「契約した目的を達すること」ができるか否かに立ち入ることことなく，「軽微」な不履行といえない以上は，解除を認める趣旨と考えられる。その具体的な運用は，将来の裁判実務に委ねられることになる。

質問②③について

　韓世遠も王成も，中国契約法148条が危険負担の規定であることを認める。その上で，両教授とも，148条による解除は，94条5号にあてはまるものと

理解する。

　また，司法解釈については，その法源性について議論があるものの，韓世遠も王成も，司法解釈において認められた解除権は，94条5号に該当すると説く。

質問④について

　質問に掲げられた場面は，事情変更を理由とする契約の解除または変更であり，形成権でなく請求権として構成されているようである。韓世遠は，この点を捉えて，この司法解釈と中国契約法94条とは「関係ない」と説き，王成は，この司法解釈が「どの法律を解釈したものかわからない」と述べている。

第8節　解除権の行使期限

1　問題の提示

　解除権の行使期限をめぐって特に問題となるのは第95条第2項についてである。疑問の第1は，「合理的期限」をどのように理解するかについてである。疑問の第2は，非解除権者（違約方）の催告は解除権喪失の条件なのかについてである。本条第2項に関連する司法解釈として「商品房売買契約解釈」15条第2項が存在する。この司法解釈によれば，催告を経た後3ヵ月以内，催告がない場合は解除権発生の日から1年以内に解除権を行使しなければ，解除権は消滅するとなっている。1つの説は，この司法解釈を類推適用し，催告後の「合理的期限」は3ヵ月，除斥期間を1年とする。そして，除斥期間1年は，契約取消権等の形成権の除斥期間1年（契約法55条）と同じで，「類似の事物には同様の処理の理念に符合する」と説く[43]。しかし，これについては異論も存在する。王利明の見解がそれである。その主張内容は以下の通りである。（i）非解除権者（違約方）の側からの催告を解除権喪失の条件とすることは，解除権を速やかに行使することを促し，契約関係を速やかに確定させるという立法意図に反する。本条第2項は，非解除権者

43）崔建遠Ⅲ書255頁。

398 　第二部　中国契約法の研究

（違約方）に相手方が契約を解除するかどうかを確定する権利を付与しているにすぎない[44]。（ⅱ）解除権と取消権とはその性格を大きく異にし，取消権行使期限を解除に類推適用することはできない。「合理的期限とは，解除条件に符合する場合において，解除権者は短期間内に速やかに行使すべきことを意味する」[45]。本条第2項をどう解釈すべきか。

2　韓世遠・王成の回答

≪韓世遠の回答≫

比較法的考察からすると，中国契約法95条2項に相当するのは日本民法547条及び台湾民法257条等である。

解除権消滅の期限をめぐって，日本では，当事者の意思によって確定する期間と法律の規定によって確定する期間が区別して取り扱われ，前者（解除権の特別消滅事由と称される）[46]については，その性質について殆ど論じられていないように思われる。後者（解除権消滅の一般事由と称される）については，解除権消滅時効説（日本判例）と債務消滅時効説（我妻栄，星野英一，近江幸治等の学説）の対立がある。そのほかに，原状回復請求権の消滅時効をめぐっては，独立説（二段階構成，判例）と一体説（一段階構成）の対立があり，この問題の複雑性を示している。

日本の状況と異なる点として，以下の2点がある。その1，中国の清末の民律起草の時以来，解除権の消滅期限について，これを除斥期間と称し，消滅時効とは称さない。この点は台湾民法257条の立法理由によく示されている。すなわち「民律草案第五百五十条の理由を調べると，契約によって解除権を保留する場合に，期限付のものと期限を付けないものとがある。後者の場合，除斥期間を設ける必要があり，相手方に解除権消滅の権利を与えてはじめて相手方の利益を保護することができる。蓋し，解除権は時効によらずして消滅する権利であり，この規定がなく，別に消滅の法がなければ，相手方においてはきわめて不便であるからである」と説く。その2，上記の理由からはさらに以下の点が見てとれる。すなわち解除権に期限を付さない場合，

44）王利明Ⅱ書319頁。

45）同上書319頁。

46）山本敬三『民法講義Ⅳ-1契約』（有斐閣，2005年）187頁。

台湾民法257条は相手方当事者は相当の期間を定めて解除権者に催告をすることができるとするが，この「相当の期間」の性質は除斥期間である。以上よりして，除斥期間は法定の期間のほかに，任意〈意定〉期間と表現することもできる。

契約法95条2項の「合理的期限」は，厳密にいえば，相手方当事者がその意思により定める期間ではなく，裁判官が具体的案件により具体的に判断する必要のある期間のことで，日本民法と比べると，少し異なるとみることができる。

≪王成の回答≫

法律関係の安定の角度からすると，解除権が無期限に存在するということはあり得ない。これは共通認識である。この前提のもとで，どのようにその期限の存在を確定すべきかについて，見解の対立があり得る。契約法95条2項が規定する違約方からの催告の目的は，解除権行使の意思があるかどうかを速やかに確定することにある。しかし，このことは違約方が催告をしない限り，解除権は無期限に存在することを意味するわけではない。この意味において，私個人は，違約方の催告は解除権喪失の条件と解すべきではない。何故なら，たとえ違約方が催告しなくても，解除権を無期限に存在させるべきではないからである。しかし，催告後の合理的期限（契約法95条2項）及び催告がない時，解除権の期限をどの程度にすべきか，司法実務上，適用可能な方案を考えるべきである。

最高法院の「商品房売買契約解釈」15条2項は適用可能な解決案であり，これはさらに他の場合にも類推適用が可能である。3ヵ月又は1年の起算点については，私個人は崔建遠の見解に大賛成である。すなわち催告の場合，催告の中で起算点を明示していれば，約定による。明示していなければ，催告の通知が到達した翌日を起算点として確定する。催告がなければ，15条2項の規定により，解除権発生の日を起算点とする。

3 渡辺達徳の所見

中国契約法95条2項は，解除権の行使期限につき法律の規定も当事者の約定もない場合において，解除権者の相手方が催告した後，解除権者が合理

的期間内に解除権を行使しなかったときは，解除権が消滅すると定める。日本民法 547 条と同旨の規定である。両国の規定ぶりが異なるのは，韓世遠が指摘するとおり，日本民法では解除権を有する者の相手方が「相当の期間」を定めて催告するとされるのに対し，中国契約法では「合理的期限」の判断が裁判官に委ねられていることである。中国契約法においては，解除権者が催告解除をする場合の「合理的期限」も（94 条 3 号），相手方が解除権を消滅させるための「合理的期限」も，裁判官により判断される点で共通性を有することになる。

第 9 節　解除権行使手続における通知及び異議あるときの解除効力確認の問題

1　問題の提示

（1）　事情変更を理由とする契約解除と通知の問題

2009 年の司法解釈により事情変更を理由とする解除が認められることになり，この場合は裁判所の判決によるので，通知は必要ないと理解してよろしいか（質問①）。

（2）　異議あるときの裁判所等への解除効力確認の問題

96 条 1 項後段の規定で，異議あるときは法院または仲裁機関に解除の効力の確認を行うことになっている。この点について異なる見解が存在する。その 1 は，法院による受理の通知をもって解除の通知とみなすとの説である。この説によれば，解除権を有する者が法院に訴訟を提起し，法院が案件を受理した通知が到達した時から，契約は解除される。その 2 は，不必要な紛争を避けるために，当事者が訴えを提起し，契約解除の効力が確認され，法院が判決を下すまで，契約は解除されないとの説である。ちなみに，このまとめは王利明 II 書にもとづく。この部分の王の議論を詳論すれば以下のとおりである。「契約法 96 条の規定によれば，相手方に異議があるとき，人民法院又は仲裁機関に契約解除の効力の確認を請求することができる。つまり，相手方が解除について異議を提起すれば，契約は当然解除できない。こうした場合，解除権者は 2 種類の選択があり得る。その 1 は，解除の救済方式を放棄し，別の救済方式を求める。その 2 は，人民法院又は仲裁機関に契約解除

の効力の確認を請求する。……この種の訴訟は形成の訴えに属する。解除権の行使が争いを生じさせると，当事者は仲裁機関又は人民法院に契約解除の請求を提起することができ，仲裁機関及び人民法院は裁決を下すとき解除権が存在するかどうかにつき確認をしなければならない。検討を要するのは，当事者が直接裁判所に訴訟を提起した後，契約解除をどのように確定すべきかということである。この点について，いくつかの異なる見解が存在する。その第1の見解は解除権を有する者が一旦裁判所に訴訟を提起すると，裁判所が案件を受理したことの通知が到達した時から契約は解除されるというものである。裁判所の受理の通知が解除の通知とみなされる。第2の見解は，不必要な紛糾が生ずるのを避けるために，当事者が契約解除の効力確認の訴えを提起し，裁判所が判決を下すまでは，契約は解除されないというものである。筆者は後者の見解に賛成する」[47]。いずれの説を妥当とすべきか（質問②）。

(3) 約定の解除期限満了後の異議

96条に関連する司法解釈「契約法適用解釈（二）」24条によれば，約定の期限満了後に異議を提起した場合には法院は支持しないとある。この規定は，もし非解約方が期間内に異議権を行使しないときは，解約方に解除権があるかどうか実質審査をすることなく，契約は解除通知が到達したときに解除されるということを意味するのか。たとえ非解約方の異議の提起が期限を過ぎていても，法院は契約解除の効力について実質審査をなし，解除権不存在を理由として解除行為を無効とするということはあり得ないのか[48]（質問③）。

2 韓世遠・王成の回答

≪韓世遠の回答≫

(1) 質問①について

事情変更の場合の契約解除は司法解除であり，一方当事者が解除権を行使する解除とは異なる。したがって，一方当事者は契約法96条1項により相手方に通知する必要はない。

---

47) 王利明Ⅱ書317頁。
48) 賀剣「合同解除異議制度研究」中外法学2013年3期を参照。

402 第二部 中国契約法の研究

(2) 質問②について

私の理解によれば，上記第1の見解は，契約法96条1項後段についてのものではない。第1の見解が対象とするのは解除権者が直接相手方に契約解除を通知するものではなく，訴訟又は仲裁の方式をもって契約の解除を請求するものである。この方式での解除はいつから解除の効果を生ずるか。この種の解除は裁判所又は仲裁廷が厳しくチェックし，不必要な異議を避けることができる。これがこの優れた点である。この種の解除は，通常，解除権者の解除と理解されており，事情変更の場合の司法解除とは異なる。当事者が解除権を行使するので，96条1項に従わなければならず，訴状〈起訴書〉又は仲裁申請書が相手方に到達すれば，すなわち解除の通知が相手方に到達したことになる。裁判所によって解除権が有効であると認定されれば，契約は上記の送達の時点より解除されたことになり，判決又は裁決の効力を生じた時から契約が解除されるのではない。第2の見解は，96条1項後段に焦点を据えたもののように思われる。すなわち解除についての異議の訴えである。この種の訴訟は，性質上，確認の訴えである。しかし，契約解除の効力はなお96条1項前段の規則に従わなければならず，「契約は通知が相手方に到達した時に解除される」のであり，判決が確定した時初めて解除の効力が生ずるわけではない[49]。「法院が判決を下すまで，契約は解除されない」と考えるべきではない。

(3) 質問③について

これは困難な問題である。上記の司法解釈は新しく設けられた典型的な法規則の事例である。契約法96条1項後段は相手方の解除に対する異議権を認めている。この時の訴訟は確認の訴えであり，判決は確認の判決でなければならない。ある解釈によれば，「ここでの異議権は一種の請求権であり，それは契約解除行為の取消しの請求行為である」[50]との見解が示されている。しかし，もしそうであるとすると，ここでの訴訟は形成の訴えにほかならない。私はこうした解釈は妥当でないと考える。確認の訴えとして原告が追求するのは裁判所に対する解除行為の無効の確認であって，契約の解除行為の

---

49) 韓世遠Ⅳ書521頁。

50) 沈徳咏＝奚暁明主編『最高人民法院関于合同法司法解釈（二）理解与適用』（人民法院出版社，2009年）177頁。

取消しではない。

「契約法適用解釈（二）」24 条は「異議の期限」を設け，一方で当事者の約定を認め，他方でまた 3 カ月（解除通知到達の日から）と規定し，（約定の期限満了後，または約定なく解除通知 3 カ月後に）裁判所に訴えを提起した場合，裁判所は支持しないと定めた。当然，この種の期限の性質については，訴訟時効に属するのかどうか，なお検討を要する問題があるが，ここではとりあえず論じないことにする。そこで本題の「異議」についてであるが，異議には，例えば相手方には解除する権利がないとか，相手方に契約の継続履行を請求できるとか，相手方が解除にもとづいて主張する財産の返還を拒絶できる等さまざまな表現形式がある。その区別がなされていないことによって，1 つの問題が生ずる可能性がある。すなわちもし契約を解除する側が真の解除権者ではないのに，相手方に契約解除を通知し，それに対して 3 カ月以内に異議の表示がなく，3 カ月後に裁判所に解除無効の確認を裁判所に要求し，裁判所がそれを支持しなかった場合，契約は解除されるのかどうか。これは法政策の問題に関わり，畢竟，形式的正義（異議の期限が経過すれば法律関係の確定が推定される）を追求するのか，それとも実質的正義（解除権がなければ契約は解除できない。偽りは永遠に真実にはなり得ない）を考慮するのかという問題である。私自身は後者の見解に与する。したがって，いわゆる「異議の期限」は，相手方が解除権を有するかどうかということについて生じた異議には適用すべきではなく，上記の司法解釈で設けられた規則の適用範囲については，限定的でなければならない。

≪王成の回答≫

(1)　質問①について

「契約法適用解釈（二）」26 条には当事者の協議を必要手続とするとは規定しておらず，「当事者が人民法院に契約の変更又は解除を請求する」となっていて，このことは，事情変更による解除は裁判所が直接裁決するもので，当事者の通知，あるいはその他の解除行為を必要としないということを意味する。これは学説の見解と一致する[51]。

51）崔建遠『合同法［第 4 版］』（法律出版社，2007 年）235 頁。

404 第二部　中国契約法の研究

(2)　質問②について

　私個人は，基本的に，第２の見解に賛成する。法律が，相手方に異議がある時は裁判所又は仲裁機関に契約解除の効力の確定を請求できることを規定している。このことは，もし相手方に異議があれば，契約解除の効力は裁判所又は仲裁機関に確認を求めなければならないということを意味している。もし裁判所や仲裁機関によって確認される前に，契約がすでに確定的に解除されるとなると，裁判所又は仲裁機関の確認は何の意味もなくなってしまう。しかし，解除権は形成権であるので，裁判所又は仲裁機関は単にすでに存在する事実に対して確認するだけで，もし裁判所又は仲裁機関が解除権自身及びその行使が法律の規定に符合することを認定すれば，契約は解除権者の解除の通知が相手方に到達した時に解除されることになる。

　最高人民法院の民事第１審判廷のこの問題に対する一般的〈傾向性〉見解は，以下のようなものである。一方当事者が，すでに発送された契約解除の通知の効力の確認を求めるような場合は，裁判所が審査を経て相手方の異議は成立しないと判断すれば，契約は通知が相手方に到達した日から解除されたことを確認しなければならない。一方当事者に対して訴えを提起し契約解除の判決を求める時は，裁判所が審査を経て当該解除請求が契約又は法律上の根拠を有すると判断すれば，契約は裁判所の判決が効力を生ずる日から解除されることになる[52]。

(3)　質問③について

　賀剣の見解は，異議権を一種の手続的訴権として解釈するものである。彼の結論は，訴権が消滅しても，実体上合法であることにはならず，解約方は同様に確認の訴えを提起することができ，あるいは確認の訴えではなく，賠償の訴えの中で裁判所に契約解除の効力の確認を求めることができる，というものである。

　単に上記の見解についていえば，それは道理を有する。しかし，その24条に反対する理由について見てみると，彼はもっぱら非解約側の当事者が異議権の行使を知らず，あるいは行使する暇がなかったことを気にかけている。

---

52)「法院判決解除合同如何起算解除日期」『民事審判指導与参考　第35輯』（法律出版
　　社，2008年）142～145頁。

しかし，この点は検討の余地があるように思われる。何故なら，権利に期限が存することは異議権に限られず，大多数の権利に期限が存するからである。解約方の解除行為に（解除権の）不存在の可能性があり，あるいは瑕疵が存在する可能性があるので，法律は相手方のために異議権を設けてその救済をはかるのである。もし相手方が速やかに行使しなければ，当然不利な結果を負うべきである。故に，結論的に言えば，私個人は24条の立場に賛同する。

司法実践から見ると，比較的安全なやり方は以下のようなやり方である。一方で解約方に対して解約権があるかどうか審査し，他方で非解約方に対して異議期間内に異議を提起していないことについて判断し，契約はすでに解約方が解除権を行使することによって解除されたと認定する[53]。しかし，もし解除権自身に瑕疵が存在するか，解除権が存在しなければ，異議期間の経過によって審査を行わないとすることができるかどうかは，実証的資料を探して証明する必要がある。これに加えて，訴訟中の契約解除の状況は非常に複雑で，単純に契約解除の問題に止まらず，さまざまな処理方法が生じ得る。

3　渡辺達徳の所見

（1）　質問①について

「第7節　根本違約を理由とする解除」において指摘されたとおり，司法解釈が認める「事情変更による解除」は，裁判所に対する請求権として構成され，解除の可否は裁判所の判断として示されるので，中国契約法96条1項の適用はないとされる。このことにつき，韓世遠と王成の見解は一致している。

（2）　質問②について

中国契約法96条1項後段は，契約が当事者の一方により解除された場合に，その相手方が人民法院または仲裁機関に解除の効力の確認を請求することができると定める。このとき，解除権者は，解除の有効性を主張して訴えを提起することができるが，こうした手続が践まれた場合に，解除の効力は，①解除権者による訴えを受理した通知が相手方に到達した時，または②解除の有効性が判決等により確定した時，のいずれの時点で生じるか，という問

53）最高人民法院（2010）民一終字第45号民事判決書。

題である。

　韓世遠も王成も①を支持するが，王成は，当事者の一方が契約解除の判決を求める場合には（請求権としての解除権行使を意味するようである），判決確定時に解除の効力が発生することを付言する。

　日本民法は，中国契約法96条1項後段のような手続を予定していない。当事者の一方が契約を解除した場合において，その相手方が当該解除の効力を否定しようとするときは，事案に応じて，解除の根拠である実体的権利関係を争ったり，解除の意思表示の瑕疵を持ち出したりすることになろうが，解除の有効性が確定すれば，その解除の効力は，意思表示が到達した時点から生じることになる。

　(3)　質問③について

　韓世遠は，ここで問題となる「異議」について，「例えば相手方には解除する権利がないとか，相手方に契約の継続履行を請求できるとか，相手方が解除にもとづいて主張する財産の返還を拒絶できる等さまざまなもの」があり，「その区別がされていない」と述べる。また，王成も，「解約方の解除権に（解除権の）不存在の可能性があり，あるいは瑕疵が存在する可能性があるので，法律は相手方のために異議権を設け」たという趣旨を明らかにする。

　こうした理解によれば，「異議」とは，実体上及び手続上その他の原因によるものを広く包含するように見受けられるが，そのように理解すると，司法解釈に定める「異議の期限」の到来により，解除権を行使する当事者の相手方は異議を主張する司法上の権利を失い，その結果，解除の効果が確定することになる。したがって，その後は，韓世遠と王成が挙げる解除権を否定する事由があったとしても，相手方は，これを援用することができない。すなわち，96条1項後段に定める「異議」（解除の効力の確認請求）の期限は，「異議権」の出訴期限，消滅時効ないしは除斥期間を意味することになる（韓世遠は，この問題を「ここではとりあえず論じない」とする）。

　韓世遠は，司法解釈の適用範囲は「限定的でなければならない」と説き，王成も，実務上の扱いが必ずしも確定していないことを示唆するようである。解除権も，一定期間の不行使により消滅し，また，相手方からの催告による解除権の消滅を認めることも当然であるが，中国契約法のように，裁判所等に対する相手方の「異議」にかからしめる立法・実務例は多くないのではな

いか。このような理解が正しければ，その実務のあり方を知るためには，実践例の蓄積が必要である。

第10節　解除の効果——原状回復とその他の補救措置

1　問題の提示

　中国契約法は契約解除の効果として，「原状回復」，「その他の補救措置」，「損害賠償」を掲げる。このうち，「原状回復」と「その他の補救措置」の関係及び「損害賠償」の範囲をめぐっては，日本と同様，解除に遡及効を認める説と，未履行債務は消滅し，既履行の債務については新たに返還請求権が生ずるとする説（日本でいう折衷説）とがあり，いずれの説をとるかによって，「原状回復」と「補救措置」の意味内容及び相互の関係，「損害賠償」の範囲について違いが生ずる。

　「原状回復」「その他の補救措置」の内容，相互関係について筆者の知るところをまとめると以下のように分類できる。

　a）「原状回復」の中には財産を返還する以外に，返還に支払う費用の補償，果実の返還，目的物維持のための必要費用の返還などが含まれる。「その他の補救措置」とは「原状回復」では被害者の利益を保護するに不十分なときに相手方に請求する違約金等のことである。修理や交換は契約の有効を前提とするので「補救措置」には含まれない[54]。

　b）「原状回復」は給付物が動産の場合はその返還，不動産であるときは，登記を給付者名義に回復させることに限られる。提供した労務の提供の原状回復，受領した目的物が金銭のときの原状回復，受領した有体物が滅失したときの原状回復等は「その他の補救措置」に含まれる[55]。

　c）「原状回復」には，原物返還，原物が現存しない場合の種類物についての同一種の返還，果実，当該財産維持のための費用等が含まれる。修理，交換，作り直し，減価は「その他の補救措置」に含まれる[56]。

54）王利明『合同法新論・総則［修訂版］』（中国政法大学出版社，2000年）465頁，470頁。違約金を「その他の補救措置」の中に含めることは王利明のII書で明示されている（同書328頁）。

55）崔建遠「解除効果折衷説之評論」法学研究2012年2期54頁。

d）「原状回復」には広狭二義ある。動産であれば有体物の返還，不動産であれば給付者名義に登記を回復することが狭義の「原状回復」，提供した労務の原状回復，受領した目的物が金銭のときの原状回復が「その他の補救措置」に含まれる。この「その他の補救措置」は広義の「原状回復」に含まれる[57]。

（1）ｄ説（韓世遠）の場合，修理，交換，作り直しはどのように位置づけるのか（質問①）。

（2）ａ説では違約金を「その他の補救措置」に入れているが，この点についてどのように考えるか。ちなみに，最高人民法院経済第１審判廷は，契約解除の効果は契約関係を消滅させることであるとして，違約金を認めない（質問②）[58]。

2 韓世遠・王成の回答

《韓世遠の回答》

（1）質問①について

私は他の論者の見解については詳しく検討したことはないが，私の見解については，その通りである。私は，同書同頁において続けて「本書で言うところの既履行の債務が原状回復の債務に転化するとは，広義の原状回復義務のことであり，その中には"その他の補救措置をとる"ことも含まれる。上記の２種類の異なる原状回復は，それぞれ実物形態の原状回復及び価値形態の原状回復と称することができる。所謂"補救措置をとる"とは，価値形態の原状回復に相当する」ということを指摘している。

（解除に関する）契約法 97 条及び（違約責任に関する）107 条はいずれも（その他の）「補救措置」をとるとなっており，表面的には同一の文言である。しかし，もしその内容を機械的に同一のものとして解釈するとなると誤ることになる。修理，交換，作り直し（契約法 111 条に見える）は"補救の履行の請求"（その対概念は"本来の履行請求"）と称することができ，それは，契

56）胡康生主編『中華人民共和国合同法釈義』（法律出版社，1999 年）163 頁。

57）韓世遠Ⅳ書 529 頁。

58）「広西桂冠電力股份有限公司案」，最高人民法院公報 2010 年 5 期 25 頁。韓世遠Ⅳ書 539 頁注 1 参照。

約法 107 条が規定する「補救措置をとる」の 1 つの構成部分をなし，強制履行の範疇に属する[59]。これは強制履行の範疇に属する救済手段であり，それ自身は契約解除と併用できず，したがって 97 条の中での他の補救措置をとることの中には修理，交換，作り直しは含まれない。

(2) 質問②について

私個人の見解によれば，違約金は「その他の補救措置」には含まれない。賠償性の違約金は効能上損害賠償に相当し，懲罰性違約金は定額外〈額外〉の金銭給付であり，その他の補救措置とはなおさら関係がない。上記の最高人民法院民事第 1 審判廷の裁判例は，中国の裁判官が知識更新面でなお努力を要することを反映している。ただ，この案件は最高人民法院全体の立場を代表するものではなく，まして最高人民法院民事第 1 審判廷の立場を代表するものでもない（筆者はかつて最高人民法院の一部の裁判官と意見を交換したことがあるが，その裁判官は筆者に対してそのように述べた）。現在，注目に値するのは最高人民法院の売買契約についての司法解釈である。この司法解釈の中で，筆者の提唱する折衷説を採用し，「司法解釈起草小組は十分な検討と論証を通じて，契約解除の効果の面で折衷説を肯定し，契約解除と違約金責任が併存し得るかどうかの面で，肯定説に賛同する」[60]と述べており，直接効果説を採用していない。

≪王成の回答≫

(1) 質問①について

(回答なし)

(2) 質問②について

確かに，中国には 97 条をめぐってはあい異なるさまざまな理解が存在している。

私個人は，違約金は一般的に損害賠償の予定と考えられていると理解している。例えば，「売買契約解釈」26 条後段では，約定の違約金が実際に生じた損失より高い場合，裁判所は契約法 114 条 2 項の規定によって処理すると

---

59) 韓世遠Ⅳ書 608 頁。
60) 奚暁明主編『最高人民法院関于売買合同司法解釈理解与適用』（王闖執筆）（人民法院出版社，2012 年）418 頁。

規定している。（司法解釈で）採られているのはこの立場である。これを基準とすれば，違約金は損害賠償の範疇に属する。

桂冠案の判決の立場は，中国の学説及び判決においてきわめて稀なものである。最高法院のレベルでは，より多くの判決は契約解除のとき違約金条項の効力を認めている。司法解釈の面では，「民商事契約指導意見」（2009 年）8 条の末尾の文言は，契約解除後，当事者が違約金条項は引き続き有効であると主張した場合，人民法院は契約法 98 条の規定によって処理すると規定している。契約法 98 条は，契約の権利義務の終了は，契約中の決済及び清算条項の効力に影響を及ぼさないと規定する。司法解釈「売買契約解釈」26条前段はさらにより明確に，売買契約が違約によって解除された後，非違約方が引き続き違約金条項の適用を主張した場合，人民法院は支持しなければならないと規定している。

3 渡辺達徳の所見

中国契約法 97 条は，解除の効果として，「原状回復」と「その他の補救措置」を並置するので，両者の関係について学説の分岐をもたらしている。現物の返還（不動産の場合は登記の回復），同等品の返還（種類物の場合），価値の返還（金銭，提供された役務）などが解除の効果として生じることに異論はなく，それを「原状回復」と「その他の補救措置」のどちらに位置付けるかは，法文に即したあてはめの問題にとどまるであろう。むしろ理論的にも実務的にも重要となるのは，利息，果実，使用利益の返還についてどのように考えるか，また，現物が滅失している場合の返還のあり方をどのように定めるか，といった点であるように思われる。この点については，「第 12 節 契約解除の効果の理論構成」の「所見」においてコメントする。

第11節　解除の効果——損害賠償の範囲

1 問題の提示

（1）解除の際の損害賠償の範囲をめぐっては，その範囲を信頼利益に限る説と履行利益の賠償を認める説が対立しているが，いずれの説に与するか（質問①）。

（2）不可抗力による契約解除の場合，信頼利益部分の賠償は認められるか（質問②）。

2　韓世遠・王成の回答

≪韓世遠の回答≫

（1）質問①について

契約が解除される時，契約債務を将来に向けて消滅させ，双方当事者をして将来の債務から解放させるだけである。解除される場合の「原状回復」とは，単純に本来の給付面での返還〈帰還〉のことであり，履行利益は含まない。したがって解除者を十分に保護するためには，さらに履行利益の賠償（信頼利益の賠償に限られない）が必要である。つまり，解除者は「原状回復請求権」を通じて自己のすでに給付した物を回復するほかに，これによってはカバーできない債務不履行によって生じた損害は，さらに賠償請求が認められなければならない[61]。契約解除の場合の損害賠償は，なお違約損害賠償であり，履行利益（契約履行後の得べかりし利益が含まれる）を主とし，重複填補の問題が生じないという前提のもとで，またその他の損害の賠償（信頼利益，固有利益）も含まれる[62]。

（上記の下線部について韓世遠Ⅳ書 539 頁の注記が以下のとおりそのまま引用されている——小口）。

「この点については，学説上，さまざまな見解がある。例えば王利明教授は以下のように説く。違約によって解除が生じる場合には，契約はすでに解除され，さらに違約方に履行利益の損害賠償の負担を要求することは不公平となる。当事者が契約解除を選択した以上，当事者は契約の継続履行を希望していないことを物語っている。非違約方は契約が完全に履行された状況のもとで得られるはずの利益を得るべきではないし，得べかりし利益の損失を賠償すべきではない。さもなくば，非違約方（原文は違約方となっている——小口）は得てはならない利益を得ることになるからである（王利明『合同法研究第 2 巻 ［旧版］』（中国人民大学出版社，2003 年）305 頁，307 頁参照）。

61）四宮和夫『請求権競合論』（一粒社，1978 年）205 頁。

62）韓世遠Ⅳ書 538 頁〜539 頁。

412　第二部　中国契約法の研究

　ところが，注目すべきことは，王利明はその後その見解を改めているということである。新説は以下のとおりである。違約によって解除が生ずる場合，違約方は相応の違約責任を負わなければならず，契約解除によって違約責任が完全に免責されるべきではない。契約解除は一種の補救手段で，被害者を契約関係の束縛から解放させ，新しい契約締結のパートナーを選択させるだけである。相手方の違約によって被った損失は救済されない。たとえ解除後に原状回復の方法がとられたとしても，被害者が被った損失の補償を可能にするものではない。違約によって生じた契約解除では，履行利益を賠償すべきである。履行利益の賠償範囲を確定するときは，当然，契約解除の要素を考慮すべきである。すなわち損益相殺の規則を適用し，契約解除によって支出されなかった費用等は差し引かれるべきである（『合同法研究［修訂版］』（中国人民大学出版社，2011年）326〜327頁参照）。」

　(2)　質問②について

　上記で分析した契約解除の場合の損害賠償は，一方の違約（違約責任を負担すること）を前提とする。もし契約法94条1号の「不可抗力によって契約目的が実現できない」ことによる解除の場合は，「不可抗力の影響により，一部又は全部の責任を免除する」（契約法117条1項前段）ということになる。当事者が不可抗力によって免責される場合，当然，賠償はあり得ない。

　≪王成の回答≫

　(1)　質問①について

　損失賠償の範囲は，解除原因の違いによって異なる。違約解除について言えば，中国の学説及び司法実務の主流は，履行利益の賠償を認める。契約解除後の違約金条項が引き続き有効であることを認めた判決では，違約金は一般に履行利益の損失に対する予定であるとして，違約金条項を支持している。それは履行利益の賠償を認めたに等しい。上記の違約金条項を認めなかった桂冠案でも，1審，2審の判決でその賠償額に大きな差があるが，その賠償額は信頼利益ではなく，履行利益の賠償である。

　(2)　質問②について

　中国契約法117条1項の規定によれば，不可抗力によって契約が履行不能となった場合，不可抗力の影響にもとづき，一部又は全部の責任を免除し，

ただし法律に別段の規定があればこの限りでないとある。当事者の履行遅滞後に不可抗力が発生した場合は，責任は免除されない。

さらに，中国契約法118条は，当事者の一方が不可抗力によって契約履行不能となった場合，速やかに相手方に通知し，それによって相手方に与える可能性のある損失を軽減し，かつ合理的期間内に証明を提供しなければならないと規定している。

以上によれば，契約法94条1項の規定にもとづき，不可抗力によって契約を解除する場合，以下の3方面での賠償責任が生ずる可能性がある。

第1，不可抗力の影響が責任をすべて免除するまでには至らず，一部の責任の免除に止まるときは，賠償責任が生ずる。

第2，履行遅滞後に不可抗力で契約を解除するときも，賠償責任が生じ得る。

第3，不可抗力が生じた後，相手方の損失を減少させるために，速やかに相手方に通知せず，あるいは速やかにその他の措置をとらなかった場合。

どのように賠償範囲を確定すべきかについては，具体的状況の違いによって異なる。ただし，以上の3種類の状況下での賠償範囲については，少なくとも信頼利益の賠償は当然含まれる。

3　渡辺達徳の所見

日本においては，近年，契約解除の効果は，当事者を履行義務から解放して原状回復を行うことであり，したがって，客観的な債務不履行の事実があれば，債務者の帰責事由（免責事由の不存在）とは無関係に認められること，他方において，損害賠償は，債務者の帰責事由（免責事由の不存在）にもとづく効果であること，が広く支持を得るに至っている。民法改正案も，このような考え方に沿うものである。したがって，法定解除における損害賠償の範囲は，債務不履行における損害賠償で論じられるところと変わることはない。すなわち，損害賠償の範囲は，民法416条により決定されるのであり，履行利益及び逸失利益の賠償を，解除に伴う損害賠償であるという特別な理由により排除する必要はない。また，民法改正案は，債務者の帰責事由（免責事由の不存在）を解除の要件としないので，債務者が不可抗力により債務を履行しない場合であっても，債権者は契約を解除することができる。ただ

414 第二部 中国契約法の研究

し，この場合には，不可抗力という「免責事由」がある以上，債務者が信頼利益の賠償を含めて損害賠償の責めを負うことはない。

第12節 契約解除の効果の理論構成

1 問題の提示

(1) 解除と相殺の効力について

契約解除前に相殺の自動債権として用いられた債権は解除によって発生しなかったことになるから，相殺は無効であるとの裁判例が日本には存在するが，もし中国で類似の事例が存するとしたら，どのように考えるか（質問①）。

(2) 目的物が存在しない場合の原状回復について

日本法では，原状回復において，目的物が現存しない場合（滅失・損傷），それに相当する金銭で返還することになるが，どのような要件のもと，誰が返還義務を負うかが問題となる。我妻栄は，滅失・損傷につき受領者に帰責事由が存するときのみ返還を認めると説くが，危険負担類推説（債務者主義に立った危険負担類推説）も存する。この問題について中国ではどのように考えられているか（どのように理論構成されているか）。また，返還の価額の評価はどの時点を基準とするか。解除時か（質問②）。

(3) 契約解除の効果をめぐる学説の動向

中国では，現在でも直接効果説が主流であると言われているが[63]，司法実務も，直接効果説が支配的なのか（質問③）。

2 韓世遠・王成の回答

≪韓世遠の回答≫

(1) 質問①について

日本の判例の立場はおそらくそれが契約解除の"直接効果説"を採っていることと関連があり，こうした処理方法自体について疑問を感じている。例えば，買主Xが売主Yの債務不履行（引き渡した目的物の品質に問題があり，

---

63) 韓世遠Ⅳ書527頁。

契約目的が実現できなくなった）により売買契約を解除したが，これ以前にＹはすでにその売買契約における代金債権を自動債権としてＸがＹに対して有する貸金債権と相殺したとしよう。もし事柄がＸとＹに関わるだけであれば，その影響は小さい。しかも，Ｙ自身売買契約において債務不履行である。したがって，日本の判例の立場からの結論はそれほど不適切ではないかもしれない。しかし，もしＹがＸから借金したとき，ＺがＹの保証人又は抵当権設定者となっていて，上記の思考によって処理し，相殺が無効となると，保証又は抵当は当然に復活するかどうか。もし当然に保証や抵当が復活するとなると，明らかにこうしたやり方はＺの合理的信頼を考慮せず，保護に欠け，正常な取引秩序を乱し，適切でない。もし保証又は抵当が復活しないとなると，まさに契約の解除によって原状を回復させることにならず，法律上それに対応する方案を考えなければならない。

　同様の事例がもし中国で生じたとしよう。私個人の経験によれば，通常，すでに生じた相殺の効果を否定せず，相殺の効果を肯定するという前提のもとで，適切な善後措置が考慮されている。

　(2) 質問②について

　目的物の返還は，特定物でもし原物が存在していれば，当然，原物返還を要求する。原物が存在しない場合，解除時の当該目的物の代金にもとづいて返還する。代替物の場合は，同種，同等，同量の物を返還すればよい。労務又はその他の無形の給付の場合（この場合は原物返還はあり得ない）には，金銭に換算して〈作価〉返還する[64]。原状回復ができない場合の金銭に換算しての返還は，契約法 97 条の「その他の補救措置をとる」に属する。そのさい，法律条文上，受領者が目的物の滅失・損傷について帰責事由を有することを求めていないので，中国では，我妻栄氏の主張するようには解釈し難い。

　(3) 質問③について

　司法実践の状況はまだ統一されていない。しかし，最近，最高人民法院は明確に"折衷説"を採用し，"直接効果説"を採用していない[65]。これ自身，中国の裁判所の進歩を反映している。

---

64) 韓世遠Ⅳ書 536 頁。

65) 奚曉明主編・前掲注 60 書 418 頁。

416　第二部　中国契約法の研究

≪王成の回答≫

(1) 質問①について

　筆者が調べた中国の裁判例では，類似の事例を見つけ出すことはできなかった。しかし，中国契約法97条によれば，当該自動債権は解除によって発生しなかったことになるのか，それともすでに履行済みの部分とみなすべきか。相殺は各自の債権を以て相互の債務の弁済に充当することであり，これにより相殺が効力を生ずると，各自の債権は満足を得，債務は消滅する。このとき，自動債権も満足を得，したがって97条の規定する「すでに履行された部分」に属するものと解釈すべきである。契約が解除されると，その効果は「当事者は，履行の状況及び解約の性質に従って，原状回復，その他の補救措置を講ずるよう要求することができるとともに，損失の賠償を請求する権利を有する」との規定によって処理される。

(2) 質問②について

　目的物が存在しない場合，どのように原状回復するか，これは非常に複雑な問題をなし，関わる要素も多い。どのように原状回復するかは，契約解除の類型及び目的物不存在の原因の違いによって異なってくる。不可抗力によって契約を解除する場合，目的物も不可抗力によって存在しなくなれば，危険負担の問題が生ずる。違約による解除の場合，目的物が不可抗力によって存在しなくなるケースではないときは，違約方及び帰責事由等を考慮しなければならない。金額返還の評価の基準についても，個々の案情の違いによって異なり，単純に契約解除時とすることはできない。結果の妥当性が最終的な衡量基準をなす。

　この問題の司法実務における処理に関しては，浙江省杭州市下城区法院の判決[66]が参考となる。

　裁判所は以下のように判断した。

　契約解除をもたらした原因は，鑫恵公司（甲）がその承諾した鋼材，すなわち鋼材品質証明書が舞陽鋼鉄によって出され，かつ対応する船級協会に認定された鋼材を金信公司（乙）に提供できず，また剰余の鋼板も交換できず，

---

66) 浙江省杭州市下城区人民法院（2009）杭下商初字第1895号民事判決。二審は浙江省杭州市中級人民法院（2010）浙杭商終字第1555号民事判決。

乙の契約目的の実現を不可能にしたことにある。……甲が返還を要求した420枚の鋼板のうち，341枚に問題が存在し，まさに甲の不適当履行（不完全履行）が乙の契約目的の実現を不能としたので，契約を解除したのであり，責任は甲にある。故に本案訴訟において，鋼板を返還できない状況のもとで，出荷価格によって価額の換算を要求するとの甲の意見は公平原則に悖り，本院は支持できない。現在，420枚の鋼板を返還できないことを乙は明確に表示している。しかし，公平で合理的な方案は，原鋼材工場に注文製作させて返還するか，乙が裁判所の送達した訴状の副本を受け取った時期の，原工場が定めた提供価格を価額換算の根拠とすべきで，本案の実際の状況及び履行の合理性を考慮して，本院は乙が提起している，乙が裁判所の送達した訴状副本を受け取った時期の，原鋼工場が定めた価格を以て価額換算の根拠とするとの主張を採用する。

　以上のような裁判所の見解から見てとれるのは，我妻栄の見解のように，受領者が目的物の滅失・損傷に対して帰責事由が存する時にのみ，その返還請求を認めるということではない。金額返還の評価時期については，非違約方に有利の原則を考慮すべきであるということである。蓋し，本案では，訴訟目的物をなす鋼材価格が下落しており，故に乙が主張する時期の鋼材価格は甲が主張する時期の価格より低くなる。裁判所は非違約者側方に有利な換算価額を基準とした。

　(3)　質問③について

　筆者が理解している最高法院公報に登載された契約解除の若干の判決（その中には桂冠案の判決[67]も含まれる）によれば，裁判所のとっている立場は直接効果説である。しかし，司法実践において直接効果説が支配的地位を占めていると言えるかどうか，さらに実証的研究が必要である。

3　渡辺達徳の所見

　質問①について

　「1　問題の提示」において言及された判決は，大判大正9年4月7日（法律新聞1696号22頁）である。これは判例の採る直接効果説を前提とした

67）最高人民法院民事判決（2009）民一終字第23号。

ものと考えられるが，韓世遠も王成も，こうした立場には否定的であり，契約が解除されても解除前に当該債権が存在していたことに影響が及ばないことを前提として，解決を試みることを示唆する。

日本民法の解釈上，相殺において，自働債権と受働債権は有効に存在していることが原則として要件とされる。したがって，取り消し得る債権や解除により消滅する可能性のある債権も，相殺に用いることはできるが，相殺後に当該債権が取り消され，または契約が解除された場合には，当該債権は遡及的に消滅するので（取消しについては民法121条本文，解除については直接効果説），相殺は効力を失い，他方の債権は消滅しなかったことになる[68]。ただし，解除により遡及的に消滅した債権と相殺との関係が問題となった判決は，上記のほか見当たらないようであり，近時の教科書・解説書も，この問題にはあまり触れていない。一方，直接効果説を採りつつも，明文の規定により解除の遡及効を制限することは可能であり（545条1項ただし書），また，消滅時効にかかった自働債権も，消滅前に相殺適状にあれば相殺可能である（508条）。したがって，直接効果説を採りつつ，事案に応じた処理がされることはあり得ると考えられる。

　質問②について

日本民法は，従来から，解除に伴う原状回復として金銭を返還するときは，その受領の時から利息を付さなければならない旨を定めていたが（545条2項），民法改正案は，これに加えて，金銭以外の物を返還するときは，その受領の時以後に生じた果実をも返還しなければならない旨を明記するよう提案している（改正案545条3項）。これは，法定果実と天然果実の扱いを同じにすることを，法文上，明らかにするものであり，解釈上の論争を呼ぶものではない。

一方，使用利益の返還については，判例はこれを肯定しているものの（最判昭和51年2月13日民集30巻1号1頁），民法改正案における明文化は見送られた。

また，現物の返還が不能となっている場合に価額償還を要するかについて，

68）我妻栄『新訂債権総論』（岩波書店，1964年）324頁。

日本の学説上は様々な見解が唱えられていた。その中には，危険負担の考え方を援用するものもあるが，価額賠償を妥当とする説も有力であった。民法改正案は，この問題について明文を置くことを見送ったので，その解決は，今後の解釈に委ねられることになる。ただし，注目されることとして，民法改正案は，無効な行為にもとづく債務の履行として給付を受けた者は，原状回復の義務を負うことを明文化しており（改正案121条の2・第1項），審議の過程において，この原状回復には価額償還も含まれる意図が明らかであったことが指摘されている。この趣旨は，解除の場面にも及ぼされることが合理的であり[69]，今後の議論における大きな指針となるであろう。

　質問③について

　中国において契約解除の効果がどのように理解されているかについては，伝統的な学説状況と，中国契約法の施行後——それは，CISG の考え方が移入され，浸透していることを意味する——の展開とを区別する必要があるものと思われる。韓世遠も王成も，裁判所の採る立場を断定することには慎重であるが，中国契約法の契約解除制度が CISG の影響を受けているとすれば，その効果は間接効果説「的」説明になじむものであり，裁判所は，徐々にそうした立場を支持していくことが予測される。

---

69) 潮見佳男『民法（債権関係）改正法案の概要』（金融財政事情研究会，2015 年）27 頁，220 頁。

第 11 章　　違約責任

第 1 節　契約法・関係法規及び日中の条文比較

1　中国契約法・関係法規

107 条（違約責任）　当事者の一方が契約上の義務を履行しないとき又は契約上の義務の履行が約定に符合しないときは，継続して履行し，補救措置を講じ，又は損害を賠償する等の違約責任を負わなければならない。

108 条（履行の拒絶）　当事者の一方が契約上の義務を履行しない旨を明確に表示し，又は自己の行為をもって表明したときは，相手方は履行期の到来する前においても，その違約責任を負担するよう請求することができる。

109 条（金銭債務の違約責任）　当事者の一方が代金又は報酬を支払わないときは，相手方はその代金又は報酬の支払を請求することができる。

110 条（非金銭債務の違約責任）　当事者の一方が非金銭債務を履行しないとき，又は非金銭債務の履行が約定に合致しないときは，相手方は履行を請求することができる。ただし，以下に掲げる事由が存するときを除く。（一）法律上又は事実上，履行不能であるとき。（二）債務の目的が強制履行に適さず，又は履行の費用が過度に高額なとき。（三）債権者が合理的期間内に履行の請求をしなかったとき。

111 条（瑕疵履行）　品質が約定に符合しないときは，当事者の約定に従って違約責任を負担しなければならない。違約責任につき約定がなく，又は約定が明確でない場合で，61 条の規定に照らしても確定できないときは，損害を受けた当事者は，目的物の性質及び損害の大小に照らして，修理，交換，やり直し，返品，代金又は報酬の減額等の違約責任を合理的に選択して請求することができる。

112 条（履行，補救措置後の損害賠償）　当事者の一方が契約の義務を履行せず，又は契約の義務の履行が約定に適合しない場合において，義務を履行し

又は補救措置をとった後も，なおその他の損害があるときは，その損害を賠償しなければならない。

113条（損害賠償の範囲）　①当事者の一方が契約の義務を履行せず又は履行が約定に符合しない場合において，相手方に損害を与えたときは，損害賠償額は違約によって発生した損害に相当しなければならず，契約履行後の逸失利益を含むものとする。ただし，契約に違反した当事者が契約締結時に予見し，又は予見すべきであった契約の違反によりもたらし得る損害額を超えてはならない。

②経営者が消費者に対し商品又はサービスを提供した場合において詐欺行為があるとき，中華人民共和国消費者権益保護法の規定にもとづき，損害賠償責任を負うものとする。

114条（違約金）　①当事者は，一方が違約した場合に違約の状況に応じて相手方に対して一定額の違約金を支払う旨約定することができ，違約により生じた損害賠償額の計算方法を約定することもできる。

②約定した違約金が生じた損害よりも低額であるときは，当事者は，人民法院又は仲裁機関に増額を請求することができ，約定した違約金が生じた損害よりも高額であるときは，当事者は，人民法院又は仲裁機関に適切な減額を請求することができる。

③当事者が履行遅滞について違約金を約定したときは，違約当事者は違約金を支払った後といえども，債務の履行をしなければならない。

　　最高人民法院「契約法適用解釈（二）」28条　当事者が契約法114条2項の規定により，人民法院に違約金の増額を請求した場合，増額後の違約金額は実際の損失を超えないことを限度とする。違約金を増額した後，当事者がまた相手方に損失の賠償を請求した場合，人民法院は支持しない。

　　同29条　①当事者が，約定違約金が高すぎると主張し，適切な減額を請求した場合，人民法院は実際の損失を基礎として，併せて契約の履行状況，当事者の故意・過失の程度，及び予期利益等の総合的要素を考慮し，公平原則と誠実信用原則にもとづいて衡量して裁決を下す。

②当事者の約定した違約金が生じた損失の130％を超えるとき，一般に契約法114条2項の規定する「生じた損害よりも高額である」と認定す

422 第二部 中国契約法の研究

ることができる。

115条（手付） 当事者は，中華人民共和国担保法に従って，当事者の一方が相手方に対して手付金を債権の担保として支払う旨約定することができる。債務者が債務を履行した後，手付金は，代金に充当するか，又は返還しなければならない。手付金を支払った当事者が約定した債務を履行しないときは，手付金の返還を請求する権利を有せず，手付金を受領した当事者が約定した債務を履行しないときは，手付金を2倍にして返還しなければならない。

116条（違約金と手付金の選択） 当事者が既に違約金を約定すると同時に手付金も約定しているときは，当事者の一方が違約した場合，相手方は，違約金又は手付金の条項を選択して適用することができる。

117条（不可抗力） 不可抗力により契約の履行が不能となったときは，不可抗力の影響にしたがって，一部又は全部の責任を免除する。ただし，法律に特段の規定がある場合を除く。当事者が履行を遅滞した後に不可抗力が発生したときは，責任を免除することができない。

②本法にいう不可抗力とは，予見が不可能であり，避けることができず，かつ克服することができない客観的状況をいう。

118条（不可抗力の通知と証明） 当事者の一方は，不可抗力により契約の履行が不能となったときは，相手方に生じるおそれのある損害を軽減するために速やかに相手方に通知しなければならず，かつ合理的期間内に証明を提供しなければならない。

119条（損害拡大回避義務） ①当事者の一方が違約した場合に，相手方は損害を拡大しないように適切な措置をとらなければならない。適切な措置をとらないことにより，損害を拡大したときは，拡大した損害の賠償を請求することができない。

②当事者が損害の拡大を防止するために支出した合理的な費用は違約者が負担するものとする。

120条（双方違約の責任） 当事者双方が契約に違反したときは，各自責任を負うものとする。

121条（第三者の故意・過失によってもたらされた違約） 当事者の一方は，第三者の原因により違約したときといえども，相手方に対して違約責任を負担しなければならない。当事者の一方と第三者との間の紛争は，法律の規定又

は約定に従って解決する。

122条（責任競合） 当事者の一方の違約行為により，相手方の身体，財産上の利益を侵害したときは，被害者は本法にもとづき違約責任を追及することができ，又はその他の法律にもとづき不法行為責任を追及することができる。

中華人民共和国試擬稿（1995年）

138条（違約責任） 契約当事者の一方が債務を履行せず，あるいはその履行が法定又は約定の条件に符合しないときは，違約責任を負わなければならない。ただし，当事者が自己に故意・過失のないことを証明できたときは，この限りでない。

2 日本民法（第2節債権の効力，第1款，債務不履行の責任等）

412条（履行期と履行遅滞） ①債務の履行について確定期限があるときは，債務者は，その期限の到来した時から遅滞の責任を負う。

②債務の履行について不確定期限があるときは，債務者は，その期限の到来を知った時から遅滞の責任を負う。

③債務の履行について期限を定めなかったときは，債務者は，履行の請求を受けたときから遅滞の責任を負う。

413条（受領遅滞） 債権者が債務の履行を受けることを拒み，又は受けることができないときは，その債権者は，履行の提供があったときから遅滞の責任を負う。

414条（履行の強制） ①債務者が任意に債務の履行をしないときは，債権者は，その強制履行を裁判所に請求することができる。ただし，債務の性質がこれを許さないときは，この限りでない。

②債務の性質が強制履行を許さない場合において，その債務が作為を目的とするときは，債権者は，債務者の費用で第三者にこれをさせることを裁判所に請求することができる。ただし，法律行為を目的とする債務については，裁判をもって債務者の意思表示に代えることができる。

③不作為を目的とする債務については，債務者の費用で，債務者がした行為の結果を除去し，又は将来のため適当な処分をすることを裁判所に請求することができる。

④前3項の規定は，損害賠償の請求を妨げない。

415条（債務不履行による損害賠償） 債務者がその債務の本旨に従った履行をしないときは，債権者は，これによって生じた損害の賠償を請求することができる。債務者の責めに帰すべき事由によって履行することができなくったときも，同様とする。

416条（損害賠償の範囲） ①債務の不履行に対する損害賠償の請求は，これによって通常生ずべき損害の賠償をさせることをその目的とする。

②特別の事情によって生じた損害であっても，当事者がその事情を予見し，又は予見することができたときは，債権者は，その賠償を請求することができる。

417条（損害賠償の方法） 損害賠償は，別段の意思表示がないときは，金銭をもってその額を定める。

418条（過失相殺） 債務の不履行に関して債権者に過失があったときは，裁判所は，これを考慮して，損害賠償の責任及びその額を定める。

419条（金銭債務の特則） ①金銭の給付を目的とする債務の不履行については，その損害賠償の額は，法定利率によって定める。ただし，約定利率が法定利率を超えるときは，約定利率による。

②前項の損害賠償については，債権者は，損害の証明をすることを要しない。

③第1項の損害賠償については，債務者は，不可抗力をもって抗弁とすることができない。

420条（賠償額の予定） ①当事者は，債務の不履行について損害賠償の額を予定することができる。この場合において，裁判所は，その額を増減することはできない。

②賠償額の予定は，履行の請求又は解除権の行使を妨げない。

421条 前条の規定は，当事者が金銭でないものを損害の賠償に充てるべき旨を予定した場合について準用する。

422条（損害賠償による代位） 債権者が，損害賠償として，その債権の目的である物又は権利の価額の全部の支払を受けたときは，債務者は，その物又は権利について当然に債権者に代位する。

557条（手付） ①買主が売主に手付を交付したときは，当事者の一方が契約の履行に着手するまでは，買主はその手付を放棄し，売主はその倍額を償還して，契約の解除をすることができる。

②第 545 条第 3 項の規定は，前項の場合には，適用しない。

3　改正民法

412 条 2 項　債務の履行について不確定期限があるときは，債務者は，その期限の到来した後に履行の請求を受けた時又はその期限の到来したことを知った時のいずれか早い時から遅滞の責任を負う。

413 条（受領遅滞）　①債権者が債務の履行を受けることを拒み，又は受けることができない場合において，その債務の目的が特定物の引渡しであるときは，債務者は，履行の提供をした時からその引渡しをするまで，自己の財産に対するのと同一の注意をもって，その物を保存すれば足りる。

②債権者が債務の履行を受けることを拒み，又は受けることができないことによって，その履行の費用が増加したときは，その増加額は，債権者の負担とする。

413 条の 2（新設）（履行遅滞中又は受領遅滞中の履行不能と帰責事由）　①債務者がその債務について遅滞の責任を負っている間に当事者双方の責めに帰することができない事由によってその債務の履行が不能となったときは，その履行の不能は，債務者の責めに帰すべき事由によるものとみなす。

②債権者が債務の履行を受け取ることを拒み，又は受けることができない場合において，履行の提供があった時以後に当事者双方の責めに帰することができない事由によってその債務の履行が不能となったときは，その履行の不能は，債権者の責めに帰すべき事由によるものとみなす。

414 条（履行の強制）　①……債権者は，民事執行法その他強制執行の手続に関する法令の規定に従い，直接強制，代替執行，間接強制その他の方法による履行の強制を裁判所に……（旧②③削る）。

②前項の規定は，損害賠償の請求を妨げない。

415 条（債務不履行による損害賠償）　①債務者がその債務の本旨に従った履行をしないとき又は債務の履行が不能であるときは，債権者は，これによって生じた損害の賠償を請求することができる。ただし，その債務の不履行が契約その他の債務の発生原因及び取引上の社会通念に照らして債務者の責めに帰することができない事由によるものであるときは，この限りでない。

②前項の規定により損害賠償の請求をすることができる場合において，債権

者は，次に掲げるときは，債務の履行に代わる損害賠償の請求をすることができる。一，債務の履行が不能であるとき。二，債務者が債務の履行を拒絶する意思を明確に表示したとき。三，債務が契約によって生じたものである場合において，その契約が解除され，又は債務の不履行による契約の解除権が発生したとき。

416条2項 ……当事者がその事情を予見すべきであったときは，債権者は，その賠償を請求することができる。

417条の2（新設）（中間利息の控除） ①将来において取得すべき利益についての損害賠償の額を定める場合において，その利益を取得すべき時までの利息相当額を控除するときは，その損害賠償の請求権が生じた時点における法定利率により，これをする。

②将来において負担すべき費用についての損害賠償の額を定める場合において，その費用を負担すべき時までの利息相当額を控除するときも，前項と同様とする。

418条（過失相殺） 債務の不履行又はこれによる損害の発生若しくは拡大に関して……。

419条（金銭債務の特則） ……その損害賠償の額は，債務者が遅滞の責任を負った最初の時点における法定利率によって定める。……。

420条 前掲下線部削除

422条の2（新設）（代償請求権） 債務者が，その債務の履行が不能となったのと同一の原因により債務の目的物の代償である権利又は利益を取得したときは，債権者は，その受けた損害の額の限度において，債務者に対し，その権利の移転又はその利益の償還を請求することができる。

557条1項 ……手付を交付したときは，買主はその手付を放棄し，売主はその倍額を現実に提供して，契約の解除をすることができる。ただし，その相手方が契約の履行に着手した後は，この限りでない。

4 日中の条文比較

①日本法は債務不履行による損害賠償の要件として「債務者の責めに帰すべき事由」を掲げるが，中国法は違約責任の一般原則を定めた107条において過失を要件としない厳格責任を採用する。②中国法は違約責任の効果とし

て継続履行及び損害賠償のほかに「補救措置」を明記するが，日本法にはこの「補救措置」に相当する文言はない。③中国法は108条において履行期前の契約違反を含む履行拒絶を規定するが，現行日本法にはこのような規定はない。しかし，改正民法415条2項2号において債務者の履行拒絶を理由とする損害賠償請求権を明示化した。ただし，日本法は黙示の毀約は想定していない。④日本法は受領遅滞に関する規定を設けているが，中国法にはこの種の規定はない。⑤損害賠償の範囲につき，中国法は契約締結時に「予見し，又は予見すべきであった」範囲とするが，日本法は債務不履行によって「通常生ずべき損害」の範囲とし，特別の事情によって生じた損害についてのみ「予見し，又は予見することができた」という制限をかけている。⑥中国法は特に瑕疵ある履行につき明文の規定を設けているが，日本法にはこの種の規定はない。⑦違約金につき，現行日本法は損害賠償の予定とし，裁判所はその額を増減することはできないと定めるが，改正民法420条はその箇所を削除した。中国法は当事者が裁判所等に増減を請求できるとし，かつ司法解釈で増額請求については，実際の損失を限度とすることを規定し，他方，減額請求については，一方で，当事者の履行状況，過失の程度，予期利益（expected profit），公平原則，誠実信用原則を衡量するという基準と，数値化された客観的基準という，性格の異なる2つの基準を掲げる。⑧日本法にある過失相殺規定が中国法になく，他方，中国法にある損害拡大回避義務規定及び双方違約規定が現行日本法にはない。しかし，改正民法418条において「損害の拡大に関して債権者に過失があったときは」損害賠償額を減額できる旨の明文が定められた。⑨手付に関して，日本法は原則としてそれを解約手付と規定するが，中国法は原則として違約手付と規定する。中国法の違約手付と違約金の選択に関する規定は，日本法にはない。⑩日本法の，不可抗力による免責の抗弁は金銭債務には適用しない旨の明示的規定は，中国法にはない。ただし，学説は中国法も同様と解する[1]。⑪中国法の，第三者の故意・過失によってもたらされた違約責任に相当する規定は，日本法にはない。⑫中国法の，違約責任と不法行為責任の競合に関する規定は，日本法にはない。

1）王利明Ⅱ書557頁。

428　第二部　中国契約法の研究

第2節　107条の立法論的評価

1　問題の提示

　従来の違約責任の要件は過失責任として規定され（経済契約法），司法実務では，過失推定がとられてきた。ところが，契約法107条は厳格責任を採用した。この経緯について，梁慧星は以下のように述べている。「司法実践では，過失責任中の過失推定がとられていた。最初起草した契約法草案では，過失推定が規定されていたが，修正の過程で，厳格責任に改められ，過失の要件は徹底的に捨て去られた。……国際間の趨勢を参考にし，国連国際動産売買契約条約，国際商事契約原則の経験を参考にして，違約責任の帰責原則を厳格責任に改めた。これは契約法発展の潮流に合致するものである」[2]。しかし，この厳格責任の採用については，反対論も存在した。例えば王利明はその反対論者の論拠を以下のようにまとめている。①故意・過失を帰責事由とすることは，中国の裁判官が広く受け入れ，国民もあまねく受け入れてきた。②故意・過失ある行為に懲罰を加え，契約正義を実現するうえで厳格責任主義は不利である。③厳格責任を採用するCISG等と，国内契約法が想定する契約当事者には違いがある。国内契約法は，交渉能力と注意力を有する商人間の取引のみを想定しているわけではない[3]。中国契約法が厳格責任主義を採用したことの立法論的評価について見解を伺いたい。

2　韓世遠・王成の回答

　《韓世遠の回答》

　これについては2つの問題がある。その1は，中国契約法の立法過程でのこの問題をめぐる論争であり，その2は，今日，立法論の角度からこの問題をどのように見るかということである。

　中国契約法の立法過程において，厳格責任原則への移行は1996年6月7日の試擬稿（第3稿）から始まった。本試擬稿80条は「当事者が債務を履

　2）梁慧星「合同法的成功与不足」中外法学1999年6期23〜24頁。
　3）王利明『違約責任論［修訂版］』（中国政法大学出版社，2003年）69〜79頁。

行せず，あるいは債務の履行が契約の約定または法律の規定に符合しないときは，違約責任を負わなければならない」と規定した。梁慧星の報告紹介によれば，本条は“厳格責任”として規定され，過失推定責任から厳格責任へと改めたのは，違約責任の性質及び国際条約の経験を考慮してのことであるとのことであった[4]。当時はちょうど筆者が博士論文執筆の段階にあり，上記のような変更について最も早く反対意見を発表した。そこでの反対理由は以下の4点についてであった。（i）厳格責任原則は法律体系にどのような影響を与えるか。（ii）わが国の裁判官及び民衆は厳格責任原則を受け入れるだろうか。（iii）条約は支持の理由となるのかどうか。（iv）契約責任において道徳性を考慮すべかどうか〈道徳性還是非道徳性〉。当時の私の基本的見解は，わが国の契約法で過失責任原則を止めて厳格責任原則を採用するということは重大な変更であり，慎重に考慮すべきであり，草卒に行うべきではないということであった[5]。私のこの反対意見については，当然，私の博士論文の指導教授であった梁慧星は目を通し，すかさず「過失責任から厳格責任へ」という論文を執筆し，その中で，「1997年6月9日から18日の契約法草案討論会の会議で，ある学者が本条について疑問を提起し，違約責任規定を厳格責任として規定すべきでないと考え，これ以前にも，契約法草案第3稿80条1項について違約責任を厳格責任に改めることを批判している」[6]と記している。梁慧星はここでの学者が誰であるか明示していないが，筆者であることは確かである。梁は，この論文の中で，過失責任から厳格責任へ移行することについて4点にわたって理由を述べている。すなわち，その1，民法通則及び渉外経済契約法はすでに違約責任を厳格責任としている。その2，厳格責任は契約法の発展の趨勢である。その3，厳格責任は客観的に認識しやすい〈顕而易見〉という優位点を有する。その4，厳格責任は違約責任の本質により一層符合する。その後，崔建遠が「厳格責任か，過失責任か——中国契約法帰責原則の立法論」という論文を書き，梁慧星の上記の

4）梁慧星「関于中国統一合同法草案第3稿」法学1997年2期。

5）韓世遠『違約損害賠償研究』中国社会科学院研究生博士学位論文（1997年5月）48〜51頁。

6）梁慧星「従過錯責任到厳格責任——関于合同法草安徴求意見書第76条第1款」民商法論叢第8巻（1997年）3頁。

430 第二部　中国契約法の研究

4点の理由について意見を述べた。崔は私の博士論文答弁委員会の委員であり，当然，私の前掲の批判的意見を読んでいるはずで，氏の論文の中でも，私の批判的意見を受け入れ，用いている（崔はその論文の中で私の博士論文を注記する必要があるかどうか電話で問い合わせてきたが，私は注記しなくて結構であると伝えた）。これが，私が理解している当時の契約法立法過程での帰責原則問題をめぐるエピソードである。

　そこで本日の帰責原則問題に立ち返ってみると，裁判実践においては何らの差し障りも問題もないように見えるが，しかし，依然として幾つかの問題が存する。先ず，「帰責原理」と「帰責原則」の区別に注意を払うべきである。契約法の全体では2種類の違約責任を規定している。すなわち過失責任と無過失責任（厳格責任）である。両者はそれぞれその帰責原理を有する。契約法の内部では，この2つの責任と帰責原理はそれぞれその適用対象及び作用の領域を有しており，法律を適用するときにそれぞれその規定によるので問題は生じない。問題は非典型契約の場合について存する。非典型契約において，一旦違約が生じた場合に，それに対応する帰責原理をどのように確定するのかという問題である。したがって，選択に供すべき異なる帰責原理が存在する場合に，思想指南として，何を以て問題を考える出発点とすべきか，何を以て一般性の立場とすべきかを指示する思想指南が必要となる。それが「帰責原則」である。つまり，「帰責原則」が体現するのは，別の帰責原理であり，かつ「最も重要な原理」あるいは「原理の首」である。これこそ，法律の適用において疑問が生じたときに，暗黙のうちに適用されるべき帰責原理である[7]。このように見てくると，契約法が厳格責任原則を採用しているとの前提のもとで，非典型契約，例えばサービス契約（例えば医療サービス契約）が「厳格責任」の帰責原則に従うべきか否かは，今日の最大の問題をなす。現実の司法実務では，医療サービス契約に対しては厳格責任の立場をとってはいないように思われる。それは結果からすると肯定できるが，法理の説明では，なお問題である。

7）韓世遠IV書 589〜590頁。

≪王成の回答≫

（ⅰ）契約法の制定期は中国の法治の黄金時代であり，理想主義的色彩が充満していた。例えば，契約法が法学者主導で起草，制定されたことはその一例である。こうした背景が，契約法の違約責任に関する帰責原則を理解するとき考慮されなければならない重要な要素をなす。上記の梁慧星の見解は，契約法制定過程での理想主義の表れである。崔建遠の見解は，理想主義の大きな背景のもとでの冷静な現実主義的思考の代表をなす。

（ⅱ）違約責任が過失帰責，とりわけ過失推定の帰責をとるのと，厳格責任をとるのとで，それほど大きな差異が存するのか，詳細な分析を必要とする。

（a）中国では，厳格責任は無過失責任と同等視されている。私も，この両者を基本的に同等視している。厳格責任をどのように定義するかをめぐっては，2種類の見解が存する。その1は，厳格責任は故意・過失を考慮しない責任のことであるとする。不法行為法では，権利侵害責任法7条の，「行為者が他人の民事権益を侵害し，行為者の故意・過失を論ずることなく，法律が不法行為責任を負うべきであると規定している場合は，その規定による」というのがその代表をなす。その2は，厳格責任とは，故意・過失がない場合に負う責任である。民法通則106条3項でいう「故意・過失はないが，法律が民事責任を負うべきであると規定している場合，民事責任を負わなければならない」というのがその代表をなす。

私の個人的見解によれば，前者の見解は，実際上，結果責任である。何故ならそれは結果をもって帰責の正当化の根拠としているからである。後者は，真の意味での無過失責任である。何故ならそれは過失がない状況のもとで，法律が特別に規定していることを理由として負わせる責任であるからである。例えば中国の道路交通安全法76条1項2号の末尾の「自動車の側に故意・過失がない場合，100分の10を超えない範囲での賠償責任を負う」というのが，無過失責任に関する典型的な例である。

（b）契約法107条はいずれのケースに属するか。文理解釈的には，107条が規定する「当事者の一方が契約義務を履行しないとき又は契約上の義務の履行が約定に符合しないときは，継続して履行し，補救措置を講じ，又は損害を賠償する等の違約責任を負わなければならない」との文言は，上記第

1 の責任，すなわち結果責任である。言い換えれば，違約であれば，違約責任を負う。違約結果が違約責任の正当化の根拠をなしている。

（ c ）107 条の結果帰責の効果から見ると，非違約者は違約方の故意・過失を証明する必要はなく，証明を要するのは違約行為，損害，損害賠償の因果関係についてだけである。

（ d ）過失推定をとる場合も，非違約者は違約方の過失を証明する必要はない。この点では，両者は同じである。しかし，過失推定の場合は，違約方は自己に過失がないことを証明できれば免責される。他方，107 条のケースでは，違約方は自己に過失がないことを証明しても免責されない。過失推定と無過失責任はこの点で異なる。しかし，1993 年の改正経済契約法 29 条は，不可抗力免責を規定し，また契約法 117 条も不可抗力免責を規定していて，違約方に過失がないときは，不可抗力の範疇に入る可能性が高い。したがって，過失推定と無過失責任の差はきわめて縮小される。

（iii）契約法 107 条は厳格責任を規定しているが，契約法全体について言えば，実際には故意・過失を十分に考慮している。例えば解除に関する契約法 94 条 2 号及び履行期前の契約違反に関する 108 条の規定，解除に関する94 条 3 号の履行遅滞の規定，143 条及び 146 条の危険負担を買主が負担することに関する規定，売買契約に関する司法解釈（「売買契約解釈」）13 条の，運送途中の貨物取引の危険負担に関する規定等はいずれも故意・過失の思想で貫かれている。「契約法適用解釈（一）」26 条（「債権者が取消権を行使するうえで支払った弁護士費用，旅費等の必要経費は債務者が負担する。第三者に故意・過失あるときは，適切に分担する」），「契約法適用解釈（二）」29 条（「当事者が，約定違約金が高過ぎると主張し，適切な減額を請求した場合，人民法院は実際の損失を基礎として，併せて契約の履行状況，当事者の故意・過失の程度，及び予期利益等の要素を考慮し，公平原則と誠実信用原則にもとづいて衡量して裁決を下す」），「売買契約解釈」30 条（「売買契約の一方当事者の違約によって相手方に損失を与え，相手方も損失の発生に故意・過失があり，違約方が相応の損失賠償の減額を主張する場合，人民法院は支持しなければならない」）の規定の中に，明確に「故意・過失」の文言が存在する。

さらに，契約法各則には非常に多くの違約責任で故意・過失を考慮することが求められている。例えば，契約法 189 条，191 条の贈与契約，374 条が

規定する無償保管契約，406条が規定する無償委任契約で違約により生じた損害賠償責任は，いずれも故意又は重大な過失によって相手方に損害を与えた場合にのみ損害賠償責任を負う。303条が規定する旅客運送契約においては，旅客の携帯品の損失について，運送引受人は故意・過失があるという条件のもとでのみ，損害賠償責任を負う。320条の規定によれば，荷送人が物品運送を委託する際の過失により複合運送人に損害を与えたときは，荷送人は賠償責任を負わなければならない。374条の規定によれば，保管期間に保管人が善良に管理せず，保管物を滅失・毀損させたときは，保管人は賠償責任を負わなければならない。契約法302条が規定する旅客運送契約では，旅客の死亡・負傷が自己の故意・重大な過失によって引き起こされた場合，運送人は責任を負わない。311条の規定では，荷受人の故意・過失によって貨物が毀損したときは，運送人は賠償責任を負わない。

　以上のようなケースの存在は，契約義務の性質と大きな関係がある。以下で取り上げる朱広新の論文はこのことについて立ちいった考察をなしている。

（iv）小括

　契約法107条がどんなに厳格責任を規定しようとも，他の条文の規定により，その厳格責任は厳格には貫かれていない。私個人としては，厳格責任と過失推定責任が責任の正当性において違いがあろうとも，両者は実際にはほとんど同様の効果を果たしていると考える。価値判断の観点からすると，民事活動においては〈対〉（正しいこと）と〈錯〉（過ち）をはっきりと区別することは，非常に必要なことである。

3　松岡久和の所見

　韓及び王は，すべての契約において一般的に無過失立証によっても免責されないという意味での厳格責任原理が貫かれているわけではないし，また，そうあるべきでもないと主張し，契約類型や具体的な契約において，債務者の行うべきことが異なっていると考えているようである。契約法107条の文言上，一般的に厳格責任が採用されているようにみえる中国において，違約責任が厳格にすぎないように図る解釈論が必要なことはよく理解できる。

　他方，日本民法における契約の一般的な帰責原理と基準は，条文からは必ずしも明らかでないが，一時期，不法行為法と合わせて過失責任原理が過度

に強調された。現在は，その反動が現れている。すなわち，不法行為法と契約責任では義務や帰責の構造が異なる。契約によって一般的な注意義務とは異なる義務を負った債務者が，過失がないとして一般的に免責されるのはおかしい。また裁判実務でも，物の引渡しを内容とする債務のようないわゆる結果債務では，第三者に故意や過失があるというだけでは免責立証は容易には認められていない。むしろ，約束した内容が実現していない以上は，違約責任を負うのが原則であると考える方が，フランス法を沿革にもつ日本法では素直である。現在の多数説はおおむねこのように考えており，民法改正の議論においても当初には，契約で引き受けたリスクの範囲で責任を負うという趣旨の提案がされていた。

　しかし，これに対しては，韓の挙げる医療サービス契約など，より広くは為す債務・行為債務についてまで無過失立証による免責を認めないのは適切でないとの批判があったほか，債務や損害賠償責任の内容がすべて契約（合意）によって決まるかのような表現に対して強い抵抗があった。そのため改正案は，「債務の不履行が契約その他の債務の発生原因及び取引上の社会通念に照らして債務者の責めに帰することができない事由によるものであるときは」契約責任を負わない（新415条1項ただし書）という妥協的な文言になった。もっとも，ここには現行規定の「責めに帰すべき事由」と同様の「責めに帰することができない事由」という言葉が使われているが，これが過失責任主義を表すものではないことは明らかである。

　私見は，王成の意見と近い。契約の類型や具体的な合意内容次第で免責が認められる範囲が異なり，故意・重過失がないことで免責される場合，無過失立証で免責される場合，不可抗力しか免責が認められない場合，さらに損失填補約束や結果保証約束と組み合わされて免責立証がほとんど認められない場合（これは違約責任ではなく当初給付に代わる損失填補の約束責任である）まで，多様な扱いが生じる。過失責任か厳格責任かという二者択一でこれを割り切ることは難しい。ただ，これまでの過失責任主義偏重の考え方に対する反省を込めて，約束責任（かならずしも厳格責任ではない）を強調することが日本法にとっては意味があるように思われる。

第3節　中国契約法上の厳格責任の位置づけ

1　問題の提示

違約責任について107条は過失を要件としておらず，そのことは契約法総則の一般原則としては厳格責任を採用し，その例外として契約法各則で例外規定を設けているようにも見える。しかし，実際には，総則部分の双方違約を規定した120条は，双方の過失の程度によって負うべき責任を画定しようとするもので，また，損害賠償の範囲に関する113条ただし書の「契約違反者が契約締結時に予見し，または予見すべきであった，契約違反によって生ずる可能性のある損失を超えてはならない」との規定は，過失責任を前提としている。このように見てくると，中国契約法が厳格責任を一般原則として掲げているとは言えないのではないか。このことと関連して，朱広新は，違約責任のうち，継続履行には帰責性の問題は存在せず，また，補救措置も実際には継続履行の範疇に属し，帰責性が問題となるのは損害賠償責任の部分であると説く[8]。この見解をどのように考えるか。

2　韓世遠・王成の回答

≪韓世遠の回答≫

「帰責原則」の内容については，すでに前述した。中国契約法107条は厳格責任の帰責原則を確立した。これは現在の中国学術界の通説である。契約法120条には「過失」〈過錯〉概念は登場しない。また113条1項の「予見可能性規則」も過失責任を前提とする必要はない。

帰責原則は主に損害賠償について言われるもので，この点は特に目新しい考え方ではない。違約責任としての「継続履行」は，それ自身「履行請求権」本来の内容であり，その成立は本来「過失」の類の帰責事由を要求しない。契約法が厳格責任原則を採用したことによって，本来はこれが損害賠償について言われる原則であるのに，107条が，形式上，「継続履行」等の違約責任をも包括したために，「越境」してしまったように見える。しかし，

8）朱広新「違約責任的帰責原則探究」政法論壇2008年4期78～79頁。

契約法が厳格責任原則へ転換を遂げ，さらに損害賠償を継続履行と一体的に規範化し，統一的に「過失」要件を要求していないように見えるからといって，それは単に立法技術あるいは規範の表現形式の問題に過ぎず，それ自体何か大きな問題があるわけではない。

　　≪王成の回答≫

　他の条文と107条との帰責原則の違い，及び契約法の帰責原則に関する私の見解は前述した。

　120条の双方違約の規定が，双方当事者の過失の程度にもとづいて責任分配を定めているのかどうか，少なくとも文意上は120条が107条と異なる帰責原則をとっていると結論づけることはできない。もちろん，中国学術界にはこうした見解が存在する。さらに，113条但し書きが過失責任であるかどうかも，検討に値する。

　朱広新の見解について。朱の見解は，違約責任の具体的形式を区別し，それぞれ異なる帰責原則を配置しようとするもので合理性を有する。中国では，楊立新のような他の学者も同様の見解を持っており，「実際違約において，単に無過失責任を適用するだけでは不十分で，最適の選択ではない。違約責任は非常に広範な概念で，決して単純に損害賠償の問題だけでない。そのほかに継続履行や，補救措置をとること，違約金の給付等の責任形式が存する。この後3者の違約責任では，無過失責任を適用することは正しい。債務者が約定に違反して履行せず，あるいは履行が不適切であれば，過失の有無を論ずることなく，責任を負うべきである。しかし，もし違約責任中の損害賠償についても厳格責任を適用しようとするならば，それはきわめて重大な問題をなす」[9]と説く。

　さらに，朱は国際条約のやり方を参照して，結果債務〈結果性義務〉違反と手段債務〈方式性義務〉違反に分けて，それぞれ厳格責任と過失責任に区分すべきことを主張する。彼は，同時に，契約法各則の請負契約部分の262条（請負人が引き渡した工作成果が品質の要求に合致しないときは，報酬の減額，

　9）楊立新「論我国合同責任的帰責原則」『河南公安高等専科学校学報』2003年2期8頁。

損失の賠償等の違約責任を負わなければならない）と，265 条（請負人は発注者が提供した材料及び完成させた工作成果を適切に保管しなければならず，保管が適切でないことによって滅失・損傷したときは，損害賠償責任を負わなければならない）について，それぞれ異なる帰責原則を採用し，前者は結果債務違反，後者は手段債務違反とする。

以上のような見解は賛同に値する。

3 松岡久和の所見

韓・王の意見と同じく，履行請求権（「継続履行」）の主張は，約束そのものの強制的実現であり，過失・無過失を問題にすること自体が適切でない。違約金も，第 2 節の所見で触れた損失填補約束や結果保証約束と並ぶ約束責任であり，同様である。それゆえ帰責原則の問題は損害賠償責任に集中することになる。

結果債務と手段債務を対比するのはわかりやすいが，それぞれが厳格責任と過失責任に対応するという図式は，割り切りすぎているように感じられる。私は，433〜434 頁の「所見」で示したように，契約類型や具体的な合意内容次第で免責が認められる範囲は多様であって単純には 2 分されないと考えている。

第 4 節 補救措置の内容

1 問題の提示

107 条の違約責任の種類のうち，補救措置〈補救措施〉は，『漢英法学詞典』（法律出版社，1998 年）を引くと remedy と訳されている。しかし，英米法上の remedy は損害賠償等をも含む広い概念で，107 条の補救措置は狭義の概念で，王利明は，2003 年の『違約責任論〔修訂版〕』では，「修理，交換，作り直し」のことを指すとし，減額〈減少価款〉は「違約方の引き渡した商品をその本来の価値に符合させるものであるので，違約方をしてある種の責任を負わせるものではなく，したがって減額は「補救方式」ではない」としていたが[10]，王Ⅱ書では，減額も「不適当履行の場合の補救措置」に含めている[11]。減額〈減少価款〉も 107 条の「補救措置」に含めて考えるべきなの

438　第二部　中国契約法の研究

か。

2　韓世遠・王成の回答

≪韓世遠の回答≫

契約法 107 条が規定する「補救措置をとる」とは，概括的用語であり，さまざまな救済手段を含んでいる。この用語と「継続履行」の関係についてはなお解明すべき点がある。107 条の文言から見ると，両者は並列的で，「継続履行」は「補救措置」をとることには含まれていない。111 条の規定との関連では，返品，代金または報酬の減額は「補救措置」であり，それらはいずれも「継続履行」には含まれない。問題の実質からみると，修理，交換，作り直しはいずれも現実給付を目的とし，「継続履行」とともに「特定救済」specific relief の範疇に属する。したがって，私個人としては，「補救措置をとる」ということの中の修理，交換，作り直しをもって強制履行の具体的形態とみなすという見解をとっている[12]。しかし，こうした考えに異論もある。すなわち，裁判所がどんなに修理，交換，作り直しを命じても，その最終的な目的は契約条項に対する実際の遵守を実現することであり，債務者に対して要求する行動は必ずしも契約債務を反映しているわけではない。商品引渡しの契約において，契約条項では，商品提供者が提供した商品に瑕疵がある場合修理を行わなければならないと規定していない可能性があるが，裁判所がこのような命令を下すことを妨げるものではない。最終的結果は同じでも，その結果を実現する手段は案件の具体的状況に応じてさまざまで，契約債務を記している文言を遵行することより複雑である。[13]

≪王成の回答≫

この概念についての学者の見解は多岐にわたる。私個人は以下のように考える。

---

10)　王利明・前掲注 3 書 436 頁。

11)　王利明 II 書 501 頁。

12)　韓世遠 IV 書 608 頁。

13)　See Solene Rowan, *Remedies for Breach of Contract : A Comparative Analysis of the Protection of Performance*, Oxford University Press 2012, p. 18.

解釈論，とりわけ体系的解釈の方法からすると，この概念は 107 条と 111 条の全体的な概念体系のもとで理解されなければならない。107 条は違約責任に関する一般的規定である。すなわち違約の具体的形式が全面的に列挙されていなくても，その他の関連規定も解釈の方法を通じて 107 条に組み入れなければならない。107 条は，継続履行，補救措置，損失賠償を並列的に掲げている。111 条が列挙する違約責任の具体的形式の中には，修理，交換，作り直し，返品，代金・報酬減額が含まれる。体系的解釈の論理からすると，111 条が列挙する各違約責任はいずれも 107 条の 3 種類の責任形式の中に含めなければならない。どのように分類するかは，学者によって見解が異なる。

立法論からすると，私個人は，補救措置は実際履行本来の契約条項に属するので，同様に継続履行に属すると考える。そうすると，107 条の意義における違約責任は継続履行と損失賠償に分けられる。継続履行は全くの不履行の後の継続履行と瑕疵ある履行の後の継続履行に分けることができる。111 条が列挙する各種の具体的形式について言えば，修理，交換，作り直しは瑕疵ある履行の後にとられる補救措置であり，したがって原契約条項の継続履行に属する。返品は契約解除に属する（111 条中の返品に関する規定から，契約解除が違約責任形式に属するという意味を推断できる）。代金・報酬の減額は，一方の履行に瑕疵があった場合の，双方の合意・契約変更後の継続履行，あるいは裁判所の判決後の継続履行に属する。その効果については，被害者が瑕疵ある履行によって被った損失の賠償の意味もあれば，もともとの瑕疵ある履行に対して補救措置をとった後の継続履行の意味もある。

契約法上，107 条以外に 97 条の契約解除の効果の中にも「その他の補救措置をとる」との言辞がある。崔建遠はこの点について以下のように説く。契約法 97 条中の「原状回復」「その他の補救措置をとる」「損失賠償」にはそれぞれ法律的基礎がある。物権行為制度をとらず，直接効果説をとるという背景のもとで，「原状回復」が原物の占有移転あるいは登記の復原に適用される場合，権利の角度から言えば，それは物の返還請求権に属する。「その他の補救措置」は労務の給付，物品の利用，金銭の給付，受領した原物の滅失・損傷の場合に適用され，権利の角度から言えば，不当利得返還請求権に属する。「損失賠償」は，上記の救済方式が用いられた後，当事者になお損失が存する場合に適用され，民事責任の範疇をなす[14]。

440 第二部 中国契約法の研究

以上から，107条と97条はともに「その他の補救措置をとる」との言辞が使用されているが，その意味に違いがあることは分かる。

3 松岡久和の所見

これまで日本民法には，「補救措置」に相当する規定はなかった。債務不履行一般に対する救済という観点から，現実的履行の請求，損害賠償請求，解除が，売買等有償契約の特則の担保責任として，代金減額請求，損害賠償請求，解除が語られることはあったが，修理，交換，作り直しがまとめて論じられることは，かつては少なかった。ただ，担保責任に関して，近年，契約責任説が通説化する中で，これらは不完全履行の場合の追完請求の諸態様として論じられるようになってきた。

民法改正案は，債務不履行責任の一環として担保責任の規定を簡略化した。そして，履行請求の延長線上にあるものとして，追完請求権を，売買契約の中で次のように規定している。

「引き渡された目的物が種類，品質又は数量に関して契約の内容に適合しないものであるときは，買主は，売主に対し，目的物の修補，代替物の引渡し又は不足分の引渡しによる履行の追完を請求することができる。ただし，売主は，買主に不相当な負担を課するものでないときは，買主が請求した方法と異なる方法による履行の追完をすることができる。」（新562条1項）。

この追完請求が「補救措置」に相当する。この規定は，担保責任の性質について直接的に述べるものではないが，特定物にも適用されると解され，契約責任説に拠ると思われる。また，買主の代金減額請求が一般的なものとして（現566条・570条では代金減額請求が除かれているので損害賠償の形で請求・認容されていた），追完請求とは別に定められている（新563条）。さらに，「継続履行」に相当する「履行の強制」と債務不履行による損害賠償は債権総則中で，解除は契約総則中で，それぞれ規定されている（改正案は現規定と内容は変わっているが位置は同じ。414条・415条・540条～548条）。すなわち，民法典上，これらの救済は，それぞれ別に定められている。

これらの救済の体系的整理は学説によって異なることになろうが，私見で

14）崔建遠「解除権問題的疑問与釈答（下編）」政治与法律 2005 年 4 期 43～44 頁。

は，追完請求権は履行請求権の特殊型であり，代金減額請求権は契約の一部解除と解され，別の性質を有する。いずれも，免責立証が認められない点で損害賠償請求とは異なるものと解される。

第5節　継続履行の性質

1　問題の提示

　107条の継続履行は実際履行，あるいは強制実際履行とも称される[15]。日本民法も414条で履行強制を定める。しかし，日本の場合，414条は強制執行の規定であると理解されている（通説・判例）。中国では，強制実際履行と強制執行を区別し，強制実際履行は裁判廷〈審判廷〉に請求し，強制執行は執行廷に請求することになっている。そうであるとすると，契約の相手方が債務を履行しない場合，先ず，裁判廷に実際履行を申請し，不履行の場合に強制執行を執行廷に請求するという2段構えになっていると解してよいか。また，履行の強制のうち，間接強制について，最高人民法院「人民法院の執行工作の若干の問題に関する規定（試行）」（1998年）六，財産の引渡し及び行為の完成の執行60は「被執行人によってのみ完成され得る行為に対して，教育によってもなお被執行人が履行を拒む場合，人民法院は執行妨害行為についての関連規定により処理される」と規定するが，関連規定として民事訴訟法102条は過料〈罰款〉，拘留（行政拘留），刑事罰を科すことができることを規定している。日本の民事執行法における間接強制は金銭支払いのみであるが，過料〈罰款〉がこの日本法の金銭支払いに相当すると考えてよいか。また，拘留や刑事罰が間接強制で適用された事例は存在するのか。

2　韓世遠・王成の回答

　≪韓世遠の回答≫

　中国では，契約訴訟または民事訴訟は，先ず裁判所に訴訟を提起し，民事判決等の「執行名義」を得たうえで，はじめて執行手続に入っていくことができる。この意味で，"2段階構成"と称することができる。

---

15) 韓世遠Ⅳ書600頁。

間接強制に関しては，これは債務者に心理的圧迫を加えて債務の履行を促す強制方法である。その具体的手段は多様で，金銭に限られない。中国法では，遅延期間の利息の2倍支払，遅延履行金の支払，出境制限，信用調査システムへの記録，媒体を通じての義務不履行の情報の公布等の措置等が含まれる。拘留や刑事罰については，規定のレベルではこうした方法の可能性もあるが，実際に行われた事例はあまり見かけない。

≪王成の回答≫

中国では，実際履行と強制執行は異なる概念，制度である。

契約法107条が規定する継続履行とは，契約の約定の内容によって継続して履行し，金銭賠償の代替方式をとらないことである。この継続履行には109条の金銭債務の実際履行が含まれるし，また110条の規定する非金銭債務の実際履行も含まれるし，あるいは金銭債務の履行に加えてさらに非金銭債務の実際履行が含まれる。したがって，実際履行あるいは継続履行とは，契約の約定内容にもとづいて履行することを意味する。

強制執行とは，民事訴訟法の概念で，それは裁判所の判決が下した執行内容を強制手段を通じて執行することである。その内容は実際履行に限られず，家屋の立ち退きや損失賠償等の各種の判決内容が含まれる。民事訴訟法21章が規定する各執行措置はいずれも強制執行である。

したがって，実際履行の根拠は契約であり，また一種の違約責任である。それが成立するかどうかは法律の判決の確認を必要とする。強制執行の根拠は裁判所の法的効力の生じた判決である。これは両者の非常に重要な違いである。

一方が違約した後，相手方が実際履行を要求する場合，もし違約方が約定どおり実際履行をすれば，訴訟の必要はない。違約方が非違約方の請求を満足させないときにはじめて非違約方は訴訟又は仲裁（もし契約で仲裁条項を約定している場合）を提起する。もし裁判所又は仲裁機関が非違約方の請求を支持すれば，このときに契約条項の内容は裁判の内容に転化する。このとき，違約方が履行するものは，判決の内容であって，契約条項ではない，あるいは完全には契約条項と同じではない。もし違約方が判決を履行しなければ，勝訴方（非違約方）は強制執行を申請する。この時，裁判所が執行する

のは裁判所の判決であって，当事者間の契約約定ではない。

裁判所内部の業務分担について言えば，当事者の争いに対して審判を行うのが審判廷で，判決を執行するのが執行廷である。中国民事訴訟法228条は「執行業務は執行員が行う」，「強制執行措置をとるときは，執行員は証明書を示さなければならない。執行が完了した後，執行状況の記録書を作成し，現場の関係者が署名，押印しなければならない」と規定している。また240条は，執行人員は執行申請書あるいは執行引継書を受け取ると，被執行人に対して執行通知を出し，併せてただちに強制執行措置をとらなければならないと規定している。

以上から分かるのは，強制執行措置の条件は執行員が執行書を受け取り，執行通知を出すことである。

したがって，民事訴訟法111条1項6号が規定しているのは，「人民法院のすでに法的効力を生じている判決，裁定の履行を拒む」ことについてである。もし敗訴者が履行を拒めば，過料〈罰款〉，拘留等の措置により強制され，極端な場合，刑事責任（刑法313条で情状が重大な場合は，3年以下の有期懲役，拘役又は罰金）が追及される。

中国には拘留及び刑事罰を適用した裁判例が存在する。

3　松岡久和の所見

日本でも判決手続と強制執行手続は別であるが，民事保全や倒産手続を含めて，主として裁判所が担当している。強制執行手続は，裁判所に属するものの独立した機関である執行官も機能を分担している（民執2条）。王成の示した徹底した両者の分離は興味深いが，日本法では維持できないだろう。というのは，確定判決・裁判所の命令・確定判決に類するもの以外に，「金銭の一定の額の支払又はその他の代替物若しくは有価証券の一定の数量の給付を目的とする請求について公証人が作成した公正証書で，債務者が直ちに強制執行に服する旨の陳述が記載されているもの（「執行証書」）」（民事執行法22条5号）によって強制執行は開始できるし，「担保権の存在を証する公証人が作成した公正証書の謄本」，「担保権の登記（仮登記を除く。）に関する登記事項証明書」，「一般の先取特権の存在を証する文書」（同法181条1項2〜4号）により不動産担保権の実行が開始できるからである（他に動産担

444　第二部　中国契約法の研究

権の実行としての競売については，同法190条を参照）。これらは，一定の確実性を有する実体法上の権利に基づいて強制執行ができることを意味している。

　現行民法は，小口の紹介のとおり，履行の強制を定めているが，履行請求権そのものについては規定を置いていない。民法改正の議論の中では，履行請求権があること及びその限界事例（履行不能，著しく過大な費用がかかること等）を定める提案がされたが，当然のことを規定する必要はないとの意見もあり，履行不能の場合には履行請求ができないこと及び原始的不能は債務不履行による損害賠償請求を妨げないこと（原始的不能を理由とする債権関係の無効の否定）のみを明文化するとの提案を行っている（新412条の2）。また，履行の強制の規定は，履行強制ができること及び「直接強制，代替執行，間接強制その他の履行の強制」と強制の類型のみを定め，その内容の詳細は民事執行法に譲って簡略化するとの改正案となっている（新414条）。

　なお，契約上の債務の不履行について一般的には刑事罰の規定はないが，行政法では，悪質な違反を行った業者名を公表するなどの行政的な措置，行政罰，が定められている（たとえば，貸金業法41条の45，51条の2以下，47条以下）。

第6節　履行期前の契約違反と不安の抗弁権行使との関係

1　問題の提示

　契約法108条は履行期前の契約違反に関する規定である。CISGも履行期前の契約違反を規定しているが，そこでは，履行期前の根本違約と履行期前の非根本違約という区分をしている。しかし，中国法108条はそれを採用せず，英米法上の，明示の毀約と黙示の毀約の区分方法を採用したと理解されている。立法段階で，いずれの立法例を採用するかについての議論は存したのか。また，黙示の毀約について，先ず不安の抗弁権を行使し，履行を中止する旨通知し，相手方に担保の提供を求め，担保提供がない場合に履行期前の契約違反を問うのか，それともアメリカ法と同様，黙示の毀約の構成要件として不安の抗弁権の行使を要件としないと解すべきか，中国では見解が分かれている。この点についてどのように考えるか。

第 11 章 違約責任 445

2 韓世遠・王成の回答

≪韓世遠の回答≫

CISG72 条は履行期前の契約違反の場合の契約解除を規定している。これと比べて，中国契約法は履行期前の契約違反について 1 カ条に集中せず，108 条，94 条 2 号と異なる条文に規定する。CISG72 条は契約解除を重点的に規定する。したがって，それは根本違約を強調する（本条はもっぱら履行期前の根本違約にのみ関し，履行期前の非根本違約には関わらない）。中国契約法 94 条 2 号は 108 条と同様，明示の毀約と黙示の毀約の区別を反映しているが，それはまた根本違約に対して適用される。CISG72 条を仔細に分析すると，それも実際には明示の毀約（3 項）と黙示の毀約（2 項）を区別している。このように見てくると，CISG と中国契約法は履行期前の契約違反の問題においてそれほどの差異はない。

黙示の毀約については，CISG72 条 2 項の規定が参考価値を有する。それは「時間が許す場合には，契約を解除しようとする当事者は，相手方がその履行について適切な担保を供与することができるように，合理的な通知をしなければならない」と規定する。

≪王成の回答≫

第 1，立法過程でどの立法例を採用すべきかの論争が存在したかどうかの問題については，私自身はこの面での資料を見たことがない。

第 2，黙示の毀約と不安の抗弁権の関係について。

先ず注意すべきことは，不安の抗弁権の前提条件は双方の債務の履行順序に先後があるのに対して，履行期前の契約違反における黙示の毀約はこうした前提を必要としないということである。不安の抗弁権と黙示の毀約をともに構成する場合，両者の関係はどのようになるのか，見解は分かれている。

例えば韓世遠によれば，不安の抗弁権は防御的範疇に属し，履行の中止は不安の抗弁権に属し，他方，黙示の毀約は攻撃的範疇に属し，担保の提供，契約の解除及びその他の違約責任の要求は履行期前の契約違反に属すると主張する[16]。これによれば，黙示の毀約が生じたときは，先ず不安の抗弁権を

---

16) 韓世遠『合同法総論［第 2 版］』（法律出版社，2008 年）274 頁。

行使すべきである，すなわち履行を中止する権利を有することになる。次いで，相手方に担保の提供を求め，又は履行能力に問題がない，あるいはすでに履行能力が回復したことを証明する証拠を提供しなければならない。そのうえで，もし相手方にそうした対応が見られなければ，契約の解除又はその他の違約責任を要求する。

　王利明は以下のように考える。契約法は２種類の異なる制度を同時に規定しており，それは当事者の合法的権利の保護にとって都合がよい。したがって，当事者はいずれを適用するか選択できる。不安の抗弁権の規定を適用できるし，また履行期前の契約違反の規定を適用することもできる[17]。しかし，黙示の毀約の場合，王利明はまた次のように主張する。中国契約法は不安の抗弁権制度の基礎のうえに黙示の毀約を規定しており，黙示の毀約を構成するかどうかは単に一方の側の主観だけで判断することはできない。したがって，相手方が黙示の毀約を構成するかどうかを確定するためには，一方の側で不安の抗弁権を行使することが前提となる，と[18]。私自身も，こうした見解に同意する。

3　松岡久和の所見

　不安の抗弁権についても履行期前の契約違反についても，現行日本民法には規定がない。しかし，下級審裁判例では不安の抗弁権に相当するものや，履行期前の履行拒絶や履行不能を理由とする解除を認めるものがあり，学説でも肯定的な見解が有力である。

　これを受けて民法改正の議論では，条文化が検討されたが，不安の抗弁権の規定を新設することについて賛否が対立して意見の一致を得られず，最終提案からは脱落した。反対意見は，不安の抗弁権を理由とする給付の拒絶や解除は企業の倒産をも招く大きな影響があり，とりわけ抽象的な要件設定ではこの権利の濫用のおそれがあること，かといって裁判例は少なく信義則による総合判断を行っているので具体的に要件を設定するのは非常に難しいこと，厳格な要件を設けると現在の裁判例よりも不安の抗弁権の成立範囲が狭

17）王利明Ⅱ書94頁。
18）王利明・同上書518～522頁。

第 11 章　違約責任　447

まってしまうことなどを挙げていた。積極意見は，中国法も含めすでに規定
を設けている国において濫用の事実は確認できず，裁判所の判断に方向性や
手がかりを与える規定を置く方が何も規定がないよりは法的安定性を高める
ことができると主張したが，対立は埋まらなかった。韓世遠の意見に示唆を
受けて，担保の要求や不安を解消する情報開示の要求とそれへの対応をふま
えて，不安や契約違反を客観的に裏付けていくという形で交渉手続的な要件
による限定を行うことも検討する必要があるように思われる。いずれにせよ，
不安の抗弁権については，民法改正後も，信義則に依拠した判例の積み重ね
に拠ることになる。

　一方，履行期前の履行拒絶は，履行不能の拡張では無理があるため，損害
賠償と解除の独自の根拠となることが認められ，「債務者がその債務の履行
を拒絶する意思を明確に表示したとき」という限定的な文言を用いる規定の
新設が提案されている（損害賠償について新 415 条 2 項 2 号，契約全部の無催告
解除について新 542 条 1 項 2 号，契約の一部の無催告解除について同条 2 項 2 号）。

第 7 節　物の瑕疵担保責任と違約責任の関係

1　問題の提示

　物の瑕疵担保責任と違約責任の関係については，統合論と競合論が存在し，
統合論が通説であると考える。すなわち，中国の違約責任が厳格責任を原則
としていることを理由として，物の瑕疵ある給付は不適当履行として違約を
構成し，違約責任の中に統合されると解する。しかし，崔建遠のような有力
学者は，物の瑕疵担保責任は違約責任から相対的に独立し，買主はそのいず
れかを選択できると説く[19]。競合説の立場から李永軍＝易軍『合同法』も，
「もし物の瑕疵担保責任が不完全給付に含まれるとしたら，売主が売り渡し
た目的物が品質の要求する基準に符合しない責任を決定するとき，契約法総
則の品質が要求に符合しないことの要件（111 条）と，各則の買主の検査義
務（157 条），通知義務（158 条）の双方の要件を満たさなければならない。

---

19) 崔建遠Ⅲ書 395 頁，崔建遠『合同責任研究』（吉林大学出版社，1992 年）274～275
　　頁。

448　第二部　中国契約法の研究

これは買主にとって不利である。……両者は競合関係にあり，（総則の）不完全給付責任の構成は債権者が検査通知を履行することを要求しないので，買主にとって不完全給付を主張するほうが有利である」[20]と説く。このような主張についてどのように考えるか。

2　韓世遠・王成の回答

　≪韓世遠の回答≫

　中国契約法中の物の瑕疵担保問題については，競合説と統合説の争いが存し，私の「目的物の瑕疵と売主の責任」[21]を参照してほしい。

　中国契約法111条と157条，158条との適用関係について，深く検討すべき問題が存する。競合説の主張のように，111条を買主が直接主張でき，157条，158条の制限を受けないとすれば，買主有利となる。しかし，注意しなければならないのは，111条適用の要件の1つは「品質が約定に符合しない」ということであり，この要件が成立するかどうかをめぐって当事者の間で意見が異なるとした場合，売主の立場からすれば，「買主は目的物を受け取った後で検験を行ったのか。もし買主が品質に問題があると考えれば，品質が約定に符合しない状況を売主に通知するのではないか。158条1項の規定によれば『買主が通知を怠ったときは，目的物の数量または品質が約定に符合したと見なす』とある」と問い詰めるだろう。ここで注意すべきは，「見なす」という文字である。それは，法律の擬制が存し，それは結局のところ目的物の数量または品質が約定に符合するということを表明している。これは覆すことのできない推定である。ここから我々が見てとることのできることは，158条がルール化しているものは，目的物に品質上の問題が存在しないかどうかを判断する前提的手続であり，他方，111条は「品質に問題が存する」ことが判明したことにもとづく法的効果である。通常，競合とは，同一の生活事実が異なる法律規範に符合し，かつその法的効果が併存し難く，その中からいずれかを選択するしかないということを指す。例えば同一の事件が債務不履行の構成要件に符合し，同時に不法行為の構成要件にも符合す

---

20)　李永軍＝易軍『合同法』（中国法制出版社，2009年）450頁。
21)　小林一俊＝岡孝＝高須順一編『下森先生傘寿記念論文集　債権法の近未来像』（酒井書店，2010年）293〜350頁。

るとした場合，いずれの方法でも損害賠償の効果をもたらすことができるが，しかし法律は被害者が双方を主張することは許されず，いずれか一方を選択しなければならない（比較法上は，さまざまな具体的法技術があるが，中国では被害者による選択を認めるだけである）。ところで，ここで我々が論じている問題は，競合の問題ではない。それぞれの法律条文が異なる規範対象を有している。結論から言えば，私個人は統合説に与し，競合説は成立し難いと考える。

≪王成の回答≫
　瑕疵担保責任と違約責任の関係をめぐっては，中国では見解の対立が見られる。私個人としては，統合論と競合論はそれぞれ道理があると思う。ただし，指摘しておく必要があるのは，見解を異にする論者のそれぞれの理論的前提が異なっているということである。例えば，ほとんどの統合論者は法定責任説を理論的基礎とし，他方，競合論者の多くは債務不履行説を理論的基礎としている。学説の違いは，その重点の置きどころの違いであり，関連する概念，制度の固有の意味〈内包〉と，それがどの範囲にまで及ぶか〈外延〉についての認識の違いが存在し，現有の法律条文の解釈において対立が存在してきた。例えば，統合論者も競合論者も中国契約法には瑕疵担保責任が存在することを議論の前提としているが，王利明は，中国契約法の起草段階で，瑕疵担保責任は放棄された，すなわち中国契約法には違約責任があるだけで，瑕疵担保責任は根本的に存在しないと考えている[22]。
　私個人について言えば，民法学的意味においては，両者の関係を論ずることについては意義があるが，規範的意味においては，瑕疵担保責任の独立性を支持する。すなわち瑕疵担保責任の規定を優先的に適用すべきであると考える。

3　渡辺達徳の所見
　この問題については，日本民法上も議論の対象とされてきたが，改正案は，売買契約において引き渡された目的物が契約の内容に適合しない場合の規律

---

22) 王利明Ⅱ書 417～422 頁。

450 第二部 中国契約法の研究

について，債務不履行責任に一元化する方向を採用した（改正案562条～564条）。ここでは，「瑕疵担保責任」という用語も採用されていない。

第8節 代金・報酬減額請求の性質

1 問題の提示

契約法111条の代金・報酬減額の違約責任の性質をめぐっては，請求権説と形成権説が対立している。請求権説によれば，当事者が減額を請求するときは，相手方の同意が必要で，相手方はその請求を拒否することもできると説く。これに対して，形成権説によれば，減額は単独の意思表示でできると説く[23]。日本民法では，代金減額請求権は契約の一部解除であるとする[24]。減額請求が契約の一部解除であるとすると，形成権説に立つということになる。この点について，どのように考えるか。

2 韓世遠・王成の回答

≪韓世遠の回答≫

減額権の法理構造については，私は形成権説に与する。日本や台湾の通説が「一部解除」の角度から減額権問題を理解するが，この意味では，減額権は実質上一種の形成権である。しかし，私はずっと疑問を持ってきた。それは，どうして減額を一種の契約変更として理解しないのかということである。事情変更の場合，法律効果として契約変更[25]と契約解除という異なる可能性が存在する。もしこうした契約内容の調整（変更）も「一部解除」と称することができるのであれば，事情変更の法律効果を「解除」と統一的に称する方が簡明ではないだろうか。しかし，学者は明らかにそうした処理をしない。このことは，変更と解除とでは実質的な差異が存在していることを意味している。

---

23) 韓世遠「減価責任的論理構成」清華法学2008年1期18～19頁。
24) 我妻栄『債権各論中1』（岩波書店，1957年）270頁。
25) 日本の学者はこれを契約の改訂と称する。内田貴『民法Ⅱ債権各論』（東京大学出版会，1997年）75頁，山本敬三『民法講義Ⅳ—1契約』（有斐閣，2010年）107頁。

≪王成の回答≫

　私の理解によれば，減額は相手方の給付に瑕疵が存在することを前提とし，かつ一方が相手方の瑕疵を受け入れることを前提としていて，減額は契約の変更に属する。つまり，双方が瑕疵ある履行についてある種の合意に到達している。もし一方の瑕疵ある履行を相手方が受け入れなければ，あるいは相手方が受け入れ，しかし同時に減額を要求し，しかるに瑕疵ある履行をなした側が減額に同意しなければ，このような場合，裁判所が直接減額の判決を下すことができるかどうか。それはやり過ぎでないかどうか。当事者の意思に過度に代替しているのではないか。契約は一連の調整〈安排〉であって，一回限りの処理ではない。故に，ある筋道の変化が当事者の意思に符合するかどうかを検討しなければならない。この点で，減額は他の責任方式と確かに違いが存する。

3　渡辺達徳の所見

　中国契約法 111 条に定める代金・報酬減額請求をめぐって，その理論的根拠を契約の一部解除に求めるか，または契約の変更（改訂）と解するかについては，中国でも見方が分かれている。この点に関する韓世遠と王成の見解は，いずれも興味深い。

　韓世遠は，事情変更による契約内容の調整（変更）を「一部解除」を解しつつ，代金減額を形成権と見る方向を示唆するようである。このことにより，事情変更の効果を，契約の「全部または一部の解除」として統一的に理解することができるためである。

　これに対し，王成は，代金減額は，当事者の合意による契約の変更であると説き，その性質が請求権か形成権かという二項対立でなく，むしろ契約の継続性・柔軟性原理に共感を示すように見受けられる。

　この問題は，日本でも議論の俎上に載せられている。現行の日本民法において，代金減額が明示的に規定されているのは，権利の一部が他人に属する場合の売主担保責任規定（563 条 1 項）と数量不足又は物の一部滅失の場合の売主担保責任規定（565 条，563 条 1 項）である。このほか，賃貸借において，賃料減額請求権が定められている（609 条，611 条）。これらの規定の性質について，判例及び通説は，契約の一部解除の実質を持つ形成権と解して

452 第二部　中国契約法の研究

いる[26]。

　民法改正案は，売買契約において，引き渡された目的物が種類，品質又は数量に関して契約の目的に適合しないものである場合に，買主の一般的な権利として代金減額請求権を認めている（改正案562条，563条）。この改正案が提案されるに当たっても，代金減額の法的性質が形成権であること，また，これが一部解除と同じ機能を営むと理解されること，については，従前の見解が踏襲されているものと見られる。

　このように，日本民法においては，代金減額は形成権であり，その法的性質は契約の一部解除というという考え方が主流を占めているといえるが，その法的性質を契約の改訂と考える有力な学説も存在し，今後の学説の深化が期待される。

第9節　損害賠償の範囲

1　問題の提示

　（1）予見可能の判断時期及び予見内容について

　中国契約法は損害の範囲につき，債務不履行時をとる日本と異なり，違約者が契約締結時に予見できた範囲とする。その予見の内容については，韓世遠の説明によれば，損害の類型，種類を予見できればよいとする国（イギリス），損害の程度まで求める国（フランス）とがあると説かれる。中国法113条は特にこの点について明言していないが，どのように考えるか。また，予見の主体につき，違約方説，双方の予見にもとづいて合理的に予見範囲を確定する説，合理的基準に基づいて当事者の一方又は双方が予見すべきであったかどうかを考慮する説等が存在する[27]。これらの点についてどのように考えるか（質問①）。

　（2）懲罰的賠償について

　113条2項は懲罰的損害賠償を定めている。経営者の側に，消費者に対する詐欺的行為があったときは，消費者権益保護法49条により2倍賠償を命

26）我妻栄・前掲注24書278頁，468頁。

27）王利明・前掲注3書541頁。

じている（2013 年に改正された同法 55 条では，3 倍賠償——小口）。この懲罰的賠償は契約上の請求権にもとづくのか，それとも不法行為法上の請求権にもとづくのか（質問②）。

（3）予見可能性理論に対する実務の対応

113 条は損害賠償の範囲につき，予見可能性理論を採用しているが，呉行政「合同法上可得利益賠償規則的反思与重構」[28]によれば，1999 年〜2008 年の全国各級法院で扱われた逸失利益賠償請求案件 300 件中，判決理由や抗弁で予見可能性が適用されている例は 15 例に止まり，また 1999 年〜2008 年の最高人民法院公報に掲載された逸失利益賠償請求案件は 8 例存在するが，予見可能性理論が適用された案件は存在しないとして，113 条の予見可能性理論は司法実践では適用されていないと説かれている。このことについてどのように考えるか（質問③）。

（4）違約行為による非財産的損害の賠償請求について

司法解釈「人身損害賠償案件を審理するうえでの法律適用についての若干の問題に関する解釈」（2003 年）1 条は賠償請求権につき，「権利侵害行為（不法行為——小口）又はその他の加害原因によって直接人身損害を受けた者」の「加害原因」の中には違約行為も含めることができるか。この問題は違約における非財産的損害賠償請求の可否とかかわる（質問④）。

2　韓世遠・王成の回答

≪韓世遠の回答≫

（1）質問①について

（ｉ）予見可能性ルールの判断時期について中国と日本とでは確かに差異が存する。日本民法 416 条はドイツに学んだわけではないが，学者の通説はドイツ民法の学説の中の「相当因果関係」理論によって解釈してきた。相当因果関係により，裁判官は損害賠償の範囲について，不法行為の場合，不法行為時を基準とし，債務不履行の場合，きわめて自然に債務不履行時を基準とする。中国契約法は「予見可能性」基準を採用して違約損害賠償の範囲を

28）法商研究（武漢）2012 年 2 期。本書での引用は，人民大学「法学」民商法学 2012 年 7 期所載本論文 92 頁による。

454   第二部　中国契約法の研究

画定する。立法者は非常に明確に113条1項の中に「契約締結時」を基準とすることを定めた。もちろん，契約締結時を基準とすることの背後には道理が存するが，ここでは論じないことにする。

（ⅱ）予見内容について。契約法113条1項は損害の程度，額の予見まで求めているのかどうか特に明言しておらず，解釈上，予見内容は損害の類型の予見を要求するだけで，損害の程度までは求めていない[29]。

（ⅲ）予見の主体について。契約法113条1項は，明確に逸失利益の賠償につき「契約に違反した側が契約締結時に予見した，あるいは当然予見すべきであった契約違反によって生じるであろう損失を超えてはならない」と規定しており，予見の主体が違約者であることを明確に定めており，他の解釈が入る余地はない。もちろん，比較法の角度から，さまざまな見方，見解が存在し得るが，それはここでの問題ではない。

（2）質問②について

中国法では消費者保護の領域で幾つかの特別の規定が制定され，当事者の一方が懲罰的賠償を請求するのを認めた。この中には消費者権益保護法，食品安全法，最高人民法院の販売用家屋〈商品房〉売買に関する司法解釈等が含まれる。私の考えでは，所謂「懲罰的賠償」とは「賠償」という名目を掲げつつ，違法行為に懲罰を加え，公共の秩序を維持するという特別の目的を達成しようとするものである。それはまた公法上の一種の私的執行（A private enforcement）と言うこともできる。消費者権益保護法50条を例にとると，消費者に対する詐欺的行為に行政処罰を加えることが定められているが，これは消費者行政機関（中国では工商行政管理機関）の職責であり，一種の行政機関による法律執行行為である。しかし，実行可能性を考慮し，立法者は詐欺に遭った消費者がこの種の行為と闘争するのを奨励する趣旨で本法を制定した。その効果の点では，行政機関による執行より効率的であり，したがって上記のような特別の立法規定が登場した。このように見てくると，所謂懲罰的賠償とは，詐欺を受けた消費者に対する一種特別の刺激（a special incentive）に過ぎない。このような特別法にもとづく特別の請求権は以上のような特殊な性質を有し，それ自身は決して真正の損害賠償ではなく，特別

29）韓世遠Ⅳ書633頁。

の刺激で，したがってそれ自身は特定の私法的性質を具えておらず，私法的
請求権あるいは民事訴訟と一緒に主張できる権利である。換言すればそれは
契約法の中で主張することも，また不法行為法の中でも主張できる。

（3）質問③について

法学研究は研究の多様化を提唱する。例えば実定法ルールに対する実践的
適用は経験的研究をなし，ある種の法則を発見し，法律家が重大な関心を払
う問題を提起し，評価に値する。

（4）質問④について

最高人民法院の「人身損害賠償案件の審理に際して法律を適用するうえで
の若干の問題に関する解釈」(2003) 1条1項は「生命，健康，身体に侵害を
受け，賠償権利者が財産損失と精神的損害の賠償を請求したときは，人民法
院は受理しなければならない」と規定し，同条2項によれば「本条で称する
『賠償権利者』とは，不法行為またはその他の加害原因によって人身損害を
受けた被害者，法により被害者が扶養義務を負う被扶養者及び死亡被害者の
近親属を指す」と規定し，同条3項によれば「本条で称する『賠償義務者』
とは，自己または他人の不法行為及びその他の加害原因によって法により民
事責任を負うべき自然人，法人またはその他の組織のことを指す」と規定し
ている。これらの規定から明らかなように，人身損害賠償訴訟の提起につい
て，不法行為に限定していない。それ以外に「その他の加害原因」とあり，
「違約行為」も含まれると解すべきである。したがって，違約行為によって
非財産損害をもたらした場合は，本条1項により，人民法院は精神損害賠償
請求を提起した違約訴訟を受理しなければならない[30]。

≪王成の回答≫

（1）質問①について

私の理解するところでは，予見可能性ルールの正当性は違約責任の正当性
に由来する。不法行為と異なり，契約法の基調は理性と計算である。違約責
任の正当性は当事者の承諾〈允諾〉に由来する。当事者が自己の違約行為の
ために責任を負うのは，当初の契約締結は相手方に対する承諾のためである。

30）韓世遠Ⅳ書620〜621頁。

456 第二部 中国契約法の研究

当事者双方がお互いに承諾し合うとき，必ず相手方及び自己の契約履行能力に対して，またもし履行できなければ違約責任を負う能力に対して，評価を行っている。もし自己が履行できそうもないとか，違約の効果を負いたくないと感じていれば，理性的当事者であれば相手方と契約を締結などしないであろう。理性的当事者が違約の効果を評価するときは，単に損害賠償の類型を評価するだけでなく，当然，損害の程度も評価するはずである。

したがって，以上の意味からして，私個人の理解としては，損害の類型と損害の程度は同時に予見すべきである。司法実務でも同じような見解が存在している[31]。しかし，予見可能の内容に対する解釈は，損害賠償の面での非違約方に対する制限の程度を意味している。もちろん，損害の類型及び損害の程度をどのように認定するかは，それ自体が解釈の過程をなす。法律規則の正当性は，その大半が最終的結果の妥当性によって決定される。個々の事案に応じて，ある見解が適切でない結果をもたらすとすれば，この制限を緩めることになる。このように，予見内容の解釈は，最終的には結果の妥当性によって決定される

次に，予見主体及び予見能力について

契約法 113 条が規定する予見主体は違約方であるべきで，違約責任の正当性から考えて，当然そうなる。問題の鍵は，違約方の予見能力をどのように確定するのか，すなわち主観的判断基準と客観的判断基準のいずれを採るのかということにある。王利明の見解は，一般的状況下であれば客観的基準，すなわち社会の一般人の基準を基準とするが，もし非違約方が違約方には社会の一般人より高い基準の能力を有していることを証明できれば，主観説を採用すべきであるというものであり，これは賛同に値する。

(2) 質問②について

ここでの懲罰的賠償は，被害者が受けた損失の 2 倍以下（2013 年改正法で

---

31) 例えば最高法院民事第二審判廷長の宋暁明は，合理的に予見された損失の数量と相手方の身分にもとづいて予見可能な逸失利益の損失の類型を含めて考えている。例えば非違約方が生産企業であれば，通常，違約方は生産の利潤の損失を予見すべきで，転売利潤の損失までは予見の必要はない（「調査研究探索解決の道を強化しよう——民商事審判工作中の若干の疑難問題について最高人民法院民事第二審判廷長宋暁明に尋ねる」）。

は 3 倍以下——小口）ということで，そしてその賠償の基礎は消費者権益保護法 49 条及び 51 条（改正法 55 条——小口）である。そのうち 49 条が規定するのは，商品又はサービスによって受けた消費者又はその他の被害者の人身的物質的損害の賠償であり，51 条が規定するのは，経営者に侮辱誹謗，身体の捜査，人身の自由侵害等の消費者又はその他の被害者の人身権益を侵害する行為があり，重大な精神的損害を与えたことによる精神的損害賠償である。ここでの懲罰的損害賠償は不法行為によってもたらされた物的損害及び精神的損害を基礎とし，かつ被害者は消費者に限られず，その他の被害者も含まれる。このことから分かるように，ここでの賠償請求権は不法行為法上の請求権である。

(3) 質問③について

この結果はきわめて意外である。私はこの種の実証研究をしたことがないので，この結論について判断のしようがない。しかし，個別の案件においては，113 条を適用した裁判例が存する。例えば北京市第 3 中級法院判決の上訴案件において，1 審法院の北京市朝陽区法院は以下のような判断を下している。引受書の内容によれば，双方は違約責任について約定を交わしており，林某が主張する家屋代金の高騰等がもたらした損失は引受書を締結したとき予見し得たことではなく，したがって林某の主張するその他の損失は合法的根拠を欠き，支持しない[32]。

(4) 質問④について

本司法解釈 1 条は第 2 項の「賠償権利者」の定義の中で「その他の加害原因」が出てくるほかに，3 項の「賠償義務者」の中にもあり，3 項は，「本条で称する『賠償義務者』とは自己又は他人の不法行為及びその他の加害原因によって法により民事責任を負う自然人，法人，その他の組織を指す」と規定している。

当該司法解釈の起草者の解釈によれば，ここでの「その他の加害原因」とは，自己又は他人の不法行為のほかに，以下の 3 種類の類型が含まれる。その 1 は，動物による人への損害であり，その 2 は，物件による人への損害であり，その 3 は，工事施工〈活動〉による人への損害である。例えば民法通

---

32) 北京市第三中級人民法院（2013）三中民終字第 00693 号民事判決書。

則 125 条は，公共場所，路傍，歩道に穴を掘り，地下施設を修理し，取り付ける場合等において，明確な標識を設置せず，安全措置をとらず，他人に損害を与えた場合，施工者は民事責任を負わなければならないと規定している[33]。以上から分かるように，ここでのその他の加害原因には違約責任は含まれない。

3 渡辺達徳の所見

「1. 問題の提示」に示された①から④までについて，順次，コメントする。
①について
損害賠償の範囲について定める中国契約法 113 条 1 項は，3 つの論点を示している。すなわち，ⓐ予見可能性を判断する時期，ⓑ予見の内容及びⓒ予見の主体である。

まず，ⓐについてみると，法文上，予見可能性を判断する時期が契約締結時とされることは明確である。その根拠について，韓世遠は，簡単に，その「背後には道理が存する」と述べ，王成は，「理性と計算」という「契約法の基調」に言及している。この理解は，不履行期を基準とする日本の判例（大判大正 7 年 8 月 27 日民録 24 輯 1658 頁）と異なる。ただし，日本においても，予見可能性の判断が契約の規範的解釈に帰着すべきものであることから，契約締結時が基準であるとの有力説がある[34]。ⓑについては，韓世遠は，113条 1 項の解釈上，損害の類型の予見を要求するだけであるとの理解を示すが，王成は，損害の類型と損害の程度を同時に予見すべきであるとし，説が分かれ得ることが読み取れる。この問題は，日本においては，416 条 2 項の文理に即して，予見可能性の対象は「特別の事情」か「損害」か，という問いとなって現れるものといえよう。多くの場合には，この見解は具体的差異をもたらさないが，例えば，「腐った食べ物を売ったところ，通常なら軽い下痢で済むのに，相手が虚弱だったので，脳症を起こした」というケースを考えると，「事情」は相手が虚弱だということであり，「損害」は脳症になったこ

---

33) 黄松有主編『最高人民法院人身損害賠償司法解釈的理解与適用』（人民法院出版社，2004 年）24〜28 頁。

34) 平井宜雄『債権総論［第 2 版］』（弘文堂，1994 年）96 頁（この立場によれば，ⓒについても「両」当事者が基準となる）。

とであるから，賠償の範囲に差が出るという指摘もある[35]。ⓒについては，韓世遠も王成も，法文上，違約者（債務者）であることは明白であるとする。この点は，日本の判例及び通説と変わらない（ただし，上記のとおり，「両」当事者と解する有力説がある）。

中国契約法の規定は，CISG74条に近似している。中国は，同条約の署名開放期間最終日である1981年9月30日に署名を行い，1986年12月11日にこれを批准している。一方，中国契約法の採択は，1999年3月15日であり，同年10月1日から施行されているので，中国契約法の起草に当たり同条約が比較法の素材として参照されたことは，すでに公知といえよう。

一方，上に述べたⓐⓑⓒの論点は，日本においても論争の的となってきたが，民法改正案は，特別事情の予見可能性を示す文言を，「予見することができた」から「予見すべきであった」と改めるほか，現行規定を維持している。したがって，従前の論争は，今後も引き継がれることになる。

②について

懲罰的損害賠償は契約上の請求権にもとづくのか，それとも不法行為法上の請求権にもとづくのか，という問題提起に対する韓世遠と王成の回答は，内容を異にする。すなわち，韓世遠は，懲罰的損害賠償は契約法・不法行為法のいずれの中でも主張することができると説き，王成は，不法行為法上の請求権であるとの理解を示す。もっとも，このような見解の差異に至る両者の視点は，異なるようである。

韓世遠は，消費者権益保護法を例にとって，同法に定める懲罰的損害賠償は，特別法に定める特別な請求権であり，真正の損害賠償ではないと理解した上で，したがって，私法的性質を契約法的か不法行為法的かに決定することはできないとの立場から，懲罰的損害賠償は，私法上の請求権あるいは民事訴訟と「一緒に主張できる」と述べる（懲罰的損害賠償と私法上の損害賠償との「二元説」といえようか）。

これに対し，王成は，消費者権益保護法により賠償の対象とされるのは，不法行為にもとづく物的損害及び精神的苦痛を基礎とするのであって，ここでの懲罰的損害賠償は，不法行為上の請求権であるとの理解を示す（懲罰的

35）星野英一『民法概論Ⅲ（債権総論）』（良書普及会，1978年）75頁。

損害賠償と不法行為との「一元説」)。

　すなわち，韓世遠は，懲罰的損害賠償という請求権の法的位置付け（公法的性質）に着目し，王成は，賠償されるべき損害の内容から答えを導こうとしている。

　なお，日本においては，周知のとおり，アメリカ・カリフォルニア州裁判所が行った懲罰的損害賠償を認める判決を日本で執行することの可否につき，最高裁が，懲罰的損害賠償の制度は日本の公序に反するとして，これを否定している[36]。

　③について

　この問いは，中国契約法 113 条に定める「予見可能性」理論が司法実践において現実に機能しているかを尋ねるものである。韓世遠，王成のいずれからも，問いに対する実証的・総合的観点からの回答は，必ずしも明確に示されていない。

　翻って，日本民法における「予見可能性」論は，裁判実務においても重要な役割を果たし，学説も，判例を分析・検討しつつ深化を遂げてきた。416 条 2 項をめぐる解釈問題としては，①で検討した@ⓑⓒが挙げられるほか（とりわけ，重要な判例が存在し，かつ，学説でも好個の論争対象とされてきたのは，@である），特別事情の「予見可能性」は事実的なものか，または規範的なものか，という分析の視点が示されてきた。民法改正案は，上記①で述べたとおり，「予見すべきであった」という規範的表現を採用している。このことと，改正案 415 条が「契約……及び取引上の社会通念」に照らして債務不履行の免責事由の有無を判断すると定めることに照らすと，全体として見た場合の民法改正案は，債務不履行責任の存否及び責任が認められる場合の損害賠償の範囲について，契約及び取引上の社会通念を考慮した上での規範的判断を重視して決しようとしていると評価することもできる。

　④について

　掲記された司法解釈の「加害原因」の中に違約行為（債務不履行）が含まれるかという問いは，契約上の債務不履行による損害賠償において慰謝料をも請求することができるか，という問題に連なると考えられる。韓世遠はこ

36）最判平成 9 年 7 月 11 日民集 51 巻 6 号 2573 頁。

れを肯定し，王成は否定する。

　契約上の損害賠償において慰謝料を請求することができるかについては，日本でも議論がある。不法行為において非財産的損害の賠償ができることについては明文の規定があるが（民法710条），債務不履行においては，こうした規定がない。しかし，医療過誤や安全配慮義務違反のように人の生命・身体・健康等が侵害される事案では，慰謝料請求が認められることに疑いはない。一方，財産権が侵害された事案においては，通常は，当該財産損害に対する賠償がされれば，債権者（被害者）の損害は填補されると解される場合が多いであろうが，債権者が特別な愛着を持つ財産が損傷されたようなケースでは，慰謝料が認められる可能性はあるといえよう。

第10節　違約金の性格

1　問題の提示
　契約法114条の違約金の性格をめぐっては種々論点が存在する。
　(1)　違約金と損害賠償の関係について
　日本民法420条3項は「違約金は賠償額の予定と推定する」と規定され，予定賠償額の増減は認められないと説かれる。この点で，実際の損害額にあわせて約定違約金額の増減を認める中国と異なる（ただし，改正民法で，現行民法420条の「裁判所は，その額を増減することはできない」との文言は削除された）。この違いの理由として，王利明は次のように説く。わが国の違約金は主に補償性違約金である。しかし，わが国の契約法は，違約金が賠償額の予定であるとは確認していない。中国契約法が違約金を賠償額の予定とみなしていない原因は，補償性の違約金が損害賠償額の予定と完全には同じでないことにある。例えば違約金では違約によって生じた損失を補うことができないときは，被害者はさらに賠償を得ることができるとして，民法通則112条の規定（「当事者の一方が契約に違反したことについての賠償責任は，相手方がこれによって受けた損失に相当する。当事者は契約の中で，一方が契約に違反したとき，相手方に対して一定額の違約金を支払うことを約定することができるし，また契約の中で契約違反によって生じた損失賠償額の計算方法を約定することもできる」）を挙げ，本条は実際上当事者が違約金と予定された損害賠償を同

462　第二部　中国契約法の研究

時に約定することができることを認めているとする。民法通則112条をこのように解釈することはできるか。112条は両者の選択を内容とするとの見解も存する[37]。この点についてどのように考えるか（質問①）。

（2）違約金と契約解除の関係について

契約が解除された場合，違約金請求権は消滅するのかどうか。解除をめぐるいわゆる直接効果説をとるかどうかで，また直接効果説をとる論者の中でも見解が分かれている。この点についてどのように考えるか（質問②）。

（3）違約金責任の構成要件について

懲罰的賠償金とは区別されたいわゆる賠償性違約金について，過失を要件とするのかどうか，日本でも学説は分かれている。我妻栄は帰責事由不要説をとるが，裁判所は帰責事由を要件とすると言われている。中国でも，見解は分かれている。司法実務界では，違約金責任の構成要件は違約行為と故意・過失であるとし，また，故意・過失の程度によって違約金額を調節するとの学説も存すると説かれている[38]。この点についてどのように考えるか（質問③）。

（4）懲罰的違約金について

違約金責任における制裁的要素を重視すれば，懲罰的違約金の存在を積極的に評価することになる。ある論者は，（ⅰ）裁判所が直接違約金額を調整できないことは司法実践上問題である，（ⅱ）違約金額の高低を判断するとき，違約金は補償を主となすのか，それとも懲罰を主となすのか問題となるが，懲罰的違約金は現在の中国では必要で，現段階では，懲罰的違約金は利の方が弊害より大である，（ⅲ）懲罰的違約金の額は担保法91条を類推適用して主たる契約額の20％を超えてはならない，と説く[39]。こうした見解についてどのように考えるか（質問④）。

（5）違約金の調整における裁判官の釈明について

この問題は最近，梁慧星が指摘しているところであるが[40]，従来は最高人

37）王利明・前掲注3書631～632頁。

38）王利明Ⅱ書714頁。

39）靳学軍＝李穎「違約金調整的司法難題及解決」人民司法2008年19。

40）梁慧星「審理合同糾紛案件的若干問題」法学論壇2012年12期。本書での引用は同論文所載の法律適用2012年12期25頁による。

民法院「民商事契約指導意見」（2009 年）で，「人民法院は，違約金が高すぎると主張する必要があるかどうかの問題について釈明を行うことができる」（奚暁明主編「解読最高人民法院司法解釈」之商事巻 339 頁，下線小口）となっていたのが，「売買契約解釈」（2012 年）27 条では，「売買契約の当事者の一方が，相手方の違約を理由に違約金の支払を主張し，相手方は契約の不成立，契約の効力未定，契約無効，違約を構成しない等を理由に免責を主張し，高すぎる違約金の調整を主張しないとき，人民法院がもし免責抗弁を支持しなければ，当事者が違約金の調整を主張することを必要とするのかどうか釈明を行わなければならない」（下線小口），「もし 1 審法院で免責抗弁が成立すると判断して，釈明を行わず，2 審法院が違約金を支払うべきであると判断した場合，直接，釈明を行い，併せて判決を改めることができる」と規定する。この司法解釈の変化は，違約金の調整に関する釈明の行使を従来の「可以」（できる）から「応当」（しなければならない），すなわち義務へと変更したことを意味するのか。また，契約法 114 条は違約金の調整について，当事者の請求を前提としているが，この 2012 年の司法解釈は裁判官の職権でもって違約金の調整を義務付けていると理解してよいか（質問⑤）。

2　韓世遠・王成の回答

≪韓世遠の回答≫

（1）　質問①について

　当事者間で違約の場合に請求できる損害賠償額をあらかじめ約定しておけば，債権者にとっては損害の挙証を必要としない点で便利である。また債務者にとっても，違約の場合，賠償額が最初から確定しているので安心である。こうした損害賠償額の予定の制度は，債権者，債務者ともに利便性を有する制度である。その他に，契約自由の原則にもとづき，契約を通じて賠償額を約定でき，これも問題ない。したがって，損害賠償額の予定制度は多くの国家の法制で認められている[41]。中国契約法 114 条 1 項後段は，当事者が違約によって生ずる損失賠償額の計算方法を約定することを認めており，この実

41）奥田昌道編『新版注釈民法（10）Ⅱ債権（1）』（有斐閣，2011 年）571 頁［奥田昌道＝坂田宏］。

464 第二部 中国契約法の研究

質も一種の損害賠償額の予定である（損失賠償額の計算方法を定めるということは，当然，損害賠償額の確定を可能にし，この確定自身が予定の属性を具有する）。114条1項前段は当事者による違約金の約定を認めている。違約金と損失賠償額の計算方法が並列的に規定されていることから，両者の関係の問題が出てくる。換言すれば，違約金はその性質上日本民法420条2項と同じように損害賠償額の予定として推定されるのか。

契約法はこの点について何も明確に規定していないし，また以前の渉外経済契約法20条2項前段の「契約で約定した違約金は，契約違反の損失賠償とみなす」といった規定もない。ここから，学者の間で，さまざまな理解が生じてくるが，これはきわめて正常な事である。例えば，王利明は，新契約法は違約金額を調整できると規定するが，違約金が予定された損害賠償であることを確認してはいないと説く[42]。

立法資料から見ると，建議草案146条では違約金は当事者の約定によることを規定し，147条は「当事者に特段の約定なき限り，違約金は予定された違約賠償金とみなす」，「債権者が債務者に違約金の支払を請求した場合，同時に継続履行または損失賠償を請求できない。ただし，違約金がもっぱら履行遅滞のために約定されている場合はこの限りでない」と規定していた。また149条は違約金の増減を規定していた。以後，1996年5月〜6月の修正において，当該条文について調整が加えられ，約定違約金の増減につきより具体的な規定が置かれた。この第3稿の81条は，「当事者は違約金を約定することができる。当事者が違約したら，約定により違約金を支払わなければならない」（1項），「違約金は違約により生じた損失の賠償金とみなす。約定の違約金が違約によって生じた損失より高すぎたり，低すぎたりした場合，当事者は人民法院または仲裁委員会に適切な減額または増額を請求できる。違約によって損失が生じておらず，約定により違約金を支払うことが明らかに不合理な場合，当事者は人民法院または仲裁委員会に適切な減額を請求できる」（2項），「当事者が契約の中で損失賠償を約定している場合は，本条を適用する」（3項）と規定した。さらに83条で，「当事者が違約金を約定し，また損失賠償額の計算方法を約定している場合，一方が違約したら，被害者

42）王利明・前掲注3書578頁。

はいずれかの責任負担方式を選択できるだけである」と規定した。徴求意見稿77条は第3稿の81条1項，2項を残し，3項を削除したが，第3稿の83条は残されなかった[43]。現在の契約法114条1項及び2項は概ね渉外経済契約法20条1項及び2項に相当する。両者の違いは以下の点にある。その1，渉外経済契約法20条2項前段が規定する違約金は「契約違反の損失賠償とみなす」とあり，他方，契約法114条にはそれがない。その2，契約法114条3項は渉外経済契約法20条に比して，新たに加えられた規定である。

　上記の第1の差異について，さまざまな解釈が可能であり，その中には「規定を明確にしないことは否定を意味する」との解釈も含まれる。しかし，私個人はそうした解釈はとらない。その理由は以下のようなものである。上記の立法草案の表現が反映しているのは，起草者は渉外経済契約法の違約金に関する性格，すなわち契約違反の損失賠償としての性格を踏襲しているということである。もし立法者がこの性格を否定しようとすれば，立法の修正はより重大な修正に属し，必然的に適切な方法でその改正理由を示したはずである。ところが，そうした点を見出すことができない。つまり，これは重大な改正ではなく，単に文字の調整に過ぎず，その立法精神に違いはないと考える方が，立法者の本来の意図に符合する。これについて今日の時点であらためて見てみると，その積極的側面が存在する。何故なら，「見なす」とは覆すことのできない推定であり，一種の法的擬制である。このように理解すれば，違約金が一旦契約違反の損失賠償と「見なされる」ことにより，「懲罰的違約金」が存在する空間は存在しなくなった。

　王利明の見解は次のようなものである。たとえ補償性違約金でも予定された損害賠償と完全には同じでない。両者の違いの1つは，予定された損害賠償であれば，それを支払った後，当事者はその他の形式の損害賠償を請求する権利はない。しかし，補償性違約金の場合，それを適用した後でも，賠償の運用は完全には排除されない[44]。しかしこうした見解には検討の余地がある。損害賠償の予定としての契約法114条が規定する違約金は最低限度の賠償額の予定なのか，それとも最高額の予定なのか。王利明は違約金と損害賠

---

43) 梁慧星『民法学説判例与立法研究（二）』（国家行政学院出版社，1999年）180〜181頁。

44) 王利明・前掲注3書578頁。

償の併用を認めており，このことから違約金を最高額の損害賠償の予定とは考えていないことは明らかである。ここから次のような疑問が生ずる。違約金を請求した後でさらに損害賠償を請求する（例えば経済契約法 35 条のように）となると，立法者はどうして 114 条 2 項で当事者が人民法院または仲裁機関に増額を請求するのを認める必要があるのか。直接，損害賠償を適用して問題は解決しないのか。明らかに立法者の本意はそうではなかった。立法者が注意を払っていたのは，違約金についての経済契約法と渉外経済契約法の間の差異ということであり[45)]，併せて契約法制定過程の中で慎重に選択をなし，経済契約法のモデルを放棄し，渉外経済契約法のモデルを選択したのである。

違約金と損失賠償額の計算方法を併用できるかどうかは，それ自身は契約解釈の問題であり，当事者の真意を探る必要がある。両者の併用が可能だとして，違約金が予定された損害賠償とは異なると考えるその論理はわかりづらい。むしろ，渉外経済契約法 20 条の規定のように考える方が，問題をすっきりさせることができる。本条 1 項は契約法 114 条 1 項と同様，当事者が違約金を約定することを認めており，また違約による損失賠償額の計算方法を約定することもできる。そして，同条 2 項は，契約中の約定する違約金は契約違反の損失賠償と見なすと明確に規定している。

（2）質問②について

契約が一方当事者の違約によって解除された場合，非違約方には違約金請求権があるのか，それともないのか，これは検討に値する問題である。契約解除の「直接効果説」によれば，契約は解除によって遡って消滅し，皮がないのに毛が付着しているはずがないということになる。したがって，違約金

---

45) 81 年経済契約法 35 条・93 年改正経済契約法 31 条「当事者の一方が経済契約に違反したときは，相手方に違約金を支払わなければならない。もし違約が相手方に与えた損失が違約金を超えるときは，さらに賠償し，違約金で不足する部分を補償しなければならない。相手方が継続履行を要求するときは，履行を継続しなければならない」。渉外経済契約法 20 条「当事者は契約の中で，一方が契約に違反したときは，相手方に一定額の違約金を支払うことを約定することができるし，また違約によって生じた損失賠償額に対する計算方法を約定することもできる。契約の中で約定した違約金は，契約違反の損失賠償とみなす。ただし，約定した違約金が契約違反によって生じた損失より高かったり，あるいは低かったりした場合，当事者は仲裁機関又は法院に適切な額の増減を請求することができる」。

条項はその基礎を失い，違約金請求権は当然に消滅し，もはや請求できない[46]。しかし，こうした見解に対して，直接効果説をとる立場の論者でも完全に賛同しているわけではない。その理由として，「当事者の違約によって生じた違約金責任は客観的に存在し，契約解除によって烏有と化すことはなく，この点についてはいかなる性質の違約金も同様である。違約金を配慮するために，契約関係の存在を前提とする理論を必要とし，契約が遡及的に解除されるとき，違約金が存在する範囲内で契約関係は存在すると擬制することができる」[47]と説く。

契約法 98 条は「契約の権利義務の終了は，契約中の決済と清算条項の効力に影響を与えない」と規定している。契約解除は，契約上の権利義務の終了事由の一つである（契約法 91 条参照）。したがって，契約解除の場合，契約中の決済及び清算条項はなお有効である。この中には違約金条項も含まれる。したがって，わが国の現行法上，違約金は契約解除によって影響を受けることはなく，なお請求できる[48]。

(3) 質問③について

1999 年の契約法制定前，中国の民法学説での違約金の構成要件は，通常，過失を要件とした。例えば梁慧星は 1988 年に出版された著作の中で，「法律が違約に対して厳格に過失責任原則を適用していることに鑑みると（わが国の法律は今にいたるまで無過失責任を適用する契約を規定していない），違約金は過失責任に属し，違約者が違約行為に対して過失があるときにのみ，違約金責任が発生する。もし過失がなければ，違約者は免責される」と述べている[49]。

1999 年に「厳格責任」原則を採用した契約法が登場するに及んで，違約金の構成要件の解釈をめぐって困難がもたらされた。当時，私は違約金の問題について論文を書いたとき，非常に困惑した。そこで，私は博士論文の指

---

46) 左覚先「論契約解除後違約金之請求権是否存在」（鄭玉波編『民法債編論文選輯』中冊所収，五南図書出版社，1984 年）855 頁。

47) 崔建遠・前掲注 19 書『合同責任研究』257 頁。

48) 韓世遠Ⅳ書 673 頁。わが国の実務もこのような見解を支持している。沈徳咏＝奚暁明主編『最高人民法院関于合同法司法解釈（二）理解与適用』（人民法院出版社，2009 年）206 頁。

49) 梁慧星『民法』（四川人民出版社，1988 年）422 頁。

導教授であった梁慧星に教えを乞うた。梁の答えは，契約法がすでに「厳格責任」を採用した以上，違約金の構成要件も当然過失を要件としないというものであった。そこで，次に私の修士論文の指導教授であった崔建遠に教えを乞うた。そこで得た答えはまったく逆であった。そこで，すかさず私はどうして過失要件を必要とするのか質問したら，崔は，これが伝統である！と答えた。崔建遠主編の『新合同法原理与案例評釈』の中で，第七章の「違約責任」の執筆者となったので，私は主編者の崔建遠の見解にもとづいて，違約金責任の成立は「原則として違約金には故意または過失が存在することが求められる」，「たとえ厳格責任原則のもとでも，違約金責任の構成については，解釈上，縮小解釈をとらなければならず，違約金を要求するには過失を要件とする」と書いた。しかし，これが問題であることを当時すでに認識していたため，当該書物の中でこの問題を指摘しておいた[50]。

　上記の問題をめぐる思考は上記の著作の出版で終わらなかった。2002年，北京の冬で最初の雪が降ったとき，私は，これは単純なイエスかノーかの問題ではなく，類型を分けて個別的に論じるべきであると認識した。この考えを崔建遠に伝えたところ，氏の許可を得た。そこで，私は2003年に出版された『合同法』第3版の私の執筆箇所で以下のように質的に変化した議論を展開した。「違約金責任の構成は，違約金に過失があることを要求するのか。これについては類型を分けて具体的に分析しなければならない。（ⅰ）もし当事者間で違約金の成立には一方当事者に過失があることを要件とすることを約定しておれば，その約定による。（ⅱ）契約法各則及び単行法規中の特別規定で過失を要件とする場合，違約金の成立には過失が当然要件とされる。（ⅲ）懲罰的違約の場合，その目的は債務者に心理的圧力をかけ，債務を積極的に履行するよう促すことにあると同時に，債務不履行の場合，故意・過失に対する懲罰のかたちで表現されるので，債務者の故意・過失を懲罰的違約金負担の要件とすることが当然求められる[51]。（ⅳ）賠償性違約金の場合，前述のような特別の事由がなければ，過失を要件とする必要はない。何故なら，その性質上，それは損害賠償額の予定であり，そこで強調されているの

50）崔建遠主編『新合同法原理与案例評釈　上冊』（吉林大学出版社，1999年）622頁，
　　崔建遠主編『合同法』（法律出版社，2000年）319頁。
51）韓世遠「中国的履行障碍法」私法研究創刊号2002年193頁。

は違約によってもたらされた損害の補償で，故意・過失の帰責事由を必要としないからである。これはまた契約法が採用した厳格責任原則に符合する[52]。以上の考え方はその後また私の論文「違約金的理論問題」[53]及び私の『合同法総論』[54]に表されている。今日に至るまで，以上のような私の見解は崔建遠によって認められている[55]。

(4) 質問④について

懲罰的違約金が存在することの必要性について，私はこれまで疑問を感じたことはない。しかし，懲罰的違約金は法律上抑制的であるべきである。また，担保法91条を類推適用して懲罰的違約金を抑制する考え方は，中国では私が最初に提起したものである[56]。この見解は，現在，実務界に一定の影響を与えている。

(5) 質問⑤について

裁判官の審理過程での「釈明」をめぐる問題について，中国の司法実務界及び理論界は模索の段階にある。「釈明」とは権利，権限なのか，それとも義務，職責なのか。国によって実践的やり方と理論認識に違いがある。最高人民法院の上記の司法解釈自身も一種模索の状態にあり，最終的に決まったことではない。「釈明」が「できる」から「しなければならない」に変わったことの背景にある理論的意味の違いについての梁慧星の分析には道理がある。

違約金の調整は当事者が調整を求めることが前提で，裁判所または仲裁廷は職権で調整することはできない。この点は現在の中国で明確である。上記の司法解釈が出ても，この点での基本的立場に変わりはない。

≪王成の回答≫

(1) 質問①について

中国契約法において，違約金と損害賠償の関係は密接ではあるが，両者の

---

52) 崔建遠主編『合同法［第3版］』（法律出版社，2003年）285～286頁［韓世遠執筆］。
53) 韓世遠「違約金的理論問題」法学研究2003年4期。
54) 韓世遠『合同法総論』（法律出版社，2004年）772～773頁。
55) 崔建遠『合同法』（北京大学出版社，2012年）370頁。
56) 韓世遠・前掲注53論文。

関係をどのように考えるかをめぐって，認識に違いが存する。立法規定から見ると，1981 年の経済契約法 35 条（1993 年の改正後の経済契約法 31 条）では，当事者の一方が経済契約に違反したときは，相手方に違約金を支払わなければならなかった。もし違約方が相手方に与えた損失が違約金額を超えるときは，さらに賠償して違約金の不足分を補償しなければならず，相手方が契約の継続履行を要求した場合は，履行を継続しなければならないと規定していた。他方，1985 年の渉外経済契約法 20 条では，「当事者は契約の中で，一方が契約に違反したときは，相手方に一定額の違約金を支払うことを約定することができるし，また違約によって生じた損失賠償額に対する計算方法を約定することもできる」，「契約の中で約定した違約金は，契約違反の損失賠償とみなす。ただし，約定の違約金が契約違反によって生じた損失より高かったり，あるいは低かったりした場合，当事者は仲裁機関又は裁判所に適切な額の増減を請求できる」と規定していた。

　渉外経済契約法 20 条 1 項及び 2 項ただし書は，それぞれ民法通則 112 条 2 項及び 1999 年契約法 114 条 2 項の内容をなした。しかし，違約金と損害賠償の関係についての「契約の中で約定した違約金は，契約違反の損失賠償とみなす」との文言は，民法通則にも，また 1999 年の契約法の規定にも改めて登場することはなかった。

　私個人としては，違約金と損害賠償の関係は，違約金の性質及び調整可能かどうかと関連すると考える。例えば，現在，多くの論者が，違約金は損害賠償の予定とみなすべきであると主張するが，ここでの違約金の大半は補償性の違約金のことである。それと同時に，契約法 114 条は，違約金は当事者の請求によって調整できると規定するので，損失が調整の基準をなす。したがって，ここでは損失と違約金は同一の事柄である。以上から言えることは，違約金と損害賠償の関係は，違約金自身の性質及び調整可能かどうかということと関連がある。例えば，「契約法適用解釈（二）」28 条によれば，当事者は契約法 114 条 2 項の規定により，人民法院に違約金の増額を請求した場合，増額後の違約金額は実際の損失額を限度とすると規定している。また，同 29 条によれば，当事者が約定の違約金が高すぎるとして適切な減額を主張した場合，人民法院は実際の損失を基礎として，併せて契約履行状況，当事者の故意・過失の程度及び予期利益等の要素を総合的に考慮して，公平原

則と誠実信用原則にもとづいて衡量して裁決を下し，当事者の約定した違約
金が損失を30％上回った場合，一般に契約法114条2項の規定する「生じ
た損害より高額である」と認定することができると規定している。

　民法通則112条については，見解の対立が存在する。私個人としては，所
謂一定額の違約金を約定するとは，固定的な額の約定のことである。所謂損
失賠償額の計算方法を約定するとは，計算方法のことである。この計算方法
の約定とは固定額の約定に対するものである。したがって，112条の規定は，
固定額の約定にせよ，計算方法の約定にせよ，いずれも損失賠償の予定であ
る。

　「売買契約解釈」24条4項によれば，売買契約において期日徒過の代金支
払いの違約金あるいは違約金の計算方法を約定しておらず，売主が買主の違
約を理由として期日徒過の代金支払の損失の賠償を主張したときは，人民法
院は中国人民銀行の同期同種類の貨幣基準利率を基礎として，期日徒過の違
約罰利息利率基準を参照して計算すると規定している。

　本条は，上記の理解の正しさの佐証となろう。

　(2)　質問②について

　中国では，大多数の判決は，最高法院の判決を含めて，契約が違約により
解除された後でも引き続き違約金の要求を支持している。ただし，最高法院
の少なくとも一つの判決はそれに反する解釈を下している。そのため人びと
の論議を呼び起こすこととなった。

　「売買契約解釈」26条は，売買契約が違約によって解除された後，非違約
方が引き続き違約金条項の適用を主張した場合，人民法院は支持しなければ
ならないと規定している。この規定は最高法院の見解を明確にしたものであ
る。私個人はこの規定に賛同する。

　学説上，契約解除後，直接効果説を採れば，違約金の請求権はもはや存在
しなくなることを必然的に意味するのかどうか。直接効果説を採る学者でも
必ずしもそのようには考えていないように思われる。例えば，崔建遠は，直
接効果説により契約の解除は遡及効を有するとしても，それは違約責任の存
在に影響を与えず，かつ当該責任関係は原契約関係と同一性を有すると考え
る[57]。その理由として，当事者の違約によって生じた違約金の責任は客観的
に存在し，契約解除によって烏有と化すことはなく，それは違約金がどのよ

うな性質のものでも同様であるということを挙げる。違約金が契約関係の存在を前提とするとの理論との整合性をたもつために，契約解除に遡及力があるときに，契約関係は違約金が存在する範囲内で存在すると説く[58]。王利明も，一方の違約が契約解除をもたらすような状況のもとでは，相手方の違約金支払の要求を認めるべきであると説き，その理由として，違約金の主たる作用は違約行為の制裁と債務の履行の担保にあるからであるとする[59]。

(3) 質問③について

違約責任の方式としての違約金責任の構成要件は，違約責任の構成要件と一体的に考慮されなければならない。前述の如く，違約責任の構成要件について対立が存在するので，違約金責任についても対立が存在しているということは理解できる。私個人としては，違約金責任の構成要件はとりもなおさず違約責任の構成要件であると考える。さらに，違約金の額は損失賠償の予定でなければならない。

他面，違約損害賠償の額は必ずしも個々の案件ですべてきわめて正確な額というわけではないので，裁判官は，裁判時，一定の自由裁量権を有する。損害賠償がもしも違約金として体現されているとすれば，違約金が低すぎることにより，また明らかに高すぎることにより調整の問題に直面する。この調整の過程で，故意・過失は一定の影響を引き起こす。しかし，故意・過失は影響の要素の一つに過ぎない。例えば，「契約法適用解釈（二）」29条1項は，当事者が約定の違約金が高すぎるので適切に減額することを求めると主張する場合，人民法院は実際の損失を基礎とし，併せて契約の履行状況，当事者の故意・過失の程度及び予期利益等の要素を総合的に考慮し，公平原則と誠実信用原則にもとづいて衡量し，裁決を下さなければならないと規定する。

上記で引用されている王利明と崔建遠の見解については，引用上誤解があるように思われる。そこで言われている「司法実務部門においては，違約責任の基本的な構成要件は違約行為と故意・過失と認識されている」，及び「またある学者は故意・過失の程度によって違約金の額を確定すべきである

---

57) 崔建遠・前掲注14論文45頁。
58) 崔建遠・前掲注19書『合同責任研究』257頁。
59) 王利明・前掲注3書581頁。

と主張する」は，いずれも王利明の著書の714頁注1のところでの内容である。しかし，この注1の原文は「学術界及び司法実務部門には一貫して一種流行した見解が存在し，それは違約金責任の基本的構成要件は違約と故意・過失であり，かつ故意・過失の程度にもとづいて違約金額を確定することを要求する」となっている。王利明はその書の714頁注2で王家福の契約法を引用し，その内容は違約金の支払は実際の損害を条件とすべきではないというものであり，この部分の内容と無関係であることが分かる。注1によれば，上記の議論は崔建遠の著書の622頁に由来する。崔のこの書を見てみると，上記の「学術界及び司法実務部門には……故意・過失の程度にもとづいて違約金額を確定することを要求する」との文章はない。崔の著書の622頁の内容は，違約金責任の成立についてである。本書では，以下のように説いている。違約金責任は2つの条件を必要とする。第1は，違約行為の発生である。第2は，原則的に違約方に故意・過失が存することを要求する。「しかし，厳格責任原則の体制のもとでは，1つ問題が生ずる。すなわち，違約責任の構成は故意・過失を要件とせず，違約金責任に例外を設ける理由はなく，したがって故意・過失を要件とすべきではない。ここでどうして故意・過失を違約金責任の発生要件として要求するのか。この問題について，実際には，2種類の見解が存する。その1は，厳格責任原則にもとづき，違約金責任の構成は債務者が主観的に故意・過失を具備することを要件としないというものである。その2は，たとえ厳格責任原則のもとであっても，違約金責任の構成は，解釈上，限定解釈をとるべきで，違約方に故意・過失の存することを要件とするというものである。本書は，後者の見解に賛成する」。以上から分かることは，たとえ原文からの引用ではなく，概括的引用であっても，やはり誤解が存するように思われる。

（4）質問④について

小口は中国の文献に非常に熟知している。この2人の論者は私のかつての同僚である。両者はいずれも裁判経験の非常に豊富な裁判官で，彼らの見解は多年にわたる彼らの裁判経験の総括であり，また一定の代表性を有する。

例えば次のような一文を草している。当事者は1審では往々にして違約を構成するかどうかに関心を集中し，違約金の高低にはあまり関心を寄せない。そのため，当事者は1審では違約金の調整を提起しない。2審になって，違

約問題が比較的明確になってはじめて違約金調整の問題に思いを致すようになる。こうした場合，2審は1審判決を変更する可能性がある。しかし，1審の裁判官は職業的栄誉の観点から，自己の判決が変更されるのを見ることを好まない。そこで，1審の裁判官は，当事者に対して1審の時に違約金調整の申請をなすよう注意を喚起させる方法を取ろうとする。この時，相手方当事者が不満を抱く可能性がある。すなわち，裁判官は，相手方が違約金が高すぎるとは思っていない状況のもとで何の権利があって相手方当事者を不断に覚醒させようとするのかという不満であり，さらに進んで，裁判官の中立性に疑いを抱くようになる。

　これらのことは非常に貴重な裁判経験で，研究者にとって注目に値する。これに対する回答としては，以下のような司法解釈がある。すなわち「売買契約解釈」27条は「売買契約の当事者の一方が相手方の違約を理由として違約金の支払を主張し，相手方が，契約が不成立である，効力が生じていない，契約が無効である，あるいは違約を構成しないこと等を理由に免責の抗弁をなし，違約金が高すぎることの調整を主張しない場合，人民法院は，もし裁判所が免責の抗弁を支持しなければ，当事者は違約金の調整を主張する必要があるかどうかについて釈明を行わなければならない」，「1審法院が免責抗弁は成立し，かつ釈明を行わず，2審法院が違約金支払を命ずる判決を下した場合，直接釈明し，判決を変更することができる」と規定している。

　指摘すべきことは，ここでまとめられている上記（ⅰ）〜（ⅲ）の3つの見解，特に（ⅰ）と（ⅲ）の見解は，他人の少数意見にすぎず，決して靳＝李両者の見解ではない。

　例えば，（ⅰ）の「裁判所が直接違約金を調整できないことは，司法実践上問題である」との見解は，この両者の見解とは異なる。すなわちこの両者は，裁判官が釈明権を行使しなければならないと考えている。違約金の調整問題において，釈明権の行使は例外的なケースである。しかし，その例外的状況のもとでは，裁判官は釈明権を行使できる。すなわち，（イ）当事者は違約金の調整を明確には申請していないが，その訴訟請求或いは抗弁理由の中でそれに対応する意思が示されている場合，行使できる。例えば，違約金が損失より低いとき，当事者は違約金を主張すると同時に，違約金が損失より低い部分について損失賠償を要求し，形式上は違約金の増額を請求してい

ないが，実質的には違約金の増額と一致する場合，それは単に意思の表現の違いにすぎない。（ロ）違約方はいまだ主導的には違約金に対する調整を裁判所に申請していないが，違約を構成しないとの抗弁と同時に，たとえ違約を構成するとしても実際の損失がきわめて少額であるとか，損失はないと主張した場合，行使できる。（ハ）弁護士に依頼せず，法律知識がきわめて乏しく，経済リスクを引き受ける能力がきわめて低い社会的弱者層である場合，行使できる。

　（ⅲ）の「懲罰的違約金の額は担保法 91 条を類推適用して主たる契約額の 20％を超えてはならない」との見解もまた，文章中で引用されている他者の見解である。靳＝李の見解はこれとは異なる。彼らは以下のように考えている。適切なやり方とは，違約金を高すぎないようにし（低すぎる場合も同じ），具体的な最高限度額は，指導原則あるいは裁量の幅を定めておくに止め，そのうえで裁判官の法律修養とか経済生活に対する体験によって合理的な自由裁量を施すことである。

　(5) 質問⑤について

　「売買契約解釈」27 条は，当事者が救済を得る 2 カ条の適用可能の方途を規定したものである。その 1 は，契約が成立していない，効力が生じていない，無効である，あるいは違約を構成しないといった問題である。もう 1 つは，違約構成後の違約金の問題である。私個人の考えでは，27 条 1 項の「しなければならない」で重きを置いているのは，当事者に対して 2 カ条の方途の釈明の問題を強調し，当事者が十分な救済を得る機会を確保することにある。2 項の「できる」で強調しているのは，当事者の累訴を軽減するために，2 審裁判所は直接判決を下すことができ，1 審に差し戻す必要はないということである。

　27 条の規定の中から裁判官には違約金の調整について釈明の義務があるということを読み取ることは不可能ではない。私個人の見解では，裁判官は本来これについて釈明を行うべきであると考える。

　釈明権の適用範囲について，中国の通説では，裁判官は当事者に代わって実体的内容の形成までしてはならないということを保証しなければならないと説く[60]。「売買契約解釈」27 条は単に裁判官は関連状況について釈明を加えなければならないと規定するのみで，調整を請求するかどうかは依然とし

476 第二部 中国契約法の研究

て当事者によって決定されなければならず，したがって27条は114条の立場を改変するものであってはならない。

3 渡辺達徳の所見

「1. 問題の提示」に示された①から⑤までについて，順次，コメントする。

①について

違約金について定める中国契約法114条は，ⓐ契約において，違約金支払の約定及び違約による損害賠償額を計算する方法の約定をすることができること，ⓑ約定した違約金と現実の損害額と異なるときは，当事者は，人民法院又は仲裁機関に増減を請求することができること，ⓒ履行遅滞に関する約定があるときは，債務者は，違約金を支払った後も履行の責めを負うこと，を定めている。この規定は，渉外経済契約法20条に相当するものであるが，同法20条は，約定された違約金は契約違反の損失賠償とみなす旨を定めていた部分を受け継がなかった。その結果，中国契約法114条の解釈をめぐって議論がある。

韓世遠は，渉外経済契約法20条の趣旨は，中国契約法114条に受け継がれているとの理解を示す。王成は，実際に生じた損失と対比して違約金を調整することができると説く。両者の見解によれば，違約金は，損害賠償のいちおうの基準を構成し，現実に生じた損害が違約金と乖離する場合には調整を認める，というのが法の趣旨ということになろう。

このような規律は，日本民法の規定——当事者は，債務の不履行について損害賠償の額を予定することができ，この場合において，裁判所は，その額を増減することができない（420条1項）——と異なる。また，中国契約法114条により最終的に現実の損害額を基準とした調整が行われるのであれば，何のための違約金の定めなのか，という疑問を生じさせるともいえる。しかし，日本民法上，違約金は賠償額の予定と推定されるが（420条3項），債務不履行に対する制裁すなわち違約罰として違約金を定め，別途に現実の損害賠償を請求することは排除されない。したがって，運用上，中国と日本とでさほどの差異は生じないとも考えられる。

---

60) 張衛平『転換的邏輯：民事訴訟体制転換分析』（法律出版社，2004年）349頁。

なお，民法改正案は，「この場合において，裁判所は，その額を増減することができない」と定める420条1項後段を削除するよう提案している。

②について

契約解除の効果についていわゆる直接効果説を採る場合には，解除による契約の遡及的消滅の結果，契約に含まれていた違約金条項も消滅し，当事者がこれを援用することはできなくなるのではないか，という問題である。しかし，韓世遠も王成も，そのようには考えない。その理由として，韓世遠は，契約の権利義務の終了は，契約中の決裁と清算条項の効力に影響を及ぼさないと定める中国契約法98条に言及し，また，韓世遠も王成も，契約が遡及的に解除されても，違約金が存在する範囲内で契約関係は存続するという理論的根拠を紹介する。これが，中国における支配的見解と見て差し支えないものと思われる。

契約の法定解除について直接効果説を採ることは，日本の判例及びかつての通説も同じであるが，違約金条項との関係で，こうした問題が論じられた形跡は，あまりない。解除により契約が遡及的に消滅してしまえば，不履行の事実もなくなってしまうので，損害賠償請求もできなくなるのではないか，という問題が論じられた時期はあったが，収斂済みの議論といえる。

なお，韓世遠が言及する中国契約法98条には，CISG81条1項2文の影響が現れているといえよう。

③について

韓世遠と王成の解説からは，違約者（債務者）の過失を違約金責任の要件と解するか，という問題が，厳格責任主義を採る中国契約法の重要な解釈問題であることが読み取れる。

日本においても，この問題に関する学説は分かれている。違約金の支払を求めるために，債務者の帰責事由を要件としないという考え方が通説と見られる時期もあったが[61]，近時は，債務者が帰責事由のないことを立証すれば免責されると解する立場も多くなっている[62]。なお，違約金責任の要件につ

---

61) 我妻栄『債権総論』（岩波書店，1940年）114頁，於保不二雄『債権総論』（有斐閣，1959年）139頁。

62) 内田貴『民法Ⅲ』（東京大学出版会，2005年）171頁，奥田昌道編『新版注釈民法（10）Ⅱ』（有斐閣，2011年）601頁〔能見善久＝大澤彩〕。

478　第二部　中国契約法の研究

いて，当事者間に合意がある場合には，その合意内容によることは，もとより認められている[63]。

　④⑤について

　懲罰的違約金の是非ないしは必要性について，韓世遠は，その抑制的運用を唱えつつも肯定的にとらえている。また，王成が紹介する裁判実務も，興味深い。つまり，当事者は，まずは違約（債務不履行）の存否を争うのであって，違約金の多寡にまで配慮が及ばず，違約が免責されないことが明確になって初めて，違約金の額について争う傾向がある。そのため，裁判所は，違約が免責されない場合に違約金の調整を求めるかについて釈明を行うとされる。このとき，釈明が裁判所の裁量なのか義務なのかが，⑤の問題である。

　日本では，懲罰的違約金という概念が存在しない。ただし，実務上，懲罰的な意味も込めて，高額の違約金が定められる可能性はある。このとき，民法の法文上は，裁判所がその額を増減することができないとされるが（420条1項後段），予定された賠償額が著しく過大であり，公序良俗に違反するような場合には，約定どおりの賠償額の支払を認めないことがあり得る。この場合に，適切な賠償額をどのようにして定めるかについて，㋐裁判官が妥当な額を定めるというものと，㋑一般原則に戻り，当事者に損害の立証をさせるものとが考えられる。㋐は，違約金条項の一部を無効とする処理であり，㋑は，違約金条項の全体を無効とする方法である。どちらを妥当と見るかは，この問題に対する裁判所の介入をどこまで強く認めるか，という評価により分かれるであろう。

第11節　手付と違約金と損害賠償の関係

1　問題の提示

　上記2012年の最高人民法院の「売買契約解釈」28条は，「売買契約の約定の手付が違約方のもたらした損失を補うに足らず，相手方が手付を超えた損失部分の賠償を請求したときは，人民法院は併せて処理できる。ただし，手付と損害賠償の総額が違約によって生じた損害を超えてはならない」と規

　63）平井宜雄『債権総論［第2版］』（弘文堂，1994年）111頁。

定する。この点について梁慧星は「わが国の契約法の手付は違約手付であり」「違約手付は損害賠償の予定であり，性質上違約金と同じである。したがって手付と損害賠償の予定は併用できない」[64]はずであると主張する。しかし，王利明は，契約法116条は違約金と手付の併用を禁止したもので，「もし違約によって損害が生じた場合は，非違約方は違約金の支払か，手付責任を求めた後で，別途，損失賠償を請求する」と説く[65]。王利明の論法でいけば，もし損失賠償の予定を約定しているときは，手付と損失賠償の予定は併用できるということになる。この点についてどのように考えるか。

2 韓世遠・王成の回答

≪韓世遠の回答≫

「売買契約解釈」28条の規定は，最高人民法院が違約手付は損失補填の効能を有すると考えていることを明らかに示したもので，当事者があらかじめその額を定めることにより，一種の損害賠償額の予定と理解することが可能である。この意味で，梁慧星がその性質を違約金と同じだと考えていることは道理がある。しかし，違約金との違いも認識されなければならない。違約金は損害賠償額の総額の予定であり，違約手付は損害賠償の最低額の予定と理解されている。最低額の予定なので，違約手付で損害を補填した後，非違約方は，なお損失がある場合，補填されていない損失につき引き続き賠償を要求することを妨げられない。このように上記の司法解釈28条を理解するなら，それ自身はやはり合理的である。私個人としては，わが国の違約手付を損害賠償の最低額の予定と理解することには正当な理由乃至基礎があると考える。担保法91条の規定はそうした理解の根拠をなし，同条は，手付は契約目的額の20％を超えてはならないと限定する。このような限定がなされるために，違約手付を損害賠償総額の予定と理解すべきではない。王利明が，中国の契約で違約金を支払った後，なお違約金でカバーできない損失があれば，なお引き続き賠償を請求できると考えているのは，違約金を一種最低額の損害賠償と考えていることに相当する。彼のこうした理解は，通常の

---

64) 梁慧星・前掲注40論文24頁。

65) 王利明『民法疑難案例研究［修訂版］』（中国法制出版社，2010年）339～340頁。

学説（私の学説も含めて）で違約金を損害賠償総額の予定と考えることと決して同じでない。

　　≪王成の回答≫
　王利明の著書を見ると，彼の見解は以下の2つの面を含んでいる。その1，契約法116条は手付と違約金はただ選択的に適用できるだけであり，そうでなければ当該条項は規範的意義がない。その2，もし当事者が契約の中で明確に約定していれば，併用は可能で，その額が高すぎさえしなければ，有効である。もし契約の中で手付条項を約定し，また違約手付金条項（ママ，違約金条項の誤記か──小口）も約定し，当事者が契約の中でこの両種の責任は異なる違約行為に対して適用されることを約定していれば（例えば履行を拒んだ時は違約金を支払わなければならず，履行遅滞の時は手付の2倍返しを約定した場合），併用できるかどうか規定されていない。この時はまた当事者の約定を尊重し，違約金と手付の併存は許されるべきである[66]。
　中国法上の手付の性質をめぐっては，さまざまな見解が存する。中国法上の手付が違約手付に属するとの見解は，民法通則89条1項3号（「当事者の一方は法律の規定の範囲内で相手方に手付を給付することができる。債務者が債務を履行したら，手付は代金に充てるか返還しなければならない。手付を給付した側が債務を履行しないときは，手付の返還を請求できない。手付を受け取った側が債務を履行しないときは，手付の2倍を返還しなければならない。」），担保法89条（「当事者は，一方が相手方に債権の担保として手付を給付することを約定することができる。債務者が債務を履行したら，手付は代金に充てるか，返還しなければならない。手付を給付した側が約定の債務を履行しなければ，手付の返還を要求できない。手付を受け取った側が約定の債務を履行しなければ，手付の2倍を返還しなければならない。」），契約法115条（「当事者は担保法にもとづき一方が相手方に債権の担保として手付を給付することができる。債務者が債務を履行したら，手付は代金に充てるか，返還しなければならない。手付を給付した側が約定の債務を履行しなければ，手付の返還を要求できない。手付を受け取った側が約定の債務を履行しなければ，手付の2倍を返還しなければならない。」）と

66）王利明・同上書323頁。

の各規定による。

　私個人の見解としては，手付の性質は当事者の約定によって決定されると考える。この点で，担保法司法解釈118条の，当事者が留置金，担保金，保証金，契約締結金〈訂約金〉，担保差入金〈押金〉，予約金〈訂金等〉（以上留置金～予約金の邦訳は森川伸吾「逐条解説中国担保法司法解釈」国際商事法務〔6・完〕Vol. 29, No. 8, 2001年による――小口）を払い，ただ手付の性質について約定しなかった場合に，当事者が手付の権利を主張しても，人民法院は支持しないとの規定は，手付の性質の決定権を当事者に委ねていることを物語っている。

　ところで，当事者が約定する手付は違約手付に限られない。このことは関連法律及び司法解釈の規定の中に体現されている。例えば，「商品房売買契約解釈」4条は，売主が購入の引き受け〈認購〉，品物の発注〈訂購〉，購入の予約〈預訂〉等の方式で買主から手付を受け取り，販売用家屋売買契約締結の担保としたとき，もし当事者の一方の原因で販売用家屋売買契約を締結できなければ，手付に関する法律の規定により処理しなければならない。当事者双方の責めに帰することのできない事由により販売用家屋売買契約が締結できなければ，売主は手付を買主に返還しなければならないと規定する。ここでの手付は契約締結〈訂約〉手付に属する。

　担保法解釈115条は，当事者が手付の交付を以って主たる契約締結の担保としたときは，手付を給付した側が主たる契約の締結を拒絶すれば，手付の返還を要求できない。手付を受け取った側が契約の締結を拒絶すれば，手付の2倍を返還しなければならない，と規定する。ここでの手付も契約締結手付に属する。

　担保法解釈117条は，手付を交付した後，手付を交付した側が契約の約定によって手付を喪失することを代価として主たる契約を解除することができ，手付を受け取った側が手付の2倍を返還することを以て代価として主たる契約を解除することができる。ここでの手付は解約手付に属する。

　台湾の手付も，当然，先ず当事者の約定によって決まる。台湾民法249条の規定は以下の通りである。手付は当事者に別段の定めがある場合を除き，左の規定を適用する。

1，契約が履行された時，手付は返還するか，給付の一部としなければなら

ない。2，契約が手付を支払った当事者の責めに帰すべき事由によって履行不能となったときは，手付は返還を請求できない。3，契約が手付を受け取った側の当事者の責めに帰すべき事由によって履行不能となったときは，当該当事者はその受けた手付の2倍を返還しなければならない。4，契約が双方当事者の責めに帰すべからざる事由によって履行不能となった時は，手付は返還しなければならない。

　手付，違約金と損害賠償の関係をめぐってはさまざまな学説が存在する。契約法116条は，当事者が違約金を約定し，また手付を約定した場合，一方が違約のとき，相手方は違約金または手付条項を選択適用できると規定する。文理解釈からすれば，116条は当然違約金と手付を同時に適用することはできないと解すべきである。

　しかし，全体的に言えば，手付，違約金と損害賠償の目的は，いずれも被害者が違約によって生じた損失を填補するためであり，時として一定の懲罰性を有することもあり得る。例えば，違約金が損失より高すぎる場合にはじめて調整する。故に，手付，違約金及び損害賠償の関係を論ずるときは，各概念の線引きが先決で，これによってお互いの関係を決定する。

　例えば，「売買契約解釈」28条は，売買契約が約定した手付では一方の違約がもたらした損失を填補するに不十分で，相手方が手付部分を超えた損失の賠償を請求するときは，人民法院は併せて処することができる。ただし，手付と損失賠償額の総額が違約によって生じた損失を上回ってはならないと規定する。これによれば，手付と損害賠償は併せて処することができ，違約金の性質がもし損害賠償の予約〈預訂〉であるとすれば，当然，手付と併せ処することができる。

3　瀬川信久の所見

　小口は，手付没収と損害賠償を併用できるかという問題を指摘する。それは一般化すると，手付・違約金・損害賠償がどのような関係にあるかという問題である。しかし，この問題の前に，中国法は手付を違約手付とする点で，手付を解約手付とする日本法と異なる。その点をまずみておく必要がある。

（1）違約手付か解約手付か

　日本民法は，手付の授受は両当事者に解除権を与えるとする（解約手付）。

そして，手付を理由に解除する者は手付額の損失を受ける（手付損・手付倍戻し。以上は 556 条 1 項）が，解除する方も解除される方も，手付額とは別に，受けた損害の賠償を請求することはできないとする（同条 2 項）。このように日本民法は，手付を解約手付とし，それに損害賠償の予定という効果を付加している[67]。ただ，556 条は任意規定である。したがって，当事者は，授受した手付を，損害賠償の予定あるいは違約罰と合意することによって[68]，違約手付とすることはできる（最判昭 38・9・5 民集 17 巻 8 号 932 頁）。ただ，解約手付と比べると，違約手付の裁判例はあまり多くない。

　以上に対し，中国では，手付の趣旨をその契約から生ずる債権の担保と考えている。担保法 89 条，契約法 115 条は，当事者の一方が相手方に対して手付金を債権の担保として支払う旨約定することができるとした[69]。他方で，手付の効果として，民法通則 89 条 1 項 3 号，担保法 89 条，契約法 115 条はいずれも，債務が履行された場合には，「手付金は，代金に充当〈抵作〉するか，又は返還〈収回〉しなければならない」とし[70]，債務が履行されない場合には，手付金交付者の不履行のときは手付金を没収し，手付金受領者の不履行のときは倍戻しになることを規定する。日本法は手付損・手付倍戻しを，契約解除の効果としているのに対し，中国法はこのように，手付損・手

---

67) 民法起草者は違約手付を考えなかったが，手付の形をとらない違約金の合意（履行の確保を目的とする）は考えていた。当初はそれを契約総則の「手附及ヒ違約金」の款に規定する予定であったが，損害賠償との関連を考慮して 420 条 3 項に規定した（奥田昌道編・前掲注 62 書 663 頁〔能見善久＝大澤彩〕）。

68) 条文との関係では，損害賠償の予定は 420 条 1 項により，違約罰の合意は 420 条 3 項を排除する合意による。

69) 民法通則 89 条 1 項 3 号は手付が債権の担保のためであることを規定しなかったが，担保法以後はそれを明記している（一部は王成の回答中にも引用）。
　　民法通則 89 条 1 項 3 号（1986 年）「当事者の一方は，法が定める範囲内において相手方に手付金を支払うことができる。」
　　担保法 89 条（1995 年）「当事者は，一方が他方に手付金を支払い，債権の担保のためとすることを定めることができる。」
　　契約法 115 条（1999 年）「当事者は，中華人民共和国担保法に従って，当事者の一方が相手方に対して手付金を債権の担保として支払う旨約定することができる。」
　　なお，担保法 90 条は，手付契約（主契約ではない）の書面性と要物性を規定し，担保法 89 条の文言も手付契約を要物契約とするのに対し，契約法 115 条は手付契約を諾成契約としているように読める。しかし，この点を確認することができなかった。

70) 〈　〉内は，民法通則 89 条 1 項 3 号あるいは担保法 89 条の表現である。

付倍戻しを，契約上の債務の不履行の効果としている。

　このように，上記3つの法律は手付を違約手付とするが，2000年の担保法司法解釈は違約手付とは別の手付を規定した[71]。まず，その115条は，「手付金の交付をもって主契約締結の担保とすることを約定した場合」を規定する（立約手付）。同条によると，この手付の効果として，手付金交付者が主契約締結を拒絶すると手付金を没収し，手付金受領者が主契約締結を拒絶すると倍戻しになる。次に，同116条は「手付金の交付をもって主契約の成立または効力発生要件とすることを約定した場合」を規定し（成約手付），その効果として，手付金を交付していなくても「主契約の主要部分が履行されたときは主契約の成立または効力発生に影響しない」とする。最後に同117条は，手付授受の合意内容によって限定することなく，手付金交付者は「手付金喪失を対価として」，手付金受領者は手付金の2倍返還を対価として，主契約を解除することができるとする（解約手付）[72]。

　以上によれば，日本でも中国でも，当事者は法律が原則とする機能とは異なる様々な機能を手付にもたせることができる。ただ，日本では解約手付を原則とするのに対し，中国では違約手付を原則とする。この違いをどう考えるか。

　この問題は，違約手付と解約手付の違いから考える必要がある。日本でも中国でも，解約手付によって解除すると手付損・手付倍戻しになる。これは，債務不履行の場合の違約手付の効果と同じである（ただし，損害賠償の予定としての違約手付）。したがって，違いは，解約手付だと，手付金の授受以降は理由を問わず一方的に解除できるのに対し，違約手付では解除が，履行期後の相手方の不履行まではできないことである。このように，解約手付だと早い段階に随意に解除できるという違いを考えると，日本で解約手付を原則としたのは，売買契約を諾成契約とし早い段階で成立するとしたために，当事者

71）森川伸吾「逐条解説中国担保法司法解釈」国際商事法務 Vol. 29, No. 8（2001年）965頁以下による。同書によると，中国の学説はこれらを，民法通則・担保法・契約法が規定しない非典型の手付だとし，115条・116条・117条の手付をそれぞれ「立約手付」「成約手付」「解約手付」と呼んでいる。

72）この解除ができる期間に制限がないのか，債務の履行が完了するまで解除できるのかは，文言からは明らかでない。

が契約締結を再考する余地を認める必要があったからであり，また今日の裁判例が解約手付を広く認定しているのは，実質的には売買の予約とすべき合意を売買の本契約としているからだということになる[73]。

これに対し，中国で，債権の履行を担保する違約手付を原則とするのは，登記・引渡しを売買契約の効力要件としていたので売買の合意だけでは契約が拘束力を持たず，解約手付が機能する余地が小さく，他方で，合意遵守を強制する最低限の措置として違約手付が重要な意味を持ったからではないか。そして，登記・引渡しがなくても売買契約に拘束力が認められるようになって解約手付を規定するようになったのでないか[74]と思われる。

私は，中国でもいずれは解約手付が一般的になるとか，解約手付を原則とすべきだとは考えない。そもそも日本法が売買契約を一律に諾成契約とし解約手付を原則とするのは，比較法的には特異である。重要なのは，違約手付か解約手付かを当事者の実際の意思を基礎に判断することである。そのためには，手付の種類の理論的な整理だけでなく現実の取引の中での意味をみる必要があると考える。

(2) 違約手付と違約金・損害賠償

まず問題を整理する。違約手付も違約金も損害賠償も，広い意味では債務不履行の損害賠償（広義では，違約罰，懲罰的損害賠償を含む）である。しかし，通常の損害賠償は法律にもとづくのに対し，違約手付と違約金は当事者の合意・契約にもとづく。他方，違約手付は，債務不履行前に当事者が授受している点で，違約金・損害賠償と異なる（以上につき，表を参照）。要するに，違約手付は，当事者が不履行の場合の賠償額として合意し，授受までしている点で，法律の損害賠償基準によって裁判官が額を増減することが難しい（授受された額の修正は返還の権利関係を複雑にする）。

以上の一般的な問題整理から中国法をみてみる。中国契約法116条は，違約金の支払請求と違約手付の没収・倍戻しはいずれか一方しか請求できないとする（表のa）。しかし他方，114条は，違約金の額が実際の損害額と異な

---

73) 来栖三郎「日本の手附法」『来栖三郎著作集II』（信山社，2004年）250頁以下。なお，241頁以下をも参照。

74) もっとも，主契約締結を担保する手付を解約手付と別に規定する意味，それを「立約手付」と呼ぶ趣旨は分からない。

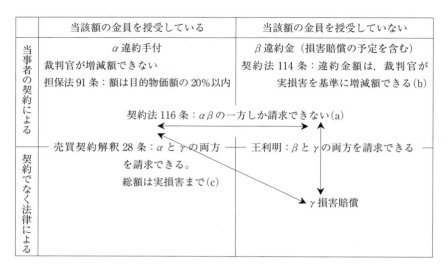

るときは額の増減を請求できるとする(表のb)。さらに「売買契約解釈」28条は,売買契約では,(違約)手付の額を超える損害について賠償請求を認め,ただその場合の認容総額は実際の損害額を超えることができないとする(表のc)[75]。

以上の見取り図の上に,韓世遠と王成の意見を位置付けてみる。瀬川の理解によれば,韓は,違約手付と損害賠償をともに請求できること(「売買契約解釈」28条。c)を,違約手付は損害賠償の最低額の予定であり,違約金は損害賠償額の総額の予定だという理解によって説明する。これに対し,王成は,当事者合意の重視によって,「売買契約解釈」28条を正当化するだけでなく,契約法116条の死文化まで示唆する。すなわち,王成は,王利明の見解を,法規(契約法116条)を尊重する側面と,当事者の明確な約定が法規の適用を排除する側面の二面を持つと分析し,民法通則,担保法,契約法は手付を違約手付とするが,当事者の約定が決定的であり,約定によっては契約締結〈訂約〉手付や解約手付となるとする。そして,「売買契約解釈」28条が違約手付と損害賠償を併せて判断できるとすること(c)と,違約金が損害賠償の予定であること(bの基礎にある考え)を根拠に,違約手付と違

---

75) 小口によると,王利明は,「売買契約解釈」以前から,売買契約に限らず,違約手付と損害賠償を共に請求することは禁止されていない(表のc)と考えていたようである。

約金を併せて判断できるとする（ａの否定）。

　王利明は契約法 116 条は維持しながら，違約手付・違約金と別に損害賠償請求できることを手掛かりにして，違約手付・違約金の額を超える方向での賠償請求を認めようとした。これに対し，韓と王成は，当事者意思の解釈を通して，法規に対する裁判の判断権を拡大する。ただ，韓は違約手付と違約金契約の額の趣旨について裁判官の解釈権限を拡げるのに対し，王成は額の趣旨にとどまらず手付の種類一般について裁判官の解釈権限を拡げることによって契約法 116 の適用を外そうとしている。以上のような違約手付に関する梁慧星，王利明，韓世遠，王成の法解釈論の変化の基礎には，1995 年の担保法から 1999 年の契約法，2000 年の担保法司法解釈を経て 2012 年の「売買契約解釈」に至る時期の，手付をともなう売買契約の変化と裁判官の判断権限についての考え方の変化があるように思われる。契約法の他の問題についても学説の世代間の違いが中国の社会と裁判の変化を反映していると幾度か感じたが，違約手付に関する学説の違いが中国社会の変化の反映であるならば，その変化自体を論理的に把握する必要がある。

　例えば，上記のような解釈論によって，契約法 116 条のほかにも，違約手付を売買目的物の価額の 20% 以下に制限する担保法 91 条も死文化すると思われる。逆に言えば，契約法 116 条や担保法 91 条などの立法理由が分かれば今日の法解釈論の意義を明らかにできるはずである。例えば，担保法制定当時は，売買が登記や引渡しの履行前には法的効力をもたなかったので，その不履行に大きな責任を課すべきでないと考えたために，91 条で違約手付を売買目的物の価額の 20% 以下に制限したというようなことはないのか。

　最後に，以上の問題に関する日本法の状況をみておく。違約手付も契約だから，当事者の意思・趣旨が，ⅰ）損害賠償の予定であればそれと別に損害賠償請求できないが，ⅱ）最低限の損害賠償であれば実損害の範囲内で違約金とは別に賠償請求でき，ⅲ）違約罰であれば違約金に加えて損害賠償請求できる。ⅰ）ⅱ）ⅲ）の後の方ほど契約の拘束力は強いから，裁判官は当事者の契約意思をみて，契約の拘束力を弱いと判断するときはⅰ）と解釈し，強いと判断するときはⅱ），さらにはⅲ）と解釈することになる。日本民法には，ここでⅰ）ⅱ）ⅲ）の手付額を制限したり，裁判官による手付額の増減を規制する規定はない。もっとも，民法 420 条 3 項は，違約金契約を別段

488　第二部　中国契約法の研究

の合意がなければ i ）賠償額の予定と推定するが，あくまで推定にとどまる。また，同条 1 項ただし書は，当事者による i ）賠償額の予定額を裁判官は増減できないとするが，判例は，著しく高額であるなど一定の場合にその合意を公序良俗違反あるいは特別法を理由に無効とし，一般の損害賠償基準によって賠償額を決めている[76]。要するに i ） ii ） iii ）のいずれかは，日本法では契約解釈の問題である。

　先に述べたように，日本法では，当事者の意思をみて強い拘束力を与えるべきときは，解約手付でなく違約手付だとしたり，解約手付だが「履行の着手」があったとして，契約解消を望む当事者からの解除を否定する。その後で，中国法と同じように，その手付が違約手付としては i ） ii ） iii ）のいずれかという意思解釈の問題があるが，手付解除が否定される場合に i ）損害賠償の予定と解するのは実質的に矛盾している。そのためであろう，手付解除を主張する当事者は i ）損害賠償の予定だと主張しないので，手付解除が否定されると ii ）違約金額を含めて一般の規定に従った損害の賠償責任を負う。

　このように，手付授受のある契約の拘束力の問題が，中国では違約手付と損害賠償の関係如何の問題として，日本では手付解除を認める場合如何の問題として議論されるが，共通して重要なのはどのような場合にどの程度の契約拘束力を認めるかの判断である。

第 12 節　損失軽減規則

1　問題の提示

（1）「適切な措置」について

　119 条の「適切な措置」につき，王利明は『違約責任論〔修訂版〕』において，「合理的措置」と読み替え，その上で，（ a ）合理人であればとるはずの措置を被害者がとったかどうかとの説，（ b ）被害者が主観的に善意であったかどうかとの説，（ c ）被害者のとった措置が経済的に合理的であったかどうかの説等諸説を紹介し，彼自身は善意説を支持している。この点につい

　76）奥田昌道編・前掲注 62 書 570 頁以下〔能見善久＝大澤彩〕。

てどのように考えるか（質問①）[77]。

　(2)　不合理な行為について

　氏はさらに，被害者が違約発生後に単に損失拡大防止の措置をとらなかったことだけでなく，不合理な行為をとることで損失の拡大をもたらした場合も，英米法にならい，損失軽減義務違反に含めるべきであると説く[78]。この点についてどのように考えるか（質問②）。

　(3)　損失軽減義務の根拠について

　そもそも被害者は何故損失軽減義務を負うのか，損失軽減義務が法律上存在する根拠は何か。氏は，混合過失説，因果関係説，黙示条項説，効率説などを紹介しているが[79]，この点についてどのように考えるか（質問③）。

2　韓世遠・王成の回答

　≪韓世遠の回答≫

　(1)　質問①について

　損失軽減規則は非違約方が得ることのできる損害賠償の範囲に直接影響を与え，その鍵は，非違約方の行為の「合理性」をどのように判断するかに係っている。契約法119条で言う「適切な措置」とは，開放的で不確定な概念で，具体的な案件に適用する前に，裁判官が価値判断を加えて補充し，具体化しなければならない。この作業に際して，裁判官は行為の「合理性」の基準の定位に注意を払わなければならない。損失軽減規則の目的は被害者をして合理的措置をとらせて損失の軽減をはかり，社会資源の浪費を避けることにある。したがって，被害者の行為の合理性の基準の１つは，その行為時，あるいは行為をなすべき時期を判断基準とすべきであるということである。事後の状況でもってその前の行為が合理的であったかどうかを判断すべきでない。合理性の基準の第２は，行為者の主観面を見るべきで，行為の客観的結果に捉われてはならないということである。行為者が当時にあって主観的に全力を尽くしさえすれば，たとえ客観的に損失を軽減できなくても，また損失が増えても（過度にならない限度で），なお全面的に賠償を得ることがで

---

77)　王利明・前掲注3書544〜546頁。
78)　同上書546頁。
79)　同上書548頁。

490　第二部　中国契約法の研究

きる[80]。

　(2)　質問②について

　契約法 119 条 1 項の規定から見ると，「適切な措置をとらずに損失を拡大させた場合，拡大させた損失について賠償を要求できない」の「適切な措置をとらずに」とは，単に被害者が適切な措置をとらない（不作為）という事由だけでなく，被害者が措置をとった（作為）が，その措置が適切でなく，これにより損害を拡大させる事由も含まれる。このように見てくると，119 条には法律の欠缺は存在しない。

　(3)　質問③について

　私は 1997 年第 1 期の法学研究で「減損規則論」を書き，その中で損失軽減義務の理論的根拠につき述べたことがある。その内容は概略以下のとおりである。

　法律は何故賠償権利者に損失軽減義務を課すのか。これについてはさまざまな解釈がある。英米法では主に近因と懲罰理論，信頼利益優先論，経済効益論の 3 種の理論が存する。

　(ⅰ)　近因と懲罰理論

　この種の解釈は英米の判例に体現されている。その中の近因説について言えば，その最も簡単で直感的な解釈では，損失軽減原則とは，違約方の責任を彼自身の行為によってもたらされた損失に限り，被害者が機会を利用して損失を軽減することができなかったことを介入原因として，これにより違約方の当該部分の損失に対する責任を免除するというものである。これは不法行為法の近因と「最後の清醒の機会」原理に類似し，違約の被害者は本来損失の軽減を通じて避けることのできる損失に対して賠償を得る権利がないとする。

　懲罰説は以下のように考える。損失軽減規則とは，被害者の損失賠償を契約上の損害賠償によって設計したものであって，違約方を懲罰するものではない。しかるに，もし被害者の継続履行を認め，あわせてこれによって生じた損失の賠償まで獲取することを認めるとなると，その結果は裁判所が違約方に一種の"罰金"を強制するのと異ならないではないか，と。

---

　80)　韓世遠Ⅳ書 646 頁。

第11章　違約責任　491

　以上の二種類の解釈はいずれも未完成で，ヨリオ（Yorio 瑜瑞）は，以下のように批判する。前者は不正確で，被害者だけが「最後の清醒の機会」があって損失を避けるのではなく，双方当事者が損失の発生を防止する能力を有し，違約方は履行を通じて，被害者は損失軽減措置を通じて損失の発生を防止すべきものである。後者については，一部の損害賠償に罰金のレッテルを貼り，このレッテルを用いて損失軽減原則を論証しようとするもので，実際は妄論である。

　（ii）信頼利益優先論

　イギリスの契約法の専門家のアティヤの説で，損失軽減規則は，法律制度が被害者の信頼利益の方を期待利益より優先することを表明するものであるとする[81]。この主張は2つの面から考察される。先ず，損失軽減規則は，某允諾を信頼して支出した費用の賠償を制限しない。次に，損失軽減義務は通常被害者が履行を停止し，あるいはその他の措置をとって損失を軽減することを要求するもので，取引の具体的条項の執行（期待利益）を認めない。

　「多くの判例の中での損失軽減原則の効力の描写としては，この考察は確かなものである。しかし，損失軽減原則の解釈，あるいは説明として，この主張には牽強付会の面がある。この原則の鍵となる区分は信頼と期待の損害賠償ではなく，避けることのできた損失と避けることのできなかった損失である。信頼の損害賠償が一般に損失軽減規則によって制限されないのは，すでに生じた損失は回避することができないからである。避けることのできない期待的損害もまた損失軽減規則の制限を受けない。もちろん，期待的損害は信頼の費用より軽減しやすい。しかし，この事実は損失軽減原則の原因を期待利益の保護に対する法律制度の矛盾の心理に求めるのでは十分でない。」[82]

　（iii）経済効益説

　損害軽減規則は，経済効益を促進するという方式行為によって被害者を激励する規則である。このようにすれば，単に債務者の利益の維持にとってだけでなく，社会の財富の減少を回避できる[83]。損失軽減規則は重要な経済効

81）P. S. Atiyah, *An Introduction to the Law of Contract*, 3rded. 1981.

82）Edward Yorio, *Contract Enforcement*, p. 179.

83）王利明＝方流芳＝郭明瑞『民法新論　上冊』（中国政法大学出版社，1988 年）502 頁。

能，すなわち資源の有効配置の奨励という効能を発揮する[84]。それは被害者の作為を奨励して違約の浪費性の最小化をはかる[85]。具体的に言えば，一方で，毀約後に生じた費用の賠償を遍く否決することを通じて，被害者の履行停止を促す。何故なら商品またはサービスの購入者はもはやそれを購入するつもりのないことをすでに決定しているので，毀約後被害者が履行を継続すると，大多数の場合，社会資源に対する浪費となる。他方，損失軽減規則は被害者が果断に損失発生の防止措置をとるのを奨励し，こうした方式を通じて，損失軽減原則は通常有効な結果を導き出すことができる。例えば被雇用者が何もなすことがなくなるのを阻止し，併せて労働という貴重な社会資源が浪費される機会を低下させることになる[86]。

（iv）誠実信用原則論

大陸法系では，損失軽減義務を認めている国に限って言えば，損失軽減義務は通常一種の不真正義務あるいは間接義務（付随義務と主張する論者もいる）と見なされる。不真正義務という語はドイツ法学の産物であり，日本や台湾の学説でも受容されている。不真正義務は法律の直接の規定を通じて生ずることもあれば，特別の約定を通じても生ずる。学説上はこれ以外にさらに誠実信用原則から導き出し，かつ誠実信用原則によって解釈するとの説もある。わが国の学者も，「損失軽減規則の主要な根拠は，民法の誠実信用原則である」と考える[87]。注意しなければならないのは，誠実信用原則論と経済効能論の二者は統一が可能であるということである。損失軽減義務を設定した本来の目的が主に効益の増進にあったことは否定できない。

現在の時点では，私が損失軽減義務を解釈するとき，「損失軽減義務」とは，かなり弱い義務で，「不真正義務」に属し，相手方は通常履行を請求できず，その違反は一般に強制執行あるいは損失賠償の効果をもたらさず，義務者の権利または利益の減損または喪失を生じさせるにすぎない。社会的角度から見ると，損失軽減義務の効能は，この義務の設定を通じて，被害者が

---

84) Donald Harris & Denis Tallon, *Contract Law Today: Anglo-French Comparison*, 1989, p. 249.
85) Faransworth, *Faransworth on Cotract*, Vol. Ⅲ p. 219.
86) Edward Yorio, *supre* note 81, at 180.
87) 王利明・前掲注3書460頁。

経済効益を促進させる方式によって行為をなすのを励まし，社会全体の効益を増進させることにある[88]。

≪王成の回答≫

(1) 質問①について

大陸法上，損失軽減措置規則の基礎は誠実信用原則であり，その目的は被害者に合理的措置をとって損失を軽減させ，社会資源の浪費を避けることにある。したがって，被害者は誠実信用にもとづいて損失を軽減する。このことが王利明が善意を主張する原因かもしれない。崔建遠，韓世遠は以下のように考える。被害者の行為の合理的基準の1つは，行為時，又は行為すべき時に判断することが必要であり，事後の状況をもって事前の行為が合理的であったかどうかを衡量してはならないということである。その2は，被害者の主観面を見るべきで，行為の客観的結果にとらわれるべきではないということである。被害者が主観的に全力を尽くしていれば，たとえ客観的に損失が軽減せず，あるいは損失が増加しても（損失があまりにも過度であれば別であるが），なお全面賠償を獲得できる[89]。私はこの見解に賛成する。

(2) 質問②について

個人的にはこの点について非常に賛同する。不合理な行為をとって損失を拡大させると，それは誠実信用原則の違反にあたる。適切に損失拡大を避ける措置をとらないということである。ただし，注意を要するのは，損失軽減規則は誠実信用に由来し，合理的であるかどうかの判断は，誠実信用にもとづいて判断しなければならず，過度に不合理な行為概念を適用して，違約方が違約責任を逃れるための口実になってはならない。

(3) 質問③について

王利明の著書を参照すると，氏は混合過失説，因果関係説，黙示条項説，効率説を紹介した後で，損失軽減規則の基礎は誠実信用原則にあることを主張している。これは中国の学者の通説であり，私も同意見である。

---

88) 韓世遠Ⅳ書643頁。

89) 韓世遠『違約損害賠償研究』（法律出版社，1999年）391頁，崔建遠Ⅲ書334〜335頁。

3　瀬川信久の所見

　質問①について，王利明が契約法 119 条の「適切な措置」を「善意」と解することには，——氏の『違約責任論』を読んでいないので誤解している可能性があるが——疑問がある。ここで善意とは，債権者が，債務不履行の事実，あるいは，債務不履行によって損害が発生・拡大している事実を知らなかったことを指すと思われるが，これらの事実を知らなかったというだけで，受けた損害全部を賠償請求できるのは不当である。「善意」というのは「善意無過失」の趣旨かと思われる。しかし，他方で，これらの事実について悪意あるいは過失があるとそれだけで賠償額が減額されるのも不当である。やはり，「適切な措置」は，崔，韓，王成が考えるように，合理的な行為と解するべきであろう。なお，韓，王成が，「主観的に全力を尽くしさえすれば全額賠償請求できる」というのは，表現がミスリーディングであるように思う。行為の合理性を被害者の主観によって判断する趣旨ではなく，行為の客観的結果に捉われるべきでないという趣旨だけだと考える。

　ところで，韓，王成は，合理的な行為をしていれば損失が増加しても全額を賠償請求できるとしつつ，「過渡にならない限度で」と留保を付けている。この留保で考えているのは損害軽減規則以外の賠償額制限だと思われるが，それはどのようなものか。

　ここで質問③の議論に進むと，中国の学説は，損害軽減規則の根拠を，混合過失説，因果関係説，黙示条項説，効率説，あるいは，近因説，懲罰理論，信頼利益優先論，経済効益論ではなく，誠実信用原則に求めるとのことである。私はこれらの学説，法理を研究していないので，その是非を述べることができない。ただ，印象的意見を言えば，賠償額減免は様々な法理にもとづくのであり，その全体を包括しようとすれば，各法理が妥当する各場面での誠実信用原則だと説明するだけのように思われる。逆に言えば，誠実信用原則と捉えても，その誠実信用原則の根拠・性格が何か，混合過失か，因果関係か，黙示条項か，効率か，近因か，懲罰か，信頼利益優先かという問題が残る。ここでは，答えが問いを生み出すという循環が生ずる。この循環に陥らないためには，実際の裁判例に即して損害軽減規則あるいは誠実信用原則の内容と根拠を明らかにする必要がある。

　しかし，日本法をみても，債務不履行責任における賠償額軽減の法理の内

容や基準は明確でない。まず，民法典が規定する賠償額減免法理は，債務不履行責任についても不法行為責任についても過失相殺のみであり（418条，722条2項），損害軽減義務との区分けがない。そして，不法行為責任での過失相殺については，加害行為からの因果関係の問題なのか被害者の行為の評価の問題なのか，加害者の減責の問題か被害者への帰責の問題か等の議論があり，また，交通事故の場合を中心に具体的な減額の基準が形成されているが，債務不履行責任における過失相殺については，公刊裁判例が少ないこともあって判例研究も少ない。過失相殺の制度根拠は，中国の損害軽減規則と同様に，「公平の原則と債権関係を支配する信義則」（我妻栄）と説明されるにとどまっている。債務不履行で過失相殺の公表裁判例と研究が少ない理由は，債務不履行では，債権者の協力義務の内容が個々の契約関係によって異なるために，一般的に議論することが困難であり，また，そうする意味が小さいからであろう。

　もっとも，近時，債務不履行責任の場合に損害軽減義務を唱える学説があり[90)]，また，売買契約についてのみであるが，過失相殺と損害軽減義務の裁判例を比較する研究がある[91)]。これらを手掛かりに，債務不履行責任における賠償額減免の法理，そこにおける過失相殺と損害軽減義務の関係を少しでも整理しておくことにしたい。

　まず，上に述べたように日本民法は債務不履行でも不法行為でも過失相殺を賠償額減免の法理とするが，裁判例をみると，賠償額減免で考慮する事情は債務不履行と不法行為で大きく異なる。不法行為の過失相殺で重要な被害者の事理弁識能力，素因，他原因の寄与度などは債務不履行の過失相殺ではほとんど問題にならない。取引的不法行為や契約上の付随義務違反では債務

---

90) 内田貴「強制履行と損害賠償——『損害軽減義務』の観点から——」法曹時報42巻10号（1990年）1頁以下，同『民法Ⅲ［第3版］』（東京大学出版会，2005年）124頁，167頁，169頁は，種類物の取引を念頭に置き，代替物を調達できることを理由に，a) 債権者の履行請求権を制限したり，b) 解除時や履行期を賠償額算定の基準時としたり（それ以後の価格上昇分は賠償する必要がないとする），c) 賠償額を制限する根拠として損害軽減義務を考える。賠償額の減免を検討する本稿に関わるのは，このうちのc) 賠償額を制限する根拠として損害軽減義務である。

91) 岡本詔治『損害賠償の範囲Ⅰ（総論・売買）』（一粒社，1999年）33頁以下，344頁以下。

496　第二部　中国契約法の研究

不履行の過失相殺と同じ事情を考慮することはあるが，債務不履行と不法行為の賠償額減免の内容は基本的に別のものと考えるべきであろう。

　次に，日本民法416条は，債務不履行責任で賠償すべき損害の範囲を，「通常生ずべき損害」と，当事者が予見し又は予見することができた「特別の事情によって生じた損害」に制限する。これは主に債務者の予見可能性による制限である。418条の過失相殺は，債権者の過失を理由に賠償額を減額するものであり，416条と区別する必要がある。そして，過失相殺による賠償額の減免と416条による賠償範囲の制限は重ねて適用される。上記の質問①に関し，韓，王成が「損害が過渡にならない限度で」と留保したのは，416条のような賠償範囲の限定を考えているのでないかと思われる。問題は，過失相殺と損害軽減義務との関係である。

　一般的にみて，債務不履行において債権者が損害を受ける過程は，①債務者の行為（作為・不作為）から債務不履行の事実（履行期の徒過，欠陥品の引渡し等）までと，②債務不履行の事実から債権者の損失（操業開始の遅延による収益減，転売利益の喪失，代替品購入費用等）までに分けられる。日本民法418条は，このうち，債務不履行に債権者が関与した場面（①）しか考えなかった（「債務の不履行に関して債務者に過失があったとき」と規定する）。しかし，その後の判例・学説は，債権者が損害の発生・拡大に関与した場面（②）にも過失相殺を適用し，今回の民法改正はこの判例・学説を明文化した（改正案418条は「債務の不履行又はこれによる損害の発生若しくは拡大に関して債権者に過失があったとき」と規定する）。近時の損害軽減義務の主張もこの②の場合を念頭に置いている[92]。

　ここで，売買契約不履行による損害賠償請求の裁判例をみると，①債務不履行の発生に債権者（買主）が関与した場合には，過失相殺を理由とするものと損害軽減義務懈怠を理由とするものとがある[93]。しかし，②当該債務不

---

92) 内田貴・前掲注90書『民法Ⅲ』169頁は，c) 賠償額の制限の損害軽減義務は，②債権者が損害の発生・拡大に関与した場合の過失相殺だとする（「損害軽減義務の違反は，損害拡大〔すなわち②の過程〕についての過失と評価される」という）。

93) 岡本詔治・前掲注91書40頁以下の(エ)(a)(b)の裁判例であるが，他人物，抵当権付土地，借地権付土地の売買や，過大計画への融資約束など，契約当初から履行・実現されないリスクのある契約が不履行になった場合の賠償額を減額する。

履行から債権者の事業・生活領域において損害が発生・拡大するのを債権者が防止しなかった場合の裁判例をみると，（ア）代替品を購入しなかったための操業停止により損失を受けた場合と(イ)代替品の購入に過失があったため損失を受けた場合については，損害軽減義務違反を理由に損害賠償請求を否定し，（ウ）債権者が自己の債務の履行準備を漫然と継続したために損失を受けた場合については，過失相殺を理由に割合的に賠償額を減額している[94]。おそらく②の(ア)(イ)の場合には，買主（債権者）が単独で損害回避措置を執れるために，過失割合による過失相殺に依らないのであろう[95]。

第13節　第三者の原因によってもたらされた違約

1　問題の提示

(1) 121 条の見出しについて

121 条について「第三者の故意・過失によってもたらされた違約」との見出しが付されている（「公民常用法律手冊」法律出版社）が，最近の周江洪論文「合同法 121 条的理解与適用」[96]によれば，司法実践では本条の適用例は

---

94)　岡本詔治・前掲注 91 書 33〜40 頁，344〜348 頁の裁判例。本文の(ア)(イ)(ウ)(エ)は，同書 33 頁以下の各ケースの見出し表記である。同書 344〜348 頁の裁判例は，事案をみると(エ)のケースである。

　　なお，裁判例は用語・表現上では過失相殺と損害軽減義務を区別していない。ここでは，裁判例が債権者と債務者の過失（注意義務違反）を比較し，債務者の賠償責任をその過失割合に限定するものを過失相殺，債権者の注意義務違反のみに着目しそれに因って生じた損害分について債務者の賠償責任を否定するものを損害軽減義務違反と理解して整理している。

95)　建物賃借人 Y（カラオケ店営業者）が賃貸人 X の修繕義務不履行による営業利益喪失を賠償請求した事件であるが，最判平成 21 年 1 月 19 日民集 63 巻 1 号 97 頁は，X が「カラオケ店の営業を別の場所で再開する等の損害を回避又は減少させる措置」を執ることができたと解される時期以降における損害について，賠償請求は「条理上認められない」としている。

　　なお，同判決は続けて，建物賃借人 X が回避できた損害を「民法 416 条 1 項にいう通常生ずべき損害に当たるということはできない。」としているが，賛成できない。本文で述べたように，416 条 1 項の賠償範囲の制限は損害軽減義務違反による損害の減免とは別の考慮にもとづくからである。

96)　清華法学 2012 年 5 期。本書では中国人民大学『法学』民商法学 2013 年 1 期所収論文による。

多いとのことである。同論文は本条の立法経緯について，学者建議稿139条では「契約当事者の一方が自己と法的関係を有する第三者の故意・過失によって違約をもたらしたときは，相手方当事者に対して違約責任を負わなければならない」となっていた。これが，意見徴求稿87条では「当事者の一方が第三者の故意・過失によって違約をもたらしたときは」と変わり，それがさらに契約法121条で「当事者の一方は第三者の原因により」と改められたことを紹介している[97]。上記法律出版社の手冊の見出しは「第三者の故意・過失によって」となっているが，この表記は正しいか（質問①）。

（2）第三者に対する直接の求償について

非違約方が第三者に対して直接求償することは可能か（質問②）。

（3）第三者の範囲

第三者の範囲はどの範囲か。この点については，当事者の一方と法的関係を有する第三者に限る説[98]がある一方で，第三者の範囲を限定しない説[99]もある（質問③）。

（4）不可抗力による免責条項との関連

この③の論点は，契約法117条の不可抗力による場合の免責条項との関連が問題となる。すなわち，第三者の「原因」は文言上無限で，不可効力の場合も含まれると解することは理論的には可能である。もし，第三者の，不可抗力にもとづく原因で違約がもたらされた場合にも債務者は違約責任を負うとなると，117条の免責事由は制限されることになる（質問④）。

（5）権利侵害責任法28条との関連

この第三者の原因による違約は権利侵害責任法28条（「損害が第三者の原因で引き起こされた場合，第三者が権利侵害責任を負わなければならない」）と矛盾を来さないか（質問⑤）。

97）周江洪・同上論文3〜4頁。
98）梁慧星の説。周江洪・同上論文4〜5頁での紹介による。
99）韓世遠の説。周江洪・同上論文5頁での紹介による。

第11章　違約責任　499

2　韓世遠・王成の回答

≪韓世遠の回答≫

(1)　質問①について

契約法121条には「過錯」の2字がなく，第三者の「原因」によって違約をもたらすということである。第三者の「原因」には第三者の故意・過失〈過錯〉の場合もあり得るが，第三者がその「原因」に対して故意・過失がない場合もあり得る。したがって，本条の見出しとして「第三者の故意・過失によって違約をもたらす」とあるのは，正確ではない。

(2)　質問②について

ここには「請求権の基礎」の問題がある。換言すれば，非違約方は何にもとづいて第三者に対して賠償を求めるのか。先ず，両者の間には直接の契約関係はない。したがって，契約にもとづいて賠償を要求することはできない。次に，非違約方は不法行為法の規範にもとづいて第三者に賠償を主張できるか。ここで想起されるのが，第三者による債権侵害の問題である。この問題は権利侵害責任法2条2項の「財産権益」をどのように解釈するかの問題と関わってくる[100]。

(3)　質問③について

条文からは，第三者に対して何か特別の制限が付されているのを見出すことはできない。

(4)　質問④について

117条1項前段は「不可抗力によって契約を履行することができない場合，不可抗力の影響にもとづき，一部または全部の責任を免除する。ただし，法律に別段の定めがあるときはこの限りでない」と規定されているが，ここでの「よって」〈因〉という字は，不可抗力が契約履行不能の直接の原因をなすと理解すべきである。もし不可抗力によりAがBに原材料を引き渡す義務を履行できず，BがそのためにCが発注した産品を生産することができなくなったとした場合，AとBの契約においては，不可抗力が免責事由となり得る。しかし，不可抗力がBとCの間の契約不履行の直接の原因となるかどうかは，検討を要する。私個人としては，不可抗力はBとCとの間の契約不履

---

100)　韓世遠Ⅳ書723頁。

行の直接の原因ではない。したがって，Cに対するBの違約の免責事由とはなり得ない。

(5) 質問⑤について

この問題は具体的な場面の中で分析されるべきで，表面的な議論をなすだけでは問題の解明につながらない。

≪王成の回答≫

(1) 質問①について

周江洪の論文が指摘しているように，この変更は人びとの違約帰責原則に対する認識の過程と関連している。前述したように，違約責任の帰責原則が無過失責任であると認定されるようになると，第三者の故意・過失によってもたらされた違約という表記は，適切でないように思われる。

韓世遠，崔建遠は121条を65条と一括して「第三者のために責任を負う」［為第三人負責］と表記している。この両条が関わる問題は，第三者の行為又は原因によって違約が生じた場合に，債務者は責任を負うかどうかということである[101]。私はこの見解に賛成である。

(2) 質問②について

周江洪の理解によれば，文言から見て，第三者によって違約が生じたときは，一方当事者は非違約方に責任を負わなければならないと規定しているに過ぎず，「一方当事者だけが非違約方に責任を負う」とは言っておらず，全くの「契約の相対性」というわけではない。したがって，本条は決して非違約方が第三者に対して直接賠償を求める可能性を排除するものではないし，第三者による積極的債権侵害や，消費者に対する生産者の責任等の制度の障壁を構成するものではない[102]。

立法資料から見ると，契約法121条の目的は契約の相対性を強調することにある。個人的理解としては，121条は2つの問題を解決する。その1は，非違約方は第三者に対して違約責任を主張することはできないということである。その2は，違約方は違約が第三者の原因によってもたらされたことを

---

101) 韓世遠『合同法総論［第2版］』(法律出版社，2008年) 532～536頁，崔建遠Ⅲ書305～307頁。

102) 周江洪・前掲注96論文4頁。

理由として自己の免責を主張することはできないということである。この2つは，契約法制定当時の中国社会できわめて重視されていた点である。

121条の規定から，以下のような2つの効果が生ずる。すなわち，非違約方がもし直接第三者に求償しようと思えば，特別の理由，とりわけ法律の明確な規定を必要とするということと，違約方が，第三者が損失をもたらしたことを理由として自己の責任を免れようとする場合も，特別の理由，とりわけ法律の明確な規定を必要とするということである。

前者の例としては，契約法313条がある。同条は，2人以上の運送引受人が同一の運送方式で運送する場合，運送委託人と契約を締結した運送引受人は運送の全過程について責任を負わなければならず，損失が特定の区間で生じた場合，運送委託人と契約を締結した運送引受人と当該区間の運送引受人は連帯責任を負うと規定している。

後者の例としては，最高人民法院の「旅行紛糾案件を審理するうえでの法律適用上の若干の問題に関する規定」（2010年）17条2項がある。同条は，第三者の行為によって旅行者に人身損害，財産損失を与えた場合，第三者が責任を負う。旅行経営者，旅行補助サービス者が安全保障義務を尽くさず，旅行者がその補充責任の負担を請求した時は，人民法院は支持しなければならないと規定する。

契約法121条と関連して，中国の最近の立法に以下のようなものがある。

中国の旅行法（2013年実施）71条は「現地旅行会社〈地接社〉，履行補助者の原因で違約が生じた場合，主催旅行会社〈組団社〉が責任を負う。主催旅行会社が責任を負った後，現地旅行会社，履行補助者に求償することができる」（第1項――小口），「現地旅行会社，履行補助者の原因で旅行者に人身損害，財産損失が生じたときは，旅行者は現地旅行会社，履行補助者に賠償責任を負担するように要求することも，主催旅行会社に賠償責任を負担するように要求することもできる。主催旅行会社は責任を負担した後，現地旅行会社，履行補助者に求償することができる。しかし，公共交通の経営者の原因で旅行者に人身損害，財産損失を与えたときは，公共交通の経営者は法により賠償責任を負い，旅行会社は旅行者が公共交通の経営者に賠償を求めることに協力しなければならない」（第2項――小口）と規定する。

本条1項は契約法121条と同じ考え方を体現している。第2項は権利侵害

責任法の出現により，121 条の立場を放棄した。しかし，またそれは権利侵害責任法 28 条の立場でもない。第 2 項ただし書は，121 条に回帰したように見える。しかし，これらの責任の変化の正当性はどこにあるのであろうか。

改正後の消費者権益保護法（2014 年）の中にも第三者のために責任を負う規定がある。

例えば同法 40 条は，「消費者が商品を購入，使用した時に，その合法的権益が損害を受けた場合，販売者に対して賠償を要求することができる。販売者が賠償した後，生産者の責任に属する場合，あるいは販売者に商品を提供したその他の販売者の責任に属する場合は，販売者は生産者又はその他の販売者に求償することができる」，「消費者又はその他の被害者が商品の欠陥により人身，財産上の損害を受けたときは，販売者に賠償を請求することも，また生産者に賠償を請求することもできる。生産者の責任に属する場合は，販売者は賠償した後，生産者に求償する権利を有する。販売者の責任に属するときは，生産者は賠償した後，販売者に求償する権利を有する」と規定する。

同法 42 条は，他人の営業許可証を使用する違法経営者が商品又はサービスを提供し，消費者の合法的権益に損害を与えた場合，消費者は違法経営者に賠償を要求することも，また営業許可証の所持者に賠償を要求することもできる。

同法 43 条は，消費者が展示即売会や借り受けた営業カウンターで商品を購入し，あるいはサービスを受け，その合法的権益が損害を受けたとき，販売者又はサービス提供者に賠償を要求することができる。展示即売会あるいはカウンターの賃貸借期間が終了した後は，展示即売会の開催者やカウンターの賃貸者に対しても賠償を要求することができる。展示即売会の開催者やカウンターの賃貸者が賠償した後，販売者やサービス提供者に求償する権利を有する，と規定する。

同法 44 条の規定は以下のとおりである。「消費者がインターネット取引プラットホームを通じて商品を購入し，あるいはサービスを受け，その合法的権益が損害を受けたときは，販売者あるいはサービス提供者に賠償を要求することができる。インターネット取引プラットホームの提供者が販売者やサービス提供者の真実の名称，所在地，有効な連絡方式を提供できないときは，

消費者はまたインターネット取引プラットホームの提供者に対して賠償を要求することができる。インターネット取引プラットホーム提供者が消費者にとってより有利な承諾をなしたときは，承諾を履行しなければならない。インターネット取引プラットホームの提供者は賠償した後，販売者あるいはサービス提供者に求償する権利を有する」，「インターネット取引プラットホームの提供者が，販売者あるいはサービス提供者がそのプラットホームを利用して消費者の合法的権益を侵害することを明らかに知り，あるいは当然知り得たにもかかわらず，必要な措置をとらなかったときは，法により当該販売者あるいはサービス提供者と連帯責任を負わなければならない」。

　注意を要するのは，上記の規定から分かることは，被害者が第三者に対して直接賠償を求める場合，その大半は契約関係の背景のもとで，不法行為が生じた事例であるということである。この場合，直接第三者に対して賠償を請求できるのは，不法行為の要素によるのか，それとも契約の要素によるのか。この点は検討に値する。権利侵害責任法28条は契約法121条の例外を構成する。

　もし第三者の行為が第三者による債権侵害を構成する場合は，債権者は第三者に賠償を請求できる。中国の司法で，第三者による債権侵害は遍く認められている。

　ナイキ（X）がアディダス（Y_1），鄭智（Y_2）を訴えた損害賠償案において，中国サッカー選手Y_2は2003年7月にX社と出演契約〈代言合同〉を締結し，Y_2は2007年12月までに出場するすべての試合と商業活動においてX社の製品を身につけ，Xはそれに出演費を支払うこととした。その後数度にわたる試合と商業活動においてY_2はY_1の製品を身につけ，Xに対して契約の終了を申し立て，その後においてY_1と新たな契約を締結した。

　上海市第1中級人民法院は，以下のような判断を示した。

　XとY_2との契約は双方の真実の意思表示に係り，厳格に順守，履行されなければならない。Xの側からすると，XがY_2に支払った2004年下半期の代金は銀行によって返却されたが，Xが主導的に代金を支払った行為自身はまさに正常に契約を履行しようとしたことを否定できない。代金が返却された後，Xは主導的にY_2のために個人所得税を納めており，その代金を継続して支払おうとした意思表示は非常に明確で，継続して代金を支払わなかっ

たのは，Y_2がXに，Y_2は契約の相手方を変更しようとしていると告知し，そのために一時的に代金支払いの猶予を要求したのかもしれない。しかも，Xは引き続き 2005 年上半期と下半期の代金を支払っている行為は，Xが継続履行を要求し，Y_2の契約終了の要求に同意していないことを示している。Y_2の側からすると，Xの支払った代金が銀行から返却された後，Y_2はXに代金支払いを催促しておらず，主観的には契約の再履行を望んでいない意図は明らかである。解約を申し出る前，Y_2は試合において約定どおりXの靴を履いておらず，Y_1の靴を履いて出場した。この行為は明らかに契約に違反している。これ以降，Y_2はずっとY_1の靴を履いて出場し，契約の再履行を望んでおらず，契約を故意に破棄した意思表示は明瞭である。Y_2は 2005年 3 月 18 日に解約の申し出をした後は，契約はすでに解除されたとの認識を堅持しているが，本院は，Y_2の解約は契約で約定された，30 日の違約補正期間〈違約補救期〉経過後にはじめて書面で契約履行中止を通知するという条件に符合せず，したがって当該解約の要求が効力を生ずるかどうかは，XとY_2がこれについて意見の一致を見たかどうかにかかっており，Xの行為の示すところでは，明らかに双方の考えに食い違いがあり，したがって当該解約行為は当然に効力を生じているわけではなく，XとY_2の間で契約解除につき合意が見られない状況のもとで，Y_2は契約解除を理由にその違約行為により負うべき責任の免除を要求することはできないと考える。

　Y_1とXはともに蘇州において登録した会社で，この両ブランド品の会社は，世界的に有名な体育用品の生産商で，Y_1はY_2がXの出演者であるということを当然知っていたはずである。Y_2がXの製品を身につけて出場している間，Y_1のこのブランド品の法律顧問所の弁護士はY_2を代表してXに対して出演費用の重ねての談判を申し出，協議が不調に終わった後，Y_1とY_2は契約を締結した。本院の考えでは，著名な大型スポーツ用品の会社が，出演契約を締結するとき，単に口頭の告知だけで直ちに契約が締結されるとはとても常理に叶っているとは言えず，Y_1は少なくともXと意思疎通をはかり，関連する状況を理解し，確かめるべきである。こうしたことからしてY_1の陳述は真実ではない。Y_1が契約締結前にY_2と 2〜3 日相談したと言うに至っては，常理と商業慣習に符合しない。上記の事実を総合すると，本院は以下のように判断する。2004 年 11 月基徳所の弁護士がY_2を代表して談

判を申し出た時，Y₁はY₂とXの契約関係に介入し，Y₁は商業秘密に関わるということを理由に裁判所でY₂の出演費用を明らかにすることを拒んだが，当該費用が，XがY₂に支払った出演費より高く，したがってY₁にはY₂をして契約を破棄させようとの主観的悪意が存在し，またY₂をして違約行為をなさしめようとしたことが推定できる。

　以上，要するに，Y₁は誠実信用原則に違背し，故意に高額の利益をもってY₂の契約破棄を誘い，Y₂との出演契約締結の目的を達成しようとした。Y₁とY₂の行為は，Xの，残りの契約期間でのY₂がXの製品を身につけることによって得られるはずの利益を失わせた。双方はXの損失につき連帯して賠償しなければならない。原告が主張している賠償額は直接的な事実根拠がなく，本院は採用し難い。同時に，本院は，Xの受けた利益の損失が明らかに定量化し難いことに配慮し，事情を斟酌してY₁とY₂が賠償すべき損失額は20万元とする。

　以上，民法通則4条，106条2項の規定にもとづき，以下のように判決する。

　　一　被告Y₁と被告Y₂は本判決の効力発生後10日以内に連帯して原告Xに損失額20万元を賠償しなければならない。

　　二　原告Xのその他の請求を棄却する。

　　三　原告X₂のすべての訴訟請求を棄却する。

　(3)　質問③について

　私個人の見解としては，被害者保護の観点から，法律に別段の規定がない限り，原則的には第三者の範囲を制限すべきではないと考える。例えば，旅行法71条は，「現地旅行会社，履行補助者の原因により違約が生じたときは，主催旅行会社が責任を負う。主催旅行会社が責任を負担した後，現地旅行会社，履行補助者に求償することができる」，「現地旅行会社，履行補助者の原因により旅行者に人身損害，財産損害をもたらしたときは，旅行者は現地旅行会社，履行補助者に賠償責任を負うよう求めることもできるし，主催旅行会社に求めることもできる。主催旅行会社が責任を負った後，現地旅行会社，履行補助者に求償することができる。ただし，公共交通の経営者の原因により旅行者に人身損害，財産損害をもたらしたときは，公共交通の経営者は法により賠償責任を負い，旅行社は旅行者が公共交通の経営者に賠償を求める

のに協力しなければならない」と規定する。本条は，第三者を，契約関係を
有する範囲に限定している。旅行社と契約関係にない公共交通の経営者につ
いて言えば，第三者の範疇には属さない。

　これより前の最高人民法院の司法解釈「旅行紛争案件を審理するうえでの
法律適用についての若干の問題に関する規定」（2010 年）7 条は「旅行経営
者，旅行補助サービス者が安全保障義務を尽くさず，旅行者に人身損害，財
産損害をもたらし，旅行者が旅行経営者，旅行補助サービス者の責任を追及
するときは，人民法院は支持しなければならない」，「第三者の行為により旅
行者の人身損害，財産損害が引き起こされたときは，第三者が責任を負う。
旅行経営者，旅行補助サービス者が安全保障義務を尽くさず，旅行者がこれ
に補充責任を負うように求めたときは，人民法院は支持しなければならな
い」と規定していた。本条 2 項の第三者は，旅行経営者とは無関係の第三者
を指すと解すべきである。

　（4）　質問④について

　検討を要するのは，第三者の行為がどのようにして不可抗力を構成するの
かということである。もし第三者の行為自体が不可抗力を構成するのであれ
ば，債務者は契約法 117 条の規定により，免責を主張できる。もしこうした
ケースに該当しなければ，さらなる検討が必要である。

　不可抗力が免責事由となるためには，必ず第三者の行為によって媒介され
ていなければならない。すなわちもし単純に不可抗力が直接被害者に作用し
た場合，加害者或いは違約者は存在せず，損失はもっぱら被害者自身が負担
しなければならない。不可抗力の影響を受けるのが直接の加害者とか違約者
の可能性もあれば，第三者の可能性もあるし，第三者が，違約者が違約を引
き起こすのに再び作用する可能性もある。不可抗力の影響を受ける者が直接
の違約者であるときは，不可抗力により免責される可能性がある。不可抗力
の影響を受ける者が契約関係外の第三者であるとき，当該第三者がまた契約
法の一方当事者の違約に作用するとき，これによって違約方の責任を免除で
きるかどうかは問題をなす。121 条によれば，この時，違約方は非違約方に
対して責任を負わなければならず，違約方と第三者の関係については，別途
処理しなければならない。これは価値衡量に関わってくる。何故なら，一旦
不可抗力によって損失が生じれば，損失を負担する者がいなければならず，

誰がその損失を負担するかが問題となるからである。

　注目に値するのは，旅行法 75 条の以下のような規定である。「宿泊業者は旅行サービス契約の約定により団体旅行者のために宿泊サービスを提供しなければならない。宿泊業者が旅行サービス契約によりサービスを提供できないときは，旅行者のためにもともとの基準を上回る宿泊サービスを提供し，これによって増える費用は宿泊業者が負担しなければならない。しかし，不可抗力や政府が公共の利益の必要から措置をとることによってサービスを提供できない事態をもたらした場合，宿泊業者は旅行者の宿泊の按配に協力しなければならない」。本条中の，不可抗力によって宿泊業者がサービスを提供できない事態が生じた場合，宿泊業者は旅行者の宿泊の按配に協力しなければならないということについて，当然，本条中の宿泊業者とは，71 条 1 項（「現地旅行会社，履行補助者の原因で違約が生じたときは，主催旅行会社が責任を負う。主催旅行会社が責任を負った後，現地旅行会社，履行補助者に求償する」）にある履行補助者であるのかどうか，検討に値する。

　(5)　質問⑤について

　第三者の不法行為によって損失が生じた場合と，第三者の違約によって損失が生じた場合とでは違いが存在する。不法行為の場合，所謂相対性の問題は生じない。不法行為者は直接損失をもたらした者である。不法行為法（権利侵害責任法）28 条は契約法 121 条の例外を構成する。損害が第三者によってもたらされた場合，第三者とは不法行為者である。もちろん，もし不法行為が契約関係の背景のもとで生じた場合は，状況は非常に複雑になる。債務者と直接行為をはたらいた第三者は連帯または按分で被害者に責任を負う可能性はあるし，また不真正連帯責任を構成する可能性もある。

　前掲の中国旅行法（2013 年 10 月 1 日実施）71 条は，1 項と 2 項で第三者の違約と第三者の不法行為を区別し，2 項の第三者による不法行為の中で，また債務者と契約関係にある履行補助者と，債務者と契約関係にない公共交通の経営者を区別している。同条 1 項は「現地旅行会社，履行補助者の原因で違約が生じた場合，主催旅行会社が責任を負う。主催旅行会社が責任を負った後，現地旅行会社，履行補助者に求償することができる」と規定する。この場合は契約相対性の原則が守られている。

　同条 2 項は「現地旅行会社，履行補助者の原因で旅行者に人身損害，財産

損失が生じたときは，旅行者は現地旅行会社，履行補助者に賠償責任を負担するように要求することも，また主催旅行会社に賠償責任を負担するように要求することもできる。主催旅行会社が責任を負えば，現地会社，履行補助者に求償することもできる。……しかし，公共交通の経営者の原因で旅行者に人身損害，財産損失を与えたときは，公共交通の経営者は法により賠償責任を負い，旅行会社は旅行者が公共交通の経営者に賠償を求めることに協力しなければならない」と規定する。ここでは，債務者と契約関係にある直接の不法行為者と契約の債務者は不真正連帯を構成し，債務者と契約関係にない不法行為者は不法行為責任者となる。

改正後の消費者権益保護法40条は，基本的には以上のような思想を貫いている。40条は「消費者が商品を購入，使用し，その合法的権益に損害を受けたときは，販売者に賠償を請求できる。販売者が賠償した後で，その責任が生産者または販売者に商品を提供したその他の販売者に属するときは，販売者は生産者またはその他の販売者に求償する権利を有する」，「消費者その他の被害者が商品の欠陥により人身，財産の損害を受けたときは，販売者に賠償を要求できるし，また生産者に賠償を要求することもできる。生産者の責任に属するときは，生産者に求償する権利を有する。販売者の責任に属するときは，生産者は賠償した後で，販売者に求償する権利を有する」と規定している。

44条2項は「インターネット取引プラットホーム提供者が，販売者またはサービス提供者がそのプラットホームを利用して消費者の合法的権益を侵害することを明らかに知り，あるいは当然知り得たにもかかわらず，必要な措置をとらなかった場合，法により当該販売者あるいはサービス提供者と連帯責任を負う」と規定する。この場合，インターネット取引プラットホーム提供者は明らかに知っていた，あるいは当然知り得たので，両者は連帯責任を構成する。

「旅行者の紛糾案件を審理するうえでの法律適用の若干の問題に関する最高人民法院の規定」（法釈［2010］13号）7条は「旅行経営者，旅行補助サービス者が安全保障義務を尽くさず，旅行者の人身に損害を与え，財産の損失をもたらし，旅行者が旅行経営者，旅行補助サービス者に責任を負うよう求めたときは，人民法院は支持しなければならない」，「第三者の行為によって

旅行者に人身損害，財産損失を与えたときは，第三者が責任を負う。旅行経営者，旅行補助サービス者が安全保障義務を尽くさず，旅行者が彼らに相応の補充責任を負うように求めたときは，人民法院は支持しなければならない」と規定する。

3　瀬川信久の所見

　質問②〜質問⑤はいずれも，第三者が関わって債務不履行が生じた場合の問題である。このうち，②非違約方の第三者に対する直接の請求権と⑤権利侵害責任法 28 条との関連は，契約関係にないその第三者が債権者に対し賠償責任を負うか，それは不法行為責任か債務不履行責任かという問題であり，③第三者の範囲と④不可抗力免責条項との関係は，債務不履行責任を負う場合に債務者がどの範囲の事由について責任を負うかという問題である。以下では，②と⑤，③と④をそれぞれまとめて検討する。

　（1）②第三者に対する非違約方の直接の請求権については，日本法でもその根拠が問題になる。考えられる根拠は不法行為と債務不履行であるが，債権者と第三者の間に契約関係がないから，認めるとすれば不法行為であり，具体的には，債権侵害の不法行為や消費者に対する製造者責任である。以上は，韓・王両氏の考えと同じである。

　小口は，⑤で，契約法 121 条と権利侵害責任法 28 条との関連を問題にする。しかし，契約法 121 条は，債務者は，債務不履行の要件が満たされれば，第三者の行為による場合でも債務不履行責任を負うとし，権利侵害責任法 28 条は，第三者は不法行為責任の要件が満たされれば不法行為責任を負うとする。両条文は，それぞれの要件が満たされれば債務不履行責任，不法行為責任を負うと規定するだけであり，両条の規範内容は形式的にも実質的にも衝突しない[103]。請求権競合（これについては第 14 節を参照）は，1 つの損害につき 1 人の行為者が債務不履行責任と不法行為責任の要件をともに満た

---

103)　権利侵害責任法 28 条は「損害が第三者の原因で引き起こされた場合，第三者は，権利侵害責任を負わなければならない」と規定するが，同条が「第 3 章　責任を負わない場合及び責任が軽減される場合」の中にあることから，「損害が第三者の原因で引き起こされた場合，〔被告は責任を負わないか軽減されることがあるが，〕第三者は，権利侵害責任を負わなければならない」という趣旨とのことである。

すときの問題である。

　②と⑤に関する王成の意見は，以上のことを前提とした上で，契約関係の中で第三者の不法行為により被害が生じたときに誰が賠償責任を負うか，それは不法行為責任か債務不履行責任かという問題を，いくつかの事例を挙げて検討する。今日の取引上の損害の発生形態を考えるとき，この指摘は重要である。すなわち，物やサービスの供給が単発的な取引とその連鎖によっていたときは，契約不履行の原因をなす第三者として考えられたのは，履行を懈怠した履行補助者であった。しかし，物やサービスの供給が，製造者・販売業者間の継続的な関係や消費者の製造者・販売者に対するブランドを基礎としたり，ネット通販のような継続的なネットワークを基礎とするようになると，給付実現の過程で多数の者が様々な形で関与する。サブリースでは，住宅供給に土地所有者・建設業者・不動産業者・金融機関が異なる局面で関与する。契約履行過程のこのような多角化のために，不履行原因となる第三者が多様になっている。王がその賠償責任の理論的整理の必要を指摘する所以であろう。日本では，後述する多角的契約関係論がこの問題を検討しているが，未だ着地点を見出すに至っていないように思われる。以下では，②と⑤に関する王の意見に対応させる形でこの問題に関する日本の議論を紹介しておく。

　②に関する意見の中で，王はこの問題を契約法 121 条の「債務不履行責任は債権関係による」という原則基準——王はこれを「債務不履行がなければ債務不履行責任は負わない」と「債務不履行があれば債務不履行責任を負う」に分解する——から整理する。すなわち，1 つは，債権者は第三者に債務不履行責任を追及できないという原則とその例外——契約法 313 条（運送委託者に対し，直接の契約関係に立つ運送区間全体の運送引受人のほかに，特定区間の運送引受人も債務不履行責任を負う）——であり，もう 1 つは，債務者は安全保障義務のような債務の不履行があれば，第三者による損害についても債務不履行責任を負うことである。

　この点につき，王によると中国では契約責任を拡張しているが，日本では，最判平 10・4・30 判時 1646 号 162 頁が，荷送人と運送契約を結んだ運送人は，契約関係のない荷受人（荷物所有者）に対し，荷物の紛失につき不法行為責任を負うとしつつ，この責任は荷送人・運送人間の運送契約の責任制限

第11章　違約責任　511

を受けるとしている。

　⑤に関する意見の中で，王は同じ問題を被侵害利益に着目して整理する。すなわち，旅行法71条，消費者権益保護法40条をあげて，（ア）旅行者・購入者の人身・財産侵害の場合と（イ）違約・合法的権益侵害の場合に分け，（ア）の場合には旅行者・購入者と直接の契約関係にない者は旅行者・購入者に対し不法行為責任を負うのに対し，（イ）の場合には主催旅行会社・販売者が旅行者・購入者に対し契約責任を負い，旅行者・購入者と直接の契約関係にない者は，主催旅行会社・販売者に対し求償責任を負うとする（契約相対性の原則）。しかし，（ウ）消費者権益保護法44条2項，「旅行者紛糾案件」に関する最高人民法院の司法解釈では，プラットホーム提供者は販売者等が消費者を侵害するのに対し必要な措置を執らなかった場合に連帯責任を負い，旅行経営者は旅行者に対する第三者の人身・財産侵害に対し安全保障義務を執らなかった場合に補充責任を負う。王は，これらを（ア）の場合と考えていると思われる。

　被侵害利益に着目する議論は，日本では，建物を建築主Bから購入したCが，建物の欠陥を理由に建築施工者Aに対し損害賠償を請求する事件でみられる。伝統的には，建物の欠陥によりCの生命・身体・財産が侵害されたときにしか不法行為を認めなかった。それは建築請負人Aと注文者Bの間の免責特約等の契約の自由を確保するためであったと思われる。しかし，近時，最判平19・7・6民集61巻5号1769頁，最判平23・7・21判時2129号36頁（一棟買いしたマンションに欠陥があった事案）は，建物に接近する多数の人々の安全の確保を理由に，「建物としての基本的な安全性を損なう瑕疵」──建物倒壊に至る構造耐力にかかわる瑕疵，落下のおそれのある外壁・人が転落するおそれのあるベランダ，健康財産を損なう危険のある漏水・有害物質の発生等──である場合の修繕費用について，転買人Cに対するAの不法行為責任を認めた[104]。

　以上の②と⑤のいずれにおいても，第三者の責任を，中国法は契約責任の拡張によって認めるのに対し，日本法は不法行為責任の拡張によって認める。

104）　以上につき，瀬川信久「施工者等が建物購入者に対し不法行為による瑕疵修補費用賠償責任を負う『建物としての基本的な安全性を損なう瑕疵』の意義」現代消費者法No. 14, 94頁以下。

512 第二部 中国契約法の研究

契約責任と不法行為責任の観念が中日でずれているためか，あるいは，他の
理由に因るのか，考察に価する問題である。

（2）次に，③第三者の範囲と④不可抗力免責条項との関係は，債務者が債
権者に対し負う賠償責任の範囲の問題である。これについては中日の議論の
仕方に少し違いがある。

③の第三者の範囲についてみると，債務者がその行為について債務不履行
責任を負う第三者として，韓も王も，特別の制限がないと考える。そして，
王は，旅行法71条が，債務者（旅行社）と契約関係のない第三者（公共交通
の経営者）の行為について債務者の責任を特別に否定しているとする。他方，
「旅行紛糾案件」に関する最高人民法院の司法解釈は，第三者の行為による
旅行者の人身・財産損害について，旅行経営者・旅行補助サービス者は，安
全保障義務違反があるときの補充責任を負うが，それ以外には責任を負わな
いとするとし，この第三者は旅行経営者と契約関係のない者だとする。つま
り，最高人民法院の司法解釈も債務者は契約関係のない第三者の行為につい
ては責任を負わないと考えているとする。

以上に対し，日本では[105]，伝統的通説は，債務者がその行為について債務
不履行責任を負う第三者として履行補助者しか考えなかった。その履行補助
者として，債務者がその手足として使用する「真の意味での履行補助者」と
債務者に代わって履行を引き受ける「履行代行者」を考えていたが，いずれ
も，債務者が干渉できる者である。これに対し，今日の学説（契約責任説）
は，債務者がその第三者の行為を自らの債務の履行として用いた場合に責任
を負うとし（森田宏樹），あるいは，契約内容によって分け，結果実現保証
がある結果債務では不可抗力でない限り第三者の行為についても責任を負い，
結果実現保証がない手段債務では第三者の行為が債務の履行過程に組み込ま
れているときに責任を負い，第三者の使用が禁止されていた場合には使用し
たことだけでその第三者の行為について責任を負うとする（潮見佳男）。こ
の学説は，債務者の責任の要件として第三者に対する債務者の干渉可能性を
要求しないので，第三者を伝統的通説のように限定しない。具体的には，旅

---

105) 履行補助者をめぐる議論の簡潔な整理として，長坂純「『履行補助者』概念と多角
的法律関係」椿寿夫＝中舎寛樹編『多角的法律関係の研究』（日本評論社，2012年）
271〜276頁がある。

行業者は旅行者に対し運送人やホテル経営者の役務提供について責任を負う
とする（森田宏樹のほか，加藤雅信）。

　しかし，第三者の行為についての債務者の責任を「履行補助者」の思考枠
組とは別の枠組でとらえて，債務者が責任を負う第三者の行為の範囲を拡大
しようとする見解がある。1つは債務者の「組織編成義務論」であり，もう
1つは「複合契約論」「多角的法律関係論」である。組織編成義務論は当該
契約内容あるいは信義則にもとづき，相手方の利益を保護するために第三者
の適切な選任・指揮・監督を当事者の一方に義務づけるものである。多角的
法律関係論は多数の者が関与する法律関係の検討の中で，同様の問題を検討
する。具体的には，上記の旅行者に対する旅行業者の責任や，振込依頼人に
対する仕向銀行の適切な人的・物的ネットワークを構築する義務，金融割賦
販売における金融会社の販売店監督義務，リース会社のサプライヤー監督義
務などである[106]。

　以上によれば，今日の学説の結論に関する限り，中日の間に大きな差はな
い。ただ，議論の出発点は大きく異なる。日本の学説が，債務者が「履行補
助者の過失」について責任を負うかという形で議論したのは，ドイツ民法旧
規定 278 条の議論を承継したことに由来すると思われる。その議論は，債務
不履行の要件を客観的要件（不履行の事実）と主観的要件（責めに帰すべき事
由。不履行の認識ないし認識可能性）に分け，主観的要件を不可欠の責任要件
とする考え方を基礎にしていた。他方，中国では，契約法 121 条と同旨の規
定は，1995 年の「中華人民共和国契約法（試擬稿）」139 条，1997 年の「中
華人民共和国契約法（意見徴求稿）」87 条からあり，確固たる理由にもとづ
くといわれる[107]。中国法がこのような規定を当初から持っていた理由が中国
法の伝統なのか外国法の影響なのか，極めて興味深いところがある。

④　不可抗力免責条項との関係について

　不可抗力による免責についても，日本法と中国法の間に大きな違いがある。
　まず，日本の債務不履行の賠償責任は，「債務者の責めに帰すべき事由」

106）潮見佳男『債権総論Ⅰ〔第 2 版〕』（信山社，2003 年）302 頁，長坂純・前掲注 105
　　論文 278 頁。

107）王成は「(2) 質問②について」の中で，121 条の内容は，契約法制定当時きわめて
　　重視されていたことだとする。

514　第二部　中国契約法の研究

を要件とする過失責任である（現行 415 条）。その結果として不可抗力免責が働く余地がない。不可抗力免責に関する条文はなく[108]，裁判例も少なく，学説もあまり議論していない[109]。

　これに対し，中国法の違約責任は厳格責任であるから，不可抗力免責は重要な意味をもつ[110]。そして，121 条の債務不履行が第三者の行為に因る場合と因らない場合の 117 条の不可抗力免責について，韓世遠は，不可抗力が不履行の直接の原因か間接の原因かで分ける。王成は，不可抗力が誰に作用したかで分ける。両氏の意見は異なるが，不可抗力の客観的な作用の仕方に注目する点では共通している。

　このように，債務不履行責任の責任要件は日本法と中国法で基本が異なるが，実際の違いがいかほどかについては検討を要する。まず，日本法の「責めに帰すべき事由」の要件は，債権者が立証責任を負い，また，広く解されているので，実質的には，不可抗力で免責される無過失責任に接近している。今回の債権法改正は，債権者が立証責任を負うことをただし書きの形で明らかにし，取引上の社会通念という客観的なものを判断の基準の 1 つとすることを明記した[111]。他方，中国法でも違約責任の根拠である義務の範囲を限定したり，あるいは，不可抗力を広く解すれば[112]，過失責任に近づく。日本法と中国法の現実の差は，実際の裁判例の分析を俟たねばならない。

108）日本民法典 419 条は，金銭債務については例外的に，不履行を無過失責任（絶対責任）とするだけでなく，不可抗力でも免責されないとしている。不可抗力の場合に免責される契約責任としては，商法 594 条の場屋の主人の責任（レセプツム責任），民法 276 条（小作人の小作料支払義務），609 条（土地賃借人の賃料支払義務）がある。

109）学説については，荻野奈緒「契約責任における不可抗力の位置づけ――フランスにおける議論を中心として」同志社法学 58 巻 5 号（2006 年）356 頁。

110）1981 年の経済契約法 27 条 1 項 4 号，1985 年の渉外経済契約法 24 条，1987 年の技術契約法 20 条，同法 24 条 1 項 2 号および同法実施条例 24 条，1986 年の民法通則 107 条は，違約責任につき不可抗力免責を規定している。また，不可抗力について，契約締結時に予見できず，その発生と結果を回避できず，克服できない客観的状況というほぼ同様の定義をしている（胡光輝「中国法における不可抗力に関する一考察」国際商取引学会年報 16 号（2014 年）63～64 頁）。

111）改正法案 415 条は，「契約その他の債務の発生原因及び取引上の社会通念に照らして債務者の責めに帰することができない事由」とする。

112）日本法についてであるが，潮見佳男『プラクティス民法　債権総論［第 4 版］』（信山社，2012 年）114 頁は不可抗力を広く解する学説を紹介する。

第 11 章　　違約責任　　515

第 14 節　　違約責任と不法行為責任の競合

1　問題の提示

　契約法 122 条の違約責任と権利侵害（不法行為）責任の請求権競合に関して，本条は，両者が競合した場合，原告はそのいずれかを選択し，敗訴の場合はもう 1 つの請求原因で請求することはできず，また，もし違約責任で請求した場合，精神的損害賠償は請求できず，あるいは一方での損害賠償額の不足を他の請求原因でもって補うことはできないという趣旨なのか。

2　韓世遠・王成の回答

　≪韓世遠の回答≫

　契約法 122 条は違約責任と不法行為責任が競合するときは，損害を受けた側に選択権を付与するというものである。契約法によって違約方に違約責任を負うように要求するか，またはその他の法律によって不法行為責任を負うように要求するかである。最高人民法院は「請求権競合」の立場をとっている。「契約法適用解釈（一）」30 条はさらに一歩を進めて，債権者が契約法122 条の規定にもとづいて人民法院に訴えを提起し，選択をなした後で，1審の開廷前に訴訟請求を変更した場合，人民法院はそれを認めなければならず，相手方当事者が管轄権の異議を提起し，審査を経て異議が成立した場合，人民法院は訴えを棄却しなければならないと規定した。

　不法行為責任と違約責任が競合する場合，わが国のある学者は，「被害者は 2 重の請求権を有するが，一旦その 1 つを行使したときは，もう一方の請求権は当然に消滅する」[113]と説く。これは，現在かなり普及した見解である。一旦選択がなされ，かつ裁判を経ると，被害者が勝訴すればその受けた損害は填補され，選択しなかったもう 1 つの請求権は自ずから存在し続ける必要がなくなり，消滅する。もし被害者が敗訴すると，当該事案は通常民事判決の既判力及び「一事不再理」原則を理由として，被害者が再度別の請求権を行使するのは支持されない。

　113）張新宝『侵権責任法原理』（中国人民大学出版社，2005 年）100 頁。

516 第二部 中国契約法の研究

　違約によって非違約方に精神的損害を与えた場合，非違約方が訴訟を提起して違約方に違約責任を負わせた後，もし当該訴訟が違約責任訴訟であるため，裁判所が原告の精神的損害賠償請求を支持しなかったなら，あるいは原告が訴訟を提起したとき上記の可能性を考慮した結果，精神的損害賠償を請求せず，被告が違約責任（例えば違約金責任）を負った後，別途不法行為訴訟を提起して精神的損害賠償を請求できるのか。これはきわめてチャレンジングな良い問題をなす。

　上記の問題について，現在見ることのできる裁判例による限り，違約賠償のほかに不法行為にもとづいて別途精神的損害賠償を請求した実例はほとんど見かけない。しかし，この問題について，学理の角度からさらに立ちいった分析をなすことが可能で，かつ必要である。通常，所謂「一事不再理」とは，判決が確定した場合，同一事件につき再度審理することを禁止することである。この原則はローマ法に由来し，ラテン語の *ne bis in idem*（同じ当事者の間で生じた同一の争いに対して，一旦終審判決が下されると，もはや第2次の審理を行うことはない）という言葉に表現されている。上記の違約によって非違約方に精神的損害を与えた事例について言えば，どうしてここで「損害賠償」と言うのか，さらにどうして「一事」と言うのか。もし非違約方が受けた損害に対して，類型を区別せず，金銭を以って賠償する，すなわち「損害賠償」と言うだけであれば，違約賠償によって確実に紛争は終結し，もはや別途不法行為によって賠償を請求する余地はない。この立場では，「損害賠償請求権」を1個の抽象的概念となし，ひとたび有効に行使されれば，その目的は実現される。しかし，もし，さらに立ちいって考察し，「損害賠償請求権」を，他の請求権と同じように，類型化し，区別することができるとするなら，ここでは別々に主張する可能性が存在する。我々は，元本請求権と利息請求権は分離して主張することができ，かつ利息請求権自身もまた段階を分けて別々に主張することができるのを知っている。このときは，一事不再理と衝突しない[114]。もし非違約方が違約訴訟の訴訟請求の中で「財産損害賠償」ということを明確に主張し，その訴訟に勝訴した場合，その後で，別途不法行為訴訟を提起し，その中で「非財産損害賠償」を請求するこ

　114）張衛平「一事不再理原則的法理根拠及其運用」人民法院報 2014 年 5 月 28 日。

とはできないというのであれば，その法理は那辺にあるのであろうか。現在，一事不再理原則をめぐって，中国民事訴訟法学の代表的学説は，「ここでの『事』とは事件のことでもあれば，案件のことでもある。もし単純に此の案と彼の案といった区別をするのであれば，それは曖昧で漠然とした区別でしかない。何故なら1個の案件がしばしばいくつかの〈若干〉訴訟請求を含むことがあるからである。もしその中の1個の請求につき，裁判所が裁決を下さなければ，当事者は当該請求につき訴訟を提起できる可能性があり，このようなケースは一事不再理原則に反するとは言えない」[115]と説く。このように，「訴訟物」を訴訟請求の焦点に据えることによって，確実に可操作性を増進させることになる。さらに，実務では，時として契約訴訟の場合，裁判所が，原告の某事項の訴訟請求は本案では支持されないが，原告が別途不法行為訴訟を提起して保護を求めることを妨げないと明確に表明することがある。こうしたやり方が意味しているのは，裁判官も決して機械的に「原告の請求権が一旦裁判所で処理されたら，もはや再度訴訟上の主張を行うことはできない」との教条を固守しているわけではないということである。以上要するに，たとえ裁判所が違約訴訟において某事項の請求権に対して敗訴判決を下しても，依然として，別途，不法行為訴訟にもとづいて主張することができ，これは，一事不再理原則及びその制度的表現としての民事判決の既判力と衝突はしない。

≪王成の回答≫

「契約法適用解釈（一）」30条は，債権者が契約法122条の規定にもとづいて人民法院に訴えを提起し選択をなした後で，1審での開廷以前に訴訟請求を変更した場合，人民法院はそれを認めなければならず，相手方当事者が管轄権の異議を主張し，審査の結果，異議が成立するときは，人民法院は訴えを棄却しなければならないと規定する。

「旅行紛糾案件を審理するうえでの法律適用の若干の問題に関する最高人民法院の規定」21条は，旅行者が違約の訴えを提起し，精神的損害賠償を主張するときは，人民法院はその訴えを不法行為の訴えに変更するよう告知

---

115) 同上。

しなければならず，旅行者がなお違約の訴えを堅持したときは，その精神的損害賠償の主張については，人民法院は支持しないと規定する。

以上の両規定によれば，この問題について，中国の最高法院は肯定的立場，すなわち原告はただ１カ条の救済の方法を選択することができるだけであるとの立場を採っている。違約を選択した場合は，精神的損害賠償を要求できないということである。

改正後の消費者権益保護法51条は，経営者に侮辱・誹謗，身体の捜査，人身の自由等を侵犯し，消費者その他の被害者の人身の権益を侵害する行為があり，重大な精神的損害を与えたときは，被害者は精神的損害賠償を請求できることを規定する。本条の精神的損害賠償請求権の基礎は権利侵害（不法行為——小口）である。

3 瀬川信久の所見

違約責任と不法行為責任の競合とは，旅行契約の不履行で旅行者を負傷させ精神的損害を与えた場合のように，１つの事実関係が債務不履行と不法行為のいずれの要件をも満たす場合である。ここにはいくつかの問題があり，日本法と中国法が違うのはその一部である。

まず，上記の競合の場合に，実体法上，Ⅰ一方の損害賠償請求しか認めない立場（法条競合説）と，Ⅱ両方の損害賠償請求を認める立場（請求権競合説）がある。Ⅰ一方しか認めない場合には，どちらの請求権を認めるのか，それを決める基準如何が問題になる。一般には，不法行為法は広く適用されるのに対し契約法は適用が契約関係に限られる一種の特別法であることを理由に，債務不履行の賠償請求のみを認める。しかし，中国でも日本（判例・多数説）でも，Ⅱ請求権競合説を採っている[116]。このように実体法上両方の賠償請求権を認めるときには，実際の訴訟でⅰいずれか一方を選択して主張

116）なお，一つの事実関係に適用可能な法規範が複数存在しても，債務不履行と不法行為のように，その目的が類似する場合には，実体法上，両者のいずれでもない特別の請求権を構成するべきだとし，その要件・効果を不法行為規範と契約規範の調整によって定めようとする見解がある（四宮和夫の規範統合説）。請求権競合の問題については，澤井裕『事務管理・不当利得・不法行為［第3版］』（有斐閣，2001年）277頁以下の簡潔な整理を参照。

させるか，ⅱ両方の主張を認めるかが問題になる。中国契約法 122 条はⅰである[117]が，日本法はⅱである。

ⅱのように両方の請求を主張するときには，当事者が順位を付けずに主張する方法（選択的主張）と，一方を主位的主張，他方を予備的主張とする方法とがある[118]。なお，ⅱでは，両方の請求を主張できるが，当事者が一方しか主張しないこともできる。

ⅰのように一方を選択して主張させる場合（中国）と，ⅱだが，当事者が一方の損害賠償請求しか主張しない場合，あるいは，当事者は両方の損害賠償請求をしたが一方の請求が認容され他方が判断されなかった場合（日本で生ずることがある）には，主張された請求について認容判決あるいは棄却判決が確定したときに，㊀当事者が一方を主張した以上，他の請求は認めないのか，それとも，㊁あらためて他方の請求で訴えることを認めるのかが問題になる。日本では，新訴訟物理論は㊀を主張したが，実務は旧訴訟物理論により，㊁の考えを採っている。韓世遠の紹介する張新宝の説は㊀であり，中国では「現在かなり普及した見解」とされる[119]が，何らかの形で他の請求を認める見解も少なくないようである[120]。これにつき，韓世遠は，請求をその内容によって分解してとらえ，精神的損害賠償については，違約責任訴訟では請求しなかった，あるいは違約責任のゆえに棄却された場合でも，別途不法行為訴訟で請求できるとすることを提案する[121]。しかし，それは，精神的損害賠償請求の限りであるが，㊁の考えを採ることを意味する。韓の根拠は，

---

117) 契約法 122 条は，いずれか一方を「選択する権利を有する」と規定し，選択を義務とはしていない。しかし，両方を請求できるとは考えられていないようである。

118) 日本では，例えば，事故から 3 年以内に安全配慮義務違反の損害賠償請求で提訴するときには，債務不履行と不法行為を選択的併合あるいは予備的併合の形で主張している。

119) 田中信行編『中国ビジネス法の理論と実務』（弘文堂，2011 年）73 頁〔小口彦太〕は，王利明をあげ，請求権選択競合説と呼ぶ。

この説は，中国では再審が広く認められているということ（鈴木賢「中国における民事裁判の正統性に関する一考察」小口彦太編『中国の経済発展と法』（早稲田大学比較法研究所，1998 年）369 頁以下）と，実質的に整合するのであろうか。

120) 田中信行編・同上書 73〜74 頁はそのようなものとして，王成の見解，上海高級人民法院の判決をあげる。

121) 田中信行編・同上書 73 頁は制限的請求権事由競合説と呼ぶ。

520　第二部　中国契約法の研究

損害賠償請求権を元本請求権と利息請求権，利息請求権については個々の段階の利息請求権に「類型化し，区別」し「『訴訟物』を訴訟請求の焦点に据えることによって，確実に可操作性を増進させる」一事不再理の実質的な解釈にもとづいている。

　日本のように㊀を採ると，敗訴しても別の請求を根拠に実質的に同じ訴訟を繰り返すことを認めることになる。中国のように㊀を採ると，本来認められるべき請求が原告の選択の誤りにより認められないおそれがある。

　なお，請求権競合の問題として中国では違約による精神的損害の取り扱いが議論されているが，違約による精神的損害について，日本法は，債務不履行を理由とする慰謝料請求を原則として認めないが，債務不履行でも生命・身体・その他の人格的利益を侵害した場合（医療過誤，介護施設の入居者の負傷事故〔東京地判平25・5・20判時2208号67頁〕，受託した動物の保護懈怠，安全配慮義務違反による労働災害〔最判昭55・12・18民集34巻7号88頁〕，休息時間中の労働者の不当な拘束〔最判昭54・11・13判タ402号6頁〕など）には認めている。精神的損害に限ってであるが，判例は，実体法上不法行為と債務不履行の中間的な1個の損害賠償請求権を構成している（前掲注116の規範統合説の考え方）ということができる[122]。

---

122) 安全配慮義務・保護義務違反の財産的損害について，実体法上一個の損害賠償請求権に統合しないのは，裁判所が認めないからではなく，原告が主張しないからである。

［編著者紹介］

小口彦太（こぐち　ひこた）　　早稲田大学名誉教授・江戸川大学学長

［著者紹介］

瀬川信久（せがわ　のぶひさ）　早稲田大学法学学術院教授

松岡久和（まつおか　ひさかず）京都大学大学院法学研究科教授

渡辺達徳（わたなべ　たつのり）東北大学大学院法学研究科教授

韓　世　遠（Shiyuan Han）　　　清華大学法学院教授

王　　成（Wang Cheng）　　　北京大学法学院教授

中国契約法の研究
──日中民事法学の対話──

2017年3月10日　初版　第1刷発行

編著者　小　口　彦　太

発行者　阿　部　成　一

〒 162-0041　東京都新宿区早稲田鶴巻町514
発行所　株式会社　成　文　堂
電話 03(3203)9201(代)　Fax 03(3203)9206
http://www.seibundoh.co.jp

印刷　藤原印刷　　　　　　　　　　製本　弘伸製本
☆乱丁・落丁はおとりかえいたします☆
Ⓒ 2017 H. Koguchi
ISBN978-4-7923-3358-4　C3032
定価（本体9000円＋税）　　　　検印省略